개정판

한국어 문법 총론 II
- 의미, 화용, 텍스트, 어휘, 규범, 15세기 한국어, 한국어사, 문자 -

한국어 문법 총론 II : 의미, 화용, 텍스트, 어휘, 규범, 15세기 한국어, 한국어사, 문자 (개정판)

This Edition was published by Jipmoondang in 2025, Seoul, Korea.

개정판

한국어 문법 총론 II

- 의미, 화용, 텍스트, 어휘, 규범, 15세기 한국어, 한국어사, 문자 -

구본관 · 박재연 · 이선웅 · 이진호 공저

집문당

구본관 | 서울대학교 사범대학 국어교육과 교수, 서울대학교 국어교육연구소 겸무연구원

박재연 | 아주대학교 인문대학 국어국문학과 교수

이선웅 | 경희대학교 외국어대학 한국어학과 교수

이진호 | 서울대학교 인문대학 국어국문학과 교수

개정판

한국어 문법 총론 II

- 의미, 화용, 텍스트, 어휘, 규범, 15세기 한국어, 한국어사, 문자 -

2025년 10월 20일 1판 1쇄

저자 | 구본관 · 박재연 · 이선웅 · 이진호
발행인 | 임동규
발행처 | **(주)집문당**
등록 | 1971. 3. 23. 제2012-000069호
주소 | 03134 서울시 종로구 돈화문로 82, 5층
전화 | +82-1811-7567
이메일 | sale@jipmoon.com
홈페이지 | www.jipmoon.com

ISBN 978-89-303-1977-5 94700
978-89-303-1975-1(세트)

가격 35,000원

(주)집문당 이순신돋움체B (저작권자 아산시, 무료글꼴)

머리말

우리 네 명의 저자가 『한국어 문법 총론 Ⅰ, Ⅱ』를 내놓은 지 10년의 시간이 흘렀다. 그동안 사회의 변화와 기술의 진보는 우리가 사용하는 언어에도 많은 변화를 가져왔다. 다문화 사회로의 진전은 한국어를 더 이상 우리 민족의 언어에 머무를 수 없게 하고, 다양한 구성원들 간의 의사소통을 위한 공용어로서의 성격을 가지게 하고 있다. 기술의 진보는 인터넷 공간을 중심으로 전통적인 언어 외에 그림, 동영상 등이 결합한 복합 양식 텍스트가 생산되는 등 언어의 성격이 변화하면서 새로운 장르의 출현을 가속화하고 있기도 하다. 이런 언어의 변화는 언어 연구에 있어서 새로운 접근을 요구하고 있기도 하지만, 역설적이게도 전통적인 언어의 역할에 대해 더 깊은 성찰을 요구하고 있기도 하다.

『한국어 문법 총론 Ⅰ, Ⅱ』는 우리말 연구자, 일반인, 학생, 교사를 포함하여 다양한 독자들로부터 지난 10년간 많은 사랑을 받았다. 몇몇 독자들께서는 우리가 미처 생각하지 못한 세세한 부분을 깨우쳐 주기도 했고, 놓친 부분을 보완할 수 있게 하는 아이디어를 주시기도 하였다. 개정판에는 이런 독자들의 요구 사항을 가능한 한 충실하게 반영하고자 하였다. 이를 위해 개정판에서는 낱개의 주석과 참고를 추가하기도 했고, 언어 자료를 최신의 것으로 바꾸기도 하였다.

초판을 낸 후 10년 동안 한국어학 연구는 질적, 양적으로 성장해 왔다. 그동안 우리 저자들도 개정판과 직간접적으로 관련되는 새로운 논저를 내놓기도 하였다. 네 명이 공동으로 『한국어학 개론』을 저술한바, 이 책이 프랑스어로 번역되어 프랑스 주요 대학의 학생들의 교재나 연구자의 참고 자료로 활용되고 있기도 하다. 저자들은 개별적으로 『파생법의 역사』, 『한국어 어미의 의미』, 『한국어 문법론의 점과 선』, 『한국어 종성 체계의 언어 유형론』 등을 저술하기도 했는데, 한국어학 연구의 성장과 함께 우리 저자들의 연구 결과를 반영해야 할 필요성 역시 개정판을 내게 된 이유이기도 하다.

개정판은 초판의 체재를 따르고 있지만, 몇 가지 점에서는 제법 큰 수정과 보완이 이루어졌다. Ⅰ권의 형태론 부분에서는 최근 활발하게 연구된 신어의 단어 형성 연구 결과를 추가했으며, 통사론 부분에서는 통사 구조와 함께 정보 구조에 대한 논의를 추가했다. Ⅱ권의 국어사 부분에서는 접사 파생법의 변화와 흔히 비접사 파생으로 부르는 자음 교체, 모음 교체, 영 변화 파생에 대한 논의를 상당한 정도로 보완하였다. 또한 Ⅱ권의 중세 국어나 근대 국어 문장에 대해 독자의 편의를 돕기 위해 현대어 역을 추가하였다.

개정판을 내면서도 한국어를 쉽게 설명하자는 초판을 낼 때의 마음을 잊지 않으려 했다. 우리는 이 책이 한국어를 사용하는 모어 화자이든, 한국어를 외국어로 배우는 외국인 화자이든 한국어를 배우고 사용하면서 한국어 문법 현상에 깊게 고민하는 모든 독자들이 쉽게 읽을 수 있게 국어사 등 쉽지 않은 부분에 대해서도 최대한 쉽게 기술하고자 하였다. 아울러 중고등학교 현장이나 대학에서의 한국어학 강의에 활용될 수 있게 학습 상황에서 문제가 되는 문법적 사실에 대해서도 날개의 주석이나 참고란을 통해 설명을 부가하기도 하였다. 이처럼 이 책은 기술 문법을 지향하면서도 규범 문법적인 관점을 더하였다. 저자들은 이 책이 실용적으로는 대학의 국어국문학과, 국어교육과, 한국어교육과에서 한국어학 공부에 입문하는 한국인 학생과 외국인 학생들에게 좋은 안내서가 되기를 바란다. 아울러 참고란을 통해 이 책을 깊게 읽는다면 대학원생이나 한국어 연구자들에게도 도움이 될 수 있을 것으로 기대한다.

이 책을 펴내는 데에는 많은 분들의 도움이 있었다. 한국어를 연구하는 선배, 동료, 후배 연구자들은 논저를 통해, 혹은 우리 책에 대한 직접적인 조언을 통해 책의 완성도를 높이는 데에 큰 도움을 주셨다. 그러므로 이 책의 기반이 되는 문법 지식은 우리 네 사람의 것이 아닌 한국어 연구자 전체의 것이기도 하다. 그럼에도 논문이 아닌 저술의 성격상 출처를 자세하게 밝히지 못한 점에 대해서는 해당 논저의 저자들의 양해를 구하고자 한다. 참고 문헌 역시 책의 성격을 고려하여 단행본과 학위논문을 위주로 제시하여 주요한 논저가 포함되지 않았을 수 있는데, 이에 대해서도 양해를 구하고자 한다.

특별히 초판의 성실한 독자였던 한국어학, 국어교육, 한국어교육을 가르치고 배우는 연구자, 교사, 학생들, 그 외 여러 독자들께 감사를 드린다. 이분들은 초판에 대한 질문과 조언을 통해 개정판이 나올 수 있게 하는 든든한 후원자들이 되어 주셨다. 우리 저자들이 좋은 책을 내기 위해 항상 도움을 주시는 집문당 임동규 사장님, 몇 권의 책을 우리와 함께하며 디자인에서 편집까지 꼼꼼하게 살펴 준 전정아 님께도 특별한 감사를 드린다.

2025년 8월 저자 일동

초판 머리말

우리는 이 책의 기획 단계에서부터 가능한 한 한국어 연구의 모든 분야를 두 권에 담고자 하였다. 제 I 권을 내고 나서 1년 만에 제II권을 내게 되어 애초의 원하던 바를 이루게 되었다. 제II권의 집필에는 네 사람이 참여하였다. 우리 네 사람은 제 I 권에서와 마찬가지로 서로의 원고를 비판적으로 검토하고 수정하면서 깎아 내기와 보태기를 반복하여 공동의 성과로 만들었다.

제II권은 '의미론, 화용론, 텍스트 언어학, 어휘론, 어문 규범, 15세기 한국어의 문법, 한국어의 역사, 문자와 표기'를 담고 있다. '의미론, 화용론, 텍스트 언어학'은 국내에서의 연구가 다른 분야에 비해 상대적으로 적은데, 우리 책에서는 최근의 논의까지를 반영하여 정리하고자 하였다. '15세기 한국어, 한국어사, 문자와 표기'의 경우 기존의 연구가 상대적으로 많이 축적되어 있지만 이전 시대의 자료를 다루어야 하는 연구 분야의 특성상 전문가가 아니면 접근이 쉽지 않으며 전체를 아우르는 연구도 드문 편이다. 이에 우리 책은 한국어의 역사 전체를 가능한 한 쉽게 정리하여 누구나 쉽게 이해할 수 있게 기술하고자 하였다. '어휘론, 어문 규범' 역시 기존 논의를 바탕으로 최대한 쉽게 정리하였다.

각 장은 자체적으로 완결성을 갖출 수 있도록 하였다. 그리하여 제5장 의미론의 의미 관계에 대한 논의와 제8장 어휘론의 어휘 관계에 대한 논의처럼 부분적으로 겹치는 내용이 있을 경우에도 해당 장의 완결성을 위해 두 쪽에서 모두 기술하였다. 다만 본문이나 참고 등에서 관련이 되는 부분을 언급해 줌으로써 서로 유기적으로 이어 주고자 하였다. 제10장 15세기 한국어 문법과 제11장의 한국어사 역시 겹치는 부분이 있을 경우 각 장의 완결성을 위해 필요한 내용을 두 장에서 모두 기술하되, 서로 유기적으로 연결하면서 겹치는 부분을 최소화하기 위해 노력하였다.

이미 제 I 권을 펴내면서 언급한 것처럼 이 책의 성과는 우리 네 사람의 것만은 아니다. 책을 펴내면서 앞서 한국어를 연구한 선배 학자들과 우리에게 쉼 없이 정진하도록 자극을 주는 동료와 후배 학자들에게 깊이 감사드린다. 이런 분들이 없었다면 이 책이 나올 수 없었음은 두말할 필요조차 없다. 이 책은 학계에서 이루어진 논의를 쉽게 정리한다는 성격상 해당 부분마다에 출처를 일일이 인용하지 않았다. 본문의 내용, 예문, 참고 등에 저자인 우리를 포함하여 여러 연구자들의 논의를 담고 있으면서도 명시적으로 밝히지 않고 참고 문헌만으로 제시한 것에 대해서는 송구한 마음을 표한다.

우리는 이 책을 한국어를 사랑하는 연구자, 교사, 학부생이나 대학원생 모두가 읽기를 희망한다. 최근에 우리 사회도 다양한 문화 배경을 가진 구성원들이 늘어나고 있어 한국어에 대해 민족어로서의 가치를 부여하기가 쉽지 않은 환경이 되어 가고 있다. 하지만 우리는 아직 분단의 시대를 살고 있으며, 민족어로서의 특성을 유지하지 않는다면 반드시 통일이 필요하다는 명분의 하나가 사라지게 될 것이라 생각한다. 이를 고려하면 한국어로 말하고, 한국어로 생각하며 살아가는 모든 사람들을 하나로 묶어 주는 민족어로서의 한국어의 가치는 여전히 소중하다. 이 책이 한국어를 사용하는 모든 사람이 한국어를 정확하고, 적절하며, 아름답게 사용하는 데에 도움이 되기를 희망한다.

2016. 2. 저자 일동

차례

머리말 v

초판 머리말 vii

인용 자료와 약호 xxi

제5장 의미론

5.1. 의미에 대한 기본적 이해 1

5.1.1. 의미의 의미 1

5.1.2. 의미에 대한 여러 가지 견해 4

5.1.3. 의미의 종류 6

5.1.4. 의미의 비유적 개념화 9

5.1.4.1. 문자적 의미와 비유적 의미 9

5.1.4.2. 개념적 은유 10

5.1.4.3. 개념적 환유 12

5.2. 단어의 의미 15

5.2.1. 단어 의미 파악의 방법 15

5.2.1.1. 성분 분석 16

5.2.1.2. 의미장 20

5.2.2. 단어의 다의 확장 24

5.2.2.1. 다의 확장과 다의어 24

5.2.2.2. 다의어와 다면어 29

5.2.3. 단어의 의미 관계 31

5.2.3.1. 동의 관계 31

5.2.3.2. 반의 관계 34

5.2.3.3. 상하 관계 38

5.2.3.4. 부분 관계 40

5.2.3.5. 동음 관계 ... 41
5.3. 문장의 의미 ... 44
5.3.1. 문장 의미 해석의 원리 ... 44
5.3.2. 문장의 진리치 ... 48
5.3.3. 중의성과 모호성 ... 49
5.3.3.1. 중의성 ... 49
5.3.3.2. 모호성 ... 55
5.3.4. 함의와 전제 ... 59
5.3.4.1. 함의의 개념과 생성 ... 59
5.3.4.2. 전제의 개념과 생성 ... 62

제6장 화용론

6.1. 화용론에 대한 기본적 이해 ... 67
6.2. 발화 의미 해석의 원리 ... 68
6.3. 대화 함축과 협력 원리 ... 70
6.3.1. 대화 함축 ... 70
6.3.2. 협력 원리와 대화 격률 ... 72
6.3.3. 공손성과 대화 격률 ... 82
6.4. 발화의 기능 ... 84
6.4.1. 화행론 ... 84
6.4.2. 화행의 종류 ... 88
6.4.3. 직접 화행과 간접 화행 ... 94
6.5. 직시 ... 98
6.5.1. 직시의 개념 ... 98
6.5.2. 직시의 중심 ... 101
6.5.3. 직시의 유형 ... 104
6.5.4. 직시와 대용 ... 105
6.5.5. 한국어 '이, 그, 저' 직시의 특징 ... 105

제7장 텍스트 언어학

7.1. 텍스트 언어학에 대한 기본적 이해 109
7.2. 텍스트성의 요건 112
7.2.1. 결속 구조 113
7.2.2. 결속성 117
7.2.3. 의도성과 수용성 118
7.2.4. 정보성과 상황성 119
7.2.5. 상호 텍스트성 121
7.3. 텍스트의 기능과 유형 124
7.3.1. 텍스트의 기능 124
7.3.2. 텍스트의 유형 128

제8장 어휘론

8.1. 어휘론에 대한 기본적 이해 135
8.1.1. 어휘의 특성과 어휘론의 정의 135
8.1.2. 어휘론의 연구 대상으로서의 어휘부 137
8.1.3. 어휘론과 어휘 능력 138
8.1.4. 어휘론의 영역과 인접 분야 140
8.1.5. 어휘론의 기본 개념 141
8.2. 어휘 체계 및 어휘 관계 143
8.2.1. 어휘 체계 144
8.2.1.1. 한국어 어휘 체계의 특징 144
8.2.1.2. 고유어 145
8.2.1.3. 한자어 148
8.2.1.4. 외래어 152
8.2.1.5. 고유어, 한자어, 외래어의 관계 155
8.2.2. 어휘 관계 157
8.2.2.1. 다양한 어휘 관계들 157
8.2.2.2. 계열 관계를 갖는 어휘들 159
8.2.2.3. 결합 관계를 갖는 어휘들 160
8.2.2.4. 복합 관계를 갖는 어휘들 162

8.3. 어휘의 공시적 변이 164
8.3.1. 어휘의 변이와 다양성 164
8.3.2. 어휘의 지역적 변이 165
8.3.3. 어휘의 사회적 변이 166
8.3.3.1. 남성어와 여성어 167
8.3.3.2. 전문어(혹은 직업어) 168
8.3.4. 어휘의 상황적 변이 170
8.3.4.1. 공대말과 겸사말 170
8.3.4.2. 은어와 속어 171
8.3.4.3. 금기어와 완곡어 172
8.3.4.4. 관용 표현 173
8.4. 어휘의 통시적 변화 174
8.4.1. 변화하는 어휘 174
8.4.2. 개별 어휘 형태의 변화 175
8.4.3. 개별 어휘 의미의 변화 176
8.4.3.1. 의미 변화의 양상 176
8.4.3.2. 의미 변화의 원인 177
8.4.4. 전체 어휘 체계나 양상의 변화 179
8.4.4.1. 언어 간 접촉에 따른 변화 179
8.4.4.2. 신어와 사어 181
8.5. 어휘와 사전 184
8.5.1. 사전의 개념과 유형 184
8.5.2. 사전의 구조 186
8.5.3. 사전 활용 188

제9장 어문 규범

9.1. 어문 규범 191
9.1.1. 한글 맞춤법 191
9.1.1.1. 총칙의 이해 191
9.1.1.2. 주요 내용 196
9.1.2. 표준어 규정 204
9.1.2.1. 총칙의 이해 204
9.1.2.2. 주요 내용 207

9.1.3. 외래어 표기법 210
9.1.3.1. 기본 원칙의 이해 210
9.1.3.2. 주요 내용 215
9.1.4. 로마자 표기법 216
9.1.4.1. 기본 원칙의 이해 216
9.1.4.2. 주요 내용 217
9.2. 표준 언어 예절 221
9.2.1. 호칭어와 지칭어 221
9.2.2. 높임법 224
9.2.3. 인사말 227

제10장 15세기 한국어의 문법

10.1. 음운 231
10.1.1. 음운 체계 231
10.1.1.1. 자음 체계 231
10.1.1.2. 모음 체계 236
10.1.1.3. 운소 체계 238
10.1.2. 음절 239
10.1.3. 음운 현상 242
10.1.3.1. 음운의 대치 242
10.1.3.2. 음운의 탈락 248
10.1.3.3. 음운의 첨가 251
10.1.3.4. 음운의 축약 251
10.2. 형태 252
10.2.1. 단어 형성론 252
10.2.1.1. 단어 형성의 유형 252
10.2.1.2. 합성어 256
10.2.1.3. 파생어 259
10.2.2. 품사론 266
10.2.2.1. 품사 분류 266
10.2.2.2. 명사, 대명사, 수사 268
10.2.2.3. 동사, 형용사 273
10.2.2.4. 관형사, 부사, 감탄사 278

10.2.2.5. 조사와 어미 282
10.3. 통사 288
10.3.1. 문장 성분 288
10.3.1.1. 주어 288
10.3.1.2. 목적어 290
10.3.1.3. 보어 292
10.3.1.4. 서술어 294
10.3.1.5. 관형어 295
10.3.1.6. 부사어 298
10.3.1.7. 독립어 299
10.3.2. 문장의 확장 300
10.3.2.1. 병렬문(이어진문장) 300
10.3.2.2. 포유문(안은문장) 301
10.3.3. 문장의 유형 307
10.3.3.1. 평서문 307
10.3.3.2. 의문문 309
10.3.3.3. 명령문 312
10.3.3.4. 청유문 313
10.3.3.5. 감탄문 313
10.3.4. 높임 표현 314
10.3.4.1. 주체 높임 314
10.3.4.2. 객체 높임 315
10.3.4.3. 상대 높임 316
10.3.4.4. 높임의 특수 어휘 317
10.3.5. 시제, 상, 양태 319
10.3.5.1. 시제 319
10.3.5.2. 상 322
10.3.5.3. 양태 324
10.3.6. 피동과 사동 327
10.3.6.1. 피동 327
10.3.6.2. 사동 330
10.3.7. 부정 332
10.3.7.1. 통사적 부정과 어휘적 부정 332
10.3.7.2. 단형 부정과 장형 부정 333
10.3.7.3. '아니' 부정과 '못' 부정 334

10.3.7.4. 부정 명사 '아니' 334
10.4. 어휘 335
10.4.1. 15세기 한국어 어휘 자료 335
10.4.2. 어휘 체계 336
10.4.2.1. 고유어 337
10.4.2.2. 한자어 339
10.4.2.3. 외래어 341
10.4.3. 어휘 관계 342
10.4.3.1. 동의어 342
10.4.3.2. 반의어 347
10.4.3.3. 동음어 348
10.4.4. 어휘의 변이 349

제11장 한국어의 역사

11.1. 한국어사 연구의 범위와 필요성 351
11.1.1. 한국어사의 개념 351
11.1.2. 한국어의 계통과 형성 353
11.1.3. 한국어사의 시대 구분 355
11.1.4. 한국어사의 연구 방법 357
11.2. 음운사 360
11.2.1. 음운 체계의 변화 360
11.2.1.1. 자음 체계의 변화 360
11.2.1.2. 모음 체계의 변화 366
11.2.1.3. 운소 체계의 변화 368
11.2.2. 음절의 변화 369
11.2.3. 음운 현상의 변화 373
11.2.3.1. 자음 관련 음운 현상의 변화 373
11.2.3.2. 모음 관련 음운 현상의 변화 377
11.3. 형태사 381
11.3.1. 단어의 형태 변화 381
11.3.1.1. 조사와 어미를 제외한 단어들의 형태 변화 381
11.3.1.2. 조사의 형태 변화 384
11.3.1.3. 어미의 형태 변화 388

11.3.2. 단어 형성법의 변화 392
11.3.2.1. 단어 형성법 유형의 변화 392
11.3.2.2. 개별 단어 형성법의 변화 400
11.4. 통사사 407
11.4.1. 문장 길이의 변화 407
11.4.2. 문장 성분의 변화 407
11.4.3. 문장 확장의 변화 410
11.4.4. 문장 유형의 변화 413
11.4.5. 문법 범주의 변화 415
11.4.5.1. 높임법 415
11.4.5.2. 시제와 양태(또는 서법) 417
11.4.5.3. 사동과 피동 419
11.4.5.4. 부정 420
11.4.5.5. 화자 주어 표시와 대상 표시의 '-오/우-' 422
11.5. 어휘사 423
11.5.1. 어원 연구와 어휘사 연구 423
11.5.2. 어휘 체계의 변화 424
11.5.2.1. 어휘 체계의 변화 양상 425
11.5.2.2. 어휘 체계의 시대별 변화 425
11.5.3. 개별 어휘의 변화 435
11.5.3.1. 개별 어휘의 형태 변화 436
11.5.3.2. 개별 어휘의 의미 변화와 분포 변화 437
11.5.3.3. 어휘 분화 양상의 시대적 변화 439

제12장 문자와 표기

12.1. 문자의 이해 443
12.1.1. 문자의 개념 443
12.1.2. 문자의 분류 444
12.2. 한글의 창제 446
12.2.1. 한글 창제의 원리 447
12.2.1.1. 초성자의 창제 원리 447
12.2.1.2. 중성자의 창제 원리 450
12.2.2. 한글의 특성 452

12.2.3. 한글 자모의 명칭 455
12.2.4. 한글 자모의 배열 순서 460
12.3. 차자 표기 463
12.3.1. 차자 표기의 원리 463
12.3.2. 차자 표기의 종류 465
12.3.2.1. 이두 465
12.3.2.2. 향찰 467
12.3.2.3. 구결 469
12.4. 한국어 표기법의 변천 472

참고 문헌 478
찾아보기 514

참고 목차

제5장 의미론

참고 1 의미 분류 방법 7
참고 2 언어적 의미와 백과사전적 의미 8
참고 3 가족 유사성과 원형 효과 19
참고 4 반의 관계의 유형과 양립 불능 관계 38
참고 5 동음어와 음장 43
참고 6 동어 반복 문장의 정보성 49

제6장 화용론

참고 1 고정 함축과 외축 71
참고 2 광고와 대화 격률 81
참고 3 화행의 적정 조건 93
참고 4 간접 화행과 완곡어법 97
참고 5 직시 표현의 모호성 101
참고 6 직시의 투사의 개별 언어 의존성 103

제7장 텍스트 언어학

참고 1 '결속 구조'와 '결속성' 용어의 문제 112
참고 2 상호 텍스트성 122

제8장 어휘론

참고 1 어휘부의 등재 단위 138
참고 2 어휘 체계와 어휘 관계 144
참고 3 한자 성어(漢字成語) 151
참고 4 외래어 사용과 국어 순화 155
참고 5 고유어, 한자어, 외래어의 사용과 심리 157
참고 6 어휘 양상의 분류 164
참고 7 어휘의 상황적 변이의 요인 170
참고 8 속담과 문화 174
참고 9 유행어와 사회상 183

제9장 어문 규범

참고 1 표음주의와 표의주의 194
참고 2 한글 자모 명칭에 대한 남북한의 차이점 197
참고 3 외국인이 개발한 로마자 표기법 220

제10장 15세기 한국어의 문법

참고 1 8종성법과 종성부용초성 241
참고 2 8종성에 대한 이견들 241
참고 3 15세기 한국어의 어미 '-이' 264
참고 4 관형사와 체언의 구별 279
참고 5 관형격 조사의 다양한 형태 296
참고 6 선어말 어미 '-오/우-'의 다양한 용법 303
참고 7 15세기 한국어의 부사절 설정 304
참고 8 '-거-'의 형태소 분석과 불연속 형태소 306
참고 9 '원칙'의 양태적 의미 308
참고 10 ᄒᆞ야쎠체 의문형 종결 어미와 ᄒᆞ쇼셔체 의문형 종결 어미의 분석 ... 311
참고 11 반말과 반말체 316
참고 12 실현법과 비실현법 322

참고 13 중립 동사 328
참고 14 능격 언어, 능격문, 능격 동사 329
참고 15 『석보상절』의 어휘적 특징 336
참고 16 15세기 한국어 의성어들의 의미 339
참고 17 몽골어 차용어 '바톨' 342

제11장 한국어의 역사

참고 1 유성 마찰음의 기원 363
참고 2 상성과 장음의 관련성 369
참고 3 표기상의 7종성과 발음상의 7종성 372
참고 4 '·'와 원순 모음화 377
참고 5 모음 조화와 모음 체계의 변화 379
참고 6 용언의 형태 변화 383
참고 7 주격 조사 '가'의 기원 385
참고 8 '-겠-'의 기원에 대한 견해 390
참고 9 '-답-', '-되-', '-롭-'과 '-스럽-'의 의미 차이 406
참고 10 '도루묵'과 민간 어원 424
참고 11 김대문의 어원 연구 426
참고 12 서구 외래어의 차용 방식 434

제12장 문자와 표기

참고 1 한글의 창제자 447
참고 2 이체자에 대한 해석 449
참고 3 한글 모아쓰기에 대하여 454
참고 4 'ㅈ, ㅊ, ㅋ, ㅌ, ㅍ, ㅎ'의 명칭과 표준 발음 459
참고 5 약자로 된 구결자의 사례 470
참고 6 중철에 대하여 476

인용 자료와 약호

문헌명	간행 연도	약호
『가례언해』	1632년	〈가례〉
『구급간이방』	1489년	〈구간〉
『구급방언해』	1466년	〈구방〉
『권념요록』	1637년	〈권념〉
『금강경삼가해』	1482년	〈금삼〉
『남명집언해』	1482년	〈남명〉
『내훈』	1475년	〈내훈〉
『노걸대언해』	1670년	〈노언〉
『능엄경언해』	1461년	〈능엄〉
『동국신속삼강행실도언해』	1617년	〈동신〉
『몽산화상법어약록』	1467년경	〈몽법〉
『번역노걸대』	1517년	〈번노〉
『번역박통사』	1517년	〈번박〉
『번역소학』	1518년	〈번소〉
『법화경언해』	1463년	〈법화〉
『분류두공부시언해 중간본』	1632년	〈두시중〉
『분류두공부시언해 초간본』	1481년	〈두시초〉
『삼강행실도』	1481년	〈삼강〉
『석보상절』	1447년	〈석상〉
『선종영가집언해』	1464-1465년	〈선영〉
『소학언해』	1588년	〈소언〉
『아미타경언해』	1464년	〈아미〉
『악장가사』	연대 미상	〈악가〉
『악학궤범』	1493년	〈악궤〉
『오륜전비언해』	1721년	〈오륜〉
『용비어천가』	1447년	〈용가〉
『원각경언해』	1465년	〈원각〉
『월인석보』	1459년	〈월석〉
『월인천강지곡』	1449년	〈월인〉
『육조법보단경언해』	1496년	〈육조〉
『천의소감언해』	1756년	〈천의〉
『첩해신어』	1676년	〈첩해〉
『훈민정음언해』	1447년경	〈훈언〉

제5장 의미론

5.1. 의미에 대한 기본적 이해

5.1.1. 의미의 의미

의미론은 언어가 가지는 의미를 다루는 학문이다. 그렇다면 의미란 무엇일까? '의미'라는 말은 "이 두 단어는 같은 의미로 쓰인다."에서는 '말의 뜻'을 나타내고 "의미 있는 삶을 살아야 한다."에서는 '가치'의 의미로 쓰인다. 어떤 말이 지니는 뜻은 그것이 언어 생활에서 수행하는 기능이기도 하고 그것은 그 말이 전체 언어 체계에서 차지하는 가치라고 볼 수 있으므로 이 두 용법은 서로 연관이 있다. 요컨대 언어의 의미는 말의 뜻, 기능, 가치 등으로 바꾸어 이해할 수 있다.

의미론은 보통 언어학의 하위 분야로 간주된다. 그런데 엄밀히 말하면 의미는 언어만의 속성이 아니라 언어의 상위 개념인 기호(sign)의 속성이다. 현대 언어학의 창시자 소쉬르(F. de Saussure)는 언어의 상위 개념은 기호이며 언어학은 기호학(semiotics)의 하위 분야임을 분명히 했다. 따라서 의미론은 언어학의 하위 분야이기 이전에 기호학의 하위 분야이다.

기호는 어떠한 상징물(symbol)과 일정한 의미가 결합한 것이다. 소쉬르는 의미를 산출하는 상징물을 '기표(signifiant)'라고 부르고, 산출되는 의미를 '기의(signifié)'라고 불렀다. 신호등을 예로 들면, 현재 한국 교통 체계에서 '빨강'이라는 기표는 '멈추라'는 기의를 가지고 '초록'이라는 기표는 '가라'는 기의를 가진다.

인간의 주요한 의사소통 수단인 언어 역시 다른 기호들과 마찬가지로 기표와 기의의 두 요소로 이루어져 있다. 그렇다면 언어의 의미, 즉 기의는 무엇을 말하는가? 언어는 매우 복잡한 기호이기 때문에 그 의미는 다른 기호들의 의미에 비해 정체를 밝히기가 쉽지 않다. 일단 '나무'라는 단어는 [namu]라는 소리와 세상에 존재하는 '나무()'를 연결한다. 그렇다면 '나무'의 의미는 ''라고 할 수 있다. 이때 세계에 존재하는 실체인 ''를 '나무'라는 단어의 지시 대상(referent)이라고 한다. "철수는 오늘 아침에 나무를 심었다."라는 문장 또한 일련의 말소리들과 세계에 존재한 어떤 사건이라는 의미로 이루어져 있다. '오늘 아침에 철수가 나무를 심은 사태'는 "철수는 오늘 아침에 나무를 심었다."와 같은 문장의 지시 대상이다. 따라서 의미는 일차적으로 어떤 언어 표현의 지시 대상이라고 할 수 있다.

그러나 언어의 의미가 지시 대상에 국한되는 것은 아니다. 구체성을 가지는 명사나 구체적인 사건을 포함하는 문장에 대해서는 지시 대상이 명확하게 떠오른다. 그러나 구체성을 가지지 않는 '믿음, 사랑, 소망' 등의 명사, '잊다, 고민하다' 등의 동사, '어렵다, 용이하다' 등의 형용사, '잘, 아주'와 같은 부사들은 세계에서 어떤 지시 대상을 갖는다고 보기 어렵다. 또한 '용, 도깨비, 유니콘'처럼 세계에 진짜 지시 대상이 아예 존재하지 않는 예도 있다. 주격 조사 '이/가'나 종결 어미 '-습니다' 역시 세계에 어떤 지시 대상을 가지는 것은 아니다. 그러나 이들도 분명히 일정한 의미 혹은 기능을 가지고 있다.

또한 '나무'와 같이 구체적인 지시 대상이 있는 경우라 하더라도 그 의미가 지시 대상으로 환원된다고 보기에는 부족하다. '나무'의 의미에는 식물의 한 종류라든가, 물과 햇빛이 있어야 자란다든가, 꽃을 피우고 열매를 맺는다든가, 책상이나 장롱을 만드는 데 사용된다든가 하는 '나무'에 대한 많은 지식들이 결부되어 있다.

'빗변'이라는 단어에 대해 생각해 보자. '빗변'은 직각 삼각형에서 직각과 마주 보고 있는 가장 긴 변을 뜻한다. '빗변'의 지시 대상은 단순한 직선이지만 그것의 의미는 그 이상이다. 빗변의 개념은 직각 삼각형이라는 개념을 통해서만 정의할 수 있기 때문이다. 역시 의미가 지시 대상으로 환원되지 않음을 보여 준다.

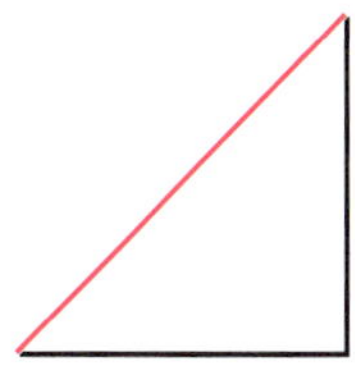

[그림 1] '빗변'의 지시 대상

언어의 의미가 지시 대상 이상이라는 것은 하나의 지시 대상을 가리키는 말이 여럿이라는 점에서도 알 수 있다. '샛별, 개밥바라기, 금성'은 모두 하나의 행성에 대한 다른 이름이지만 그 의미가 같다고 할 수 없다. '이도(李祹)'와 '세종'은 같은 사람을 가리키지만 그 의미가 반드시 같지 않다. 즉 언어의 의미는 지시 대상만으로는 환원되지 않는다.

이에 따라 언어의 의미를 모어 화자가 가지는 심리적 표상(mental representation)으로 파악하려는 견해가 있다. 심리적 표상은 어떤 단어를 들었을 때 떠오르는 시각적 영상일 수도 있고 그 표현과 관련되어 있는 관념이나 지식일 수도 있다. 우리는 '나무'에 대해 나무의 시각적 영상을 떠올릴 수도 있고 '나무'에 대한 지식들을 떠올릴 수도 있다. 이 모든 것이 '나무'의 의미를 구성한다고 보는 것을 의미에 대한 개념주의적 관점이라고 한다.

이상의 논의를 바탕으로 하면 언어의 의미는 지시 대상과 개념으로 이루어졌다고 할 수 있다. 이러한 의미의 구성 요소를 오그던(C. Ogden)과 리처즈(I. A. Richards)가 제안한 다음과 같은 삼각형으로 표현할 수 있다.

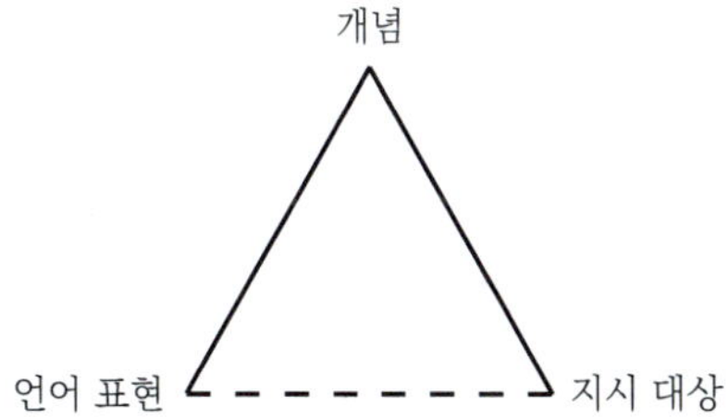

[그림 2] 의미의 삼각형

이 삼각형에서 왼쪽 꼭짓점은 음성적 실체를 가지는 언어 표현 혹은 언어 형식(linguistic form)을 표시한다. 앞에서 '기표'라고 부른 [namu], [tri:] 등이 여기에 해당한다. 오른쪽 꼭짓점은 언어 표현에 대응하는 지시 대상을 가리킨다. 위쪽 꼭짓점은 또 하나의 의미의 국면으로서 모어 화자의 머릿속에 심리적 표상으로 존재하는 개념적 의미를 뜻한다.[1] '지시 대상'과 '개념'은 각각 '지시적 의미', '개념적 의미'라고 할 수 있으며 '기의'의 두 국면을 구성한다.

1 오그덴과 리처즈는 '언어 표현'과 '개념' 대신 각각 '상징(symbol)'과 '생각(thought)'이라는 용어를 사용하였다. 삼각형의 밑변이 점선인 것은 언어 표현과 지시 대상의 관계가 필연적인 것이 아님을, 즉 자의적(arbitrary)임을 표시한다.

5.1.2. 의미에 대한 여러 가지 견해

앞에서 우리는 '지시적 의미'와 '개념적 의미'를 의미의 두 가지 국면으로 다루었다. 그러나 이들은 의미를 파악하는 서로 다른 방법으로 이해되기도 한다. 학자들은 각자의 이론적 입장에 따라 다음과 같은 방법으로 의미를 파악해 왔다.

(1) 가. 언어-세계 접근법: 의미는 언어 표현과 세계의 사태 사이의 관계에 의해 파악된다.
나. 개념주의적 접근법: 언어 표현의 의미는 언어 사용자의 머릿속에서 일어나는 개념화이다.
다. 언어 내적 접근법: 의미는 한 언어 내부의 언어 요소들 사이의 관계에 의해 파악된다.
라. 언어-사용 접근법: 의미는 언어의 실제 사용에 의해 파악된다.

(1가)는 의미를 언어 표현과 세계의 관계에 의해 파악하는 것이다. 의미를 그것에 대응하는 지시 대상으로 간주하는 입장이 이러한 접근법에 입각했다고 할 수 있다. 반면 (1나)는 언어의 의미를 언어 사용자의 머릿속에서 일어나는 의미 구성 과정인 '개념화'로 보는 입장으로서 인지 언어학(cognitive linguistics)에서 특히 중요시하는 방법이다. 이 두 접근법에 대해서는 앞에서 간단히 살펴본 바 있다.

(1다)는 어떤 요소의 의미를 한 언어 체계 안의 요소들 사이의 관계에 의해 파악한다. 소쉬르는 어떤 언어 요소의 의미는 체계 내에서 해당 언어 항목이 가지는 구조적 위치에 따라 결정된다고 보았다. 이를 바탕으로 라

이온스(J. Lyons)는 단어의 의미에는 지시(reference)의 국면 외에 의의(sense)의 국면이 있다고 보고 의의 관계(sense relation)에 의해 단어의 의미가 결정된다고 보았다.

예를 들면 영어의 'mutton'과 프랑스어의 'mouton'은 모두 '양'을 뜻하는 말로서 어원도 같다. 그러나 그 의미가 같다고 할 수는 없다. 영어에서는 가축으로서의 양을 뜻하는 'sheep'이라는 단어가 따로 있기 때문에 'mutton'은 양고기만을 가리킨다. 그러나 프랑스어에서 'mouton'은 양을 가리키기도 하고 양고기를 가리키기도 한다. 영어의 'mutton'과 프랑스어의 'mouton'의 의미는 그 자체로 결정되는 것이 아니라 각각의 언어 안에서 다른 단어와 가지는 관계, 즉, 의의 관계를 통해 결정된다.

한국어의 '의자'는 전형적인 책상 의자는 물론 등받이가 없는 것, 나무로 만든 길쭉한 것 모두에 적용된다. 그러나 영어의 'chair'는 'stool, bench'와 같은 관련어로 인해 등받이가 있는 1인용 의자를 주로 가리킨다. 한국어의 친족명에는 '형, 누나, 오빠, 언니'의 구별이 존재하지만 영어의 친족명에는 'brother, sister'의 구별밖에 없다. 따라서 한국어의 '형'과 영어의 'brother'는 각자 언어 체계에서 가지는 의의 관계가 다르므로 의미가 같다고 할 수 없다.

(1라)는 의미를 언어의 실제 사용에 의해 파악한다. 대표적으로 행동주의 심리학에 기반한 '자극-반응설'과 언어 철학자 비트겐슈타인(L. Wittgenstein)의 '용법설'을 들 수 있다. 행동주의적 의미론에서 의미는 화자의 발화가 청자에게 불러일으키는 반응이라고 본다. "아이고 더워."라는 화자의 말에 청자가 에어컨을 켰다면, 화자의 말은 '자극'에 해당하고 청자의 행동은 '반응'에 해당한다. 이때 "아이고 더워."의 의미는 '에어컨을 켜라'라고 볼 수 있다는 것이다.

한편 용법설에서는 단어의 의미는 해당 단어의 용법이라고 본다. 비트겐슈타인은 의미에 대하여 묻지 말고 용법에 대하여 물으라고 한 바 있다. 그는 의미에 대한 개념주의적 견해에 반대하면서 "내가 '치통(齒痛)'이라는 단어를 사용할 때 내가 그 단어로 가리키는 것과 동일한 감각을 당신이 가리킨다고 어떻게 확신할 수 있는가?"를 묻는다. 치통을 겪어 보지 않은 사람은 그 아픔이 어떠한 것인지를 정확히 알 수 없다. 그렇지만 치통을 경험하지 않은 사람이라 해서 '치통'의 의미를 모른다고 할 수는 없을 것이다. 용법설은 '치통'이라는 단어를 단어 사용에 대한 관습, 즉 용법에 맞게 잘 사용한다면 '치통'의 의미를 안다고 보는 관점이다.

5.1.3. 의미의 종류

5.1.2.에서는 의미를 지시적 의미와 개념적 의미로 나누어 살펴본 바 있다. 그런데 의미의 양상은 이보다 더 복잡하다. '군인'과 '군바리', '소금'과 '염화나트륨'은 각각 동일한 지시 대상을 가지면서도 그 의미가 같지 않다. 따라서 이들의 의미가 어느 지점에서 다르다고 할 수 있는지를 더 생각해 볼 수 있다. 크루즈(A. Cruse)의 논의를 바탕으로 하면 개념적 의미는 다시 다음과 같이 나누어질 수 있다.

(2) 가. 기술적 의미(descriptive meaning)
나. 표현적 의미(expressive meaning)
다. 사회적 의미(social meaning)[2]

(2가)의 '기술적 의미'는 참과 거짓을 결정하는 의미의 부문이다.[3] "군인이 왔다."라고 하든 "군바리가 왔다."라고 하든 문장이 세계에 가지는 지시 대상이 달라지지는 않는다. '군인'과 '군바리'가 공유하는 의미가 기술적 의미이다. 또한 "늦게 일어나서 지각을 했다."와 "늦게 일어나는 바람에 지각을 했다."는 동일한 사태를 표상하므로 진리 조건(truth condition)이 같다.[4] 즉 앞의 문장이 참이면 뒤의 문장도 참이며 앞의 문장이 거짓이면 뒤의 문장도 거짓이다. 두 문장이 공유하는 의미가 기술적 의미이다.

(2나)의 표현적 의미는 참과 거짓을 결정하는 의미와는 별도로 존재하는, 화자의 감정이나 태도를 나타내는 의미를 말한다. 감정적 의미(affective meaning)라고 하기도 한다. "영희는 취직을 했다."와 "영희는 취직을 하고야 말았다.", "동생이 운다."와 "동생이 질질 짠다."는 각각 동일한 사건을 표현하고 진리 조건이 동일하다. 그러나 그 의미는 다르다. 그

2 크루즈는 사회적 의미 대신 '환기적(evoked) 의미'라는 용어를 사용하였다.

3 기술적 의미를 '중심적 의미'와 같은 것으로 이해하는 경우도 있으나 엄밀히는 이들을 다른 차원에서 이해하여야 한다. 둘 이상의 의미 항목을 가지는 다의어에서 기본이 되는 의미 항목을 중심적 의미라고 하고 다의 확장으로 추가된 의미 항목을 주변적 의미라고 한다(5.2.2.1. 참조).

4 진리 조건에 대해서는 5.3.2.를 참조할 수 있다.

차이를 표현적 의미로 포착할 수 있다.

(2다)의 사회적 의미는 어떤 단어가 사용되는 사회·문화적 맥락의 차이에 따른 의미이다. '소금'과 '염화나트륨'은 동일한 지시 대상을 가리키지만 사용되는 사회·문화적 맥락은 다르다. 국의 간을 맞출 때는 소금을 넣는다고 하지만 실험에서 사용하는 소금은 염화나트륨이라고 부른다. 방언형 간의 의미 차이 역시 사회적 의미의 차이이다. "이것 좀 잡숴 보세요."와 "이거 쪼매 잡사 보시라예."의 의미가 완전히 같지 않다면 이것은 사회적 의미가 다른 것이다. 사회적 의미는 어떤 말이 불러일으키는 언어 사용역(register)과 관련된 의미이며 구어체와 문어체의 차이도 사회적 의미의 차이라고 할 수 있다.

일반적으로 한국어의 고유어와 한자어는 사회적 의미의 차이를 가지는 유의어로 공존하는 경우가 많다. 일상어로는 '도둑'이 쓰이나 법률적 맥락에서는 '절도범'이 쓰인다. '비슷하다'와 '근사(近似)하다', '사다'와 '매수(買收)하다'도 사회적 의미의 차이를 가진다. 일상어와 속어 역시 사회적 의미의 차이를 가진다. '화나다'와 '빡치다', '경찰'과 '짭새'는 지시 대상이나 기술적 의미에 큰 차이가 있는 것은 아니지만 사회적 의미에서 차이가 있다.

참고 1 의미 분류 방법

의미 분류 방법으로 다음과 같은 리치(G. N. Leech)의 분류도 잘 알려져 있다.

(1) 가. 개념적 의미
　나. 결부된 의미: 내포적 의미, 문체적 의미, 정서적 의미, 반사적 의미, 연어적 의미
　다. 주제적 의미

이 분류는 의미의 다채로운 면모를 세부적으로 보여 준다는 중요한 장점이 있지만 교육적, 학문적 관점에서 다소의 문제가 있다. 먼저 교육적 관점에서 첫째, 일곱 종류나 되는 의미를 제시하는 것은 개수가 너무 많다. 둘째, '결부된 의미'에 속하는 다섯 가지 의미의 경계가 불분명하고 명명만으로 그것이 무엇을 의미하는지 쉽게 알 수 없다. 셋째, 연어적 의미, 혹은 주제적 의미는 지나치게 전문적인 개념이어서 의미에 대한 기초 분류로서 적절치 않다.

나아가 이 분류는 학문적 관점에서도 몇 가지 문제가 있다. 첫째, 개념적 의미, 내포적 의미의 '개념'과 '내포'는 의미론에서 보다 일반적인 의미로 쓰이는 일이 많다. 우리 책에서도 지시 대상을 제외한 나머지 의미 부문, 즉 의미의 삼각형의 꼭짓점에 해당하는 부문을 개념적 의미라고 한 바 있다(5.1.1. 참조). '내포(connotation)' 역시 어떤 언어 형식의 '지시 대상'을 가리키는 '외연(denotation)'의 상대 개념으로서 더 넓은 범위로 이해되는 일이 많다. 둘째, (1나)에서 내포적 의미와 정서적, 반사적 의미는 명확히 구별되지 않는다. 내포적 의미는 언어 표현에 덧붙는 의사소통적 가치와 관계되는 가변적 의미를 가리키는데 이러한 특성은 정서적, 반사적 의미에도 유효하다. 셋째, (1나)에서 연어적 의미는 개념적 의미(우리 책의 용어로는 '기술적 의미')에 포함될 수 있다. 'pretty'와 'handsome'이 함께 쓰일 수 있는 명사가 다른 것은 연어적 의미가 다르기 때문이라는 것인데 이러한 차이는 두 단어가 가지는 개념적 의미(우리 책의 용어로는 '기술적 의미')의 중요한 일부이다. (1다)의 '주제적 의미'는 문장 이상의 단위에서 문제 삼는 정보 구조와 관련된 의미인데 다른 의미들과 함께 논의될 만한 층위의 것이 아니다.

이러한 인식을 바탕으로 우리 책에서는 크루즈의 분류에 기반한 기술적 의미, 표현적 의미, 사회적 의미의 세 가지 분류를 제안하였다. 리치의 분류와 우리 책의 분류를 대응시키면 다음과 같다.

<table>
<tr><th colspan="2">리치의 의미 유형</th><th>우리 책의 의미의 종류</th></tr>
<tr><td colspan="2">개념적 의미</td><td rowspan="4">기술적 의미</td></tr>
<tr><td rowspan="5">결부된 의미</td><td>내포적 의미</td></tr>
<tr><td>반사적 의미</td></tr>
<tr><td>연어적 의미</td></tr>
<tr><td>문체적 의미</td><td>사회적 의미</td></tr>
<tr><td>감정적 의미</td><td>표현적 의미</td></tr>
<tr><td colspan="2">주제적 의미</td><td>(대응 없음)</td></tr>
</table>

[표] 리치의 의미 유형과 우리 책의 의미 성분 종류 비교

참고 2 언어적 의미와 백과사전적 의미

국어사전과 백과사전의 내용이 다르듯 언어적 의미와 세계에 대한 백과사전적 지식은 우리의 머릿속에서도 구별된다고 보는 것이 전통적인 언어학의 견해였다. 즉 '한복'이라는 단어의 의미를 아는 것과 한복의 기원, 한복을 입는 방법, 현대의 한국에서 한복을 입는 상황 등을 아는 것은 구별된다고 생각해 왔다.

그러나 의미를 '개념화'라는 심리적 경험으로 보는 인지 언어학에서는 언어적 의미와 백과사전적 지식은 원리적으로 명확히 구별될 수 없다고 본다. 예컨대 '고기'는 '식용하는 온갖 동물의 살'을 의미하고, '물고기, 고기잡이, 물 만난 고기' 등의 표현이 존재하는 것에서 알 수 있듯이 생선 역시 '고기'에 포함된다. 그러나 한국인들이 "오늘

회식 때 고기를 먹자."라고 했을 때의 '고기'는 보통 소고기나 돼지고기 등을 가리키고 생선은 포함되지 않는다. 즉 한국어의 '고기'라는 말을 적절히 사용하기 위해서는 언어 사용 관습을 포함한 사회·문화적인 배경지식이 필요하다. 이때 '고기'를 사용하는 데 필요한 지식 중 어디까지가 언어적 의미이고 어디부터가 백과사전적 지식인지를 나누는 것은 쉽지 않다.

5.1.4. 의미의 비유적 개념화

5.1.4.1. 문자적 의미와 비유적 의미

어떤 언어 표현의 의미는 문자적으로(literally) 해석될 수도 있고 비유적으로(figuratively) 해석될 수도 있다.

(3) 가. 철수가 그때 화가 많이 났지.
　　나. 철수가 그때 뚜껑이 열렸지.

(3가)는 문자적 의미로 해석된다. 하지만 (3나)의 '뚜껑이 열리다'는 보통 '화가 많이 나다'의 비유적 의미로 해석된다. 그런데 문자적 의미와 비유적 의미가 항상 잘 구별되지는 않는다.

(4) 가. 우리 학교에서 교장 선생님이 제일 높다.
　　나. 김 선생 논문은 문장이 너무 거칠다.

(4가)에서는 서술어로 '높다'가 사용되었는데 교장 선생님이 물리적으로 가장 '높은' 공간에 계시는 것은 아니다. (4나)에서도 문장의 촉감이 '거칠다'고는 할 수 없다. 그러나 이러한 문장에서 특별한 비유법이 사용되었다고 느껴지지는 않는다. 이는 '높다, 거칠다'의 비유적 의미가 사전의 뜻풀이에 등재될 정도로 이미 확립되었기 때문이다. 이러한 언어의 비유적 쓰임은 우리가 생각하는 것보다 훨씬 광범위하게 발견된다.

5.1.4.2. **개념적 은유**

"가을 지난 마당은 하이얀 종이, 참새들이 글씨를 공부하지요.(윤동주, 「참새」)"에서 시인은 '마당'을 '종이'에 비유하였다. 시인은 '마당'과 '종이'에 비슷한 점이 있다고 본 것이다. 이렇듯 두 사물의 유사성을 기반으로 하나의 사물을 다른 사물에 빗대어 표현하는 수사법을 은유(metaphor)라 한다.

그런데 은유는 시에서만 사용되는 것이 아니다. 은유는 다음과 같은 일상적인 표현에서도 흔히 발견된다.

(5) 가. 성탄절이 다가오고 있다.
나. 그는 깊은 잠에 빠져들었다.
다. 컴퓨터가 시간을 절약해 줄 줄 알았는데 고장이 나서 한 시간이나 시간을 낭비했다.

(5가)는 성탄절 날짜가 가까워지는 것을 마치 기차가 기차역에 도착하는 것처럼, 성탄절이 정말로 우리를 향해 다가오는 것처럼 표현하고 있다. 그러나 성탄절은 발도 없고 바퀴도 없으므로 우리를 향해 다가올 수 없다. (5나)에서 '잠'은 마치 '물'처럼 빠질 수 있는 대상으로 표현된다. 그러나 잠은 당연히 물이 아니다. (5다)에서 '시간'은 마치 '돈'처럼 절약하거나 낭비할 수 있는 것으로 표현되고 있다. 그러나 시간은 돈이 아니고, 저축했다가 나중에 다시 사용할 수 있는 실체가 아니다. 이들은 엄밀히 말해서 문자적 표현이 아니라 비유적 표현이다.

주목해야 할 것은 (5)의 표현들이 특수한 문학적 표현이 아니라 일상적 표현들이라는 점이다. 흔히 은유는 미적, 수사적 가치를 지니는 것이어서 이를 다루는 것은 문학의 소관이라고 이해되어 왔다. 그러나 레이코프(G. Lakoff)와 존슨(M. Johnson)은 은유가 일상 언어에 광범하게 퍼져 있으며 우리는 의식하지 않은 채 수많은 은유적 표현들을 사용하고 있다고 주장한다.

나아가 은유는 단순히 언어 표현의 문제가 아니라 사고의 문제이다. 즉 우리가 어떤 단어에 대해 가지고 있는 개념 자체가 많은 부분 은유에 의존하고 있다. 날짜를 움직일 수 있는 사물로 이해한다든가 시간을 돈의 관점에서 일관되게 개념화한다든가 하는 것이 그것이다. '시간'을 '목표 영역(target domain)'이라고 하고 '돈'을 '근원 영역(source domain)'이라고 한다면 우리는 두 영역의 유사성에 착안하여 목표 영역을 근원 영역의 관점에서 개념화한다.[5] 이러한 은유를 기존의 수사학적인 은유와 구별하여 개념적 은유(conceptual metaphor)라고 한다.

5 대체로 목표 영역과 근원 영역은 각각 '원관념'과 '보조 관념'에 해당한다.

(6) 가. 영희는 주로 운동하는 데 시간을 썼다.
　나. 우리는 가전제품을 이용해 많은 시간을 절약한다.
　다. 시간을 낭비하지 마라.
　라. 제게 시간을 좀 내어 주시겠어요?

(7) 가. 토론에서 우리는 상대편 진영의 허점을 공격하기 위해 최선을 다했다.
　나. 예상되는 반론에 대한 방어가 필요합니다.
　다. 상대편 논리를 무너뜨리기 위한 전략을 준비합시다.

(6)에서 '시간'은 '돈'의 관점에서 표현되고 있다. 시간을 '소비하고, 절약하고, 낭비하고, 남에게 내어 주는 것'으로 간주하는 것이다. 즉 시간은 '돈'의 관점에서 은유적으로 개념화되어 있다. (7)에서 '논쟁'이라는 개념은 일관되게 '전쟁'의 관점에서 개념화되어 있음을 확인할 수 있다. 논쟁에서 우리는 상대방 논리를 공격하고 우리 편 논리를 방어하며 이기기 위한 전략을 짠다.

레이코프와 존슨은 이러한 개념적 은유에 세 종류가 있다고 보았다. 첫째는 구조적 은유(structural metaphor)이다. 이는 위에서 살펴본 바 있는 [시간은 돈], [논쟁은 전쟁][6]과 같이 어느 한 의미 영역을 다른 영역의 관점에서 일관되게 체계적으로 개념화하는 것을 말한다.

6 개념적 은유의 내용을 [ ] 안에 넣어 제시하기로 한다.

둘째는 방향적 은유(orientational metaphor)이다. 이는 몇몇 추상적 개념을 공간적인 방향과 관련하여 개념화하는 은유이다.

(8) 가. 영희는 하루 종일 들뜬 기분이었다.
나. 선수들의 사기가 오를 대로 올라 있다.
다. 나는 오늘 기분이 자꾸 가라앉는다.

(8가, 나)에서 '들뜨다, 오르다'와 같이 '위'와 관련되는 표현은 긍정적인 기분을 나타내기 위해 사용된다. 반면 (8다)에서 '가라앉는다'와 같이 '아래'와 관련되는 표현은 부정적인 기분과 관련된다. 즉 한국어 화자에게는 [행복은 위], [슬픔은 아래]와 같은 방향적 은유가 존재한다.

셋째는 존재론적 은유(ontological metaphor)이다. 이는 추상적인 목표 영역을 구체적인 사물의 근원 영역의 관점에서 개념화하는 것이다.[7]

7 구조적 은유, 방향적 은유, 존재론적 은유가 정확한 삼분 대립을 가지지는 않는다. 존재론적 은유 표현 중에도 구조적 은유의 성격을 가지는 것이 있다. 그러나 레이코프와 존슨의 이러한 하위 분류가 일반적으로 통용되는 점을 고려하여 우리 책에서도 이를 소개한다.

(9) 가. 그들은 한눈에 사랑에 빠졌다.
나. 어머니는 한동안 슬픔에 젖어 계셨다.
다. 우울한 기분에서 헤어 나오려고 노력했다.

감정과 관련된 (9가~다)와 같은 표현들은 한국어에서 '사랑', '슬픔', '우울' 등의 감정이 '물'의 관점에서 개념화되고 있음을 보여 준다. 감정은 실체를 가지지 못하는 것인데 '물'처럼 거기에 빠질 수도 있고, 젖을 수도 있고, 거기에서 헤어 나올 수도 있는 실체로 개념화되어 있는 것이다.

인지 언어학적 관점에서 은유는 개별 단어들의 속성이라기보다는 정확히는 개념화의 속성이다. 레이코프와 존슨의 은유 이론은 은유가 언어의 특별한 용법이 아니라 일상 언어와 우리의 사고 전반에 광범위하게 자리 잡은 과정이라는 점을 새롭게 인식하였다는 의의가 있다.

5.1.4.3. 개념적 환유

전통적인 관점에서는 환유(metonymy) 역시 언어의 특수한 비유적 사용으로 취급되었다. 그러나 인지 언어학적 관점에서 환유는 은유와 마찬가지로 중요한 개념화 수단으로 간주된다. 따라서 이를 개념적 환유(conceptual metonymy)라고 부른다.

환유는 하나의 대상을 그와 인접한 다른 대상을 통해 지시하는 것이다.

(10) 가. 저기 노랑머리가 저한테 뭐라고 하던데요.
　　 나. 오늘 영문과는 늦으시네요.

(10가)에서 '노랑머리'는 '노랑머리를 한 사람'을 가리킨다. (10나)가 학생회장 회의에서 사용된다면 '영문과'는 '영문과 학생회장'을 가리킨다. 이때 '노랑머리'를 환유의 '매체(vehicle)'라 하고 '노랑머리를 한 사람'을 '목표(target)'라 한다. 개념적 은유와 마찬가지로 개념적 환유 역시 일상생활에서 생각보다 흔히 발견된다. 특히 (10나)와 같은 표현은 지극히 평범해서 어떤 수사법이 사용되었다고는 느껴지지 않는다.

앞에서 환유는 하나의 대상을 그것과 인접한 다른 대상으로 지시하는 것이라고 하였다. 환유에는 어떤 대상의 부분으로 대상 전체를 지시하는 것도 있고 전체로 부분을 지시하는 것도 있으며,[8] 하나의 영역 안의 두 하위 영역 사이에서 일어나는 환유도 있다.

8 어떤 대상의 일부분을 지시함으로써 전체를 지시하는 기법은 '제유(synecdoche)'라고도 불리었다. 그러나 인지 언어학에서는 제유를 환유의 일종으로 취급하는 경우가 많다.

(11) 가. 저희 회사에는 무엇보다도 우수한 두뇌가 필요합니다.
　　 나. 극장 안에는 몇몇 어깨들이 이미 포진해 있었다.
(12) 가. 인문대에서 국문과가 제일 젊어요.
　　 나. 시계가 정오를 가리키고 있다.
(13) 가. 제2 바이올린은 아직 안 왔나?
　　 나. 백악관은 아직 구체적인 입장을 내놓지 않고 있다.

(11가)의 '우수한 두뇌'는 '머리가 좋은 사람' 혹은 '인재'를 가리킨다. '우수한 두뇌'는 인재의 부분을 구성하므로 부분으로 전체를 지시하는 환유의 예라고 할 수 있다. (11나)의 '어깨'는 폭력을 일삼는 불량배를 가리키는 속어로 쓰인다. 역시 부분으로 전체를 지시하는 환유 표현이다.

한편 (12가)의 '국문과'가 '국문과 교수들'을 가리킨다면 이는 전체로 부분을 지시하는 환유의 예이다. (12나)에서 '시계'는 정확히 말하면 '시계의 바늘'을 지시한다고 보아야 옳다. 그렇다면 '시계'는 전체로 부분을 지시하는 환유적 용법을 가진다고 볼 수 있다.

(13가, 나)는 하나의 영역 안의 두 하위 영역 사이에서 발생하는 환유의 예이다. (13가)는 악기로 악기 연주자를 지시하는 것으로 동일 영역 내에 속하는 한 부분으로 다른 부분을 지시하는 환유이다. (13나)는 장소로 그 장소에 사는 인물을 대신하는 환유이다.

은유와 환유는 서로 밀접한 관련이 있는 현상으로 인식되어 왔으나 기본적으로 다음과 같은 차이가 있다. 첫째, 은유는 의미의 유사성(similarity)에 기반하고 환유는 의미의 인접성(contiguity)에 기반한다. '시간'과 '돈' 사이에는 모종의 유사성이 있으나 '시계'와 '시계의 바늘' 사이에 유사성이 있는 것은 아니다. 단지 시곗바늘과 시계가 인접한 개념이기 때문에 환유가 발생하는 것이다. 이에 따라 은유에서 관련되는 두 요소는 비슷한 점이 있되 멀리 떨어진 개념이지만 환유에서의 두 요소는 밀접하게 연관되어 있는 개념이다.

둘째, 은유는 하나의 대상을 다른 대상과 연관 지음으로써 한 대상을 다른 대상의 관점에서 생각하게 하므로 은유의 주요한 기능은 이해이다. 그러나 환유는 기본적으로 하나의 대상에 대한 것이며 환유의 주요한 기능은 지시이다.

셋째, 은유는 문자적으로 거짓인 표현이고 환유는 문자적으로 부정확한 표현이다. "성탄절이 다가오고 있다."라는 은유 표현은 '다가오다'가 가진 본래의 중심 의미만을 고려한다면 문자 그대로 의미에서는 거짓이다. 성탄절이 어떤 식으로든 이동하여 우리에게 오고 있는 것은 아니기 때문이다. 반면 "시계가 정오를 가리킨다."는 완전한 거짓이라기보다는 부정확한 표현에 가깝다.

5.2. 단어의 의미

5.2.1. 단어 의미 파악의 방법

어떤 언어 표현의 의미를 파악하는 데 있어서 기본이 되는 단위는 단어이다. 일반적으로 사전에 등재되는 단위는 단어이며, 머릿속 사전(mental lexicon)에 저장되어 있는 단위도 기본적으로 단어이다.

단어의 의미는 어떻게 파악할 수 있는가? 다음 단어의 의미에 대해 생각해 보자.

(14) 소녀, 의자, 토끼, 속삭이다, 매우

한국어 화자들은 위 단어들에 대해 어느 정도 공통적인 지식을 가지고 있다. 그런데 단어의 의미는 다른 단어들의 의미와 서로 관련성을 가지고 존재할 가능성이 높다.

(15) 가. 소녀, 여자, 소년, 숙녀, 처녀, 아주머니
나. 의자, 걸상, 소파, 스툴, 벤치
다. 토끼, 쥐, 호랑이, 사자, 다람쥐
라. 속삭이다, 말하다, 지껄이다, 고함치다, 중얼거리다
마. 매우, 무척, 아주

'소녀'의 의미는 관련어인 '여자, 소년, 숙녀, 처녀, 아주머니' 등과의 관련성을 고려하여야만 정확하게 파악될 수 있다. '속삭이다'의 의미는 '말하다, 지껄이다, 고함치다, 중얼거리다' 등과의 구별을 통해서만 정확하게 파악된다. 즉 단어의 의미를 파악할 때에는 단어와 단어 사이의 연관성이 중요한 역할을 한다. 다음에서 소개할 성분 분석 이론(componential analysis theory)과 의미장 이론(semantic field theory)은 모두 단어와 단어 사이의 의미의 연관성에 바탕을 둔 의미 파악의 방법이다.

5.2.1.1. **성분 분석**

성분 분석은 단어의 의미를 몇 가지 구성 성분으로 쪼갤 수 있다는 생각을 바탕으로 한다. 어떤 언어 표현의 속성이 우리가 일상적으로 인식하는 것보다 더 작은 단위로 쪼개어질 수 있다는 생각은 음운 분석에서 먼저 시작되었다.

(16) 가. ㅂ: [+양순음], [+파열음], [−경음], [−유기음]
나. ㅍ: [+양순음], [+파열음], [−경음], [+유기음]
다. ㅃ: [+양순음], [+파열음], [+경음], [−유기음]

사람들은 음소 'ㅂ, ㅍ, ㅃ'을 위와 같이 몇 가지 자질의 복합체로 이해함으로써 이들이 우연히 아무렇게나 존재하는 소리들이 아니라 서로 연관이 있는 소리들이라는 것을 알게 되었다. 즉 'ㅂ, ㅍ, ㅃ'은 [양순음]과 [파열음]이라는 공통적 자질을 가지며 [경음]과 [유기음] 자질의 차이로 서로 구별된다는 것을 한눈에 알 수 있었다.

이러한 생각을 의미에 적용한 것이 성분 분석 이론이다. 가령 '소녀, 처녀, 아주머니'는 분명히 의미론적으로 연관성이 있다. 모두 '여성'이라는 의미를 포함하고 있으며 이 중 '소녀'와 '처녀'는 '미혼'인 여성만을 가리킨다는 공통점이 있다. '처녀'와 '아주머니'는 '소녀'와는 달리 '성인인 여성'을 가리킨다는 공통점이 있다. 즉 이러한 단어들의 의미에는 '여성인지의 여부, 성인인지의 여부, 결혼했는지의 여부' 등이 중요한 구성 요소로 기능하고 있음을 알 수 있다. 이렇게 단어의 의미를 그 의미 성분으로 분해하여 표시하는 방법을 성분 분석이라고 한다. '소녀, 처녀, 아주머니'의 의미를 플러스(+)와 마이너스(-)의 이원적 자질(binary feature)을 이용해서 표현해 보자.

(17) 가. 소　녀: [+인간], [+여성], [−성년], [−기혼]
나. 처　녀: [+인간], [+여성], [+성년], [−기혼]
다. 아주머니: [+인간], [+여성], [+성년], [+기혼]

'소년, 총각, 아저씨'도 비슷한 방법으로 의미 성분을 분석할 수 있다.

(18) 가. 소　년: [+인간], [−여성], [−성년], [−기혼]
　　나. 총　각: [+인간], [−여성], [+성년], [−기혼]
　　다. 아저씨: [+인간], [−여성], [+성년], [+기혼]

이렇게 표시해 보면 '소녀, 처녀, 아주머니'와 '소년, 총각, 아저씨'라는 단어들의 의미의 공통점과 차이점을 한눈에 알 수 있다.

(19) 가. '소녀'와 '소년'은 [+인간], [−성년], [−기혼] 성분을 공유하지만 [여성]이라는 성분에 대해서는 대립된다.
　　나. '처녀'와 '아저씨'는 [+인간], [+성년] 성분을 공유하지만 [여성], [기혼]의 성분에 대해서는 대립된다.

그런데 이러한 표시법은 다소 비경제적이다. [+기혼] 성분은 [+성년]인 경우에만 가지게 되는 것이 보통이다. 또한 ([+암컷]과는 달리) [+여성]은 [+인간]이라는 성분을 포함한다. 만약 이러한 상위의 성분을 모두 표시해야 한다면 '소녀'는 [+인간], [+여성], [+성년], [+기혼] 외에도 [+포유류], [+동물], [+생물], [+구체물] 등의 성분을 더 가진다고 해야 할지 모른다. 그러나 이러한 성분들은 [여성]에 의해서 충분히 예측 가능하므로 이를 표시하는 것은 잉여적(redundant)이다. 이를 잉여 성분(redundant component)라고 한다.

그렇다면 단어 의미를 파악하는 데 필요한 의미 성분은 어떻게 찾을 수 있을까?

(20) 가. 송아지, 강아지, 망아지
　　나. 고모, 이모, 삼촌, 숙부, 숙모, 백부, 백모
　　다. 좋다, 기쁘다, 즐겁다, 슬프다, 우울하다
　　라. 가다, 오다, 건너다, 출발하다
　　마. 입다, 쓰다, 신다, 매다, 차다

우리가 알고 있는 단어들 중에는 의미상 공통점을 가지고 있는 것들이 있다. (20가)는 모두 '동물의 새끼'라는 공통점이 있고 (20나)는 '한 세대 위의 친족'이라는 공통점이 있다. (20다)는 모두 인간이 느끼는 감정을 표현한 말이며 (20라)는 '이동'과 관련된 말이다. (20마)는 인간의 몸에 무엇인가를 두르는 행위, 즉 '착용'과 관련된 말이다. 이러한 공통점들이 모두 의미 성분의 후보가 된다. 그리고 그 차이점 역시 의미 성분의 후보가 된다.

성분 분석은 자칫 막연하게 기술될 수 있는 의미를 보다 명확하고 체계적으로 기술하는 데 도움을 준다. 또한 뒤에서 살펴볼 단어들 사이의 반의 관계, 상하 관계 등은 모두 성분 분석에 그 기반을 둔다.

(21) 가. 바지, 저고리
　　나. 할머니, 할아버지
(22) 가. 그는 살해당했다.
　　나. 그는 죽었다.

(21가, 나)에서 '바지'와 '저고리', '할머니'와 '할아버지'는 각각 반의 관계에 있다. 이는 이들 단어 쌍이 모든 의미 성분을 공유하면서 하나의 성분에 대해서 대립되기 때문이다(5.2.3.2. 참조). (22)에서 '살해당하다'는 '죽다'의 의미 성분을 포함한다. 이를 문장 의미론에서 '함의(entailment)' 관계로 설명하는데(5.3.4. 참조).[9] 이러한 파악 역시 성분 분석에 기댄 것이다.

9 어떤 명제가 참이면 그에 따라 당연히 참이 되는 명제를 그 명제의 '함의'라고 한다. 여기에서는 어떤 언어 형식의 의미에 포함된 의미 정도로 이해하면 된다.

성분 분석은 언어의 의미를 체계적으로 연구하는 데 상당히 많은 도움을 주었다. 그러나 성분 분석의 방법으로 단어 의미를 파악하는 데에는 한계가 있다. 첫째, 성분 분석이 가능한 단어들은 매우 제한적이다. 친족어 등 체계적으로 잘 짜인 어휘군에서는 성분 분석의 방법이 매우 효과적이지만 모든 단어에 대해서 성분 분석이 가능한지는 의문이다. 가령 '아지랑이', '구름', '땅'은 어떠한 성분으로 분석되어야 할지 결정하기 어렵다.

둘째, 성분 분석에 이용되는 의미 성분을 어떤 기준으로 선택하여야 하는지도 분명치 않다. '소파'의 의미를 [+구체물], [+가구], [+등받이], [+쿠션], [+앉는 것] 등으로 기술할 수 있을지 모르지만 이러한 성분을 선정한 과정이 매우 자의적이다.

셋째, 성분 분석된 의미는 의미의 일부에 지나지 않는다. '고기'의 의미가 '식용하는 온갖 동물의 살' 이상이라는 것을 앞의 '참고 2'에서 본 바 있다.

성분 분석 이론이 단어의 의미 분석에서 가지는 효용은 제한적일 수 있다. 그러나 의미 분석의 기초적 도구로서 성분 분석의 방법은 여전히 유효하며 여러 가지 방법으로 응용되고 있다.

참고 3 가족 유사성과 원형 효과

성분 분석 이론은 기본적으로 범주화에 관한 고전적 견해에 기초를 둔다. 이는 어떤 실체가 어떤 범주의 구성원이 되기 위해서는 그 범주가 요구하는 필요충분조건을 가져야 한다는 것이다. 가령 어떤 실체가 '총각' 범주의 구성원이 되려면 '성년이다, 남성이다, 결혼하지 않았다'라는 조건을 만족시켜야 한다. 그러나 이러한 견해에는 몇 가지 문제점이 있다.

첫째, 범주를 정의하는 데 필요한 필요충분조건을 식별하는 것이 상당히 어렵다. 언어철학자 비트겐슈타인은 '게임'이라는 단어를 예로 들면서 '보드 게임, 카드 게임, 볼 게임, 올림픽 게임' 모두에 공통적인 속성이 무엇인가를 묻는다. 즐거운 것, 승패가 존재하는 것, 둘 이상의 참여자가 있는 것, 기량과 운이 작용하는 것 등등은 그들 중 일부의 속성일 수는 있으나 모두의 속성일 수는 없다. 어떤 범주의 구성 요소 A, B, C, D 중 A는 B와 공통점을 공유하고 B와 C도 공통점을 공유하고 C와 D도 공통점을 공유할 수 있으나 A와 D는 공통점이 없을 수도 있다. 그럼에도 불구하고 A, B, C, D는 유사성을 가진다고 볼 수 있다. 비트겐슈타인은 이를 가족 유사성(family resemblance)이라고 불렀다.

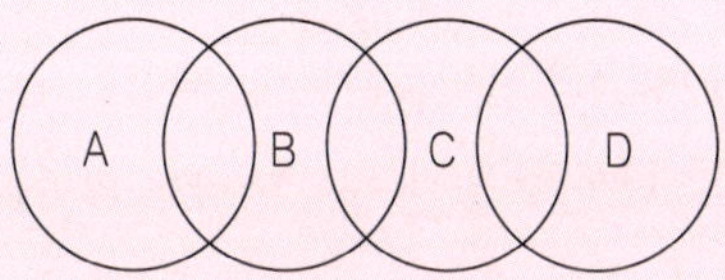

[그림 3] 가족 유사성

둘째, 범주 간의 경계가 언제나 선명한 것은 아니다. 가령 '가구'라는 범주를 생각해 볼 때 '탁자, 의자, 소파'가 '가구'인 것은 분명하지만 '양탄자'나 '피아노'가 가구인지는 분명치 않다. 결국 '전형적인 가구'와 '덜 전형적인 가구'가 존재한다고 볼 수밖에 없다. 인지 심리학자인 로시(E. Rosch)는 미국 대학생들을 대상으로 하여 '새, 과일, 운송 수단, 가구, 무기' 등 기본 범주와 관련되는 5~60개의 구성원에 대해 '좋은 보기'와 '덜 좋은 보기'를 등급으로 표시하게 하는 실험을 하였다. 가령 '오렌지, 사과, 바나나'는 과일의 '좋은 보기'에 속하고 '올리브, 견과, 토마토'는 '덜 좋은 보기'에 속한다. 이렇게 범주의 어떤 구성원이 다른 구성원보다 '더 좋은 보기' 혹은 '더 원형적인 보기'로 판단되는 현상을 원형 효과(prototype effect)라고 부른다.

5.2.1.2. **의미장**

의미장 이론에서도 단어들 사이의 관련성에 주목한다. 의미장 이론은 한 언어의 어휘 체계는 의미상 어떤 관련성을 가진 어휘들로 집단화되어 하나의 장(field)을 이룬다는 주장이다. 이는 어휘 체계에 대한 구조주의적 관점, 즉 "한 언어의 어휘는 아무렇게나 흩어져 있는 것이 아니라 관련성을 가지고 체계적으로 존재한다."라는 관점에 입각한 것이다. '중견수'라는 말을 예로 들어보자. 중견수의 의미는 '야구 경기'를 바탕으로 하여서만 밝혀질 수 있으며 또한 '투수, 포수, 야수' 혹은 '외야수, 우익수, 좌익수' 등 다른 관련 단어와의 관계에 입각하여서만 규정할 수 있다.

소쉬르는 단어들이 서로 관계를 맺는 양상을 두 종류로 구별했다. 계열 관계(paradigmatic relation)와 결합 관계(syntagmatic relation)[10]가 그것이다. 다음 단어들 사이의 관련성을 생각해 보자.

10 결합 관계는 통합 관계라고도 한다. 계열 관계와 결합 관계는 제 I 권 3.1.1.에서 언어 분석의 원리로 이미 소개된 바 있다.

(23) 가. 밥, 국수, 스파게티, 햄버거

나. 운동화, 구두, 등산화, 고무신

(24) 가. 나는 점심으로 {밥, 국수, 스파게티, 햄버거}을/를 먹었다.

나. 철수는 {운동화, 구두, 등산화, 고무신}을/를 신고 집을 나섰다.

(23가)의 단어들과 (23나)의 단어들은 각각 밀접한 관계를 맺고 있다. (23가)는 '주식(主食)으로 먹을 수 있는 음식'이라는 의미를, (23나)는 '신발'이라는 의미를 공유한다. 또한 (24가, 나)에서 볼 수 있는 바와 같이 이들은 동일한 위치에 번갈아 나타날 수 있다는 특성이 있다. 즉 같은 '계열'을 형성한다. '밥, 국수' 등과는 달리 '자동차'는 "나는 점심으로 ____을/를 먹었다."의 빈자리에 들어갈 수 없다. 이때 '밥, 국수, 스파게티, 햄버거'는 계열 관계를 가지는 단어들이라고 할 수 있다.

한편 단어들은 서로 결합 관계를 이룰 수도 있다.

(25) 가. 밥, 먹다

나. 신발, 신다

다. 머리, 감다

라. 가르마, 타다

(25가~라)의 각각의 단어들이 이루는 관계는 동일한 위치를 번갈아 드나드는 관계는 아니다. 이 단어들의 관계는 '밥을 먹다', '신발을 신다', '머리를 감다', '가르마를 타다'와 같이 함께 나란히 나타날 수 있는 관계이다. 이러한 관계를 결합 관계라고 한다. '신발'과 '먹다', '머리'와 '타다'는 함께 나란히 나타나는 일이 극히 드물다. 즉 이들은 결합 관계를 가지기 어렵다.

한 어휘 체계의 의미들이 존재하는 방식도 두 가지 관점에서 파악될 수 있다. 하나는 계열적인 장이고 다른 하나는 결합적인 장이다. 먼저 계열적 장의 예를 보자. 장 이론을 제안한 트리어(J. Trier)는 1200년대와 1300년대 독일어에 존재했던 '지식' 관련 어휘의 의미장을 다음과 같이 표현하였다.

(26) 가. 1200년대 독일어의 '지식' 관련 어휘의 의미장

<table>
<tr><td rowspan="2">wisheit
(일반적 지식)</td><td>kunst
(교양적, 윤리적 지식)</td></tr>
<tr><td>list
(일상적, 기능적 지식)</td></tr>
</table>

나. 1300년대 독일어의 '지식' 관련 어휘의 의미장

wisheit (종교적 지식)
kunst (세속적, 기능적 지식)
wizzen (일상적 지식)

1200년대 독일어에서 'kunst'는 귀족의 지식, 기사도의 명예와 도덕과 관련한 지식을 나타내고 'list'는 서민 계층의 일상적이고 기능적인 지식을 나타내었다고 한다. 그리고 'wisheit'는 이 두 지식을 아우르는 일반적인 의미의 단어였다고 한다. 그런데 봉건 제도가 붕괴된 1300년대에는 서민적

인 지식으로서 경멸적 어감을 가지고 있던 'list'는 사라졌고 두 영역을 포괄하는 일반적 지식을 뜻했던 'wisheit'는 종교적 지식으로 그 의미가 한정되었다. 'kunst'는 귀족 계급의 몰락과 함께 세속적, 기능적 지식을 뜻하는 말로 가치가 떨어졌다. 또한 일상적인 지식을 나타내는 'wizzen'이라는 새로운 단어가 의미장에 등장했다. (26가, 나)는 계열적 의미장이 시간에 따라 변화한 모습을 잘 보여 준다.

이러한 관점에 따르면 한국어 '형'과 영어 'brother'는 언뜻 보기에 동일한 의미를 가지고 있는 것 같지만 의미장에서 차지하는 영역이 다르다.

(27) '형'과 'brother'의 의미장

한국어	영어
형	brother
오빠	
남동생	

영어의 'brother'는 기준이 되는 사람의 성별에 상관없이 남자 동기 모두를 가리킬 수 있는 말이지만 '형'은 손위 동기만을 가리키며 기준이 되는 사람이 남성인 경우에만 사용할 수 있다. 여성이 기준이 될 때 손위 남자 동기를 가리키는 '오빠'라는 말이 따로 존재하기 때문이다. 또한 남성이 기준이 될 때 손아래 동기는 '형'이 아닌 '남동생'이다. '형'의 의미와 'brother'의 의미는 관련되는 다른 단어와의 관계 속에서만 파악될 수 있음을 알 수 있다.

한편 단어의 결합 관계에 있어서의 의미 관계를 파악할 수도 있다. 포르지히(W. Porzig)는 어떤 단어는 통사적으로 통합이 가능한 다른 단어들과 하나의 장을 이룬다고 보았다.

(28) 가. 다리로 걷다

나. 혀로 (사탕을) 핥다

다. 발로 (공을) 차다

라. 이로 (초콜릿을) 깨물다

(28가~라)의 예에서 각각에 사용된 명사와 동사 사이에 본질적 의미 관계가 있음을 알 수 있다. 즉 '걷다'에는 '다리'의 의미가 포함되어 있고 '핥다'에는 '혀'가, '차다'에는 '발'이, '깨물다'에는 '이'가 포함되어 있다. 이를 특별히 포르지히는 '포용(encapsulation)'이라는 개념으로 파악한다. 이러한 본질적 의미 관계에 있는 단어들은 하나의 의미장을 구성한다.

단어의 결합 관계에서 발견되는 의미 관계에는 통사론적 개념인 선택 제약(selectional restriction)과 관련된 의미장도 있다. 가령 '마시다'는 주로 액체나 기체의 성질을 가지고 있는 사물을 목적어로 가질 수 있는 선택 제약을 가진다. 즉 '물, 기름, 우유…' 등의 명사와 '마시다'라는 동사는 통합적 의미장을 형성한다.

어휘 체계 속에서 볼 때 개념적으로 어떤 단어가 있을 법하지만 한 언어에서 실제 단어로는 존재하지 않는 경우가 있다. 이를 어휘적 빈자리(lexical gap) 혹은 의미장의 빈자리라고 한다.[11]

11 '빈자리'는 '공백'이라고도 한다.

(29) 가. 그제-어제-오늘-(내일)-모레-글피
　　나. 송아지-망아지-강아지-(새끼 돼지)

(29가)에서 볼 수 있듯이 '내일'에 해당하는 명사는 고유어로는 존재하지 않는다. '모레'나 '글피'가 고유어로 존재하는 것을 보면 예전에는 고유어가 있었을 가능성이 높지만 현재는 존재하지 않는다. (29나)는 동물의 새끼의 의미장에서 '돼지의 새끼'를 뜻하는 말이 빈자리로 남아 있는 것을 보여준다.[12]

12 '돼지'는 원래 '되야지', '도야지'에서 온 말로 돼지의 옛말인 '돝'에 새끼를 나타내는 접미사 '-아지'가 결합했을 것으로 추정된다. '돝'이 세력을 잃으면서 '돝'의 자리로 '돼지'가 이동함으로써 '돼지의 새끼'를 뜻하는 자리가 빈자리로 남게 된 것이다.

이렇듯 어휘적 빈자리가 존재할 때 언중은 다양한 방식으로 이 빈자리를 채운다. 한자어 '내일'을 가져오듯 외래적인 요소를 사용할 수도 있고 '새끼 돼지'와 같은 통사적 구를 사용할 수도 있다.

또한 인접한 의미를 가지는 단어를 끌어와 사용함으로써 빈자리를 메울 수도 있다. 규범적인 용법은 아니지만 재귀 대명사 '자기'가 일부 상황에서 2인칭 대명사로 사용되는 현상 역시 빈자리 채우기에 속한다.

(30) 가. (연인에게) 자기 오늘 영화 안 볼래?
나. (직장 동료에게) 자기는 오늘 회식 갈 거지?

이러한 현상은 (30가)와 같이 연인 사이에서 특징적으로 발견되었으나 최근에는 직장 동료 등의 사회적 관계에서도 사용된다. 직함을 부르지 않아도 될 만큼 친근하지만, 이름을 부르거나 '너'로 지칭할 수 없는 직장 동료나 하급자를 부르는 2인칭 대명사가 한국어에 존재하지 않기 때문에 그 빈자리를 채우기 위해 재귀 대명사인 '자기'를 끌어와서 2인칭 대명사로 사용하는 것이다.[13] 이때 '자기'는 2인칭 대명사 용법을 의미 항목(sense)으로 추가로 가지게 된다.

13 재귀 대명사가 2인칭 대명사로 전용되어 쓰이는 일은 한국어에서 반복적으로 발생하였다. '자네, 당신, 자기' 등이 모두 재귀 대명사에서 전용되어 2인칭 대명사로 쓰이는 단어라고 알려져 있다.

5.2.2. 단어의 다의 확장

5.2.2.1. 다의 확장과 다의어

다의 확장은 하나의 단어가 둘 이상의 의미 항목을 가지게 되는 과정을 말한다.[14] 단어는 다의 확장의 결과 다의어가 된다. 따라서 다의어(polysemous word)는 서로 유연성을 지닌 둘 이상의 의미 항목을 가진 단어로 정의할 수 있다.

14 다의 확장은 의미 확장(semantic extension)이라고 하는 경우가 더 많다. 그런데 의미 확장이라는 용어가 의미 변화의 결과로서 '의미 확대'와 혼동되는 일이 많은 점을 감안하여 우리 책에서는 '다의 확장'이라는 용어를 사용하기로 한다. 가령 '겨레'가 '친척'의 의미에서 '민족'의 의미로 지시 대상의 범위가 커지는 과정이 의미 확대이다. 의미 확대 역시 다의 확장을 수반하는 것이 보통이지만 이 용어가 의미하는 바는 다의 확장과 다르다.

다의어는 동음어(homonym)와 구별되어야 한다. 동음어는 서로 다른 둘 이상의 단어들이 우연히 음성 형식이 동일할 때 그 단어들을 가리키는 말로서 동음이의어라고도 한다.

한국어의 '쓰다'를 예로 들어 보자.

(31) 가. 세제를 쓰다
나. 인부를 쓰다
다. 다리를 쓰다
라. 존댓말을 쓰다
마. 한턱 쓰다

(32) 가. 글을 쓰다
나. 모자를 쓰다

다. 커피가 쓰다

(31가~마)의 '쓰다'는 각기 조금씩 다른 용법을 가지지만 의미상 연관성을 찾을 수 있다. 이때의 '쓰다'는 모두 '사용하다'의 의미와 통하는 점이 있다. 이때의 '쓰다'가 다의어임을 말해 준다.

(32가~다)에도 '쓰다'가 사용되었지만 이때 '쓰다'의 의미는 (31)과는 전혀 다르다. '글을 쓰다'의 '쓰다'나 '모자를 쓰다'의 '쓰다'는 '사용하다'의 의미와는 전혀 무관하다. '커피가 쓰다'의 '쓰다'는 형용사로서 (31)의 '쓰다'가 동사인 것과 다르다. (31)과 (32)의 '쓰다'는 우연히 그 음성 형식이 같은 것일 뿐이다. 따라서 (32)의 '쓰다'는 (31)의 '쓰다'의 동음어들이라고 할 수 있다.[15]

다의어의 의미 항목은 다시 중심적 의미와 주변적 의미로 나눌 수 있다. 가령 동사 '보다'의 중심적 의미는 '눈으로 대상의 존재나 형태적 특징을 알다.'이다. 그러나 '영화를 보다, 아기를 보다, 점을 보다' 등에서는 단순히 '눈으로 보다'의 의미가 아닌 거기에서 확장된 의미로 사용된다. '영화를 보다, 아기를 보다, 점을 보다'의 '보다'는 주변적 의미로 사용된다고 할 수 있다.

다의 확장 과정을 좀 더 구체적으로 살펴보자.

(33) 가. (빛이) 밝다 → (목소리가) 밝다 → (성격이) 밝다 → (사리에) 밝다
나. (피부가) 거칠다 → (말투가) 거칠다 → (성격이) 거칠다 → (문장이) 거칠다

다의 확장은 주로 위와 같은 적용의 전이(shifts in application) 과정을 거쳐 이루어진다. 이는 어떤 단어가 가진 본래의 선택 제약을 위반한 용법이 일반화되면서 사용 가능한 맥락이 확대되는 현상을 말한다. (33가)에서 '밝다'는 본래 구체적인 대상의 물리적인 명도를 표현하는 말이었을 것이다. 따라서 주어로는 [+구체물]을 요구하는 선택 제약을 가지고 있었을 것이다. 그러나 이것이 말투, 성격, 재능에 확대되어 사용되면서 '밝다'는 다의어가 되었다. '목소리가 밝다'에서의 '밝다'는 '쾌활하다'의 의미에 가깝

15 다의어와 동음어가 항상 분명하게 구별되는 것은 아니다. 가령 『표준국어대사전』에서는 '목재 따위의 접합이나 고정에 쓰는 물건'인 '못'과 '손바닥이나 발바닥에 생기는 단단하게 굳은 살'의 뜻을 가지는 '못'을 별개의 표제어로 등재하여 동음어 처리하고 있다. 그러나 이 둘은 어원적으로 연관이 있을 가능성이 높다.

고 '사리에 밝다'에서의 '밝다'는 '(어떤 일을) 잘 알다'의 의미에 가깝다.

(33나)의 '거칠다' 역시 본래 구체적인 대상의 물리적인 촉감을 표현하는 말이지만 '성격'과 같이 추상적인 대상을 표현하는 데에도 사용된다. 나아가 '문장이 거칠다'에서는 '다듬어지지 못하다'라는 새로운 의미로 사용된다.

이는 현재 진행되고 있는 다의 확장을 통해 더욱 생생하게 확인할 수 있다.

(34) 가. 내 동생은 착하기로는 세계 최고야.
나. 얼굴도 예쁘고 몸매도 착해.
다. 착한 가격에 가져가세요.

(35) 가. 아기 방귀 냄새가 왜 이렇게 구리냐.
나. 이거 색깔이 너무 구리네.
다. 와이파이 속도가 너무 구려.

(36) 가. 너 피곤하니? 피부가 까칠하네.
나. 외모가 문제가 아니라 애가 너무 까칠한 게 문제예요.

(37) 가. 고양이한테 얼굴을 긁혔다.
나. 너 지금 긁혔냐?

(38) 가. 떡볶이 맛집, 냉면 맛집, 파스타 맛집
나. 바지 맛집, 인테리어 맛집, 뷰 맛집

'착하다'는 본래 '사람이나 동물의 성품이 어질고 순하다.'의 의미로서 주어로는 [+유정물]을 요구하는 선택 제약이 있었다. (34가)가 본래적인 용법이다. 그런데 '몸매가 착하다', '가격이 착하다'와 같이 선택 제약을 위반한 사용이 젊은 층을 중심으로 유행하면서 '착하다'에 다른 의미들이 생겨났다. (35)의 '구리다' 역시 '똥이나 방귀 냄새와 같다'가 원래 의미이나 젊은 세대들은 (35나, 다)와 같이 '품질이나 성능이 좋지 않다.'의 의미로도 사용한다.

(36)의 '까칠하다'는 원래 물리적인 촉감을 표현하는 말이지만 원만하지

못한 성격이나 말투에 대해서도 사용한다. (37)의 '긁히다'는 '손톱이나 뾰족한 기구 따위로 바닥이나 거죽이 문질러지다.'가 본래 의미지만 최근 젊은 세대는 (37나)와 같이 '기분이 상하다'의 의미로도 사용한다.[16] (38)의 '맛집'은 원래 음식점에 대해서 사용되었으나 최근에는 (38나)와 같이 음식점이 아닌 곳에도 어떤 점이 뛰어나거나 유명할 때 사용된다. 이러한 용법은 일부 『우리말샘』에도 실려 있는데 이들 단어의 다의성이 사회적 공인을 받아 국어사전의 하위 의미 항목에 추가될 수 있을지, 한때의 유행으로 소멸될지 흥미롭다.

16 능동사인 '긁다'에는 '남의 기분을 상하게 하다.'라는 의미가 본래 있었으나 피동사가 이러한 용법으로 쓰이는 것은 최근의 일이다.

이러한 다의 확장에서 가장 중요한 두 가지 기제는 5.1.2.에서 살펴본 은유와 환유이다. 앞서 살펴본 바와 같이 은유적 확장은 두 대상의 유사성에 기반을 둔 다의 확장이고 환유적 확장은 두 대상의 인접성에 기반을 둔 다의 확장이다.

먼저 은유에 의해 다의 확장이 발생한 예를 찾아보자.

(39) 가. 차를 마시고 나면 찌꺼기가 가라앉는다.
나. 비가 오는 날에는 왠지 기분이 가라앉는다.

(39가)의 '가라앉다'는 본래 '물 따위에 떠 있거나 섞여 있는 것이 밑바닥으로 내려앉다.'의 의미이다. 그러나 (39나)에서는 '성하던 것이 활기를 잃은 상태로 되다.'의 용법으로 쓰인다. 구체적 물질이 가라앉는 것과 기분이 가라앉는 것의 유사성으로 인해 발생한 은유적 다의 확장이다.[17]

17 이는 5.1.4.2.에서 본 바 있는 개념적 은유 중 방향적 은유에 해당한다.

위에서 본 '밝다'와 '거칠다'의 예도 은유적 확장에 속한다. '골뱅이'를 인터넷 주소에서 사용자의 아이디와 도메인 이름 사이에 쓰는 기호 '@'를 가리키는 말로 써서 '골뱅이'에 새로운 용법이 추가된 것도 유사성에 기반한 은유적 다의 확장의 예이다.

다음으로 환유에 의해 다의 확장이 발생한 대표적인 예를 알아보자.

(40) 가. 동궁은 세자가 계신 곳이다.
나. 동궁께옵서 분부하셨사옵니다.

(41) 가. 요즘은 아침에 정신이 맑다.

나. 나는 항상 아침을 먹는다.

(40가)와 같이 '동궁'은 본래 세자가 사는 궁을 이르는 말이었으나 (40나)와 같은 세자를 가리키는 용법도 획득하였다. 이는 '동궁'과 '세자'가 위치적으로 인접하기 때문에 발생한 환유적 다의 확장이다. '아침'은 (41가)와 같이 '날이 새면서 오전 반나절쯤까지의 동안'의 시간적 의미였으나 (41나)와 같이 이때 먹는 식사를 가리키는 용법도 가지게 되었다. 이는 '아침'과 '아침 식사'의 시간적으로 인접하기 때문에 발생한 환유적 다의 확장이다.

다의어와 관련한 재미있는 현상은 액어법 효과(zeugma effect)이다. 다의어가 갖는 둘 이상의 의미 항목을 하나의 문장(혹은 맥락) 안에서 동시에 활성화시키면 어색하거나 익살스러운 느낌이 발생한다. 이를 액어법 효과라고 한다.

(42) ?John and his driving licence expired yesterday.

(43) 가. ?She was wearing a white dress and a smile.

나. She was wearing a white dress and a blue scarf.

(44) 기대지 마시오. ○○대학교에 기대시오.(지하철 열차 출입문에 붙은 광고)

(42)의 'expire'는 '죽다'의 의미와 '만료되다'의 의미를 모두 가지는 다의어인데 하나의 문장에서 두 의미가 모두 활성화되었기 때문에 어색한 느낌을 준다. (43가)에서는 'wear'가 가진 '옷을 입다'의 의미와 '표정을 짓다'의 의미가 모두 활성화되어서 익살스럽게 느껴지는 액어법 효과가 나타난다. 'wear'의 두 의미가 별개의 의미 항목임을 알 수 있다. 반면 (43나)는 지극히 자연스럽다. 'wear'의 의미 중 '옷을 입다'와 '스카프를 두르다'의 의미는 별개의 의미 항목이 아니라는 것을 알 수 있다.

(44)의 '기대다'는 '몸이나 물건을 무엇에 의지하면서 비스듬히 대다.'의 의미와 '남의 힘에 의지하다.'의 두 가지 의미를 가지는 다의어이다. 지

하철 열차 출입문에 이 광고가 붙어 있기 때문에 '기대지 마시오.'의 '기대다'는 '몸을 기대다'의 의미로 해석된다. 그러나 '○○대학교에 기대시오.'에서 '기대다'는 '남의 힘에 의지하다.'의 의미로 해석된다. 이러한 두 가지 의미가 하나의 맥락에서 함께 활성화되기 때문에 익살스러운 느낌을 준다.

다의어가 동일성 제약(identity constraint)을 가진다는 점도 흥미롭다.

(45) 가. Mary has a light coat and so has Jane.

나. 철수도 까칠하고 영희도 좀 그렇다.

(45가)의 'light'는 '밝다'와 '가볍다'의 의미를 가질 수 있는데 선행절의 'light'가 '밝다'라면 후행절도 그렇게 해석되어야 하고, 선행절의 'light'가 '가볍다'라면 후행절도 그렇게 해석되어야 한다. (45나)에서 '까칠하다'는 '피부가 거칠다'의 의미로 해석될 수도 있고 성격이 원만하지 않다는 의미로 해석될 수도 있다. 그런데 선행절의 '까칠하다'가 물리적인 까칠함을 가리킨다면 후행절에서도 그렇게 이해되어야 하고 선행절의 '까칠하다'가 성격적인 까칠함을 의미한다면 후행절도 마찬가지로 해석되어야 한다.

5.2.2.2. 다의어와 다면어

다의어와 관련된 개념으로 '다면어(faceted word)'가 있다. 다면어는 여러 가지 의미의 국면을 가지는 단어를 말한다.

(46) 가. 이 책은 너무 두껍고 재미도 없다.

나. 철수는 읽고 있던 소설을 책상 위에 놓았다.

(46가)에서 '두꺼운' 것은 물리적 대상으로서의 책이고 '재미가 없는' 것은 텍스트 내용으로서의 책이다. (46나)에서 철수가 '읽은' 것은 소설의 내용이지만 책상 위에 '놓은' 것은 물리적 대상이다. 즉 '책'과 '소설'은 모두 물리적인 대상의 국면과 텍스트 내용의 국면 두 가지를 모두 가지고 있다.

이때 '책'과 '소설'이 가지고 있는 두 국면은 (46)에서 보는 바와 같이 하나의 문장에서 함께 활성화될 수 있다는 점에서 다의어가 가지는 두 의미 항목과는 다르다. 5.2.2.1.에서 보았듯이 다의어의 두 의미 항목은 일반적으로 서로 배타적이어서 하나의 문장에서 함께 활성화되지 않기 때문이다. 만약 함께 활성화될 경우 액어법 효과가 나타난다. 다의어인 '빛나다'와 '먹다'의 예를 보자.

(47) 가. ?당신의 앞날과 가로등 불빛이 빛난다.
　　나. ?동생은 아이스크림과 겁을 함께 먹었다.

(47가)는 매우 어색한데, '밝다'의 두 의미, '영광스럽고 훌륭하여 돋보이다.'의 의미와 '빛이 환하게 비치다.'가 하나의 문맥에서 함께 활성화되었기 때문이다. (47나)는 '먹다'의 '음식 따위를 입을 통하여 배 속에 들여보내다.'와 '겁, 충격 따위를 느끼게 되다.'의 두 가지 의미가 함께 활성화되어서 어색하거나 익살스러운 느낌을 준다.

따라서 '책, 소설'의 의미가 둘 이상의 국면을 가지는 현상은 '빛나다, 먹다' 등의 다의어가 둘 이상의 의미 항목을 가지는 현상과는 구별된다. 이렇듯 둘 이상의 국면을 가지는 단어를 다의어와 구별하여 다면어라고 한다.

'학교'도 '건물, 인적 요소, 조직' 등의 국면을 가지는 다면어이다.

(48) 가. 우리 학교는 새로 지었어.
　　나. 무단결석을 하면 학교에서 뭐라고 할 텐데.
　　다. 우리 학교 꽤 공부 잘해.
　　라. 우리 학교는 1973년에 개교했다.

(48가)에서 '학교'는 '건물'을 가리킨다. (48나, 다)에서는 '인적 요소'를 뜻한다. (48나)는 교사 집단을, (48다)는 학생 집단을 가리킨다. 반면 (48라)에서는 '조직'이나 '기구'의 국면이 활성화된다. 그리고 "우리 학교는 무지 오래됐고 공부도 잘해."에서 '학교'의 여러 국면이 한 문장에서 함께 활성화될 수 있다.

5.2.3. 단어의 의미 관계

5.2.1.2.에서 우리는 어떤 언어의 어휘는 아무렇게나 흩어져 있는 것이 아니라 관련성을 가지고 체계적으로 존재한다는 점을 살펴보았다. 여기에서는 단어들이 가지는 여러 가지 의미 관계 중 동의 관계, 반의 관계, 상하 관계, 부분 관계, 동음 관계에 대해 살펴보기로 한다.

5.2.3.1. 동의 관계

동의 관계(synonymy)는 서로 다른 단어가 같거나 매우 비슷한 의미를 가지고 있는 관계를 말한다. 동의 관계에 있는 단어들을 동의어(synonym)라고 한다.

(49) 가. 근심, 걱정
　　나. 흉내, 시늉
　　다. 모든, 온갖
　　라. 죽다, 숨지다, 사망하다, 별세하다, 작고하다, 영면하다, 타계하다, 서거하다, 운명하다

(49가~라)에서 제시한 단어들은 각각 의미가 비슷하다. 가령 "요즘 어머니께서는 근심이 많으시다."와 같은 문장에서 '근심' 자리에 '걱정'이 대신 들어갈 수 있다. 이렇게 어떤 단어들이 큰 의미 변화 없이 서로의 자리에 바꾸어 들어갈 수 있는 것은 그 의미가 비슷하기 때문이라고 생각할 수 있다.

그런데 어떤 두 단어가 정말로 완전히 같은 의미를 가질 수 있는가는 확실치 않다. 두 단어의 의미가 완전히 같을 수는 없고 기껏해야 비슷한 의미를 가질 수 있다고 보아 동의 관계를 유의 관계로 부르는 학자들도 있다. 완전한 동의 관계를 '절대 동의 관계'라고 부르고 의미가 서로 비슷한 말의 관계, 즉 유의 관계를 '상대 동의 관계'라고 부르기도 한다.

한국어에는 고유어와 한자어가 동의 관계의 짝을 형성하고 있는 일이 많은데 대개는 상대 동의 관계에 해당한다.

(50) 가. 생각, 사유(思惟)

나. 바람, 소망(所望)

(50가, 나)는 고유어와 한자어가 동의 관계를 갖는 예이다. 그러나 각각의 두 단어의 모든 용법이 일치하는 것은 아니다. 가령 "너는 무슨 생각으로 나를 찾아왔니?"의 '생각' 자리에 '사유'를 쓰는 것은 매우 어색하다. 또한 '생각'과 '사유'는 모두 '생각하다, 사유하다'와 같이 '-하-'를 붙여 파생 동사를 만들 수 있는 반면, '바람'과 '소망'의 경우에는 '소망하다'만 가능하고 '*바람하다'는 불가능하다.

대부분의 동의 관계는 상대 동의 관계에 해당한다. 위의 (49라)는 모두 '죽다'와 동의 관계를 이루고 있다고 생각되지만 사용될 수 있는 맥락이 완전히 같지는 않다.

(51) 가. 그가 {죽었다, 숨졌다, 사망했다, 별세했다, 작고했다, 영면했다, 타계했다}.

나. 우리 집 고양이가 {죽었다, 숨졌다, ??사망했다, *별세했다, *작고했다, *영면했다, *타계했다}.

다. 우리 집 고무나무가 {죽었다, *숨졌다, *사망했다, *별세했다, *작고했다, *영면했다, *타계했다}

(51가)와 같이 주어가 사람인 경우에는 이 단어들을 모두 사용할 수 있다. 그러나 (51나)와 같이 주어가 동물인 경우에는 '죽다, 숨지다' 정도만 자연스러우며 (51다)와 같이 주어가 식물인 경우에는 '죽다'만이 자연스럽게 쓰일 수 있다.

또한 '죽다'가 은유적 의미로 사용될 때에는 다른 단어들과 쉽사리 교체될 수 없다.

(52) 가. 시계가 {죽었다, *숨졌다, *사망했다}.

나. 파마가 잘 안 나와서 뒤통수가 {죽었다, *숨졌다, *사망했다}.

다. 요즘 나는 그냥 {죽어, *숨져, *사망해} 지내고 있어.

(52가~다)의 맥락에서는 '죽다'와 동의 관계를 가지는 단어들이 사용되기 어렵다.

절대 동의 관계를 이루는 단어들은 기술적 의미와 비기술적 의미(표현적 의미, 사회적 의미)가 완전히 동일하고 모든 맥락에서 서로 교체될 수 있어야 한다는 조건을 만족해야 한다. 기술적 의미와 비기술적 의미가 동일한 것을 완전 동의 관계(complete synonymy), 모든 맥락에서 교체가 가능한 것을 전체 동의 관계(total synonymy)라고 한다. 먼저 완전 동의 관계의 예를 생각해 보자.

(53) 달걀, 계란
(54) 가. 명사, 이름씨
나. 단어, 낱말
다. 시제, 때매김
(55) 가. 부추(중앙방언), 정구지(경상방언), 솔(전라방언)
나. 청미래덩굴(중앙방언), 망개(경상방언), 맹감(전라방언)

『표준국어대사전』에서 '달걀'과 '계란'의 뜻풀이는 완전히 같다. '계란'과 '달걀'은 기술적 의미는 물론 비기술적 의미에 있어서도 차이를 발견하기 어려운 드문 예이다.

(54)와 같은 학술 용어나 전문어는 비기술적 의미가 배제되어 있으므로 절대 동의 관계의 단어들이 비교적 많다. '명사, 단어, 시제'가 한자어계 한국어학 학술 용어라면 '이름씨, 낱말, 때매김'은 고유어계 한국어학 학술 용어이다. 이들의 의미에는 거의 차이가 없다.[18]

만약 방언형까지를 고려하면 완전 동의 관계의 예에 (55)와 같은 어형들을 추가할 수 있다. 그러나 방언형들이 서로 다른 언어 체계에 속한다고 보아야 한다면 방언형 사이의 동의 관계는 엄밀히는 절대 동의 관계라고 보기 어렵다.

18 한자어 용어와 고유어 용어는 한때 경쟁 관계에 있다가 점차 한자어 용어가 우세하게 되었다. 이 때문에 고유어 용어는 의고적인 느낌이 있어서 한자어 용어와 완전히 의미가 같다고 보기 어려운 점도 있다.

다음으로 전체 동의 관계, 즉 모든 맥락에서 교체가 가능한 동의 관계에 대해 생각해 보자. 전체 동의 관계에 있는 두 단어는 거의 찾기 어렵다.

(56) 가. 식당에서 {신, 신발}을 잃어 버렸다.
나. 패션 전문가에게 배우는 요즘 대세 {??신, 신발}

(57) 가. 어디선가 '야호' 하는 {메아리, 산울림} 소리가 들려 왔다.
나. 건물이 아직 비어 있어서 누가 말을 하면 {메아리, ??산울림}이/가 생겨요.

(58) 가. {달걀, 계란}을 삶아 먹었다,
나. {달걀, 계란} 마사지라도 해 봐.
다. 달걀귀신, ??계란귀신

(56)에서 '신'과 '신발'은 『표준국어대사전』에서 동일하게 뜻풀이되어 있다. 그러나 (56나)와 같은 영상 콘텐츠의 제목에서 '신'이 쓰이지는 않는다. (57)의 '메아리'와 '산울림' 역시 사전에서는 동의어로 취급한다. 그러나 '메아리'는 산에서 나는 소리는 물론 건물에서 나는 소리에도 쓰일 수 있으나 산울림은 산에서 나는 소리에만 쓰일 수 있다.[19] (58)의 '달걀'과 '계란'은 앞에서 본 바와 같이 완전 동의 관계에 있고 (58가, 나)에서처럼 거의 모든 맥락에서 교체된다. 다만 합성어에 참여할 때 '달걀귀신'이 가능한 것과 달리 '계란귀신'은 불가능한 듯하다. 이렇듯 완전 동의 관계와 전체 동의 관계를 모두 만족하는 절대 동의 관계의 예를 찾기는 지극히 어렵다.

19 '메아리' 역시 '뫼ᄉᆞ리'에서 왔으므로 '뫼' 즉 '산'과 관련이 있다. 그런데 공시적으로는 '메아리'가 '산'의 의미를 포함하는 것이 잘 인식되지 않는다. (57나)의 맥락에서 '메아리'만 자연스러운 것은 이와 관련되는 것으로 보인다. 언어학에서 'echo question'을 '메아리 의문문'으로 번역하는 일은 있어도 '산울림 의문문'으로 번역하기는 주저된다는 점도 이와 관련된다.

5.2.3.2. 반의 관계

반의 관계(antonymy)는 서로 반대되거나 대립되는 의미를 가진 단어 사이의 의미 관계를 말한다. 반의 관계에 있는 단어들을 반의어(antonym)라고 한다.

반의 관계를 따질 때에는 앞에서 나온 성분 분석 방법이 유용하다. 가령 '처녀'의 반의어인 '총각'에 대해 생각해 보자. '총각'의 의미는 다음과 같이 성분 분석된다.

(59) 총각: [−여성], [+성년], [−기혼]

만약 반의어가 모든 의미 성분에서 해당 단어와 반대되는 성질을 가져야 한다면 '총각'의 반의어는 [+여성], [−성년], [+기혼]의 자질을 가지는 단어라고 할지도 모른다. 그러나 '결혼한 어린 여성'을 '총각'의 반의어라고 하지는 않는다. '총각'의 반의어는 '처녀' 혹은 '아저씨'일 것으로 생각된다. '처녀'와 '아저씨'의 의미 성분은 다음과 같이 분석된다.

(60) 가. 처　녀: [+여성], [+성년], [−기혼]
나. 아저씨: [−여성], [+성년], [+기혼]

반의어는 의미상 대립성과 공통성의 양면성을 가진다. '처녀'는 '총각'과 [여성]이라는 의미 성분에 대해서만 대립되고 나머지 의미 성분은 같다. '아저씨'는 '총각'과 [기혼]이라는 의미 성분에 대해서만 대립되고 나머지 의미 성분은 같다. 요컨대 반의어는 모든 의미 성분이 대립되는 단어가 아니라 나머지 의미 성분을 공유하고 단 하나의 의미 성분에 대해서만 차이를 가지는 단어이다.[20]

20 의미가 완전히 반대가 아니라 일부 성분에서만 대립된다는 점에서 '반의 관계', '반의어' 대신 '대립 관계', '대립어'라는 용어를 사용하기도 한다.

반의어의 유형은 상보 반의어, 등급 반의어, 관계 반의어로 나누어질 수 있다. 상보 반의어(complementary antonym)는 양분적 대립 관계에 있어 상호 배타적인 영역을 가지는 반의어이다.

(61) 가. 기혼, 미혼
나. 합격, 불합격
다. 참, 거짓
라. 죽다, 살다

(61)은 상보 반의어의 예이다. 어떤 사람이 기혼이 아니면 미혼이며 기혼도 아니고 미혼도 아닌 상태는 존재하지 않는다. 상보 반의 관계에 있는 두 단어는 일정한 의미 영역을 두 단어가 온전히 나눠 가지며 동일한 의미 영역 안에는 다른 단어가 존재하지 않는다.

상보 반의어는 다음과 같은 특성을 가진다. 첫째, 한쪽 단어의 긍정과 다른 쪽 단어의 부정은 같은 의미를 표현한다. "철수는 기혼이다."는 "철수는 미혼이 아니다."와 의미가 같다.

둘째, 두 단어를 동시에 긍정하거나 부정하면 모순이 발생한다. "*철수는 기혼이기도 하고 미혼이기도 하다." 혹은 "*철수는 기혼도 아니고 미혼도 아니다."는 의미상 성립되지 않는다.

셋째, 정도를 표현하는 부사의 수식을 받을 수 없고 비교 표현에도 쓰일 수 없다. "*그 금붕어는 매우 죽었다." 혹은 "*그 금붕어는 저 햄스터보다 조금 더 죽었다."는 성립하지 않는다.

넷째, 상보 반의 관계를 이루는 기준은 객관적이며 절대적이다. 가령 '기혼'과 '미혼'의 기준은 개인의 주관적 판단에 따라 결정되는 것이 아니다.

다음으로 등급 반의어(gradable antonym)에 대해 알아보자. 등급 반의어는 정도성을 가지는 척도에서 대립하는 두 단어를 말한다.[21]

21 '등급 반의 관계, 등급 반의어'를 '정도 반의 관계, 정도 반의어'라고 하기도 한다.

(62) 가. 뜨겁다, 차갑다
　나. 넓다, 좁다
　다. 크다, 작다

(62가)의 '뜨겁다'와 '차갑다'는 '온도'와 관련한 형용사들이다. 온도의 의미 영역에 있는 형용사로는 이 외에도 '따끈하다, 따뜻하다, 미지근하다, 시원하다' 등이 있다. 즉 '뜨겁다'와 '차갑다'는 '뜨겁다-따끈하다-따뜻하다-미지근하다-시원하다-차갑다'의 척도상에서 대립을 보인다. 이러한 등급 반의어는 (62가~다)에서 볼 수 있듯이 주로 형용사에서 나타난다.

등급 반의어의 특성은 다음과 같다. 첫째, 등급 반의어에서는 한쪽 단어의 긍정과 다른 쪽 단어의 부정 사이에 일방향적인 함의 관계가 성립한다.

(63) 가. 어머니의 손은 뜨거웠다.
　나. 어머니의 손은 차갑지 않았다.

(63가)는 (63나)의 의미를 포함한다. 그러나 (63나)가 참이라고 해서 반드시 (63가)가 참인 것은 아니다. 어머니의 손이 뜨겁지도 차갑지도 않을 수 있기 때문이다.

둘째, 등급 반의어는 상보 반의어와는 달리 두 단어를 동시에 부정할 수 있다. '크다'와 '작다'는 반의 관계에 있지만 "예진이는 키가 크지도 않고 작지도 않다."가 성립할 수 있다.

셋째, 등급 반의어는 정도 부사의 수식을 받을 수 있고 비교 표현에도 쓰인다. "예진이는 키가 아주 크다, 혜진이보다 훨씬 더 크다."가 가능하다.

넷째, 등급 반의어는 두 단어 중 하나가 더 기본적이고 무표적인 (unmarked) 의미로 쓰이는 것이 일반적이다.

(64) 가. 너희 학교 강당은 얼마나 넓니?

나. ?너희 학교 강당은 얼마나 좁니?

(65) {크기, *작기}, {길이, *짧이}, {높이, *낮이}

(64가)에서 '넓다'는 '넓은 정도'를 의미할 뿐 실제로 '넓음'을 의미하지 않는다. 가령 강당이 좁다는 것을 맥락에서 전제하지 않는 한 (64나)와 같은 질문은 어색하다. 큰 정도는 '*작기'라는 말로도 표현될 수 있으나 '크기'가 사용되고 긴 정도는 '*짧이'가 아닌 '길이'로 표현된다. 이는 '넓다, 크다, 길다'가 의미상 무표적이라는 것을 말해 준다. 이렇게 보면 등급 반의 관계에 있는 '넓다'와 '좁다'는 사용상의 비대칭성을 가진다고 할 수 있다.

다섯째, 등급 반의 관계를 이루는 기준은 다분히 주관적이다. 같은 온도를 개인에 따라서 '뜨겁다'고 느낄 수도 있고 '미지근하다'고 느낄 수도 있다. 이는 '기혼-미혼'과 같은 상보 반의어와 다른 점이다.

마지막으로 관계 반의어(relative antonym)가 있다.[22] 관계 반의어는 두 단어가 상대적 관계를 형성하면서 의미상 대칭을 이루는 경우이다. '남편'과 '아내', '부모'와 '자식', '주다'와 '받다'의 관계가 대표적인 예이다.

22 관계 반의어는 '방향 반의어'라고 하기도 한다.

> **참고 4** **반의 관계의 유형과 양립 불능 관계**
>
> 반의 관계의 유형에 대해서는 상당히 많은 의견들이 있고 그 용어의 쓰임도 혼란스럽다. 우리 책에서는 가장 전형적인 반의 관계의 세 유형, 즉 '상보 반의 관계, 등급 반의 관계, 관계 반의 관계'를 들었으나 이 세 유형이 반의 관계의 모든 종류를 보여 주지는 못한다. 또한 관계 반의 관계의 하위 유형에 대해서도 이견이 있다.
>
> 위에서는 이항적 대립만을 다루었으나 셋 이상의 단어가 대립하는 다항적 대립도 있다.
>
> (1) 가. 수, 우, 미, 양, 가
>
> 나. 월, 화, 수, 목, 금, 토, 일
>
> 다. 빨강, 파랑, 노랑, 검정, 하양
>
> 이들을 반의 관계와 구별하여 '양립 불능 관계(incompatability)'라고 부르기도 한다. 관점에 따라서는 반의 관계가 양립 불능 관계의 일종이라고 볼 수도 있다. 양립 불능 관계가 이항적으로 성립하는 예가 반의 관계인 것이다.
>
> 그러나 양립 불능 관계의 범위가 어디까지인지에 대해서도 더 논의할 필요가 있다. 가령 '사과, 배, 살구, 포도, 귤' 등 과일 이름이나 '호랑이, 토끼, 사자, 다람쥐' 등 동물 이름도 양립 불능 관계의 다항적 대립을 보이는지 등은 더 논의할 여지가 있다.

5.2.3.3. **상하 관계**

상하 관계(hyponymy)는 한 단어의 의미가 다른 단어의 의미를 포함하는 관계이다. 이러한 관계의 예는 생물학적 종류의 이름에서 가장 쉽게 찾을 수 있다.

(66) 가. 제비, 조류, 동물, 생물

나. 장미, 꽃, 식물, 생물

(67) 가. 제비, 비둘기, 참새

나. 장미, 수선화, 철쭉, 백합, 채송화

(68)

```
              생물
            /  |  \
      동물   식물   미생물
      /  \
…포유류    조류 …
          /  |  \
   … 제비 비둘기 참새…
```

(66가)에서 '제비'는 '조류, 동물, 생물'의 '하위어(hyponym)'이며 '조류, 동물, 생물'은 '제비'의 '상위어(hypernym)'이다. (68)의 나무 그림에서 이를 쉽게 확인할 수 있다. (66나)에서 '장미'는 '꽃, 식물, 생물'의 하위어이고 '꽃, 식물, 생물'은 '장미'의 상위어이다. 상위어는 보다 일반적인 의미를 지니는 단어, 즉 의미의 범위가 넓은 단어이고 하위어는 보다 특수한 의미, 좁은 의미를 지니는 단어이다. (67가)의 '제비, 비둘기, 참새'는 모두 '조류'의 하위어이고 (67나)의 '장미, 수선화, 철쭉, 백합, 채송화'는 모두 '꽃'의 하위어인데, 이렇게 동일한 상위어를 공유하는 단어들을 '공하위어(co-hyponym)'라고 한다.

상하 관계를 기술하는 데에도 반의 관계에서처럼 성분 분석의 방법이 유용하게 이용된다. 가령 '여자'와 '소녀'의 상하 관계를 생각해 보자.

(69) 가. 여자: [+여성]
　　나. 소녀: [+여성], [−성년]

'소녀'는 '여자'의 일종이므로 '소녀'는 '여자'의 하위어이다. 위의 성분 분석을 보면 하위어일수록 의미 성분의 수가 많다는 것을 알 수 있다. 의미 성분이 많다는 것은 그 의미가 구체적으로 한정되어 있음을 뜻하고 그것은 그 단어가 지시하는 지시 대상의 수가 제한된다는 것을 뜻한다. 이 세상에 소녀의 수보다 여자의 수가 훨씬 더 많다는 것을 생각하면 이를 쉽게 이해할 수 있다. 요약하면 하위어일수록 의미 성분의 수가 많으며 지시 대상의 범위는 좁아진다.[23]

상하 관계를 함의의 관점에서 생각해 보자.

(70) 가. 철수는 영희에게 선물로 진주를 주었다.
　　나. 철수는 영희에게 선물로 보석을 주었다.
(71) 가. 나는 오늘 점심으로 잔치국수를 먹었다.
　　나. 나는 오늘 점심으로 분식을 먹었다.

23 이를 다른 말로 "상위어는 내포가 좁고 외연이 넓은 반면 하위어는 내포가 넓고 외연이 좁다."라고 표현한다. 이때 내포는 의미 성분의 종류를 말하며 외연은 지시 대상의 범위를 말한다.

(70가), (71가)는 각각 (70나), (71나)를 함의하지만 (70나), (71나)는 (70가), (71가)를 함의하지 않는다. 이러한 관계를 일방 함의 관계라고 하는데 (5.3.4.1. 참조) 일방 함의 관계가 성립하면 '진주'가 '보석'의 하위어이고 '잔치국수'가 '분식'의 하위어라는 것을 알 수 있다. 따라서 하위어와 상위어 사이에는 "A는 B의 일종이다."의 관계가 성립한다. '진주'는 '보석'의 일종이고 '잔치국수'는 '분식'의 일종이다.

상하 관계와 구별해야 할 것으로 유사 상하 관계가 있다.

(72) 가. 강도는 김 씨에게 칼을 들이대며 돈을 요구했다.
　　나. 강도는 김 씨에게 흉기를 들이대며 돈을 요구했다.
(73) 가. 요리사는 칼로 마늘을 곱게 다졌다.
　　나. *요리사는 흉기로 마늘을 곱게 다졌다.

(72가)는 (72나)를 함의하지만 (72나)는 (72가)를 함의하지 않으므로 일방 함의 관계가 성립한다. 따라서 '칼'과 '흉기'가 상하 관계를 가지고 있다고 볼 수 있다. 그런데 (73가)와 (73나)에서는 이러한 일방 함의 관계가 성립하지 않는다. 요리사가 사용하는 '칼'은 '흉기'의 하위어라고 볼 수 없다. 따라서 '칼'과 '흉기'는 엄밀한 의미에서 상하 관계를 가진다고 볼 수 없다. 이렇게 어떤 단어가 특정한 맥락에서만 다른 단어의 하위어로 인식되는 경우를 유사 상하 관계라고 한다.

5.2.3.4. **부분 관계**

부분 관계(meronymy)는 한 단어의 지시 대상이 다른 단어의 지시 대상의 일부분인 관계이다.

(74) 가. 손가락, 손
　　나. 코, 얼굴
　　다. 건반, 피아노

'손가락'의 지시 대상은 '손'의 지시 대상의 일부분이며 '코'의 지시 대상은 '얼굴'의 지시 대상의 일부분이다. 그런데 부분 관계는 상하 관계와 세심하게 구별하여야 한다. 부분 관계를 가지는 단어가 쓰인 두 문장에서도 일방 함의 관계가 성립되는 경우가 있기 때문이다.

(75) 가. 영희의 손가락에 상처가 있다.
　　나. 영희의 손에 상처가 있다.
(76) 가. 건반에 커피를 엎질러서 낭패를 보았어.
　　나. 피아노에 커피를 엎질러서 낭패를 보았어.

(75가)는 (75나)를 함의한다. (76가) 역시 (76나)를 함의한다. 그러나 부분 관계를 가지는 모든 단어들에서 일방 함의 관계가 성립하는 것은 아니며 특히 이 경우 'A는 B의 일종이다' 관계가 성립하지 않는다. 즉 '손가락'은 '손'의 일종이 아니며 '건반'은 '피아노'의 일종이 아니다. 이는 '장미는 꽃의 일종이다'와 같이 상하 관계를 가지는 두 단어 사이에서 'A는 B의 일종이다'의 관계가 성립하는 것과 대조된다.

5.2.3.5. **동음 관계**

동음 관계는 서로 다른 의미를 가지면서도 우연히 음성 형식이 같은 두 단어 사이의 관계이다. 앞에서 다의어와 동음어를 구별하면서 이미 이를 검토한 바 있다.

(77) 가. 다리[足], 다리[橋]
　　나. 배[梨], 배[腹], 배[船]
(78) 가. 눈보라가 치다
　　나. 북을 치다
　　다. 초를 치다
　　라. 병풍을 치다
　　마. 소를 치다

(77가, 나)의 '다리, 배', (78가~마)의 '치다'는 모두 동음 관계에 있는 동음어들이다.

동음어는 다시 몇 가지로 나누어진다. 가장 전형적인 동음어는 의미의 연관성이 없고 두 단어의 어형이 모든 형태에서 동일하며 문법적인 지위도 같은 경우이지만 그렇지 않은 경우도 있다.

(79) 가. 돈을 쓰다, 모자를 쓰다, 글을 쓰다
나. 선생님께 이르다, 목적지에 이르다
다. 돈을 쓰다, 커피가 쓰다

(79가)의 세 가지 '쓰다'는 전형적인 의미의 동음 관계에 있다. 그러나 (79나)의 '이르다'는 모든 형태에서 동음성을 유지하지는 않는다. '선생님께 일렀다.', '목적지에 이르렀다.'와 같이 다르게 활용하는 경우가 있기 때문이다. (79다)의 '쓰다'는 각각 동사와 형용사로 품사가 다르다. (79가)의 경우를 완전 동음어, (79나, 다)의 경우를 부분 동음어라고 할 수 있다.

철자의 문제가 개입하면 동음어 문제는 좀 더 복잡해진다.

(80) 가. (생선을) 조리다, (마음을) 졸이다
나. 산 너머 남쪽, 산을 넘어 간다

(80가, 나)는 소리가 같지만 한글맞춤법 규정상 다른 철자를 사용하는 경우이다. 이들을 이철자 동음어라고 한다.

동음어는 의사소통에 있어서 혼란을 주는 면이 있다. 그런데도 동음어가 생겨나는 원인은 무엇일까? 첫째, 언어 기호의 자의성을 들 수 있다. 5.1.1.에서 본 바와 같이 언어 기호의 기표와 기의 사이에는 필연적인 관계가 없다. 따라서 서로 다른 대상을 우연히 동일한 음성 형식으로 부를 가능성은 얼마든지 존재한다.

둘째, 원래 동음어가 아닌 것이 음운 변화에 의해 음성 형식이 같아질 수 있다. 중세 한국어에서 '돈을 쓰다'나 '모자를 쓰다' 등에 해당하는 '쓰다

[用]'와 '글을 쓰다'에 해당하는 '쓰다[書]'는 동음어가 아니었으나 지금은 '쓰다'가 동음어로 인식된다.

셋째, 다의어 재해석으로 인해 동음어가 발생하기도 한다. '해'는 '태양'의 의미와 '연(年)'의 의미를 가지는 다의어였으나 일반 언중들이 그 유연성을 인식하지 못하게 되어 동음어로 취급된다.

넷째, 외래 언어 요소의 유입으로 동음어가 생겨날 수 있다. '가로'는 본래 '횡(橫)'의 의미를 가지는 고유어인데 한자어 '가로(街路)'의 유입으로 동음어를 가지게 되었다. '뺨'을 의미하는 '볼'은 영어의 '볼(ball)'이 들어와 동음어를 가지게 되었고 '북[鼓]', '북(book)'도 이러한 관계이다.[24]

24 외래 언어 요소의 도입으로 인한 동음어는 그 음상이 완전히 같지는 않다.

다섯째, 줄임말 신어가 생성되면서 동음어가 생겨나기도 한다. '문화 상품권'을 '문상'으로 줄여서 말하고 '(해외 상품) 직접 구매'를 '직구'로 줄이면서 '문상, 직구'는 원래 존재하던 단어인 '문상(問喪)', '직구(直球)'와 동음 관계를 가지게 되었다.

참고 5 동음어와 음장

'이름을 묻다[묻:따], 보물을 묻다[묻따]'의 '묻다'는 언뜻 동음어처럼 보이지만 음장이 다르다. 엄밀히 말하면 이들은 동음어라고 할 수 없다. 그럼에도 불구하고 실제 언어생활에서 이들은 동음어처럼 간주되는 경우가 많다. 특히 문학 작품이나 광고 등에서는 음장이 다른 동음어들도 동음어 효과에 종종 이용된다. 가령 김훈의 단편 소설 「화장」은 '화장[화:장](火葬)' '화장(化粧)'의 동음성을 겨냥한 제목인데 사실 두 단어는 음장이 다르다. 한국판 윈도(Window)에서 새 폴더의 이름을 '논병아리, 가마우지, 메추라기' 등으로 붙인 것도 '새[新]'와 '새[鳥]'의 동음성을 이용한 언어유희이다. 하지만 엄밀히 말하면 '새[新]'는 단음이고 '새[鳥]'는 장음이기 때문에 그 형태가 완전히 같지 않다. 젊은 세대에서는 장단의 구별이 거의 사라졌기 때문에 음장이 다른 단어들도 동음어로 취급되는 것이다.

5.3. 문장의 의미

5.3.1. 문장 의미 해석의 원리

문장은 여러 의미 단위가 모여서 된 의미의 복합 단위이다. 형태소가 모여 단어가 되고 단어가 모여 문장이 된다. 따라서 형태소의 의미가 모여 단어의 의미가 되고, 단어의 의미가 모여 문장의 의미가 될 것이라고 생각할 수 있다.

그러나 "영희가 철수를 사랑한다."와 "철수가 영희를 사랑한다."는 동일한 단어들로 이루어져 있지만 그 의미하는 바는 전혀 다르다. 똑같은 재료를 쓴다고 해서 동일한 건축물이 나오는 것이 아닌 것처럼 문장의 구조에 따라 문장의 의미는 달라진다. 이는 비단 문장에만 국한되지 않는다. 모든 복합적인 언어 표현의 의미는 그것을 구성하는 요소와 거기에 적용된 결합 방식에 의해 결정된다. 이를 합성성 원리(principle of compositionality)라고 한다.

(81) 합성성 원리: 복잡한 언어 표현의 의미는 구성 요소의 의미 및 구성 요소들의 결합 방식(통사 규칙)에 의해 결정된다.

합성성이 의미의 복합 단위인 문장의 의미를 파악하는 데 기본 원리가 되는 것은 틀림없다. 그러나 합성성만으로 문장의 의미가 온전히 설명되지는 않는다. 문장보다 덜 복잡한 언어 표현인 구 혹은 합성어의 경우를 보아도 의미는 합성적이지 않다.

(82) 가. 어린이 축제, 벚꽃 축제, 산천어 축제
나. 오리구이, 화로구이, 숯불구이
다. 노후 보장, 암 보장, 질병 보장
라. 국권 회복, 원기 회복, 피로 회복

(82가)에서 '어린이 축제'는 어린이를 위한 축제라는 뜻이지만 '벚꽃 축제'

나 '산천어 축제'는 '벚꽃'과 '산천어'를 위한 축제와는 거리가 멀다. (82나)에서 '오리'는 구이의 재료이고 '화로'는 구이의 도구이며 '숯불'은 구이의 연료이다. (82다)에서 '노후 보장'은 '노후를 보장한다'는 의미이지만 '암 보장, 질병 보장'은 '암에 걸릴 것을 보장한다'는 의미가 아니다. (82라)에서 '피로 회복'도 마찬가지다. '국권 회복'과 동일한 구조를 가지고 있으나 의미 해석은 다른 방식으로 이루어진다. '암 보장, 피로 회복' 등은 규범을 중시하는 관점에서는 언어의 잘못된 사용이라고 볼 수도 있다. 그러나 이러한 표현이 일상적으로 무리 없이 통용되는 것이 사실이다. 언어 해석에서 단순한 합성성 원리뿐 아니라 풍부한 창조성이 작동하는 것을 알 수 있다.

관용 표현 역시 구성 성분의 의미의 합으로 해석할 수 없는 언어 표현이다.

(83) 가. 괜히 비행기 태우지 마.
　　나. 어제 친구한테 바람을 맞았어.

(83)에서 '비행기 태우다'는 '과장해서 칭찬하다.'의 의미로, '바람을 맞다'는 '만나기로 한 약속을 상대편이 지키지 않는 일을 당하다.'의 의미로 해석된다. 이는 구성 성분의 의미의 합으로는 산출되지 않는 의미이다.

앞에서 살펴본 언어의 비유적 사용도 합성성이 적용되지 않는 경우이다.

(84) 가. 성탄절이 다가오고 있나.
　　나. 그는 깊은 잠에 빠져들었다.
　　다. 컴퓨터가 시간을 절약해 줄 것이라고 생각했는데 고장이 나서 오히려 한 시간이나 낭비했다.

지금까지 살펴본 예들은 언어의 특수한 사용이라고 볼 수도 있다. 그러나 인지 언어학자들은 지극히 평범한 문장에서조차도 엄격한 합성성이 지켜지지 않는다는 점을 지적한다. 다음은 랜개커(R. Langacker)의 저서에서 제시된 문장이다.

(85) 탁자 아래에 축구공이 있다.

이 문장의 의미는 지극히 단순하여 '탁자, 축구공, 아래'의 각각의 의미가 합성적으로 문장 의미를 산출한다고 하는 데 문제가 없어 보인다. 그러나 반드시 그렇지만은 않다.

[그림 4] "탁자 아래에 축구공이 있다(1)."

[그림 5] "탁자 아래에 축구공이 있다(2)."

이 문장에 대한 상식적인 해석은 탁자의 상판 아래에 축구공이 놓여 있다는 것이다. 그러나 상상력을 발휘하면 이러한 기술을 충족시키는 다른 장면도 더 상정해 볼 수 있다. 문자 그대로의 의미로 보면 [그림 4]와 같이 탁자의 다리 아래에 축구공이 놓여 있는 장면이나 [그림 5]와 같이 뒤집어진 탁자의 상판과 땅 사이에 축구공이 끼여 있는 장면 역시 "탁자 아래에 축구공이 있다."라고 묘사할 수 있다. 그러나 일반적인 상황에서 누구도 이 문장을 이렇게 해석하지는 않는다. '탁자, 축구공, 아래'와 관련한 우리의 배경지식이 이러한 해석을 허용하지 않기 때문이다.

랜개커는 문장의 의미가 화자가 의도한 대로 해석되기 위해서는 합성성 원리 외에도 구성 성분의 개념 구조의 결합이 필요하다고 본다. 그리고 개념 구조가 결합할 때 각각의 개념 구조는 다른 개념 구조에 의해 '조정(accommodation)'된다고 본다. 다음 예를 보자.

(86) 가. 아이가 잘 달린다.
나. 치타가 잘 달린다.
다. 차가 잘 달린다.

이때 '달리다'는 각기 다른 의미를 표현한다. '아이'는 두 다리를 이용하여 달리며 '치타'는 네 개의 다리를 이용해 달린다. 그 속도도 같지 않다. '차'는 다리 없이 바퀴를 이용해 달린다. 사용되는 에너지도 다르다. '달리다'가 각각의 예에서 적절히 해석될 수 있는 것은 '아이', '치타', '차'의 개념 구조와 '달리다'의 개념 구조가 결합하면서 조정되었기 때문이다.

문장 의미 해석에서 발생하는 활성 지역(active zone) 현상 역시 이러한 조정의 일종으로 이해된다. "철수가 탁자를 찼다."라는 문장을 생각해 보자. 이때 철수의 몸 전체가 탁자를 차는 사건에 관여하는 것은 아니다. 주로 '발'이 활성화될 것이다. 또한 탁자의 전체가 차임을 당하는 것도 아니다. 탁자의 상판보다는 탁자의 다리가 활성화될 가능성이 높다. 즉 철수, 탁자의 각각의 개념 구조가 상호 작용하면서 필요한 의미가 활성화된다. 앞의 예 "탁자 아래에 축구공이 있다."에서 활성화되는 것은 탁자의 다리가 아니라 상판이다. 엄밀히 축구공은 탁자의 다리와는 동일한 높이에 위치한다. 그러나 탁자의 상판이 활성화되기 때문에 축구공이 탁자 아래에 있다는 표현을 성공적으로 해석하게 된다.[25]

위에서 알 수 있는 것은 문장 의미는 단어의 의미의 합과 그 결합 방식만으로 적절하게 해석될 수 없다는 것이다. 인지 언어학에서는 문장의 의미 해석에 작용하는 인간의 상상력과 창조성을 중시한다.

25 활성 지역 현상은 앞에서 살펴본 환유와 밀접한 관련이 있다. 즉 이 현상은 청자의 의미 해석의 관점에서는 특정 부분이 활성화되는 활성 지역 현상으로 볼 수 있지만 화자의 지시 행위의 관점에서 보면 "철수가 탁자를 찼다."에는 '탁자'로 '탁자의 다리'를 지칭하는 환유적 과정이 포함되어 있다.

5.3.2. 문장의 진리치

문장의 명제 내용이 참이냐 거짓이냐를 따지는 것을 문장의 진리치(truth value) 판단이라고 한다. 그리고 어떤 문장의 진리치가 참이나 거짓이 되게 하는 조건을 진리 조건(truth condition)이라고 한다. 어떤 문장의 진리치가 참이 되기 위해서는 그 문장이 포함하는 명제 내용이 문장의 의미에 대응되는 사태(state of affair)와 일치하여야 한다.

(87) 가. 2024년 하계 올림픽은 미국에서 열렸다.
　　나. 지금 밖에는 눈이 온다.

(87가)는 진리치가 거짓인 문장이다. 실제로 2024년 하계 올림픽은 프랑스 파리에서 열렸기 때문이다. (87나) 문장의 진리치는 화자가 이 문장을 발화할 때 실제로 눈이 오는지 아닌지 여부에 따라 결정된다.

그런데 세계와의 대응 관계를 고려하지 않고도 항상 참인 문장이 존재한다.

(88) 가. 산은 산이요, 강은 강이다.
　　나. 소설은 소설이다.
(89) 가. 아기도 사람이다.
　　나. 식물은 생명체다.

(88가, 나)는 동어 반복 문장이다. 이러한 문장은 세계와의 대응 관계를 고려하지 않아도 그 진리치가 무조건 참으로 확정된다. (89가)는 '아기'가 이미 '사람'의 의미를 포함하고 있어서 참인 문장이고 (89나) 역시 '식물'은 '생명체'의 의미를 포함하고 있다. 이처럼 언제나 참인 명제를 항진 명제(tautology)라고 한다

반면 항상 거짓인 문장도 있다.

(90) 가. 저 처녀는 남자이다.
　　나. 내 동생은 사전이다.

'처녀'는 '여자'를 포함하는 말이므로 (90가) 명제는 언제나 거짓이다. 동생은 사람의 일종이므로 (90나) 역시 언제나 거짓이다. 이처럼 언제나 거짓인 명제를 모순 명제(contradiction)라고 한다. 문장 의미론적 차원에서 이 문장은 언제나 거짓이지만 실제 담화에서는 얼마든지 유의미하게 사용될 수 있다. (90가)는 '처녀처럼 보이는 저 사람이 사실은 남자다.'라는 의미를 가질 수도 있다.

참고 6 동어 반복 문장의 정보성

동어 반복 문장은 문자 그대로의 의미로만 보면 새로운 정보를 제공하는 측면이 없다. 그러나 이러한 문장은 실제 대화에서 활발히 사용된다.

(1) 가. 엄마는 엄마다.
　　나. 김밥이 김밥이지.

(1가)는 어떤 사람이 자식을 위한 희생 등 통념적으로 전형적인 어머니가 가져야 한다고 생각되는 특성을 보이지 않았었는데 어떤 상황에서 그러한 특성을 드러낸 경우 사용될 수 있다. (1나)는 어떤 김밥이 특별하다는 이야기를 들었을 때 김밥이 특별해 보았자 맛이나 영양이 아주 좋지는 않을 것이라는 의미를 전달할 수 있다. 이때 주어 자리의 '엄마, 김밥'은 세상에 존재하는 '엄마'와 '김밥'을 지시하지만 서술어 자리의 '엄마, 김밥'은 '엄마, 김밥' 그 자체가 아니라 '엄마, 김밥'의 전형적인 속성을 의미한다고 볼 수 있다. 동어 반복 문장이 실제 대화에서 유의미하게 사용되는 것은 이 때문이다.

5.3.3. 중의성과 모호성

5.3.3.1. 중의성

하나의 언어 표현이 둘 이상의 의미를 나타내는 현상을 중의성(ambiguity)이라고 한다.[26] 문장의 중의성은 하나의 문장이 둘 이상의 의미로 해석되는 현상이다.

(91) 영희는 어제 남산타워 앞에서 사진을 찍었다.

이 문장은 영희가 남산타워 앞에서 나무, 꽃 등을 촬영했다는 의미로 해석될 수도 있지만 영희가 촬영의 대상이 되었다는 의미로도 해석될 수 있다.

[26] 중의성과 다의성은 모두 둘 이상의 의미 해석을 가지는 현상을 가리키는 말이라는 공통점이 있다. 그러나 중의성은 문맥 안에서 둘 이상의 의미를 가지는 경우를 말하고 다의성은 문맥과 무관하게 어떤 단어가 둘 이상의 의미를 가지는 경우에 주로 쓰인다.

이러한 문장을 중의적인 문장, 혹은 중의문이라고 한다.

중의성을 유발하는 요인에는 여러 가지가 있다. 이를 어휘적 중의성, 구조적 중의성, 작용역 중의성으로 나누어 살펴보기로 한다.

어휘적 중의성

어휘적 중의성은 문장에서 사용된 단어가 둘 이상의 의미를 가져서 중의적인 문장이 된 경우이다. 단어의 중의성은 다시 두 가지로 나누어 볼 수 있다. 동음어의 중의성과 다의어의 중의성이 그것이다.

(92) 가. 제가 언젠가는 아버지께 꼭 차를 사 드릴게요.
　　나. 우리 이제 이 길을 함께 걸을까요?

(92가)의 '차'는 엔진이 달린 탈것이라는 의미로도 해석되고 홍차, 녹차 등 마시는 차로도 해석된다. 이는 동음어 '차(車)'와 '차(茶)'가 어휘적 중의성을 유발한 예이다. (92나)의 '길'은 사람이나 차가 다닐 수 있는 도로라는 의미도 있지만 인생의 여정이라는 의미로도 쓰인다. 따라서 이 문장은 앞에 놓인 길로 실제로 걸어가자는 의미도 될 수 있지만 인생길을 함께 하자는 프러포즈가 될 수도 있다. 이는 '길'의 다의성이 어휘적 중의성을 유발한 예이다.

어휘적 중의성은 유머나 광고에서 자주 이용된다. 소위 '아재 개그'라고 불리는 유머는 대부분 어휘적 중의성을 기반으로 한다. "논리적인 사람이 총을 쏘면? - 타당타당", "물고기가 싫어하는 물은? - 그물" 등은 모두 동음성으로 인한 어휘적 중의성을 이용해 만들어졌다.

다음은 어휘적 중의성을 이용한 광고 카피의 예이다.

(93) 가. 주름과 미백, 욕심을 한방에 채우다(화장품 광고)
　　나. 당신은 철 없는 여자(약 광고)

(94) 가. 사랑은 환한 얼굴에 찾아옵니다(화장품 광고)
　　나. 뒤끝이 있다면 난 물러나겠소!(술 광고)

(93가)는 동음성에 인한 중의성을 이용한 광고의 예이다. 의학의 종류인 '한방(韓方)'과 '한 방 먹이다' 등에 쓰이는 '한 방(放)'이 동음성을 가진다는 점을 이용하였다. (93나)는 영양 성분으로서의 '철(Fe)'이 '사리를 분별하는 힘'의 의미를 가지는 '철'과 동음어 관계에 있다는 것을 이용하여 중의성을 유발하였다.

(94)는 다의어의 중의성을 이용한 예이다. (94가)의 '환하다'는 물리적인 빛의 강도의 의미로도 사용되고 유쾌한 표정의 밝음에도 사용된다. (94가)는 '환한 얼굴'이 흔히 표정을 의미하지만 화장품 광고에서는 하얀 피부를 의미할 수 있음을 노렸다. (94나)의 '뒤끝'은 '좋지 않은 감정이 있은 다음에도 여전히 남아 있는 감정'의 의미로도 쓰이지만 주류 광고에서는 '숙취'의 의미로 해석될 수 있다. 다의어를 이용한 전략은 앞의 (93가)에서도 발견된다. '채우다'가 '욕심을 채우다'와도 관련되고 '화장품을 (병에) 채우다'도 연상시킬 수 있는 점을 이용한 것으로 보인다. 5.2.2.1.에서 다의어의 의미 항목 중 둘 이상이 하나의 맥락에서 함께 활성화되면 액어법 효과가 발생하는 것을 본 바 있는데 다의어가 유발하는 어휘적 중의성 역시 이러한 재미를 불러일으킨다.

구조적 중의성

문장의 구조가 둘 이상의 구조로 분석될 수 있을 때에도 중의성이 생겨난다. 먼저 수식어와 피수식어에서 발생하는 중의성의 예를 살펴보자.

(95) 어제 거리에서 동물 인형 옷을 입은 청년과 아가씨를 보았다.

'동물 인형 옷을 입은'의 수식 대상은 '청년'에 한정될 수도 있고 '청년과 아가씨'일 수도 있다.

다음은 주어의 해석 범위에 따른 중의성의 예이다.

(96) 은지는 현지와 이민호를 좋아했다.

(96)는 은지가 '현지와 이민호'를 모두 좋아했다는 의미로도 해석되지만 은지가 현지와 함께 이민호를 좋아했다는 의미로도 해석된다.[27]

27 이를 '와'가 접속 조사로 해석되느냐 '동반'의 부사격 조사로 해석되느냐에 따른 차이로 보면 어휘적 중의성이라고 할 수도 있다.

비교 구문에서 중의성이 나타나기도 한다.

(97) 철수는 아내보다 담배를 더 좋아한다.

이 중의성은 다음과 같이 표현될 수 있다.

(98) 가. [철수가 아내를 좋아하는 것] < [철수가 담배를 좋아하는 것]
나. [철수가 담배를 좋아하는 것] > [아내가 담배를 좋아하는 것]

(98가)의 해석은 철수가 '아내와 담배'를 놓고 그 선호도를 견준 것이고 (98나)의 해석은 '철수와 그의 아내'가 담배를 놓고 그 선호도를 견준 것이다. 이러한 중의성이 발생하는 이유는 '아내보다'의 '아내'가 비교 대상으로 해석될 수도 있고 비교의 주체로 해석될 수도 있기 때문이다.

다음은 관계 관형사절에서 발생하는 중의성이다.

(99) 철수는 음색이 맑은 피아노를 좋아한다.

이러한 문장에서 '음색이 맑은'은 '피아노'를 수식한다. 그런데 이때의 '음색이 맑은'은 '피아노'의 지시 대상의 일부를 한정할 수도 있고 '피아노' 자체의 속성을 기술하는 것일 수도 있다. 이들의 두 의미를 다음과 같이 구별할 수 있다.

(100) 가. 철수는 피아노 중에서 음색이 맑은 것을 좋아한다.
나. 철수는 피아노를 좋아하는데 그것은 음색이 맑다.

작용역 중의성

어떤 단어가 영향을 미치는 작용역(scope)이 둘 이상이 될 수 있는 경우 발생하는 중의성을 작용역 중의성(scope ambiguity)이라고 한다.

양화 표현의 작용역 중의성을 살펴보자.

(101) 가. 저희 학교의 모든 아이들이 컴퓨터 한 대를 사용하고 있습니다.

나. 모든 아이들이 각자 컴퓨터 한 대씩을 사용한다: $\forall x \exists y$ [USE(x, y)]

다. 모든 아이들이 공동으로 컴퓨터 한 대를 사용한다: $\exists y \forall x$[USE(x, y)]

(102) 포수 두 명이 참새 네 마리를 잡았다.

(101가)는 (101나)처럼 해석될 수도 있고 (101다)처럼 해석될 수도 있다. (101나)의 논리식은 '모든 x($\forall x$)가 각자 어떤 y($\exists y$)를 사용한다.'라는 의미이다. (101다)의 논리식은 '어떤 y($\exists y$)가 있고 y를 모든 x($\forall x$)가 사용한다.'라는 의미이다. 논리식의 '모든 x($\forall x$)'의 위치를 참조하면 (101나)의 해석은 양화사 '모든'이 넓은 작용역을 가지고 (101다)의 해석은 좁은 작용역을 가진다고 볼 수 있다. (102) 역시 포수 두 명이 합쳐서 참새 네 마리를 잡았다는 의미로 해석될 수도 있고 포수 두 명이 각각 참새 네 마리씩을 잡았다고 해석될 수도 있다.

다음으로 부정 표현에서 발생하는 작용역 중의성을 살펴보자.

(103) 그녀는 호박색 모자를 쓰고 극장에 오지 않았다.

이 문상에는 부정 표현 '-지 않다'가 사용되었다. 그런데 엄밀히는 부정 표현이 명제 전체의 내용을 부정하는 것은 아니다. '호박색'만 부정할 수도 있고 '호박색 모자를 쓰고'를 부정할 수도 있으며 '쓰고'만을 부정할 수도 있고 '극장에 오다'를 부정할 수도 있다. 이 문장에 대한 해석은 다음의 여러 가지가 모두 가능하다.[28]

(104) 가. 그녀는 다른 색깔의 모자를 쓰고 극장에 왔다.

나. 그녀는 머리에 아무것도 쓰지 않고 극장에 왔다.

28 이러한 네 가지 해석이 가능하다는 것은 어디까지나 이론적인 것이고 일반적으로는 (104가)나 (104나)의 해석이 발생한다. 더구나 구어에서는 부정되는 대상에 강세를 주므로 중의성이 덜 발생한다.

다. 그녀는 호박색 모자를 쓰지 않고, 모자를 들고 극장에 왔다.

라. 그녀는 호박색 모자를 썼으나 극장에 오지는 않았다.

양화 표현과 부정 표현이 함께 사용되는 경우에도 중의성이 발생한다.

(105) 모든 어린이들이 수학을 좋아하지 않는다.

(106) 가. 모든 어린이들이 수학을 좋아하는 것은 아니다(일부 어린이들만 수학을 좋아한다).

나. 아이들은 모두 수학을 좋아하지 않는다(수학을 좋아하는 어린이는 없다).

(105)에는 양화 표현 '모든'과 부정 표현 '-지 않는다'가 모두 사용되었다. 이때 부정 표현이 양화 표현에 미치는 영향에 따라 (106가, 나)의 두 가지 해석이 가능하다.[29]

29 화용적 측면까지를 고려하면 모든 문장은 중의적이다. 가령 "방이 덥네."라는 발화는 상황에 따라 '창문을 열어라', '에어컨을 켜라', '왜 난방비를 절약하지 않느냐' 등등 여러 가지 발화 의미로 해석될 수 있다. 이러한 측면은 제6장에서 다룬다.

중의성 해소

중의성은 우리의 언어생활에서 빈번히 발생하지만 우리는 일반적으로 큰 혼란 없이 의사소통을 한다. 이것은 중의성이 실제 대화 상황에서 해소되는 경우가 훨씬 더 많기 때문이다. 먼저 언어적 맥락에 의해 중의성이 해소되는 경우를 보자.

(107) 가. 배가 아프다.

나. 아버지께서 사과, 귤, 배를 사 오셨다.

동화(童話)적인 맥락이 아니라면, 일반적으로 (107가)의 '배'를 '배[船]'나 '배[梨]'로 해석할 가능성은 거의 없다. '아프다'라는 서술어가 일반적으로 요구하는 것은 신체 부위인 '배'이기 때문이다. 반면 (107)의 '배'는 '사과, 귤'과 함께 쓰였기 때문에 자연스럽게 과일의 일종으로 해석된다.

다음은 화자와 청자가 가지고 있는 일반적인 세상 지식에 의해 중의성이

해소되는 경우이다.

(108) 가. 이번에 대학에 합격한 사촌 동생과 고모가 우리 집에 놀러 왔다.
나. 이번에 대학에 합격한 영희와 철수가 우리 집에 놀러 왔다.

(108가)의 문장은 구조적 중의성의 예이다. 이 문장에서 대학에 합격한 사람은 사촌 동생과 고모 두 사람 모두일 수도 있다. 그러나 일반적인 세상 지식에 의해 사촌 동생만이 대학에 합격하였고 고모는 그 사촌 동생의 어머니일 것으로 해석된다. 그러나 동일한 문장 구조를 가지는 (108나)에서는 '영희와 철수'가 모두 대학에 합격한 것으로 해석되기 쉽다.

'사진을 찍다'라는 동사구는 주어가 사진 촬영의 주체가 되는 경우와 주어가 사진 촬영의 대상이 되는 경우 모두를 가리킨다. 그러나 많은 경우 이러한 중의성은 맥락과 세상 지식에 의해 해소된다.

(109) 가. 김연아는 뒤따르는 팬들과 사진을 찍으러 갔다.
나. 사진작가 김 씨는 자기 제자와 사진을 찍으러 갔다.

(109가, 나)는 모두 중의적인 문장이다. 그러나 (109가)는 김연아와 팬들이 사진 촬영의 대상이 되는 것으로 해석되기 쉽다. (109나)는 김 씨와 제자가 사진 촬영의 주체가 되는 것으로 해석되기 쉽다.

5.3.3.2. 모호성

의미의 모호성(vagueness)은 의미가 비명세적(unspecified)임을 뜻한다.[30] 즉 모호성은 의미가 구체적으로 분화되어 있지 않은 포괄적인 단어에서 발생한다.

(110) 가. 길: 도로, 골목, 오솔길, 산책길, 고속도로, 인도, 샛길……
나. 방: 침실, 연구실, 사무실, 상담실……

(111) 가. 말하다: 속삭이다, 소곤거리다, 중얼거리다, 소리치다, 고백하

30 모호성 개념에 대해서는 여러 가지 이견이 있다. 우리 책에서는 모호성의 핵심 특성을 '비명세성'이라고 보아 의미의 '일반성(generality)'과 구별하지 않았다. 그러나 모호성은 '불확정성(ill-definedness)'을 핵심 특성으로 하며, 일반성과는 구별된다고 보는 입장도 있다. 가령 '새'는 '비둘기'보다 일반성을 가지는 단어지만 의미가 모호하지는 않다는 것이다. 우리 책에서는 모호성을 명세성과 관련된 정도 개념으로 파악하며 '새'의 의미는 '비둘기'보다는 모호하지만 '동물, 생물'보다는 명세적이라고 보는 입장을 취한다.

다, 보고하다……

나. 생각하다: 고민하다, 결심하다, 계획하다……

'길, 방'은 포괄적인 의미를 가지며 '도로, 골목', '침실, 연구실' 등은 구체적이고 명세적인 의미를 가진다. 모호성은 그 자체가 정도적인 개념이다. 즉 모호성은 단어 사이에서 상대적으로 파악된다. 의미가 포괄적일수록 모호성은 커진다. '도로'는 '길'보다는 의미가 명세적이지만 '고속도로, 국도'보다는 덜 명세적이다.[31]

31 단어의 의미를 성분 분석하였을 때 의미 성분이 많을수록 더 명세적인 의미를 표현하므로 모호성은 줄어든다.

(112) 갑: 언제쯤 도착해?

을: 응, 거의 다 왔어. 금방 갈게.

병: 응, 거의 다 왔어. 15분 후에 갈게.

(112)에서 '을'의 대답은 '병'의 대답보다 덜 명세적이다. '금방'이 가리키는 시간의 폭이 얼마인지 분명하지 않기 때문이다. '금방'보다는 '15분 후'가 더 명세적이다.

모호성을 가지는 단어는 그 의미가 일정하게 한정되지 않는다.

(113) 가. (퇴근 시간의 전화 통화) 좀 이따 봐.

나. (이번 주 모임을 앞둔 전화 통화) 그럼 우리 좀 이따 만나겠네.

다. (귀국 준비를 하는 중의 전화 통화) 저희는 좀 이따 한국 들어가요.

(113가~다)에는 모두 시간 표현인 '좀 이따'가 사용되었다. (113가)가 직장에 있는 남편이 아내에게 오후 시간에 한 발화라면 '좀 이따'는 1~2시간 이내의 시간 폭을 가리킨다. (113나)의 '좀 이따'는 3~4일 정도의 시간 폭을 가리킨다. (113다)는 1~3개월 혹은 경우에 따라서는 1년 이상의 시간 폭도 가리킬 수 있다.

통사적 불확정성이 모호성을 유발하기도 한다.

(114) 현주 옷

(115) 가. 현주가 소유한 옷

나. 현주가 디자인한 옷

다. 현주가 산 옷

라. 현주에게 줄 옷

마. 현주가 가져가기로 한 옷

바. 현주가 그려진 옷

사. 현주가 사인해 준 옷

(114)는 (115가~사)의 해석을 가질 수 있고 다른 해석도 얼마든지 가능하다. 이는 해석의 종류가 정해지는 중의성의 경우와 다른 특징이다.

모호성은 중의성과 자주 혼동된다. 일상 언어에서 '애매모호(曖昧模糊)하다'라는 말은 '애매하다'와 '모호하다'를 합친 말인데 마치 하나의 개념인 것처럼 취급되는 경우도 많다. 그러나 철학에서는 '애매함'과 '모호함'을 엄격히 구별한다. '애매함'은 중의성에 해당되며 중의성은 모호성과 엄밀히는 구별되는 개념이다.

중의성과 모호성은 의미 해석이 하나로 떨어지지 않는다는 공통점이 있다. 그러나 중의성이 있는 문장은 그 둘 이상의 의미가 확정적이지만 모호성이 있는 문장은 확정적이지 않다.

(116) 이번에 대학에 합격한 사촌동생과 고모가 놀러 왔다.

(117) 한국은 좋은 곳이지요.

(118) 가. 한국은 살기 좋은 곳이다.

나. 한국은 경치가 좋은 곳이다.

다. 한국은 돈 벌기 좋은 곳이다.

앞에서 본 (116)의 두 가지 해석은 분명히 구별되며 그 이상의 의미 해석을 가지지는 않는다. 두 가지 해석 사이의 경계도 뚜렷하다. 그러나 (117)은 (118가~다)뿐 아니라 더 많은 해석을 가질 수 있으며 이론적으로 해석의 종류를 확정할 수 없다. 또한 화자가 (117)과 같은 발화를 할 때 (118가~다) 중의 특정한 의미를 고려하였을 수도 있지만 고려하지 않았을 수도 있다. '좋다'가 표현할 수 있는 다양한 의미를 뭉뚱그려 의도하였을 수도 있기 때문이다.

그런데 중의성과 모호성이 쉽게 구별되지 않는 경우도 많다. 이를 구별하기 위해 '그렇다'와 같은 대용 표현을 이용한 테스트를 사용할 수 있다.

(119) 가. 철수는 아내보다 담배를 좋아한다.
　　　나. 철수는 아내보다 담배를 좋아하고 영수도 그렇다.

위에서 (119가)는 비교격 조사 '보다'에 의한 중의성을 가지는 문장이라고 하였다. 그런데 이 문장에 (119나)와 같이 '영수도 그렇다'를 접속해 보자. 이때 '영수도 그렇다'는 선행절의 해석과 동일한 방법으로만 해석된다. 즉 선행절이 철수가 담배를 좋아하는 것이 철수가 아내를 좋아하는 것보다 더 하다는 의미로 해석되면 후행절의 '영수도 그렇다' 역시 같은 해석을 가진다. 만약 선행절이 철수와 아내가 모두 담배를 좋아한다는 해석을 가지면 후행절 역시 이러한 해석을 가진다.

그러나 모호성을 가진 문장은 이러한 제약을 가지지 않는다.

(120) 가. 한국은 좋은 곳이지요.
　　　나. 한국도 좋은 곳이고 미국도 그렇지요.
　　　다. 한국은 돈 벌기 좋은 곳이고 미국도 애들 키우기는 좋은 곳이지요.
(121) 가. 소녀는 정신없이 꽃잎을 먹었다.
　　　나. 소녀는 정신없이 꽃잎을 먹었고 소년도 그랬다.

(120가)는 포괄적인 표현인 '좋다'로 인해 모호성을 가지는데 (113나)에서 '좋다'는 반드시 한 가지 의미로 해석될 필요가 없다. (120나)는 '좋다'를 각기 다른 의미로 사용하여 (120다)와 같은 해석을 가질 수 있다.

(121가)에서 소녀가 먹은 꽃잎은 진달래 꽃잎일 수도 있고 철쭉 꽃잎일 수도 있다. '꽃잎'이라는 표현으로는 그것이 구체적으로 밝혀지지 않기에 '꽃잎'은 '진달래 꽃잎'이나 '철쭉 꽃잎'에 비해 의미가 비명세적이다. 그런데 (121나)는 소녀가 먹은 꽃잎은 '진달래 꽃잎'이고 소년이 먹은 꽃잎은 '철쭉 꽃잎'인 경우에도 성립한다. (121가)는 모호성을 띨 뿐 중의적이지는 않다는 것을 말해 준다.

5.3.4. 함의와 전제

5.3.4.1. 함의의 개념과 생성

문장의 의미에는 표면적으로 드러나 있는 부분과, 표면에 드러나 있지는 않지만 이미 포함되어 있는 부분이 있다.

(122) 영희는 이번에 운전면허 시험에 합격했다.

(123) 가. 영희는 이번에 운전면허 시험에 응시했다.
나. 영희는 이번에 운전면허를 획득했다.
다. 영희는 이번에 어떤 시험에 응시했다.
라. 영희는 이번에 어떤 시험에 합격했다.

(122)의 문장에는 (123가~라) 문장의 의미가 이미 포함되어 있다. (122)가 참이라면 당연히 (123가~라)의 문장들도 참이다. 따라서 (122)를 말한 후에 (123가~라)의 문장을 덧붙여 말하는 것은 불필요하다. 이와 같이 어떤 명제가 참이면 그에 따라 당연히 참이 되는 명제를 그 명제의 함의라고 한다.

함의를 논리학적 술어로 정리하면 다음과 같다.

(124) 문장 p가 참이면 반드시 문장 q가 참이고 문장 q가 거짓이면 반드시 문장 p가 거짓일 때 문장 p는 q를 함의한다.

(124)는 다소 복잡해 보이는데 (122), 즉 함의하는 문장을 p라고 하고

(123가), 즉 함의되는 문장을 q라고 하여 이를 이해해 보자. (122)가 참이면 (123가)는 반드시 참이다. 운전면허 시험에 합격하려면 반드시 시험에 응시하여야 하기 때문이다. 그리고 (123가)가 거짓이라면 (122)도 거짓이다. 운전면허 시험에 응시하지 않고서 합격할 수는 없기 때문이다. 따라서 (122)는 (123가)를 함의한다. 이것이 (124)가 설명하는 내용이다. 이러한 설명은 (123나~라)에서도 마찬가지로 성립한다.

그렇다면 문장 p가 거짓이면 문장 q의 진리치는 어떻게 결정될까? 운전면허 시험에 합격하지 않았다면 다음의 두 경우가 다 가능하다. 시험에 응시하였는데도 불합격하였을 수도 있고 아예 시험을 보러 가지 않았을 수도 있다. 따라서 문장 p가 거짓이면 문장 q의 진리치는 결정되지 않는다. 만약 문장 q가 참이면 문장 p도 참일까? 꼭 그렇지는 않다. 운전면허 시험을 보러 갔으나 합격하지 못했을 수도 있다. 이상의 내용을 표로 정리하면 다음과 같다.

p(함의하는 문장)		q(함의되는 문장)
참	→	참
거짓	→	참이거나 거짓
거짓	←	거짓
참이거나 거짓	←	참

[표 1] 함의 관계의 진리표

위에서 살펴본 함의 관계는 p가 q를 함의하지만 q는 p를 함의하지 않는 일방 함의 관계이다. 그런데 두 명제가 서로를 함의하는 상호 함의 관계에 있을 수도 있다.

(125) 가. 영희가 철수를 업었다.
나. 철수가 영희에게 업혔다.

(125가)는 (125나)를 함의하는데 (125나) 역시 (125가)를 함의한다. 이는 동의문의 예이다. 동의문은 일종의 상호 함의 관계라고 할 수 있다. 상호

함의 관계의 경우 위 진리표에서 p가 거짓일 때 q도 거짓이며 q가 참일 때 p도 참이 된다.

우리는 위에서 (122)의 문장에 대해 (123가~라)의 함의들을 생각해 보았다. 그렇다면 이러한 함의들은 어떻게 도출된 것일까?

첫째, 상하 관계를 이루는 단어에 의해 함의가 생성될 수 있다.

(126) 가. 영희는 시장에 가서 블라우스를 샀다.
　　나. 영희는 시장에 가서 윗옷을 샀다.
　　다. 영희는 시장에 가서 옷을 샀다.

(126)에서 '블라우스'는 '윗옷'의 하위어이고 이들은 또한 '옷'의 하위어이다. 이 경우 (126가)는 (126나, 다)를 모두 함의한다.

둘째, 동의 관계에 있는 단어가 있는 경우 함의가 생성된다. 이때의 함의는 상호 함의이다.

(127) 가. 오늘 저녁에 달걀부침을 먹고 싶다.
　　나. 오늘 저녁에 계란부침을 먹고 싶다.

'달걀'과 '계란'은 동의어이므로 (127가)와 (127나)는 서로를 함의한다.

셋째, 반의 관계에 있는 단어가 있는 경우 함의가 생성된다.

(128) 가. 영희는 철수의 아내이다.
　　나. 철수는 영희의 남편이다.

(129) 가. 날씨가 따뜻하다.
　　나. 날씨가 춥지 않다.

(128가)와 (128나)는 상호 함의 관계다. 반면 (129가)는 (129나)를 함의하지만 (129나)가 (129가)를 함의하지는 않는다. 이는 일방 함의이다. 상보 반의어와 관계 반의어는 대체로 상호 함의 관계를 유발하고, 등급 반의어는 일방 함의 관계를 유발한다.

5.3.4.2. **전제의 개념과 생성**

문장은 표면적으로 드러나는 의미 외에도 드러나지 않는 함의가 존재한다는 사실을 위에서 보았다. 문장이 비명시적으로 표현하는 의미에는 함의 외에도 '전제(presupposition)'가 있다.[32]

32 일상 언어에서 '전제'는 '가정'과 유사하게 쓰인다. "학술 답사를 5월 중에 가는 것으로 전제하고 계획을 짜 봅시다."의 용법을 보면 '전제'는 이미 정해진 것으로 간주하여 논의의 대상이 되지 않는 명제를 가리킨다. 의미론에서의 '전제'는 이러한 용법과 무관하지 않다. 단 삼단 논법에서 결론을 이끌어내기 위한 선행 조건(premise) 역시 '전제'로 번역되는데 의미론에서의 '전제'는 이와는 다른 개념이므로 주의하여야 한다.

(130) 영희는 이번 운전면허 시험에 합격하지 않았다.

(131) 가. 영희는 이번에 운전면허 시험에 응시했다.
나. 영희는 이번에 운전면허를 획득했다.
다. 영희는 이번에 어떤 시험에 응시했다.
라. 영희는 이번에 어떤 시험에 합격했다.

(132) 가. 영희라는 사람이 존재한다.
나. 얼마 전에 운전면허 시험이 있었다.

앞에서 본 (122)를 (130)과 같이 부정문으로 바꾸어 보자. (130)이 참인 경우, 우리가 (122)의 함의라고 부른 (131가~라)의 문장들은 그 진리치가 반드시 참이라고 할 수 없다. 함의의 진리표에서 p가 거짓이면 q는 참일 수도 있고 거짓일 수도 있음을 앞에서 본 바 있다. 그러나 (132가, 나)는 이 경우에도 여전히 참이다. 영희가 이번 운전면허 시험에 합격하지 못했다 하더라도, 영희라는 사람이 존재한다든가, 운전면허 시험이 존재한다는 사실은 부정되지 않는다. 이렇듯 어떤 문장이 포함하고 있는 의미 중에서는 그 부정문에서도 부정되지 않는 명제가 존재하는데 이를 전제라고 한다. 전제는 부정문에서 그 참이 보장되지 않는 함의와는 구별된다.

의미론에서 전제는 어떤 문장이 성립하기 위해 이미 그 참이 보장되어야 하는 문장이라고 정의한다.

(133) 가. 나는 남편과 결혼한 것을 후회한다.
나. 나는 남편과 결혼했다.

(134) 가. 영희 외삼촌이 미국에서 오셨다.
나. 영희는 외삼촌이 있다.

(135) 가. 현재의 프랑스 왕은 대머리다.
　　나. 프랑스에는 현재 왕이 존재한다.

(133가)의 참·거짓을 따지기 위해서는 (133나)가 참이어야 한다. 내가 결혼한 사실이 없다면 (133가)는 참·거짓을 판별할 기본 조건을 갖추지 못한 셈이다. 마찬가지로 (134가)의 참·거짓을 따지기 위해서는 영희에게 외삼촌이 있어야 한다. 따라서 (134나)가 참이어야만 (134)의 진리치를 이야기할 수 있다. 또한 (135가)의 참·거짓을 따지려면 프랑스에 현재 왕이 존재하여야 한다. (135나)는 21세기 현재 상황에서 거짓이다. 따라서 (135가)의 참·거짓을 따지는 것은 무의미하다.

전제를 만들어 내는 요소를 전제 유발자(presupposition trigger)라고 한다. 전제 유발자에는 다음과 같은 요소가 있다.

첫째, 관형사절이 전제를 생성한다.

(136) 가. 내가 어제 방문한 대학에는 외국인 학생들이 많았다.
　　나. 내가 어제 방문한 대학에는 외국인 학생들이 많지 않았다.
　　다. 나는 어제 어느 대학을 방문했다.

(137) 가. 그가 준 꽃에서는 좋은 향기가 났다.
　　나. 그가 준 꽃에서는 좋은 향기가 나지 않았다.
　　다. 그가 꽃을 주었다.

(136가)는 (136다)의 의미를 가지는 관형사절을 포함하고 있다. 그런데 (136가)를 부정한 (136나)에서도 (136다)는 여전히 참이다. (137가) 역시 (137다)의 내용을 관형사절로 안고 있는데 부정문 (137나)에서도 (137다)가 참이다.

둘째, 특정 동사들이 전제를 유발한다. 특히 내포절이 사실임을 전제하는 일련의 동사들을 사실성 동사라고 부른다.

(138) 가. 영희는 철수와 결혼한 것을 후회한다.

나. 영희는 철수가 학생임을 깨달았다.

(139) 가. 영희는 철수가 학생이라고 생각한다.

나. 나는 영희가 합격했다고 믿었다.

다. 나는 그가 오늘 오리라고 기대했다.

(138가, 나)의 '후회하다, 깨닫다'는 모두 내포절이 사실임을 전제한다. 반면 (139가~다)의 '생각하다, 믿다, 기대하다' 등은 내포절의 사실성을 전제하지 않는다. 가령 "영희는 철수가 학생이라고 생각하지 않았다."에서는 '철수가 학생이다'라는 전제가 유지되지 않는다. 사실성 동사에는 '후회하다, 깨닫다, 알다, 발견하다, 고백하다' 등이 있고 내포절이 사실임을 전제하지 않는 비사실성 동사에는 '생각하다, 믿다, 기대하다, 의도하다, 주장하다' 등이 있다.

셋째, 반복 표현이 전제를 유발한다.

(140) 가. 김 군이 또 커닝을 했습니다.

나. 김 군은 예전에 커닝을 했다.

다. 김 군이 또 커닝을 하지(는) 않았습니다.

(140가)에서는 '또'라는 표현이 사용됨으로써 (140나)와 같은 전제를 유발한다. (140나)는 부정문인 (140다)에서도 여전히 참이 유지된다.[33]

33 "너 또 커닝했지?"라는 질문에 "아니요."라고 대답하면 예전에 부정행위를 한 사실을 인정한 것이 되는데 이는 반복 표현이 전제를 유발하기 때문이다.

넷째, 분열문 구성이 전제를 유발한다.

(141) 가. 내가 마신 것은 소주였다.

나. 나는 무엇인가를 마셨다.

다. 내가 마신 것은 소주가 아니었다.

(142) 가. 나는 소주를 마셨다.

나. 나는 무엇인가를 마셨다.

다. 나는 소주를 마시지 않았다.

(141가)는 (141나)를 전제한다. 부정문인 (141다)에서도 (141나)가 참이기 때문이다. 그러나 분열문이 아닌 (142가)는 (142나)를 전제하지 않고 함의한다. 부정문 (142다)에서는(142나)가 꼭 참이라고 할 수 없다.

다섯째, 고유 명사와 한정 기술구(definite description)[34]가 존재 전제(existential presupposition)를 유발한다.

(143) 가. 민희는 내가 제일 좋아하는 친구이다.
나. 민희가 존재한다.

(144) 가. 엄마 단짝 친구의 잘생긴 아들이 명문대에 들어갔다.
나. 엄마 단짝 친구는 잘생긴 아들이 있다.

(145) 가. 프랑스 왕은 대머리다.
나. 프랑스 왕이 존재한다.

(143가, 나)의 '민희'와 같은 고유 명사는 그것을 지시하는 특정한 사물이나 사람이 존재한다는 것을 전제한다. 이를 존재 전제라고 부른다. 이는 (144가, 나)의 '엄마 단짝 친구의 잘생긴 아들'과 같은 한정 기술구도 마찬가지다. 고유 명사와 한정 기술구는 모두 지시 표현(referring expression)이다. 즉 보통 명사가 부류(class)를 지시하는 것과 달리 고유명사와 한정 기술구는 한정된 개체를 지시할 수 있는 공통점을 가진다.[35] (145가)의 '프랑스 왕' 역시 한정 기술구이기 때문에 그것이 존재한다는 전제를 가진다. 그런데 이 존재 전제가 참이 아닌 상황에서는 (145가)는 참과 거짓을 따질 수 없는 문장이 된다.[36]

34 한정 기술구는 한정적 개체를 지시하는 명사구 표현이다. '저 사람', '내가 어제 산 책' 등을 말한다.

35 '의자'와 같은 보통 명사는 특정한 의자를 지시하는 것이 아니라 다양한 원소를 가지는 의자의 집합을 지시한다.

36 한정 기술구도 관형사절을 포함할 수 있지만, 여기에서 말하는 존재 전제는 관형사절의 내용이 참이라는 것이 아니라 한정 기술구가 지시하는 개체가 존재한다는 것이다.

제6장 화용론

6.1. 화용론에 대한 기본적 이해

언어는 인간의 의사소통 수단이다. 의사소통에 관여하는 요소에는 언어 자체 외에도 어떤 말을 발화하는 화자, 그것을 듣는 청자, 화자와 청자가 위치해 있는 맥락(context) 등이 있다.[1] 따라서 언어를 연구하기 위해서는 의사소통에 관여하는 언어 외적 요소에 대해 고려하는 것이 반드시 필요하다.

동일한 문장이 화자, 청자, 맥락에 따라 그 의미가 달리 해석되는 일은 매우 흔하다. 따라서 어떤 문장의 궁극적인 의미는 구체적인 맥락의 화자와 청자를 고려하여야만 파악될 수 있다. 엄마를 부르며 우는 아이에게 유치원 선생님이 "엄마 보고 싶지?"라고 한다면 그것은 아이를 달래는 말이다. 그러나 똑같은 말이라도 피의자를 취조하는 수사관이 "엄마 보고 싶지?"라고 한다면 그것은 협박일 수 있다. 이는 맥락이 산출하는 의미이다.

원칙적으로 어떤 언어 표현이 맥락에서 가질 수 있는 의미는 무한에 가깝다. "날씨가 덥네."라는 표현은 상황에 따라 다음과 같이 각기 다른 의미를 산출할 수 있다.

(1) 가. (어제 일기예보에서 날씨가 선선할 것이라는 예보를 함께 본 상황) 일기예보가 틀렸네.

나. (날씨가 더우면 아이스크림을 먹자고 미리 약속을 한 상황) 아이스크림 사 먹자.

다. (교사가 에어컨 옆의 학생에게 말하는 상황) 에어컨을 켜라.

1 '맥락'에는 해당 발화의 앞뒤 언어 표현 등을 가리키는 '언어적 맥락', 화자, 청자를 포함한 시간과 공간 등의 물리적 상황인 '상황 맥락', 그 밖에 언어 표현이 속한 '사회적 맥락', '문화적 맥락' 등이 있다. 할리데이(M. A. K. Halliday)는 맥락을 '상황 맥락', '문화 맥락', '텍스트 간 맥락', '텍스트 내 맥락'의 넷으로 구분했다. '언어적 맥락'은 흔히 '문맥'이라고도 한다.

"날씨가 덥네."라는 발화를 누가, 누구에게 어떠한 상황에서 하였느냐에 따라 그것이 의도하는 의미는 달라질 수 있다. 이렇듯 구체적인 맥락에서 산출되는 의미를 화용론적 의미라고 하고 이를 연구하는 언어학의 한 분과를 '화용론(pragmatics)'이라고 한다. 화용론적 의미는 맥락에 따라 변화하므로 사전에서 기술될 수 없다. 요컨대 화용론은 '우리는 어떻게 말한 것 이상을 의미할 수 있는가?'라는 의문에 답하려는 학문 분야이다.

6.2. 발화 의미 해석의 원리

의사소통은 어떻게 이루어지는가? 고전적인 의사소통 이론인 코드 모형(code model)에 따르면 의사소통은 발신자가 메시지를 부호화(encoding)하여 수신자에게 전달하고 수신자는 그것을 해독(decoding)함으로써 이루어진다. "우체국이 어디 있니?"라는 문장을 화자가 발화하면 청자는 이를 듣고 그 의미를 해독하여 "학생회관에 있어."와 같은 적절한 대답을 하게 된다. 어떤 생각을 전달하려면 그 생각을 있는 그대로 표현해 주는 문장을 발화하여야 한다는 것이 코드 모형의 관점이다.

그러나 실제 의사소통은 부호화와 해독 과정 그 이상이다. 의사소통에 사용되는 문장의 의미와 실제 발화가 전달하는 의미 사이에는 커다란 차이가 있다. 코드 모형을 반박하는 추론 모형(inferential model)에 따르면 화자는 자신의 의도를 표현하기 위해 적절한 증거를 제공하고 청자는 그것을 바탕으로 의미를 추론한다.

가령 다음의 대화를 생각해 보자.

(2) 갑: 아침에 보니 벚꽃이 드디어 활짝 폈더라.
　　을: 나 내일 퀴즈야.

문자 그대로의 의미로만 해석하면 '갑'의 말에 대한 '을'의 대답은 동문서답(東問西答)에 가깝다. 그러나 이러한 발화로도 완벽한 의사소통이 가능하다. 이런 일이 어떻게 일어날 수 있을까? 화자는 말하는 것 이상의 함축을 생산하고 청자는 화자가 생산한 함축을 여러 가지 증거를 이용하여 추론하기 때문이다.[2] 가령 '갑'과 '을'의 말은 다음의 괄호 안의 내용을 함축할 수 있다.

2 함축과 추론은 하나의 현상에 대한 동전의 양면이다. 함축은 화자가 생산한 내용이고 추론은 청자가 해석한 내용이다.

(3) 갑: 아침에 보니 벚꽃이 드디어 활짝 폈더라.
(아침에 보니 벚꽃이 드디어 활짝 폈더라. 지난번에 우리 벚꽃 피면 공원에 함께 놀러 가기로 했잖아. 오늘 나랑 같이 공원에 벚꽃 놀이 하러 갈래?)
을: 내일 나 퀴즈야.
(벚꽃 놀이를 가려면 내가 저녁에 시간이 있어야 해. 그런데 내일은 의미론 퀴즈를 보는 날이야. 퀴즈를 잘 보려면 시험공부를 해야 돼. 공부를 하려면 오늘은 공원에 갈 수가 없어. 그래서 벚꽃 놀이를 못 가겠다.)

의사소통이 단순히 부호화와 해독에 의해서만 이루어진다면 (3)의 괄호 안의 말들이 실제로 발화되어야 한다고 볼 수도 있다. 그러나 이런 상황에서 이처럼 장황한 말을 하는 화자는 거의 없다. 괄호 밖의 말만으로도 충분히 의사소통이 가능하기 때문이다. '갑'이 생산한 함축을 '을'은 성공적으로 추론해 내며 그에 적합한 대답을 산출한다. 또한 '갑'은 '을'의 말이 현재의 맥락과 관련성이 있다고 믿음으로써 '을'의 의도를 추론하여 적절한 해석을 얻는다. 의사소통 과정에서 발생하는 화자의 함축 생성과 청자의 추론 행위는 크게 보아 언어 경제성을 추구하는 것이라고도 볼 수 있다.

6.3. 대화 함축과 협력 원리

6.3.1. 대화 함축

의사소통에 대한 추론 모형에서는 화자가 함축을 생산하고 청자가 그것을 추론함으로써 의사소통이 달성된다고 한다. 그라이스(P. Grice)는 이러한 과정이 화자와 청자의 협력(cooperation)에 의해 이루어진다고 본다. 대화에서 화자와 청자가 암묵적으로 어떤 규칙을 준수하면서 서로 협력하기 때문에 발화에 대한 적절한 해석이 이루어질 수 있다는 것이다. 다음 예를 보자.

(4) 갑: 김영수 지금 어디 있냐?
을: 글쎄, 가방은 동아리방에 있던데.

'을'의 대답을 '갑'의 질문에 대한 적절한 대답으로 해석하기 위해서는 화자와 청자 사이의 믿음이 필요하다. '갑'은 '을'이 의사소통에 협력할 것이라고 믿고 관련성 없는 정보를 발화하지 않을 것이라고 가정하여야 한다. 만약 그렇지 않다면 '을'의 대답은 일종의 동문서답이며 '갑'은 '영수의 소재'를 묻는 질문에 왜 가방 이야기를 하는지 의문을 가질 수도 있다. 화자와 청자 사이에는 서로 의사소통에 협력할 것이라는 믿음이 있기 때문에 '갑'은 '을'의 가방 이야기를 듣고 영수와 가방 사이의 관련성을 추론할 수 있다. 그리하여 '을'의 대답은 영수의 소재(所在)를 묻는 '갑'의 질문에 대해 영수가 캠퍼스 어딘가에 있을 것이라는 정보를 제공하는 적절한 발화로 간주된다.[3]

3 자동적으로 생겨나는 함축들은 세상에 대한 우리의 백과사전적 지식들과 밀접하게 연관되어 있다. 즉 청자는 세상에 대한 자신의 지식에 맞추어 추론을 생산한다.

발화를 통해 전달되는 것에는 '말한 것(what is said)'과 '함축된 것(what is implicated)'이 있다. 위 대화에서 '을'이 말한 것은 가방이 동아리방에 있다는 것이다. 그러나 이는 영수가 학교에 있을 것으로 추정된다는 의미를 함축한다. 대화에서 '말한 것' 이상으로 생겨나는 이러한 함축적 의미들을 '대화 함축(conversational implicature)'이라고 한다. '말한 것'의 의미를 '문장 의미(sentence meaning)'라고 하고 함축적 의미는 '화자

의미(speaker's meaning)'라고 하기도 한다.

함축의 중요한 특성으로 '취소 가능성(defeasibility)'이 있다.

(5) 갑: 김영수 지금 어디 있냐?
을: 글쎄, 가방은 동아리방에 있던데.
갑: 아직 집에는 안 갔나 보네.
을: 근데 요즘은 가방을 동아리방에 두고 다닐 때도 많더라.

앞의 (4)의 대화가 위와 같이 연결된다고 해 보자. '을'의 첫 번째 발화는 '영수가 학교에 있다.'는 명제를 함축할 수 있다. 그러나 '을'의 두 번째 발화에서 이러한 함축은 쉽게 취소된다.

다음 예도 함축의 취소 가능성을 보여 준다.

(6) 철수가 영희의 등을 때렸고 영희는 철수의 얼굴을 때렸다. 그러나 영희가 철수를 때린 것이 먼저였다.

(6)의 첫 번째 문장은 철수가 먼저 영희를 때렸고 그 후에 영희가 철수를 때린 것임을 함축한다.[4] 그러나 이러한 의미는 함축에 불과하다. 두 번째 문장에서 이 의미가 취소될 수 있기 때문이다. 취소 가능성은 '의미론적 의미'와 '화용론적 함축'을 구별하는 중요한 기준이 된다.

4 이는 6.3.2.에서 살펴볼 대화 격률 중 '순서대로 말하라'라는 격률과 관련 있다.

참고 1 고정 함축과 외축

일반적으로 함축 이론에서 이야기하는 함축은 대화 함축, 즉 대화에서 격률의 준수 및 의도적 위반으로 얻어지는 함축을 뜻한다. 그런데 함축을 대화 함축과 고정 함축(conventional implicature)으로 구별하는 경우도 있다.

(1) 가. 아침에 빵을 먹고 점심 때 밥을 먹었다.
나. 아침에 빵을 먹었지만 점심 때 밥을 먹었다.

두 명제를 연결하는 데 (1가)는 '-고'를 사용하였고 (1나)는 '-지만'을 사용하였다. (1가, 나)는 진리치에는 차이가 없지만 (1나)는 (1가)가 가지지 않는 '대조'의 의미를 더 표현한다. 이러한 의미를 대화에서 그때그때 만들어지는 대화 함축과 구별하여 특정한 언어 표현이 고정적으로 가지고 있는 함축, 즉 고정 함축이라고 부른다. 그러나 고정 함축은 대화 함축과는 달리 맥락을 통해 추론되는 의미가 아니다. 또한 일반적으로 함축은 문맥에서 취소될 수 있는데 고정 함축은 취소 불가능한 속성을 보인다. 따라서 고정 함축은 어휘 요소의 의미의 일부 즉 '말한 것'에 속하고 '함축된 것'이 아니라고 보아 함축에서 제외하는 견해도 있다.

한편 함축과 관련되는 개념으로 '외축(explicature)'이라는 것도 있다. 'explicature'와 그 번역어인 '외축'은 모두 'implicature'과 '함축'에서 유추적으로 만들어 낸 말이다. 함축을 '암시 의미'로, 외축을 '명시 의미'로 부르는 경우도 있다. 외축은 담화 상황에서 명제 내용에 대해 화용론적으로 보충한 해석을 말한다. 가령 "그 아이가 그 일을 할 틈이 있겠어?"와 같은 발화가 있다고 해 보자. 이때 '그 아이, 그 일'은 구체적인 담화 상황에서 지시 대상이 확정되어야 한다. '틈'은 공간적 의미로도 쓰이고 시간적 의미로도 쓰이는 다의어이므로 역시 담화 상황에서 중의성이 해소되어야 한다. '-겠-' 역시 추측과 의도의 의미를 가지는 다의어이므로 중의성 해소가 필요하다. 이러한 과정을 통해 어떤 담화 상황에서 '철수가 서류 작성을 할 시간이 있을 것으로 추측해?'와 같은 해석이 나온다면 이것이 외축이다. 만약 이 발화가 그 담화 상황에서 '철수 대신 네가 서류 작성을 해라.'의 의미를 표현한다면 이는 함축에 해당한다. 외축은 의미론적 의미와 함축 중간쯤에 위치한 의미라 할 수 있다.

6.3.2. 협력 원리와 대화 격률

문장 의미만을 따졌을 때는 동문서답에 가까운 대화들이 성공적으로 의사소통을 수행할 수 있는 이유는 무엇일까? 그것은 화자와 청자가 대화에서 일정한 규칙을 따르고 있고 상대방도 그러한 규칙을 따른다고 암묵적으로 믿기 때문이다. 의사소통을 자동차를 운전하는 상황에 비유해 보자. 우리는 운전을 할 때 다른 운전자들이 교통 규칙을 준수할 것이라는 믿음을 가지고 있다. 그러한 믿음을 가지고 있지 않다면 상대편 자동차가 중앙선을 넘어 나에게 돌진해 오지 않을 것이라는 것을, 좌측 방향등을 켜고서 우측 차선으로 들어오지 않을 것이라는 것을 어떻게 장담할 수 있겠는가? 우리는 거리의 운전자들이 모두 교통 규칙을 지킬 것이라고 암묵적으로 믿기 때문에 일반적인 상황이라면 생명의 위협을 느끼지 않고 평온한 마음으로 운전을 한다.

마찬가지로 화자와 청자는 일정한 규칙을 따른다. 6.3.1.에서 말했듯이 의사소통에서 화자와 청자가 일반적으로 지키는 규칙 중 가장 상위의 규칙은 '협력'이다. 그라이스의 협력 원리는 다음과 같은 일반 원리를 포함한다.

(7) 일반 원리: 대화가 진행되는 각 단계에서 대화의 목적이나 방향에 의해 요구되는 만큼 대화에 이바지하라.

일반 원리는 대화에서 필요한 만큼의 적합한 말을 해야 한다는 것으로 해석된다. 이는 매우 자명하고 상식적인 수준의 원칙으로 보인다. 그러나 대화를 유지하는 데 이러한 원칙은 상당히 중요하게 작동한다. 다음의 상황을 보자.

(8) (리포터가 해변에 놀러 온 시민을 인터뷰하는 상황)

갑: 오늘 이렇게 가족들하고 바닷가에 나오니까 기분이 좋으시죠?

을: 예.

병: 예, 집에만 있어서 갑갑했는데 나오니까 바람도 시원하게 불고 애들도 좋아하네요. 오느라고 힘들었지만 잘 온 것 같아요.

'갑'의 질문에 대한 '을'의 대답은 문자적으로는 아무 문제가 없다. 그러나 일반적으로 인터뷰의 상황에서 리포터가 자기가 만난 시민이 정말로 기분이 좋은지 좋지 않은지의 여부가 궁금한 것은 아니기 때문에 '예, 아니요'의 단답식 대답은 적합하지 않다. 따라서 협력적인 대화 참여자라면 '병'과 같이 자신의 기분을 구체적으로 서술하는 대답을 할 것이다.[5]

루이스 캐럴(Lewis Carroll)의 소설 「이상한 나라의 앨리스」에서도 의사소통에 참여하는 사람들이 지켜야 할 원칙이 있다는 것을 확인할 수 있다.

5 협력 원리를 지키지 않아도 되는 상황도 있다. 예컨대 피의자들이 가지는 묵비권은 불리한 진술을 하지 않기 위해 협력 원리를 지키지 않는 것을 법적으로 보장한 것이다.

(9) "제가 어떻게 들어가야 하나요?" 앨리스는 큰 소리로 물었다.

"난 여기 앉아 있을 거야. 내일이나 모레까지." 문지기가 말했다.

"제가 여기 어떻게 들어가야 하냐고요." 앨리스는 다시 한 번 더 큰 소리로 물었다.

"꼭 들어가야 하니?" "이게 첫 번째 질문이고 난 여기 앉아 있을 거야."

"그럼 전 어떡해야 돼요?"

"네 맘대로 해." 문지기는 이렇게 말하고 휘파람을 불기 시작했다.

위의 대화에서 '문지기'가 발화한 문장들은 모두 문법적인 문장이고 의미를 가진 문장이다. 그러나 앨리스의 질문에 대한 적합한 대답이 아니다. 문지기가 대화의 목적에 협력하지 않기 때문에 온전한 대화가 이루어지지 않았다.

그렇다면 어떻게 해야 대화의 목적에 적합한 말을 할 수 있는가? 그라이스는 그것을 위한 세부 원칙을 격률(maxim)의 형태로 제시하였다.

(10) 대화 격률

가. 양의 격률

① 대화의 목적에서 현재 필요한 만큼의 정보를 제공하라.

② 필요 이상의 정보를 제공하지 말라.

나. 질의 격률: 당신이 제공하는 정보가 참된 것이 되도록 하라.

① 거짓이라고 믿는 것을 말하지 말라.

② 적절한 증거가 없는 것을 말하지 말라.

다. 관련성의 격률: 관련성이 있게 하라.

라. 태도의 격률: 명료하게 하라.

① 모호성을 피하라.

② 중의성을 피하라.

③ 간결하게 말하라.

④ 순서대로 말하라.

이것은 '~하라'와 같은 형식의 격률로 표현되었기 때문에 성공적인 의사소통을 위해서 이러한 점을 준수하라는 지침으로 읽을 수도 있다. 하지만 이는 대화 참여자가 대화에서 일반적으로 수행하는 행동을 기술한 것이기도 하다. 즉 일반적으로 화자는 필요한 만큼의 정보만을, 참이라고 믿는 정보만을, 관련성이 있는 정보만을 명료하게 제공하려고 노력한다. 그리고 화자가 이를 준수할 것이라는 믿음이 있기 때문에 청자는 이 격률에 입각해 화자가 말한 것 이상의 풍부한 함축적 의미를 추론해 낸다. 혹은 화자는 이 격률을 의도적으로 위반(flout)하거나 악용(exploit)함으로써 자기가 의도하는 함축을 생산하기도 한다. 각각의 세부 격률과 관련한 예를 살펴본다.

양의 격률

양의 격률은 대화에 필요한 정보를 충분히, 그리고 필요한 만큼만 제공하라는 격률이다.

(11) 갑: 자녀 분이 어떻게 되세요?
　　을: 아들 하나 있어요.

'을'의 대답을 듣고 '갑'은 당연히 '을'은 자녀가 '아들 하나만' 있을 것이라고 생각한다. 그러나 문장 의미만을 따져 보면 "아들 하나 있어요."라는 대답은 사실은 '을'이 1남 2녀를 둔 경우에도 여전히 참이다. 그 경우에도 '을'이 '한 명의 아들'이 있다는 것은 분명한 사실이기 때문이다. 그러나 협력적인 대화 참여자라면 1남 2녀의 자식을 둔 경우 "아들 하나 있어요."와 같은 대답을 하지는 않는다. 화자는 필요한 만큼의 정보를 충분히 제공하려고 노력할 것이기 때문이다. 즉 "아들 하나 있어요."라는 발화는 양의 격률에 의해 '아들 하나 외의 자식은 없다'는 함축을 생산한다.

양의 격률이 생산하는 함축을 문장 의미론에서 다룬 함의와 관련지어 생각해 보자.

(12) 가. 나는 사과 네 개를 먹었다.
　　나. 나는 사과 세 개를 먹었다.
　　다. 나는 사과를 네 개보다 많이 먹지는 않았다.

(12가)는 당연히 (12나)를 함의한다. 따라서 사과를 네 개 먹은 경우에도 (12나)는 참이다. 마찬가지로 사과를 다섯 개 먹은 경우에도 (12가)는 참이다. 그러나 양의 격률에 의해 (12가)는 (12다)를 함축한다. 사과를 네 개 넘게 먹었다면 (12가)와 같은 발화를 하지 않을 것이기 때문이다. 요컨대 양의 격률은 (12가)의 발화가 사과를 다섯 개 이상 먹은 경우로 해석되는 것을 자연스럽게 배제하여 사과를 정확히 네 개 먹었다는 올바른 해석에 도달하게 한다.[6]

6 (12가)는 (12나)를 함의하며 (12다)를 함축한다. (12나)는 취소될 수 없지만 (12다)는 취소될 수 있다. 가령 "나는 사과 네 개를 먹었어. 사실은 나중에 하나 더 먹었고."에서는 (12가)에서 생겨난 함축인 (12다)는 취소된다.

양의 격률은 그 정보가 참이라 하더라도 필요 이상의 정보를 전달하는 것을 제한하여 효율적인 의사소통을 돕는다.

(13) 갑: 오늘 뭐 했어?

을: 영화 봤어.

을′: 아침에 7시에 일어나서 밥 먹고 양치질하고 옷 입고 가방 메고 집에서 나왔어. 버스 정류장까지 걸어가서 버스 기다렸다가 타고 영화관에 도착해서 표 끊고 영화 보고 오는 길에 시장에 들러서 시장 보고 약국에 들러서 약 사고 걸어서 집에 돌아와 샤워하고 지금 전화 받고 있어.

'갑'의 질문에 대한 대답으로 보다 사실에 가까운 것은 '을′'의 대답이다. '오늘 한 일'에는 영화 본 일 말고도 많은 일들이 포함될 것이기 때문이다. 그러나 이러한 발화는 적절한 발화가 아니다. '갑'의 질문은 오늘 일과 중 비일상적인 특별한 일만을 묻고 있기 때문이다. '을′'의 대답은 필요 이상의 정보를 전달하지 말라는 양의 격률을 준수하지 않았기 때문에 부적절한 대답이다.

대화 참여자는 협력 원리를 준수함으로써 여러 가지 함축을 생산하기도 하고 대화 격률을 의도적으로 위반함으로써 함축을 생산하기도 한다. 다음은 양의 격률을 준수하면서 생겨난 함축이다.

(14) 갑: 문법론 리포트, 문학사 리포트 두 개 다 썼니?

을: 문법론 썼어.

(14)에서 '을'의 대답은 문학사 리포트를 쓰지 않았다는 내용을 포함하지 않았다. 따라서 '을'이 실제로는 문법론 리포트와 문학사 리포트를 모두 다 썼을 경우에도 '을'의 대답은 참이다. 그렇지만 '갑'은 '을'이 '문법론만 썼고 문학사는 쓰지 않았다'라고 추론한다. 이는 '갑'은 '을'이 양의 격률을 준수한다고 믿기 때문이다. 만약 문학사 리포트도 썼다면 '을'은 "둘 다 썼어."라고 했을 것이다. 요컨대 문학사 리포트를 아직 안 썼다는 함축은 화자가 양의 격률을 준수한다고 가정함으로써 얻어진다.

다음은 양의 격률을 의도적으로 위반함으로써 함축을 생산한 경우이다.

(15) 갑: 영희는 지금 무엇을 하고 있을까?

을: 숨 쉬고 밥 먹고 잠자고 그러겠지.

(16) 내가 너냐?

(15)에서 '을'의 대답은 정보가 부족하다. 따라서 양의 격률을 위반한 것이다. 그럼에도 불구하고 이러한 발화가 전혀 무의미한 것은 아니다. 영희의 최근 상황을 자신은 모르며, 자신뿐 아니라 누구도 알기 어렵다는 의미를 함축한다.

(16)이 '나는 네가 아니다'라는 의미를 전달하기 위한 수사 의문문으로 사용된다면 이는 언제나 진리치가 참인 항진 명제에 속한다. 따라서 이는 정보 전달에 기여하지 않는, 양의 격률을 위반한 발화이다. 그럼에도 불구하고 화자는 의도적으로 이러한 문장을 사용함으로써 내가 가진 속성은 네가 가진 속성과는 다르다는 함축적 의미를 생산한다. 즉 맥락에 따라 '나는 너처럼 게으르지 않다, 나는 너처럼 똑똑하지 않다' 등 여러 가지 함축적 의미를 생산할 수 있다.

질의 격률

질의 격률은 화자가 사실이라고 믿고, 사실이라는 적절한 증거가 있는 것만을 말하라는 것이다.

(17) 국립중앙박물관이 소장한 금동미륵보살반가사유상은 삼국 시대에 만들어진 것으로 현재 국보 83호로 지정되어 있습니다.

만약 교양 수업 시간에 교수가 (17)과 같은 발화를 하였다고 해 보자. 교수의 말은 거짓말일 수도 있다. 하지만 학생들은 보통 교수가 거짓말을 했으리라고 생각하지는 않는다. 실제로 교수는 사실이라고 믿고, 사실이라는 적절한 증거가 있는 정보만을 제공하려고 노력하기 마련이며 학생들도 교수가 그러할 것이라고 믿는다.

그러나 질의 격률이 언제나 준수되는 것은 아니다. 질의 격률을 의도적 위반함으로써 적합한 함축을 생산하는 경우도 많다.

(18) 가. 백만 년 만에 시집을 샀어요.
나. 준수 먹는 거 봐라. 돌이라도 씹어 먹겠다.

(18가, 나)에는 일종의 과장법이 사용되었다. 이는 질의 격률의 의도적 위반이다. 이는 화자가 사실로서 제시한 것이 아니고, 청자도 사실이 아닐 것이라고 믿지만 성공적인 의사소통에 기여한다. (18가)는 화자가 생각하기에 자신이 아주 오랜만에 시집을 샀음을 효과적으로 함축하고, (18나)는 준수가 식성이 무척 좋다는 점을 효과적으로 함축한다.

은유적 표현 역시 질의 격률을 의도적으로 위반한 예이다.

(19) 가. 오월은 갓 세수를 한 스무 살 젊은이의 청신한 얼굴이다.(피천득, 「오월」)
나. 신열은 병자의 밥이 되고 사랑은 연인의 밥이 된다.[빅토르 위고(Victor Hugo), 「레 미제라블(Les Miserables)」]

(19가)에서 '오월'이 '젊은이의 얼굴'이 아니라는 것은 자명하다. 그럼에도 불구하고 이러한 표현을 사용함으로써 오월이 젊은이의 얼굴처럼 싱그럽다는 것을 효과적으로 함축해 낸다. (19나)는 '신열=병자의 밥', '사랑=연인의 밥'이 거짓임이 분명하지만 열이 나면 식욕이 떨어지는 것처럼 사랑을 하면 시장기를 느끼지 못한다는 함축을 생산한다.

질의 격률을 의도적으로 위반함으로써 수사적 효과를 달성하는 다른 예로 '반어법(irony)'이 있다.

(20) 이야, 차 한번 멋지네.

상대방이 20년 된 낡은 차를 몰고 나타난 경우 이를 익살스럽게 표현하기 위해 반어법을 사용할 수 있다. 역시 질의 격률을 의도적으로 위반한 예이다.

관련성의 격률

관련성의 격률을 준수함으로써 함축이 얻어지는 예는 앞에서도 본 바 있다.

(21) 갑: 김영수 지금 어디 있냐?
을: 글쎄, 가방은 동아리방에 있던데.

'갑'은 '을'의 대답이 자신의 질문과 관련이 있다고 믿기 때문에 영수가 아직 귀가하지 않았을 것이라는 적절한 추론을 생산할 수 있다.

다음의 대화가 성공하기 위해서도 관련성의 격률이 필요하다.

(22) 갑: 오늘 영화 볼래?
을: 오늘 날씨가 지나치게 좋아.

'갑'이 영화를 보자는 제안을 하였음에도 불구하고 '을'이 날씨 이야기를 하는 것은 언뜻 관련이 없어 보인다. 그러나 '갑'은 '을'이 관련성의 격률을 준수한다고 믿기 때문에 '을'이 실내에서 영화를 보기에는 날씨가 아깝다고 생각한다는 것을 성공적으로 추론한다.

관련성의 격률을 의도적으로 위반함으로써 함축을 생산할 수도 있다.

(23) 아버지: 네 남자 친구가 벌이는 좀 괜찮다니?
딸: 굉장히 성실하고 착한 사람이에요, 아빠.

(23)에서 '아버지'의 질문은 남자 친구의 경제적 능력에 대한 것이므로 '딸'의 대답은 관련성의 격률을 위반하고 있다. 그러나 '딸'의 대답은 남자 친구의 벌이가 그리 좋지 않지만 그것이 자기에게 문제가 되지 않는다는 의미를 함축한다.

태도의 격률

태도의 격률은 말하는 방식에 대한 것이다. 모호성, 중의성을 피하고 되도록 간결하게 말할 것, 그리고 순서대로 말할 것을 포함한다.

(24) 갑: 오늘은 도서관에서 시험공부를 하고, 점심을 먹고, 수업에 들어갔어.
을: 수업이 오전이었어, 오후였어?

'갑'의 발화를 들은 '을'은 자연스럽게 '갑'이 오전에 도서관에서 공부를 하고 점심 식사 후 오후 수업에 들어갔다고 추론한다. 그러나 '갑'이 오전에 수업에 들어가고 점심 식사 후 도서관에서 공부를 했다 하더라도 '갑'의 발화는 참이다. 일반적인 화자는 순서대로 말하며 청자 역시 화자가 순서대로 말할 것임을 믿기 때문에 위와 같은 '을'의 질문은 거의 필요 없다.

다음은 태도의 격률을 위반한 사례이다.

(25) 갑: 저희 아이 학교생활이 어떤가요?
을: 뭐, 공부를 잘하지는 못해도 그럭저럭 하는 편이고요, 이번에 점수가 좀 안 좋긴 했지만 노력하면 또 올라갈 수 있을 것 같습

니다. 교우 관계가 좀 문제이기는 한데 친구들이 많진 않아도 큰 문제는 안 일으키니 다행일 수도 있지요.

'을'의 대답은 '모호성을 피하라'라는 태도의 격률을 위반하고 있다. 이때 이를 의도적으로 위반한 것은 학교생활에서 칭찬할 점이 없다거나 칭찬할 점을 잘 알지 못한다는 것을 함축하기 위해서라고도 할 수 있다.

다음 예는 태도의 격률 중 '중의성을 피하라'를 의도적으로 위반한 사례이다.

(26) 가. 이제껏 프라이팬에 익혀 기름이 뚝뚝 떨어지는 피자를 제맛이라고 드셨습니까? 그렇다면 피자 헛먹었습니다.(피자 광고)

나. '생소한 장터'에 오신 것을 환영합니다.(구청 주최 장터 안내문)

(26가)에서 '피자 헛먹었다'는 피자를 잘못 먹었다, 부질없이 먹었다는 의미로도 해석되지만 경쟁사의 피자를 먹었다는 의미로도 해석된다. 광고 효과를 높이기 위해 중의성을 이용한 예이다. 최근에는 어떤 대상의 이름을 지을 때 중의성을 활용하는 경우가 많다. (26나)는 '생소하다', 즉 '낯설다'의 의미를 포함한 듯하지만 '생산자와 소비자가 한 자리에 모이는 장터'의 줄임말이라는 의미를 부여함으로써 호기심을 유발한 예이다.

참고 2 광고와 대화 격률

광고에서 대화 격률을 고의적으로 위반하는 일은 흔히 발견된다. 이는 일시적으로 소비자를 기만하여 관심을 끌기 위한 전략의 일종이다.

(1) 가. 프라다 반값 세일

나. 이마트 5만 원 할인권 증정

(1가)에서 말한 반값 세일은 한두 품목에 한정되는 경우가 많다. 인터넷에서 (1나)와 같은 광고를 보고 클릭하면 할인권 증정은 50만 원 이상 구매한 경우에 한정된다는 단서가 조그맣게 뜬다. 소비자에게 필요충분한 정보를 제공하지 않음으로써 상업적 목적을 달성하고자 하는 것이다.

6.3.3. 공손성과 대화 격률

대화 격률은 각 언어와 그 언어가 사용되는 문화적 특성에 따라 달라질 수 있다. 가령 한국어 화자들은 위의 원칙들 외에도 각각의 상황에 적절한 높임법을 사용하라는 격률을 지켜야 한다. 즉 화자와 청자의 사회적 지위에 따라 화자는 적합한 높임법 등급을 선택한다.

한국어에서 높임법 선택의 요인으로 중요하게 작용하는 것은 권위(power)와 유대(solidarity)이다. 예전에는 권위가 훨씬 더 중요한 요인으로 작용하였으나 시대가 변화함에 따라 현대에는 유대 역시 중요한 요인으로 작용하고 있다. 이전 시기 한국 사회에서는 높임법을 선택하는 데 있어서 나이가 중요한 요인으로 작용하여 대부분의 경우 연장자는 연소자에게 낮춤말을 쓸 수 있었다. 그러나 현대 사회에서는 연장자라 하더라도 친하지 않은 사이에서는 연소자에게 함부로 말을 낮출 수가 없다. 가령 10대 소녀들은 처음 보는 40대 어른이 길을 물을 때 낮춤말을 사용하는 것을 불쾌하게 느낀다. 이는 한국 사회가 권위를 중요시하는 수직적 사회에서 유대를 중요시하는 수평적 사회로 전환된 것과 관련이 있다.

높임법이 복잡하게 발달해 있지 않은 언어에서도 공손성 원리(principle of politeness)가 격률로서 작동하는 일은 일반적이다. 레이코프(R. Lakoff)는 대화를 위한 두 가지 화용 규칙으로 '명료하게 하라'와 '공손하게 하라'를 든 바 있다. 일반적으로 화자는 이 두 요건을 모두 준수하려 하지만 두 격률이 충돌할 때에는 공손성의 격률이 우선적이다.

(27) 가. 저희 학술지에 논문을 투고해 주셔서 대단히 감사합니다. 귀하의 귀중한 논문을 지면의 제약으로 싣지 못하게 된 것을 안타깝게 생각합니다.

나. 귀하의 논문은 심사 과정에서 현격히 낮은 점수를 받아서 게재가 불허되었습니다.

화자는 투고자가 논문을 투고한 것에 대해 감사하지 않을 수도 있고 논문이 귀중하다고 생각하지 않을 수도 있다. 게재 불가의 사유는 논문의 질이 떨어지기 때문이지 지면의 제약이 아닐 수도 있다. 이 경우 (27가)는 명료하지 못한 발화이고 (27나)가 명료한 발화이다. 그런데 (27나)는 청자에게 심각한 체면 위협(face threatening)으로 작용한다. 따라서 이러한 상황에서는 (27가)를 사용하는 것이 일반적이다. 이 경우 명료성의 격률보다 공손성의 격률이 더 상위에서 작동한다고 볼 수 있다.

높임법 등급과 공손성의 정도가 일치하지 않는 예도 발견된다.

(28) 가. 너는 여기서 기다려.

나. 너는 여기서 기다길래?

(28)에서는 모두 해체에 해당하는 동일한 등급을 사용하였다. 그러나 이 두 발화의 공손성의 정도는 확연히 다르다. 이들은 모두 '지시'의 화행(6.4.2. 참조)을 수행하는 문장이지만 의문문을 사용하여 간접적으로 표현하는 쪽이 공손성이 높다. 따라서 한국어 화자들은 공손성 격률에 의하여 (28가)보다는 (28나)를 선택하는 경우가 많다.

(29) 가. 오늘 점심은 설렁탕으로 하십시오.

나. 오늘 점심은 설렁탕으로 하시지요.

(29가)는 하십시오체 문장이고 (29나)는 해요체 문장이다. 일반적으로 하십시오체가 해요체보다 더 정중한 등급이지만 명령문의 경우에는 하십시오체가 더 공손성이 높다고 말할 수 없다. 해요체의 '-지요'는 청유와 구별이 되지 않기 때문에 명령의 간접성이 높고 그만큼 공손성이 높아지기 때문이다.[7]

[7] 해체 종결 어미 '-지'는 평서문, 의문문, 명령문, 청유문에 두루 사용되는 이른바 통용 어미이다.

6.4. 발화의 기능

6.4.1. 화행론

인간은 발화를 통해 실제로 어떤 일을 할 수 있을까? 오늘 아침 앞집 아주머니를 만나서 "안녕하세요?"라고 말했을 때 우리는 어떤 일을 한 것일까? 인간이 말을 통해 할 수 있는 행위의 종류를 체계화한 것이 오스틴(J. Austin)의 화행론(speech act theory)이다.[8] 이 이론은 오스틴이 하버드 대학에서 행한 "How to Do Things with Words?"라는 제목의 강연에서 제안되었다.[9] 발화는 실제 세계에 대한 모사(模寫)에 지나지 않는 것이 아니라 일정한 행위이고, 따라서 힘을 가진다는 것이 이 이론의 요점이다.

8 '화행론'은 '발화 행위 이론'이라고 하기도 한다.

9 이 이론은 완결된 형태로 세상에 나온 것이 아니라 여러 차례에 걸쳐 진행된 강의에서 제안된 것이어서 초반부와 후반부의 견해에 다소 차이가 있다.

이전까지의 언어 연구에서 언어는 세계에 존재하는 사태를 이러저러하게 기술하는 역할을 한다고 생각했다. 그리고 모든 문장은 실제 세계와의 대응 여부를 통해 참과 거짓을 판정할 수 있다고 생각했다. 나아가 논리 실증주의 철학자들은 참·거짓을 판정할 수 없는 명제는 무의미하다고 주장했다.

(30) 가. 지금 창밖에는 벚꽃이 흩날린다.
　　 나. 해는 동쪽에서 떠서 서쪽으로 진다.
　　 다. 지구는 우주의 중심이며 모든 천체는 지구를 중심으로 회전한다.

(30가)는 특정한 사태에 대한 진술이고 (30나)는 보편적 사실에 대한 진술이다. 어느 쪽이든 세계에 존재하는 사태를 기술하며 실제 세계에 존재하는 사실과 대응시켜 봄으로써 참과 거짓을 판정할 수 있다. (30가)는 발화 시점에서 창밖에 벚꽃이 날리고 있다면 참인 진술이지만 그렇지 않다면 거짓인 진술이다. (30나)는 인간을 중심으로 한 천체 기술에서 참으로 인정되는 진술이다. 반면 (30다)는 현재 인간의 지식으로는 거짓으로 판정되는 진술이다.

그러나 오스틴은 우리가 사용하는 발화가 모두 세계와의 대응 여부를 따질 수 있는 문장, 즉 참·거짓을 판정할 수 있는 문장은 아니라는 점을 지적하였다. 나아가 참·거짓을 판정할 수 있는 문장만이 유의미한 것은 아니라고 주장하였다.

(31) 가. 내가 또 늦으면 너한테 밥 사기로 약속한다.
나. 조국을 위해 이 한 몸 바칠 것을 맹세합니다.
다. 생일 축하해.

(31)의 문장들은 평서문의 형식을 지니고 있으나 세계와의 대응 관계를 생각할 수 없다. '밥을 사기로 약속하는' 사태는 (31가)와 같은 발화와 별도로 존재하지 않는다. 즉 이 발화 자체가 약속의 행위이다. 마찬가지로 맹세의 사태, 축하의 사태가 발화와 별도로 세계에 존재할 수는 없다. (31나)의 '맹세 행위', (31다)의 '축하 행위'는 이러한 발화를 통해 성립한다. 즉 이러한 행위는 발화에 전적으로 의존한다. 이러한 발화는 참·거짓을 논할 수 없고 대신 적절성만을 논할 수 있다. 만약 밥을 살 의사가 없는 상황에서 (31가)의 약속을 했다면 그것은 '거짓 약속'이 아니라 '부적절한 약속'이다.[10]

10 이 문제는 이하의 '참고 3'에서 자세히 다룬다.

나아가 평서문이 아닌 다른 문장 유형의 문장들은 참·거짓을 판정할 수 없다.

(32) 가. 지금 밖에 비가 옵니까?
나. 웃어른에게는 예의를 갖추도록 해라.
다. 이 가방은 내가 들게.

(32가)는 의문문, (32나)는 명령문, (33다)는 약속문의 예이다. 이러한 문장은 세계와의 대응 여부를 통해 참·거짓을 판정할 수 없다. 그렇다고 이 문장들이 무의미한 것은 아니다.

화행론에서는 세계와의 대응을 통해 참·거짓을 판정할 수 있는 발화를 '진술 발화(constative utterance)'라고 부르고 그렇지 않은 (31), (32)와 같은 발화들, 즉 발화 자체가 행위를 구성하는 발화들을 '수행 발화(performative utterance)'라고 부른다. 그리고 수행적 행위를 명시적으로 나타내는 '약속하다, 맹세하다, 축하하다' 등을 '수행 동사(performative verb)'라고 부른다.

(33) 가. 서울은 대한민국의 수도이다.
나. 저 사람의 이름은 김정수이다.
(34) 가. 나는 이 시계를 너에게 주기로 약속한다.
나. 당신을 이 프로젝트의 책임자로 임명합니다.

(33)은 진술 발화의 예이다. (33가, 나)는 실제 세계와의 대응 여부에 따라 참·거짓을 판정할 수 있다. 가령 (33나)의 화자가 가리키고 있는 사람의 이름이 '김정수'라면 이 문장은 참인 발화이다. 반면 (34)는 수행 발화의 예이다. '약속'이나 '임명' 행위는 발화를 통해서만 성립하므로 발화와 독립적인 세계의 사태는 존재하지 않는다.

진술 발화와 달리 수행 발화는 1인칭 단수 주어, 현재 시제, 능동태, 수행 동사를 가진다는 특징이 있다.

(35) 가. 나는 이 시계를 너에게 주기로 약속한다.
나. 이에 위 학생을 다음 학기 인문대학 장학금 수혜자로 추천합니다.

(35가, 나)는 수행 발화의 예이다. 모두 1인칭 단수 주어, 현재 시제, 능동태의 요건을 만족하고 '약속하다, 추천하다' 등 수행 동사를 가지고 있다. 이들은 발화 자체가 어떤 행위를 표현하므로 참·거짓을 판별할 수 없다.

그러나 다음과 같은 발화는 위에서 말한 수행 발화의 요건을 갖추지 않았기 때문에 수행 발화가 아니다.

(36) 가. 나는 이 시계를 너에게 주기로 약속했었다.
나. 김 선생님은 그 학생을 추천하신다.

(36가)는 언뜻 위의 (35가)와 비슷해 보이지만 수행 발화가 아니다. 과거에 있었던 약속의 행위를 기술하는 역할을 하는 진술 발화이다. 이는 과거 사태와의 대응을 통해 참·거짓을 판별할 수 있다. (36나)는 1인칭 주어가 아닌 3인칭 주어가 사용된 문장으로서 다른 요건을 만족했음에도 불구하고 '추천'의 행위를 수행한다고 볼 수 없다. 김 선생님이 학생을 추천하는 사태를 기술하는 기능을 가질 뿐이다.

그런데 모든 수행 발화가 위의 요건을 명시적으로 가지고 있는 것은 아니다.

(37) 가. 나는 이 시계를 너에게 주기로 약속한다.
　　나. 나는 너에게 당장 나갈 것을 명령한다.
(38) 가. 이 시계 너한테 줄게.
　　나. 당장 나가!

(37가, 나)는 해당 수행 동사가 명시적으로 문면에 표현되어 있지만 (38가, 나)는 그러한 수행 동사를 가지고 있지 않다. 그러나 모두 수행 발화적 성격을 가지고 있음은 분명하다. (37)을 명시적 수행 발화, (38)을 비명시적 수행 발화라고 부른다.

오스틴은 발화를 행위의 측면에서 바라볼 때 다음과 같은 세 가지 행위를 구별할 수 있다고 하였다.

(39) 가. 발화 행위(locutionary act): 의미를 가진 문장을 발화하는 행위
　　나. 발화 수반 행위(illocutionary act): 발화 행위에 수반되는 행위
　　다. 발화 효과 행위(perlocutionary act): 발화가 산출하는 효과

우리가 손을 흔들거나, 뛰거나, 무언가를 먹는 것이 행위이듯이 말을 하는 행위도 어쨌든 일차적으로는 행위이다. "비가 오네.", "너 지금 뭐 하니?", "어서 와서 밥 먹어." 등 말을 하는 행위 자체를 (39가)의 발화 행위라고 할 수 있다.

그런데 이러한 발화 행위에는 거기에 수반되는 또 다른 행위가 덧붙을 수 있다는 것이 오스틴의 견해이다. “비가 오네.”는 화자가 청자에게 어떤 정보를 주려는 진술 행위를, “너 지금 뭐 하니?”는 화자가 청자에게 정보를 요구하는 질문 행위를, “어서 와서 밥 먹어.”는 화자가 청자에게 어떤 행위를 요구하는 지시 행위를 아울러 표현한다. 이를 (39나)의 발화 수반 행위라고 한다. 즉 발화는 진술하거나 질문하거나 지시하는 힘을 가지는데 이를 ‘발화 수반력(illocutionary force)’이라고 한다.

한편 어떤 발화는 청자에게 일정한 효과를 발생시킬 수 있다. 가령 “다음 주 목요일까지 과제를 제출하세요.”와 같은 발화는 ‘지시’의 발화 수반 행위를 수행한다. 이 발화 수반 행위를 수행한 결과 청자는 그 행위에 대해 의무를 지니게 되는데 이 발화로 인해 청자가 실제로 해당 날짜에 과제를 제출한다면, 이는 발화가 야기한 효과이다. 발화가 이러한 효과를 산출하는 것에 초점을 둔 것이 (39다)의 발화 효과 행위이다. 발화 효과 행위는 언어학의 범위를 넘어서는 것이고 우리가 주목해야 할 것은 발화 수반 행위이다. ‘화행(speech act)’이라는 용어는 이러한 발화 수반 행위를 가리키는 좁은 의미로도 종종 사용된다.[11]

[11] 6.4.2의 제목인 ‘화행의 종류’ 역시 ‘발화 수반 행위의 종류’를 가리킨다.

6.4.2. 화행의 종류

오스틴 강의의 초반부에서는 진술 발화와 수행 발화가 분명하게 나누어진다고 보았다. 이것은 수행 발화가 기존의 철학자들이 관심 가지던 문장들, 즉 진술 발화와는 다른 특성을 가지고 있음을 강조하였기 때문이다. 그러나 오스틴 강의 후반부에서는 진술 역시 일종의 수행적 행위라는 사실을 인식하게 된다.

(40) 가. 지금 비 온다.

나. 나는 너에게 지금 비가 오는 것을 알려 준다.

(41) 가. 어제 국제 유가가 배럴당 3달러 하락했습니다.

나. 저는 당신에게 국제 유가가 배럴당 3달러 하락했다고 보고합니다.

(40가), (41가)는 전형적인 진술 발화이다. 그러나 이러한 진술 발화 역시 (40나), (41나)와 같이 '알리다, 보고하다' 등의 수행 동사를 가지는 수행 발화로 분석될 수 있다. 즉 진술 발화 역시 '알림, 보고' 등의 행위를 수행한다고 볼 수 있다. 오스틴은 이러한 인식을 바탕으로 그의 강의 후반부에서 진술 발화와 수행 발화의 양대 구분을 폐기하고 진술을 여러 가지 수행적 행위의 일종으로 간주하게 되었다.

그렇다면 우리가 언어를 통해 수행할 수 있는 화행의 종류는 몇 가지일까? 그 수를 확정하는 것은 쉽지 않다. 가령 "엄마, 언니가 내 장난감 빼앗았어."는 '고발'의 화행을 수행하고 "시험을 망쳐서 너무 슬퍼."는 '한탄'의 화행을 수행한다고도 할 수 있다. 극단적으로 말하면 어떤 언어에는 그 언어에 존재하는 수행 동사의 수만큼의 화행의 종류가 있다고 할 수도 있다.

(42) 가. 보고하다, 진술하다, 고백하다……
나. 경고하다, 명령하다, 격려하다……
다. 질문하다, 힐문하다, 심문하다……
라. 약속하다, 언약하다, 맹세하다……
마. 선언하다, 명명하다, 해고하다……
바. 감탄하다, 인사하다, 축하하다……

'보고, 진술, 고백, 경고, 명령, 격려, 질문, 힐문, 심문, 약속, 언약, 맹세, 선언, 명명, 해고, 감탄, 인사, 축하' 등은 모두 구별되는 화행을 수행한다고도 할 수 있는데 이들을 일정한 특성에 따라 묶을 수 있다. 여러 학자들의 제안 중 설(J. Searle)의 분류는 다음과 같다.

(43) 가. 진술(representative)
나. 지시(directive)
다. 약속(commissive)
라. 표현(expressive)
마. 선언(declarative)

다음에서 이들을 하나씩 살펴보기로 한다.

진술

진술 행위는 화자가 사실이라고 믿는 것을 청자에게 알려 주는 행위이다. 화자의 믿음의 내용을 표명하거나 청자에게 정보를 주는 의사소통 목적을 가지고 있다.

(44) 가. 모든 인간은 죽는다.
　　나. 서울은 대한민국의 수도이다.
　　다. 테이블 위에 꽃병이 놓여 있었다.

이는 세계에 대한 충실한 기술이며 오스틴 초기 논의에서 참·거짓을 판별할 수 있는 진술 발화라고 언급되었던 것이다.[12]

그런데 이러한 문장은 '알림'의 기능을 수행하는 수행 발화라고 볼 수도 있다.

12 진술의 초점을 '믿음'에 있다고 볼 수도 있고 '정보 제공'에 있다고 볼 수도 있다. 후자는 의사소통적 관점을 좀 더 부각한 것이다.

(45) 가. 나는 지금 너에게 모든 인간은 죽는다고 알려 준다.
　　나. 나는 지금 너에게 서울은 대한민국의 수도라고 진술한다.
　　다. 나는 지금 너에게 테이블 위에 꽃병이 놓여 있었다고 보고한다.

이렇게 모든 문장의 기저에 수행 동사가 있다고 보는 견해를 '수행 가설(performative hypothesis)'이라고 한다. 일반적인 평서문을 수행 가설에 입각하여 수행문으로 바꾸어 보면 이러한 발화 자체는 참·거짓을 판별할 수 없는 수행 발화이다.

지시

지시 행위는 청자로 하여금 어떤 행동을 하도록 시키는 행위이다.

(46) 가. 여기 앉아라.
　　나. 매사에 감사하라.

다. 본관은 지금 이 자리에서 모든 소대원들에게 맡은 바 임무를 성실히 수행할 것을 명령한다.

(47) 가. 냉면 먹으러 가자.

나. 언제나 최선을 다하자.

(46가~다)는 청자에게 어떤 행동을 하게 함으로써 세계의 사태를 변화시킬 것을 요구한다. (47가~나)는 한국어에서 청유문으로 다루어지는 것인데 화자의 동참 의사를 포함한 명령이라고 할 수 있다. 역시 청자에게 어떤 행위를 요구하는 것이다.

지시에는 질문 행위도 포함된다.[13]

13 설의 분류에서는 '질문'이 독립적인 화행으로 설정되어 있지 않지만 '질문'과 '지시'를 구별되는 화행으로 보는 것도 충분히 가능하다.

(48) 가. 지금 밖에 비 오니?

나. 언제 집으로 출발하려고 해?

다. 네가 나를 얼마나 자주 생각하는지 궁금해.

(48가~다)는 청자로 하여금 질문에 대해 답변을 요구하고 있다. 청자에게 답변의 행위를 요구한다는 점에서 질문 행위는 지시 행위의 일종으로 이해된다. 질문은 화자의 답변을 유발한다는 점에서 세계를 변화시키려는 행위이다. (48다)는 평서문의 형식을 가지고 있으나 발화 상황에서는 청자에게 정보를 요구하는 질문 행위를 수행한다.

경고 행위 역시 지시의 일종으로 파악될 수 있다.

(49) 가. 나는 너에게 이번이 마지막 기회라고 경고한다.

나. 조용히 있는 게 좋을 거야.

약속

약속 행위는 화자가 발화를 통하여 자신의 미래 행위를 구속하는 것이다.

(50) 가. 오늘 밥값은 내가 내마.

나. 주말에 꼭 영화 보여 줄게.

(50가, 나)의 화자는 이 발화를 통해 미래의 행위에 대한 의무를 지게 된다. 이때 화자의 미래 행위는 청자가 바람직하게 여긴다고 화자가 가정하는 행위이다. 지시 행위가 상대방에게 행위에 대한 의무의 조건을 부과하는 것이라면 약속 행위는 화자 스스로에게 의무의 조건을 부과한다.

표현

표현 행위는 정보 전달이나 명령 등 청자에 대한 적극적인 의사소통 의도를 가지기보다는 단지 화자의 감정을 표현하는 것을 목적으로 하는 행위이다. 일반적으로 어느 언어에나 존재하는 인사말은 표현 행위의 성격을 가진다.

(51) 가. 생일 축하해.

나. 늦어서 죄송합니다.

다. 환영해 주셔서 기뻐요.

라. 초대해 주셔서 감사합니다.

(51가~라)는 여러 가지 인사말의 예이다. 모두 표현 행위를 수행한다.

'-어라'에 의한 감탄문은 표현 행위와 관련되는 전형적인 문장이다.

(52) 가. 앗, 뜨거워라!

나. 외로워라, 이내 몸은 뉘와 함께 돌아갈꼬.

표현 행위는 청자를 적극적으로 필요로 하지 않기 때문에 혼잣말로 쓰일 수도 있다. (52가)와 같은 발화는 청자가 전혀 존재하지 않는 상황에서도 쓰일 수 있다.

선언

선언 행위는 발화로써 세계에 어떤 제도적인 변화를 일으키는 행위이다.

(53) 가. 성혼을 선언합니다.
　　나. 본 재판관은 피고에게 무죄를 선고한다.
　　다. 당신 해고야.
　　라. 위 사람을 도서관 위원회 위원장으로 임명함.

(53가)는 결혼식에서 주례가 혼인이 성립되었음을 선언하는 발화이다. 이 발화 없이는 혼인이 이루어졌다고 할 수 없다. (53나)는 재판정에서 판사가 피고인에게 판결의 결과를 선고하는 발화이다. (53다)의 '해고', (53라)의 '임명'의 발화 역시 모두 화자의 발화를 통하여 제도적인 변화를 일으킨다는 공통점이 있다.

참고 3 화행의 적정 조건

수행 발화는 참·거짓을 논할 수 없고 그 적절성만을 논할 수 있다고 하였다. 결혼식에서 성혼을 선언할 권리는 주례만이 가지고 있다. 만약 주례가 아닌 사람이 성혼을 선언한다면 그것은 거짓 선언이라기보다는 부적절한 선언이다. 만약 내일까지 100만 원을 마련할 능력이 없는 사람이 "내일 100만 원 갚을게."라는 약속을 하였다면 그것은 부적절한 약속이다.

일상적으로는 내일까지 100만 원을 마련할 능력이 없거나 심지어 애초에 돈을 갚을 의도가 없는 사람이 "내일 100만 원 갚을게."라는 약속을 한 경우에도 이를 '거짓 약속'으로 간주한다. 그러나 엄밀히 말하면 이 경우 화자가 거짓말을 한 것은 아니다. 약속문은 발화 자체가 약속 행위이므로 대응 관계를 따져 볼 세계의 사태가 따로 존재하지 않기 때문이다. 약속을 지킬 능력과 의도가 없었거나 애초에 의도가 있었더라도 불가피하게 지키지 못한 약속은 모두 '부적절한 약속'은 될 수 있어도 '거짓 약속'이라고 할 수는 없다.

설은 어떤 수행 발화가 어떠한 조건에서 적절성을 획득하는지를 정식화하여 이를 적정 조건(felicity condition)이라고 하였다. 적정 조건의 구체적인 내용은 다음과 같다.

(1) 가. 명제 내용 조건(propositional content condition)
　　나. 예비 조건(preparatory condition)
　　다. 성실성 조건(sincerity condition)
　　라. 본질 조건(essential condition)

(1가)의 명제 내용 조건은 발화에 적합한 명제 내용이 포함되어야 한다는 것이다. 만약 '약속'의 행위를 수행한다면 화자가 미래에 수행할 행위의 내용이 포함되어야 한다. (1나)의 예비 조건은 화행의 수행에 요구되는 전제 조건이다. '약속'에서는 화자가 그 행위를 수행하는 것을 청자가 바람직하게 생각한다든가, 화자가 그 행위를 수행할 능력이 있어야 한다든가 하는 조건이 예비 조건이 된다. (1다)는 화행이 성실하게 수행되기 위해 갖추어야 할 조건이다. '약속'에 있어서는 화자가 진심으로 그 행위를 하기를 원하고 의도하여야 한다. (1라)는 화행의 본질적인 속성과 관련한 조건이다. 가령 약속은 그 발화를 통해 화자가 그 행위를 수행하여야 하는 의무를 지게 된다.

이러한 조건 중 하나를 위반하면 그것은 부적절한 수행이 되거나 추가적인 함축을 발생시키게 된다.

(2) 가. *내가 작년에 너에게 선물을 주었을게.
나. 내가 너한테 100만 원을 빌려다가 갚지 않을게.
다. 내가 하늘의 별을 따다 너에게 줄게.

(2가)는 과거 행위가 명제 내용에 포함되어 있어서 명제 내용 조건을 위반한다. 이러한 문장은 한국어에서 아예 허용되지 않는다.

(2나)는 일반적인 맥락에서는 청자가 바람직하다고 생각하는 내용이 아니므로 예비 조건을 위배한 부적절한 발화이다. 그러나 다른 목적을 위하여 서로 어떤 일을 모의할 때 위와 같은 행위가 궁극적으로 청자에게 이득이 된다면 (2나)와 같은 문장도 적절할 수 있다.

(2다)는 일반적으로 하늘의 별을 따는 일은 불가능한 일이므로 역시 예비 조건을 위반한 부적절한 발화이다. 그러나 다른 함축적 의미의 해석을 통해 적절한 발화가 될 수도 있다.

6.4.3. 직접 화행과 간접 화행

화행의 개념적 영역은 문장 유형(sentence type)의 개념적 영역과 일치한다.[14] 즉 문장 유형은 여러 가지 화행 중 일부가 특정 언어에서 문법 범주화된 것이다. 문장 유형은 화자의 발화가 어떠한 목적을 가지는가 하는 화자의 의사소통 목적(communicative goal)을 표현한다. 이는 발화의 기능, 즉 화행의 종류와 직접적으로 연관된다.

14 문장 유형에 대해서는 제 I 권 4.4.를 참조할 수 있다.

화행의 개념적 영역은 언어 보편적 차원에서 고려될 수 있으나 문장 유형의 종류는 개별 언어마다 다르다. 한국어에서 문장 유형은 대체로 '평서형, 의문형, 명령형, 청유형, 감탄형'으로 구별된다. 한국어가 중요시하는 화행의 영역이 '진술, 질문, 명령, 청유, 감탄' 행위라고 볼 수 있다.

화행은 화용론적 차원의 구별이므로 통사적 차원의 문장 유형의 의미와 화행의 영역이 반드시 일치하는 것은 아니다. 화행의 다양한 유형 중 일부만이 문장 유형으로 문법 범주화되므로 이는 당연한 현상이다. 가령 한국어에서 '선언'을 별도로 표현하는 문장 유형 범주는 없으므로 '선언'의 화행은 일반적으로 "나는 이에 두 사람의 성혼을 선언합니다."와 같이 평서문의 형식을 취한다. "가만히 있는 게 좋을 거야."라는 평서문은 '진술'이 아닌 '경고'의 화행을 수행한다.

또한 '지시'의 화행이 의문문이나 평서문으로 표현될 수도 있고 '진술'의 화행이 의문문으로 표현될 수도 있다.

(54) 가. 슈퍼에는 네가 좀 갔다 오겠니?
　　나. 이번 한 번만 좀 사정을 봐 주셨으면 합니다.
　　다. 이야기가 진전이 안 돼서 꽉 막혀 있는 상황이었어. 근데 그때 시간 맞춰서 김 선생님이 나타나시지 않았겠니? 김 선생님이 오시니 문제가 대충 해결이 되더라고.

(54가)는 의문문이고 (54나)는 평서문이지만 모두 지시의 화행을 수행한다. (54가)는 청자에게 행위에 대한 의도(의향)를 물음으로써 간접적으로 지시의 화행을 수행한다. (54나)는 화자의 소망을 표현함으로써 역시 간접적으로 지시의 화행을 수행한다. 한편 (54다)의 밑줄 친 발화는 의문문의 형식을 가지고 있지만 실제로는 정보를 전달하는 진술의 화행을 위해 사용된 것이다. '김 선생님이 나타나셨는지 아닌지'의 여부를 청자에게 물으려는 것이 아니라 '김 선생님이 나타나셨음'을 청자에게 강조하여 알리려는 목적으로 쓰였기 때문이다.

이렇듯 화행의 유형과 문장 유형은 일치될 수도 있고 일치하지 않을 수도 있다. 따라서 화행과 문장 유형의 관계를 기준으로 어떤 발화의 화행을 직접 화행과 간접 화행으로 나눌 수 있다. 직접 화행은 해당 문장의 문장 유형이 그것이 수행하는 화행과 일치하는 경우이다. 간접 화행은 문장 유형과 화행이 일치하지 않는 경우이다.

(55) 가. 갑: 밖에 눈 온다.
을: 응. 첫눈이네.
나. 얘들아, 어서 와서 밥 먹어라.

(56) 가. 나는 너에게 밖에 눈이 온다고 알려 준다.
나. 나는 너희들에게 어서 와서 밥 먹으라고 요청한다.

(55가)의 '갑'의 발화는 화자가 청자에게 정보를 제공하고자 하는 목적을 가진다. 이러한 목적을 가진 발화가 평서문으로 표현되었으므로 이는 직접 화행의 예가 된다. 마찬가지로 (55나)는 지시 행위가 명령문으로 표현되었으므로 역시 직접 화행이다. 한편 (56가, 나)와 같은 명시적 수행 발화도 직접 화행에 속한다.

반면 위에서 본 (54)의 예들은 문장 유형과 화행이 일치하지 않는 경우이므로 간접 화행의 예에 해당한다. 몇 가지 예를 더 들어 본다.

(57) 가. 복사 좀 해 주실 수 있어요?
나. 4층은 교수 연구실이 있는 곳입니다.

(57가)는 형식상 의문문에 속하지만 이 문장은 단순히 청자의 능력에 대해 묻는 문장이 아니라 청자에 대한 완곡한 요청, 즉 지시를 표현한다. 만약 청자가 "예, 할 수 있어요."라고만 대답하고 행동을 수행하지 않는다면 의사소통이 성공적으로 이루어졌다고 할 수 없다. 따라서 (57가)는 간접 화행의 예이다. (57나)는 대학 건물에 붙어 있는 안내문이다. 형식상 평서문이지만 단순히 정보를 제공하려는 목적만을 가지는 것이 아니라 조용히 하라는 지시의 행위를 수행하는 것을 목적으로 하므로 역시 간접 화행의 예가 된다.

맥락에 따라 동일한 문장 형식이 여러 가지 화행으로 해석될 수도 있다.

(58) A: 엄마, 오늘 저 차 좀 쓸게요.

B: 밖에 눈 온다.

(59) 밥은 먹고 다니(느)냐?

위의 (55가)의 맥락에서는 "밖에 눈 온다."가 정보 제공을 목적으로 하는 직접 화행을 수행한다고 한 바 있다. 그런데 (58)의 맥락에서는 동일한 문장이 "차 가지고 나가지 마라."라는 지시 행위를 수행한다. 따라서 이 경우에는 간접 화행을 수행한다고 보아야 한다.

(59)는 단순한 질문 행위를 수행하는 직접 화행일 수도 있지만 맥락에 따라서는 '밥을 잘 먹고 다니라'는 지시 행위를 수행하는 것일 수도 있다. 혹은 청자에 대한 화자의 걱정의 감정을 표현하는 발화일 수도 있다.[15] (59)가 지시 행위나 표현 행위를 수행한다면 이는 간접 화행의 예가 된다.

15 "밥은 먹고 다니(느)냐?"는 영화 「살인의 추억」에서 형사가 용의자에게 건넨 말로 유명하다. 이 대사는 형사가 용의자에게 인간적인 연민을 느끼는 대사로 해석되기도 했고 "너같이 나쁜 놈도 밥을 먹고 다니(느)냐?"와 같은 비난으로 해석되기도 했다. 어느 쪽이든 '예/아니요'의 대답을 요구하는 단순한 질문이 아니라는 점에서 간접 화행이라고 할 수 있다.

참고 4 간접 화행과 완곡어법

간접 화행은 완곡어법과 밀접한 관련을 가진다. 특히 지시 행위는 청자에게 많은 부담을 안기는 대표적인 체면 위협 행위이다. 따라서 이를 피하기 위해 지시 행위는 명령문이 아닌 다른 문장 유형으로 표현되는 일이 많다.

(1) 가. 잠깐 나가 주세요.
　나. 잠깐 나가 주시겠어요?
　다. 잠깐 나가 주실 수 있어요?
　라. 잠깐 나가 주셨으면 합니다.

(1)의 문장들은 모두 지시 행위를 수행한다. (1가)는 직접 화행의 예이나 (1나~라)는 모두 간접 화행의 예이다. (1가)의 명령문보다는 (1나, 다)의 의문문이 공손성이 높고, 의문문보다 평서문으로 표현된 (1라)가 공손성이 높다. 이때 공손성은 지시의 간접성과 관련이 있다. 의문문은 기본적으로 청자에게 정보를 요구하는 문장 유형이므로 (1나, 다)의 의문문에는 청자에 대한 요청이 포함되어 있다. 그러나 (1라)에서는 단순히 화자의 소망이 표현되었을 뿐 청자에 대한 요청이 없기 때문에 그만큼 더 간접적이며 공손성이 높다.

6.5. 직시

6.5.1. 직시의 개념

다음과 같은 언어 표현의 특징에 대해 생각해 보자.

(60) 가. 저희 식당에서는 내일 점심 식사를 무료로 제공합니다.
  나. 지금부터 두 시간 동안 회의가 있습니다.
(61) 가. 저희 식당에서는 내일(수) 점심 식사를 무료로 제공합니다.
  나. 오늘(21일) 2시부터 두 시간 동안 회의가 있습니다.

(60가)와 같은 안내문을 붙인 식당이 있다면 그곳은 인심 좋은 식당일까? '내일' 점심을 무료로 제공한다고 하였으므로 오늘의 음식은 무료가 아니다. 그런데 만약 그다음 날도 똑같은 안내문이 붙어 있다면? 그 식당은 영원히 무료 점심을 제공하지 않아도 될지 모른다. (60나)와 같은 메모가 교수 연구실 문 앞에 붙어 있다면 그는 방문자를 배려하는 친절한 교수일까? 연구실을 방문한 학생은 교수가 언제 돌아오는지를 예상할 수 있을까?

(61가, 나)와 같은 문장에서는 이러한 문제가 해소된다. (61가)는 내일이 수요일임을 명시함으로써 '내일'이 가지는 불명료성이 사라진다. (61나)는 '21일 2시'라는 시간을 명시함으로써 '지금'이 가지는 불명료성에서 벗어난다. 그렇다면 '내일'과 '지금'이 어떤 특성을 가지고 있기에 이러한 현상을 보이는 것일까?

이는 '내일'과 '지금'이 '직시(deixis)'의 특성을 가지고 있기 때문이다. 직시는 어떤 언어 표현의 의미 해석에 있어서, 구체적인 발화 상황이 있어야만 지시 대상이 결정되는 현상을 가리킨다.[16]

16 직시(直示, deixis)는 '가리키다'를 의미하는 그리스어 'deiksis'에서 유래한 말이다. 직시는 담화 속의 요소를 가리킨다는 데에 초점을 맞추어 '화시(話示)'라고 부르기도 한다. '직시'는 담화 속의 요소를 직접 가리킨다는 데에 초점을 맞춘 용어이다.

(62) 가. 나는 내일 너를 만나고 싶다.
  나. 김영수는 2025년 5월 25일에 이현아를 만나고 싶다.

(62가)의 의미는 언뜻 자명해 보이나 (62나)와 비교할 때 문장만으로는 그

것이 표상하는 사태가 정확히 무엇인지를 말해 주지 않는다. '나'는 누가 발화하느냐에 따라 그 지시 대상이 달라진다. '김영수'가 화자라면 '나'는 김영수를 가리키고 '김철수'가 이 문장의 화자라면 '나'는 '김철수'를 가리킨다. '내일'이라는 언어 표현은 이 문장을 2025년 5월 24일에 발화했다면 2025년 5월 25일을 가리키고 2025년 5월 25일에 이 문장을 발화했다면 2025년 5월 26일을 가리킨다. '너' 역시 발화 맥락에서 이 문장의 청자가 누구냐에 따라 달라질 수 있다.

직시는 화자가 담화 장면을 구성하는 화자, 청자, 시간, 장소 등의 요소들을 직접 가리키는 현상이므로 직시 표현의 정확한 지시 대상은 구체적인 맥락이 주어져야 확정된다. 따라서 그 진리치 역시 구체적인 맥락을 떠나서는 확정될 수 없다.

직시 표현에 의한 지시 행위는 반드시 몸짓을 동반하여야 할 때도 있다.

(63) 가. (승용차 뒷자리에서 길을 안내하는 상황)
갈림길에서 이쪽으로 빠져야 돼.
나. (물건을 고르는 상황)
전 이거랑, 이거랑, 이게 좋아요.

(63가)의 발화에서 '이쪽'이 어느 쪽인지를 이해하기 위해서는 '이쪽'을 발화할 때 화자가 손으로 어느 쪽을 가리키는지를 보아야 한다. 만약 승용차 뒷자리에 앉아 있는 화자가 전방을 바라보는 운전자를 청자로 삼아 이러한 말을 했다면 운전자는 '이쪽'이 '오른쪽인지, 왼쪽인지'를 되물을 수밖에 없다. (63나) 역시 물건을 가리키는 손동작이 수반되어야만 사용할 수 있다. 이를 직시 표현의 몸짓 용법(gestural usage)이라고 부른다.

직시 표현의 몸짓 용법은 직시 표현만으로는 직시의 대상이 구체적으로 확정되지 않을 때 사용된다.

(64) 가. 강릉에 가려면 여기서 얼마나 걸릴까?
나. (청자의 뺨을 가리키며) 너 여기 뭐 묻었어.

위 두 문장은 모두 장소 직시 표현 '여기'가 사용되었다. (64가)의 '여기'는 화자가 위치한 장소를 가리키는 일반적인 지시를 가지며 이 경우 몸짓은 필요 없다. 그러나 (64나)의 '여기'는 청자의 얼굴이라는 구체적인 장소를 가리키는데 이때에는 손가락으로 얼굴을 가리키는 행위가 필수적이다.[17]

직시적 특성을 보이는 대표적인 언어 표현은 대명사이다.[18] 한국어에서는 '이, 그, 저'를 포함한 어휘 항목이 모두 직시적 특성을 보인다. '이, 그, 저'와 같은 지시 관형사, '이러다, 그러다, 저러다'와 같은 지시 동사, '이렇다, 그렇다, 저렇다' 등 지시 형용사 등이 그것이다.

17 이 경우 화자 자신의 얼굴의 해당 부위를 가리킬 수도 있다.

18 제 I 권의 3.3.2.에서 대명사의 주요한 의미론적 특징으로 직시와 대용을 든 바 있다.

(65) 가. 너 언제 올 거니?
나. 저 사람을 만난 적 있니?
다. 더 이상 나한테 이러지 마.
라. 그런 일은 늘 나에게 일어나는 일이었다.

(65)는 차례로 대명사, 지시 관형사, 지시 동사, 지시 형용사가 직시적 특성을 보이는 예이다.

이 외에도 시간 부사, 장소 부사, 일부 이동 동사들도 직시적 특성을 보인다.

(66) 가. 지금 나는 행복하다.
나. 너도 이리 와라.
(67) 가. 서울에 사는 언니: 어머니 오늘 부산 가셔서 하룻밤 주무실 거다.
나. 부산에 사는 동생: 그래? 그럼 내일 가시겠네.

(66가, 나)에서는 시간 부사 '지금', 장소 부사 '이리'가 직시적 특성을 보인다. (67)은 이동 동사 '가다'의 예이다. '서울에 사는 언니'가 어머니와 함께 살고 있는 경우를 가정하면, (67가)와 (67나)에 모두 '가다'가 사용되었지만 (67가)는 어머니가 서울에서 부산으로 이동하는 사태를 가리키고 (67나)는 부산에서 서울로 이동하는 사태를 가리킨다. 즉 '가다'는 발화하는 화자와 맥락에 따라 지시하는 사태가 달라지는 직시적 특성을 보인다.

'어머니, 아버지, 오빠, 누나' 등의 친족 명사도 직시적 특성을 가진다. 영희가 "아버지"라고 발화했다면 '아버지'는 영희의 아버지를 가리킨다. 그러나 철수가 "아버지"라고 하면 '아버지'는 철수의 아버지를 가리킨다. '-었-', '-는-' 등 시제 형태소들도 발화 시점에 따라 가리키는 시점이 달라지므로 직시 표현에 포함된다.

참고 5 직시 표현의 모호성

직시 표현은 기본적으로 모호성을 가진다. 따라서 직시 표현은 우리 생활에서 약간의 혼란을 유발하기도 한다.

(1) ('표 받는 곳'이라고 씌어 있는 곳에서 공원의 입장권을 끊는 상황)
갑: 표 주세요.
을: 여기는 표 받는 곳이고요, 저기 매표소에 가서 표를 사 오세요.
갑: 표 받는 곳이라고 씌어 있어서 표를 주시는 줄 알았어요.

'표 받는 곳'은 관람객을 주어로 하여 해석될 수도 있고 공원 관계자를 주어로 하여 해석될 수도 있다. '받다'와 '주다'의 직시적 성격으로 인해 이러한 혼란이 벌어질 수 있다.

(2) (축구 경기 선수 교체의 상황)
갑: 누가 들어갔어?
을: 손흥민이 들어갔어.
갑: 손흥민은 원래 있었잖아.
을: 그러니까 손흥민이 들어갔다고!

'들어가다'는 경기장을 기준으로 삼으면 경기장에서 벤치로 이동하는 행위를 가리키고 벤치를 기준으로 삼으면 벤치에서 경기장으로 이동하는 행위를 가리킨다. '갑'은 '들어가다'를 경기장에 나오는 행위로 간주한 반면 '을'은 벤치로 물러나는 행위로 간주하였기 때문에 이러한 혼란이 생긴 것이다.

6.5.2. 직시의 중심

직시 표현의 의미는 발화의 맥락에 따라 달라지므로 지시의 기준이 필요하다. 가령 '여기'가 '가까운 곳'을 의미한다면 무엇과 가까운 곳인지가 중요하다. 직시 표현의 지시에서 기준이 되는 것을 '직시의 중심(deictic center)'이라고 한다.

직시의 중심은 '나, 지금, 여기'로 요약된다. 즉 화자를 중심으로 화자가 말하고 있는 바로 그 시각, 화자가 말하고 있는 바로 그 장소가 기준이 된다. 이를 직시의 자기중심적(egocentric) 특성이라고 부른다.

(68) 갑: 난 여기 있을게. 네가 이쪽으로 와.
을: 알았어. 거기 가만히 있어.

(68)에서 '여기'는 화자와 가까운 장소를 표시한다. 청자의 입장에서 그 장소는 자기보다 먼 곳이므로 '갑'이 '여기'라고 지칭한 장소를 '을'은 '거기'라고 지칭한다. 모두 직시 표현을 자기중심적으로 표시하고 있다.

(69) (텔레비전 뉴스 보도) 평소와 다름없이 등산객들로 붐비는 이 등산로에서 오늘 낮 끔찍한 살인 사건이 벌어졌습니다.

(69)에서 '오늘'은 화자의 발화가 이루어진 바로 그날이다. 만약 이러한 발화를 다음 날 녹화된 영상으로 보았다면 '오늘'은 시청자가 이 영상을 시청한 날이 아니다.

일반적인 경우 직시의 중심은 화자이지만 직시의 중심이 화자 아닌 다른 것으로 옮아가는 경우도 있다. 이를 직시의 투사(deictic projection)라고 한다.

(70) 가. (자동 응답기의 응답) 지금은 외출 중이어서 전화를 받을 수 없습니다. 음성 메시지를 남겨 주시면 곧 연락드리겠습니다.
나. (교수 연구실 메모) 잠깐 화장실 갔어요.

(70가)에서 '지금'은 이 발화를 실제로 할 당시의 화자를 기준으로 한 표현이 아니다. '지금' 화자는 외출한 상태가 아니라 집에서 음성을 녹음하고 있을 것이기 때문이다. 이때 '지금'의 직시의 중심은 음성 메시지를 듣는 청자로 투사되었다고 할 수 있다. (70나)도 마찬가지다. 이 문장에는 과거 시제의 '-었-'이 사용되었는데 발화시, 즉 화자가 이 문장을 쓰는 시점이 아닌 방문자가 이 메모를 발견할 때를 기준으로 삼아 과거 시제 형식을

사용한 것이다.

다음 예도 마찬가지 맥락에서 이해할 수 있다.

(71) (어머니와 아이가 엘리베이터에서 이웃 소년을 만나는 상황)
어머니: 오빠가 아주 멋진 가방을 들었네.

이때 '오빠'는 화자를 기준으로 삼은 표현이 아니라 아이를 중심으로 삼은 표현이다. 직시의 중심을 아이로 투사하여 아이의 입장에서 '오빠'라는 표현을 사용하였다.

일반적으로 직시의 중심은 현재의 화자이지만 현재의 화자가 아닌 다른 시점의 화자를 직시의 중심으로 삼는 경우도 있다.

(72) 가. (어머니와 딸이 함께 외출했다가 밖에서 헤어지는 상황)
어머니: 너 너무 늦게 들어오면 안 돼.
나. (강의실에서 약속하는 상황)
이따 도서관 앞으로 와.

(72가)에서 어머니는 '들어오다'를 사용하였다. 현재의 화자를 기준으로 삼으면 화자는 현재 집에 있지 않으므로 '들어가다'를 사용하는 것이 옳다. 그러나 이 경우 '들어오다'를 사용하는 것이 일반적이다. 이것은 어머니가 먼저 귀가할 것을 전제로 삼은 상태에서 어머니가 귀가한 후의 자기 자신을 직시의 중심으로 삼았기 때문이다. (72나)에서도 도서관 앞에 도달한 화자를 기준으로 하여 '가다'가 아닌 '오다'를 사용하였다.

참고 6 **직시의 투사의 개별 언어 의존성**

어떤 경우에 직시의 투사가 일어나는지는 언어에 따라 다르다. 미국의 어느 가정에 하숙하던 한국인 학생이 주인 아주머니가 아침 식사를 하라고 부르자 '곧 갈게요.'라는 의미로 "I'm going soon."이라고 했는데 주인 아주머니는 학생이 아침을 안 먹고 외출할 것이라고 생각하고 아침상을 치워 버렸다는 이야기가 있다. 이때 영어에서는 관습적으로 "I'm coming soon."이라고 한다. 이 경우 한국어에서는 직시의 투사가 일어나지 않지만 영어에서는 투사가 일어난다.

6.5.3. 직시의 유형

발화 맥락에서 직시 표현으로 지시될 수 있는 요소에는 어떠한 것들이 있을까?

(73) 어제 귀하는 그곳에 계셨습니까?

'어제'는 발화한 날의 하루 전날을 표시하는 시간 직시 표현이고, '귀하'는 대화상의 청자를 지시하는 인칭 직시 표현이며, '그곳'은 발화 장소와 다른 어떤 장소를 지시하는 장소 직시 표현이다. '계셨습니까'에 포함되어 있는 '-었-'은 발화시 이전을 표시하는 시간 직시 표현이다. '시간, 장소, 인칭'은 대표적인 직시적 요소들이다.

한편 '사회 직시(social deixis)'를 직시에 포함시키기도 한다. 사회 직시는 대화 속에 존재하는 대화 참여자들의 사회적 관계를 언어 표현으로 가리키는 현상을 말한다. 사회 직시 표현은 특히 높임법이 발달한 한국어에서 쉽게 발견할 수 있다. 위의 (73)에서 '계시다'는 문장의 주어이자 청자인 '귀하'가 사회적으로 화자보다 상위자임을 표시하므로 사회 직시 표현이라고 할 수 있다.

한국어의 높임법은 사회 직시 표현이 문법화된 것으로 볼 수 있다.

(74) 가. 아버지께서 방에 들어가셨다.
나. 영희는 은사님을 뵙고 인사를 드렸다.
다. 네 이름이 뭐니?

(74가)에서 주체 높임의 '-(으)시-'는 화자와 주어 명사구 지시 대상의 사회적 관계를 표현한다. (74나)에서 '뵙다, 드리다'와 같은 어휘는 주어의 지시 대상 '영희'와 목적어 지시 대상 '은사님'의 사회적 관계를 표시한다. (74다)에서 종결 어미 '-니'를 사용한 것은 화자와 청자의 사회적 관계를 표시한다. 즉 화자는 청자보다 상위자거나 청자와 동등한 지위를 가진다는 것을 표시한다.

6.5.4. 직시와 대용

앞에서 대명사들의 주된 기능이 직시라고 하였다. 그런데 대명사는 직시 외에도 '대용(anaphora)'의 기능을 수행할 수 있다.[19]

19 '대용'은 '조응(照應)'이라고 부르기도 한다.

(75) 가. 저분이 이번에 새로 오신 교장 선생님이셔.

나. 오드리 헵번은 '로마의 휴일'에서 놀랄 만큼 사랑스러운 연기를 보여 주었다. 그녀는 이듬해 '사브리나'로 또 한 번 미모와 연기력을 인정받았다.

(75가)의 '저분'은 상황 속에 존재하는 대상을 가리키는 직시적 용법을 가진다. 그런데 (75나)의 '그녀'는 상황 속에 존재하는 대상을 가리키지 않고 이미 언급한 문장 속의 '오드리 헵번'을 가리킨다. 이렇듯 상황이 아닌 언어 맥락에서 언급된 사물을 지시하는 언어적 현상을 대용이라고 한다.

대용에는 앞에 나온 것을 다시 가리키는 전방 대용(anaphora)과 뒤에 나올 것을 미리 가리키는 후방 대용(cataphora)이 있다.

(76) 가. 에이미는 조의 원고를 불태웠다. 그것은 조의 생명과도 같은 것이었다.

나. 너 그거 알지? 스마트폰으로 차 문 잠글 수 있는 거.

(76가)에서 '그것'은 앞 문장의 '조의 원고'를 가리킨다. 앞에서 나온 말을 가리키므로 이는 전방 대용 용법이다. 반면 (76나)의 '그거'는 뒤 문장 내용을 가리킨다. 이는 후방 대용 용법이다.

6.5.5. 한국어 '이, 그, 저' 직시의 특징

한국어에서 '이, 그, 저'를 포함하는 지시 대명사, 지시 관형사, 지시 동사, 지시 형용사들은 직시 체계에서 핵심적인 기능을 담당한다. 제 I 권 제 3장에서도 언급한 바와 같이 '이'는 화자와 가까이 있는 것, '그'는 화자보다 청자에게 더 가까이 있는 것, '저'는 화자와 청자 모두로부터 멀리 떨어져 있는 것을 가리킨다는 것이 기본적인 인식이다.

(77) 가. 어제 이 책을 읽었어요.
　　나. 그 책 재미있니?
　　다. 책장 위에 놓인 저 책을 찾아보면 될 거야.

(77가)의 '이 책'은 화자 가까이에 있는 책을, (77나)의 '그 책'은 청자 가까이에 있는 책을 가리킨다. (77다)의 '저 책'은 화자와 청자 모두에게서 떨어져 있는 책이다.

이때 '저'는 일반적으로 화자와 청자가 현재 눈에 보이는 것을 가리켜야 한다는 점이 특징적이다.

(78) 가. 저 구름 모양이 꼭 강아지 같네.
　　나. 우리가 어제 본 {*저 영화, 그 영화} 말이야. 의외로 재미없었지?
　　다. 아까 샀던 {*저 책, 그 책}이 어디 갔지?

(78가)에서 '저 구름'은 현재 화자와 청자가 함께 보고 있는 것이다. 그런데 (78나)와 같이 현재 영화를 보고 있지 않다면 '저 영화'라고 하는 것은 불가능하다. 마찬가지로 (78다)에서 화자와 청자 모두에게서 먼 것이라 하더라도 '저 책'은 불가능하고 '그 책'이 사용된다. 이를 보면 '그'는 청자 가까이에 있는 것을 가리키는 기능 외에도 현재 눈에서 보이지 않는 대상을 가리키는 기능도 있음을 알 수 있다.

한국어의 인칭 직시는 1인칭과 2인칭의 경우 '나, 저, 우리, 저희', '너, 자네, 당신, 너희' 등의 대명사를 사용한다. 3인칭은 지시 대명사로 '그'를 사용하고 지시 관형사 '이, 그, 저'와 명사를 결합하여 '이 사람, 그 여자, 저 남자'와 같이 명사구의 형식을 사용하거나 '이, 그, 저'를 포함한 '이분, 그분, 그녀, 저분' 등의 복합어를 사용한다.

장소 직시는 '이, 그, 저'가 기원적으로 포함되어 있는 '여기, 거기, 저기'를 기본으로 하여 사용된다.

(79) 여기 앉자.

(80) 가. 거기 있는 티슈 좀 뽑아 줄래?
나. 우리 그때 거기서 만날까?

(81) 저기가 내가 놀던 동산이야.

(82) 고향 땅이 여기서 얼마나 되나? 푸른 하늘 끝닿은 저기가 거긴가?(윤석중 작사, 「고향 땅」)

(79)에서 '여기'는 화자와 가까운 장소를 가리키며 (80가)에서 '거기'는 청자와 가까운 장소를 나타낸다. (80나)에서 '거기'는 화자와 청자에게 모두 보이지 않거나 기억 속의 장소를 가리킬 때도 사용된다. (81)의 '저기'는 화자와 청자의 눈에 현재 보이는 장소를 가리킨다. '거기'는 대용적 용법으로도 쓰인다. (82)에서 '저기'는 눈에 보이는 '푸른 하늘 끝닿은' 곳이며, '거기'는 앞에 나온 '고향 땅'을 대용적으로 가리킨다.

시간 직시 표현으로는 '이때, 그때, 접때'가 있다.

(83) 지금은 괴롭겠지만 좀 참아 보자. 나중에는 이때를 그리워하게 될지도 몰라.

(84) 가. 어릴 때 큰 병을 앓은 적이 있어요. 그때 어머니가 많이 우셨지요.
나. 그건 그때 가서 다시 생각해 보지 뭐.

(85) 가. 접때 내가 얘기한 적 있었지?
나. *어릴 때 큰 병을 앓은 적이 있는데 접때 어머니가 많이 우셨지요.
다. *그건 접때 가서 다시 생각해 보지 뭐.

(83)에서 '이때'는 발화 시점과 근접한 시간을 가리킨다. '그때'는 (84가)에서처럼 발화 시점과 떨어진 과거 시간을 가리키기도 하고 (84나)에서처럼 미래의 시간을 가리키기도 한다. '접때'는 과거의 시간만을 가리키는데 (85가)와 같이 비교적 근접한 과거에만 쓰이며 (85나, 다)에서처럼 먼 과거나 미래의 시간에는 쓰이지 못한다.[20]

20 '접때'는 '때'가 이전 시기에 'ᄣᅢ'였기 때문에 그 흔적이 남아 있는 어형이다. '저때'는 『표준국어대사전』에 등재되어 있지 않다. 그런데 실제로는 예전의 사진을 보면서 "저때만 해도 내가 배가 안 나왔었지."와 같은 말을 하는 것을 관찰할 수 있다. '접때'는 눈에 안 보이는 일반적인 과거 시간에만 쓰이는 반면 '저때'는 사진이나 영상으로 눈에 보이는 과거 시간을 가리키는 것으로 역할을 분담하고 있는 듯하다.

제7장 텍스트 언어학

7.1. 텍스트 언어학에 대한 기본적 이해

텍스트 언어학은 문장 이상의 단위를 연구 대상으로 한다는 점에서 화용론과 공통점이 있다. 처음에 이 두 학문은 각기 다른 전통을 가지고 독자적으로 발전하였다. 화용론은 발화 밖에 존재하는 화자, 청자, 맥락의 문제에 관심을 두고 거기에서 얻어지는 함축과 화행 등에 초점을 두었다. 반면 텍스트 언어학은 문장이 다른 문장과 결합하여 더 큰 언어 단위가 되는 절차에 주로 관심을 가졌다. 화용론은 구어 자료를 중심으로 발달한 반면 텍스트 언어학은 문어 자료를 중심으로 발달한 것도 차이점이다. 그러나 학문의 발달 과정에서 차차 서로의 접점을 찾아 영향을 주고받게 되었다.[1]

텍스트 언어학의 연구 대상은 텍스트이다. 텍스트는 기본적으로 문장보다 큰 언어 단위를 말한다. 다음 예를 보자.

(1) 가. 나는 세단을 가져본 적이 없다. 석 대째 다목적 스테이션 왜건형 지프를 타고 있을 뿐이다. 나는 낚시터 앞 늪에 빠진 승용차를 내 지프로 건져내 주고 굳이 사양하자면 할 수 있었는데도 못 이기는 척 20달러라는 아름다운 사례비를 기꺼이 받아먹고 고소롬해한[2] 적도 있다.

나. 여행할 때마다 내가 꼭 가지고 다니는 전자 자명 시계는 소형 전등을 겸한다. 이 시계는 일본의 한 낯선 여관에서 한밤중에 제값을 톡톡히 한 적이 있다.(이상 이윤기, 「잎만 아름다워도 꽃대접을 받는다」)

1 국어과 교육 과정에서는 화용론과 텍스트 언어학이 하나의 단원으로 묶여 있다. 7차 교육 과정에서는 이를 '이야기'로 다루었고 2009년 개정 교육 과정 이후에는 이들을 '담화'로 묶어서 다루었다.

2 '고소롬하다'는 표준어가 아니지만 '고소하다'와 의미가 같지 않아 고치지 않고 인용한다.

(1가)에서 "나는 세단을 가져본 적이 없다."는 그 자체로 완결된 문장이다. 통사론에서는 이러한 문장이 어떻게 형성되는가에 관심을 가진다. 그러나 문장 역시 더 큰 언어 단위의 일부분이다. 이 문장은 (1가)의 단락(paragraph)을 구성하는 요소이다. (1가)는 (1나)의 단락 등 다른 몇 개의 단락과 함께 전체 글의 구성 요소가 된다. (1가) 단락의 소주제는 "나는 다목적 왜건형 지프를 탄다."이고 (1나) 단락의 소주제는 "나는 전등 기능을 겸한 전자 자명 시계를 가지고 여행한다."이다. 이러한 단락들은 "나는 항상 여러 목적에 두루 이용될 수 있는 물건을 사는 버릇이 있다."라는 전체 주제의 형상화에 기여한다.

기호학에서 텍스트는 의미를 드러내는 모든 존재, 즉 기호를 가리킨다. 문학 작품은 물론 건축물, 유무형의 문화적 가공물은 모두 어떤 의미에서든 의미를 산출하므로 기호라고 할 수 있으며 나아가 텍스트가 된다고 본다.

앞에서 말한 바와 같이 언어학에서 텍스트는 기본적으로 문장보다 큰 언어 단위를 지칭하는 말로 이용된다. (1가)도 하나의 텍스트이며 (1가)와 (1나)를 포함한 글 전체도 텍스트이다. 텍스트 언어학의 지평이 점차 넓어짐에 따라 문학 작품은 물론이고 광고, 드라마 등 영상을 포함한 대상들도 텍스트 언어학의 대상이 되고 있다.[3]

3 우리 책에서는 일단 언어적인 텍스트를 주로 다룬다.

텍스트가 문장보다 큰 언어 단위라고 했지만 텍스트 중에는 하나의 문장으로 이루어진 텍스트도 있고 하나의 명사구나 단어로 이루어진 텍스트도 있다.

(2) 가. 속도를 줄이시오
　나. 견인 지역
　다. 양보

(2가~다)는 모두 교통 표지판 텍스트이다. (2가)는 하나의 문장이 하나의 텍스트를 형성한 것이다. (2나)는 명사구가 하나의 텍스트 자격을 가진 것이고 (2다)는 하나의 단어로 텍스트 자격을 가지는 것이다. 하나의 단어로

이루어진 문장이 존재할 수 있는 것과 같은 이치이다.

텍스트가 문장보다 큰 언어 단위라는 정의는 텍스트를 형식적 측면에서 바라본 것이다. 그러나 문장의 연쇄가 모두 텍스트를 이루는 것은 아니다.

(3) 스트레스 해소와 정신 수양 등 명상의 효과는 오래전부터 잘 알려져 왔다. 다양한 구매 혜택과 홈 케어 서비스까지 혜택의 힘도 바람만큼 강합니다. 그곳에는 영원에 쉽게 닿는 길이 숨어 있다. 경남 하동군 출신인 김 씨는 도시에 정을 붙이기 어려웠다.

(3)은 언뜻 문장과 문장이 모인 것이므로 하나의 단락을 형성하고 있는 듯 보인다. 그러나 (3)의 각각의 문장은 서로 별개로 존재할 뿐이며 그것들이 모여 일관된 의미를 구현하지 않는다. 이는 결코 텍스트라고 할 수 없다.[4] 따라서 텍스트는 의미론적 관점에서 일정한 의도를 표현하는 완결된 하나의 의미 덩어리여야 한다. 이를 텍스트의 의미적 특성이라고 할 수 있다. 위에서 말한 텍스트의 형식적 특성과 의미적 특성을 종합하면 텍스트는 완결된 의미를 구현하는 문장 이상의 언어 단위라고 정의할 수 있다.

4 (3)은 억지로 만든 문장 연쇄이며 이러한 텍스트는 존재하지 않는다.

문장에서 문법성을 따질 수 있듯이 텍스트에서는 텍스트성(textuality)을 따질 수 있다. 어떤 문장이 그 언어에 존재하는 규칙을 잘 지켜서 모어 화자의 직관에 적합한 것으로 이해될 때 우리는 그 문장이 문법적이라고 한다. 가령 한국어에서 '을/를'은 목적어에 붙는 규칙이 있다. 그런데 "*영희를 밥을 먹었다."와 같이 이것이 주어에 붙어 있으면 우리는 이 문장이 비문법적이라고 말한다. 이와 비슷하게 텍스트성은 어떤 텍스트가 하나의 텍스트의 자격을 얻기 위해 갖추어야 할 조건이다. "*영희를 밥을 먹었다."가 비문법적인 문장, 즉 비문이듯이 (3)은 텍스트성을 갖추지 못한 비텍스트이다.

이와 같이 텍스트 언어학은 문장보다 더 큰 단위에 대한 관심에서 출발하였다. 그러나 이후 화용론의 영향을 받아 텍스트로 이루어지는 의사소통의 절차에도 관심을 가지게 되었다. 이러한 관점에서 텍스트 언어학은 구체적인 의사소통 상황에서 텍스트 구성과 텍스트 수용에서 일어나는 현상들을 연구하는 학문으로 정의된다.

7.2. 텍스트성의 요건

우리는 7.1.에서 텍스트 자격을 갖춘 것과 텍스트의 자격을 갖추지 못한 것이 있다는 것을 보았다. 그렇다면 어떤 언어 단위가 텍스트의 자격을 가지려면 어떠한 요건을 갖추어야 할까?

텍스트성을 갖추기 위한 요건은 형식적 요건, 의미적 요건, 화용적 요건으로 나누어 살펴볼 수 있다. 텍스트성의 형식적 요건은 결속 구조(cohesion)라고 하는데 이는 텍스트 표층의 문법적 연관성을 가리킨다. 텍스트성의 의미적 요건은 결속성(coherence)이라고 하며 텍스트 속의 의미적 연관성을 가리킨다. 결속 구조는 미시적 차원의 것으로, 결속성은 거시적 차원의 것으로 이해되기도 한다. 한편 텍스트가 어떤 상황에서 어떻게 생산되고 수용되는가와 관련된 화용적 요건도 고려할 수 있다. 이를 의도성과 수용성, 정보성과 상황성, 상호 텍스트성으로 나누어 살펴보기로 한다. 이는 텍스트가 되기 위해 갖추어야 할 요건이라고도 할 수 있지만 일반적인 텍스트에서 발견되는 특성이기도 하다.

참고 1 '결속 구조'와 '결속성' 용어의 문제

'cohesion'과 'coherence'는 너무나 다양하게 번역되어 혼란이 있다. 이들은 각각 '응결성, 응집성', '결속 구조, 응집성', '응집성, 통일성' 등으로 다양하게 번역되었다. 해외 논의에서도 'cohesion'과 'coherence'를 서로 바꾸어 사용하기도 하였고 'coherence'만을 사용한 연구도 있다. 이 용어의 혼란은 국어과 교육과정에서도 있었다. 2007 개정 국어과 교육과정에서는 'cohesion'을 '응집성', 'coherence'를 '통일성'으로 사용하다가 최근 2022 개정 국어과 교육과정에서는 두 용어를 명확히 구분하지 않고 '응집성'만을 사용하고 있다. 두 개념의 의미를 잘 구별하면서도 직관적으로 이해하기 쉬운 용어를 선택하기가 쉽지는 않다. 우리 책에서 '결속 구조'와 '결속성'이라는 용어를 채택한 것은 이 둘이 형식적 측면과 의미적 측면을 다소나마 구별해 주는 장점이 있기 때문이다.

7.2.1. 결속 구조

먼저 다음 예를 보자.

(4) 가. 2015년 1월 22일은 호주 출신의 영화배우 히스 레저가 사망한 지 7년이 되는 날이다. 그는 『브로크백 마운틴』, 『다크나이트』 등의 영화를 통해 팬들의 마음속에 여전히 살아 있다.

나. 살아오면서 나는 많은 것을 배웠다. 영어 가정법 문장을 어떻게 만드는지도 배웠고 3차 방정식을 그래프로 옮기는 법도 배웠다. 하지만 내가 배운 가장 소중한 것은 내가 어떤 사람일 수 있는지 알게 된 일이다. 내 안에는 많은 빛이 숨어 있다는 것, 어디까지나 지금의 나란 그 빛의 극히 일부만을 보여 주고 있다는 것을 깨닫게 된 일이다.(김연수, 『청춘의 문장들』)

(4가)에서 첫 문장의 '히스 레저'와 둘째 문장의 '그'는 동일한 인물을 가리킨다. 이를 공지시적(co-referential)이라고 한다. 두 문장은 공지시적인 명사구를 가짐으로써 서로 단단히 결속되어 하나의 텍스트를 이루는 데 힘을 받게 된다. (4나)에서 '하지만'이라는 접속 표현은 앞부분과 뒷부분 문장들의 관계를 선명하게 보여 주어 텍스트의 결속에 기여한다.

위의 (4가)에서와 같이 앞 문장에 나온 요소를 뒤 문장에서 의미적으로 등가인 요소로 다시 언급함으로써 결속 구조를 형성하는 현상을 '재수용'이라고 부른다. '재수용'에는 명시적 재수용과 함축적 재수용이 있다.

명시적 재수용은 재수용이 표면적으로 드러나는 경우이다.

(5) 옛날에 어느 공주님이 살았습니다. 그녀는 이웃 나라 왕자님을 사랑하고 있었습니다.

재수용하는 말을 '수용어'라고 부르고 재수용되는 말을 '피수용어'라고 부른다면, '피수용어'에는 '어느, 한' 등이 붙고 수용어에는 '이, 그' 등이 붙거나 '이것, 그것, 그, 그녀' 등의 대명사가 사용된다. (5)는 대명사 '그녀'에

5 대명사 재수용은 6.5.4.의 '대용'과 관련이 깊다.

의한 재수용의 예이다.[5]

대명사 사용이 그리 활발하지 않은 한국어에서는 고유 명사나 보통 명사 재수용의 예가 더 빈번히 발견된다.

(6) 가. 은지의 죽음은 학교에서도 어려운 문제였다. 은지가 가장 괴로워했던 일이 무엇인지를 밝혀내야 했다. 또 학교에 대한 더 나쁜 소문이 나기 전에 빠르게 진상 조사를 벌여야 했다. 그리고 학교 측과는 별개로 은지의 담임도 신속하게 움직였다.

나. 은지의 죽음은 학교에서도 어려운 문제였다. 그녀가 가장 괴로워했던 일이 무엇인지를 밝혀내야 했다. 또 학교에 대한 더 나쁜 소문이 나기 전에 빠르게 진상 조사를 벌여야 했다. 그리고 학교 측과는 별개로 그녀의 담임도 신속하게 움직였다.

(7) 가. 나무는 덕을 지녔다. 나무는 주어진 분수에 만족할 줄을 안다. 나무로 태어난 것을 탓하지 아니하고 왜 여기 놓이고 저기 놓이지 않았는가를 말하지 아니한다.(이양하, 「나무」)

나. 나무는 덕을 지녔다. 그것은 주어진 분수에 만족할 줄을 안다. 그것으로 태어난 것을 탓하지 아니하고 왜 여기 놓이고 저기 놓이지 않았는가를 말하지 아니한다.

(6가)는 고유 명사가 반복해서 사용된 예이고 (7가)는 보통 명사가 반복해서 사용된 예이다. 이를 대명사로 바꾼 (6나)와 (7나)는 한국어 텍스트로서는 덜 자연스럽게 느껴진다.

동의 관계, 반의 관계, 상하 관계, 부분 관계 등 어휘 관계에 기대어 재수용이 일어나기도 한다.

(8) 가. 온 가족이 늦잠을 즐기던 토요일 아침, 30분 후에 우리 집에 도착한다는 친구의 전화를 받았다. 그것은 당황스럽다기보다는 기쁜 일이었다. 나에게 허물없이 찾아올 벗이 있다는 뜻이기 때문이다.

나. 아내는 주말이면 산으로 바다로 나가고 싶었다. 남편은 주말만은 아무것도 하지 않고 집에서 지내기를 바랐다.

(9) 가. 길 잃은 강아지 한 마리가 와서 서성거리더니 내 앞에 쪼그려 앉았다. 동물도 사람처럼 눈빛으로 말을 걸어올 수 있다는 것을 나는 처음 알았다.

나. 길모퉁이에 트럭 한 대가 서 있었다. 차 안에는 여자가 앉아 있는 듯했다.

다. ??길모퉁이에 차 한 대가 서 있었다. 트럭에는 여자가 앉아 있는 듯했다.

(10) 그녀는 진귀한 주전자를 조심스럽게 꺼내 놓았다. 손잡이에는 고대 중국의 숫자를 적은 문양이 새겨져 있었다.

(8가)에서 '친구'는 '벗'으로 재수용되었는데 이는 동의 관계에 의한 재수용이다. (8나)의 두 문장은 '아내, 남편'의 반의 관계 재수용에 의해 결속되었다. '남편'이 '그녀의 남편'으로 이해되기 때문이다. (9)는 상하 관계에 의한 재수용이다. (9가)의 첫 문장의 '강아지'는 다음 문장에서 '동물'로 재수용되었다. 일반적으로 재수용 관계에서는 상위어가 하위어의 뒤에 올 수 있지만 그 역은 잘 성립하지 않는다. 즉 (9나)는 가능하지만 (9다)는 매우 어색하다. (10)은 '주전자'와 '손잡이'가 부분 관계를 이루는 것에 기대어 재수용이 이루어진 경우이다.

다음으로 재수용 관계가 명시적으로 드러나지 않는 함축적 재수용의 예를 보자.

(11) 가. 영수는 민수를 자전거에 태웠다. 민수는 형이 자전거를 잘 탄다는 것을 알고 있어서 조금도 무서워하지 않았다.

나. 한수는 극장에 가야 할지 공부를 해야 할지 자문해 보았다. 그는 이때 숙제를 끝내지 못했다는 사실을 생각해 냈다.

(11가)의 텍스트에서 영수와 형이 동일 인물이라는 것은 명시적으로 표현

되지 않았다. 그러나 영수가 형이고 민수가 동생이라는 추론 덕택에 이 두 문장은 결속될 수 있다. (11나)에서는 '이때'가 무엇을 재수용하는지 명시적으로 제시되어 있지는 않다. 아마도 이런 결정을 할 때일 것인데 이는 맥락에서 추론된다.

여러 가지 접속 표현들이나 의존 명사, 보조사 등을 포함한 특정 표현들도 텍스트 결속에 기여한다.

(12) 가. 조직 내 의사소통의 가장 큰 문제는 수직적 위계 질서이다. 수직적 관계에서는 '아니요'라고 말하는 것이 힘들다. 따라서 의사소통의 효율을 위해서는 수직적 위계 질서에 균열을 낼 수밖에 없다.

나. 효명 세자와 궁녀가 주고받은 가사 문학 작품은 신분을 뛰어넘은 로맨스로 읽힌다. 하지만 시대상을 감안하면 이 작품은 정치적 산물이라고 해석할 수도 있다.

(13) 어린이집 입소에 우선순위를 두는 영유아 보육법이 어린이집 문턱을 높이고 있다. 영유아 보육법에 따르면 기초 생활 수급자, 차상위 계층, 장애인 자녀, 맞벌이, 다문화 가족 등을 우선적으로 받아야 한다. 건물 일부만 어린이집으로 쓸 경우 1층에만 어린이집을 둘 수 있는 조항도 걸림돌이다.

(14) 가. 지난해 셋째를 낳고 복직을 준비 중인 주부 김 모 씨는 요즘 머리가 아프다. 세 살배기 둘째와 셋째가 다닐 어린이집을 구하지 못한 탓이다.

나. 수질 오염, 대기 오염으로 우리가 살고 있는 환경은 급속히 나빠지고 있다. 보이지 않게 진행되는 토양 오염을 막는 일 역시 중대한 과제이다.

(12가, 나)에서는 접속 부사 '따라서, 하지만'이 두 문장의 결속에 기여하고 있다. (13)에서는 보조사 '도'가 사용되었다. '도'를 통해 '1층에만 어린이집을 둘 수 있는 조항'이, 앞선 다른 요소들과 함께 어린이집 입소를 어렵게 하는 요인이라는 것을 표현함으로써 텍스트 결속에 기여한다. (14가)에

서는 접속 표현이 명시적으로 드러나 있지 않지만 '-은 탓이다'와 같은 표현으로 해당 문장이 앞 문장의 이유가 되는 것을 보여 준다. (14나)에서는 부사 '역시'가 보조사 '도'와 유사한 결속 기능을 가지는 것을 보여 준다.

7.2.2. 결속성

앞에서 텍스트성의 요건으로 결속 구조를 살펴보았다. 결속 구조는 텍스트의 중요 자질이긴 하지만 충분한 자질은 아니다. 결속 구조가 존재해도 비텍스트가 되는 경우도 있기 때문이다. 대표적으로 자주 언급되는 예문은 다음과 같다.

(15) 그녀의 노래에 감동을 느끼지 않는 사람은 아무도 없다. 우리들의 가수는 요세피네라 부른다. 노래라는 단어는 두 개의 음절로 된 한 단어이다. 가수들은 모두 말을 많이 한다.

(15)는 모두 '노래'와 '가수'와 연관된 문장들로 이루어져 있다. 그러나 의미적인 일관성이 없기 때문에 텍스트성을 가지지 않는다.

따라서 텍스트가 되려면 내용의 일관성 혹은 주제의 일관성을 가져야 한다고 할 수 있다. 이를 결속성이라고 한다. 결속성은 텍스트 구성에서 가장 핵심적인 자질이다. 결속 구조가 텍스트가 가지는 문법적(형식적) 자질이라면 결속성은 주제 구성에 기여하는 텍스트 구성 성분들 사이의 논리·의미적인 관계 자질이다. (15)는 개별 문장들이 일관된 주제를 형상화하지 못하기 때문에 비텍스트가 되었다.

다음 텍스트에서 결속성을 확인해 보자.

(16) ① 옛 그림을 감상하는 절대 원칙 중 하나는 옛사람의 마음으로 봐야 한다는 것입니다. ② 그러나 저는 이 절대 원칙을 깨고 싶습니다. ③ 옛 그림은 꼭 옛사람의 마음으로 봐야 할까요? 지금 우리의 관점으로 봐서는 결코 안 되는 걸까요? ④ 그림을 그린 사람은 옛사람이지만 지금 보고 있는 것은 우리 아닌가요? ⑤ 지금 우리의 생

각, 지금 이 시대의 정신도 그 못지않게 중요하다고 생각합니다.(최석조, 『단원의 그림책』)

(16)은 '옛 그림도 현재 우리의 관점으로 감상할 수 있다'는 주제를 담고 있다. ①은 텍스트 생산자가 반론을 제기하고자 하는 대상이 되는 견해이다. ②는 그것을 반대한다는 것이고 ③에서는 이를 강하게 부정하기 위하여 의문문의 형식으로 반복하여 묻고 있다. ④와 ⑤는 반대하는 이유이다. 비록 예전에 그려진 그림이라 하더라도 감상자는 현재의 우리이므로 현대의 시대정신도 중요하기 때문이라고 하였다. 각 문장들은 이러한 주제를 형상화하는 데 일관되게 기여하고 있으며 따라서 이 단락은 결속성을 가진 텍스트가 되었다.

7.2.3. 의도성과 수용성[6]

6 수용성은 용인성이라고 부르기도 한다. 7.2.1.에서 말한 '재수용'과는 다른 개념임을 주의하여야 한다.

의도성은 텍스트 생산자와 관련되는 요건이고 수용성은 텍스트 수용자와 관련되는 요건이다. 의도성은 텍스트 생산자의 의도를 달성하는 데 관여하는 도구로서 일차적인 기본 의미망이 충족된 텍스트가 적절한 목적을 위해 사용될 수 있게 한다.

'금연', '양보' 같은 한 단어 발화와 "이곳은 청소년 출입 금지 구역입니다."와 같은 한 문장 발화에서 결속 구조와 결속성을 구체적으로 발견하기는 어렵다. 그럼에도 불구하고 이들은 특정한 상황 조건에서 텍스트로서 특정한 의미 기능을 수행할 수 있다. 적절한 상황에 이 텍스트가 놓이면 '금연해 달라', '양보해 달라'와 같은 의도가 전달될 수 있다.

한편 수용성은 텍스트가 수용자에게 유용하고 적합한 텍스트여야 한다는 요건이다. 초등학교 교과서에서 어떤 자연 현상을 아인슈타인의 물리학 공식을 이용해 설명한다면 그것은 교과서 텍스트로서 텍스트성이 부족한 것이다.

(17) 가. 뮤비 속 아리아나 그란데 예쁜 예(브금, 스압, 조금 엄빠 있음)[7]

나. 국민연금 논란: 기금 고갈 해법 필요하다

7 '뮤비'는 '뮤직 비디오'를 줄인 말이다. '브금'은 '배경 음악(BGM: background music)'의 약자를 발음대로 읽은 것이다. '스압'은 '스크롤의 압박'을 줄인 말로서 마우스로 스크롤을 많이 내려야 하는 긴 자료라는 뜻이다. '엄빠(주의)'는 '엄마 아빠 주의'의 줄인 말로서 부모와 함께 보면 민망하거나 꾸중을 들을 만한 내용이 포함되어 있다는 뜻이다.

(17가)는 청소년층이 인터넷 공간에서 사용하는 게시물의 제목이다. (17나)의 제목이 하나의 텍스트이듯이 (17가)도 하나의 텍스트라고 할 수 있다. 그러나 중장년층 이상의 세대는 이러한 제목을 수용하는 것이 거의 불가능하다. 만약 이것이 중장년층을 대상으로 한 글이라면 이 제목은 수용성 요건이 충족되지 못한 텍스트일 수도 있다.

7.2.4. 정보성과 상황성

정보성은 텍스트의 내용이 수용자에게 새로운 정보로서의 가치가 있는가 하는 요건이다. 정보성은 수용자에게 제시된 자료가 새롭거나 예측 불가능한 정도를 나타낸다.

(18) 가. 표준어는 표준이 되는 말이다. 그래서 표준어는 매우 중요하다.
나. 중고차 성능 점검 제도는 중고차의 성능을 제대로 점검하여 소비자에게 알리고 1개월 2,000km를 의무 보증하는 제도이다. 업체를 통해 중고차를 거래할 때 소비자를 보호하는 세계 유일의 제도이다.

(19) 가. 한국인에게 영어는 외국어다.
나. 한국인에게 영어는 외국어다. 따라서 한국인은 영어를 모어로 쓰는 사람과 같은 수준의 발음과 유창성을 목표로 하지 않아도 좋다. 의사소통이야말로 외국어 학습의 최상의 가치이다.

(18가)는 동어 반복에 가까워서 거의 정보가 없다. 이는 정보성이 낮은 텍스트이다. 정보성이 낮으면 하나 마나 한 이야기가 되어 청자의 주의를 끌지 못한다. (18나)의 텍스트가 '중고차 성능 보상 제도'에 대한 일정한 정보를 제공하는 것과 대조적이다.

그러나 그 자체로는 정보성이 거의 없는 문장도 어떤 텍스트 안에 놓이느냐에 따라 정보성을 획득하기도 한다. (19가)는 새로운 정보를 거의 가지지 않는 자명한 내용이다. 그러나 (19나)의 텍스트에서 '한국인에게 영어는 외국어다'는 충분히 정보성이 높은 문장이 된다.

상황성은 텍스트가 사용되는 상황에 적합해야 한다는 요건이다. 한 텍스트를 현재의 발화 상황 또는 복원 가능한 상황에 적절하게 관련시켜 주는 요인을 가리킨다.

(20) 가. 어린이 보호 구역 천천히

나. 이곳에서 운전자들은 차를 천천히 몰아야 합니다. 왜냐하면 어린이들이 언제 차도로 뛰어들지 모르기 때문입니다. 차를 천천히 움직여야 세우기가 쉽습니다.

(20가)에 비하면 (20나)가 더 정확한 내용을 담고 있는 텍스트이다. 하지만 운전자가 운전 중에 읽어야 하는 텍스트로 (20나)는 너무 길다. 교통 표지판 텍스트로서는 (20가)가 더 상황성 있는 텍스트라고 할 수 있다.

텍스트가 상황에 맞지 않게 쓰일 때에는 적절한 텍스트 기능을 가질 수 없다.

(21) 코로나 예방을 위해 엘리베이터에서는 마스크를 벗지 마세요.

이와 같은 안내문은 전염병 유행 상황에서는 적절한 텍스트이지만 전염병 종식 이후에는 상황성 요건을 준수하지 않은 것이 된다.

문학 텍스트를 이해할 때에도 상황성이 중요한 역할을 한다.

(22) 아기가 잠드는 걸 보고 가려고
아빠는 머리맡에 앉아 계시고
아빠가 가시는 걸 보고 자려고
아기는 말똥말똥 잠을 안 자고(윤석중, 「먼 길」)

이 동시의 의미는 여러 가지로 해석될 수 있으나 1940년대, 아기의 아버지가 강제 징용을 가게 되어 아기와 헤어져야 하는 상황을 노래한 것이라는 상황적 의미와 결부되면 그 의미하는 바가 더욱 선명해진다.

7.2.5. 상호 텍스트성

어떤 텍스트의 의미는 다른 텍스트에 대한 지식에 의존할 때가 많다.

(23) ① 저 거위도 벽을 넘어 하늘을 날 거라고
② 달팽이도 넓고 거친 바다 끝에 꿈을 둔다고
나도 꾸물꾸물 말고 꿈을 찾으래
어서 남의 꿈을 빌려 꾸기라도 해(악뮤, 「후라이의 꿈」 중에서)

(24) 가. 언젠가 난 그 벽을 넘고서 저 하늘을 높이 날 수 있어요(카니발, 「거위의 꿈」 중에서)
나. 좁은 욕조 속에 몸을 뉘었을 때 작은 달팽이 한 마리가
내게로 다가와 작은 목소리로 속삭여 줬어
언젠가 먼 훗날에 저 넓고 거친 세상 끝 바다로 갈 거라고(패닉, 「달팽이」 중에서)

(23)의 「후라이의 꿈」은 꿈을 찾으라고 강요받는 젊은이들을 위한 노래이다. 꿈이 있어야 한다는 의무감에 남의 꿈이라도 좇는 척하기보다는 '계란후라이가 따뜻한 밥 위에 눌러붙듯', '내 물결을 따라 흘러' 나만의 방식으로 살아가겠다고 노래한다. 그런데 ①과 ②는 예전에 나온 다른 노래의 가사를 염두에 둔 것이다. ①은 (24가)를, ②는 (24나)를 염두에 둔 것이다. 그래서 우리는 「후라이의 꿈」을 들을 때 자연스럽게 「거위의 꿈」과 「달팽이」의 노래 가사를 떠올리며 더 큰 재미와 감동을 느낀다. 즉 우리는 어떤 텍스트에서 다른 텍스트를 떠올리며 그것에 반응하고 언어 기호가 가지는 의미 너머의 또 다른 의미를 찾는다.

상호 텍스트성(intertextuality)[8]은 어떤 텍스트를 사용함에 있어서 사전에 경험한 하나 이상의 텍스트 지식에 의존하도록 만드는 요건이다. 풍자적 모방으로서의 패러디, 붙이기(콜라주) 등이 상호 텍스트성을 가지는 전형적인 예이다. 일상생활에서 속담이나 격언을 인용하는 것도 넓게 보면 상호 텍스트성이 발현된 예이다.

8 '상호 텍스트성'은 '간텍스트성'으로 번역하는 일도 있고 이 두 개념을 구별하여 쓰기도 하나 우리 책에서는 '상호 텍스트성'으로 통일한다. 상호 텍스트성은 '텍스트 상호성', '텍스트 상호 연계성'이라고 번역하기도 하는데 그 의미를 좀 더 분명히 드러내는 장점이 있다.

참고 2 **상호 텍스트성**

상호 텍스트성이라는 용어는 프랑스의 기호학자 줄리아 크리스테바(Julia Kristeva)가 1966년 처음 사용하였다. 모든 텍스트는 마치 모자이크와 같이 여러 인용문들로 구성되어 있으며 모든 텍스트는 어디까지나 다른 텍스트들을 흡수하고 그것들을 변형시킨 것에 지나지 않는다는 것이 이 개념의 기본 취지이다. 크리스테바는 한 발화가 화자나 청자 또는 다른 발화와 맺고 있는 상호 관계를 '수평적' 관계와 '수직적' 관계의 두 유형으로 구분하였다. 수평적 관계는 화자와 청자가 맺는 관계이며 수직적 관계는 발화가 그 이전 또는 동시대의 다른 발화와 맺는 관계이다. 이때 발화의 수직적 관계를 가리키기 위해 상호 텍스트성이라는 용어를 사용하였다. 상호 텍스트성은 이후 기호학, 철학, 문학, 문화 연구, 언어학, 언어 교육학 등에서 활발하게 사용되었다. 보그란데와 드레슬러(R. A. de Beaugrande & W. Dressler)는 텍스트성의 요건으로 '결속구조, 결속성, 의도성, 수용성, 정보성, 상황성'과 함께 '상호 텍스트성'을 들었다.

그런데 나아가 모든 텍스트는 다른 텍스트와 커뮤니케이션을 한 상호 텍스트라는 견해도 있다. 어떤 텍스트도 과거의 텍스트와 관련 없이 산출되기 어려우며 텍스트의 해석에는 반드시 다른 텍스트에 대한 지식이 작용하기 마련이기 때문이다.

텍스트가 상호 텍스트성을 가지는 중요한 근거는 '장르'가 존재한다는 사실이다. 우리가 쓰는 어떤 글은 대부분 어떤 장르에 속한다. 우리는 일기를 쓰든가, 소설을 쓰든가, 수필을 쓰든가 논문을 쓴다. 우리가 '소설'을 쓴다면 소설이 응당 가져야 할 요건들, 즉 주제, 구성, 문체 등의 요소라든가 허구성, 개연성, 진실성 등의 특성을 염두에 두지 않을 수 없다. 이러한 소설의 요소와 특성들은 다른 소설 작품들에서 나온 것이다. 마찬가지로 우리가 '논문'을 쓴다면 우리의 텍스트는 논문이라는 장르로 묶이는 다른 텍스트와 관련을 맺지 않을 수 없다. 즉 모든 텍스트는 다른 텍스트와 최소한 '장르적' 연관성을 가진다. 이러한 점에서 상호 텍스트성은 하나의 텍스트가 텍스트성을 구비하기 위해 갖추어야 할 조건 혹은 자질이라 할 수 있다.

상호 텍스트의 징표에는 반복과 변형이 있다. 반복은 어떤 텍스트가 이전 텍스트의 표현을 반복하는 것이다.

(25) 바람과 함께 사라지다

(25)는 2012년에 개봉한 한국 코미디 영화의 제목이다. 그런데 이 제목은 마거릿 미첼(Margaret Mitchell)의 소설이자 1939년에 개봉한 영화 제목이기도 한 「Gone with the wind」의 한국어 제목을 그대로 반복한 것이다. 전혀 다른 주제와 소재의 코미디 영화에 고전적 작품의 제목을 차용함으로써 익살의 효과를 노렸다.

다음은 텍스트 변형의 예이다.

(26) 가. 이건 니코틴 패치 세 장짜리 문제야.
나. 미운 우리 새끼

(26가)는 2010년 영국의 BBC 방송국에서 제작한 드라마 「셜록(Sherlock)」에서 셜록 홈스가 사건에 대해 고민하면서 말한 대사이다. 이 드라마는 원작을 현대적으로 각색하였기 때문에 금연이 강요되는 현대 사회의 분위기를 반영하여 셜록이 담배를 끊기 위해 니코틴 패치를 붙이는 것으로 설정된다. 이 대사는 원작 소설인 코넌 도일의 단편 「빨강 머리 연맹(The Red Headed League)」에서 홈스가 "이건 파이프 담배 세 대짜리 문제야."라고 한 것을 가져와 변형한 것이다. 원작을 읽지 않은 사람에게는 이 대사는 문장의 문자적 의미 이상이 아니다. 그러나 원작에 대한 지식을 가지는 사람들은 텍스트 변형의 묘미를 통해 훨씬 더 큰 쾌감을 얻게 된다. (26나)의 '미운 우리 새끼'는 2016년부터 방영한 텔레비전 프로그램 제목이다. 어머니가 아들의 일상을 관찰하는 내용인데 '미운 오리 새끼'라는 잘 알려진 안데르센(H. C. Andersen)의 단편 동화 제목을 변형함으로써 흥미를 유발한다.

7.3. 텍스트의 기능과 유형

7.3.1. 텍스트의 기능

텍스트가 지니고 있는 지배적 의사소통적 기능을 텍스트 기능이라고 한다. 텍스트 기능은 제6장에서 살펴본 화행론의 맥락에서 살펴볼 수 있다. 우리는 문장 단위의 발화에서 화자의 의사소통 목적을 살펴본 바 있다.

(27) 가. 저 문 좀 닫아 주시겠어요?
나. 그건 제가 내일까지 해 드릴게요.

(27가)는 '지시'의 화행을 수행하며 (27나)는 '약속'의 화행을 수행한다.

그런데 이러한 발화의 기능은 문장 이상의 단위, 즉 텍스트에서도 고려할 수 있다. '혼인'의 상황을 예로 들어 보자.

(28) 가. 저희 두 사람 소중한 순간들을 사랑으로 엮어 이제 여러 어른과 친지 앞에서 혼인의 예를 갖춥니다. 바쁘시더라도 부디 오셔서 저희들의 사랑이 더 넓고 깊은 사랑이 될 수 있도록 곁에서 지켜봐 주십시오.(청첩장 텍스트)
나. 이제 신랑 김다운 군과 신부 이아름 양은 그 일가친척 친지를 모신 자리에서 일생 동안 고락을 함께 할 부부가 되기를 굳게 맹세하였습니다. 이에 주례는 이 혼인이 원만하게 이루어진 것을 여러분 앞에 엄숙하게 선포합니다.(성혼 선언문 텍스트)
다. 나 신랑 김다운은 신부 이아름을 아내로 맞이하여 어떤 경우라도 항시 예로써 사랑하고 존중하여 진실한 남편으로서 도리를 다하여 언제나 행복한 가정을 이루는 데 몸과 마음을 바칠 것을 신부 이아름에게 서약합니다.(혼인 서약문 텍스트)
라. 지난번 저희 자녀의 혼사에 바쁘신 중에도 찾아와 주시고 축하해 주셔서 진심으로 감사드립니다. 일일이 찾아뵙고 인사 올리는 것이 도리인 줄 아오나 우선 지면으로 인사드리는 것을 널리

이해하여 주시기 바라옵고 가내에 항상 행복이 가득하시기를 기원합니다.(인사장 텍스트)

혼인의 상황에서 사용되는 문서 텍스트에는 여러 가지가 있고 그 기능도 각각이다. (28가)는 청첩장 문안이다. 혼인이 있음을 알리고 예식의 때와 장소를 알리는 기능을 한다. 이를 '제보' 텍스트라 할 수 있다. (28나)는 보통 주례가 낭독하는 성혼 선언문의 내용이다. 혼인이 원만하게 이루어졌음을 선포하는 기능을 한다. 이는 '선언' 텍스트이다. (28다)는 신랑과 신부의 혼인 서약문이다. 신랑과 신부는 각각 상대방을 배우자로 맞아 도리를 다할 것임을 약속한다. 이는 '약속' 텍스트이다. (28라)는 신랑과 신부의 부모가 예식에 와 준 하객에게 보내는 인사장이다. 감사의 마음을 표현하는 기능을 한다. 이를 '친교' 텍스트라고 할 수 있다.

화행의 유형을 분류하는 방법이 다양하듯이 텍스트 기능을 분류하는 방법도 학자에 따라 다르다.

(29) 가. 제보
나. 요청
다. 선언
라. 약속
마. 친교
바. 감동

'제보' 기능을 가지는 텍스트에는 청첩장 외에도 각종 안내문이나 교과서 텍스트가 포함된다.

(30) 가. 한글오피스에서 차트를 만들었는데요. 거기 표에 있는 글꼴들을 바꾸려고 하는데요. 어떻게 설정해서 바꿔야 하나요?
나. 바꾸려는 부분을 더블 클릭하시면 관련된 설정 창이 나옵니다. 예를 들어 범례의 글꼴을 바꾸려면 범례를 더블 클릭하면 창이

뜨고 글꼴 탭을 클릭해서 원하는 서식으로 변경하면 됩니다. 차트의 부분 부분마다 따로 선택할 수 있도록 되어 있으니 원하는 부분을 더블 클릭해서 관련된 설정 창의 글꼴 탭에서 변경하도록 하십시오.

(30)은 인터넷 사이트의 질문 게시판의 내용이다. (30가)는 글꼴 바꾸기 방법을 묻는 텍스트이다. (30나)는 그 질문에 대한 대답으로서 정보 제공 즉 '제보'를 주요 기능으로 하고 있다.

(31) 끈끈이주걱은 여러해살이풀로, 잎의 표면에 있는 붉은색의 긴 털에서 끈끈한 액체가 나옵니다. 작은 벌레가 이 털에 닿으면 움직이지 못하고 잡히는데, 끈끈이주걱은 털에서 나오는 액체로 작은 벌레를 소화합니다.(초등학교 4-2『과학』)

(31)은 교과서에서 벌레잡이 식물인 '끈끈이주걱'의 생태를 기술한 부분이다. 역시 정보 제공의 기능을 하는 제보 텍스트이다. 각종 설명문은 제보 텍스트의 전형적인 예이다.

'요청' 텍스트는 수용자로 하여금 어떤 행위를 하도록 설득하는 것을 주요 기능으로 하는 텍스트이다

(32) 우리 집의 바닥은 아랫집의 천정입니다. 아이들이 시끄럽게 뛰지 않도록 주의하여 주시고 이른 아침이나 늦은 밤에는 세탁기, 피아노, 운동 기구 사용을 자제하여 주시기 바랍니다.

(33) 가. 속도를 줄이시오
나. 굽은 길
다. 양보

(32)와 같은 안내문은 수용자의 행위에 대한 요청을 담고 있다. (33가~다)와 같은 교통 표지판의 주요 기능도 요청에 해당한다.

'선언'은 그 문제에 대해 권위를 가진 텍스트 생산자가 새로운 현실을 창

조하는 효력을 발생시키는 것이다.

(34) 가. 1863년 1월 1일부터 미합중국에 대하여 반란 상태에 있는 주 또는 어떤 주의 특정 지역에서 노예로 예속되어 있는 모든 이들은 영원히 자유의 몸이 될 것이다. 육해군 당국을 포함한 미국 행정부는 그들의 자유를 인정하고 지킬 것이며, 그들이 진정한 자유를 얻고자 노력하는 데 어떠한 제한도 가하지 않을 것이다.(이하 생략)[링컨, 노예 해방 선언(Emancipation Proclamation) 중에서]

나. 위 사람을 2025년 1학기 학급 부반장으로 임명함.

(34가)는 미국 대통령 링컨의 노예 해방 선언의 서두이다. 이 선언을 통해 노예 제도가 없는 새로운 세상이 실현되었다. (34나)는 학교장이 수여하는 학급 임원 임명장 텍스트이다. 이 임명장을 통해서 해당 학생은 학급 부반장으로서의 지위를 얻게 된다. 선언 기능을 주된 텍스트 기능으로 가지는 텍스트에는 유언장, 판결문, 증명서 등이 있다.

'약속'은 텍스트 생산자의 미래 행위에 대해 조건을 부과하는 것이다.

(35) 아래와 같이 보증합니다.

1. 소비자의 정상적인 사용 상태에서 고장이 발생하였을 경우 보증 기간 동안은 무상 수리를 해 드립니다.
2. 보증 기간 이내라 하더라도 본 보증 이내의 유상 서비스 안내에 해당되는 경우는 서비스 요금을 받고 수리해 드립니다.

(35)는 전자 제품을 살 때 받는 제품 보증서의 내용이다. 판매자는 소비자를 위하여 위와 같은 행위를 하겠다는 의무를 스스로에게 부과한다.

'친교' 텍스트의 목적은 인간관계를 부드럽게 하거나 텍스트 생산자의 감정을 표현하는 데 있다.

(36) 가. 계사년 새해가 밝았습니다. 새해 복 많이 받으시고 올 한 해도

많은 결실을 거두시기를 바랍니다.

나. 윤아야, 지난번에 내가 아이들한테 괴롭힘을 당할 때 내 편을 들어 주어서 정말 고마워. 앞으로도 친하게 지내자.

(36가)는 연하장 텍스트이다. (36나)와 같은 친구들끼리의 편지글 등도 모두 친교 텍스트에 속한다.

'감동'은 문학 작품 텍스트를 염두에 둔 텍스트 기능 분류이다. 문학 작품의 존재 목적은 궁극적으로 인간에게 예술적 감동을 느끼게 하는 데 있다.

(37) 그곳은 비 온다고?
이곳은 화창하다.
그대 슬픔 조금, 조금씩 마른다.
나는, 천천히 젖는다.
(문인수, 「통화중」)

문학 작품의 궁극적 기능은 무엇인가? '제보, 요청, 선언' 등을 부차적 목적으로 가질 수는 있으나 그 궁극적 목적은 문학적 고양, 즉 독자에게 문학적 감동을 주는 것이다. (37)은 텍스트 생산자가 전화 통화를 한 경험을 노래하고 있다. 이것은 독자에게 유용한 정보를 제공하는 것도 아니고 독자에게 어떤 행위를 할 것을 요구하는 것도 아니다. 단지 자신의 경험을 공유하면서 독자가 어떤 감동을 느끼기를 의도한다.

7.3.2. 텍스트의 유형

텍스트는 여러 가지 방법으로 유형화할 수 있다. 앞에서 논한 텍스트의 기능도 텍스트 유형화의 기준이 될 수 있다. 이 외에도 텍스트가 전달되고 해석되는 매체의 종류, 텍스트 생산자와 수용자의 상호 작용 방식, 텍스트가 전달되는 운송 방식 등이 텍스트 유형화의 기준이 될 수 있다. 텍스트 유형화는 한 언어권의 언어·문학·문화 전반의 특성을 고려하여야 하는 문제로서 이 문제에 대해서는 아직 충분한 논의가 있었다고 보기 어렵다. 여기에서는 잠정적으로 텍스트가 전달되는 매체의 종류, 텍스트 생산자와 수용자의 상호 작용 방식, 그리고 텍스트의 기능(생산 목적) 등을 기준으로 텍스트 유형화를 시도해 보기로 한다.

텍스트는 그것이 어떠한 매체를 통해 전달되느냐에 따라 음성 언어 텍스트, 문자 언어 텍스트, 복합 양식 텍스트(multimodal text)로 나누어질 수 있다.

(38) 가. 음성 언어 텍스트
　　나. 문자 언어 텍스트
　　다. 복합 양식 텍스트

각각의 특성을 아래에서 차례로 살펴보자.

음성 언어 텍스트

음성 언어 텍스트는 전형적으로는 화자와 청자가 대면하여 음성을 이용하여 의사소통하는 언어 텍스트를 가리킨다. 이는 다시 화자와 청자의 상호 작용 방식에 따라 다시 양방적 텍스트와 일방적 텍스트로 나누어질 수 있다.

전형적인 양방적 텍스트는 일상적으로 이루어지는 대화이다.

(39) 갑: 수업 끝나고 같이 밥 먹을래?
　　을: 응. 근데 내가 1시부터 바로 또 수업이 있어서 여유가 없네.
　　갑: 그럼 매점에서 간단히 먹자.
　　을: 고마워. 이따 만나.

양방적 성격을 가진 음성 언어 텍스트에는 일반적으로 구어체 문장이 사용되며 화자와 청자의 사회적 지위와 유대 관계에 따라 적절한 상대 높임 등급이 선택된다. 또한 (39)에서 볼 수 있듯이 둘 이상의 화자가 주고받는 말

차례 교환(turn-taking)으로 이루어진다. 이러한 대화는 대면 상황에서 이루어질 수도 있고 전화 통화 등 비대면 상황에서 이루어질 수도 있다.

일방적 성격을 가진 음성 언어 텍스트에는 독백 텍스트가 있다. 독백은 원칙적으로 화자가 청자 없이 혼자서 하는 말이지만 화자가 스스로를 청자로 상정하거나 잠재적 청자를 가지는 경우도 있다.

(40) 가. 아 뜨거워라!
　　나. 아이고 좋아라.
(41) 정신 차려, 김수민! 네가 지금 체면을 따질 때가 아니잖아?
(42) 갑: 자네 내가 준 책 어디에 두었나?
　　을: 잠시만요…. 아니 내가 그걸 어디에 뒀더라? 아, 여기 있습니다.

(40가, 나)는 청자가 존재하지 않고 화자 스스로를 청자로 상정하지도 않은 상황에서 무의식중에 내뱉는 전형적인 독백 상황이다. 그러나 이러한 경우는 그리 흔하지 않다. (41)은 화자가 화자 스스로를 청자로 상정한 독백 상황이다. 이러한 상황에서 한 사람의 화자는 화자와 청자의 역할을 동시에 모두 맡게 된다. (42)는 일반적인 대화 텍스트에 일시적으로 독백문이 삽입된 경우이다. '갑'은 '을'보다 상위자이기 때문에 "아니 내가 그걸 어디에 뒀더라?"와 같은 해라체 문장은 원칙적으로 사용될 수 없다. 그러나 이는 청자를 적극적으로 향한 문장이 아니라 독백의 형식을 빈 문장이기 때문에 상대 높임과 관련한 격률을 위반한 채 사용하는 것이 가능하다. 이때 '갑'은 잠재적 청자의 지위를 가질 뿐이다. (40)~(42)의 독백 텍스트에는 모두 상대 높임 등급상 해라체 혹은 해체의 문장이 사용되었다.

일방적 성격을 가진 음성 언어 텍스트에는 독화(獨話) 텍스트도 포함된다. 독화 텍스트는 연사가 원고를 들고 청중을 향하여 말하는 텍스트이다.

(43) 오늘 낮 12시 10분쯤 강원도 양양군 현남면 하월천리 모 요양원 부근 야산에서 불이 났습니다. 불이 나자 헬기 3대와 소방차 10여 대, 600명이 넘는 진화 인력이 산불 현장에 투입돼 진화 작업을 벌였습

니다. 불은 산림 1ha를 태우고 2시간 20분 만에 진화됐습니다.

(43)은 뉴스 텍스트, 즉 보도문 텍스트이다. 독화 텍스트는 문어체의 문자 언어 텍스트를 기반으로 하지만 음성 언어로 다시 생산되고 발화 도중 수정될 수 있으며 대면하는 청자가 존재할 수 있다는 점에서 음성 언어 텍스트에 포함시킬 수 있다. 독화 텍스트에는 주로 하십시오체나 해요체가 사용된다. 보도문 외에도 연설문, 강의나 강연의 원고 등이 독화 텍스트에 속한다.

문자 언어 텍스트

다음으로 문자 언어 텍스트에 대해서 살펴보자. 문자 언어 텍스트는 일반적으로 일방적 성격을 가지지만 최근 매체의 발달로 인해 양방적 성격을 가지는 문자 언어 텍스트도 급격히 증가하고 있다.

(44) 갑: 수업 끝나고 같이 밥 먹을래?
을: 응. 근데 내가 1시부터 바로 또 수업이 있어서 여유가 없네.
갑: 그럼 매점에서 간단히 먹자.
을: 고마워. 이따 만나.

(44)는 앞에서 본 일상적 대화이다. 그런데 이러한 대화는 음성 언어를 이용해 이루어질 수도 있지만 수도 있지만 문자 메시지 등을 이용해 이루어질 수도 있다. 양방적 성격을 가진 문자 언어 텍스트에는 온전한 문장이 사용되기보다는 시간과 노력을 절약하기 위한 여러 가지 수단이 사용된다.

(45) 가. 도서관 도착. 오면 연락 바람
나. 난 아직 멀었어 ㅠㅠ
다. 조켓다, 추카해염

(45가)와 같이 문자 메시지에는 조사가 생략되거나 어미가 절단된 문장, 문장 파편(sentence fragment)이 사용되는 경우가 많다. 이는 예전의 전보

문(電報文)의 성격과 유사하다. 현대의 문자 메시지는 정보 전달의 기능 외에도 친교적 기능도 우세하기 때문에 (45나)와 같이 감정을 함축적으로 표현하기 위한 이모티콘을 사용하는 일이 많다. 젊은 층에서는 문자 메시지에서 맞춤법을 의도적으로 무시하고 (45다)와 같은 텍스트를 만드는 일도 많다. '좋겠다'에 비해 '조켔다'가 입력해야 하는 자소의 수가 적기 때문이라고 하지만 '추카해염'과 같은 예에서는 반드시 필요하지 않은 자음 'ㅁ'을 종결부에 붙이는 등 일정한 표현적 목적을 위해 경제성을 희생하는 현상을 보이기도 한다.

대부분의 문자 언어 텍스트는 기본적으로 일방적 성격을 가진다. 문자 언어 텍스트는 청자를 대면하지 않은 상태로 생산되기 때문에 상호 작용이 즉각적으로 일어나지 않는 것이 보통이다. 일방적 성격을 가진 문자 언어 텍스트에는 실용적 목적을 가진 실용 텍스트도 있고 문학적 목적으로 가진 작품 텍스트도 있다. 다음은 실용 텍스트의 예이다.

(46) 가. 8일 낮 12시 5분께 경기도 의정부시 전철 1호선 망월사역에서 지붕 조각이 떨어지며 전동차에 전기를 공급하는 보조선이 끊어졌다. 이 사고로 서울 방면 전동차 운행이 1시간 중단됐다.

나. 한국어학의 하위 분야로는 음운론, 형태론, 통사론, 의미론, 화용론 등이 있다.

실용 텍스트에서는 해라체(하라체) 문장이 사용되는 것이 일반적이나 특수한 경우 하십시오체나 해요체가 사용되기도 한다. 이때의 해라체는 청자를 낮추는 뜻이 없고 청자를 중립적으로 대우하는 것이다. 실용적 목적을 가진 문자 언어 텍스트에는 저서, 신문, 논문, 광고, 공문서, 영수증, 증명서 등이 있다. 작품 텍스트에는 '시, 소설, 희곡, 수필, 비평, 시나리오, 드라마 대본' 등 문학의 하위 장르들이 포함된다.

각종 실용 텍스트나 작품 텍스트는 대개 일방적 성격을 가지지만 최근 인터넷의 발달로 인해 양방적 성격을 띠는 일도 생겨났다. 가령 인터넷 이용자들은 인터넷 신문 기사에 댓글을 달아 텍스트 생산자에게 피드백을 하기도 하고 인터넷 이용자끼리 토론을 벌이기도 한다. 텍스트의 원 생산자가 댓글에 답을 다는 일도 있다. 또한 일일 연속극 시청자들은 시청자 게시판에 연속극의 결말과 관련한 의견을 개진하기도 하고 방송 작가가 이를 수용하여 대본을 수정하기도 한다.

복합 양식 텍스트

복합 양식 텍스트는 온전히 언어로만 이루어진 텍스트가 아니라 언어, 그림, 음향, 음악이 혼합되어 다중 매체를 이루는 텍스트이다. 복합 양식 텍스트의 언어는 음성으로 제공될 수도 있고 자막 등 문자로 제공될 수도 있다. 복합 양식 텍스트에는 영화, 여러 가지 종류의 TV 프로그램, 영상 광고, 인터넷 동영상 등이 포함된다. 이러한 복합 양식 텍스트는 20세기 이후 엄청난 속도로 세력을 확대하고 있다.

복합 양식 텍스트 역시 일방적인 것과 양방적인 것, 혹은 실용적 목적을 위한 것과 작품의 성격을 띤 것으로 나누어질 가능성이 있다. 가령 영화는 일방적 작품 텍스트에 속하고 광고는 일방적 실용 텍스트에 속한다. 시청자들의 실시간 문자 투표가 포함되는 TV 오락 프로그램은 양방적 실용 텍스트에 속할 것이다.

복합 양식 텍스트는 현재에도 빠르게 그 성격과 형식을 확대하고 변형하고 있기 때문에 섣불리 그 성격을 규정하기가 어렵다. 복합 양식 텍스트에서는 실용 텍스트와 작품 텍스트의 경계도 명확하지 않다. 동영상 공유 웹사이트인 '유튜브(YouTube)'에 올라오는 다채로운 영상들 중에는 '테니스 치는 법'이나 '머리 땋는 법'을 알려 주는 실용 텍스트도 있는가 하면 일반인들이 제작한 단편 영화 같은 작품 텍스트도 있다. 거리에서 펼쳐진 플래시몹(flashmob)을 담은 영상은 엉뚱한 장난에 가까운 것에서부터 행위 예술 작품에 가까운 것까지 있어서 그 성격을 간단히 규정하기 어렵다.

중독
2014년도 공익 광고

하루 반 갑을 피우는 아이
2002년도 공익 광고 공모전 수상작
김건호, 안우제, 송병헌

[그림 6] '휴대 전화 중독'과 '간접 흡연'의 위험을 경고한 공익 광고

지금까지 가설적으로 논의한 텍스트 유형을 표로 정리하면 다음과 같다.

<table>
<tr><td rowspan="4">음성 언어 텍스트</td><td rowspan="3">일방적 텍스트</td><td rowspan="2">독백 텍스트</td><td>잠재적 청자가 없는 혼잣말</td></tr>
<tr><td>잠재적 청자가 있는 혼잣말</td></tr>
<tr><td>독화 텍스트</td><td>보도문, 연설문, 강의·강연의 원고</td></tr>
<tr><td colspan="2">양방적 텍스트</td><td>일상 대화, 토론, 토의</td></tr>
<tr><td rowspan="4">문자 언어 텍스트</td><td rowspan="2">일방적 텍스트</td><td>실용 텍스트</td><td>저서, 신문, 논문, 광고, 공문서, 영수증, 증명서</td></tr>
<tr><td>작품 텍스트</td><td>시, 소설, 희곡, 수필, 비평, 시나리오, 드라마 대본</td></tr>
<tr><td rowspan="2">양방적 텍스트</td><td>실용 텍스트</td><td>문자 메시지, SNS, 인터넷 신문 기사</td></tr>
<tr><td>작품 텍스트</td><td>인터넷 연재 소설</td></tr>
<tr><td rowspan="4">복합 양식 텍스트</td><td rowspan="2">일방적 텍스트</td><td>실용 텍스트</td><td>광고, TV 뉴스, 오락 프로그램, 다큐멘터리 프로그램</td></tr>
<tr><td>작품 텍스트</td><td>영화, 드라마</td></tr>
<tr><td rowspan="2">양방적 텍스트</td><td>실용 텍스트</td><td>(일부) 오락 프로그램, (일부) 인터넷 동영상</td></tr>
<tr><td>작품 텍스트</td><td>(일부) 드라마, (일부) 인터넷 동영상</td></tr>
</table>

[표 2] 텍스트의 유형

제8장 어휘론

8.1. 어휘론에 대한 기본적 이해

8.1.1. 어휘의 특성과 어휘론의 정의

많은 언어에서 '단어'는 곧 '언어'를 뜻한다.[1] 제I권의 3.1.3.1.에서 언급했듯이 인간이 태어나서 처음으로 배우는 단위는 형태소도 아니고 문장도 아닌 바로 단어이다. 따라서 언어의 사용이나 연구에 있어서 단어나 단어의 집합인 어휘는 중심에 위치한다. 이처럼 단어는 우리가 말이나 글로 의사소통을 하는 데에 반드시 필요한 요소이다.

1 단어를 뜻하는 표현과 언어를 뜻하는 표현이 같다. 예를 들어 그리스어로 '단어'를 뜻하는 'logos'는 '언어'를 뜻하기도 한다.

사실 단어는 단순히 의사소통에 필요한 것만은 아니다. 단어 혹은 단어의 집합으로서의 어휘는 문화를 반영하고 있기도 하므로 단어에 대한 깊이 있는 이해는 문화의 이해나 소통을 위해서도 필요하다.

(1) '상사', '중사', '하사'의 의미

상사[2](上士) 「명사」 『군사』 「1」 부사관 계급의 하나. 원사의 아래, 중사의 위이다.
「2」 『북한어』 중사와 특무 상사 사이의 계급.
상사[3](上士) 「명사」 『불교』 =보살02(菩薩) 「2」.
중사[1](中士) 「명사」 『군사』 부사관 계급의 하나. 상사의 아래, 하사의 위이다.
하사[1](下士) 「명사」 「1」 『군사』 부사관 계급의 하나. 중사의 아래, 병장의 위로 부사관 계급에서 가장 낮은 계급이다.
「2」 『역사』 대한 제국 때에, 특무정교·정교·부교·참교에 해당하던 무관(武官).

『표준국어대사전』

국어사전에 따르면 한자어인 '상사'는 군대 계급을 나타내는 의미와 불교에서 스님의 품위를 나타내는 의미를 가진다. 그런데 사전에는 나와 있지 않지만 실학 시대의 저명한 학자인 박제가는 『북학의』에서 이 어휘들을 유학자인 선비의 품위를 구별하여 나타내는 의미로 사용하고 있다. 즉 '상사'는 품위가 높은 선비를, '중사'는 그저 그런 선비를, '하사'는 품위가 낮은 선비를 나타내었던 것이다. 이 어휘들이 다양한 의미를 가지게 된 것은 우리말에 들어온 한자어가 다양한 시대, 다양한 영역, 다양한 지역에서 차용되었음을 특별히 잘 보여 준다. 분명히 알기는 어렵지만 이 어휘들의 불교 용어로서의 용법은 불교가 들어오던 고대에 중국에서 만들어져 우리나라에 들어온 한자어일 가능성이 크고, 유교 용어로서의 용법은 유학이 성행하던 중세 이후 중국 혹은 한국에서 만들어졌을 가능성이 크며, 군사 용어로서의 용법은 개화기 일본에서 만들어져 수입되었을 가능성이 크다. 이런 점에서 이 어휘들은 중국과 일본의 영향, 유교와 불교의 영향, 군대 문화의 영향을 포함하고 있는 한국어 어휘의 문화적인 스펙트럼을 잘 보여 주는 표지로 볼 수 있다.

이와 관련하여 더 흥미 있는 것은 한자인 '士'의 의미이다. 이 글자는 중국에서도 시대에 따라 조금씩 다른 의미로 사용되었던 것으로 알려져 있다. '士'가 가진 다양한 의미들 중에서 한국에서는 '선비'의 의미가, 일본에서는 '무사'의 의미가 주도적으로 사용되어 왔다.[2] 이는 '선비'를 존중하던 한국의 문화와 '무사'를 존중하던 일본의 문화적인 차이가 반영된 것으로도 볼 수 있을 것이다.

이처럼 의사소통이나 문화적인 소통에 필수적인 단어는 언어에 따라 다르지만 수만 개에서 수십만 개에 달한다. 국어 대사전류를 보면 한국어에 존재하는 단어만도 최소한 40만 개가 넘는다는 것을 알 수 있다.[3] 단어는 지금 사용되고 있는 수가 이렇게 많을 뿐 아니라 지금도 끊임없이 만들어지고 있다. 사람에 따라 다르지만 모어 화자의 경우 대체로 5만 개 이상의 단어를 사용하며, 소극적으로든 적극적으로든 새로운 단어의 형성에도 참여하고 있다.

한 언어에서 수많은 단어들은 서로 관계를 맺으면서 집합으로 존재하고

2 사실 일본어 사전에 올라 있는 '士'의 뜻풀이 중에는 '무사, 곧 사무라이' 외에도 '학문이나 도덕을 갖춘 훌륭한 남자'의 의미도 있다. 그렇지만 일본 문화의 특징과 관련된 의미인 '무사, 곧 사무라이'가 매우 중요하게 여겨지고 있다.

3 뒤에서 언급할 것인바, 『표준국어대사전』에는 표준어와 방언, 북한어, 옛말 등 우리말을 망라하여 50만 단어 이상의 표제어가 수록되어 있다. 표제어 중에서 구인 경우를 제외해도 40만 이상의 단어가 표제어로 올라 있다. 일반 사용자가 단어를 등록하고 편집할 수 있는 사용자 참여형 온라인 국어사전인『우리말샘』에는 2024년 3월 현재 단어 759,840개, 구 399,888개로 표제어가 1,159,728개에 달한다.

있기도 하다. 집합으로서의 단어를 지칭하는 말이 어휘(語彙, vocabulary)이다. 또한 어휘는 단어뿐 아니라 관용구나 속담과 같은 관용 표현을 포함하기도 한다. 이처럼 집합으로서의 어휘의 특성, 어휘가 존재하는 양상, 어휘에 들어 있는 문화 등을 연구하는 분야가 어휘론(語彙論, lexicology)이다.[4]

4 『표준국어대사전』에서 어휘론을 "단어의 총체인 어휘의 형성, 구조, 의미, 용법 따위를 연구하는 학문."으로 규정한 것처럼 어휘론이 단어 형성론, 품사론, 의미론 등과 겹치는 지점이 있기도 하다.

8.1.2. 어휘론의 연구 대상으로서의 어휘부

어휘론에서 주로 연구하는 대상은 어휘부(lexicon)이다. 그리하여 어휘론을 '어휘와 어휘부에 대한 학문'이라 말하기도 한다. 어휘부는 흔히 사전(dictionary)과 관련되는데, 이때의 사전은 종이로 된 사전이나 이를 인터넷상에서 구현하여 검색을 쉽게 한 인터넷 사전뿐만 아니라 머릿속 사전(mental lexicon)까지 아우르는 개념이다. 종이 사전이나 인터넷 사전과 머릿속 사전은 비슷하면서도 다르다.

종이 사전이든 머릿속 사전이든 다양한 단어나 관용 표현을 담고 있을 것이며, 이들의 발음 정보, 형태 정보, 통사 정보, 의미 정보, 화용 정보 등을 포함하고 있다. 또한 동의어나 반의어 같은 관련 어휘 정보나 어원과 같은 통시적인 정보도 포함하고 있으며, 각각의 어휘와 관련이 되는 시각 자료(그림, 사진 등) 등도 어떤 방식으로든 포함하고 있을 것이다.[5]

5 머릿속 어휘부의 연결망의 모습에 대한 예시는 8.2.2.1.의 그림 (16)이 참조된다.

한편 종이 사전과 머릿속 사전은 많은 차이점을 가지고 있기도 하다. 우선 배열 순서가 종이 사전은 대체로 가나다순으로 되어 있지만 머릿속 사전은 의미나 소리, 형태 등의 관련성에 의해 다차원의 망으로 연결되어 있을 것이다.[6] 종이 사전과 머릿속 사전의 근본적인 차이는 종이 사전은 그 언어를 사용하는 언중의 공통 자산으로서 그들이 공유하는 어휘를 전제한 것이고, 머릿속 사전은 특정 개인의 머릿속에 저장되어 있는 어휘를 전제한 것이라는 점이다. 따라서 어휘론이 머릿속 사전에 대한 연구를 포함한다는 것은 한 개인의 머릿속에 포함되어 있는 어휘의 총량, 습득이나 학습을 통한 어휘의 증가, 어휘의 배열 상태 등에 대한 연구를 포함한다는 말이다. 이는 결국 어휘론이 공통의 자산으로서의 우리말 어휘에 대한 연구뿐만 아니라 개인의 머릿속에 기억된 단위로서의 어휘를 연구하는 학문이라는 것을 말해 준다.

6 이는 주로 연결망 이론에 근거를 둔 것으로 이 이론에 따르면 하나의 단어는 소리, 형태, 문법, 의미, 화용 등 다양한 차원에서 다른 단어와 연결되어 저장되어 있다.

종이 사전이든 머릿속 사전이든 사전의 표제어는 기본적으로 단어이다. 하지만 단어뿐만 아니라 접두사나 접미사, 어미 등도 표제어에 올라 있기도 하다. 또한 부표제어를 포함하면 관용구나 속담 등도 포함된다. 머릿속 사전에 대한 논의에서는 심지어 두 개 이상의 단어가 다소 느슨한 결합을 이루고 있는 연어(連語)[7]까지도 '기억의 단위'가 되는 경우에는 표제어가 될 수 있다고 보기도 한다. 이를 고려하면 이미 언급했듯이 어휘론은 단어들뿐만 아니라 관용구나 속담, 연어 등을 대상으로 하는 학문이라고 할 수 있다.

7 연어란 '머리를 감다', '결론을 내리다', '새파란 후배', '새빨간 거짓말'처럼 두 개 이상의 단어가 결합하여 의미적으로 하나의 단위를 이루는 말로 관용구보다는 느슨한 결합을 갖는 말을 지칭한다.

참고 1 어휘부의 등재 단위

종이 사전의 표제어에 해당하는 것이 머릿속 사전의 어휘 항목(lexical item)이다. 통사부는 규칙에 의해 새로운 문장을 만드는 것이 주요 기능이므로 기억보다는 규칙에 의존하지만, 어휘부는 통사부에서 문장을 만드는 데에 필요한 재료를 제공하므로 기억에 의존한다. 기억의 단위는 기본적으로 단어이지만 관용구, 연어, 속담과 같이 단어보다 더 큰 단위인 구나 절, 혹은 문장이 되기도 한다. 이처럼 어휘부의 저장 단위들은 기억에 의해 등재되는 것을 전제로 하기 때문에 등재소(listeme)로 불린다.

8.1.3. 어휘론과 어휘 능력

이미 언급했듯이 어휘론은 우리말의 공통 자산으로서의 한국어의 어휘에 대한 연구뿐만 아니라 개인의 어휘에 대해서도 연구한다. 특정 개인이 어휘를 이해하고 사용하는 능력을 어휘 능력(lexical competence)이라고 하는데, 이 어휘 능력 역시 어휘론의 연구 대상이 된다. 비트겐슈타인은 "그의 언어의 한계는 그의 사고의 한계이다."라고 하여 언어 내지 어휘 능력이 우리의 사고나 행동에 얼마나 중요한지를 강조하기도 했다.

어휘 능력은 추론 능력과 지시 능력을 포함한다. 추론 능력이란 '고양이'라는 어휘가 동물이므로 동물에 관한 일반적인 규칙을 고양이에게 적용하는 능력이다. 추론 능력을 통해 우리는 상하 관계나 반의 관계 등 어휘들 간의 관계를 이해할 수 있게 된다. 지시 능력이란 언어 표현인 '고양이'를 실제 세계의 지시물인 고양이와 연결하는 능력이다. 두 가지 능력은 서로 관련을 맺고 있다. 우리가 어휘를 사용할 때, 이런 두 가지 능력을 가져야만 어휘를 이해하고 사용할 수 있는 것이다.

이처럼 우리가 어휘를 알고 사용한다는 것은 단순히 의미를 알고 있다는 것 이상을 포함한다. 국어사전에서 단어를 찾아보면 단어 각각의 발음, 형태, 통사, 의미 정보뿐만 아니라 용례, 동의어나 반의어 같은 관련 어휘 정보, 한자어나 외래어의 경우는 원어 정보 등도 포함하고 있다. 이와 마찬가지로 개인의 어휘부에 들어 있는 각각의 단어도 다양한 정보를 포함하고 있을 것이다. 개인이 단어를 안다는 것은 이런 다양한 정보들 중에 전부 혹은 일부를 안다는 것인데, 이를 포착하기 위해 어휘에 대한 질적인 능력을 논의하게 된다. 이처럼 개인의 어휘 능력은 양적인 능력뿐 아니라 질적인 능력도 포함하고 있다.

어휘 능력에 대해 좀 더 깊이 있게 논의하기 위해 네이션(I. S. P. Nation)이 제시한 다음의 표를 보기로 하자.

(2) 단어에 대한 지식[8]

<table>
<tr><td rowspan="4">형태</td><td rowspan="2">구어</td><td>R[9]</td><td>어떻게 들리는가?</td></tr>
<tr><td>P[10]</td><td>어떻게 발음되는가?</td></tr>
<tr><td rowspan="2">문어</td><td>R</td><td>이 단어가 어떻게 생겼는가?</td></tr>
<tr><td>P</td><td>어떻게 쓰는가? 철자는 어떤가?</td></tr>
<tr><td rowspan="4">위치</td><td rowspan="2">문법 구조</td><td>R</td><td>어떤 구조에서 이 단어가 나타나는가?</td></tr>
<tr><td>P</td><td>어떤 구조에서 이 단어를 써야 하는가?</td></tr>
<tr><td rowspan="2">공기 관계</td><td>R</td><td>이 단어의 앞뒤에 어떤 유형의 단어가 올 것으로 예상되는가?</td></tr>
<tr><td>P</td><td>어떤 유형의 단어를 이 단어와 같이 써야 하는가?</td></tr>
<tr><td rowspan="4">기능</td><td rowspan="2">빈도</td><td>R</td><td>이 단어의 수준은 어느 정도인가?</td></tr>
<tr><td>P</td><td>이 단어를 얼마나 자주 사용해야 하는가?</td></tr>
<tr><td rowspan="2">적절성</td><td>R</td><td>이 단어를 어디서 만날 것으로 예상되는가?</td></tr>
<tr><td>P</td><td>이 단어를 어디에다 써야 할 것인가?</td></tr>
<tr><td rowspan="4">의미</td><td rowspan="2">개념</td><td>R</td><td>이 단어의 의미는 무엇인가?</td></tr>
<tr><td>P</td><td>이 뜻을 표현하기 위해서는 어떤 단어를 써야 하겠는가?</td></tr>
<tr><td rowspan="2">연합</td><td>R</td><td>이 단어가 상기시키는 다른 단어들은 무엇인가?</td></tr>
<tr><td>P</td><td>이 단어 대신에 쓸 수 있는 다른 말은 무엇인가?</td></tr>
</table>

8 네이션이 말하는 '지식'은 아래 표에서 볼 수 있듯이 명제적 지식(propositional knowledge) 혹은 선언적 지식(declarative knowledge)뿐만 아니라 절차적 지식(procedural knowledge)을 포함하고 있다.

9 R은 receptive knowledge. 수용 지식(혹은 이해 지식)을 말한다.

10 P는 productive knowledge. 산출 지식(혹은 표현 지식)을 말한다.

(2)는 개별 단어의 질적인 능력의 다양한 측면을 보여 준다. 이를 고려하면 어떤 단어가 발화 상황에서 어떻게 들리고 실제 어떻게 발음할 수 있는지, 실제로 어떻게 표기되고 표기할 수 있는지, 문장에서 어떻게 나타나며 사용할 수 있는지, 이 단어의 사용 빈도가 어느 정도인지, 어떤 맥락에서 사용되는지 등이 모두 단어에 대한 지식에 포함된다. 특히 위의 표에서 제시한 단어들의 공기 관계, 의미적인 연합 등에서도 드러나듯이 어휘 능력으로서의 단어에 대한 지식은 다른 단어와의 관련성을 전제하고 있다. 따라서 어휘 능력에 대해 논의하기 위해서는 개별 단어의 차원이 아닌 어휘들의 관계를 포함한 집합으로서의 어휘 차원에서의 접근이 반드시 필요하다.

8.1.4. 어휘론의 영역과 인접 분야

지금까지 우리는 어휘론이 단어뿐만 아니라 관용구나 속담, 연어 등 다양한 단위를 대상으로 하고 있음을 언급했다. 아울러 개개의 단위들의 음운, 형태, 통사, 의미, 화용 등에 대한 다양한 측면을 연구 대상으로 하고 있음에 대해서도 논의했다. 이처럼 어휘론은 단어들끼리의 관계를 중심으로 하여 어휘를 다차원적이고 체계적으로 연구하는 분야이다. 어휘론이 단어 이상의 단위를 포함하기는 하지만 어휘론의 연구 대상은 기본적으로 단어라고 할 수 있으므로 우선 단어를 중심으로 어휘론 관련 분야에 대해 생각해 볼 수 있다. 단어는 소리의 측면과 의미의 측면은 물론 구조를 포함한 다양한 측면을 가지고 있으므로 어휘론도 여러 영역과 밀접한 관련을 맺고 있다.

(3) 어휘론과 인접 분야의 관계

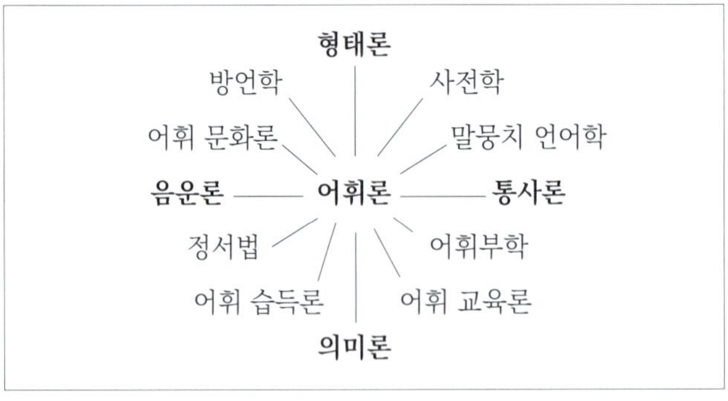

단어의 의미를 구별하는 소리에 대한 분야인 음운론, 단어의 형태 변화나 단어의 형성을 연구하는 분야인 형태론, 문장에서의 단어의 쓰임을 연구하는 통사론, 단어의 의미를 연구하는 의미론 등은 모두 어휘론과 어떤 식으로든 관련을 맺고 있다. 이뿐만 아니라 어휘부에 대한 종합적인 접근으로 최근 각광받고 있는 어휘부학이나 사전학, 어휘 계량과 관련된 말뭉치 언어학, 어휘 교육론이나 정서법 등도 어휘론과 관련을 맺고 있다. 어휘가 지역 방언이나 사회 방언을 연구하는 방언학과 관련을 맺고 있음은 당연하며, 앞에서 언급한 것처럼 어휘가 문화를 포함하고 있다는 점에서 어휘 문화론도 어휘론과 관련을 맺고 있다.

어휘론이 다양한 영역과 관련을 맺고 있기 때문에 어휘론의 영역을 '어휘 자료론', '어휘 조사론', '어휘 체계론', '어휘 형성론', '어휘 의미론', '(어휘) 어원론' 등으로 나누기도 한다. 우리 책에서는 이처럼 어휘에 대한 다양한 접근을 참조하되 음운론, 형태론, 의미론 등과 겹치는 것을 최소화하기 위해 어휘 형성론이나 어휘 관계에 대한 논의는 줄이고, 어휘의 체계와 어휘의 공시적 변이 및 통시적 변화 양상을 중심으로 논의하게 될 것이다.

8.1.5. 어휘론의 기본 개념

다른 영역도 마찬가지이지만 어휘론에 대해 알아보기 위해서는 몇 가지 기본적인 개념을 알아 둘 필요가 있다. 이미 앞에서 언급한 단어, 어휘, 어휘부, 어휘 능력 등은 어휘론 논의를 위해 중요한 개념이다. 이에 더하여 어휘소와 어형, 종류형과 개별형, 기초 어휘와 기본 어휘, 일차 어휘와 이차 어휘 등의 개념에 대해서도 간단히 언급해 둘 필요가 있을 듯하다.

형태론에서 형태소와 형태, 변이형 등을 구별하듯이 어휘론에서는 어휘소(lexeme)와 어형(word-form)을 구별한다. 흔히 어휘소란 어휘의 변이형에 들어 있는 공통적인 의미를 가진 추상적인 단위를 말한다. 영어의 'stop', 'stopped', 'stopping' 등에는 공통적으로 [STOP]의 의미를 가진 단위가 포함되어 있다고 가정할 수 있는데, 이를 어휘소라고 한다. 이때 'stop', 'stopped', 'stopping' 각각은 어형이 된다. 흔히 말뭉치 언어학에서는 어휘소와 어형과 관련하여 종류형(種類形, type)과 개별형(個別形, token)을 구분하기도 한다.[11] 어떤 말뭉치 자료에서 나타난 모든 어휘 항목, 즉 어형은 개별형이 된다. 이 개별형들 중에서 동일한 어휘소를 하나로 보게 되면, 즉 어휘소별로 묶어서 보게 되면 종류형이 된다. 'stop', 'stopped', 'stopping'은 개별형으로서는 셋이지만 종류형으로서는 하나가 된다.

11 '종류형' 대신 '종형', '개별형' 대신 '개형'이라는 용어를 사용하기도 한다.

특히 어휘의 계량이나 어휘 교육과 관련하여 '기초 어휘(basic vocabulary)와 기본 어휘(fundamental vocabulary)', '일차 어휘(primary vocabulary)와 이차 어휘(secondary vocabulary)', '이해 어휘(receptive vocabulary)와 사용 어휘(productive vocabulary)' 등의 개념에 대해서도 알아 둘 필요가 있다.

기초 어휘란 일상적인 언어생활에 높은 빈도로 쓰이는 필수적인 단어를 1,000개 내지 2,000개 등으로 최소한으로 선정한 뒤 이를 체계적으로 분류하여 제시한 어휘 목록을 뜻하고, 기본 어휘란 특정 작품이나 한정된 언어 사용 국면에서 사용되는 어휘를 특정한 목적에 의해서 조사·정리한 어휘 목록을 말한다.[12] 기초 어휘는 일상생활에서 사용 빈도가 높은 단어들로 구성되어 있으므로 초등학교 등에서 어휘 교육을 위해 활용하거나 외국인을 위한 한국어 어휘 교육에서 활용되며, 기본 어휘는 주로 특정 분야에 나타나는 어휘의 양상을 연구하기 위해 활용된다.

12 '기초 어휘'와 '기본 어휘'를 반대 개념으로 사용하는 논저도 있다.

기초 어휘로 말해지는 어휘들의 집합과 거의 중복되는 내용을 가지는 것으로 일차 어휘가 있다. 일차 어휘는 기초 어휘보다도 학습이나 교육의 시각을 더 강하게 고려할 때 사용하는 용어로서 모어 화자의 경우 언어 발달의 초기에 자연스럽게 습득되는 어휘를 말한다. 일차 어휘와 대비되는 용어로서의 이차 어휘는 고등 정신 기능의 발달과 더불어 학습되는 어휘로서 주로 의도적 학습을 통해 이루어지게 된다.[13]

13 학문과 같은 고등 정신 능력의 발달과 관련한 어휘를 따로 사고 도구어(academic vocabulary)로 언급하기도 한다. 사고 도구어란 전문어(technical terms)와 구별되는 것으로 특정 학문 분야가 아닌 보편적인 고등 정신 능력의 발달과 관련되는 어휘들을 말한다. 예를 들어 '정의, 개념, 특성, 변화, 본질' 등이 사고 도구어에 속한다고 볼 수 있다.

이해 어휘와 사용 어휘(혹은 표현 어휘)는 이미 앞에서 제시한 네이션의 표에서 짐작할 수 있듯이 수용이 가능한 어휘와 생산이 가능한 어휘의 구분을 고려한 개념이다. 이해 어휘란 자기가 직접 쓰지는 못해도 그 의미나 용법을 알고 있는 어휘를 말한다. 한국어에서 이해 어휘가 얼마 정도인지 확실하게 조사되어 있지 않고 개인에 따라 차이가 있지만 대략 5만 개 내외인 것으로 여겨진다. 사용 어휘란 말하거나 글을 지을 때 사용이 가능한 어휘를 말하는데, 일반적으로 사용 어휘의 양은 이해 어휘의 1/3 정도인 것으로 추정하고 있다.

8.2. 어휘 체계 및 어휘 관계

어휘론은 수많은 단어 내지 어휘소를 대상으로 하는 것이므로 관련이 있는 단어들을 묶어서 연구할 필요가 있다. 관련성에 따라 어휘를 연구하는 방안은 크게 보면 어휘 체계에 대한 연구와 어휘 관계에 대한 연구가 있다.

어휘 체계에 대한 연구는 전체 어휘를 대상으로 여러 가지 기준을 정해 어휘를 분류하는 작업을 하게 된다. 지금까지 주로 이루어진 어휘 체계에 대한 연구는 어휘의 기원에 따라 어종별로 분류하거나, 품사에 따라 분류하거나, 의미를 기준으로 하여 다양한 영역으로 분류된 사전의 일종인 시소러스(thesaurus)를 구축해 왔다. 어휘 관계에 의한 분류는 개별 단어가 다른 단어와 맺고 있는 관계에 주목하는 분류 방안이다. 이때 한 단어와 다른 단어의 관계는 주로 의미적인 관련성으로 포착하는데, 흔히 말하는 동의 관계, 반의 관계, 상하 관계 등의 의미 관계, 한 단어와 다른 단어의 대응 관계, 한 단어가 속한 의미장 등을 주로 논의한다.

사실 어휘 체계나 어휘 관계는 모두 수많은 어휘를 효율적으로 이해하기 위한 것이므로 양자를 분명하게 구별하기는 매우 어렵다. 뒤에서 자세히 논의되겠지만 어휘 체계에 의한 분류의 대표적인 구분법인 한자어, 고유어, 외래어의 3종 체계에 의한 분류도 결국 각각의 어휘를 기준으로 보면 관계를 맺고 있다는 점에서 어휘 관계로 포착할 수도 있다. 다만 우리는 어휘론의 관례에 따라 양자를 구분하여 각각에 대해 따로 논의하기로 한다.

참고 2 **어휘 체계와 어휘 관계**

어휘 체계	어휘 관계
-전체 어휘를 작은 묶음으로 나누는 하향식 구분	-개별 어휘에서 연결하여 더 큰 묶음을 만드는 상향식 분류
-형태, 의미, 통사 등의 다양한 기준 고려(어휘론에 가까움)	-주로 의미 기준 고려(의미론에 가까움)
-주로 한자어, 고유어, 외래어 구분 등의 논의가 이루어짐	-주로 동의 관계, 반의 관계 등의 논의가 이루어짐

8.2.1. 어휘 체계

8.2.1.1. 한국어 어휘 체계의 특징[14]

14 한국어 어휘 체계의 특징은 제Ⅰ권 1.3.2.에서 간략하게 언급한 바 있다.

어휘는 개별 단어가 아닌 단어들의 집합이므로 그 수가 매우 많으며 새로 생겨나고 사라지는 등 지속적으로 변화하기 때문에 무질서한 집합으로 여겨질 수도 있다. 하지만 이처럼 수많은 단어들도 적절한 기준을 정한다면 어느 정도는 체계적으로 파악하는 것이 가능하다.

어휘를 분류하는 기준으로 많이 논의된 것이 어종(語種), 품사, 의미 등이다. 어종에 의한 분류는 흔히 고유어, 한자어, 외래어 등으로 단어의 기원에 따라 어휘를 분류하는 것이다. 품사에 의한 분류는 제Ⅰ권 3.3.1.에서 형태론을 논의하면서 언급한 것과 같이 문법적인 특성에 따라 어휘를 분류하는 것이다. 물론 어휘론에서는 형태론에서처럼 개별 어휘의 품사를 나누는 것뿐만 아니라 특정 사전에 수록된 어휘의 품사별 통계처럼 전체 어휘의 관점에서 접근하기도 한다. 마지막으로 의미에 의한 분류는 구체어와 추상어의 구분을 비롯하여 천문 용어, 지리 용어, 상업 용어, 의학 용어 등 다양한 하위 영역으로 분류하는 것이다.

지금까지의 어휘론이나 어휘 교육론 연구에서는 어휘 체계와 관련하여 고유어, 한자어, 외래어로의 분류가 가장 많이 논의되었다. 품사에 의한 분류는 주로 형태론에서 이루어졌기 때문에 제외되었고, 의미에 의한 분류는 기준을 정하기 어려웠기 때문에 상대적으로 덜 다루어졌다. 우리도 이에

따라 고유어, 한자어, 외래어의 특징을 간략하게 논의해 보기로 한다.[15]

한국어 어휘에서 고유어, 한자어, 외래어의 대략적인 비율은 다음과 같다.

15 어떤 언어의 어휘 체계는 대체로 고유어와 외래어의 2종 체계를 가지지만, 한국어, 일본어, 베트남어는 한자어를 포함하고 있어 3종 체계로 나눌 수 있다.

(4)『표준국어대사전』(1999년) 수록 어휘의 어종별 통계

분류 \ 어종	고유어	한자어	외래어	기타 (혼합 형태)	합계
표제어	111,299	251,478	23,196	54,289	440,262
부표제어	20,672	46,438	165	1,234	68,509
합계	131,971	297,916	23,361	55,523	508,771
백분율	25.9%	58.5%	4.7%	10.9%	100%

위에서 알 수 있듯이『표준국어대사전』에 실린 표제어와 부표제어 50만여 개를 분류하여 통계를 내면, 한자어 58.5%, 고유어 25.9%, 기타(혼합 형태) 10.9%, 외래어 4.7%로 한자어가 거의 60% 가까이 차지하고 있음을 알 수 있다. 이제 이들 각각의 특징에 대해 논의해 보기로 하자.

8.2.1.2. **고유어**

고유어는 예전부터 우리가 쓰던 순 우리말 어휘이다. 고유어는 대개 다의어로서 의미의 폭이 넓으며, 감정이나 정서의 표출에 많이 쓰인다. 또한 우리 민족의 고유한 문화와 정신세계가 스며들어 있는 경우가 많다. 고유어의 특징 몇 가지를 정리해 보면 대략 다음과 같다.

(5) 고유어의 특징

가. 고유어에는 일상적인 언어생활에 쓰이는 기초 어휘가 많다.

나. 고유어는 조사나 어미처럼 문법적인 기능을 하는 어휘가 많다.

다. 고유어에는 자음 교체와 모음 교체 현상이 있다.

라. 고유어에는 의성어나 의태어, 색채어 표현 등이 발달해 있다.

마. 고유어는 의미의 폭이 큰 경우가 많아 한자어나 외래어와 일대다 대응을 보이기도 한다.

이미 언급했듯이 기초 어휘는 주로 고유어로 나타난다. 예를 들어 고유어인 '잠'이라는 말은 기초 어휘로서 한자어인 '취침(就寢)'이나 '수면(睡眠)'이라는 어휘에 비해 빈도수 등에서 앞서는 일상적인 말이다.

고유어는 조사나 어미 등 문법적 기능을 하는 어휘가 많다. 예컨대 조사 '이/가', '을/를', '에', '(으)로'라든지 어미 '-다', '-(으)면', '-(으)ㅁ', '-기' 등은 모두 한자어가 아닌 고유어이다. 교착어인 한국어 어휘 중에서 문법적 기능을 하는 어휘들이 고유어라는 사실은 고대 한국어의 틀은 본시 고유어였으며 이후에 많은 한자어가 유입되었음을 알 수 있는 근거가 되기도 한다.

고유어는 제I권 3.2.2.9.에서 자세하게 논의한 것처럼 '감감하다-깜깜하다-캄캄하다' 같은 평음(예사소리)-경음(된소리)-유기음(거센소리)의 대립에 의한 자음 교체나 '반짝반짝-번쩍번쩍, 퐁당-풍덩'과 같은 모음의 대립에 의한 모음 교체를 통해 어감의 차이를 표현한다. 한국어의 자음 교체나 모음 교체는 문법적인 변화를 보이는 영어의 'take-took' 등과는 달리 새로운 어휘를 만들어 내는 기능을 한다는 점에서 특징적이다.

한국어에 다양하게 발달한 의성어나 의태어, 색채어 등도 한자어나 외래어가 아니라 주로 고유어로 나타나므로 이 또한 고유어의 특징으로 언급할 수 있다. 한국어에는 의성어나 의태어와 같이 청각이나 시각 등 감각을 나타내는 어휘가 발달했다. 감각을 나타내는 어휘 중에 특히 색채어가 다양하게 나타난다.

(6) '붉다' 관련 색채어의 양상

<table>
<tr><td>채도
명도</td><td colspan="5">(짙음) ←——————————————→ (옅음)</td></tr>
<tr><td>밝음</td><td>새빨갛다</td><td>빨갛다</td><td>발갛다</td><td>(붉다)</td><td>발그스름하다</td></tr>
<tr><td>어두움</td><td>시뻘겋다</td><td>뻘겋다</td><td>벌겋다</td><td>(붉다)</td><td>벌그스름하다</td></tr>
</table>

위에서 알 수 있듯이 색채어는 양성 모음과 음성 모음의 대립을 통해 '밝음'과 '어두움'의 명도 차이를 나타낸다. 또한 '발갛다'와 '빨갛다'의 대립을 통해 알 수 있듯이 자음 교체를 통해 채도의 차이를 나타내기도 한다.

채도의 차이는 '새/시-'와 같은 접두사나 '-앟/엏-'이나 '-(으)스름하-'와 같은 접미사를 통해 표현되기도 한다. 이와 같은 다양한 수단을 통해 우리말은 다른 어떤 언어보다도 다양한 색채 표현을 가지게 되었다. 따라서 이런 고유어들은 외국인에게 의미를 설명하거나 외국어로 번역을 하기가 상당히 어렵다.

고유어는 다의어로 쓰이는 경우가 많아 한자어와 일대다의 대응을 보이는 경우가 많으며, 많은 수의 동음어[16]를 가지기도 한다.

16 동음어를 흔히 동음이의어라 부르기도 한다.

(7) 고유어와 한자어의 대응

가. 말 : 언어(言語), 발언(發言), 대화(對話), 표현(表現), 소문(所聞), 구술(口述) 등

나. 고치다 : 수리(修理)하다, 수정(修正)하다, 치료(治療)하다, 개정(改訂)하다, 개혁(改革)하다, 수선(修繕)하다 등

(8) 고유어의 다의어와 동음어

가. 고유어의 다의어 사례

손01: 「1」 사람의 팔목 끝에 달린 부분.

「2」 =손가락.

「3」 =일손「3」.

「4」 어떤 일을 하는 데 드는 사람의 힘이나 노력, 기술.

「5」 어떤 사람의 영향력이나 권한이 미치는 범위.

「6」 사람의 수완이나 꾀.

나. 고유어의 동음어 사례

손01: 사람의 팔목 끝에 달린 부분.

손02: 다른 곳에서 찾아온 사람.

손03: 날짜에 따라 방향을 달리하면서 사람의 일을 방해한다는 귀신.

손04: 손아랫사람을 '사람'보다는 낮추고 '자'보다는 좀 대접하여 이르는 말.

손05: 한 손에 잡을 만한 분량을 세는 단위.

손06: '사내아이'의 방언(경남).

손07: 양보의 뜻을 나타내는 보조사.

(7)은 고유어와 한자어가 일대다의 대응 관계를 보이는 예이다.[17] 이는 (8가)에서 볼 수 있듯이 고유어는 다양한 의미를 가지는 다의어로 쓰이는 경우가 많다는 사실과 관련이 있다. 한자어도 그렇지만 고유어는 (8나)에서 볼 수 있듯이 동음어를 가지는 경우도 많다. 이들 동음어들 중에서 일부는 다의어의 의미 중 일부가 어원적 관련성이 멀어져 동음어로 인식된 것이다. 의미를 고려하면, (8나)의 동음어 중에서 '손05'는 '손01'과 다의어로 한 단어였는데 어원적 관련성이 멀어져 동음어가 된 것으로 생각된다.

17 고유어와 한자어의 일대다 대응에 대한 지나친 강조는 고유어는 의미가 미분화되어 있고 한자어는 정밀하게 분화되어 있어서 한자어가 우월하다는 오해를 일으킬 수도 있다. 다양한 용법을 보이는 단어는 일상 언어생활에서 자주 쓰이는 특징일 뿐이며 우월성과는 무관하다. 이는 어디까지나 우리 언어생활의 중심이 고유어임을 보여 주는 근거가 된다.

8.2.1.3. 한자어

한자어는 중국을 비롯한 우리나라와 일본 등에서 사용되던 한자와 한문을 기반으로 만들어진 단어이다. 정확한 시기를 알기는 어려우나 이미 고대 한국어 시기부터 최근에 이르기까지 한자와 한문을 사용해 왔으므로 우리말 어휘에는 많은 양의 한자어가 포함되어 있다. 한자어는 제I권 3.2.4.2.에서 언급했던 것처럼 중국어적인 특성과 우리말에 동화된 특성을 모두 가지고 있다.

(9) 天下 - 한국어 발음: [천하], 중국어 발음: [티엔시아], 일본어 발음: [텐카]

(9)의 예에서 알 수 있듯이 중국, 일본, 한국에서는 공통된 한자어를 사용하기도 하는데, 표기상 동일하다 하더라도 실제 발음은 다른 경우가 대부분이다. 표기상 동일한 한자어가 발음만 다른 것이 아니라 의미 차이를 가지기도 한다. 예를 들어 한국어와 중국어만 비교해 보아도 '신문(新聞)', '방학(放學)' 등의 의미가 두 언어에서 동일하지 않다. 중국어에서 '新聞'은 '새로 발생하거나 이전에 발생했더라도 사회적 영향력이 있는 보도' 정도로 풀이되어 한국어의 '뉴스'나 '소식' 정도의 의미로 사용되며, '放學'은

글자 그대로 그날의 학습이 끝났음을 나타내는 의미로 사용된다.

이미 제I권 3.2.4.1.에서 언급했듯이 '붓[筆], 먹[墨], 상추[常菜], 고추[苦椒, 苦草], 사냥[山行], 성냥[石硫黃]'처럼 한자어를 기반으로 하지만 우리 한자음으로 발음되지 않는 단어, 즉 소리가 변했거나 중국어 구어를 기반으로 우리말에 들어온 단어는 한자어에서 제외하기도 한다. 이렇게 보면 한자어는 '한자를 기반으로 하되, 우리말에 동화되어 우리말 한자음대로 발음되는 단어로 한정됨'을 알 수 있다.

형태론에서 논의했듯이 한자어는 대부분 중국의 한문(漢文)에서 유래하지만 '금액(金額)', '보관(保管)', '사망(死亡)', '유행(流行)', '차용(借用)', '처분(處分)', '출입(出入)', '타향(他鄕)', '폐지(廢止)', '회원(會員)'처럼 일본에서 만들어진 것도 있고, '삼촌(三寸)', '대지(垈地)', '시댁(媤宅)', '식구(食口)', '전답(田畓)'처럼 우리나라에서 만들어진 것도 있다. 이들은 단어 형성법 등에서 약간의 차이를 가지기도 하지만 한국 한자음으로 읽힌다는 공통점이 있으며 실제 사용에서 고유어와 대비되는 특징을 가지고 있어 전체를 한자어로 묶어서 다루어도 크게 문제가 되지는 않는다.

우리가 다루려는 한자어는 어느 나라에서 만들어졌든 한국 한자음으로 읽히고 한국어에서의 고유한 용법으로 사용되는 단어로 한정한다. 한자어는 고유어와 대비되는 여러 가지 특징을 가지고 있다.

(10) 한자어의 특징

가. 기초 어휘로도 쓰이지만 학술 용어나 전문 용어 등으로 많이 쓰인다.

나. 고유어에 비해 다의적인 의미를 가지는 경우가 적어 고유어 한 단어에 여러 개의 한자어가 대응되기도 한다.

다. 한자어 중 일부는 우리말에 동화된 정도가 심해 문장에서 쓰일 때나 단어 형성에 참여할 때 고유어처럼 행동하기도 한다.

라. 한자어는 고유어와 구성 순서가 같은 경우도 있지만, '독서(讀書)', '등산(登山)'처럼 중국어의 순서를 지키고 있는 경우도 있다.

마. 단어 형성에 제약이 적어 비교적 자유롭게 단어 형성에 참여한다.

바. 한자 하나하나가 의미를 가지므로 비교적 짧은 음절로 단어를 만들 수 있다.

사. 한자어는 대부분 명사로 사용되나 일부 수사나 부사로 사용되기도 하며, 동사나 형용사로 사용되기 위해서는 '-하다' 등과 결합한 혼종어가 주로 쓰인다.

(10가, 나)와 관련하여 한자어가 학술 용어로 많이 쓰이고, 고유어에 비해 단일한 의미로 쓰이는 경향이 많음은 이미 지적한 바와 같다. 그러므로 한자어를 사용해서 고유어에 비해 세분된 의미를 표현하기도 한다. (10라~바) 역시 한자어의 조어론적 특징으로 이미 제I권 3.2.4.2.에서 언급한 바가 있다. (10사)는 흔히 언어 차용이 명사를 중심으로 이루어지는 것처럼 한자어도 그러하다는 것이다. 다만 한자어 중에는 많지는 않지만 '심지어(甚至於)', '어차피(於此彼)' 같은 부사도 있고, '일(一), 이(二), 삼(三)'이나 '제일(第一), 제이(第二), 제삼(第三)'과 같은 수사도 있다. 한자어를 동사나 형용사로 사용하려면 흔히 '-하다', '-되다' 등의 파생 접사를 결합하여 사용한다.

(10다)에 대해서는 조금 더 자세하게 논의해 보기로 하자. 한자어는 우리말에 들어와 오랫동안 쓰이면서 고유어에 동화된 특성을 보이기도 한다. 그리하여 이미 한자어의 조어론적 특성을 언급하면서 간략하게 논의했듯이 화자들은 한자어를 고유어와 별 차이 없이 인식하기도 한다.

(11) 가. 양말(洋襪), 사돈(查頓), 심지어(甚至於), 어차피(於此彼)

나. 된醬, 밥床, 洋담배, 工夫하다

다. 담牆, 모래沙場, 洋屋집, 속內衣

(11가)는 모어 화자도 한자어인지 잘 모르는 어휘들이다. 기본적으로 한자어는 한자어끼리 결합하는 것이 일반적이지만 (11나)처럼 고유어와 결합

하여 복합어를 형성하는 것은 언중에게 친숙해진 일부 한자어는 고유어와 잘 구별되지 않기 때문에 나타나는 현상이다. (11다)는 중복을 통해 의미를 강조하는 효과를 가지게 되는 예들인데, 역시 고유어와 한자어가 결합되고 있다는 점에서 한자어가 고유어와 동화되는 현상과 관련이 있다.

사실 우리의 머릿속 어휘부에는 한자어가 고유어와 별개로 저장되기도 하며, 화자는 발화 과정에서 고유어와 한자어를 필요에 따라 선택적으로 사용하고 있음을 보여 주는 다양한 증거들이 있다. 이미 제I권 3.3.2.3.에서 언급한 것처럼 수 표현에서 고유어와 한자어는 맥락에 따라 구별되어 사용되고 있으며, 고유어는 고유어끼리 한자어는 한자어끼리 결합하려는 경향이 강하다. 또한 한자어와 고유어가 동의어를 이룰 경우 한자어는 교양을 갖춘 상층의 언어, 고유어는 일반 계층의 언어로 기능하여 구별되는 경향도 보인다.[18] 윗사람과 관련된 맥락에서 '부친(父親)', '연세(年歲)' 등을 '아버지', '나이' 대신 사용하는 것이 이를 보여 준다. 이와 같은 고유어에 대한 한자어의 우월 의식이 한자어의 양적 증가의 한 원인이 되었던 것으로 보인다.[19]

참고 3 한자 성어(漢字成語)

한자로 이루어진 관용 표현 중에 특징적인 것으로 한자 성어가 있다. 한자 성어는 주로 고전(古典)이나 고사(故事) 등에서 유래한 것으로 짧은 표현임에도 불구하고 형성 당시의 문화를 적절하게 포함하고 있으며, 현재의 상황에 대해 교훈을 주기도 한다. 한자 성어는 4음절로 이루어진 사자 성어가 가장 많기는 하지만 '고희(古稀)'처럼 두 음절로 된 것이나 '등용문(登龍門)'처럼 세 음절로 된 것도 있으며, '소문만복래(笑門萬福來)', '남아일언중천금(男兒一言重千金)'처럼 다섯 음절 이상으로 된 것도 있다. 한자 성어는 '조강지처(糟糠之妻)', '오리무중(五里霧中)', '유언비어(流言蜚語)', '청천벽력(靑天霹靂)'처럼 중국의 고전이나 시가에서 나온 것들이 많지만 '오비이락(烏飛梨落)', '함흥차사(咸興差使)', '홍익인간(弘益人間)'처럼 한국에서 만들어진 것도 많다.

18 이는 권위 있는 표현과 그렇지 못한 표현 사이의 선택이라는 점에서 '양층 언어 현상(diglossia)'의 일종으로 볼 수 있다. 양층 언어 현상이 두 언어 사이의 선택뿐 아니라 표준어와 방언 사이의 선택 등을 포함하는 개념으로 쓰인다는 점은 제 I 권 1.1.3.2.에서 언급한 바 있다.

19 한자어는 최근까지도 상대적으로 지식인이 주로 사용하던 말이었으며, 최근에는 외래어가 이를 대체하고 있다. 단어에 특별한 가치를 둘 필요가 없다고 할 수 있지만 우리말을 우리말답게 하는 것이 고유어라는 점에서 고유어의 가치가 존중되어야 할 것으로 생각된다.

8.2.1.4. **외래어**

외래어는 '외국에서 들어온 말로 우리말처럼 쓰이는 단어'를 말한다. 따라서 아직 한국어에 동화되지 않은 외국어 어휘와는 구별된다.[20] 한자어는 넓은 의미에서 외래어로 볼 수 있지만 흔히 한국어 어휘를 어종에 따라 고유어, 한자어, 외래어의 3종 체계로 나누어 논의하므로 한자어는 외래어에서 제외하는 것이 보통이다.[21]

한국어 어휘에서 외래어가 차지하는 비중은 앞에서 인용한 『표준국어대사전』에 따르면 약 4.7%이지만 실제로는 영어계 외래어를 중심으로 점점 그 비중이 늘어나고 있다. 외국의 문화와 접촉하게 되면 그 말도 함께 들어오게 되므로 외래어의 유입을 막기는 어렵다. 오늘날 외래어가 많아지고 있는 것도 외국과의 활발한 접촉 때문이다.

외래어의 유입의 역사는 우리 민족이 주변의 다양한 문화와 접촉하면서 시작되었다. 따라서 외래어에는 최근에 많이 유입된 영어계 외래어뿐 아니라 매우 다양한 언어로부터 들어온 단어가 포함된다.

(12) 가. 불타, 석가, 열반, 찰나
나. 송골(매), 보라(매), 설렁(탕)
다. 두만(강), 널쿠, 소부리, 마흐래
라. 냄비, 구두, 벤또
마. 마라, 훠궈, 라조기
바. 보스, 버스, 컴퓨터, 아이스크림
사. 세미나, 아르바이트, 알레르기
아. 카페, 마담, 부케, 앙코르
자. 페치카, 툰드라, 보드카
차. 스타디움, 알리바이

(12가)는 산스크리트어, (12나)는 몽골어, (12다)는 여진어 혹은 만주어 차용어인데, 고대에서 근대에 걸쳐 우리 민족이 외부와 문화적 접촉을 한 흔적들이다. 산스크리트어의 경우 불교문화 유입과 함께 우리말에 들어왔으

20 외래어는 '버스, 컴퓨터'처럼 외국에서 들어온 말로 한국어처럼 쓰이는 단어를 말하여 아직 한국어에 동화되었다고 보기 어려운 외국어와 구별된다. 신어가 언중의 공인을 얻어 사전에 오르는 것처럼 외국어도 널리 쓰여 언중의 공인을 얻으면 외래어가 된다. 외래어와 외국어가 개념적으로 구분되지만 경계에 있는 것이 많아 명확한 구분이 어려운 경우도 있다. '애플'에 대해 '사과'가 있는 것처럼 대신할 수 있는 고유어나 한자어가 있으면 외국어, '오렌지'처럼 대신할 수 있는 적절한 말이 없으면 외래어로 구분하기도 한다. 외래어와 외국어의 구분이 모호하다는 것이 외국어의 사용을 부추기는 원인이라는 견해도 있다.

21 외래어와 유사한 용어로 차용어(借用語)가 있다. 『표준국어대사전』에 따르면 외래어는 차용어와 거의 동일한 용어로 볼 수 있다. 그렇지만, 양자를 구별하기도 한다. 즉, 외래어와 차용어는 모두 외국어에서 와서 국어 속에서 사용되는 말이지만, 흔히 차용어를 더 넓게 보아서 어종에 따라 고유어와 차용어로 나누고 차용어에 한자어와 외래어를 포함하는 것으로 보기도 하는 것이다.

며, 한자어를 거쳐 간접적으로 유입된 경우가 많았다. 몽골어는 고려 말 원나라 침입으로 인해 고려가 원의 지배하에 놓이면서 우리말에 유입되었으며, 여진어나 만주어 계통의 외래어의 존재 역시 오랫동안 국경을 맞대고 살면서 생긴 접촉의 결과이다.

(12라)는 일본어 차용어들이다. 일본어의 유입은 개화기를 전후하여 본격화되어 일제 강점기를 거치면서 대량으로 이루어졌다. 앞에서 언급한 일본계 한자어도 넓은 의미에서는 일본계 외래어이기도 하다. 해방 이후 일제 잔재 청산 노력으로 국어 순화 운동이 벌어져 일본어 차용어가 많이 사라지기도 했다. (12마)는 비교적 최근에 중국에서 들어온 차용어들이다.

20세기 이후 우리말에 유입되는 외래어의 최대 진원지는 영어를 비롯한 서구의 언어들이다. (12바)는 영어, (12사)는 독일어, (12아)는 프랑스어, (12자)는 러시아어, (12차)는 라틴어 차용어들이다. 서구 외래어들은 '알레르기(독일어) : 알러지(영어)', '카이사르(라틴어) : 시저(영어)'처럼 동일한 어휘가 여러 언어에서 들어오기도 하고, '테레비(텔레비전)', '구락부(클럽)' 등 서구 외래어가 일본어를 거쳐 우리말에 유입되기도 하였다.

외래어는 고유어나 한자어와 구별되는 몇 가지 특징을 가진다.

(13) 외래어의 특징

가. 오랜 기간 동안 사회적, 문화적 교류 과정을 통해 다양한 언어에서 들어왔다.

나. 한자어와 마찬가지로 학술 용어나 전문 용어로 많이 쓰이며, 인터넷 공간과 같은 특정한 영역에서 많이 쓰인다.

다. 최근 인터넷을 중심으로 급격하게 증가하고 있으며, 다양한 신조어 형성에 관여한다.

라. '로켓', '라디오'처럼 'ㄹ'이 어두(語頭)에 오는 등 고유어와 다른 단어 구조를 가지기도 한다.

외래어는 이미 살펴보았듯이 우리 민족이 역사적으로 여러 민족들과 교류하는 과정에서 다양한 언어를 통해 우리말에 들어오게 되었다. 한자어와 마찬가지로 학술 용어로 널리 사용되며, 의학이나 패션 등 전문 분야에서도 널리 쓰인다. 최근에는 인터넷을 중심으로 급격하게 증가하고 있으며, 주로 젊은 세대들은 외래어나 변형된 외래어로 신조어를 양산해 내고 있기도 하다. 대체로는 우리말에 동화되어 우리말의 규칙에 따르지만 'ㄹ'을 어두에 적는 등 우리말 규칙을 어기기도 한다.[22]

외래어가 우리말에 들어오면서 본래 의미에서 차이를 보이는 경우가 많다. '노트북(notebook)'은 우리말에서는 '공책'의 의미로 쓰이지 않고 '노트북 컴퓨터'의 의미로 쓰인다. '데이트(date)'도 '날짜, 약속, 시대, 이성 교제' 등의 여러 의미 중에서 우리말에서는 주로 '이성 교제'의 의미로 사용된다. 마담(madam)은 '부인', '마님' 정도의 높임 표현이었는데, 우리말에서는 주로 '술집이나 다방, 보석 가게 따위의 여주인'(『표준국어대사전』)을 나타내는 의미로 쓰인다.

이제 과거에 한자어가 차지했던 새로운 느낌이나 권위를 나타내는 우월적인 지위는 외래어가 차지하고 있다.

22 자연스럽게 동화된 경우를 제외하면 급격하게 증가하고 있는 외래어를 한글로 표기하는 것이 어려운 문제가 되고 있다. 외래어나 외국어 단어의 표기는 '외래어 표기법'에 의해 원음에 따라 적는 것이 원칙이지만 원칙에서 벗어나는 예외도 있고, 원칙이 잘 지켜지고 있지 않기도 하다.

(14) 외래어 사용 사례

가. 패션 잡지의 화장에 관한 글

이번 시즌 메이크업 아티스트 ○○가 그녀의 모든 노하우가 담긴 브랜드를 론칭하였다. 이름하여 KOD 7 법칙으로 텍스처와 두께 등을 수학처럼 공식화한 것. "10개의 아이섀도와 다섯 개의 립 앤 치크 밤으로 구성된 팔레트예요. 보색 대비로 피부 톤을 환하게 만드는 웜 & 쿨 공식에 따른 볼륨감 있는 메이크업이 가능하죠."……

나. 레스토랑의 와인 소개 글

카르멘 톨텐 멜롯(Carmen Tolten Merlot)

Color: 매우 깊으면서 밝은 루비색

Aroma: 강한 레드 체리, 카라멜, 커피향, 초콜릿향, 섬세한 민트향과 잘 익은 자두향

Flavor: 타닌은 달콤하면서도 리치하게 느껴지며, 매우 생생하

면서도 긴 피니시를 자랑한다.

(14가)에서 볼 수 있듯이 최근 패션 잡지에 쓰인 글을 보면 조사와 어미를 제외한 거의 모든 어휘가 외래어나 외국어로 구성되어 있는 경우도 있다. (14나)는 음식점에 비치된 포도주를 소개한 글인데, 외래어나 외국어 어휘를 한글로 표기하고 있을 뿐 아니라 실제 로마자 알파벳을 병기하거나 단독으로 노출하기도 한다. 또한 공공성을 특징으로 하는 신문이나 방송 등에서도 외래어나 외국어의 남용이 문제가 되고 있기도 하다.

외래어를 많이 사용하는 이유는 적절한 고유어로 대체하기 어렵기 때문이기도 하고, 외래어 사용을 통해 새로움이나 신선함을 가져다주는 효과가 있기 때문이기도 하다. 이에 대한 반작용으로 남과 북에서는 각각 오래전부터 국어 순화 운동을 벌인 바 있다. 최근 국립국어원을 중심으로 이루어지고 있는 우리말 다듬기 노력도 이와 관련이 깊다.

참고 4 외래어 사용과 국어 순화

외래어가 참신하게 느껴지는 것은 낯섦에서 오는 것과 외래어를 우월적으로 생각하는 의식이 복합적으로 작용한 결과이다. 남한과 북한에서는 외래어를 한자어나 고유어로 순화하는 작업을 벌여 왔는데, 특히 북한에서는 순화에 적극적이어서 남한에서 사용하는 '스킨로션', '슬리퍼' 등을 '살결물', '끌신' 등으로 순화해서 사용하고 있다. 남한 역시 국립국어원 등의 기관이나 단체에서 우리말 다듬기 운동을 벌여 '리플'은 '댓글'로, '홈페이지'는 '누리집'으로 바꾸는 등 언어 사용자의 참여를 통한 국어 순화를 위해 애쓰고 있다. 다듬은 말의 예들은 국립국어원의 누리집(www.korean.go.kr)에서 확인할 수 있다.

8.2.1.5. 고유어, 한자어, 외래어의 관계

이미 언급한 것처럼 고유어, 한자어, 외래어는 서로 보완하기도 하고 경쟁하기도 하면서 우리말 어휘를 구성하고 있다. 고유어와 한자어는 통시적으로 보면 경쟁 관계가 두드러지고, 공시적으로 보면 보완 관계가 두드러진다. 주지하듯이 '뫼, ᄀᆞᄅᆞᆷ, 아ᅀᆞᆷ, 오래' 등 상당수의 고유어가 사라지고 그 자리를 '산(山), 강(江), 친척(親戚), 문(門)' 등의 한자어로 대체되었다.[23]

23 한자어의 소멸에 대해서는 11.5.2.2.에서 자세하게 언급하였다.

이는 앞에서 언급한 것처럼 경쟁 관계를 통해 우월적 지위를 가지는 한자어가 고유어를 밀어낸 것으로 이해되기도 한다.

한편, 현대 한국어만 보아도 '나이-연세(年歲)', '집-댁(宅)', '아버지-부친(父親)'처럼 고유어와 한자어가 공존하기도 하는데, 대체로 고유어는 예사말로 쓰이고 한자어는 공대말로 쓰이는 보완 관계를 보여 준다. 고유어가 포괄적인 의미를 가지고 한자어가 더 세분된 의미를 가져서 서로 다른 사용역을 가지기도 하는데, 이런 현상 역시 고유어와 한자어의 보완 관계를 보여 준다. 그리하여 고유어는 기초 어휘에 널리 쓰이고 한자어는 전문어에 더 쉽게 쓰인다. 외래어 역시 '스커트-치마', '키-열쇠'처럼 고유어와 공존하거나 '리포트-보고서', '배터리-건전지'처럼 한자어와 공존한다. 외래어가 고유어나 한자어와 공존하는 경우 '헤어밴드-머리띠', '파티-연회'처럼 외래어가 상대적으로 가치가 높거나 세련된 느낌을 주는 것으로 인식되기도 한다.

한자어만큼 광범위하게 들어오지는 않았지만 다른 문화와의 접촉을 통해 유입된 외래어 역시 그리 적지 않다. 이미 언급한 것처럼 최근 한자어는 다소 예스러운 느낌으로 인식되게 되면서 한자어가 가졌던 우월적 지위를 영어계를 중심으로 한 외래어가 이어받고 있다. 그리하여 유사한 의미를 나타내는 어휘가 어종에 따라 '고유어-한자어-외래어' 3종이 동의 관계 내지 유의 관계를 이루기도 한다.

(15) 고유어, 한자어, 외래어의 동의 관계 양상

가. 부엌-주방(廚房)-키친(kitchen)

나. 머리-모발(毛髮)-헤어(hair)

다. 마을-촌락(村落)-타운(town)

라. 쉽다-간단(簡單)하다-심플(simple)하다

유사한 의미를 가지는 고유어, 한자어, 외래어가 동시에 쓰이는 것은 약간의 뉘앙스 차이를 가지면서 각자의 사용역을 확보하고 있기 때문으로 생각된다.

참고 5 **고유어, 한자어, 외래어의 사용과 심리**

고유어, 한자어, 외래어의 사용에 각각 다른 심리가 작용하여 결과적으로 미묘한 의미의 차이를 표현하기도 한다. 대체로 동의어로 볼 수 있는 '부엌', '주방(廚房)', '키친(kitchen)' 중에서 전통적인 가옥에 대해서는 '부엌', 식당이나 아파트 등 현대식 가옥에서는 '주방'을 주로 사용한다. 이는 한자어가 고유어에 비해 새로운 느낌이나 품격을 갖춘 표현이라는 심리가 작용한 것으로 보인다. 외래어인(혹은 아직 외국어인) '키친'은 젊은 층이 많이 사용하며, 한자어를 대체하여 새롭고 신선한 느낌을 나타내기 위해 사용하는 것으로 여겨진다.

8.2.2. 어휘 관계

8.2.2.1. 다양한 어휘 관계들

이미 언급했듯이 관련이 있는 단어들을 묶어서 하는 연구에는 어휘 체계에 대한 연구뿐만 아니라 어휘 관계에 대한 연구도 있다. 어휘 관계에 대한 연구는 개별 단어가 다른 단어와 맺고 있는 관계에 주목하는 것으로 한 단어와 다른 단어의 관계는 주로 의미적인 관련성으로 포착하게 된다. 여기에는 동의 관계, 반의 관계, 상하 관계 등의 의미 관계, 한 단어와 다른 단어의 대응 관계, 한 단어가 속한 의미장 등을 주로 논의한다. 단어들의 의미 관계는 이미 5.2.2.에서 다루었기 때문에 본 장에서는 어휘들의 관계 유형에 대한 간략한 언급과 각각의 관계 유형에 속하는 어휘의 예를 제시하는 것에 그치기로 한다.

사실 한 단어와 다른 단어들의 어휘 관계는 의미적인 관련성만 가지는 것은 아니다. 다음은 하나의 어휘가 다른 어휘와 관련을 맺는 양상을 제시한 것이다.

(16) '바지'와 관련된 어휘들

'바지'의 어휘부 연결망

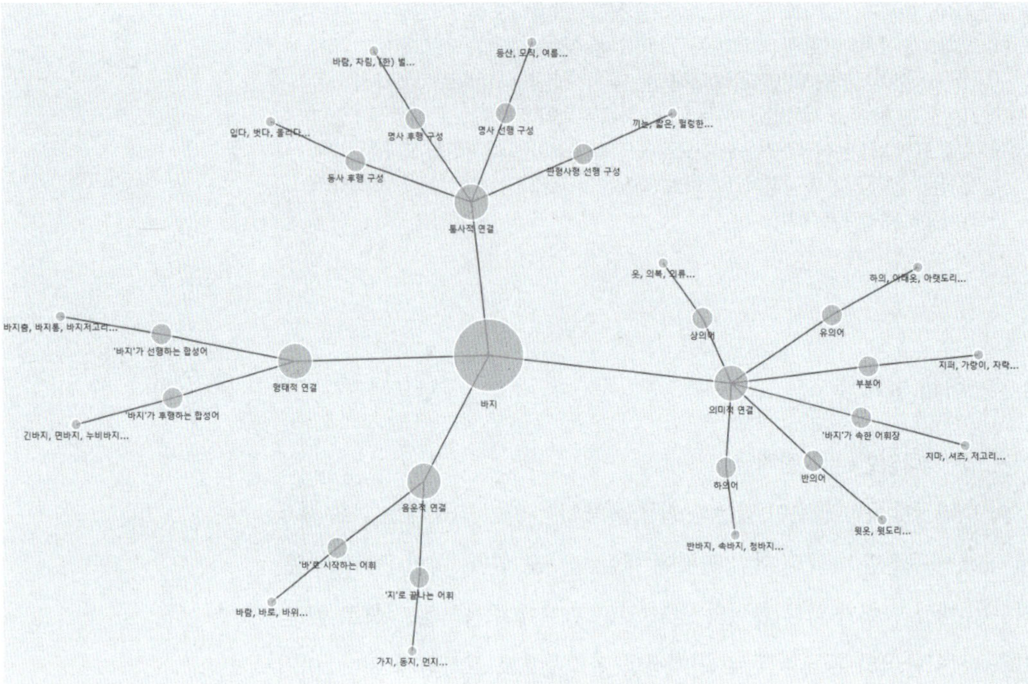

(16)은 한 단어가 다른 단어들과 연결되는 어휘부 연결망을 가정한 것이다. 하나의 단어는 다른 단어들과 의미장을 이루고 있으며, 동의어, 반의어, 상·하위어, 부분어 등 다양한 의미 관계로 이어져 있다는 것을 잘 보여 준다. 또한 위의 그림에서도 알 수 있듯이 한 단어가 다른 단어에 대해 가지는 관계는 의미적인 관계에 한정되는 것은 아니다. 통사적 결합 관계를 가지기도 하고, 합성 관계와 같은 형태적인 관계를 가지기도 하고, 유사한 음절과 연결되는 음운적인 관계를 가지기도 한다.[24] 물론 앞에서 언급한 것처럼 머릿속 사전에서 연결망은 (16)에서 제시한 것보다 더 다양할 수가 있다.

라이온스(J. Lyons)에 따르면 단어들의 의미 관계는 계열 관계와 통합 관계(혹은 결합 관계)로 구별된다. 여기에서는 계열 관계와 통합 관계에 복합 관계를 더하여 각각의 관계를 가지는 어휘들에 대해 살펴보고자 한다.[25]

24 제 I 권 3.2.1.1.에서 언급한 유추에 의한 단어 형성은 이와 같은 다양한 어휘들의 관계 중에서 특히 형태적인 관계에 주목하여 단어 형성을 기술한 이론이다.

25 복합 관계 중 다의 관계는 어휘와 어휘 사이의 관계가 아니므로 계열 관계나 통합 관계 등과 같은 자리에서 다루는 것이 어색하지만 편의상 여기에서 다루기로 한다.

8.2.2.2. **계열 관계를 갖는 어휘들**

계열 관계는 단어의 종적인 관계로서, 문법 범주가 같으면서 서로 대치될 수 있는 관계이다. 예를 들어 '나는 {강, 산}을 좋아한다.'에서 '강'과 '산'은 계열 관계를 이룬다. 계열 관계는 동의 관계(혹은 유의 관계), 반의 관계(혹은 대립 관계), 상하 관계, 부분 관계 등으로 나누어진다.[26]

먼저 동의 관계를 갖는 어휘를 살펴보기로 하자. 동의 관계를 이루는 단어들은 방언적 차이, 문체적 차이, 전문성의 차이, 내포 의미의 차이, 완곡어법 여부의 차이 등을 보인다.

26 이미 5.2.2.에서 단어들의 의미 관계를 자세하게 다룬 바 있다. 어휘 관계 중에는 합성 관계, 혼성 관계, 관용 관계처럼 의미 관계에서 포착하기 어려운 것들도 있다. 따라서 의미론과 일부 겹치기는 하지만 여기에서는 어휘론의 체계에 맞추어 어휘 관계를 간략하게 다루기로 한다.

(17) 단어들의 동의 관계 어휘들

가. 백부(伯父) : 큰아버지(전국)/맏아버지(안동)

나. 이 : 치아(齒牙), 열쇠 : 키, 의상 : 드레스, 잘못 : 실수 : 에러

다. 결핵 : 티비(T.B.), 소금 : 염화나트륨

라. 운전사 : 기사, 간호원 : 간호사, 노인 : 늙은이

마. 죽다 : 돌아가다, 변소 : 화장실

(17가)는 '백부'의 동의어가 '큰아버지'와 '맏아버지'로 방언에 따라 달리 쓰이는 양상을 보여 준다. (17나)는 고유어, 한자어, 외래어 간의 대립을 보여 준다. (17다)는 전문성에 따른 차이를 보여 준다. 사실 모든 동의어들이 내포 의미의 차이를 보여 주지만 특히 (17라)는 부정적/긍정적 대립을 통해 내포 의미의 차이를 보여 준다. (17마)는 완곡어법 여부에 의한 차이를 보여 준다.

반의 관계 역시 '상보 반의', '등급 반의', '관계 반의' 등으로 다양한 양상으로 나타난다. 반의 관계를 갖는 어휘들을 살펴보자.

(18) 가. 남자 : 여자, 살다 : 죽다

나. 길다 : 짧다, 덥다 : 춥다

다. 부모 : 자식, 팔다 : 사다

(18가)는 개념적 영역이 상호 배타적으로 구별되어 있는 상보 반의 관계를 이루고 있는 상보 반의어들의 예이다. (18나)는 정도나 등급의 차이를 가지는 등급 반의어들의 예이다. 한편, (18다)는 서로 맞선 방향으로의 대립을 보여 주는 관계 반의어들의 예이다.

상하 관계나 부분 관계를 갖는 어휘들에 대해서도 간략하게 살펴보기로 하자.

(19) 가. 사람 : 남자/여자
나. 몸 : 팔, 나무 : 뿌리

(19가)는 상하 관계를 가지는 예이고, (19나)는 부분 관계를 나타내는 예이다. 상하 관계나 부분 관계는 '동물→사람→남자'나 '몸→팔→손→손가락'처럼 계층적 구조를 이룬다.

8.2.2.3. 결합 관계를 갖는 어휘들

결합 관계는 계열 관계와는 달리 단어들의 횡적인 연관 관계로서, 문법 범주가 다른 단어들이 결합하여 문법적으로 적합한 구성을 만들어 내는 관계이다. 결합 관계는 다시 합성 관계, 혼성 관계, 관용 관계, 연어 관계 등으로 나눌 수 있다.

먼저 합성 관계를 갖는 어휘들을 살펴보기로 하자. 합성 관계는 구성 요소 A와 B가 대등한 자격으로 결합 관계를 이루는 관계를 말하며, 이런 관계를 맺는 단어들은 합성어 혹은 합성어에 가까운 구를 이루게 된다.

(20) 가. 어제오늘, 여닫다
나. 하나둘, 두서너
다. 이곳저곳, 국내외
라. 부모, 신사 숙녀

(20가)는 시간, (20나)는 수(數), (20다)는 거리, (20라)는 성별 등의 기준

에 따라 일정한 순서로 만들어진 합성어의 예인데, 순서는 대체로 고정되어 있어 바꾸기 어렵다. 이때 순서는 '신사 숙녀 여러분'과 'ladies and gentlemen'의 비교에서 드러나듯 문화적인 차이를 보이기도 한다.

혼성 관계는 합성 관계와 마찬가지로 A와 B가 대등한 자격으로 결합에 참여하지만 일부 요소만 결합 구성에서 드러나는 관계를 말하며, 이런 관계를 맺는 단어들은 이미 제I권 3.2.1.3.에서 다루었듯이 혼성어를 이루게 된다. 혼성 관계를 갖는 어휘들을 살펴보자.

(21) 가. 갈비 + 삼겹살 = 갈겹살
나. 오피스 + 호텔 = 오피스텔
다. 유럽 + 아시아 = 유라시아

혼성어가 이루어질 때 (21가)처럼 선·후행 요소가 모두 일부 음절만 참여하기도 하고, (21나)처럼 선·후행 요소 중 어느 하나는 전체가 참여하고 나머지는 일부만 참여하기도 한다. (21다)처럼 선·후행 요소의 결합 과정에서 음절이 뒤섞이기도 한다.

관용 관계는 둘 이상의 단어가 모여 단어, 구, 절, 문장을 이루되, 구성 요소의 의미를 넘어서는 제삼의 의미를 가지게 되는 관계를 말한다. 관용 관계를 보이는 어휘들을 살펴보자.

(22) 가. 들은풍월, 애타다, 기막히다
나. 그림의 떡, 우물 안 개구리, 미역국을 먹다
다. 귀에 못이 박히게, 간에 기별도 안 가다
라. 내 코가 석 자다, 입이 열 개라도 할 말이 없다

관용 관계는 (22가)와 같은 관용어, (22나)와 같은 관용구, (22다)와 같은 관용절, (22라)와 같은 관용문으로 나눌 수 있다.

연어 관계는 관용 관계처럼 단어가 모여 구와 같은 더 큰 구성체를 이루는 관계이다. 하지만 관용 관계보다는 긴밀성이 떨어지는 구성으로 긴밀도

의 관점에서 일반적인 구 구성과 관용 구성의 중간 정도로 볼 수 있다.[27] 연어 관계는 규칙적인 통사 관계에 의해 구성되기는 했으나, 어휘적 차원에서 특별히 긴밀하고 제한적인 결합 관계를 보이는 두 단어의 연쇄이다. 연어 관계를 보이는 어휘에는 다음과 같은 것들이 있다.[28]

27 최근 인터넷 공간에서 흔히 쓰이는 '귀염 돋다', '포텐 터지다', '드립 치다' 등도 연어 관계를 가지는 것으로 파악할 수 있다.

28 연어를 어휘들 간의 결합에 의해 공기 관계를 형성한 어휘적 연어(lexical collocation)와 문법 형식을 포함하여 공기 관계를 형성한 문법적 연어(grammatical collocation)로 나누기도 한다. 우리 책에서는 어휘적 연어를 다룬다.

(23) 머리를 감다, 입이 가볍다, 모자를 쓰다/장갑을 끼다/양말을 신다

연어 관계를 이루는 구성은 다른 요소를 선택하는 연어핵과 선택되는 연어변으로 나누기도 한다. 약간의 이견이 있으나 연어핵은 주로 '명사', '일반적인 표현', '투명한 표현'이고, 연어변은 '동사(형용사)', '특수한 표현', '불투명한 표현'인 것이 보통이다. 이를테면 '머리를 감다'에서 '머리(를)'이 연어핵에 해당하고 '감다'가 연어변에 해당한다.

8.2.2.4. 복합 관계를 갖는 어휘들

복합 관계는 형태와 의미가 일대일이 아닌 일대다로 이어지는 관계이다. 형태와 의미는 일대일로 대응되는 것이 이상적이지만 실제 언어 현실은 다양한 이유로 일대다의 대응 양상을 보이기도 한다. 복합 관계는 '다의 관계', '동음 관계' 등으로 나눌 수 있다.

먼저 다의 관계를 살펴보기로 하자. 다의 관계는 이미 언급했듯이 어휘들끼리의 관계가 아니라 단어 내부의 관계로서 하나의 단어가 둘 이상의 의미를 갖는 관계를 말한다. 다의어가 생기는 근본적인 원인은 새로운 사물이나 사태에 대해 언제나 새로운 말을 만들 수 없기 때문이다. 그리하여 기존의 단어가 의미의 폭을 넓히면서 다의 관계가 성립되게 된다. 다음의 (24)의 '거칠다'는 다의 관계를 보여 주는 예이다.

(24) 거칠다 ① 피부가 거칠다 ② 밀가루가 거칠다 ③ 말투가 거칠다 ④ 숨소리가 거칠다 ⑤ 운전이 거칠다 ⑥ 성격이 거칠다 ⑦ 날씨가 거칠다 ⑧ 문장이 거칠다

다의어의 발생은 위의 예에서 알 수 있듯이 구체물에서 추상물, 화자와 가까운 것에서 먼 것과 같은 적용의 전이를 통해 나타나게 된다.[29]

동음 관계는 다의 관계와 마찬가지로 하나의 표현에 여러 개의 의미가 결합되는 관계이다. 하지만 다의 관계와 달리 하나의 단어가 여러 가지 의미를 가지는 것이 아니라 다른 단어가 우연히 형태(소리)가 같아서 나타나는 관계이다. 앞에서 고유어의 다의어와 동음어를 논하는 자리에서 언급한 것처럼 국어사전에서 다의어는 하나의 표제어로, 동음어는 둘 이상의 표제어로 다루게 된다. 동음 관계를 갖는 어휘들을 살펴보자.

(25) 가. 신[靴] : 신(神), (모자를) 쓰다 : (글씨를) 쓰다

나. 새[鳥] : 새[新], 묻다[埋] : 묻다[問]

다. 갈음 : 가름, 줄이다 : 주리다

라. 게 : 개, 사례 : 사례

(25가)의 경우 '신'은 둘 다 명사, '쓰다'는 둘 다 동사로서 품사가 같으며 발음도 다르지 않아 여러 가지 점에서 완전한 동음어를 이룬다. (25나)의 경우 '새'는 하나는 명사, 다른 하나는 관형사로서 품사가 다르고 음장에도 차이가 있다. '묻다'의 경우 하나는 규칙 활용을 하고 다른 하나는 불규칙 활용을 하므로 어미와 결합하는 활용 양상에서의 차이가 나고, 음장에서도 차이를 보인다. 따라서 이런 예들은 완전한 동음어로 보기는 어렵다. (25다)의 경우 철자는 다르지만 소리가 같은 이른바 이철자(異綴字) 동음어들이다. (25라)는 표준 발음으로는 다르지만 현실적으로 대부분의 한국어 화자에게는 동일하게 발음되기 때문에 이철자 동음어로 볼 수 있다.

29 '밝다'의 의미가 '빛→색→표정→분위기→눈, 귀→사리(事理)'처럼 구체물에 대한 것에서 추상물에 대한 것으로 확장되는 것을 예로 들 수 있다. 최근에는 인지 언어학적 관점에서 다의어의 의미 확장에 대한 연구가 활발하게 이루어지고 있다.

8.3. 어휘의 공시적 변이

8.3.1. 어휘의 변이와 다양성

우리가 특별히 주목하여 다루지 않았지만 음운, 형태, 통사, 의미 등 언어의 모든 측면은 다양한 변이를 가진다. 어휘 역시 여러 가지 조건에 따른 다양한 변이(variation)가 나타난다. 즉, 그 언어를 사용하는 화자가 속한 지역에 따라 차이가 나타나고, 연령이나 세대에 따라 차이가 나타나고, 사회적인 계층에 따라 차이가 나타나고, 심지어 성별에 따라 차이가 나타나기도 하는 것이다. 또한 우리가 조금만 주의해서 관찰해 보면 동일한 화자라도 언어 사용 상황에 따라 다른 어휘를 사용하기도 한다는 것을 알 수 있다.[30]

이 절에서는 각각의 조건에 따라 공시적으로 존재하는 한국어 어휘의 다양한 변이에 대해 살펴보게 될 것이다. 물론 어휘 변이의 조건들이 완전히 독립적으로 존재하는 것은 아니다. 예를 들어 표준어와 방언[31]을 모두 알고 있는 화자가 언어 사용 상황에 따라 표준어나 방언 어휘를 선택적으로 사용하고, 여성이 표준어 어휘를 상대적으로 더 많이 사용하는 등 어휘 변이 조건들이 상호 작용하는 것으로 파악된다. 다만 우리는 편의를 위해 가능하면 어휘 변이의 조건을 분리해서 다루기로 한다.

30 최근에는 국어 교육이나 한국어 교육에서 언어 사용역(register)에 따른 어휘의 차이와 이를 교육하는 문제에 대한 연구가 활발하게 이루어지고 있다.

31 일반적으로 방언은 지역적 변이형으로서의 지역 방언을 말하지만 최근에는 사회적 변이형으로서의 사회 방언을 중요하게 포함한다.

참고 6 어휘 양상의 분류

공시적인 어휘 변이와 통시적인 어휘 변화를 더해 어휘가 존재하는 양상을 김광해(1993)에서는 다음과 같이 구분한다.

- 어휘의 양상
  - + 변이
    - +위상적
      - +지리적…방언 어휘
      - −지리적…은어, 여성어, 아동어, 청소년어, 노인어
    - −위상적 (화용적)
      - +대우……공대어, 하대어
      - −대우……속어, 비어, 완곡어, 관용어(숙어, 속담)
  - − 변이
    - +집단성 ……………………전문어(직업어, 집단어)
    - −집단성
      - +항구성…신어
      - −항구성…유행어

위의 분류에서 [+변이]는 공시적으로 다양한 관련어가 존재하는 양상을 말하고 [-변이]는 통시적으로 어휘가 팽창하는 양상을 말한다. [+위상적]은 표준어 어휘와 방언 어휘처럼 다양한 관련어들 사이에 위상의 차이가 있는 경우를 말하고, [-위상적]은 그렇지 않은 경우를 말한다. 우리 책에서는 [-변이] 중 '전문어'도 공시적으로 존재하는 일상어와 대응이 가능하다는 점에 초점을 두어 통시적 변화가 아니라 공시적 변이의 일종으로 분류한다. 즉, [+위상적] 변이 중 [+지리적] 조건에 따른 것은 지역적 변이로, [+위상적] 변이 중 [-지리적] 조건에 따른 변이인 은어, 남성어, 여성어, 아동어, 청소년어, 노인어에 전문어를 더하여 사회적 변이로, [-위상적] 변이는 상황적 변이로 분류한다. 다만 [-변이] 중 '신어'나 '유행어'는 공시적 변이가 아닌 통시적 변화의 일종으로 다룬다.

8.3.2. 어휘의 지역적 변이

어휘가 지역에 따라 변이를 가진다는 것은 비교적 잘 알려져 있다. 방언에서 나타나는 어휘적 변이를 표준어와 비교하면서 살펴보기로 하자.

방언의 차이는 음운, 형태, 통사 전반에 걸쳐 나타나는데, 이 중에서도 어휘의 차이는 음운의 차이와 함께 방언의 분화를 뚜렷하게 보여 준다. 아래의 예에서도 볼 수 있듯이 한 언어 안에서도 유사한 사물이나 개념을 나타내는 어휘는 다양하게 분화되어 나타난다.

(26) '부엌'에 대한 지역별 방언 어휘

가. 경기도: 부엌, 뷬, 부억, 뷕, 붴, 복, 봌

나. 충청북도: 뷕, 부엌, 봌, 부억, 벅, 뷬, 정지

다. 충청남도: 부억, 뷕, 정지, 뷬, 붴, 부엌, 벜

라. 강원도: 부엌, 뷬, 정지, 벜

마. 전라북도: 부엌, 부억, 뷬, 뷕, 뷕정지, 정제

바. 전라남도: 정제, 정지, 정재

사. 경상북도: 부억, 부엌, 벅, 정지

아. 경상남도: 정지, 정제, 정기, 정게

자. 제주도: 정지

차. 함경북도: 바당, 부수깨, 부스막, 시걱간, 정지, 졍지

카. 평안북도: 부엌, 벅, 벅개, 벜, 비억, 벽

위의 예를 보면 표준어로는 '부엌' 하나가 사용되지만 방언으로는 다양한 어휘가 사용되고 있으며, 동일 방언 지역이라도 하위 지역에 따라 다양한 어휘가 사용되고 있음을 알 수 있다.

흔히 방언의 상대 개념으로 표준어를 세운다. 표준어는 자연 발화 상태로 존재하는 자연 언어라기보다는 인위적으로 규정한 인공 언어에 가깝다. 표준어는 교육의 편의성과 효율적인 의사소통을 위해 제정하게 된다. 표준어가 정해지면 '통일의 기능', '우월의 기능', '준거의 기능' 등을 가지게 되어 방언과 다른 지위를 차지하게 된다.[32]

오늘날 많은 한국어 화자는 학교 교육뿐만 아니라 TV 등의 대중 매체를 통해 자연스럽게 표준어를 배우고 있다. 그 결과 표준어와 방언의 차이가 상당히 줄어들었으며, 대부분의 사람들은 표준어와 방언을 동시에 구사하는 이른바 이중 언어 사용자가 되었다. 표준어와 방언을 모두 사용하는 화자는 상황에 따라 표준어 어휘와 방언 어휘를 선택적으로 사용하는 언어 전환을 보이기도 한다. 즉, 화자는 대화 상대자나 언어 사용 상황에 따라 표준어나 방언을 선택하는 양층 언어 현상(diglossia)을 보이기도 하는 것이다.[33]

8.3.3. 어휘의 사회적 변이

어휘는 지역적 요인뿐만 아니라 사회적 요인에 의해서도 다양한 변이를 보인다. 언어의 사회적 변이는 사회적 계층, 세대, 성별 등에 따라 다양한 차이로 나타난다. 우리나라의 경우 계층적인 분화 현상이 언어적으로 반영되는 사례에 대한 연구는 반촌(班村)과 민촌(民村)의 어휘 차이 등에 대한 일부 연구가 있고, 상대 높임의 등분 중 '하오체'나 '하게체'를 상층에서 주로 사용한다는 보고가 있었으나 외국의 연구 사례에 비하면 상대적으로 부족한 편이다. 아동 어휘, 청소년층 어휘, 중장년층 어휘, 노년층 어휘 등 세대에 따라 어휘 차이가 있음은 쉽게 관찰할 수 있으나 이에 대한 연구도 그리 많은 편은 못 된다.

32 표준어의 기능은 흔히 언어 사용자를 통합하는 '통일의 기능(unifying function)', 교육을 받았거나 교양이 있음을 나타내는 '우월의 기능(prestige function)', 언어 규범을 잘 준수함을 보여 주는 '준거의 기능(frame-to-reference function)'의 세 가지를 들지만 다른 언어 사용자와 구별되는 종족임을 보여 주는 '독립의 기능'을 추가하기도 한다.

33 표준어는 우월의 기능을 가지고 있으므로 상층 언어의 역할을, 방언은 상대적으로 하층 언어의 역할을 하는 것으로 생각된다. 다만, 표준어가 우월의 기능을 가진다는 것이 방언이 표준어에 비해 열등하다는 것을 말하는 것이 아니다. 표준어가 우월의 기능을 보이는 것은 통시적인 언어 변화에서 표준어가 중요하게 작용한다는 것과 공시적으로 공식적인 소통 상황에서 표준어의 필요성과 관련해서 이해할 수 있다. 공식적인 소통 상황이 아니라면 방언의 사용이 자연스러우며, 특히 문학 작품 등에서는 더욱 방언의 가치가 주목되어야 한다.

언어의 사회적 변이는 의사소통에 어려움을 주거나 차별적인 양상으로 드러나기도 한다. 최근에는 통신 언어나 누리 소통망 서비스의 언어 등의 변이형들이 세대 간의 소통의 어려움을 가져다주기도 한다. 또한 우리 사회가 다문화 사회로 접어들면서 우리말의 변이형이 많아지기도 하여 소통에 어려움을 주고 있으며, 사회적 변이형 중에서는 차별적 표현도 적지 않아 문제가 되기도 한다. 이 자리에서는 남성어와 여성어, 전문어 혹은 직업어를 중심으로 어휘의 사회적 변이에 대해 간략하게 살펴보고자 한다.

8.3.3.1. 남성어와 여성어

남성어와 여성어의 차이가 비교적 뚜렷한 것으로 알려진 일본어와는 달리 한국어의 경우 그 차이가 크게 부각되지는 않았다. 방언 화자들 중 여성의 경우 표준어를 잘 구사한다든지, 여성이 남성보다 아나운서와 유사한 발음이나 어휘를 더 잘 구사한다든지 하는 보고가 있었고, 차별성의 관점에서 여성 사용어나 여성 지칭어에 대한 연구가 있었다.

먼저 성별 사용어에 대해 살펴보기로 하자. 다음은 흔히 여성 사용어의 특징으로 제기되어 온 것이다.

(27) 여성 사용어의 특징

가. 감탄사를 많이 사용한다.

나. 욕설이나 저속한 어휘를 덜 사용한다.

다. '하십시오체'보다 '해요체'를 많이 사용한다.

라. 동의를 구하는 부가 의문문을 많이 사용한다.

마. 평서문을 의문문의 억양으로 발화하는 경우가 많다.

(27)의 지적이 모두 어휘적인 특징은 아니지만 대체로 여성 사용어의 특징을 보여 준다고 할 수 있다. 이 지적을 거꾸로 기술하면 남성 사용어의 특징이 될 것이다.

성별 사용어는 여성스러움과 남성스러움에 대한 인식을 공고하게 하는 역할을 하기도 한다. 최근에는 남성과 여성의 사회적 지위나 역할의 차이가 줄어들고, 여성스러움과 남성스러움에 대한 인식이 뚜렷하지 않게 됨에 따라 이와 같은 차이는 차츰 사라져 가고 있다.

다음으로 성별 지칭어[34]에 대해 살펴보기로 하자.

34 성별 사용어와 달리 성별 지칭어의 경우 특정 조건에 따라 어휘가 달라진 것으로 보기 어려워 어휘의 변이에 넣기 어렵다. 그렇기는 하지만 남성어와 여성어의 차이로 포괄할 수 있으므로 여기에서 같이 다루기로 한다.

(28) 성별 지칭어
　가. 절대적 여성어: 어머니, 미녀, 시집가다
　나. 상대적 여성어: 화장, 앙큼하다, 토라지다
　다. 통성어: 부모, 분장, 결혼하다
　라. 상대적 남성어: 나그네, 엉큼하다, 씩씩하다
　마. 절대적 남성어: 미남, 아버지, 장가가다

(29) 성에 따른 무표성의 차이
　가. 의사, 교수, 대학생, 주인, 대학교
　나. 여의사, 여교수, 여대생, 여주인, 여자 대학교

(28)은 성별에 따라 달리 사용하는 어휘들을 나열해 본 것이다. 상대 성에 사용하는 어휘를 사용하게 되면 놀림과 같은 특별한 뉘앙스를 가지게 된다. 최근에는 남녀의 구별 의식이 약해져서 상대적 여성어나 상대적 남성어의 경우 다른 성에도 사용하는 경향이 많다. (29)의 경우 남성어는 무표적으로 여성과 남성에 모두 사용되고, 여성어는 유표적으로 여성에만 사용되는 양상을 보인다. 이를 여성에 대한 차별적인 표현으로 보아 사용을 제한해야 한다는 주장이 제기되기도 한다.

8.3.3.2. 전문어(혹은 직업어)

직업이나 전문 분야에 따라 어휘적인 차이가 나타나기도 한다.[35] 과거에도 직업에 따라 사용하는 어휘가 달랐으나 오늘날 현대 사회가 급속도로 변화하면서 새로운 전문 분야가 생겨나게 되고 이에 따라 전문어도 많아지게 되었다.

35 전문어는 주로 학술적인 분야에서 쓰이는 단어를 지칭하는 것으로 보아 직업어와 구분하기도 하지만 여기에서는 같이 다루기로 한다.

사실 전문어는 사회적인 변이이기도 하지만 동일한 언어 사용자가 상황에 따라 다른 어휘를 사용한다는 점에서는 상황적 변이의 성격도 강하며,

결과적으로 어휘의 확장을 가져온다는 점에서 통시적 변화로 볼 가능성도 없지 않다. 우리는 '염화나트륨(소금)', '캔서(암)'처럼 직업이나 분야에 따라 사용하는 어휘가 따로 존재한다는 점에 더 주목하여 사회적 변이의 일종으로 다루기로 한다.[36]

(30) 가. 농업 분야: 삼태기, 지게, 가래, 이앙기, 경운기, 콤바인

나. 어업 분야: 갯물, 어로장, 통발, 쌍대구리, 무동력선, 저인망 어선

(31) 가. 의학 분야: 인턴, 코마, 캔서, 관장, 드레싱, 티비(T.B.)

나. 법률 분야: 피고, 원고, 재판, 미필적 고의

다. 교육 분야: 교원, 학령, 교수법, 성취도, 진단 평가

(30)은 주로 전통 사회의 직업어를 표시한 것이다. 전통 사회에서는 농업이나 어업이 차지하는 비중이 높았으므로 이런 직업어가 일상어와 구분되지 않는 측면이 있었다. 이 중에는 '경운기', '콤바인'처럼 비교적 최근에 나타난 어휘도 포함된다. (31)은 오늘날의 전문어를 제시한 것이다. (31가)에서 알 수 있듯이 외래어나 외국어의 사용이 많은 편이며, 이 분야가 우리 생활에 미치는 영향이 커지면서 전통 사회의 직업어가 그러하듯 일상어화하는 경우도 생겨나고 있다.

전문어의 특징으로는 다음 몇 가지를 들 수 있다.

(32) 전문어의 특징

가. 의미의 다의성을 갖는 경우가 적다.

나. 지시적 의미 외에 다른 의미(표현적 의미, 연상적 의미 등)를 갖는 경우가 적다.

다. 과거에는 한자어, 현재에는 외래어나 외국어 어휘를 사용하는 경우가 많다.

(32가~나)의 특징은 전문어가 특정 집단이 주로 사용하며, 정확한 개념을 표현해야 하기 때문에 나타나게 된 것으로 보인다.

36 앞에서 언급했듯이 관점에 따라서는 '전문어'를 변이가 아닌 팽창으로 다루기도 하지만 우리 책에서는 사회적 변이의 일종으로 다루기로 한다.

8.3.4. 어휘의 상황적 변이

어휘가 상황에 따라 선택됨은 자명한 일이다. 지역적 변이나 사회적 변이는 언어 사용자가 누구인지에 따라 선택되는 속성이 강하지만, 상황적 변이는 동일한 언어 사용자가 어떤 상황에서 사용하는지에 따라 선택되는 속성이 강하다. 우리는 특히 비슷한 의미를 가진 어휘가 존재할 때, 언어 사용자가 상황에 따라 선택하게 되면서 생겨난 변이를 어휘의 상황적 변이로 다루기로 한다. 언어 사용자는 청자, 화제 등 다양한 언어 사용의 맥락에 따라 다른 어휘를 사용한다.

우리 책에서는 공대말(존경어)과 겸사말(겸양어), 은어와 속어, 금기어와 완곡어, 관용어와 속담을 중심으로 어휘의 상황적 변이에 대해 간략하게 살펴보고자 한다.

참고 7 어휘의 상황적 변이의 요인

어휘의 상황적 변이는 언어 사용역(register)의 차이와 관련이 깊다. 할리데이(M. A. K. Halliday)는 사용역의 차이를 가져오는 요인과 관련하여 언어 사용의 모든 상황을 장(field), 사용자 역할(tenor), 양식(mode) 등으로 구조화하려고 시도하였다. 이때 장은 사태가 일어나는 상황의 유형과 관련이 있고, 사용자 역할은 사태에 참여하는 인물들 간의 역할 관계와 관련이 있고, 양식은 구어 및 문어의 차이와 같은 표현의 수사적인 기능의 차이와 관련이 있다.

8.3.4.1. 공대말과 겸사말

주지하듯이 우리말은 높임법이 발달한 언어이다. 이에 따라 예사말(평어)에 대해 다른 사람을 높이는 공대말(존경어)이나 화자 자신을 낮추는 겸사말(겸양어)이 발달해 있다.

(33) 가. 아버님, 선생님, 뵙다, 여쭙다, 드리다, 모시다

나. 진지, 따님, 아드님, 말씀, 댁(宅), 연세(年歲)

(34) 저, 저희, 소인, 말씀

(33가)는 대상을 직접 높이는 직접 공대말, (33나)는 존경의 대상과 관련되

는 사람이나 사물을 높이는 간접 공대말이다. (34)는 화자 자신을 낮추는 겸사말이다.

공대말과 겸사말은 다음 몇 가지 특징을 갖는다.

(35) 가. 공대말의 경우 높임법을 표시하는 조사나 어미와 같이 쓰이는 경우가 많다

나. 고유어와 한자어가 대립할 경우 '집-댁(宅)', '나이-연세(年歲)'처럼 한자어가 공대말이 되는 경우가 많다.

다. '말씀'이나 '당신'[37]처럼 상황에 따라 공대말이 되기도 하고 그렇지 않기도 한다.

37 '당신'이 부부 사이와 같이 친밀한 사이에 사용되면 공대어가 되지만 그렇지 않은 경우에는 평어가 된다.

공대말이나 겸사말의 사용은 우리 사회가 평등을 중요하게 생각하는 사회로 변화함에 따라 점차 약화되고 있는 것으로 보인다.

8.3.4.2. 은어와 속어

은어는 특정 사회 집단에서 비밀 유지를 목적으로 사용하는 어휘이고, 속어는 친한 사람과 자유롭게 사용하는 것으로 다소 비속하고 천박한 어감을 주는 어휘이다. 은어는 사회적 변이의 성격이 강하고, 속어는 위상적 변이의 속성이 강하다. 하지만 서로 관련성이 강하므로 이 자리에서 같이 다루기로 한다.

먼저 은어를 몇 가지 유형으로 나누어 살펴보기로 하자.

(36) 가. 심(산삼), 왕초(큰 산삼), 히기(눈), 산개(호랑이), 심마니(산삼 캐는 사람)

나. 적은질러(50), 너머짝(100), 너머질러(150), 명이(200), 명이질러(250)

다. 범생이(모범생), 담탱이(담임), 빵셔틀(힘없는 학생에게 빵 사오기 등 심부름을 시키는 일)

(36가)는 산삼을 캐는 사람들이 사용하는 은어로서, 위험을 대비하고 행운을 기원하기 위해 어휘를 사용하는 사례이다. (36나)는 소를 사고파는 우시장에서 사용하는 은어로 타인에게 물건의 값을 정확하게 밝히지 않으려는 목적에서 사용하게 된 은어이다. 한편, (36다)의 예에서 알 수 있듯이 학생들의 은어는 비밀 유지와 같은 실제적 필요성보다는 욕구 해소나 유대감 형성 등을 위해 사용된다. 그리하여 이런 은어는 속어와 유사한 속성을 가져 속어와의 구별이 어렵기도 하다.

속어는 일상적인 언어생활에서는 흔히 사용되는 속된 말이다.[38]

38 속어와 비슷한 용어에는 '비어'가 있다. 속어는 '통속적으로 쓰는 말', 비어는 '점잖지 못하고 천한 말'로 약간의 차이를 가지는 것으로 구분하기도 한다. '비어'와 '속어'를 합친 말인 '비속어'라는 용어를 사용하기도 한다.

(37) 가. 토끼다(도망가다), 죽여주다(매우 좋거나 싫다), 쪽팔리다(창피하다), 골 때리다(어이없다), 방방 뜨다(설치다)

나. 멘붕(정신이 어지러운 상태), 킹왕짱(최고), 어이상실(어이가 없어짐)

(37가)는 과거에 사용된 속어들이고, (37나)는 비교적 최근에 인터넷을 중심으로 사용하게 된 신어들로서 속어의 성격이 강한 어휘들이다.

은어와 속어는 서로 넘나드는 속성을 가지고 있기도 하다. 은어나 속어 모두 언어 사용자들에게 친밀감을 주기도 하며, 사용 집단을 강하게 결속시키는 기능이 있다. 은어가 일반적인 언어 사용자에게 공개되면 속어의 속성을 가져 속어로 분류되기도 한다.

8.3.4.3. 금기어와 완곡어

우리는 흔히 '죽음, 질병, 배설, 범죄, 성(性)'처럼 두렵거나 불쾌하다고 여기는 단어들을 입에 담지 않으려는 경향이 있다. 이처럼 우리가 입 밖으로 꺼내기 싫어하는 말들을 금기어라고 하고, 이러한 금기어 대신 두렵거나 불쾌함이 덜한 말을 사용하게 되면 이를 완곡어라 한다.

(38) 죽다 : 돌아가다, 천연두 : 마마/손님, 변소 : 화장실, 감옥 : 형무소, 성기 : 물건

(38)은 금기어와 그 금기어 대신 사용하는 완곡어의 짝을 보여 준다.

하나의 금기어에 대해 여러 개의 완곡어가 대응되기도 한다. 예를 들어 '죽다'에 대해서도 '돌아가다' 외에도 '운명하다, 타계하다, 별세하다, 소천하다, 서거하다, 유명을 달리하다, 세상을 떠나다' 등을 사용한다. 이들은 '소천하다(개신교)', '열반하다(불교)', '선종하다(천주교)'처럼 종교적 차이와 같은 다양한 문화를 반영하기도 한다. 금기어 대신 완곡어가 오래 사용되면 다시 금기어와 비슷한 수준의 두려움이나 불쾌감을 느끼게 되기도 한다.

8.3.4.4. **관용 표현**

우리가 흔히 사용하는 표현 중에는 관용구처럼 둘 이상의 단어가 결합하여 특별한 의미로 쓰이는 경우가 있다. 관용 표현은 앞에서 통합 관계의 하나로 언급했듯이 단어는 아니지만 구성 요소 전체가 기억 단위가 되기 때문에 흔히 어휘론의 연구 대상에 포함된다. 관용 표현을 화용적 변이에 포함하는 이유는 같은 의미라도 관용 표현을 사용하면 독특한 표현 효과를 가지기 때문이다. 짧은 구절로 촌철살인의 표현 효과를 거두기도 하는 것이다. 그리하여 특히 속담과 같은 관용 표현들은 문학 작품 등의 특정 장르에서 흔히 사용된다.

(39) 가. 손이 크다, 손이 작다, 손을 떼다, 손에 넣다, 손을 보다, 손에 익다, 손이 모자라다, 손이 빠르다
나. 개발에 편자, 끈 떨어진 뒤웅박, 백짓장도 맞들면 낫다
나′. 가루는 칠수록 고와지고, 말은 할수록 거칠어진다.

(39가)는 '손'을 포함하고 있는 관용구이다. 관용구는 '손', '발', '입' 등의 신체어를 포함하여 우리가 많이 사용하는 기초 어휘를 구성 요소로 가지고 있는 경우가 많다. (39나, 나′)은 속담인데, 속담은 표현 효과를 극대화하기 위해 (39나′)처럼 대조되는 구를 이어서 사용하기도 한다.[39]

관용 표현들은 오랫동안 사용해 오면서 그 언어 사용자들의 삶이나 정서

39 흔히 속담은 완전한 문장의 형식을 가지는 것으로 보아 관용어 혹은 관용구와 구별하기도 한다. 하지만 속담 중에서 '개발의 편자'처럼 완전한 문장 형식을 갖춘 것으로 보기 어려운 예도 많다.

가 녹아들어 있는 경우가 많다. 따라서 관용 표현들은 그 자체로 우리의 소중한 문화 자산이 되기도 한다. 그런데 경우에 따라서는 관용 표현들이 만들어지던 당시의 생활 문화가 반영되어 있어 모어 화자라도 오늘날의 관점에서는 이해가 어려운 경우도 있다.

참고 8 속담과 문화

관용 표현에는 그 표현을 사용하는 언중의 문화가 반영되어 있기도 하다. 제I권 1.1.3.3.에서 언급한 것처럼 우리나라 속담에는 '발 없는 말이 천리 간다.', '말이 많으면 쓸 말이 적다.'처럼 말을 함부로 하는 것을 경계하는 문화가 나타나 있다. 또한 비슷한 의미를 가지는 관용 표현도 문화를 반영하여 차이를 보이기도 한다.

(1) 가. 그림의 떡 : pie in the sky
　나. 낫 놓고 기역자도 모른다. : You don't know Jack.
　다. 남의 떡이 더 커 보인다. : Grass is always greener on the other side.

(1가)에서는 떡 문화인 우리나라와 파이 문화인 차이를 보여 준다. (1나)는 '낫'으로 대표되는 우리의 농경 문화와 흔한 이름의 하나인 Jack을 쓰는 영어권 문화의 차이를 보여 준다. (1다) 역시 우리의 떡 문화와 정원에 잔디를 기르는 서양의 문화 차이를 보여 준다.

8.4. 어휘의 통시적 변화

8.4.1. 변화하는 어휘

소쉬르는 『일반언어학강의』에서 "시간은 모든 것을 변화시킨다. 언어라고 해서 이 보편 법칙을 벗어날 리가 없다."라고 말했다. 모든 단어는 변화하며, 어휘 전체의 체계나 양상도 변화한다.[40] 즉 작은 물방울이 모여 시내를 이루고 다시 바다를 이루듯, 개별적인 단어 하나하나도 변화하며 이런 변화의 물결이 모여 어휘 체계나 양상도 변화하는 것이다.[41] 우리는 다양한 어휘 변화의 양상을 개별 어휘의 변화와 전체 어휘의 체계나 양상의 변화로 나누어 살펴볼 것이다.

40 어휘 변화에 대한 더 자세한 논의는 11.5.에서 이루어진다.

41 어휘 변화는 넓은 의미에서 형태의 변화, 의미의 변화, 언어 접촉에 따른 변화, 고유명의 변화 등을 포함한다.

먼저 개별 어휘의 변화를 살펴보기로 한다. 개별 어휘의 변화에 대한 연구는 흔히 어원 연구나 어휘사 연구 등으로 이루어져 왔다. 어원 연구나 어휘사 연구는 문헌 자료 및 방언 자료, 내적 재구나 비교 방법[42]을 통해 이루어져 왔으며, 우리말에 대한 음운, 형태, 통사, 의미 지식들이 동원되어 이루어진다. 반대로 어원 연구가 믿을 만하게 이루어질 때 그 결과는 우리말의 음운, 형태, 통사, 의미 연구의 튼튼한 기초 자료가 되는 것이다.

42 내적 재구와 비교 방법은 한국어사 연구에서 문헌을 통한 연구를 보완하는 방법으로 흔히 사용된다. 자세한 논의는 11.1.4.를 참조할 수 있다.

다음으로 어휘 체계나 양상의 변화를 살펴볼 것이다. 어휘 체계나 양상의 변화는 한자어나 외래어의 증가, 신어의 발생과 정착, 특정 어휘가 더 이상 쓰이지 않는 사어화(死語化) 등에 대해서도 다루게 될 것이다.

8.4.2. 개별 어휘 형태의 변화

어휘는 음운의 변화나 유추 등이 작용하여 다양한 양상으로 변화한다. 'ᄆᆞᅀᆞᆯ>마을'처럼 음운 변화의 결과 형태의 변화가 나타나기도 하고, '나모/낢>나무'처럼 이형태가 합류하기도 하는 것이다.[43] 물론 '말ᄊᆞᆷ>말씀'처럼 형태의 변화가 의미의 변화를 동반하기도 한다.

43 어휘의 형태 변화에 대해서는 11.5.3.1에서 자세하게 언급할 것이다.

다음의 예는 다양한 원인에 의한 어휘의 형태 변화를 잘 보여 준다.

(40) *딜+새 ⇢ 디새 ⇢ 지새

(*딜ᅀᅢ) ⇢ (*디ᅀᅢ) ⇢ (*디애) ⇢ (*지애) ⇢ 지야 ⇢ 지와 ⇢ 기와

'ㄹ' 탈락 'ᅀ' 소실 'ㄷ' 구개음화 유추 과도 교정

(*는 재구형임을 표시함.)

'디새'는 '딜[陶]'과 '새[茅]'가 결합하여 만들어졌을 것이며 'ㅅ' 앞에서 'ㄹ' 탈락이 일어난 형태가 '디새'이다. '디새'에 근대 한국어에서 광범위하게 일어난 'ㄷ' 구개음화가 적용된 형태가 '지새'이다. '지새'가 '지야'로 직접 이어지기는 어려우므로 '지야'는 문증되지는 않지만 '디새'의 변이형(혹은 방언형)인 '*디ᅀᅢ'에서 '*디ᅀᅢ>*디애>*지애>지야'로 이어지는 변화를 경험했을 것이다. '지야'에서 '기와'로의 변화는 '와(瓦)'에 유추된 것으로 생각된다. '지와'에서 '기와'로의 변화는 '딤치>짐치>김치'처럼 구개음화를 피하려는 과도 교정으로 설명된다.[44]

44 이러한 과도 교정은 구개음화가 표준적인 발음이 아니어서 바람직하지 않다는 의식이 작용한 것으로 보기도 한다.

우리가 어휘의 변화에 대해 논의하는 것은 변화에 대한 통시적 지식이 현대 한국어를 이해하는 데에 도움을 주기 때문이기도 하다.

(41) 가. 어리미혹하다, 어리둥절하다

나. 좁쌀, 휩쓸다

다. 안팎, 암탉

(41가)의 '어리-'는 현대 한국어에서 더 이상 '愚'의 의미로는 쓰이지 않고 사라진 것인데 형태 변화에 대한 지식을 통해 현대 한국어의 '어리미혹하다' 등의 의미를 더 명확하게 알 수 있다. (41나)에 나타나는 'ㅂ'이나 (41다)에 나타나는 'ㅎ'[45]에 대한 이해도 현대 이전의 어두 자음군 'ㅄ'이나 'ㅎ' 말음을 가졌던 단어에 대한 이해를 통해서 명확하게 알 수 있게 된다.

45 '않+밗', '암ㅎ+ᄃᆞᆰ'의 결합에서 흔적으로 남은 'ㅎ'을 말한다.

8.4.3. 개별 어휘 의미의 변화

8.4.3.1. 의미 변화의 양상

어휘의 변화가 형태뿐만 아니라 의미에서도 일어남은 너무나 당연하다. 통시적인 관점에서 보면 개별 어휘, 즉 단어의 의미 변화는 세대 간의 불연속적인 전달의 결과로 볼 수 있다. 이미 앞에서 언급한 것처럼 어떤 어휘가 다양한 문맥에 쓰이면서 다의성을 획득하기도 하고, 다의성을 가진 어휘 중 일부 모호한 의미를 명확한 의미로 바꾸는 의미의 축소가 일어나기도 하며, 형태의 변화에 따라 원래의 형태와 의미 사이에 존재했던 유연성이 상실되기도 하는 등 다양한 양상으로 의미 변화가 일어난다. 여기에서는 이러한 양상에 대해 자세하게 논의할 여력이 없으므로 의미의 축소와 확대 등으로 나누어 간략하게 개별 어휘의 의미 변화 양상을 살펴보기로 한다.

(42) 가. 겨집(>계집)['여자'→'여자의 비칭(卑稱)'], 놈('사람 평칭'→'남자의 비칭')

나. 감토(>감투)('모자'→'모자', '벼슬'), 오랑캐['만주에 있던 한 종족'→'이민족(異民族)의 비칭'], 겨레['종족(宗族), 친척(親

戚)'→'민족(民族), 동족(同族)']

다. 싁싁ᄒᆞ다(>씩씩하다)('장엄하다'→'굳세다'), ᄊᆞ다(>싸다)('값이 있다'→'값이 싸다')

(43) 새 책, 한 마리, 이바지 음식, 부모님을 여의다

(42가)는 의미가 축소된 예이고 (42나)는 확대된 예이다. (42다)의 경우 의미의 축소나 확대로 보기 어려운 변화의 예이다.

(43)의 경우 의미의 차이라기보다 분포가 달라진 것으로 볼 수 있다. '새'의 경우 중세 한국어에서 명사, 부사, 관형사로 쓰였으나, 현대 한국어에서는 관형사로만 쓰인다. '마리'의 경우도 자립 명사와 의존 명사로 쓰였으나 지금은 의존 명사로만 쓰인다. '이바지(중세 한국어 '이바디')'의 경우 '잔치'를 의미하는 일반적인 단어로 쓰이다가 지금은 '이바지 음식' 정도의 문맥에서만 사용된다. '여의다(중세 한국어 '여희다')'의 경우도 '어마님을 여희다', '번뇌(煩惱)를 여희다'와 같이 사람뿐만 아니라 추상 명사를 대상으로 널리 쓰이다가 지금은 사람에 주로 사용되며 '죽음으로 인해 이별하다', '딸을 시집보내다' 정도의 문맥에서 많이 쓰인다. 이들은 대체로 용법의 축소를 보이는 예들인데, 용법의 축소는 결국 사용되는 의미의 축소이므로 의미의 축소로 설명한 (42가)와 분포의 축소로 설명한 (43)을 구분하기가 쉽지 않다.

8.4.3.2. 의미 변화의 원인

흔히 어휘 의미의 변화를 언어적 원인, 역사적 원인, 사회적 원인, 심리적 원인 등으로 나누어 논의하기도 한다.

먼저 언어적 원인에 의한 변화를 살펴보자.

(44) 가. 형태 일부 생략 후 나머지에 전체 의미 잔류: 아침밥[朝飯] > 아침, 머리카락[頭髮] > 머리,[46] 에어컨디셔너(air conditioner) > 에어컨, 아파트먼트(apartment) > 아파트[47]

나. 긍정 및 부정 표현에 쓰이다가 부정 표현에만 쓰임: 전혀, 별로

46 5.1.5.2.와 5.2.2.5.에서 언급한 것처럼 '아침', '머리'가 '아침밥', '머리카락'의 의미로 사용되는 것을 형태가 변한 것이 아니라 환유에 의한 것으로 보기도 한다.

47 영어계 외래어를 간결하게 줄이는 경향은 일본어에서 흔히 볼 수 있는데, 우리말에 쓰이는 이런 어휘 중에는 일본어를 거쳐 들어온 외래어가 많다.

(44가)는 형태의 변화에도 불구하고 의미가 그대로 남은 경우이다. (44나)는 특정 표현과 공기(共起) 관계를 이루다가 어휘의 의미가 변화한 예이다.

지시물이 변화하여 언어 형태와 지시물의 관계가 달라진 것을 흔히 역사적 원인으로 지칭한다.

(45) 가. 지시물의 변화: 펜, 수세미, 칠판

나. 지시물의 소멸: 영감, 궁(<궁궐)

(45가)의 '펜'은 예전에는 깃털로 만들어졌고,[48] '수세미'는 예전에는 식물인 수세미를 사용했으며, 오늘날과 달리 '칠판'은 예전에는 원목에 칠을 한 형태로 사용되었다. 이들은 오늘날에 와서 지시물이 변화했지만 언어 형태를 그대로 사용하고 있다. (45나)의 '영감'은 정삼품과 종이품의 벼슬아치를 이르던 말이었지만 지금은 이에 해당하는 벼슬이 없으므로 역사 분야가 아니면 이런 용법의 단어가 쓰이지 않으며, 임금이 거주하던 집으로서의 '궁'의 경우도 예전에 지어진 후 남은 건물을 제외하면 이런 단어를 사용할 필요가 없게 되었다. 물론 '영감'은 고위 공무원을 지칭하는 용법에서 과거 용법의 흔적이 남아 있으며, '궁'의 경우도 새로 지은 아파트의 이름으로 차용되는 등 원래 용법의 흔적이 남아 있다. 이처럼 아예 지시물이 없어졌거나 그런 기능으로 사용하지 않게 되었어도 비슷한 대상에 대해 언어 표현을 사용하기도 한다.

48 '펜'의 어원이 라틴어에서 깃털을 의미하는 'penna'에서 온 것도 이와 관련이 있다.

사회의 변화가 의미 변화를 가져오기도 한다.

(46) 가. 사회 변화에 따른 의미 일반화: 왕(제일인자), 선생(일반 존칭)

나. 사회 변화에 따른 의미 특수화: 아버지(하느님[天主]), 출혈(손해)

다. 사회 구조의 변천: 장가가다, 마당을 빌리다[49]

49 '마당을 빌리다'는 관용구로 '신랑이 신부의 집에 가서 초례식을 지내다'의 의미로 쓰인다.

(46가)는 사회의 변화에 따라 의미가 확대되어 일반적으로 쓰이게 된 예이고, 이와 반대로 (46나)는 특정 분야에서 의미가 특수하게 변화된 예이다.

물론 이 경우에도 원래 용법 또한 유지되기도 한다. (46다)는 의미가 확대되거나 축소되었다고 보기는 어렵지만 사회 구조의 변천에 따라 문자 그대로의 의미와 달리 사용되게 된 예이다.

다음은 심리적인 이유로 특정 표현을 피하려다 보니 의미나 용법이 변화를 가지게 된 경우들이다.

(47) 가. 감정 표현에 의한 변화: 동무, 인민, 빨갱이
나. 금기어에 의한 변화: 손님, 산신령

(47가)의 예들은 원래부터 사용되던 말이었으나 냉전 시대 북한에서 원래와 약간 다른 의미로 사용하게 되면서 이에 대한 거부감으로 남한에서는 잘 사용하지 않거나 특정한 의미로만 사용하게 된 것들이다. 그리하여 '동무'나 '인민'보다는 비슷한 의미를 가진 '친구'나 '국민' 혹은 '백성' 등이 많이 쓰이게 되었고, '빨갱이'의 경우 '공산주의자'를 지칭하는 특정 의미로만 쓰이게 되었다. (47나)의 '손님'이 '천연두'를 지칭하고, '산신령'이 '호랑이'를 지칭하게 된 것은 두려움으로 인해 완곡하게 표현한 결과이다.

8.4.4. 전체 어휘 체계나 양상의 변화

개별 어휘의 변화는 한 언어 전체 어휘의 변화와도 밀접한 관련을 갖는다. 그리하여 개별 어휘의 변화가 어휘 체계의 변화나 어휘 양상의 변화로 이어지기도 하고, 어휘 체계의 변화나 양상의 변화가 다시 개별 어휘의 변화에 영향을 미치기도 한다. 우리는 여기에서 언어 간 접촉에 따른 어종의 분포상의 변화, 신어의 등장과 이에 따른 기존 단어의 사어화로 인한 어휘 양상의 변화에 대해 살펴볼 것이다.

8.4.4.1. 언어 간 접촉에 따른 변화

이미 언급했듯이 한국어 어휘는 고유어, 한자어, 외래어의 삼분 체계를 이루고 있다. 현대 한국어 어휘 체계의 성립 과정은 이들 세 어휘 부류들 간의 경쟁의 역사라고 말해도 지나치지 않을 것이다. 고유어가 존재하는

상황에서 동의 관계나 유의 관계를 가지는 한자어나 외래어가 들어오면 언어 생태계에서의 경쟁을 통해 고유어가 밀려나기도 하고 의미의 축소나 다른 의미로의 변화가 일어나기도 하는 것이다. 이런 점에서 어휘 체계의 변화는 개별 어휘의 변화와도 밀접한 관련을 가지고 있다.

한국어 어휘 체계 변화에 가장 큰 영향을 준 것은 한자어와 한자를 기반으로 한 중국어 및 일본어 구어의 수용이었다. 조선 전기까지는 주로 한문으로 된 문헌을 통해 수많은 한자어가 우리말 어휘에 유입되었다. 그러다가 근대 한국어 시기에는 중국이 서양의 문물을 받아들이면서 만든 한자어와 중국어 구어가 제법 많이 유입되기도 했고, 개화기에는 일본어에서 유래한 한자어가 대량으로 유입되었다.

한자어나 다른 외래어의 유입은 이들과 고유어 어휘 간의 간섭이나 경쟁을 불러일으키기도 하였다. 이러한 경쟁에서 많은 고유어가 한자어에 밀려나기도 했다. 잘 알려져 있는 바와 같이 '온', '즈믄', '맛비', '녀름지ᅀᅵ', '다솜어미' 등과 같은 고유어는 각각 '백', '천', '장맛비', '농사', '계모' 등과 같은 한자어나 한자어와 고유어의 혼종어와의 경쟁에서 밀려나 지금은 쓰이지 않는다.

이미 앞에서 언급한 것처럼 한자어가 한국어 어휘에 대량으로 유입되면서 한자어와 고유어와 구별이 약화되기도 하였다.

(48) 가. 乃終: 내죵 > 나중(현대 한국어)

나. 성냥(← 石硫黃), 숭늉(← 熟冷), 동냥(← 動鈴), 다홍(← 大紅), 자주(← 紫的)

다. 곳간(庫間), 셋방(貰房), 숫자(數字), 찻간(車間), 툇간(退間), 횟수(回數)

(49) 마감: 磨勘, 생각: 生覺, 곤두박질: 筋斗撲跌

한자어는 (48가)처럼 고유어로 인식되어 더 이상 한자음으로 읽히지 않게 되기도 한다. 또한 (48나)의 '성냥, 숭늉, 동냥'처럼 우리말에 편입된 후 음변화를 입어 소리가 바뀐 것이나, '다홍, 자주'처럼 중국어 구어 차용어는 외래어의 일종으로 이해되어 한자어로 분류되지 않기도 한다. 현행 맞춤법은 한자어끼리 결합된 합성어에는 사이시옷을 표기하지 않는 것을 원칙으로 하는데, (48다)의 한자어들은 예외에 해당한다. 이런 예외가 가능한 것은 이들 단어의 사이시옷 표기가 이미 굳어진 것으로 본 것이지만 언중에게 고유어로 인식되었기 때문이기도 하다. 한자어와 고유어의 구별이 약해지면서 (49)처럼 원래 한자어가 아닌 고유어지만 한자어로 생각하여 한자를 붙이기도 한다.

이미 8.2.1.4.에서 언급한 것처럼 비교적 이른 시기에 몽골어의 말 이름, 매 이름, 관직 이름, 음식 이름 등이 우리말에 대량으로 들어왔고, 개화기 이후 일제 강점기를 거치면서 일본어 차용어가 대량으로 들어와서 우리말 어휘 체계에 커다란 영향을 미치게 되었다. 일본어 차용어가 해방 후의 국어 순화 운동 등으로 많이 사라져 갈 즈음 영어를 비롯한 서구어 차용어가 대량으로 유입되었다. 특히 인터넷을 비롯한 새로운 기술의 발달은 서구어의 유입을 가속화하고 있다.

(50) 포털, 네티즌, 도메인, 콘텐츠, 홈페이지, 인터넷 뱅킹, 사이버 머니

(50)의 예는 영어계 어휘를 그대로 우리말로 받아들인 외래어이다. 지금은 한자어의 유입이 많지 않은 상태에서 서구어 외래어 유입으로 우리말의 어휘 체계는 또 다른 변화를 맞이하고 있다.

8.4.4.2. 신어와 사어

어휘 체계의 변화를 가져오는 또 다른 요인은 신어(新語)의 등장이다. 최근 인터넷 사용의 급증 등 사회 문화적인 변화는 우리말에 수많은 신어의 등장을 가능하게 하였다. 신어는 사회의 변화에 따라 새로 유입되는 대상이나 새로운 개념을 나타내기 위해 등장한다. 특히 기존의 말로써 표현할 수 없는 미묘한 효과를 나타내기 위해 만들어지기도 한다. 신어는 경우에 따라서는 유행어처럼 일정 기간 사용되다가 사라지기도 하고, 언어 사용자의 공인을 얻어 사전 등재와 같은 절차를 거쳐 공동의 어휘 체계에 편입되

기도 한다.

신어가 생기는 이유를 몇 가지로 나누어 생각해 볼 수 있다. 먼저 새로운 대상이나 개념의 등장으로 신어가 나타나게 된 경우이다.

(51) 가. 배꼽티, 노래방, 공주병, 오렌지족, 오빠부대

나. 레알(진짜), 몸짱(몸이나 몸매가 좋은 사람), 꽃미남(얼굴이 꽃처럼 아름다운 남자); 출첵(출석 체크), 훈남(훈훈한 남자. 잘 생긴 남자), 차도녀(차가운 도시 여자), 솔까말(솔직히 까놓고 말해서)

새로운 대상이나 개념에 대해서 앞에서 제시한 (50)처럼 외국어 어휘를 빌려서 그대로 사용하거나 약간 변형하여 사용하는 경우도 많지만, (51)처럼 신조어(新造語)[50]를 만들어 사용하기도 한다. (51가)는 비교적 이전부터 만들어졌으며 이들 대부분은 언중의 공인을 받아 국어사전에 올라 있기도 하다. (51나)는 최근 인터넷 공간을 중심으로 젊은 세대에서 흔히 사용되는 신조어들인데 '레알, 몸짱, 꽃미남'을 제외하면 '출첵, 훈남, 차도녀, 솔까말'처럼 약어화, 즉 줄임의 방법으로 만들어진 것들이 많다. (51가)는 어느 정도 공인을 얻어 '오렌지족'을 제외하면 모두 『표준국어대사전』에 실려 있지만, (51나)는 『우리말샘』에만 실려 있다. (51나)와 같은 신조어들은 지금으로서는 유행어 정도로 볼 수 있는데, 이 중 어떤 단어가 공인을 얻게 될지는 예측하기 어렵다.

50 '신어(新語)'와 같은 의미로 '신조어(新造語)'를 사용하기도 한다. 우리 책에서는 신어는 다양한 조어 방식에 의해 새로 만들어진 말과 외국에서 들어온 말을 포함하는 더 넓은 개념으로 사용하고, 신조어는 조어 방식에 의해 새로 만들어진 말만을 지칭하는 개념으로 사용한다.

신어가 생기는 또 다른 이유는 기존 언어의 의식적인 순화이다.

(52) 가. 연보(年譜)→해적이, 노견(路肩)→갓길, 인터체인지→나들목

나. 리플→댓글, 네티즌→누리꾼, 내비게이션→길도우미

다. 불구자→장애인→장애우, 애완동물→반려동물, 유모차→유아차

(52가)는 해방 이후 국어 순화 운동이 본격화되면서 한자어나 외래어를 고유어로 바꾼 사례이다. 이들 중 일부는 언중의 공인을 받아 사전에 오르기

도 하였다. (52나)는 최근 주로 인터넷 공간에 사용되는 단어를 순화한 것이다. 국립 국어원에서는 우리말 다듬기 사이트를 운영하면서 네티즌의 참여를 통해 외래어를 고유어로 순화하기 위한 노력을 기울이기도 했다. 이들 중 '댓글'이나 '누리꾼'처럼 이미 사전에 오른 경우도 있으며 언중의 사용 여부에 따라 나머지도 사전에 오를 수 있을 것이다. (52가, 나)가 한자어나 외래어를 고유어로 순화하려는 목적에서 신어가 만들어진 것이라면 (52다)는 차별적 표현을 완화하기 위해 신어를 만든 예이다. 최근에는 장애뿐 아니라 성이나 인종 차별을 포함한 차별어에 대한 비판적 인식이 높아져 차별적 표현에 대한 순화 노력이 더 많이 이루어질 것으로 생각된다.

참고 9 유행어와 사회상

유행어는 사회심리적인 요인 등에 의해 일시적으로 많이 쓰이는 어휘이다. 유행어는 그 시대의 사회상을 반영하는 경우가 많다. 1980년대의 '탁 치니 억 하더라(신군부 시대 박종철 고문치사 사건)', 1990년대의 '우째 이런 일이(성수대교 붕괴 등 부실 공사 참사)', '밤새 안녕하십니까?(아이엠에프 이후 명퇴 등으로 인한 실업자 증가)' 등은 당시의 시대상을 보여 준다. 최근에는 대중 매체의 영향력의 증가로 코미디 프로그램, 광고, 드라마 등에서 많은 유행어가 만들어지고 있다. 드라마의 제목은 흔히 줄임말의 형태로 유행어가 되며, 드라마나 영화 대사 전체가 유행어가 되기도 한다. '아프냐, 나도 아프다(드라마 「다모」)', '사랑이 어떻게 변하니?(영화 「봄날은 간다」)', '잘생겼다, 잘생겼다(광고 SK 텔레콤)' 등이 그런 예이다. 위에서 말한 (51나)의 신조어를 포함하여 2000년대 이후 인터넷이나 SNS에서 널리 퍼진 유행어들은 일상의 구어로까지 확산되고 있기도 하다.

이미 언급한 것처럼 신어, 곧 차용어나 신조어가 처음 나타날 때는 유행어로서의 지위를 가지다가 일부는 언중의 공인을 얻어 사전에 오르게 되지만 상당수의 신어들은 유행어로서만 쓰이다가 사라지게 된다. 어떤 신어가 살아남고 어떤 신어가 사라지는지를 규칙화하여 말하기는 어렵다. 살아남는지를 결정하는 데에 가장 중요하게 작용하는 것은 신어가 언중에게 자주, 널리, 오래 쓰이는지의 여부이다. 또한 합성이나 파생과 같이 자연스러운 우리말 조어 방식에 의해 만들어진 신어가 혼성어나 약어화 단어보다 살아남을 가능성이 더 큰 것으로 보인다.[51]

신어가 나타나게 되면 일종의 반대급부로 기존의 단어가 사어화(死語化)

51 혼성어나 약어화 단어는 제 I 권 3.2.1.3.을 참조할 수 있다.

하기도 한다. 주지하듯이 한자어의 대량 유입은 고유어와의 경쟁을 불러일으켜 상당수의 고유어가 사라지는 결과를 가져오기도 했다. 한자어가 유입되기 시작한 고대 한국어 이래로 이런 경향은 지속되어 왔다. 이미 언급한 바와 같이 '온', '즈믄', '맛비', '녀름지ᅀᅵ', '다솜어미' 등의 고유어가 사라진 것도 이런 이유이다. 최근의 서구 외래어의 유입도 기존의 고유어나 한자어를 위축시키는 결과를 가져올 것으로 생각된다.[52]

52 어떤 단어가 사어가 되었는지를 판단하기는 어렵다. 국어사전을 기준으로 사어 여부를 판단할 수도 있지만 쓰임이 제약되어도 사전에서 빼지 않은 경우가 많으므로 이 또한 쉽지 않다. 이처럼 사전에는 실려 있지만 실제로 사용되지 않는 단어를 유령어(ghost word)라고 부르기도 한다.

8.5. 어휘와 사전

이미 8.1.2.에서 언급했듯이 어휘론에서의 사전은 종이 사전(dictionary)과 머릿속 사전(mental lexicon)을 지칭한다. 그 밖에도 사전 내지 'lexicon'은 변형 생성 문법을 비롯한 문법 이론에서 어휘 저장소를 지칭하는 말이기도 하고, 자동 번역 시스템의 단어 간의 정보나 문법 정보를 기록하는 파일을 의미하기도 한다. 우리 책에서는 앞에서 머릿속 사전에 대해 비교적 자세하게 언급한 바가 있으므로 여기에서는 종이 사전[53]에 대해 간략하게 언급해 보기로 한다.

53 우리 책에서는 종이 사전을 두 가지 용법으로 사용한다. 하나는 머릿속 사전에 대응되는 일반 사전의 개념이고 다른 하나는 물리적 형태의 기준에 의해 전자 사전의 상대 개념으로 종이에 기록된 사전의 의미이다.

8.5.1. 사전의 개념과 유형

사전은 일반적으로 '여러 가지 사항을 모아 일정한 순서로 배열하고 그 각각에 해설을 붙인 책'을 말한다. 사전 중에서 우리가 관심을 가지는 언어 사전은 '한 가지 언어 혹은 여러 언어의 어휘를 자모순으로 제시하고 각각의 표제어에 대해 발음 정보, 품사 정보, 통사적 제약, 의미 정보, 화용 정보, 용례, 동의어 등 관련 어휘 정보, 관용구 등을 제공하는 책'으로 정의된다. 우리가 흔히 사용하는 『표준국어대사전』이나 『우리말샘』처럼 최근에는 CD에 저장하거나 인터넷을 기반으로 제공하는 경우가 많다. 그런데 사전의 성격을 이해하기 위해서는 사전 편찬의 역사를 간략하게 살펴보는 것이 중요하다.

사전은 오랜 역사를 가지고 있으며 사전 편찬의 목표와 방법도 지속적으로 변화해 왔다. 동양과 서양을 막론하고 사전 편찬의 시작은 문헌을 이해하기 위한 어휘집의 편찬이었다. 언어는 통시적으로 계속해서 변화하며, 조금만 시간이 흘러도 후세의 사람은 예전의 문헌을 이해하지 못한다. 이 경우 해결책은 그 문헌을 현대어로 번역하는 것이고 이를 위해서는 과거 문헌에 나오는 어휘를 정리한 어휘집이 필요했던 것이다. 이 점은 우리가 사전의 성격을 이해하는 데에 매우 중요하다. 사전은 과거나 지금이나 본질적으로 공시적으로 사용되는 어휘만을 모아 놓은 것이 아니라 정도의 차이는 있지만 과거에 이미 사용된 어휘를 모아 놓은 것이다.

흔히 사전에 기록된 정보에 대해 절대시하고 신성시하는 경향이 있지만 사전에 기록된 정보는 양적이건 질적이건 확정적이고 절대적인 정보는 아니다. 어휘는 공시적으로 다양한 변이를 가지며 통시적으로도 변화하므로 이런 정보를 사전이 모두 담는 것은 불가능하다. 그리하여 사전 편찬의 초기부터 각각의 어휘에 대한 정확한 용례를 제공하여 이런 결점을 보완하려 하였다. 용례의 제시는 최소한 그 용례가 쓰인 시기, 그 맥락에서의 어휘의 용법을 보여 주기 때문이다. 이런 전통은 전통적인 종이 사전을 대표할 수 있는 『옥스포드 영어 사전』(O.E.D.)에 잘 나타나는데, 1878년에 정식 출간된 이 사전의 초판본(1928)의 총 어휘 수는 414,825개였고 인용 용례는 1,827,308개였다. 최근의 사전 편찬이 주로 말뭉치에 의존하고 있는 것도 용례 기반 사전의 전통에서 보면 당연한 것으로 보인다.

사전의 종류는 여러 가지 기준에 의해 나누어질 수 있다. 언어의 가짓수의 기준에 따라 흔히 외국어 학습에 사용되는 이(二)언어 사전 혹은 다(多)언어 사전과 모어 학습에 많이 쓰이는 단일어 사전으로 나눌 수 있고, 매체에 따라 종이로 된 사전과 전자 사전 및 인터넷 기반 사전으로 나눌 수 있으며, 수록 어휘 규모에 따라 소사전, 중사전, 대사전 등으로 나눌 수 있다. 언어 학습에 사용되는 사전은 소통의 방향에 따라 이해 사전과 표현 사전으로 나눌 수 있고, 사용의 목적에 따라 학습 사전과 참조 사전으로 나눌 수도 있다. 사전에 수록된 정보의 근거에 따라 직관 기반 사전과 말뭉치 기반 사전으로 나누는 것도 가능하다.

흔히 볼 수 있는 국어사전 이외에도 여러 가지 특수한 사전이 있다. 먼저 로제(P. M. Roget)의 시소러스(thesaurus)에서 비롯된 의미 분류 사전이 있다. 남영신의 『우리말 분류 사전』과 박용수의 『우리말 갈래 사전』 등이 이런 범주에 속한다. 독일의 두덴(Duden) 사전처럼 그림을 그려 명칭을 기록한 도해 사전도 있다. 국내에서 편찬된 도해 사전은 흔하지 않지만 민속 관련 어휘 해설집과 같은 책자들에는 그림이 많이 포함되어 있고 방언 조사 자료집에도 전통 복식이나 농기구들이 많이 제시되어 있다.

또한 어휘들의 의미 관계를 기록한 동의어 사전이나 반의어 사전도 흔히 사용된다. 국내에서는 김광해의 『유의어 반의어 사전』이 있었고, 이를 계승하여 (주)낱말사에서는 유의어 반의어 사전을 편찬했는데, 2009년에 출간된 『넓은풀이 우리말 유의어 대사전』은 유의어와 반의어를 집대성한 것이다. 유의어(우리 책에서는 동의어)의 섬세한 차이를 비교하여 풀이한 임홍빈의 『뉘앙스 풀이를 겸한 우리말 사전』과 『한국어사전』도 이런 부류에 포함시킬 수 있다.

그 밖에도 중요한 사전류로 방언 사전이 있으며, 어원 사전, 외래어 사전, 전문어 사전, 파생어 사전, 속담이나 관용어 사전도 많이 출간되어 있다. 일반적인 국어사전과 다소 다른 것으로 역순 사전이 있다. 지금은 검색 기능으로 대체가 가능하지만 순수한 종이 사전만 있었던 과거에는 단어의 끝소리를 중심으로 표제어를 배열한 역순 사전의 필요성이 컸다. 예를 들어 동일한 접사에 의한 파생어를 한꺼번에 보려면 역순 사전이 유용하다. 한국어를 대상으로 한 역순 사전에는 유재원의 『우리말 역순 사전』이 있다.

8.5.2. 사전의 구조

사전의 구조는 흔히 표제어의 선정과 배열을 뜻하는 거시 구조와 개별 표제어의 정보를 뜻하는 미시 구조로 나뉜다. 사전의 거시 구조를 결정하는 것은 주로 표제어의 범위와 배열 방법이다.

국어사전을 펼쳐 보면 알겠지만 사전의 표제어는 기본적으로 단어이다. 일반적으로 단어로 보지는 않지만 어미나 파생 접사도 표제어에 포함된다. 관용구나 속담은 주로 부표제어로 실려 있는데 이 역시 크게 보면 표제어에 들어가는 것으로 볼 수 있다. 실제 국어사전에 포함되어 있지는 않지만 앞에서 논의한 것처럼 연어도 표제어가 될 수 있을 것이다. 현행 사전의 용례가 전형적인 용법을 보여 주고 있다는 점에서는 사전에 부분적으로 연어가 포함된 것으로 해석할 여지가 있기도 하다.

사전에서 표제어의 배열 방식은 대체로 음소 문자를 사용하는 경우 자모순(혹은 알파벳순)이다. 이미 언급한 것처럼 역순 사전도 궁극적으로는 자모순에 따른 것이다. 음소 문자를 사용하지 않은 언어의 경우도 어떤 식으로든 소리의 순서를 고려하여 배열하거나 소리에 따라 검색할 수 있게 배열하고 있다. 의미 분류 사전의 경우 주제별로 나누어 의미에 따른 배열을 보여 주기도 한다.

이제 사전의 미시 구조에 대해 살펴보기로 하자.[54]

54 사전에 들어 있는 개별 항목의 정보는 보통 '일러두기'에 실려 있다. 『표준국어대사전』의 일러두기에는 표제어, 원어 정보, 발음 정보, 활용 정보, 품사 표시, 문형 정보, 문법 정보, 뜻풀이, 순화어, 한글 맞춤법 정보, 관용구/속담, 용례, 관련 어휘 정보, 어원 정보, 기타 부가 정보(삽화 등), 국어사 관련 조사 문헌, 사전에 쓰인 기호 및 약호에 대한 안내가 들어 있다.

(53) 『표준국어대사전』의 '손꼽다' 항목

손-꼽다 [--따]
활용 정보: 〔-꼽아, -꼽으니, -꼽는[꼼-]〕
「동사」
[1]
「1」 손가락을 하나씩 고부리며 수를 헤아리다.
¶ 동생은 손꼽으며 더하기를 하고 있다./할아버지의 연세를 손꼽아 세다.
「2」 많은 가운데 다섯 손가락 안에 들 만큼 뛰어나거나 그 수가 적다.
¶ 철거민들을 위해서 지었다는 아파트에는 진짜 철거민들이 불과 손꼽을 정도라는군.≪황석영, 어둠의 자식들≫
[2] 【…을 …으로】
여럿 중에서 뛰어나다고 여기다.
¶ 내가 본받을 만한 위인으로 손꼽는 사람은 결코 위대한 학자이거나 장군이 아니라 평범한 사람이다.

관용구/속담
손꼽아 기다리다
기대에 차 있거나 안타까운 마음으로 날짜를 꼽으며 기다리다.
¶ 손꼽아 기다리는 일/그는 제대할 날을 손꼽아 기다렸다.

위에서 볼 수 있듯이 사전의 표제어는 표기와 발음이 다른 경우에 발음 정보를 표시하고 있으며, 복합어에 대해서는 성분 분석 정보를 표시하고 있고, 동사나 형용사의 경우 활용 정보 등의 형태 정보도 표시되어 있다. 또한 대부분의 표제어가 포함하고 있는 품사 정보, 동사나 형용사에 해당하는 문형 정보 등의 통사 정보도 포함되어 있다. 뜻풀이를 포함한 의미 정보가 포함되어 있음은 물론, 뜻풀이 앞에 괄호로 '주로 구어체에서'와 같은 화용 정보가 포함되기도 한다. 또한 대부분의 표제어들은 용례를 포함하고 있다. 이미 언급했듯이 관용구나 속담은 별개의 표제어로 볼 수 있지만 구조적으로는 해당 표제어의 미시 정보의 하나로 포함되어 있다.

앞에서 언급한 도해 사전이 아니라도 필요한 경우 그림이나 사진 등 시각 자료를 포함하기도 한다. 또한 동의어나 반의어 등 관련 어휘 정보가 포함되어 있다. 사전의 성격과 관련하여 앞서 우리가 언급한 어원 정보가 부분적으로 포함되어 있는 경우도 있다. 사실 국어사전들은 『옥스포드 영어사전』(O.E.D.) 등과 비교하면 어원 정보가 턱없이 부족하다.

8.5.3. 사전 활용

어휘의 교수·학습 상황에서 사전의 이용은 매우 중요하다. 우리는 모르는 어휘의 뜻만을, 그것도 흔히 외국어의 경우에만 뜻을 확인하는 것으로 사전을 활용하는 경우가 많다. 하지만 사전은 다음에 언급한 것처럼 다양한 기능을 한다. 사전은 첫째, 해당 언어의 총 어휘 목록을 보여 준다. 둘째, 표제어와 부표제어의 관계, 원어 정보, 순화어, 관련 어휘 정보 등을 통하여 어휘소들의 관계를 보여 준다. 셋째, 표제어에 대한 음운적, 형태적, 통사적, 의미적, 화용적 지식을 제공하여 그 어휘가 실제로 사용되는지를 알게 해 준다. 넷째, 단어의 철자, 기본형, 품사, 뜻, 용례, 동음어와 다의어 구분의 표준을 제공하는 규범의 역할을 한다.[55]

55 국어의 경우 규범의 기능을 '한글 맞춤법', '표준어 규정', '외래어 표기법', '로마자 표기법' 등이 상당 부분 담당하지만 많은 언어에서는 사전이 규범의 대부분을 담당하고 있다.

그러므로 사전을 통해 기본형에 따라 표제어가 무엇인지 아는 것에서부터 시작하여 위에서 언급한 다양한 미시 구조의 정보를 최대한 활용하는 습관을 기를 필요가 있다. 최근 국어 교육의 교육 내용에도 초등학교 국어의 교육 내용으로 사전의 활용이 포함되어 있기도 하다. 올바른 사전 이용

습관은 개인의 양적, 질적 어휘 능력 향상에 큰 도움이 된다. 최근에는 전자 사전이나 인터넷 사전이 보편화되고 있으며 이런 사전들은 다양한 검색 기능을 갖추고 있다. 따라서 상세 검색 기능을 잘 활용하는 것도 중요하다.

사전을 단순히 참조하기만 하는 수동적인 이용자가 아니라 사전을 생산하는 능동적인 참여자가 될 수도 있다. 다국적 온라인 백과사전인 '위키피디아(Wikipedia)'는 이런 정신을 기반으로 하는 사전이다. 한국어를 대상으로 최근에 운용되고 있는 국립국어원의 『우리말샘』도 주목할 만하다. 이 사전은 일반 사용자가 어휘를 등록하고 편집할 수 있는 참여형 온라인 사전으로 일반어, 북한어, 신조어, 방언, 옛말, 전문어 등을 포함하여 실제 쓰이고 있는 거의 모든 어휘를 대거 포함한 백과사전의 성격을 가진 것이다. 국립 국어원에서 2016년 5월에 개통하였고, 시범 운영을 거쳐 2020년에 디자인을 개편하고 현재 정식으로 운용하고 있는데, 100만 개 정도의 어휘를 포함하는 것을 목표로 시작하여 2024년 현재 이미 100만 개를 넘었으며, 개방형이므로 앞으로도 어휘가 지속적으로 추가될 것으로 보인다. 사전이 본질적으로는 개인의 어휘부의 총합이라는 점에서 이런 종류의 사전이 나오는 것은 당연하면서도 긍정적인 것으로 생각되며, 우리의 적극적인 참여에 따라 국어사전이 더 풍부하게 만들어져 갈 것이다.

제9장 어문 규범

9.1. 어문 규범

9.1.1. 한글 맞춤법

한글 맞춤법은 한글을 사용하여 우리말을 적는 데 필요한 사항들을 규정한 어문 규범이다. 1933년에 '한글맞춤법통일안'이라는 이름으로 처음 제정이 되었고 이후 작은 수정을 거치다가 1988년에 개정안이 공포되어 1989년부터 시행되기에 이르렀다. 한글 맞춤법은 모두 6장에 걸쳐 57개의 하위 조항으로 이루어져 있으며 부록으로 '문장 부호'가 덧붙어 있다.[1]

[1] '문장 부호'는 2015년 1월 1일부터 새로 개정된 안이 시행되고 있다.

9.1.1.1. 총칙의 이해

한글 맞춤법의 총칙은 세 개의 조항으로 이루어져 있다. 이 중 다음의 제1항은 한글 맞춤법의 기본 원칙을 규정하고 있다.

(1) 제1항 한글 맞춤법은 표준어를 소리대로 적되, 어법에 맞도록 함을 원칙으로 한다.

(1)에는 한글 맞춤법과 관련하여 두 가지 중요한 내용이 담겨 있다. 하나는 한글 맞춤법의 표기 대상에 대한 것으로, 한글 맞춤법은 표준어로 인정되는 말들을 어떻게 적을 것인지를 규정한다. 방언이나 서울말이라도 표준어로 인정되지 않는 것은 한글 맞춤법의 적용 대상이 되지 않는다. 다른 하나

는 한글 맞춤법의 표기 원리에 대한 것으로, 한글 맞춤법은 '소리대로' 적는다는 원리와 '어법에 맞도록' 적는다는 원리를 기반으로 하고 있다.

소리대로 적는 원리는 각 단어를 음소 차원에서 발음 그대로 표기하는 것을 가리킨다. 이러한 원리를 흔히 표음주의 또는 음소주의라고 부르기도 한다. 표음주의는 소리대로 적는다는 의미이고, 음소주의는 표면에서 실현되는 음소 차원의 발음을 표기한다는 의미이다. '마음, 물, 바람, 하늘' 등과 같이 발음과 표기가 일치하는 경우가 소리대로 적는 원리를 따른 것이다.

어법에 맞도록 적는 원리는 형태소의 본래 모양을 밝혀서 표기하는 것을 가리킨다. 이러한 원리를 표의주의 또는 형태음소주의(또는 형태주의)라고 부르기도 한다. 표의주의는 뜻을 밝혀 적는다는 의미이고, 형태음소주의는 기본형을 이루는 음, 즉 형태음소를 표기한다는 의미이다.

어법에 맞도록 적는 원리는 구체적으로 두 가지 사실과 관련을 맺는다. 하나는 서로 다른 형태소들이 결합하여 더 큰 단위를 이룰 때 각 형태소들을 분리하여 적는 것이다. 이것을 흔히 분철이라고 한다. 용언 어간 '먹-'과 어미 '-어서'가 결합할 때 실제 발음은 '[머거서]'와 같이 되지만 어간과 어미를 분리하여 '먹어서'로 표기하는 것은 어법에 맞도록 적는 원리를 따른 것이다. 다른 하나는 형태소의 기본형을 밝혀서 적는 것이다. 교체를 하는 형태소는 환경에 따라 형태가 달리 실현되지만 기본형으로 고정시켜 표기할 수 있다. 가령 '밭'이라는 단어는 앞뒤로 인접하는 형태소의 종류에 따라 '밭, 밫, 받, 반, 빹, 빷, 빧, 빤'과 같이 매우 다양한 교체를 보이지만 항상 '밭'으로 일관되게 표기하는데 이것도 어법에 맞도록 적는 원리에 속한다.

소리대로 적는 표음주의와 어법에 맞도록 적는 표의주의는 표면상으로는 양립하기 어려운 이질적인 표기 원리이다.[2] 소리대로 적으면 분철을 할 수 없거나 기본형을 밝힐 수 없는 것이 일반적이다. 그럼에도 불구하고 이 두 가지 원리는 한글 맞춤법 규정에서 공존하고 있다. 그 이유는 이 두 가지 원리가 작용하는 환경이 어느 정도 구분되기 때문이다.

2 이러한 사실은 두 가지 원리를 지시하는 용어에서도 잘 드러난다. '표음주의'와 '표의주의'의 대립은 말할 것도 없고, 표면에서 실제로 발음되는 음소를 표기하는 '음소주의'와 기본형을 이루는 추상적 분절음을 표기하는 '형태음소주의'도 서로 대립되는 용어이다.

(2) 가. 낳고, 낳으니, 낳아서 ⇔ 하얗고, 하야니, 하얘서

나. 길이, 굳이 ⇔ 마감, 차마

(2가)는 용언 어간 뒤에 어미가 결합하는 경우의 표기이다. '낳-'은 규칙적 교체를 보이는 어간이며 표기 역시 항상 '낳'으로 고정시킨다. 반면 '하얗-'은 불규칙적 교체를 하는 어간인데 뒤에 오는 어미에 따라 어간의 형태를 '하얗', '하야', '하얘'로 다르게 표기한다. '낳-'과 같이 규칙적 교체를 하는 어간은 기본형이 무엇인지도 분명하고 어간과 어미의 경계도 분명하므로 어법에 맞도록 적을 수 있다. 그러나 '하얗-'과 같이 불규칙적 교체를 하는 어간은 기본형이 무엇인지도 명확하지 않을 뿐만 아니라 어간과 어미의 경계가 불분명한 경우도 있기 때문에 소리대로 적게 된다.[3]

(2나)는 어근에 파생 접사가 결합하는 경우의 표기이다. '길이, 굳이'는 어근과 접사를 명확히 구분하며 어근의 원형을 밝혀 적고 있다. 반면 '마감, 차마'는 그렇지 않다. 이러한 차이는 두 가지에서 비롯되었다. 하나는 '길이, 굳이' 등의 어근이 명확히 드러나는 데 비해 '마감, 차마'는 그렇지 않다는 점이다. 다른 하나는 '길이, 굳이'에 들어 있는 파생 접사가 '마감, 차마'에 들어 있는 파생 접사보다 쓰임새가 더 넓다는 점이다.[4]

이처럼 소리대로 적는 표음주의는 주로 불규칙적 교체를 보이는 경우, 어원을 알기 어려운 경우, 복합어의 구성 요소가 본뜻에서 멀어졌거나 그 쓰임새가 일부로 제한된 경우 등에 채택한다. 반면 그렇지 않은 경우에는 표의주의를 택하는 것이 원칙이다. 한글 맞춤법의 각 하위 조항들은 이러한 표음주의와 표의주의 중 어느 것을 따르는지를 기준으로 분류할 수 있다.

(3) 가. 제10항 한자음 '녀, 뇨, 뉴, 니'가 단어 첫머리에 올 적에는, 두음 법칙에 따라 '여, 요, 유, 이'로 적는다. (예) 여자(女子), 연세(年歲), 익명(匿名) 등

나. 제18항 다음과 같은 용언들은 어미가 바뀔 경우, 그 어간이나 어미가 원칙에 벗어나면 벗어나는 대로 적는다. (예) 긋

3 물론 '하얗-'의 활용형 중 '하얗고, 하얗지'는 소리대로 적은 경우는 아니다.

4 파생 접사의 쓰임새가 넓다는 것은 더 많은 어근과 결합한다는 의미이다. 이런 경우 흔히 생산성이 높다고 말한다. 파생 접사의 생산성에 대해서는 제Ⅰ권의 3.2.3.을 참조할 수 있다.

다-그어-그으니-그었다, 깁다-기워-기우니-기웠다 등

(3)은 표음주의를 반영하는 조항들이다. (3가)의 경우 한자의 원음 대신 어두에서는 소리대로 적도록 규정하고 있다. (3나)는 불규칙적 교체를 보이는 용언의 활용형들은 어간이나 어미의 원형을 밝히지 않고 바뀐 대로 적도록 하고 있다.

(4) 가. 제6항 'ㄷ, ㅌ' 받침 뒤에 종속적 관계를 가진 '-이(-)'나 '-히-'가 올 적에는 그 'ㄷ, ㅌ'이 'ㅈ, ㅊ'으로 소리 나더라도 'ㄷ, ㅌ'으로 적는다. (예) 맏이, 같이, 끝이

나. 제20항 명사 뒤에 '-이'가 붙어서 된 말은 그 명사의 원형을 밝히어 적는다. (예) 곳곳이, 낱낱이, 육손이

(4)는 표의주의를 반영하는 조항들이다. (4가)는 소위 구개음화에 대한 것으로 형태소의 결합 과정에서 구개음화가 일어나더라도 구개음화가 일어나기 전의 원형을 밝혀 적도록 규정하고 있다. (4나)는 파생 접사 '-이'가 결합된 파생어의 경우 그 어근인 명사의 원형을 밝혀서 파생 접사와 구분하여 적도록 하고 있다.

참고 1 표음주의와 표의주의

한글 맞춤법 제1항을 보면 표음주의를 반영한 '소리대로 적되'라는 표현이 먼저 나오고 표의주의를 반영한 '어법에 맞도록 함'은 마치 표음주의에 대한 단서처럼 표현되어 있다. 그래서 마치 표음주의가 더 우선시되는 것처럼 오해할 수도 있다. 그런데 표음주의와 표의주의는 어느 것이 더 우선이라고 말하기 어렵다. 오히려 이 둘은 적용되는 상황이 다르기 때문에 서로 보완적인 관계에 있다고 보는 편이 타당하다. 가령 규칙적 교체를 보이는 형태소는 표의주의를 채택하여 기본형을 밝혀서 적는 비율이 압도적으로 높다. 반면 불규칙적 교체를 보이는 형태소는 표음주의를 채택하여 실제 발음에 가깝게 적고 있다. 복합어에 있어서도 표의주의를 채택하는 경우와 표음주의를 채택하는 경우가 대체로 구분된다.

표의주의와 표음주의는 그 나름대로의 장점을 가지고 있다. 표의주의의 가장 큰 장점은 독서 능률의 향상을 들 수 있다. 각 형태소들의 기본형을 밝혀 적거나 서로 다른 형태소들을 분리해서 적으면, 그만큼 형태소의 식별이 편하므로 글을 읽을 때 유리하

다. 실제로 '꽃이 앞뜰에 많이 피었다'로 표기하는 것과 '꼬치 압뜨레 마니 피얻따'로 표기하는 것을 비교하면 표의주의가 표음주의에 비해 독서의 능률에 얼마나 유리한지 쉽게 알 수 있다. 다만 표의주의를 채택하면 형태소의 기본형과 형태소 경계에 대한 정보를 전부 알아야 적을 수 있으므로 표기가 복잡하고 어려울 수 있다는 문제 제기가 있다. 이런 측면에서는 표음주의가 표의주의에 비해 편리하다. 형태소의 원형이나 경계에 대한 정보가 없어도 소리 나는 대로 표기하는 데에는 별다른 어려움이 없기 때문이다.

앞에서도 언급했듯이 한글 맞춤법에서는 상황에 맞게 표의주의와 표음주의를 융통성 있게 적용하고 있다. 이것은 표의주의와 표음주의가 공존하면서 서로의 단점을 보완하게끔 해 준다. 형태소의 기본형이나 경계에 대한 정보가 비교적 명확한 경우에는 표의주의를 채택하고 그렇지 않은 경우에는 표음주의를 채택하여 두 가지 방식의 장점은 높이면서도 단점을 보완하고 있는 것이다.

한글 맞춤법 총칙 제2항은 띄어쓰기에 대한 원칙을 천명하고 있다.

(5) 제2항 문장의 각 단어는 띄어 씀을 원칙으로 한다.

(5)는 띄어쓰기의 기준이 되는 단위가 단어임을 분명히 지적하고 있다. 이러한 원칙은 한 가지 예외를 제외하면 대체로 잘 지켜진다. 즉 조사가 결합될 경우에는 비록 조사를 별개의 단어로 인정하고 있음에도 불구하고 항상 앞말에 붙여 써야만 하는 것이다. '눈물, 손목' 등과 같이 두 개의 단어가 결합된 합성어를 붙여 쓰는 이유도 (5)에서 찾을 수 있다. 합성어는 하나의 단어이므로 (5)에 따르면 붙여 쓰는 것이 당연하다.

한글 맞춤법 제3항은 외래어에 대한 것이다.

(6) 제3항 외래어는 '외래어 표기법'에 따라 적는다.

여기에 따르면 외래어의 표기는 외래어 표기법에서 규정하므로 한글 맞춤법에서 따로 언급하지 않는다.

9.1.1.2. 주요 내용

제2장 자모

제2장에서는 한글의 자모를 규정하고 있다.

(7) 제4항 한글 자모의 수는 스물넉 자로 하고, 그 순서와 이름은 다음과 같이 정한다.

ㄱ(기역) ㄴ(니은) ㄷ(디귿) ㄹ(리을) ㅁ(미음) ㅂ(비읍) ㅅ(시옷)
ㅇ(이응) ㅈ(지읒) ㅊ(치읓) ㅋ(키읔) ㅌ(티읕) ㅍ(피읖) ㅎ(히읗)
ㅏ(아) ㅑ(야) ㅓ(어) ㅕ(여) ㅗ(오) ㅛ(요)
ㅜ(우) ㅠ(유) ㅡ(으) ㅣ(이)

5 자모의 이름과 배열 순서의 역사에 대해서는 12.2.3과 12.2.4에서 자세히 설명하고 있다.

(7)에서 규정하고 있듯이 한글은 24자를 기본자로 하는데,[5] 자음을 나타내는 글자와 모음을 나타내는 글자로 나누어 보면 다음과 같다.

(8) 가. 자음자: ㄱ, ㄴ, ㄷ, ㄹ, ㅁ, ㅂ, ㅅ, ㅇ, ㅈ, ㅊ, ㅋ, ㅌ, ㅍ, ㅎ (14자)
나. 모음자: ㅏ, ㅑ, ㅓ, ㅕ, ㅗ, ㅛ, ㅜ, ㅠ, ㅡ, ㅣ (10자)

(8)의 24자는 훈민정음을 창제했을 때 새로 만들었다고 밝힌 28자와 밀접한 관련이 있다. 훈민정음 28자 중 이후에 사라진 'ㆍ, ㅿ, ㆁ, ㆆ'의 4자를 뺀 것이 (8)에 제시된 24자이다. (8가, 나)에 속하지 않는 나머지 글자들은 (8)의 글자들을 합친 것으로 간주한다. 가령 자음자 중에서 'ㄲ, ㄸ, ㅃ, ㅆ, ㅉ'과 같이 경음을 나타내는 것은 같은 자음을 나란히 결합한 경우에 해당한다. 모음자는 두 글자가 결합된 것과 세 글자가 결합된 것이 구분된다.

(9) 가. ㅐ(ㅏ+ㅣ), ㅒ(ㅑ+ㅣ), ㅔ(ㅓ+ㅣ), ㅖ(ㅕ+ㅣ), ㅚ(ㅗ+ㅣ), ㅟ(ㅜ+ㅣ), ㅢ(ㅡ+ㅣ), ㅘ(ㅗ+ㅏ), ㅝ(ㅜ+ㅓ)
나. ㅙ(ㅗ+ㅏ+ㅣ), ㅞ(ㅜ+ㅓ+ㅣ)

(9가)는 두 글자가 결합된 경우이다. 여기에는 'ㅐ, ㅒ, ㅔ, ㅖ, ㅚ, ㅟ, ㅢ'와

같이 (8나)의 기본자에 'ㅣ'가 결합된 것과 'ㅘ, ㅝ'와 같이 'ㅗ, ㅜ'에 각각 'ㅏ, ㅓ'가 결합된 것이 있다. (9나)는 세 글자가 결합된 경우로서 (9가)의 'ㅘ, ㅝ'에 'ㅣ'가 결합된 구조로 되어 있다.

참고 2 한글 자모 명칭에 대한 남북한의 차이점

한글 자모 중 자음을 나타내는 글자들의 명칭은 남한과 북한이 차이를 보인다. 2010년에 나온 『조선말규범집』에 따르면 북한에서는 자음 글자들의 명칭을 다음과 같이 정하고 있다.

ㄱ (기윽~그)	ㄴ (니은~느)	ㄷ (디읃~드)	ㄹ (리을~르)	ㅁ (미음~므)	ㅂ (비읍~브)	ㅅ (시읏~스)
ㅇ (이응~으[6])	ㅈ (지읒~즈)	ㅊ (치읓~츠)	ㅋ (키읔~크)	ㅌ (티읕~트)	ㅍ (피읖~프)	ㅎ (히읗~흐)

남북한의 가장 두드러진 차이는 'ㄱ, ㄷ, ㅅ'의 명칭에서 드러난다. 남한에서는 『훈몽자회』 이래로 오랜 기간 사용한 전통을 그대로 따라서 '기역, 디귿, 시옷'이라고 하고 있지만, 북한에서는 다른 자음자들의 명칭과 통일하기 위해 '기윽, 디읃, 시읏'으로 바꾸었다. 이 외에 남한과 달리 북한에서는 자음자의 명칭으로 '그, 느, 드……'와 같은 1음절 형태도 인정하고 있다.

한편 기본자는 아니지만 'ㄲ, ㄸ, ㅃ, ㅆ, ㅉ'에 대한 명칭도 남북한이 다르다. 남한에서는 '쌍기역, 쌍디귿, 쌍비읍, 쌍시옷, 쌍지읒'이라고 하지만 북한에서는 '된기윽~끄, 된디읃~뜨, 된비읍~쁘, 된시읏~쓰, 된지읒~쯔'라고 한다. 남한에서는 두 개의 글자가 겹쳐졌다는 사실을 중시하여 '쌍'이라는 표현을 사용한다. 반면 북한에서는 이 글자들이 경음, 즉 된소리를 나타낸다는 사실을 중시하여 '된'이라는 표현을 사용하거나 'ㄲ, ㄸ' 등과 같이 1음절로 나타낸다.

6 2010년의 개정안이 발표되기 전에는 '으'가 아니라 '응'이었으나 2010년 개정안에서 '으'로 정하였다. 이전에 '으' 대신 '응'으로 했던 것은 '으'로 하면 모음자 'ㅡ'의 명칭과 같아져서 혼동이 될 수 있기 때문이었다. 그러나 '응'으로 함으로써 '그, 느, 드 …' 등 다른 글자들과 통일성이 깨져서 개정판에서는 다시 '으'로 수정했다.

제3장 소리에 관한 것

소리에 관한 조항은 된소리, 구개음화, 'ㄷ' 소리 받침, 모음, 두음 법칙, 겹쳐 나는 소리의 여섯 가지 내용으로 구분된다. 이 중 앞에서 이미 다룬 내용을 제외한 나머지에 대해 간략히 살피기로 한다.

우선 살필 것은 단어 중간의 된소리 표기에 대한 규정이다.

(10) 제5항 한 단어 안에서 뚜렷한 까닭 없이 나는 된소리는 다음 음절의 첫소리를 된소리로 적는다.

1. 두 모음 사이에서 나는 된소리 (예) 소쩍새, 어깨, 오빠, 으뜸
2. 'ㄴ, ㄹ, ㅁ, ㅇ' 받침 뒤에서 나는 된소리 (예) 산뜻하다, 살짝, 담뿍, 몽땅

   다만, 'ㄱ, ㅂ' 받침 뒤에서 나는 된소리는, 같은 음절이나 비슷한 음절이 겹쳐 나는 경우가 아니면 된소리로 적지 아니한다. (예) 국수, 법석

(10)에 따르면 특별한 이유 없이 나는 된소리의 경우 표기에도 그대로 반영하도록 하고 있다. 여기서 '뚜렷한 까닭 없이'는 규칙적으로 일어나는 경음화 규칙에 의하지 않은 것을 가리킨다고 할 수 있다. 모음이나 공명음인 'ㄴ, ㄹ, ㅁ, ㅇ' 뒤에서는 경음화 규칙이 적용되지 않는 것이 원칙이므로 이런 환경에서 나는 된소리는 표기에 그대로 반영한다. 그러나 '다만'에서도 밝히듯이 'ㄱ, ㅂ' 뒤에서 나는 된소리는 표기에 반영하지 않는다. 이것은 'ㄱ, ㅂ' 뒤에서 경음화 규칙이 예외 없이 일어난다는 사실과 관련된다.

다음으로 'ㄷ' 소리로 나는 받침의 표기 규정도 존재한다.

(11) 제7항 'ㄷ' 소리로 나는 받침 중에서 'ㄷ'으로 적을 근거가 없는 것은 'ㅅ'으로 적는다. (예) 덧저고리, 돗자리, 엇셈

(11)에 따르면 그 말음이 'ㄷ'이라는 명확한 근거가 없는 한 'ㅅ'으로 적는다. 'ㄷ'으로 적을 근거란 해당 형태소의 기본형이 'ㄷ'이거나 또는 'ㄷ'과 관련을 맺음을 보여 주는 증거이다. 가령 '얻-'은 '얻어, 얻으니'와 같은 활용형에서 기본형의 말음이 'ㄷ'이라는 점이 분명하기 때문에 받침을 'ㄷ'으로 적는다. 만약 그러한 근거가 없는 한 발음이 'ㄷ'으로 난다고 하더라도 'ㅅ'으로 적어야 한다. 이러한 처리는 그 이전의 7종성 표기법에서 'ㄷ' 대신 'ㅅ'을 받침으로 표기해 오던 전통적인 표기 관습을 따른 것이다.[7]

7 7종성 표기에 대해서는 12.4를 참조할 수 있다.

제4장 형태에 관한 것

형태에 관한 조항은 체언과 조사, 어간과 어미, 접미사가 붙어서 된 말, 합성어 및 접두사가 붙는 말, 준말의 다섯 가지 내용으로 구분된다. 이 중 대표적인 몇몇 조항의 내용을 살펴보기로 한다.

(12) 가. 제14항 체언은 조사와 구별하여 적는다. (예) 떡이, 떡을, 떡에, 떡도, 떡만

나. 제15항 용언의 어간과 어미는 구별하여 적는다. (예) 먹다, 먹고, 먹어, 먹으니

(12가, 나)는 각각 체언 뒤에 조사가 결합하거나 용언 어간 뒤에 어미가 결합할 때 이 둘을 분리하여 적는다는 분철의 원칙을 표명한 것이다. 조사나 어미가 체언이나 용언 어간과 결합하는 것은 매우 빈번하게 일어나며, 이런 형태소들이 결합할 때에는 형태소 사이의 경계를 명확히 밝히는 분철 표기를 택하는 것이 일반적이다. (12)는 표의주의를 채택하는 대표적인 경우이다. 다만, 어간 뒤에 어미가 결합하는 경우라 하더라도 표의주의를 취하지 않는 예들이 존재한다.

(13) 제18항 다음과 같은 용언들은 어미가 바뀔 경우, 그 어간이나 어미가 원칙에 벗어나면 벗어나는 대로 적는다.

가. 어간의 끝 'ㄹ'이 줄어질 적 (예) 갈다: 가니, 간, 갑니다, 가시다, 가오

나. 어간의 끝 'ㅅ'이 줄어질 적 (예) 긋다: 그어, 그으니, 그었다

다. 어간의 끝 'ㅎ'이 줄어질 적 (예) 그렇다: 그러니, 그럴, 그러면, 그럽니다, 그러오

라. 어간의 끝 'ㅜ, ㅡ'가 줄어질 적 (예) 푸다: 퍼, 펐다, 뜨다: 떠, 떴다

마. 어간의 끝 'ㄷ'이 'ㄹ'로 바뀔 적 (예) 걷다[步]: 걸어, 걸으니, 걸었다

바. 어간의 끝 'ㅂ'이 'ㅜ'로 바뀔 적 (예) 깁다: 기워, 기우니, 기웠다

사. '하다'의 활용에서 어미 '-아'가 '-여'로 바뀔 적 (예) 하다: 하여, 하여서, 하여도

아. 어간의 끝 음절 '르' 뒤에 오는 어미 '-어'가 '-러'로 바뀔 적 (예) 푸르다: 푸르러, 푸르렀다

자. 어간의 끝 음절 '르'의 'ㅡ'가 줄고, 그 뒤에 오는 어미 '-아/-어'가 '-라/-러'로 바뀔 적 (예) 가르다: 갈라, 갈랐다

(13)에 제시된 경우는 (13가)와 (13라)의 일부를 제외하면 불규칙 용언에 속한다. 불규칙 용언은 교체 양상을 규칙화하기 어려우므로 교체가 일어나는 대로 표기함으로써 표의주의보다는 표음주의에 더 가까운 모습을 보인다. (13가)의 'ㄹ'이 탈락하는 경우나 (13라)에서 'ㅡ'가 탈락하는 것은 현재는 규칙적인 현상으로 처리하고 있지만, 한글 맞춤법을 처음 제정하던 당시에는 불규칙인 현상으로 보았기 때문에 다른 불규칙 용언과 동일한 처리를 하였다.

접미사가 붙어서 된 말에 대한 조항에서는 어근이나 접미사의 원형을 밝혀 적는 경우와 그렇지 않은 경우를 구분하고 있다.

(14) 제19항 어간에 '-이'나 '-음/-ㅁ'이 붙어서 명사로 된 것과 '-이'나 '-히'가 붙어서 부사로 된 것은 그 어간의 원형을 밝히어 적는다. (예) 길이, 묶음, 같이, 익히

다만, 어간에 '-이'나 '-음'이 붙어서 명사로 바뀐 것이라도 그 어간의 뜻과 멀어진 것은 원형을 밝히어 적지 않는다. (예) 코끼리, 거름, 노름

[붙임] 어간에 '-이'나 '-음' 이외의 모음으로 시작된 접미사가 붙어서 다른 품사로 바뀐 것은 그 어간의 원형을 밝히어 적지 아니한다. (예) 너머, 마중, 도로, 조차

(14)에서 알 수 있듯이 어근이 분명하고 널리 쓰이는 접미사가 붙어서 된 말은 어근의 원형을 밝혀 적으며 어근과 접사를 분리하여 적는다. 그러나 어근이 원래의 뜻에서 멀어졌거나, 어원이 불분명해졌거나, 접미사가 널리 쓰이는 경우가 아닌 경우에는 소리 나는 대로 적게 된다. 이러한 원칙은 접미사가 붙어서 만들어지는 다른 말에도 그대로 적용된다.

합성어 및 접두사가 붙는 말에 대한 조항 중에서는 사이시옷 표기에 대한 조항을 살필 필요가 있다.

(15) 제30항 사이시옷은 다음과 같은 경우에 받치어 적는다.

가. 순 우리말로 된 합성어로서 앞말이 모음으로 끝난 경우

a. 뒷말의 첫소리가 된소리로 나는 것 (예) 고랫재, 귓밥, 나룻배

b. 뒷말의 첫소리 'ㄴ, ㅁ' 앞에서 'ㄴ' 소리가 덧나는 것 (예) 멧나물, 텃마당, 빗물

나. 순 우리말과 한자어로 된 합성어로서 앞말이 모음으로 끝난 경우

a. 뒷말의 첫소리가 된소리로 나는 것 (예) 귓병, 머릿방, 뱃병

b. 뒷말의 첫소리 'ㄴ, ㅁ' 앞에서 'ㄴ' 소리가 덧나는 것 (예) 곗날, 제삿날, 툇마루

c. 뒷말의 첫소리 모음 앞에서 'ㄴㄴ'소리가 덧나는 것 (예) 가욋일, 예삿일

다. 두 음절로 된 다음 한자어 (예) 곳간(庫間), 셋방(貰房), 숫자(數字), 찻간(車間), 툇간(退間), 횟수(回數)

여기에 따르면 (15다)에 제시된 '곳간(庫間), 셋방(貰房), 숫자(數字), 찻간(車間), 툇간(退間), 횟수(回數)'라는 한자어를 제외할 경우 사이시옷을 표기하기 위해서는 다음 (16가~다)의 세 가지 조건을 모두 충족시켜야 한다.

(16) 가. 합성어의 앞말이 반드시 모음으로 끝나야 한다.

나. 합성어의 구성 요소 중 하나 이상이 고유어이어야 한다.[8]

다. 합성어의 뒷말이 된소리로 바뀌거나 합성어의 앞말과 뒷말 사

8 (15)에서는 규정하지 않았지만 '피자집'과 같이 외래어가 포함된 합성어는 사이시옷을 표기하지 않는다.

이에 'ㄴ' 또는 'ㄴㄴ'이 덧나야 한다.

이러한 사실에 유의하면 현실 속에서 흔히 접하는 다음과 같은 표기 오류를 피할 수 있다.

(17) 가. 대가(○)/댓가(×)[代價], 초점(○)/촛점(×)[焦點]
나. 뒤풀이(○)/뒷풀이(×), 아래층(○)/아랫층(×)
다. 해님(○)/햇님(×)

(17가)는 한자로만 이루어진 합성어이기 때문에 사이시옷을 표기하지 않는다. (17나)는 고유어가 포함되어 있지만 된소리로 바뀌는 현상이 일어나지도 않았고 'ㄴ' 또는 'ㄴㄴ'이 첨가되지 않았기 때문에 사이시옷을 표기하지 않는다. (17다)의 '-님'은 파생 접미사로서 합성어 형성과는 무관하기 때문에 사이시옷을 표기해서는 안 된다.

제5장 띄어쓰기

띄어쓰기에 대한 조항은 조사에 대한 것, 의존 명사와 단위를 나타내는 명사 및 열거하는 말 등에 대한 것, 보조 용언에 대한 것, 고유 명사 및 전문 용어에 대한 것으로 이루어져 있다.

(18) 가. 제41항 조사는 그 앞말에 붙여 쓴다. (예) 꽃이, 꽃마저, 꽃에서부터
나. 제42항 의존 명사는 띄어 쓴다. (예) 아는 것이 힘이다, 먹을 만큼 먹어라
다. 단위를 나타내는 명사는 띄어 쓴다. (예) 한 개, 차 한 대, 옷 한 벌
라. 보조 용언은 띄어 씀을 원칙으로 하되, 경우에 따라 붙여 씀도 허용한다. (예) 꺼져 간다~꺼져간다, 할 만하다~할만하다

(18가)는 조사의 띄어쓰기 규정으로 모든 조사는 반드시 앞말에 붙여 써야

만 한다. 이것은 앞서도 지적했듯이 단어를 띄어 쓴다고 한 총칙 제2항의 예외가 된다. (18나, 다)는 모두 의존 명사의 띄어쓰기와 관련된다. 자립 명사와 동일하게 의존 명사도 앞에 오는 말과 띄어서 써야 한다.[9] (18라)에서 보듯 본용언과 보조 용언은 띄어 쓰는 것이 원칙이고 일부 조건에 따라 붙여 써도 허용은 된다.

9 '만큼'이나 '대로'는 의존 명사의 용법과 조사의 용법이 있어서 의존 명사로 쓰이면 띄어 쓰지만 조사로 쓰이면 붙여 쓴다.

한편 고유 명사나 전문 용어도 단어별로 띄어 쓰는 것이 원칙이지만 예외도 상당히 허용하고 있다.

(19) 가. 제48항 성과 이름, 성과 호 등은 붙여 쓰고, 이에 덧붙는 호칭어, 관직명 등은 띄어 쓴다. (예) 서화담, 채영신 씨, 최치원 선생
다만, 성과 이름, 성과 호를 분명히 구분할 필요가 있을 경우에는 띄어 쓸 수 있다. (예) 남궁억~남궁 억, 독고준~독고 준
나. 제49항 성명 이외의 고유 명사는 단어별로 띄어 씀을 원칙으로 하되, 단위별로 띄어 쓸 수 있다. (예) 대한 중학교~대한중학교, 한국 대학교 사범 대학~한국대학교 사범대학
다. 전문 용어는 단어별로 띄어 씀을 원칙으로 하되, 붙여 쓸 수 있다. (예) 중거리 탄도 유도탄~중거리탄도유도탄

(19)에서 보듯이 고유 명사나 전문 용어는 일반 명사와 달리 특수한 성격을 가지고 있으므로 띄어 쓰는 방식에서도 융통성을 부여하고 있다. 띄어쓰기와 관련된 총칙 제2항에 따라 단어별로 띄어 쓰면 그 의미를 파악하기 쉽다는 이점은 있다. 그러나 고유 명사나 전문 용어를 단어별로 모두 띄어 쓰면 하나의 대상을 나타낸다는 사실이 잘 드러나지 않는다는 단점도 있다. 이러한 사정을 감안하여 단어별로 띄어 쓰는 것과 붙여 쓰는 것을 모두 인정하고 있다.[10]

10 『표준국어대사전』이나 『우리말샘』의 표제어 중에는 '시민^사회'와 같이 두 말 사이에 '^' 표시가 된 말들이 있다. 이것은 띄어 쓰는 것을 원칙으로 하되 붙여 쓰는 것도 허용함을 의미한다.

9.1.2. 표준어 규정

표준어 규정은 한국어의 표준어 사정에 대한 원칙과 표준 발음법을 정해 놓은 어문 규범으로 그 시초는 1936년 조선어학회에서 공표한 『조선어 표준말 모음』이다. 그러나 이 책은 표준어로 사정한 단어의 목록만 담고 있을 뿐이고 현재와 같은 구체적인 조항들은 담고 있지 않다. 그래서 조항들을 새로 제정하여 1988년 공포하고 1989년부터 시행한 것이 현재의 표준어 규정이다. 표준어 규정은 제1부 표준어 사정 원칙과 제2부 표준 발음법으로 구성되어 있다.

9.1.2.1. 총칙의 이해

표준어 규정의 총칙은 제1부인 표준어 사정 원칙에도 있고 제2부인 표준 발음법에도 있다. 우선 표준어 사정 원칙에 나오는 총칙부터 살피기로 한다.

(20) 표준어 사정 원칙의 총칙

가. 제1항 표준어는 교양 있는 사람들이 두루 쓰는 현대 서울말로 정함을 원칙으로 한다.[11]

나. 제2항 외래어는 따로 사정한다.

11 이 조항은 20세기 초 일본에서 자국의 표준어를 정할 때 "주로 오늘날 동경에서 교육을 받은 사람들 사이에서 말해지는 구어를 표준으로 규정"한다고 한 것과 유사점을 발견할 수 있다.

이 중 표준어 규정의 총칙으로서 실질적인 역할을 하는 것은 제1항이다. 제1항은 표준어 규정에서 말하는 표준어가 무엇인지를 정의한 것으로 가장 중요한 조항이라고 할 수 있다. 여기에 따르면 표준어는 다음 세 가지 요건을 만족시켜야만 한다.

(21) 표준어의 요건

가. 계층적 요건: 교양 있는 사람들이 두루 써야 한다.

나. 시대적 요건: 현대 한국어여야 한다.

다. 지역적 요건: 서울말이어야 한다.

(21가)는 표준어가 특정한 계층에서만 한정되어 사용하는 말이 아님을 가리킨다. '교양 있는'이라는 표현이 다소 모호하기는 하지만 보통의 일반적인 사람들을 모두 포괄하는 개념으로 이해해도 무방하다.[12] 즉 표준어는 일반인들이 널리 쓰는 말이어야 한다는 것이다.

(21나)는 표준어가 다른 시기의 한국어가 아닌 바로 '현대'의 한국어일 것을 규정하고 있다. 한국어사에서의 시대 구분에 따르면 현대 한국어는 20세기 이후의 한국어를 전부 포함하지만 표준어 요건으로서의 '현대 한국어'는 20세기 이후의 한국어 전체를 가리킨다고 보기는 어렵다. 이미 20세기 초의 한국어와 21세기 초의 한국어는 그 모습이 많이 달라졌기 때문에 이 모두를 포괄하는 표준어를 설정하기란 쉽지 않다. 오히려 '현 시점에서 쓰이고 있는 한국어' 정도로 이해하는 편이 나을 듯하다. 그래서 한국어의 현실 상황을 반영하여 표준어를 바꾸거나 복수 표준어를 새로이 인정하는 등 표준어 사정 결과가 부분적으로 바뀌기도 하는 것이다.

(21다)에서 말하는 서울말은 서울의 토박이말로 편협하게 이해해서는 곤란하다. 현재의 표준어는 서울의 토박이말과는 다른 점이 적지 않다.[13] 심지어 처음 표준어 사정을 했던 1930년대의 표준어도 당시 서울의 토박이말과 일치한다고 볼 수는 없다. 이것은 표준어를 정할 때 서울말을 토대로 하기는 했어도 다른 방언의 영향 또한 고려했을 뿐만 아니라, 언어 실제와 동떨어진 다소 규범적인 성격의 내용도 표준어 규정에 포함되어 있기 때문이다.

표준어 요건과 관련하여 생각해 볼 것은 방언이다. 방언은 지역적 차이나 사회적 변수, 또는 그 밖의 발화 상황에 의해 생겨난 언어의 변종을 일컫는다. 이것을 표준어의 정의와 관련하여 이해한다면, 표면적으로는 표준어의 세 가지 요건 중 어느 하나라도 어기면 표준어가 아니므로 방언이 되어야 한다. 그러나 표준어의 요건 중 (21나)를 어기는 것은 방언이라고 보기 어렵다. 현대 한국어가 아닌 것은 근대 한국어 또는 중세 한국어인데 이것들은 과거의 한국어일 뿐 현대 표준 한국어의 변종으로 볼 수는 없다.

결과적으로 (21가)나 (21다)를 어길 경우 방언이 된다. 이 중 (21가)와 같은 계층적 요건을 어기는 방언을 흔히 사회 방언이라고 한다. 사회 방언

12 예전에는 '교양 있는 사람들' 대신 '중류 사회'라고 했는데 '중류 사회'의 기준이 모호하여 표현을 수정한 것이다. 또한 이를 통해 표준어의 구사가 교양인으로서 갖추어야 할 요건임을 알리고자 한 의도도 들어 있다.

13 서울의 토박이말 자료는 국립국어연구원(현 국립국어원)에서 1990년대 후반에 조사한 결과가 있다.

은 계층적 차이 이외에도 연령, 성별, 직업 등 다양한 요인에 의해 생성된다. (21다)의 지역적 요건을 어기는 방언은 지역 방언이라고 한다. 흔히 방언 또는 사투리라고 하면 지역 방언을 일컫는다. 사회 방언이든 지역 방언이든 현재는 그 차이가 예전에 비해 줄어들고 있다. 그 원인은 교통과 통신의 발달 등으로 인해 다양한 계층과 지역에 속한 사람들이 서로 영향을 주고받게 되었고, 대중 매체의 영향으로 대다수 사람들이 표준어를 일상적으로 접할 수 있게 되었기 때문이다.

제2부인 표준 발음법의 총칙은 다음과 같다.

(22) 제1항 표준 발음법은 표준어의 실제 발음을 따르되, 국어의 전통성과 합리성을 고려하여 정함을 원칙으로 한다.

이 조항에 따르면 표준 발음법은 전통성과 합리성을 고려한 실제 발음을 규정한 것이 된다. 전통성과 합리성이 무엇인지 규정되어 있지는 않지만, 전통성은 예전부터 이어져 내려오던 발음과 관련된다고 할 수 있고 합리성은 한국어의 발음 원칙이나 규칙을 가리킨다고 할 수 있다. 만약 실제 발음이 전통성이나 합리성과 부합한다면 아무런 문제없이 실제 발음을 그대로 표준 발음이라고 규정하면 된다. 그러나 때로는 실제 발음이 전통성이나 합리성에 위배되는 경우가 있다.

전통성을 위배하는 경우는 장단의 구별을 들 수 있다. 한국어는 오래전부터 긴소리와 짧은소리를 구분해 왔으며 그 차이에 따라 단어의 뜻이 달라지기도 했다. 그런데 실제 발음에서는 장단의 구분이 제대로 이루어지지 않고 매우 혼란스러운 모습을 보인다. 이런 경우는 실제 발음을 따르지 않고 전통성을 고려한다는 것이다.

합리성을 위배하는 경우는 '맛있다, 멋있다'와 같은 단어의 발음 양상이 좋은 사례이다. 이 단어들의 현실 발음은 '[마딛따], [머딛따]'보다 '[마싣따], [머싣따]'가 훨씬 많이 나타난다. 그러나 한국어의 발음 원칙에서 보자면 '있-'과 같은 실질 형태소 앞에서는 '맛, 멋'의 'ㅅ'이 평파열음화를 겪어야 하므로 '[마딛따], [머딛따]'가 합리적인 발음이다. 이런 경우 합리성을 고려하여 '[마딛따], [머딛따]'를 원칙으로 하고 대신 현실 발음도 고려하여 '[마싣따], [머싣따]'를 허용하는 방식으로 표준 발음을 정하게 된다.

9.1.2.2. **주요 내용**

제1부 표준어 사정 원칙

제1부는 총칙 이외에 표준어로 선정한 어휘들의 사정 원칙을 담고 있다. 내용은 크게 둘로 나뉜다. 하나는 발음 변화에 따른 표준어 규정이고 다른 하나는 어휘 선택의 변화에 따른 표준어 규정이다. 여기에 따르면 어휘 자체가 다른 것으로 바뀌지 않았어도 발음이 바뀌었을 경우의 표준어 사정 원칙이 한 부류를 이루고, 어휘 자체가 다른 것으로 바뀌었을 경우의 표준어 사정 원칙이 한 부류를 이룬다.

발음 변화에 따른 표준어 규정(제2장)에서 눈여겨볼 내용으로 다음을 들 수 있다.

(23) 가. 제7항 수컷을 이르는 접두사는 '수-'로 통일한다. (예) 수꿩, 수나사, 수놈, 수사돈

나. 제8항 양성 모음이 음성 모음으로 바뀌어 굳어진 다음 단어는 음성 모음 형태를 표준어로 삼는다. (예) 깡충깡충(○)/깡총깡총(×), 오뚝이(○)/오똑이(×), 아서라(○)/앗아라(×)

다. 제9항 'ㅣ' 역행 동화 현상에 의한 발음은 원칙적으로 표준 발음으로 인정하지 아니하되, 다만 다음 단어들은 그러한 동화가 적용된 형태를 표준어로 삼는다. (예) -내기, 냄비, 동댕이-치다

(23가)는 일부 예외를 제외하면 접두사를 '수-'로 통일하고 그 뒤에 오는 체언은 원래 형태를 그대로 유지하도록 한 것이다. 이에 따라 '수캐, 수컷' 등과 같이 '수-'가 ㅎ-말음 체언이었을 때 만들어진 일부 합성어 및 '숫양, 숫염소, 숫쥐'와 같이 '수-' 대신 '숫-'으로 적히는 몇몇 예외를 제외하면

'수+체언 기본형'의 형태만을 표준어로 인정한다. (23나)는 모음 조화의 예외를 인정한 것이다. 이러한 예외 중 상당수는 비어두에서 일어난 '오>우'의 변화에 의해 만들어졌음에 주목해야 한다. (23다)의 규정에서와 같이 '이' 모음 역행 동화가 일어난 형태를 대부분 표준어로 인정하지 않은 것도 중요하다. 서울말에서는 '이' 모음 역행 동화가 활발하게 일어나지는 않았는데 이마저도 표준어로 인정하지 않으면서 '이' 모음 역행 동화의 세력은 극도로 약해졌다.

어휘 선택의 변화에 따른 표준어 규정(제3장)에서는 대부분 개별 단어별로 표준어 인정 여부를 결정하고 있다. 여기서 흥미로운 것은 원래 방언이었다고 하더라도 널리 쓰이면 표준어로 인정한다는 점이다.

(24) 가. 제23항 방언이던 단어가 표준어보다 더 널리 쓰이게 된 것은, 그것을 표준어로 삼는다. 이 경우, 원래의 표준어는 그대로 표준어로 남겨 두는 것을 원칙으로 한다. (예) 멍게/우렁쉥이, 애순/어린순

나. 제24항 방언이던 단어가 널리 쓰이게 됨에 따라 표준어이던 단어가 안 쓰이게 된 것은, 방언이던 단어를 표준어로 삼는다. (예) 귀밑머리(○)/귓머리(×), 역겹다(○)/역스럽다(×)

(24가)에서 보듯이 표준어도 그대로 쓰이면서 방언이 더 널리 쓰이면 둘 다 표준어로 인정한다. 그러나 (24나)에서와 같이 방언이 활발하게 쓰이면서 원래의 표준어가 안 쓰이면 방언만 표준어로 인정하고 있다. 이처럼 표준어 사정에서 널리 쓰이는 방언형을 표준어로 인정하는 태도는, 앞서도 언급했듯이 '표준어'를 사정할 때 그 대상을 서울의 순수한 토박이말로만 고정하는 것은 아님을 말해 준다.

현재의 표준어 규정은 복수 표준어의 선정에 인색하지 않다는 특징이 있다. 동일한 대상이나 의미를 표현하는 말이 둘 이상 서울말에서 널리 나타나면 어느 하나만 표준어로 인정하는 것이 아니고 모두를 표준어로 인정하

는 것이다. 가령 2011년에 새롭게 표준어로 인정받은 말들을 보면 '짜장면, 간지럽히다, 맨날' 등과 같이 실제 언어생활에서 오히려 표준어보다 더 빈번하게 사용되던 것들이 다수 포함되어 있다.[14] 이들을 표준어로 인정하지 않았을 때에는 국민들의 언어생활과 어문 규범의 내용이 동떨어지는 것에 대한 적지 않은 우려가 있었다. 현재는 언어의 실제적인 쓰임을 고려하여 표준어도 탄력적으로 선정하려는 움직임이 강하게 나타나고 있다. 이것은 획일화되고 고정적인 사회에서 다원화되고 개방적인 사회로 바뀌는 경향과 그 흐름을 같이한다.[15]

14 그 이전에는 '자장면, 간질이다, 만날'만 표준어로 인정하였다. 2011년에 추가된 표준어로는 이 외에도 '복숭아뼈, 토란대, -길래, 개발새발, 눈고리, 떨구다, 먹거리, 손주' 등이 있다. 또한 2014년에는 '개기다, 꼬시다, 놀잇감, 딴지, 속앓이, 허접하다' 등이 표준어로 인정되었고, 2015년에는 '이쁘다, 푸르르다, 잎새' 등도 표준어로 인정되었다. 2016년에는 '걸판지다, 까탈스럽다, 주책이다' 등이 표준어로 추가되었다.

15 일각에서는 '표준어'라는 용어 대신 '공통어'나 '공용어'라는 용어를 사용하자고 제안하기도 하는데 이것도 시대상의 변화를 보여 주는 한 징표이다. 표준어는 국가주의나 제국주의를 연상시킬 뿐만 아니라 비표준어인 지역 방언의 가치를 폄하한다고 보고 다른 용어로 대체하자는 것이다.

제2부 표준 발음법

제2부는 표준 발음법에 대한 규정을 담고 있다. 한글 맞춤법은 소리대로 적는 원리만 따르는 것이 아니고 어법에 맞도록 적는 원리 또한 매우 중시하고 있다. 그러므로 한글 맞춤법에 의거한 표기를 그대로 발음해서는 올바른 발음이 되지 못하는 경우가 많다. 여기서 표준 발음법의 필요성이 대두된다. 표준 발음법에서는 표기와 발음이 다른 경우를 대상으로 하여 올바른 발음이 무엇인지를 규정해 준다.

이 때문에 표준 발음법은 한국어의 모든 표준 발음을 담고 있지는 않다. 규칙적인 음운 현상이라고 하더라도 그것이 표기에 반영되는 한 표준 발음법에서는 다루지 않는다. 그 대신 표기에 반영되지 않은 음운 현상은 표준 발음법에 포함되어 있다. 가령 어간의 마지막 자음이 탈락하는 경우라고 하더라도 '아는[아:는](알+는), 사는[사:는](살+는)' 등과 같은 유음 탈락 현상은 표준 발음법에 들어 있지 않고 '낳은[나은](낳+은), 낳으니[나으니](낳+으니)' 등과 같은 후음 탈락은 표준 발음법에 들어 있는 이유가 여기에 있다.

표준 발음법은 총칙인 제1장을 제외하면 모두 6개의 장으로 이루어져 있다. 이것은 다시 두 부분으로 나눌 수 있다. 하나는 한국어의 음운 목록에 대한 것으로 제2장과 제3장이 여기에 속한다. 제2장은 자음과 모음의 목록 및 이중 모음의 발음에 대해서, 제3장은 한국어의 운소 중 장단에 대해 언급하고 있다. 모음과 관련해서는 단모음 'ㅔ'와 'ㅐ'의 구별이 현실 발음에서는 거의 사라졌음에도 불구하고 표준 발음에서는 구별해서 발음하도록 규정했다는 점을 주의해야 한다. 또한 장단 역시 점차 명확히 구분하지 못하는 경향이 높아지고 있지만 표준 발음에서는 이러한 혼란을 허용하지 않는다.

다른 하나는 음운 현상에 대한 조항들이다. 제4장은 받침의 발음으로 평파열음화, 자음군 단순화 등과 같이 받침에 오는 자음에 음운 현상이 적용될 때 어떻게 발음할지, 그리고 연음이 되는 환경은 언제인지 등을 규정하고 있다. 제5장은 구개음화, 비음화, 유음화와 같이 음의 동화에 대한 내용을 규정하고 있다. 제6장은 현대 한국어에 존재하는 다양한 경음화에 대해 규정하고 있다. 제7장은 음의 첨가에 대한 규정인데, ㄴ-첨가 및 사잇소리 현상으로서의 첨가에 대한 내용을 다룬다. 표준 발음법의 구체적인 내용은 제I권 제2장과 대체로 겹치기 때문에 따로 다루지는 않는다.

9.1.3. 외래어 표기법

외래어 표기법은 한국어에 들어온 외래어를 한글로 표기하는 데 필요한 사항들을 정해 놓은 어문 규범이다.[16] 현재와 같이 독립된 어문 규범이 마련된 것은 1940년 조선어학회에서 정해 놓은 '외래어 표기법 통일안'이 시초이다. 이후 수정을 거쳐 1986년에 공포된 규정이 6회에 걸쳐 약간의 개정을 거치며 현재까지 이어지고 있다. 외래어 표기법은 모두 4장으로 이루어져 있다.

16 외래어는 넓게 규정하면 외국에서부터 온 말을 전부 가리키고 좁게 규정하면 외국에서부터 온 말 중 한국어로 인정받는 말만을 가리킨다. 외래어 표기법에서 가리키는 '외래어'는 한국 한자음으로 읽히는 한자어를 제외한 모든 외국어를 가리키는 것으로 제8장에서 다룬 '외래어'와는 개념이 약간 다르다.

9.1.3.1. 기본 원칙의 이해

외래어 표기법의 기본 원칙은 모두 5개의 항목으로 되어 있다. 제1항은 외래어 표기에 사용되는 자모에 대해 규정하고 있다.

(25) 제1항 외래어는 국어의 현용 24 자모만으로 적는다.

(25)는 외래어 표기에 사용하는 자모를 한글 맞춤법에서 규정한 24자로 국한한다는 내용이다. 외래어를 표기하기 위해 한글 자모에 없는 글자까지

만들 필요는 없다는 점에서 당연한 내용을 담고 있다. 간혹 '갭(gap), 케이프(cape), 타워(tower), 웨스트(west)' 등의 표기에 사용된 'ㅐ, ㅔ, ㅝ, ㅞ'는 24개의 자모에 포함되어 있지 않아서 제1항에 대한 예외라고 혼동하는 경우가 있는데 그렇지 않다. 이 글자들은 'ㅏ+ㅣ(ㅐ), ㅓ+ㅣ(ㅔ), ㅜ+ㅓ(ㅝ), ㅜ+ㅓ+ㅣ(ㅞ)'에서 보듯이 기존 24 자모에 속하는 모음자를 합쳐서 만든 것이므로 24 자모만 적는다는 원칙을 위배한 것이라고 볼 수는 없다.

(26) 제2항 외래어의 1 음운은 원칙적으로 1 기호로 적는다.

(26)은 음운과 표기의 관계를 일대일로 한다는 내용이다. 표기의 측면에서 본다면 음운과 표기가 항상 일대일로 대응하는 것이 가장 이상적이다. 가령 동일한 영어 자음 'f'를 'fashion'에서는 '패션'과 같이 'ㅍ'으로 적고 'file'에서는 '화일'과 같이 다른 자음으로 적는다면 그리 바람직하지 않다.

(26)의 경우 그 역은 성립하지 않는다는 점을 기억해 둘 필요가 있다. 즉 한 음운은 하나의 기호로 적는 것이 원칙이지만, 하나의 기호가 한 음운만 가리키지는 않는 것이다. 가령 'ㅍ'은 'p'(part, pulp 등)를 가리킬 수도 있지만 'f'(family, fashion 등)를 가리킬 수도 있다. 'ㅂ'은 경우에 따라 'p'(gap, top 등), 'b'(back, big 등), 'v'(virgin, valve 등)의 세 음운에 대응하기도 한다.

(27) 제3항 받침에는 'ㄱ, ㄴ, ㄹ, ㅁ, ㅂ, ㅅ, ㅇ'만을 쓴다.

(27)은 외래어를 기본형의 측면에서 분석했을 때 그 말음이 'ㄱ, ㄴ, ㄹ, ㅁ, ㅂ, ㅅ, ㅇ'의 7종류로 제한된다는 사실과 관련을 맺는다. 외래어는 품사적으로 볼 때 원래의 품사와 상관없이 명사처럼 행동을 한다. 그런데 자음으로 끝나는 외래어 뒤에 모음으로 시작하는 조사를 붙였을 때 앞서 제시한 7종류 이외의 음으로 실현되는 경우가 존재하지 않는다. 가령 'book' 뒤에 '이, 을, 에'를 결합하면 '[부기], [부글], [부게]'로 발음된다. 그래서 '붘'이라고 표기하지 않고 '북'이라고 표기한다. 만약 '[부키], [부클], [부케]'로

발음되었다면 받침에 'ㅋ'을 써야 하겠지만 그런 경우가 없는 것이다. 이처럼 기본형의 관점에서 볼 때 외래어의 말음이 7종류로 제한되는 이상 외래어 표기에서 굳이 'ㅋ, ㅌ, ㅍ' 등과 같은 자음을 받침에 적을 이유는 없게 된다.

(27)은 한국어의 음절 말에서 발음될 수 있는 자음의 종류가 'ㄱ, ㄴ, ㄷ, ㄹ, ㅁ, ㅂ, ㅇ'의 7종류로 제한된다는 사실과 밀접한 관련이 된다. 한 가지 차이가 있다면 발음상 음절 말에 올 수 있는 자음이 고유어나 한자어에서는 'ㄷ'인데 외래어 표기에서는 'ㅅ'이라는 점이다. 예를 들어 원래 't'나 'd'로 끝나는 'internet'이나 'good' 뒤에 모음으로 시작하는 조사를 결합하면 '[인터네시], [구시다]'와 같이 말음을 'ㅅ'으로 발음한다. 이것은 아마도 한국어에 'ㄷ'으로 끝나는 체언이 절대적으로 부족하다는 데에서 비롯된 현상이라고 생각된다. '낟'을 제외한 거의 모든 명사는 'ㄷ'으로 끝나는 경우가 없다.[17] 이러한 제약이 외래어 말음의 종류에도 영향을 미쳤다고 본다.

17 '낟' 역시 '낟알'과 같이 합성어의 일부로 나타날 뿐 '낟이, 낟을, 낟에'와 같이 조사와 결합하여 쓰이는 경우는 극히 드물다. 중세 한국어 시기에 매우 많던 'ㄷ' 말음 명사(곧, 벋, 몯 등)는 현대 한국어에 오면서 모두 'ㅅ' 말음 명사로 바뀌었다.

(28) 제4항 파열음 표기에는 된소리를 쓰지 않는 것을 원칙으로 한다.

(28)은 외래어의 파열음 표기에 평음(ㅂ, ㄷ, ㄱ)이나 유기음(ㅍ, ㅌ, ㅋ)을 나타내는 글자만 사용하고 경음(ㅃ, ㄸ, ㄲ)을 나타내는 글자는 거의 사용하지 않는다는 원칙을 말하고 있다. 이 원칙은 원래 파열음에만 국한되지만 마찰음이나 파찰음의 경우에도 'ㅆ'이나 'ㅉ'과 같은 글자는 외래어 표기에 잘 쓰이지 않는다.[18]

18 우리나라와 가까운 나라의 언어 중에는 일본어 표기에 'ㅆ'이 쓰이고 중국어 표기에 'ㅆ, ㅉ'이 쓰인다.

(28)과 같은 규정은 많은 언어에서 파열음을 비롯한 장애음의 경우 유성음과 무성음의 두 계열만 구분된다는 사실과 관련이 된다. 유성음과 무성음을 구별하여 표기하는 데 평음, 유기음, 경음을 나타내는 글자를 모두 사용할 경우 표기 방식이 매우 복잡해질 우려가 높다. 그래서 단순하게 유성음은 평음으로 표기하고 무성음은 초성의 경우 유기음, 종성의 경우 평음으로 표기하고자 한 것이다.

그러나 이러한 표기 방식은 두 가지 문제점을 안고 있다. 우선 무성음이라고 하더라도 언어에 따라 그 음성적 특징이 조금씩 달라서 영어와 같이 유기성이 강한 언어는 무성음을 'ㅍ, ㅌ, ㅋ'으로 표기해도 아무런 문제가 없지만 프랑스어와 같이 유기성이 매우 약한 언어는 무성음을 'ㅍ, ㅌ, ㅋ'으로 표기하면 원어의 발음과는 다소 동떨어진다는 문제가 있다.[19] 다음으로 파열음이 한국어처럼 세 계열이 구분되거나 또는 네 계열 이상이 구별되는 언어도 적지 않은데 그런 경우에는 평음과 유기음만으로는 해당 언어를 제대로 표기하지 못한다. 그래서 어쩔 수 없이 예외적으로 경음을 외래어 표기에 이용하게 된다는 문제가 있다.[20]

19 프랑스어의 무성 파열음은 'ㅃ, ㄸ, ㄲ'으로 표기하는 것이 오히려 음성적으로는 더 가깝다.

20 가령 세 계열이 구분되는 타이어 표기의 경우, 초성의 유성 무기음 'b, d'는 'ㅂ, ㄷ'으로, 무성 무기음 'p, t, k'는 'ㅃ, ㄸ, ㄲ'으로, 무성 유기음 'p^h, t^h, k^h'는 'ㅍ, ㅌ, ㅋ'으로 적는다.

(29) 제5항 이미 굳어진 외래어는 관용을 존중하되, 그 범위와 용례는 따로 정한다.

(29)는 들어온 지가 오래되어 굳어져 버린 외래어는 그동안 쓰이던 표기를 인정하겠다는 것이다. 이미 확고하게 굳어진 표기를 새로운 규정에 맞춰 수정할 경우 상당한 혼란을 초래할 수 있다. 따라서 그런 경우는 따로 정한다는 의도이다. 가령 'cut'은 '컷'으로도 적고 '커트'로도 적는다. 인쇄 도면이나 영화 장면일 때에는 '컷'으로 적고, 머리를 자르거나 공을 깎아서 치는 것은 '커트'로 적는다. 이것은 해당 외래어가 다양한 경로를 통해 들어오면서 용법에 따라 표기가 달라진 경우에 해당하는데, 이런 사례들은 이미 굳어진 관습으로 보고 인정하겠다는 것이다.

외래어의 경우 표기법과 관련을 맺고 있으면서도 다소 구별되는 문제로 외래어의 발음을 들 수 있다. 현재 외래어 발음법을 따로 규정하고 있지는 않다. 즉, 외래어의 경우 표기대로 발음하거나 또는 표준 발음법에 비추어 발음하면 되는 것이다. 그런데 외래어 발음의 현실은 그리 간단하지가 않다.

외래어의 발음과 관련하여 문제가 되는 것은 크게 두 가지이다.

(30) 가. 'ㅅ'의 발음
나. 'ㄴㄹ'의 발음

(30가)는 'ㅅ'이 '[ㅆ]'으로 발음되는 것과 관련된다. 외래어 표기에 쓰인 'ㅅ' 중에는 경음화가 적용될 환경이 아닌데도 '[ㅆ]'으로 발음되는 경우가 매우 많다. '사이즈[싸이즈](size), 사이클[싸이클](cycle)'과 같이 어두에 놓인 'ㅅ'은 물론이고 '듀스[듀쓰](deuce), 드레스[드레쓰](dress)'와 같이 비어두에 놓인 'ㅅ'도 '[ㅆ]'으로 발음된다. 그렇다고 해서 외래어 표기의 'ㅅ'이 모두 '[ㅆ]'으로 발음되는 것은 아니다. '수프(soup), 스마트(smart)'와 같이 표기 그대로 발음되는 단어도 적지 않다.

만약 외래어 표기의 'ㅅ'을 '[ㅆ]'으로 발음하는 것이 잘못이라고 정한다면 앞서 말한 문제는 발생하지 않는다. 표준 발음법에 근거하여 특별한 이유가 없으면 '[ㅅ]'으로 발음하고 경음화가 적용될 환경에서만 '[ㅆ]'으로 발음하면 된다. 다만 그럴 경우 외래어 표기가 실제 발음 현실과 동떨어진다는 문제는 그대로 남게 된다. 그런데 만약 'ㅅ'을 '[ㅆ]'으로 발음하는 것을 인정할 경우에는 상황이 복잡해진다. 'ㅆ'을 표기에 반영하지 않는 한 'ㅅ'이 '[ㅆ]'으로 발음되는 경우를 어떤 식으로든 밝혀 주어야 하는데 그것이 쉽지 않다. 'ㅅ'이 '[ㅆ]'으로 발음되는 경우를 일반화하기 어렵기 때문이다.

(30나)는 외래어 표기의 중간에 나오는 'ㄴㄹ'을 '[ㄹㄹ]'로 발음할 것인지 '[ㄴㄴ]'으로 발음할 것인지와 관련된다.[21] 가령 '온라인(on-line)'을 '[온나인]'으로 발음해야 할지 '[올라인]'으로 발음해야 할지가 명확하지 않은 것이다. 이 문제는 고유어와 한자어의 발음을 규정한 표준 발음법에서조차 명확하게 규정하지 못했다. 그러므로 외래어 역시 동일한 문제점에 노출되어 있는 것이다.

21 영어에서는 'nl'의 연결이 허용되어서 'on-line'이 '[온라인]'에 가깝게 발음된다.

(30)에 제시된 문제의 해결은 크게 두 가지 측면에서 접근할 수 있다. 외래어 표기법을 고쳐서 처음부터 발음에 가깝도록 표기하든지, 아니면 외래어 표기법은 그대로 두고 외래어 발음법을 따로 규정하거나 외래어마다 표기와 함께 발음을 별도로 정해 주는 것이다. 그러나 그 어떤 방식도 시행하기가 쉽지 않다. 외래어 표기법을 고치는 것도 어려운 일이지만, 외래어 발음의 원칙이나 실제를 정하는 것 또한 결코 단순한 일이 아니다.

9.1.3.2. **주요 내용**

외래어 표기법은 기본 원칙을 담은 제1장을 제외하면 모두 3장으로 이루어져 있다. 제2장은 표기 일람표를 담고 있다. 제일 앞에 국제 음성 기호 각각에 대응하는 한글을 제시하고, 그 뒤에서는 국제 음성 기호로 포괄할 수 없는 언어들에 대해 해당 언어의 자모와 대응하는 한글을 표로 나타내었다.

제3장은 각 언어권에 따라 세부적인 표기 원칙을 담고 있다. 제2장에 나오는 언어별 자모와 한글 대조표만으로는 외래어 표기에 어려움이 생길 수 있기 때문에 부차적으로 필요한 조항들을 제시한 것이다. 2024년 현재 영어부터 러시아어까지 총 21개 언어의 표기 세칙이 마련되어 있다.

제4장은 인명, 지명 표기의 원칙을 규정하고 있다. 인명이나 지명과 같은 고유 명사의 경우 쟁점이 되는 문제는 원래 지역의 음, 즉 원지음을 따를 것인지 말 것인지에 있다. 가령 'Gandhi'는 원지음을 따라 '간디'라고 표기하지만 'Hague'는 제3국의 발음을 따라 '헤이그'라고 하고 있다. 동일한 문제는 동양 3국의 한자로 된 인명과 지명을 우리 한자음으로 표기할 것인지 원지음으로 표기할 것인지에 있어서도 발생한다. '北京'을 '북경'으로 표기할지 '베이징'으로 표기할지, '東京'을 '동경'으로 표기할지 '도쿄'로 표기할지는 모두 이와 관련된 문제이다.

외래어라면 그 말이 쓰이는 원래 지역의 음을 표기하는 것이 타당한 것으로 생각된다. 그러나 현실적으로 모든 외래어의 원지음을 알기가 쉽지 않다는 점, 상당수의 외래어는 미국이나 일본 등을 거치면서 제3국의 음으로 바뀌어 수용된다는 점, 세계적으로 통용되는 형태가 원지음이 아닌 경우가 많다는 점 등으로 인해 외래어 표기를 모두 원지음에 맞추어 하기는 어려운 상황이다. 게다가 한자로 된 인명이나 지명은 한자권 국가의 음이 저마다 모두 다르다는 특수성도 존재한다. 그렇지만 원지음을 좀 더 고려하는 방향으로 나아가는 경향이 강해지는 것은 사실이다.

9.1.4. 로마자 표기법

로마자 표기법은 우리말을 로마자로 표기하는 방법을 규정한 어문 규범이다. 조선어학회에서 1940년에 공식적인 안을 발표한 이래 문교부에서도 여러 차례 개정을 한 바 있다. 현재의 로마자 표기법은 2000년에 대폭적으로 개정한 것에 기반한다. 로마자 표기법은 3장에 걸쳐 12개의 세부 조항으로 이루어져 있다.

9.1.4.1. 기본 원칙의 이해

로마자 표기법의 기본 원칙은 다음과 같다.

(31) 가. 제1항 국어의 로마자 표기는 국어의 표준 발음에 따라 적는 것을 원칙으로 한다.
나. 제2항 로마자 이외의 부호는 되도록 사용하지 않는다.

(31가)는 한국어를 로마자로 표기할 때 한글 표기가 아닌 표준 발음을 로마자로 옮기는 것이 원칙이라고 규정하고 있다. 한글 표기를 기준으로 한 로마자 표기를 전자법(轉字法, transliteration)이라고 하고 실제 발음을 기준으로 한 로마자 표기를 전사법(轉寫法, transcription) 또는 전음법(轉音法)이라고 하는데 현재의 로마자 표기법은 전사법을 원칙으로 한다. 전자법과 전사법 중 어느 것을 택하느냐에 따라 로마자 표기는 상당히 달라진다. 가령 '독립'과 같은 단어는 전자법을 따르면 'doglib'이 되지만 전사법을 따르면 'dongnip'이 되는 것이다.

물론 전사법이 원칙이기는 하지만 모든 로마자 표기를 표준 발음에만 기대어서 하는 것은 아니다. 가령 이중 모음 중 'ㅢ'는 환경에 따라 '[ㅣ]'로 발음되는 경우가 많고 그러한 여러 발음을 표준 발음법에서도 인정하고 있지만 로마자 표기는 항상 'ui'로 고정한다. 또한 경음화는 일절 로마자 표기에 반영하지 않으며, 체언의 말음과 'ㅎ'이 결합할 때 일어나는 유기음화도 로마자 표기에서 고려하지 않는다. 그래서 (31가)에 '원칙으로 한다'라는 표현을 덧붙인 것이다.

(31나)는 현행 로마자 표기법과 예전 로마자 표기법과의 차이를 반영한다. 2000년에 개정되기 전까지 시행되던 로마자 표기법에서는 영어권에서 잘 나타나지 않는 음운이나 음운들의 대립 관계를 로마자로 표기할 때 구별 기호를 활용했다. 그래서 'ㅓ, ㅡ'와 같은 모음은 '˘'를 사용하여 각각 'ŏ'와 'ŭ'로 표기한다든지, 또는 평음, 경음, 유기음의 세 계열을 구별하여 표기하는 데 작은따옴표(')를 사용하여 유기음은 'k'(ㅋ), t'(ㅌ), p'(ㅍ), ch'(ㅊ)'과 같이 표기했다. 그러나 개정된 로마자 표기법에서는 이러한 구별 기호를 인정하지 않는다. 다만 발음상의 혼동을 막기 위해 글자상의 음절 사이에 붙임표(-)는 사용할 수 있게끔 했다. (31나)에 '되도록'이라는 단서가 붙은 것은 이와 관련된다.

9.1.4.2. **주요 내용**

로마자 표기법은 기본 원칙을 담은 제1장을 제외하면 표기 일람(제2장), 표기상의 유의점(제3장)의 두 장으로 이루어져 있다. 표기 일람에는 자음과 모음의 표기가 규정되어 있다.

(32) 자음의 로마자 표기법

<table>
<tr><td rowspan="3">장애음</td><td colspan="9">파열음</td><td colspan="3">파찰음</td><td colspan="3">마찰음</td></tr>
<tr><td>ㄱ</td><td>ㄲ</td><td>ㅋ</td><td>ㄷ</td><td>ㄸ</td><td>ㅌ</td><td>ㅂ</td><td>ㅃ</td><td>ㅍ</td><td>ㅈ</td><td>ㅉ</td><td>ㅊ</td><td>ㅅ</td><td>ㅆ</td><td>ㅎ</td></tr>
<tr><td>g, k</td><td>kk</td><td>k</td><td>d, t</td><td>tt</td><td>t</td><td>b, p</td><td>pp</td><td>p</td><td>j</td><td>jj</td><td>ch</td><td>s</td><td>ss</td><td>h</td></tr>
<tr><td rowspan="3">공명음</td><td colspan="9">비음</td><td colspan="6">유음</td></tr>
<tr><td colspan="3">ㄴ</td><td colspan="3">ㅁ</td><td colspan="3">ㅇ</td><td colspan="6">ㄹ</td></tr>
<tr><td colspan="3">n</td><td colspan="3">m</td><td colspan="3">ng</td><td colspan="6">r, l</td></tr>
</table>

(32)에서 몇 가지 알아 둘 사항이 있다. 우선 'ㄱ, ㄷ, ㅂ, ㄹ'의 경우 하나의 자음을 두 가지 서로 다른 로마자로 표기한다는 점이다. 가령 유성음을 나타내는 로마자 'g, d, b'는 'ㄱ, ㄷ, ㅂ'이 음절의 초성에 올 때 쓰고 무성음을 나타내는 로마자 'k, t, p'는 'ㄱ, ㄷ, ㅂ'이 음절의 종성에 올 때 쓴다. 또한 'ㄹ'을 나타내는 'r'과 'l'의 쓰임도 각각 음절 초성과 종성이라는 출현 위치와 관련이 있되, 'ㄹㄹ'의 경우에는 'll'과 같이 초성의 'ㄹ'도 'l'로 표기

한다. 하나의 음운은 하나의 로마자로 표기하는 것이 편리함에도 불구하고 이렇게 구분한 것은 한국어의 경우 동일한 자음이라도 초성에 놓일 때와 종성에 놓일 때의 발음이 상당히 다르기 때문이다. 그래서 'ㄱ, ㄷ, ㅂ, ㄹ'을 하나의 로마자로만 표기한다면 외국인들에게 불편을 줄 수 있다.

다음으로 파열음의 경우 유기음을 나타내는 로마자가 평음을 나타내는 로마자 중 하나와 겹치는데도 실제로는 혼동이 전혀 일어나지 않는다는 점이다. 'ㅋ, ㅌ, ㅍ'의 로마자 'k, t, p'는 'ㄱ, ㄷ, ㅂ'의 로마자 중 음절 종성에 표기하는 'k, t, p'와 동일하다. 그러나 'ㅋ, ㅌ, ㅍ'은 발음상 음절 초성에만 올 수 있기 때문에 실제 로마자 표기에서는 'ㄱ, ㄷ, ㅂ'과 명확히 구분된다. 'k, p, t'가 음절 종성(자음 앞이나 어말)에 표기되어 있으면 평음을 나타내고 음절 초성(모음 앞)에 표기되어 있으면 유기음을 나타내는 것이다.

(33) 가. 단모음의 로마자 표기법

ㅏ	ㅓ	ㅗ	ㅜ	ㅡ	ㅣ	ㅐ	ㅔ	ㅚ	ㅟ
a	eo	o	u	eu	i	ae	e	oe	wi

나. 이중 모음의 로마자 표기법

ㅑ	ㅕ	ㅛ	ㅠ	ㅒ	ㅖ	ㅘ	ㅙ	ㅝ	ㅞ	ㅢ
ya	yeo	yo	yu	yae	ye	wa	wae	wo	we	ui

모음의 로마자 표기 중에는 일관성 측면에서 문제가 되는 부분도 없지는 않다. 가령 (33가)에 나온 단모음의 로마자 표기 중 'ㅟ'에는 다른 단모음과 달리 'w'가 쓰였는데, 'w'는 (33나)에서 보듯 이중 모음의 반모음을 표기하는 데 주로 쓰인다. 'ㅟ'가 'ㅚ'와 함께 단모음이 아닌 이중 모음으로 발음되는 경우가 많다는 사실을 감안하더라도 'ㅚ'에는 'w'가 들어 있지 않다는 점에서 일관성이 다소 떨어진다.

또한 (33나)의 이중 모음 표기에서는 이중 모음을 이루는 단모음이 로마자 표기에서 약간 혼란스럽게 나타나고 있다. 'ㅕ'와 'ㅝ'는 음운론적으로 볼 때 반모음만 차이가 날 뿐 단모음은 둘 다 'ㅓ'로 공통적이다. 그런데 로마자 표기를 보면 ‘ㅕ(yeo)’는 ‘y’를 제외한 나머지 로마자가 ‘eo’로서 ‘ㅓ’에 잘 대응하지만 ‘ㅝ(wo)’는 ‘w’를 제외한 나머지 로마자가 ‘o’로서 ‘ㅓ’가 아닌 ‘ㅗ’에 대응하는 것이다.

표기상의 유의점을 규정한 제3장의 내용 중에서 가장 핵심이 되는 것은 여러 가지 음운 현상을 로마자 표기에도 그대로 반영한다는 사실이다.

(34) 가. 자음 사이에서 동화 작용이 일어난 경우: 백마[뱅마]-Baengma
나. ‘ㄴ, ㄹ’이 덧나는 경우: 알약[알략]-allyak
다. 구개음화가 되는 경우: 같이[가치]-gachi
라. ‘ㄱ, ㄷ, ㅂ, ㅈ’이 ‘ㅎ’과 합하여 거센소리로 나는 경우: 좋고[조코]-joko

(34가)는 자음 동화, (34나)는 ‘ㄴ, ㄹ’의 첨가, (34다)는 구개음화, (34라)는 유기음화에 해당한다. (34가~다)는 항상 음운 현상이 적용된 형태를 기준으로 로마자 표기를 해야 한다. (34라)의 경우 체언에서 일어나는 유기음화는 로마자 표기에 반영하지 않고 나머지는 로마자 표기에 반영한다. 강원도의 지명인 ‘묵호[무코]’의 로마자 표기를 ‘Muko’가 아닌 ‘Mukho’로 하는 것은 체언에서의 유기음화를 로마자에 반영하지 않기 때문이다. 한편 예외적으로 경음화만큼은 로마자 표기에 전혀 반영하지 않는다.

(34)와 같은 표기 방식은 로마자로 된 한국어를 접할 외국인에게는 매우 편리하다. 표기상으로만 ‘신라’라고 쓸 뿐 모든 한국인들이 실제 발음에서는 ‘[실라]’라고 말하는 현실에서, 한글 표기에 맞춰 로마자 표기를 ‘sinra’라고 할 경우 외국인들이 겪을 불편함은 적지 않으리라 추측된다. 다만 학술 연구의 차원에서는 (34)가 오히려 불편함을 끼칠 수 있다. (34)와 같은 방식에서는 형태소의 기본형을 로마자에 밝혀 적기가 어려우므로 한국어를 연구하는 데 불리하게 작용한다.

이런 문제점을 피하기 위해 제8항을 따로 두고 있다. 여기에 따르면 학술 연구 논문 등 특수 분야에서 한글 복원을 전제로 표기할 경우에는 한글 표기를 기준으로 적는다. 이때 글자의 대응은 기본적으로 (32)와 동일하지만 'ㄱ, ㄷ, ㅂ, ㄹ'은 'g, d, b, l'로만 적고, 음가 없는 'ㅇ'은 붙임표(-)로 표기하되 어두에서는 생략하는 것을 원칙으로 한다. 가령 '집'과 '짚'은 원래대로라면 'jip'으로 동일하지만 학술 연구에서는 각각 'jib'과 'jip'으로 구분하여 표기할 수 있다.

참고 3 외국인이 개발한 로마자 표기법

한국어의 로마자 표기법은 외국인들에 의해 먼저 창안되었다. 대표적인 것으로는 매큔-라이샤워 로마자 표기법(McCune-Reischauer Romanization)과 예일 로마자 표기법(Yale Romanization)이 있다. 매큔-라이샤워 표기법은 1937년에 만들어졌고 예일 표기법은 이보다 5년 정도 뒤에 만들어졌다. 외국인들의 한국어 연구에서는 이 두 가지 로마자 표기법이 많이 쓰이고 있다.

매큔-라이샤워 표기법과 예일 표기법은 여러 가지 측면에서 차이가 난다. 첫째, 매큔-라이샤워 표기법은 로마자 이외의 부호를 사용할 수 있음에 비해 예일 표기법은 그렇지 않다. 가령 매큔-라이샤워 표기법에서는 'ㅋ, ㅌ'과 같은 유기음 글자를 적을 때 'k', t''와 같이 평음을 나타내는 로마자 옆에 작은따옴표(')를 사용하기도 하고 모음 'ㅓ'나 'ㅡ'를 적을 때 'ŏ, ŭ'와 같이 다른 모음을 나타내는 로마자 위에 '˘'를 사용하기도 한다. 반면 예일 표기법에서는 로마자만 이용하여 한글 자모를 적는다.

둘째, 매큔-라이샤워 표기법에서는 같은 자음이라도 초성에 올 때와 종성에 올 때 서로 다른 기호를 사용하지만 예일 표기법은 그렇지 않다. 예를 들어 매큔-라이샤워 표기법에서는 초성에 표기된 'ㄲ'을 'kk', 종성에 표기된 'ㄲ'을 'k'로 적지만 예일 표기법에서는 'ㄲ'을 위치와 상관없이 모두 'kk'로 적는다. 'ㅅ'의 경우도 매큔-라이샤워 방식에서는 초성이 's', 종성이 't'로 차이 나지만 예일 방식에서는 모두 's'로 동일하다.

셋째, 매큔-라이샤워 표기법에서는 자음 동화와 같은 발음 현상을 로마자에 반영하여 적지만 예일 표기법은 그렇지 않다. 그래서 가령 '복남'이라는 단어를 표기할 때 매큔-라이샤워 방식에서는 자음 동화가 일어난 '봉남'을 로마자로 적지만 예일 방식에서는 표기 그대로인 '복남'을 로마자로 적는다.

이상의 내용을 볼 때 매큔-라이샤워 표기법은 전사법에 좀 더 가깝고 예일 표기법은 전자법에 더 가까움을 알 수 있다. 현행 로마자 표기법은 전사법을 원칙으로 한다는 점에서 매큔-라이샤워 표기법과 비슷하다. 그러나 로마자 이외의 부호를 사용하지 않는다는 점에서는 예일 표기법과 통하는 부분도 있다.

9.2. 표준 언어 예절

언어 예절의 표준을 정하는 것은 쉬운 일이 아니다. 언어 예절이라는 것이 가정, 지역 등 여러 가지 변수에 따라 매우 다양하게 나타나기 때문에 표준을 정하려는 순간 인위적인 제약이 가해지지 않을 수 없다. 자신의 언어 예절이 표준으로 인정받지 못한 사람들로부터 반발을 불러일으키는 경우 역시 적지 않다. 그럼에도 불구하고 실제 사회생활에서 상황에 맞는 언어 예절을 잘 몰라서 겪는 불편이 적지 않다는 점에서 표준 언어 예절의 필요성을 부인하기는 어렵다. 국립국어원에서는 이전에 간행되어 나온 『표준 화법』(1992)의 내용을 고치고 다듬어서 『표준 언어 예절』(2011)이라는 간행물을 편찬한 바 있다. 여기서는 이 책의 중심 내용을 요약적으로 제시하여 한국어의 표준적인 언어 예절이 무엇인지 개략적으로 살펴보기로 한다.

9.2.1. 호칭어와 지칭어

호칭어는 사람이나 사물을 부르는 말이고 지칭어는 사람이나 사물을 가리키는 말이다. 사람들 사이의 대화에서 누군가를 부르거나 가리키는 것은 매우 흔하게 나타난다. 그런 점에서 호칭어와 지칭어는 표준 언어 예절에서도 매우 중요한 의미를 가진다. 호칭어와 지칭어는 말하는 사람과 대상이 되는 사람의 관계에 따라 달라진다. 또한 가정 내에서 사용하는 것과 사회생활에서 사용하는 것에도 차이가 난다.

가정에서의 호칭어와 지칭어

가정생활에서 쓰는 호칭어와 지칭어 중 중요한 것을 선별하여 제시하면 다음과 같다.[22]

22 지칭어는 대화 상대에 따라 더 세분화된다. 가령 자기 동생을 지칭할 때 일반적으로는 '동생, 아우'라고 하지만 자기 자식들에게 말할 때는 '삼촌' 또는 '작은아버지'라고 하는 것이다. 이러한 차이를 모두 언급할 수는 없으므로 여기서는 일반적인 경우의 지칭어만 제시하기로 한다.

(35) 부모-자식과 관련된 호칭어와 지칭어

대상	호칭어	지칭어
부모	아버지, 아빠, 어머니, 엄마	[생전] 아버지, 아빠, 어머니, 엄마 [사후] 아버님, 아버지, 선친, 어머님, 어머니
시부모	아버님, 어머님, 어머니	아버님, 아버지, 어머님, 어머니
처부모	장인어른, 아버님, 장모님, 어머님	장인어른, 아버님, 장인, 장모님, 어머님, 장모
자식	[미혼] ○○[23] [기혼] (○○) 아범/아비,[24] (○○) 어멈/어미, ○○	[미혼] ○○, 아들, 딸 [기혼] (○○) 아범/아비, (○○) 어멈/어미, ○○
사위	○ 서방, ○○ 아범/아비, 여보게	○ 서방, ○○ 아범/아비, 사위
며느리	(○○) 어멈/어미, 아가, 새아가	(○○) 어멈/어미, 며늘애, ○○ 처, 새아기, 아기, 며느리

23 '○'는 성, '○○'는 이름, '○○○'은 성과 이름을 가리킨다.

24 괄호 안에 든 것은 모두 선택적으로 쓸 수 있음을 가리킨다. 가령 '(○○)'는 이름을 앞에 붙일 수도 있고 안 붙일 수도 있는 경우이다.

부모에 대한 호칭어와 지칭어는 친부모인지, 배우자의 부모인지에 따라 차이를 보인다. 또한 친부모의 경우 살아 계신지, 돌아가셨는지에 따라서도 호칭어와 지칭어가 약간 다르다. 자식에 대한 호칭어와 지칭어는 자식이 혼인을 했는지 여부 및 친자식인지 친자식의 배우자인지에 따른 차이가 있다. 호칭어보다 지칭어가 더 많은 것은 부모와 자식 사이에서만 그런 것은 아니고 다른 경우도 모두 마찬가지이다. 지칭어의 경우 대화 상대에 따라 다양한 표현을 사용할 수 있는 데서 비롯되었다고 할 수 있다.

(36) 동기의 배우자와 관련된 호칭어와 지칭어

대상		호칭어	지칭어
남자측	형 아내	형수님, 아주머님, 아주머니	형수님, 아주머님, 아주머니, 형수, 아주머니, ○○ 큰어머니
	남동생 아내	제수씨, 계수씨	제수씨, 계수씨, 제수, 계수, ○○ 작은어머니
	누나 남편	매형, 자형, 매부	매형, 자형, 매부, ○○ 고모부
	여동생 남편	○ 서방, 매부, 매제	○ 서방, 매부, 매제, ○○ 고모부
여자측	오빠 아내	새언니, 언니	새언니, 언니, 올케, 올케언니, ○○ 외숙모
	남동생 아내	올케	올케, ○○ 외숙모
	언니 남편	형부	형부, ○○ 이모부
	여동생 남편	○ 서방, 제부	○ 서방, 제부, 동생의 남편, ○○ 이모부

(37) 배우자의 동기와 관련된 호칭어와 지칭어

대상	호칭어	지칭어
남편 형	아주버님	아주버님, 시아주버니, ○○ 큰아버지
남편 형의 배우자	형님	형님, 큰동서, ○○ 큰어머니
남편 남동생[25]	[미혼] 도련님 [기혼] 서방님	도련님(미혼), 서방님(기혼), 시동생, 서방님, 시동생, ○○ 작은아버지/삼촌
남편 남동생의 배우자	동서	동서, 작은동서, ○○ 작은어머니
남편 누나	형님	형님, 시누이, ○○ 고모
남편 누나의 배우자	아주버님	아주버님, ○○ 고모부, 시누이 남편
남편 여동생	아가씨, 아기씨	아가씨, 아기씨, 시누이, ○○ 고모/고모님
남편 여동생의 배우자	서방님	서방님, ○○ 고모부, 시누이 남편
아내 오빠	형님	형님, 처남, ○○ 외삼촌
아내 오빠의 배우자	아주머니	아주머니, 처남의 댁, 처남댁, ○○ 외숙모
아내 남동생	처남	처남, ○○ 외삼촌
아내 남동생의 배우자	처남의 댁, 처남댁	처남의 댁, 처남댁, ○○ 외숙모
아내 언니	처형	처형, ○○ 이모
아내 언니의 배우자	형님	형님, 동서, ○○ 이모부
아내 여동생	처제	처제, ○○ 이모
아내 여동생의 배우자	동서, ○ 서방	동서, ○ 서방, ○○ 이모부

25 국립국어원에서는 배우자의 동생이 자기보다 어릴 경우 '도련님, 서방님'과 같이 높여 부르는 것은 불편할 수 있다고 했다. '남편 여동생'을 부르는 '아가씨, 아기씨'도 마찬가지이다.

(36), (37)은 동기의 배우자 또는 배우자의 동기에 대한 호칭어와 지칭어이다. 자신과 직접적인 관계를 맺는 것이 아니고 동기 또는 배우자를 거쳐서 맺는 간접적 관계에 있기 때문에 호칭어와 지칭어도 다소 복잡한 모습을 보인다. 특히 지칭어가 다양하다. 이러한 복잡성을 피하기 위함인지는 몰라도, 최근에는 자기 자녀와의 관계를 기준으로 한 지칭어가 많이 쓰인다. '○○ 큰아버지, ○○ 큰어머니, ○○ 이모, ○○ 이모부' 등이 모두 그러한 예 중 하나이다. 자녀들의 입장을 기준으로 한 지칭어는 비교적 익숙한 것들이라서 훨씬 기억하기 편리하다는 이점이 있다.

사회에서의 호칭어와 지칭어

사회에서의 호칭어와 지칭어는 직장 생활에서 사용되는 것이 대다수이다.

(38) 같은 직장 사람들 사이의 호칭어와 지칭어

대상	호칭어와 지칭어
윗사람	선생님, ○ 선생님, ○○○ 선생님, ○ 선배님, ○○○ 선배님, 과장님, ○ 과장님,[26] ○○○ 과장님, ○ 여사님, ○○○ 여사님
같은 직급	○○ 씨, ○○○ 씨, 선생님, ○ 선생님, ○○○ 선생님, ○ 선생, ○○ 선생, 선배(님), ○ 선배(님), ○○○ 선배(님), ○ 형, ○○ 형, ○○○ 형, 언니, ○○ 언니, ○ 여사, ○○○ 여사, 과장님, ○ 과장(님), ○○○ 과장
아랫사람	○○ 씨, ○○○ 씨, ○ 선생(님), ○○○ 선생(님), ○ 형, ○○ 형, ○○ 형, ○ 여사, ○○○ 여사, ○ 군/양, ○○ 군/양, ○○○ 군/양, 과장님, ○ 과장(님), ○○○ 과장

26 '이사님, 부장님' 등과 같이 직책과 '-님'의 결합으로 이루어진 말을 가리킨다.

직장 생활에서의 호칭어와 지칭어는 가정에서 사용되는 것과 비교할 때 몇 가지 뚜렷한 차이가 있다. 첫째, 호칭어와 지칭어가 따로 구별되지 않는다. 호칭어가 곧 지칭어가 된다. 둘째, 고유어 대신 한자어가 주로 쓰인다. 게다가 그나마 쓰이는 고유어(언니)조차도 가정에서 쓰이던 것이어서 순수하게 직장 생활에서만 쓰이는 고유어 계열의 호칭어와 지칭어는 존재하지 않는다고 할 수 있다. 셋째, 대부분의 호칭어와 지칭어가 성이나 이름 등을 앞에 놓고 그 뒤에 다른 말을 결합시키는 구조로 되어 있다. 성이나 이름 뒤에 오는 말은 '선생(님)'과 같이 특정 직업에 무관하게 두루 쓸 수 있는 것, '과장님, 부장님' 등과 같이 특정한 직위나 직책을 나타내는 것, '선배(님), 형, 언니'와 같이 선후 관계를 표시하는 것, '씨'와 같이 가치 중립적인 것이 사용된다.[27]

27 '선생(님)'은 학생을 가르치지 않는 직업군에 대해서도 두루 사용할 수 있다.

9.2.2. 높임법

한국어는 높임법이 발달한 언어임이 분명하지만, 실제 언어생활에서는 여러 가지 변수들이 높임법의 실현을 상당히 복잡하게 만든다. 문법에서는 높임법을 쓰도록 규정했지만 실생활에서는 높임법을 쓰지 않는다든지 또는 그 반대의 상황이 적지 않다. 표준 언어 예절에서는 대화 상황을 감안하여 실제적인 높임법의 사용에 대해 설명을 하고 있다. 그중 중요한 내용은 다음과 같다.

'-(으)시-'의 사용

'-(으)시-'는 주체를 높이고자 할 때 용언에 붙여서 사용한다. 그런데 용언이 여러 개 함께 나타나는 경우가 있다. 이때 '-(으)시-'를 용언 모두에 붙여야 하는지 아니면 일부에만 붙여야 하는지는 일률적인 규칙으로 설명할 수 없다.

(39) 가. 왔다가 갔다 → 오셨다가 가셨다
　　나. 읽어 보다 → 읽어 보시다
　　다. 자고 가다 → 주무시고 가시다

(39가)는 용언 모두에 '-(으)시-'를 붙이는 것이 좀 더 자연스러운 경우이다.[28] '오다'와 '가다'가 서로 별개의 행위이므로 이런 경우에는 두 용언에 모두 '-(으)시-'를 붙여야 올바른 표현으로 느껴진다.[29] 반면 (39나)는 마지막 용언에만 '-(으)시-'를 붙이는 것이 자연스럽다. (39나)와 같이 본용언과 보조 용언이 나란히 놓일 때에는 보조 용언에만 '-(으)시-'를 붙여도 높임 표현으로서는 충분한 경우가 대부분이다. 한편 (39다)와 같이 어느 한 용언의 높임말이 따로 있는 경우에는 그 높임말을 쓰는 것과 동시에 다른 용언에도 '-(으)시-'를 붙이는 것이 일반적이다. '먹고 가다'를 '드시고 가셨다' 또는 '잡수시고 가셨다'라고 표현하는 것도 같은 이유 때문이다.

'-(으)시-'의 사용과 관련하여 주의해야 하는 것은 소위 간접 높임의 경우이다. 높임의 대상이 되는 인물과 관련된 것을 높이더라도 너무 과하게 높여서는 안 된다.

(40) 가. 할아버지께서는 키가 크시다.(○)
　　나. 아버지가 볼일이 계시다.(×)
　　다. 말씀하신 물건은 다 품절이십니다.(×)

(40가)에서 '키'는 직접 높이는 대상은 아니지만 할아버지 신체의 일부로 일상 대화에서 흔히 높이고 있다. (40나)의 '볼일'은 직접 높이는 대상이 아

28 '왔다가 가셨다'도 완전히 틀렸다고 보기는 어렵다.

29 물론 두 용언이 별개의 행위라고 해서 항상 두 용언에 모두 '-(으)시-'를 붙여야 하는 것은 아니다. 가령 "일을 마치고 갔다."와 같은 문장은 "일을 마치시고 가셨다."도 가능하고 "일을 마치고 가셨다."도 가능하다.

니고 아버지를 통해 간접적으로 높이는 대상이므로 “아버지가 볼일이 있으시다.”로도 충분하다. 아버지의 일을 높인다고 해도 ‘있으시다’ 수준에서만 높여야지, ‘계시다’라는 표현까지 써서는 너무 과도한 것이다. (40다) 역시 손님을 너무 높이려고 한 결과 과도한 높임 표현이 쓰였다. “말씀하신 물건은 다 품절입니다.”와 같이 ‘-시-’를 쓰지 않아도 높임 표현으로서는 문제가 없다. 흔히 쓰이는 “고객님께는 이 색깔이 잘 어울리세요.”와 같은 문장도 ‘-시-’를 잘못 사용한 사례에 속한다.

‘께서, 께’의 사용

높임의 대상에 붙이는 조사로 ‘께서’와 ‘께’가 있다. ‘께서’는 높임의 대상이 주체일 때 쓰고 ‘께’는 높임의 대상이 객체일 때 쓴다. 그러므로 ‘께서’는 ‘-시-’와 호응하고 ‘께’는 ‘드리다, 여쭙다, 아뢰다’ 등과 호응한다. 그런데 일상 대화에서는 높임의 대상이라도 ‘께서’나 ‘께’를 안 쓰는 경우가 많다.

(41) 가. 엄마가 오셨어.
나. 엄마한테 갖다 드려.

(41가)의 경우 일상 대화에서 “엄마께서 오셨어.”라고 하는 것은 어색하다. ‘오셨어’와 같이 용언에 ‘-시-’를 쓰는 것만으로도 ‘엄마’를 충분히 높였다고 생각할 수 있다. (41나)에서 “엄마께 갖다 드려.” 대신 “엄마한테 갖다 드려.”가 더 자연스러운 것도 ‘드리다’만으로 객체인 ‘엄마’에 대한 존대가 이루어졌다고 느끼기 때문이다. 깍듯하게 존대해야 하는 상황이나 공식적인 자리에서는 ‘께서’와 ‘께’를 함께 사용해야 하겠지만 그렇지 않은 경우에는 이런 조사들을 쓰지 않아도 문제가 없다.

압존법의 사용

압존법은 주체가 화자보다는 높지만 대화 상대보다는 낮을 때 주체를 높이지 않는 것을 의미한다. 가령 자기 아버지가 방금 온 사건에 대해 진술할 때 대화 상대가 누군가에 따라 다음 두 가지 방식으로 구별해야 한다.

(42) 가. (작은아버지께 말할 때) 아버지께서 방금 오셨어요.
나. (할아버지께 말할 때) 아버지가 방금 왔어요.

(42가)에서는 '아버지'가 화자에게든 대화 상대인 작은아버지에게든 모두 더 높은 사람이기 때문에 '께서'나 '-시-'와 같은 높임 표현을 사용한다. 그러나 (42나)에서는 '아버지'가 화자에게만 높을 뿐 대화 상대인 '할아버지'보다는 낮기 때문에 높이지 않는데, 이것이 대표적인 압존법의 예이다.

과거에는 압존법을 반드시 지키는 것이 전통적인 언어 예절에 맞는다고 보았다. 그러나 최근의 표준 언어 예절에서는 시대의 변화를 반영하여 부모의 경우 부모의 윗사람에게 말할 때도 높일 수 있다고 보았다. 또한 가족 이외의 사람들에게는 항상 부모를 높여서 말하는 것이 올바른 언어 예절이라고 했다.

이처럼 압존법을 따르지 않고 윗사람을 언제나 높이는 것은 사회생활에서 더 폭넓게 인정하고 있다.[30] 그래서 자신보다 윗사람은 누구에게 말하든 '-시-'를 붙여서 높이는 것이 언어 예절에 맞다. 가령 부장과 대화하는 일반 사원이 과장이 일처리를 한 것에 대해 말할 때 "총무과장님이 이 일을 하셨습니다."와 같이 '-시-'를 사용하여 높여서 말하는 것이 현재의 언어 예절에 비추어 더 타당하다는 것이다.[31]

30 군대 등과 같은 특수한 계급 사회에서는 아직도 압존법이 비교적 잘 지켜지고 있다고 한다.

31 그렇더라도 '총무과장님께서 이 일을 하셨습니다.'와 같이 '께서'까지 붙여서 과도하게 높이는 것은 곤란하다고 한다.

9.2.3. 인사말

인사말은 일상생활에서 늘 주고받는 인사말과 특정한 상황을 맞아서 하는 인사말로 구분할 수 있다. 일상생활에서의 인사말은 아침이나 저녁 때 하는 인사말, 만나거나 헤어질 때의 인사말, 전화를 할 때의 인사말, 소개할 때의 인사말로 나눌 수가 있다. 인사말은 화자와 청자 사이에 직접 이루어지는 것이기 때문에 무엇보다도 둘 사이의 상하 관계를 고려하여 그에 맞는 표현을 사용해야 한다. 일상생활에서의 인사말은 대부분의 사람이 그다지 크게 어려워하지 않으며 실제로도 그리 복잡하지 않다. 다만 소개할 때의 인사말에서는 약간 주의해야 할 요소가 있다.

소개할 때에는 자기 자신을 소개하는 상황과 중간에서 다른 사람을 소개하는 상황을 구분해야 한다. 자기 자신을 소개할 경우의 인사말은 크게 두 부분으로 나뉜다. 먼저 "안녕하십니까?", "처음 뵙겠습니다.", "인사 드리겠습니다.", "안녕하세요?", "만나서 반가워." 등과 같은 인사 표현을 한 후 그다음에 자신의 이름을 밝힌다. 자신의 이름을 밝힐 때에는 필요에 따라 자신의 직장이나 소속 등을 덧붙일 수도 있다. 한편 자신의 성이나 본관을 남에게 소개하는 경우에는 '이가' 또는 '경주 이가'와 같이 '성(姓)+가(哥)' 또는 '본관+성(姓)+가(哥)'라고 하는 것이 전통적인 표현 방식이다. 또한 남의 성을 말할 때에는 '이씨' 또는 '경주 이씨'와 같이 '성(姓)+씨' 또는 '본관+성(姓)+씨'라고 하여 구별하는 것이 바람직하다.

중간에서 다른 사람을 소개할 때에는 누구를 먼저 소개하느냐가 중요하다. 소개의 순서는 대체로 다음과 같은 순서를 따르는 것이 표준이다.

(43) 가. 친소 관계를 따져 자기와 가까운 사람을 먼저 소개한다.
나. 손아랫사람을 손윗사람에게 먼저 소개한다.
다. 남성을 여성에게 먼저 소개한다.
라. 만약 여러 상황이 섞여 있을 때에는 위의 '가, 나, 다' 순서로 적용한다.

특정한 때의 인사말은 연말연시, 생일, 축하, 위로, 문상, 건배 등의 상황에서 하게 된다. 이 중 생일, 축하, 위로, 건배와 같은 상황의 인사말은 현재 일반화된 표현들이 큰 문제 없이 그대로 쓰일 수 있다. 연말연시나 문상 때 하는 인사말은 약간 주의할 점이 있다.

연말에 하는 인사말에서의 주의점에는, '고맙다'와 같은 고유어가 '감사하다'보다는 더 좋은 말이라는 점, '고마웠습니다'라는 과거형보다는 '고맙습니다'라는 현재형이 더 바람직하다는 점, '수고하다'는 동료나 아랫사람에게 쓰는 말이라는 점 등이 있다. 신년 인사의 표준은 "새해 복 많이 받으십시오/받으세요/받게/받아라."이다. 그런데 이러한 인사말을 세배의 형식으로 할 때에는 좀 더 고려해야 할 점이 있다. 가령 세배를 할 때 "절 받으세요."나 "앉으세요."라는 말을 하는 것은 그다지 좋다고 보기 어렵다. 어른에 대해 명령조의 말을 불필요하게 덧붙이는 것보다는 그냥 말없이 절을 하는 것이 공손하다. 또한 세배는 원칙상 그 자체가 인사이기 때문에 "새해 복 많이 받으십시오."와 같은 인사말을 꼭 할 필요는 없다. 그 대신 절을 한 후 어른께 "올해는 두루두루 여행 많이 다니세요."와 같은 말을 덧붙일 수는 있다.

문상은 가족의 죽음이라는 극도의 슬픔을 겪은 사람을 위로하러 가는 자리이다. 따라서 인사말의 선택에도 극도로 조심하지 않으면 안 된다. 문상객의 기본예절은 아무런 말도 하지 않고 인사만 하는 것이다. 만약 말을 한다면 "삼가 조의를 표합니다.", "얼마나 슬프십니까?", "뭐라 드릴 말씀이 없습니다.", "고인의 명복을 빕니다."와 같은 표현을 사용할 수 있다. 이에 대해 상주 역시 아무런 말을 하지 않거나 "고맙습니다."나 "드릴 말씀이 없습니다."와 같이 답변하면 된다. 이처럼 문상의 상황에서는 말을 아끼는 것이 표준에 가까운데 이것은 문상객이나 상주나 모두 슬픈 상황이기 때문에 말을 제대로 할 수 없다는 점을 감안한 것이다.

제10장 15세기 한국어의 문법

10.1. 음운

10.1.1. 음운 체계

10.1.1.1. 자음 체계

15세기 한국어의 자음 체계는 초성 체계와 종성 체계로 나누어 살피는 것이 일반적이다. 그 이유는 『훈민정음』에서 초성과 종성을 구분하여 설명하고 있기 때문이다. 그러나 초성과 종성에 오는 음운들이 모두 자음이라는 점, 초성과 종성의 차이는 자음 목록과는 아무런 관련이 없다는 점, 현대 한국어와의 대비를 위해서는 초성과 종성을 자음으로 묶는 것이 편리하다는 점을 고려하여 여기서는 자음 체계로 통합하여 살피기로 한다.

자음 체계를 고찰하기 위해서는 자음의 목록이 확정되어 있어야 한다. 15세기의 자음 목록은 논란이 없지는 않지만 대략적으로 볼 때 현대 한국어에 비해 몇몇 자음이 더 존재했던 것으로 보인다. 15세기 한국어에 존재했다가 현대 한국어에 와서 사라진 자음들의 실체는 다음 자료들을 통해 확인할 수 있다.

(1) 가. ㅸ: 사ᄫᅵ, 셔ᄫᅳᆯ(형태소 내부), 도ᄫᅡ, 어드ᄫᅳᆫ(활용형), 대ᄫᅥᆷ, 글ᄫᅡᆯ, 우ᇫᄫᅳ-(복합어)

나. ㅿ: ᅀᅥᆯᅀᅥᆯ, ᅀᅥᆷᅀᅥᆷ, 아ᅀᆞ, 여ᅀᆞ(형태소 내부), 지ᅀᅥ, 우ᅀᅳ며(활용

형), 한ᅀᅮᆷ, 두ᅀᅥ, 프ᅀᅥ리, 손ᅀᅩ(복합어)

다. ㅇ: 몰애, ᄀᆞᇫ위(형태소 내부),[1] 알어늘, 여희어늘(활용형), ᄀᆞᆯ아마괴, 몰애오개, ᄂᆞᆯ이-, 알외-(복합어)

라. ㆆ: ᄒᆞᇙ 배, 가ᇙ 사ᄅᆞᆷ(관형사형), 快[쾡]ㆆ 字[ᄍᆞᆼ], 하ᄂᆞᇙ ᄠᅳ디시니(사잇소리), 音[ᅙᅳᆷ], 不[부ᇙ](동국정운식 한자음)

마. ㆅ: ᅘᅧ-(형태소 내부), 니르ᅘᅧ-, 도ᄅᆞᅘᅧ(복합어)

1 '몰애'와 'ᄀᆞᇫ위'는 더 이전 시기에는 단일어가 아니었을 가능성이 높다.

(1가, 나)에 나타난 'ㅸ'이나 'ㅿ'의 존재는 비교적 명확하다. (1다)의 'ㅇ'은 15세기 한국어에 두 가지 용법을 가진다. 하나는 '아비, 어미'의 'ㅇ'과 같이 아무런 자음이 없음을 나타내는 것이고, 다른 하나는 (1다)와 같이 구체적인 자음, 특히 후음을 나타내는 것이다. 'ㅇ'이 어느 용법으로 쓰였는지는 출현 환경을 통해 알 수 있다. (1다)에서와 같이 'ㅇ' 앞의 자음이 연철이 되지 않는다거나 'ㅣ(j)' 뒤에 'ㅓ'와 같은 단모음이 결합한다는 것은 'ㅇ'이 자음의 음가를 가진다는 사실을 말해 준다.[2] (1라)의 'ㆆ'은 출현하는 환경이 매우 제약되어 있어서 독립된 음소로 인정하지 않는 경우도 많다. (1마)의 'ㆅ'은 일부 단어에만 나타나지만 'ᅘᅧ다>켜다'의 예에서 보듯 'ㅎ'과는 전혀 다른 변화를 보여 주는 예들이 존재하므로 별개의 자음이었다고 할 수 있다.

2 만약 '알어늘'의 둘째 음절 'ㅇ'이나 '여희어늘'의 셋째 음절 'ㅇ'이 음가를 가지지 않았다면 '알어늘, 여희어늘' 대신 '아러늘, 여희여늘'과 같은 형태로 나타나야 한다.

(1)에서 살핀 자음들이 추가된다고 할 때 15세기 한국어의 자음은 'ㆆ'의 포함 여부에 따라 23~24개로 이루어진다고 할 수 있다.[3] 이 자음들도 현대 한국어와 마찬가지로 조음 위치와 조음 방식이라는 두 가지 기준을 가지고 분류할 수 있다. 그렇지만 조음 위치나 조음 방식을 나누는 구체적인 방식에는 차이가 존재한다. 『훈민정음』의 설명에 기반하여 15세기 한국어의 자음 체계를 제시하면 다음과 같다.

3 'ㆆ'의 특수성을 고려하여 (2)의 자음 표에서 'ㆆ'은 괄호 안에 두기로 한다.

(2)

	牙音	舌音	脣音	齒音	喉音	半舌音	半齒音
全淸	ㄱ	ㄷ	ㅂ, ㅸ	ㅅ, ㅈ	(ㆆ)		
次淸	ㅋ	ㅌ	ㅍ	ㅊ	ㅎ		
全濁	ㄲ	ㄸ	ㅃ	ㅆ, ㅉ[4]	ㆅ		
不淸不濁	ㆁ	ㄴ	ㅁ		ㅇ	ㄹ	ㅿ

4 'ㅉ'은 15세기 한국어에는 고유어의 어두에 나타나지 않았다. 그래서 음운으로 인정하지 않기도 한다. 그러나 어중에서는 모습을 보였다는 점, 다른 장애음과 달리 'ㅈ'만 경음이 존재하지 않을 이유가 없다는 점 등을 고려하여 여기서는 자음 체계에 포함시켰다.

(2)와 같은 분류는 전통적인 성운학에서 자음을 설명할 때 사용하던 방식이다. 자음의 조음 위치는 아음, 설음, 순음, 치음, 후음, 반설음, 반치음의 7가지로 나누고 있다. 이 중 반설음과 반치음은 각각 설음 및 치음과 구별되지 않았다고 보이므로 실제로는 5부류를 구분했다고 할 수 있다. 아음은 연구개음, 설음은 치조음, 순음은 양순음, 치음은 치음, 후음은 후음에 대응한다.[5]

조음 방식은 청탁(淸濁)의 차이에 기반하여 전청, 차청, 전탁, 불청불탁의 네 가지로 나뉜다. 전통적인 성운학적 분류에서 전청은 무성의 무기음(p, t, k), 차청은 무성의 유기음(p^h, t^h, k^h), 전탁은 유성의 무기음(b, d, g), 불청불탁은 공명음(m, n, ŋ, l) 및 유성 마찰음(z, ɦ)을 가리킨다.[6] 이 중 전탁의 경우는 한국어 자음 체계에 있어서 유성의 무기음이 아닌 경음 계열을 가리킨다는 점에서 성운학의 방식과는 일치하지 않는다.

5 15세기 한국어의 설음과 치음은 모두 치조음을 나타내어 실제로는 구분되지 않는다고 보는 견해도 존재한다.

6 예외적으로 'ㅸ'은 유성 마찰음이지만 전청에 속한다. 전통적인 성운학 체계에서는 순음의 불청불탁음으로 비음인 'ㅁ'만 포함했다.

현대 한국어 자음 체계와의 대비를 위해 (1)을 현대 한국어 자음 체계의 분류 방식으로 변환하면 대체로 다음과 같다.

(3)

			양순음	치음	치조음	연구개음	후음
장애음	파열음	평음	ㅂ		ㄷ	ㄱ	
		유기음	ㅍ		ㅌ	ㅋ	
		경음	ㅃ		ㄸ	ㄲ	(ㆆ)
	파찰음	평음		ㅈ			
		유기음		ㅊ			
		경음		ㅉ			
	마찰음	평음		ㅅ			
			ㅸ	ㅿ			ㅇ[ɦ]
		유기음					ㅎ
		경음		ㅆ			ㆅ
공명음	비음		ㅁ		ㄴ	ㆁ[ŋ]	
	유음				ㄹ		

15세기 한국어의 자음 체계는 현대 한국어의 비교할 때 적지 않은 차이가 있다. 단순한 목록만 보아도 현대 한국어의 19개 자음보다 그 수가 더 많다. 그러나 이러한 표면적인 차이보다도 자음들 사이의 관계 측면에서

볼 때 다음과 같은 특징이 있다.

(4) 가. 조음 위치의 차이
　　나. 유성 마찰음의 존재
　　다. 후음 계열의 다양성

(4가)와 관련하여 15세기 한국어와 현대 한국어는 두 가지 차이가 있다. 하나는 15세기 한국어에는 경구개음이 없는 대신 치음이 존재한다는 점이고 다른 하나는 현대 한국어의 치조음인 'ㅅ, ㅆ'이 치음으로 분류된다는 점이다.

현대 한국어의 경구개음 'ㅈ, ㅊ, ㅉ'이 15세기에 치음이었다고 보는 근거는 여러 가지이다. 우선 15세기에는 'ㅈ, ㅊ, ㅉ' 뒤에 반모음 'j'가 자유롭게 올 수 있었다. 심지어 '초(醋)'와 '쵸(燭)'처럼 반모음 'j'의 유무에 따라 단어의 뜻이 구분되기도 했다. 만약 당시의 'ㅈ, ㅊ, ㅉ'이 경구개음이었다면 조음 위치가 겹치는 반모음 'j'가 뒤에 올 수 없었을 것이므로 이 사실은 'ㅈ, ㅊ, ㅉ'이 경구개음이 아니었다는 매우 중요한 근거가 된다. 현대의 평안도 방언에서 'ㅈ, ㅊ, ㅉ'이 치음 또는 치조음에 가깝다는 사실도 중요하다. 평안도 방언의 'ㅈ, ㅊ, ㅉ'은 이전 시기의 모습을 그대로 간직한 것일 가능성이 높으므로 'ㅈ, ㅊ, ㅉ'이 원래는 경구개음이 아니었다는 근거가 될 수 있다. 이 외에 구개음화가 15세기보다 훨씬 후대에 나타났다는 점도 간접적으로 'ㅈ, ㅊ, ㅉ'이 경구개음이 아니었음을 말해 준다. 구개음화는 음운 체계에서 'ㅈ, ㅊ, ㅉ'이 경구개음일 것을 요구하므로 구개음화가 후대에 나타났다는 것은 'ㅈ, ㅊ, ㅉ'의 음가가 15세기에는 아직 경구개음이 아니었을 가능성이 있음을 암시한다.[7]

7 다만 'ㅈ, ㅊ, ㅉ'이 경구개음이라고 해서 반드시 구개음화가 일어나야 하는 것은 아니므로 이 사실은 강력한 근거는 되지 못한다.

'ㅅ, ㅆ'이 'ㅈ, ㅊ, ㅉ'과 더불어 같은 조음 위치에 속했다는 사실은 이 두 계열의 자음이 여러 음운 현상에서 동질적인 모습을 보인다는 점에서 확인할 수 있다.

(5) 가. 맞+고→맏고, 좇+디→졷디

나. 아츰>아침, 슴겁다>싱겁다

다. 쟈/져/죠/쥬>자/저/조/주, 샤/셔/쇼/슈>사/서/소/수

(5가)에서 보듯 ㅈ-계열의 자음은 음절 종성에 놓일 때 'ㄷ'이 아닌 'ㅅ'으로 바뀌었다. 이러한 음운 변동은 종성에서 발음될 수 없는 자음이 동일 조음 위치의 다른 자음으로 바뀌는 것이기 때문에 'ㅈ'과 'ㅅ'의 조음 위치가 같았음을 말해 준다. (5나)는 모음 'ㅡ'가 자음의 조음 위치에 동화되어 'ㅣ'로 바뀌는 변화인데 ㅈ-계열의 자음 뒤뿐만 아니라 ㅅ-계열의 자음 뒤에서도 일어났다. (5다)는 반모음 'j'가 탈락하는 변화로서 자음의 조음 위치와 밀접한 관련이 있다.[8] 이처럼 조음 위치와 관련된 여러 가지 음운 변동에서 ㅈ-계열과 ㅅ-계열의 자음은 비슷하게 기능하기 때문에 예전에는 조음 위치가 같았으리라 추정된다.[9]

(4나)는 (3)에서 볼 수 있듯이 'ㅸ, ㅿ, ㅇ'과 같은 유성음 계열의 마찰음이 존재한다는 사실을 가리킨다. 현대 한국어의 장애음 계열은 성대의 울림에 의해서만 자음이 변별되는 경우가 없으며 유성 장애음이 음운으로 존재하는 경우도 없다. 그러나 15세기 한국어는 'ㅅ'과 'ㅿ', 'ㅎ'과 'ㅇ'과 같이 성대의 울림에 의해 구별되는 자음 대립쌍이 있었으며, 'ㅸ'과 같은 유성 마찰음이 따로 존재하기도 한다.

(4다)는 후음의 종류와 관련된다. 현대 한국어의 후음은 'ㅎ' 하나밖에 없지만 15세기 한국어는 적어도 표면상 4가지의 후음이 존재하고 있었다.[10] 언어 보편적인 관점에서 볼 때 후음이 복수로 존재한다는 것만도 일반적이지는 않으므로, 중세 한국어의 후음 체계는 다른 언어에서 찾아보기 힘든 매우 독특한 형태이다. 후음 계열이 현대 한국어와 같이 단순화된 것은 이런 특수성으로부터 보편성으로 나아가려는 움직임의 결과라고 할 수 있다.

8 (5가)는 15세기에 이미 존재하던 음운 현상이고 (5나, 다)는 근대 국어 시기에 일어난 음운 변화이다.

9 한글을 창제할 때 두 계열의 자음을 동일한 기본자(ㅅ)로부터 만들었다는 점도 이런 상황과 무관하지 않다.

10 'ㆆ'이 평음인지 유기음인지에 이견이 있듯이, 'ㆆ'을 자음 목록에 포함한다면 평음인지 경음인지가 쟁점이 될 수 있다.

10.1.1.2. 모음 체계

단모음 체계

15세기 한국어의 단모음 목록은 현재 별다른 이견이 없으며 7개의 단모음이 존재했다고 보고 있다. 현대 한국어의 단모음 목록과 비교하면 '·'가 더 있고 'ㅐ, ㅔ, ㅚ, ㅟ'는 단모음이 아닌 이중 모음이었다. 이들 단모음 사이의 관계는 현대 한국어와 마찬가지로 입술 모양 및 혀의 최고점 위치를 가지고 살필 수가 있다. 『훈민정음』에서 설명하고 있는 방식에 따라 분류하면 다음과 같다.

(6)

	舌不縮	舌小縮	舌縮
[－口蹙, －口張]	ㅣ[11]	ㅡ	·
[＋口蹙]		ㅜ	ㅗ
[＋口張]		ㅓ	ㅏ

11 『훈민정음』에서는 'ㅣ'가 '구축, 구장'에 대해 어떤 값을 가지는지 언급하지 않았지만 '·'나 'ㅡ'와 같은 값을 공유하리라 추측된다.

표면적으로는 단모음의 분류 기준이 현대와 많이 다른 듯 보이지만 본질적으로는 비슷하다. '구축'과 '구장'은 입술 모양에 대응하여 '구축'은 원순 모음, '구장'은 평순 모음을 나타낸다. 다만 '구축, 구장'에 따라 마치 세 부류가 구분되는 것처럼 되어 있다는 점이 특이하다.[12] '축(縮)'은 혀의 위치에 대응하는데 현대 한국어와 달리 혀의 위치를 '전후'와 '상하'로 세분하지 않았다는 점이 다르다.

12 현대적인 관점에서 보자면 '[＋口蹙]'은 원순 모음, '[－口蹙, －口張], [＋口張]'은 모두 평순 모음이라고 해석할 수 있다.

(6)을 통해 혀의 위치를 나타내는 '축'에 의한 분류가 모음 조화와 밀접한 관련을 맺고 있음이 드러난다. 즉 모음 조화는 설축 계열의 모음과 설소축 계열의 모음 사이에 작용하는 것이다. 'ㅣ'는 이 두 계열 중 어디에도 속하지 않으므로 모음 조화에서 중립 모음이 될 수밖에 없다. 또한 입술 모양에 의한 분류를 보면 'ㅜ'와 'ㅡ'는 현대 한국어와 마찬가지로 '원순 : 평순'의 대립을 보이지만 원순 모음 'ㅗ'에 대응하는 평순 모음은 'ㅓ'가 아니라 '·'였음을 알 수 있다. 'ᄫᆞ'와 같은 음절이 'ㅸ>w'의 변화 이후 'ㅗ'로 바뀐 것이나 '양순음+·'로 된 'ᄇᆞ, ᄑᆞ, ᄆᆞ' 등이 현대의 남부나 북부 방언에서 원순모음화의 적용을 받아 '보, 포, 모'로 변화한 것 등은 모두 이런 사정을 말해 준다.

15세기 한국어의 단모음을 현대 한국어와 비교하기 위해 (6)의 단모음들을 모음 사각도에 배열해 보면 대체로 다음과 같다.

(7)

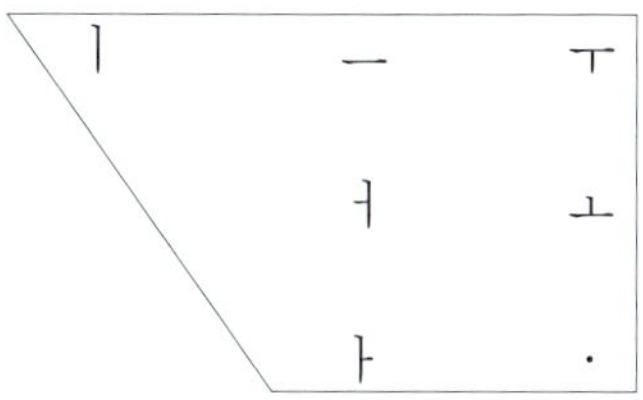

이것을 기준으로 현대 한국어 단모음 체계와 비교할 때 가장 두드러진 차이점은 대부분의 단모음이 중설이나 후설에 치우쳐 있다는 점이다. 전설 계열에는 오로지 'ㅣ' 하나만 존재할 뿐이다. 이러한 특징은 '축(縮)'에 의한 대립 관계를 반영한 (6)에서도 잘 드러난다. 전설 계열인 'ㅣ'만이 '설불축' 계열로서 따로 존재하는 것이다.

중모음 체계

15세기 한국어의 중모음 체계는 현대 한국어와 상당한 차이가 있다. 중모음의 유형에 이중 모음뿐만 아니라 삼중 모음도 존재한다. 또한 이중 모음이라고 하더라도 단모음 목록이나 반모음과 단모음의 결합 방식이 상이하여 적지 않은 차이가 나타난다.

(8)

	상향 이중 모음	하향 이중 모음
j-계	ㅑ, ㅕ, ㅛ, ㅠ, (ᆝ), (ᆜ)[13]	ㆎ(ɔj), ㅐ(aj), ㅚ(oj), ㅢ(ɯj), ㅔ(ʌj), ㅟ(uj)
w-계	ㅘ, ㅝ	

13 'ᆝ, ᆜ'는 『훈민정음』에서 아동의 말이나 지방 말에만 존재한다고 했기 때문에 괄호 안에 묶어 두었다.

(8)은 15세기의 이중 모음을 반모음의 종류 및 단모음과의 결합 순서에 따라 분류한 것이다. 이 시기의 이중 모음 체계는 하향 이중 모음 계열이 많이 존재한다는 특징을 지니고 있다. 현대 한국어의 경우 'ㅢ' 하나만이 남아 있어서 체계 내적으로 매우 불안정한 상태이지만 15세기에는 'ㆍ, ㅏ, ㅗ, ㅡ, ㅓ, ㅜ'와 같이 'ㅣ'를 제외한 모든 단모음 뒤에 'j'가 결합할 수 있

었다. 다만 당시에도 'w'가 결합한 하향 이중 모음은 존재하지 않았다. 그 외에 'ㅟ'는 'wi'가 아닌 'uj'의 음가를 지녔다는 점 역시 현대 한국어와의 차이점이다.

한편 현대 한국어의 단모음 'ㅐ, ㅔ, ㅚ, ㅟ'는 15세기 한국어에 'aj, ʌj, oj, uj'와 같은 이중 모음이었다. 따라서 'ㅐ, ㅔ, ㅚ, ㅟ' 앞에 반모음 'j'가 결합한 'ㅒ, ㅖ, ㆉ, ㆌ'와 더불어 'ㅙ, ㅞ'는 15세기 한국어에서 '반모음+단모음+반모음'의 구조를 지닌 삼중 모음이었다. 즉 'ㅒ'는 'jaj', 'ㅖ'는 'jʌj', 'ㆉ'는 'joj', 'ㆌ'는 'juj', 'ㅙ'는 'waj', 'ㅞ'는 'wʌj'로 이루어진 것이다. 이러한 삼중 모음들 중 이후에 소멸되는 'ㆉ, ㆌ'를 제외한 나머지는 'ㅐ, ㅔ'가 단모음으로 바뀌면서 이중 모음 목록에 편입되었다.

10.1.1.3. 운소 체계

15세기 한국어는 소리의 장단 대신 고저를 이용하여 단어의 뜻을 구분했다. 이러한 소리의 고저를 흔히 성조라고 불러 왔다. 15세기 한국어의 성조에는 크게 평성, 거성, 상성의 세 종류가 있다. 원래는 여기에 입성을 더하여 '사성(四聲)'이라고 부르기도 하지만 입성은 소리의 높낮이로 구분되는 것이 아니고 음절 말음의 종류에 의해 구분되었기 때문에 성조의 종류에 포함할 수 없다.[14]

14 'ㅂ, ㄷ, ㄱ, ㅅ'과 같은 장애음으로 끝나는 음절이 모두 입성에 속했다.

15세기 한국어의 성조는 방점이라는 특수한 부호로 표기되었다. 평성(L)은 점을 찍지 않고 거성(H)은 1점, 상성(R)은 2점을 각 음절의 왼쪽에 찍어 성조를 표시했다. 성조에 의해 단어의 뜻이 구분되는 예는 다음과 같다.

(9) 손(L, 客)↔·손(H, 手), ·말(H, 斗)↔:말(R, 語), 발(L, 足)↔:발(R, 簾)

(9)에는 성조에 의해서만 단어의 뜻이 구분되는 대립쌍이 제시되어 있다. 평성, 거성, 상성의 세 가지 성조에 의해 나타날 수 있는 세 가지 대립쌍이 모두 존재한다. 이 단어들은 자음이나 모음과 같은 음소는 동일하므로 오로지 성조라는 운소에 의해서만 구별된다.

평성, 거성, 상성이 어떤 높이를 나타내는지는 『훈민정음』에 명확히 설명되어 있다. 평성은 낮은 소리이고 거성은 높은 소리이다. 상성은 처음이 낮고 나중이 높은 소리이다. 상성의 경우 앞부분은 평성과 비슷하고 뒷부분은 거성과 비슷하다. 그래서 상성은 '평성+거성'의 구조로 된 복합 성조로 분석한다. 실제로 15세기 한국어에는 평성을 지닌 음절과 거성을 지닌 음절이 합쳐져서 상성이 되는 경우가 많이 있었다.

(10) 가. 누·리(LH, 世)>:뉘(R), 가·히(LH, 狗)>:개(R)
나. 부텨(LL, 佛)+·이(H, 주격)→부:톄(LR), 그듸(LL, 汝)+·이(H, 주격)→그:듸(LR)
다. 지(L, 負)+·움(H)→:쥼(R), 지(L, 負)+·움(H)+·에(H)→:쥬·메(RH)

(10가)는 한 단어 안에서 평성과 거성의 두 음절이 한 음절로 줄면서 그 성조도 상성으로 바뀐 경우이다. (10나)는 평성으로 이루어진 체언 뒤에 거성의 성조를 지닌 주격 조사 '이'가 결합할 때, 한 음절로 줄어들면서 평성과 거성이 축약되어 상성으로 실현되는 예이다. (10다)는 어미 앞에서 어간의 모음이 반모음화를 겪으면서 음절이 줄어들 때 평성과 거성이 결합하여 상성이 된 경우이다. (10)은 모두 평성과 거성이 합쳐져서 상성으로 바뀌었다는 점에서 상성의 본질을 잘 말해 준다.

10.1.2. 음절

15세기 한국어의 음절은 현대 한국어에 비해 그 형태가 훨씬 복잡하다. 그 이유는 무엇보다도 초성, 중성, 종성에 올 수 있는 음운들의 종류가 많기 때문이다. 특히 초성과 종성의 경우는 현대 한국어와 비교하여 수적, 질적으로 더 다양한 모습을 보인다.

초성의 경우 자음이 최대 2개까지 올 수 있었으며 연구개 비음 'ㆁ'도 초성에 오는 경우가 있었다.

(11) 가. ᄮᅡᄒᆡ(~ᄉᆞ나ᄒᆡ>사나이, 사내)

나. ᄠᅳᆮ(>뜻), ᄡᆞᆯ(>쌀), ᄧᅡᆨ(>짝), ᄩᆞ다(>타다), ᄢᅮᆯ(>꿀), ᄣᅢ(>때)

다. 바올(>방울), 보오리(>봉우리), 이아(>잉아), 스스이(스승+이), 스스을(스승+을)

(11가)는 ㅅ-계 합용 병서가 쓰인 단어의 예로서 'ᄭ, ᄯ, ᄲ'과 같은 대부분의 'ㅅ'으로 시작하는 합용 병서는 하나의 자음인 경음을 나타낸다고 보지만 'ᄮ'의 경우는 'ㅅ'과 'ㄴ'이 모두 발음되었다고 보지 않을 수 없다. 'ᄮᅡᄒᆡ'는 'ᄉᆞ나ᄒᆡ'에서 첫 음절의 'ㆍ'가 탈락하면서 어두에 'ᄮ' 자음군이 온 경우이다. (11나)는 ㅂ-계 합용 병서가 쓰인 단어들이다. ㅂ-계 합용 병서의 'ㅂ'은 실제로 발음되었다고 여겨지므로 (11나)는 초성에 두 개의 자음이 쓰였다고 할 수 있다.[15] (11다)는 연구개 비음 'ㆁ'이 초성에 오는 예이다. '바올, 보오리, 이아'와 같이 한 단어 내부의 초성에 'ㆁ'이 오는 경우도 있고 '스스이, 스스을'과 같이 연철에 의해 'ㆁ'이 초성에 오는 경우도 있다.

15 'ᄭ, ᄯ, ᄲ' 등과 같은 합용 병서를 두 개의 자음이 발음되는 것으로 해석하면 'ᄢᅮᆯ, ᄣᅢ'와 같은 단어는 초성에 세 자음이 발음되는 예가 된다. 그러나 앞서 서술했듯이 ㅅ-계 합용 병서는 하나의 경음을 나타냈다고 해석하기 때문에 'ᄢᅮᆯ, ᄣᅢ'도 'ㅂ+경음'의 두 자음으로 시작하는 단어가 된다.

종성에도 자음이 최대 2개까지 올 수 있었다. 또한 'ㅅ'도 종성에서 발음되었다.

(12) 가. 넋(넋), 앉거늘(앉-), 낡디(낡-), 옮고(옮-), ᄉᆞᆲ고(ᄉᆞᆲ-), 읊디(읊-), 값과(값)

나. 옷도(옷), 벗디(벗-), 맛고(맞-), 빗과(빛), 짓거든(지ᇫ-)

(12가)는 다양한 자음군들이 종성에서 실현되고 있었음을 보여 준다. 물론 'ᄃᆞᇧ-'이나 '마ᇨ-'과 같이 'ㅅ'으로 시작하는 겹받침을 가진 말들, '없-'과 같은 단어들은 종성에서 겹받침 중 하나가 항상 탈락하는 모습을 보이지만 그 밖의 단어들은 대체로 종성에서 두 개의 자음이 발음될 수 있었다. (12나)는 종성에서 'ㅅ'이 발음되는 예이다. '옷, 벗-' 등과 같이 원래부터 'ㅅ'으로 끝나는 단어들은 물론이고 '맞-, 빛, 지ᇫ-'처럼 원래 'ㅈ, ㅊ, ㅿ'과 같은 치음으로 끝나는 말들도 이 자음들이 종성에서는 'ㅅ'으로 바뀌어서 발

음되었다. 『훈민정음』에서는 종성 표기에 8개의 자음만으로도 충분하다고 했는데 이것은 당시에 종성에서 발음되는 자음의 종류가 현대 한국어보다 하나 더 많은 8가지였다는 점과 직접적인 관련이 있다.

참고 1 8종성법과 종성부용초성

종성에서 발음되는 자음의 종류가 8가지였다는 것은 당시의 종성 표기에서도 확인할 수 있다. 일부 예외를 제외하면 대체로 'ㄱ, ㄴ, ㄷ, ㄹ, ㅁ, ㅂ, ㅅ, ㆁ'의 8개 자음을 종성에 표기했던 것이다. 『훈민정음』에도 이러한 규정이 명확히 나오기 때문에 이것을 '8종성법'이라고 부르고 있다.

한국어사 연구의 초창기에는 한때 모든 자음을 종성에 표기할 수 있었다고 하면서 이것을 '종성부용초성(終聲復用初聲)'이라고 부른 적도 있었다. 이는 '종성부용초성' 역시 『훈민정음』에 나오는 표현일 뿐만 아니라 실제로 일부 문헌에서는 '곶, 닢, 좇거늘'과 같이 8종성에 포함되지 않은 글자들이 종성에 표기된 예들이 있었던 데에서 비롯되었다. 특히 '곶, 닢, 좇거늘'과 같은 예들은 한글 창제 직후 나온 초창기 문헌에서만 찾을 수 있기 때문에 중세 한국어의 초기에는 종성 표기 방식이 '종성부용초성'이었다가 이후에 '8종성법'으로 바뀌었다는 주장까지 나오게 되었다.

그러나 이러한 주장은 타당하다고 볼 수 없다. 『훈민정음』에서 말하는 '종성부용초성'은 종성을 표기하는 글자를 따로 만들지 않고 초성을 표기하는 글자를 다시 사용한다는 것으로서 제자 규정에 속할 뿐이다. 즉 '종성부용초성'은 종성에 모든 글자를 표기한다는 표기 규정은 아니었던 것이다. 게다가 '곶, 닢, 좇거늘'과 같은 예외는 극히 일부일 뿐이어서 이것을 온전한 종성 표기 규정으로 인정하기는 어렵다. 15세기 한국어의 종성 표기 규정은 8종성법, 종성에 대한 제자 규정은 '종성부용초성'으로 이해하는 것이 현재 일반화된 방식이다.

참고 2 8종성에 대한 이견들

15세기 한국어의 종성 체계에는 이견이 없지 않다. 무엇보다도 'ㅅ'이 실제로 종성에서 발음되었다고 보기 어렵다고 주장하는 견해가 있다. 여기에 따르면 15세기 한국어는 7종성으로서 현대 한국어와 차이가 없다. 그러나 음소를 충실하게 표기하던 15세기 한국어의 문헌들에서 압도적으로 높은 비율로 'ㅅ'과 'ㄷ'이 일관되게 구분되고 있기 때문에 'ㅅ'이 종성에서 발음되었다는 사실을 부인하기는 어렵다. 한편 'ㅿ'이 종성에 오는 경우가 적지 않아서 원칙은 8종성이지만 현실은 9종성이라고 보기도 한다. 가령 '앐이, 앐올(아ᅀᆞ), 엿의, 엿이니(여ᅀᆞ)'와 같은 체언, '붌아, 붌온(ᄇᆞᅀᆞ-), 긊어, 긊우믈(그ᅀᅳ-)'과 같은 용언, '웂이-, 웂ᄇᆞ-'와 같은 파생어 등에서 'ㅿ'은 종성에 나타나고 있다.

10.1.3. 음운 현상

15세기 한국어에는 여러 가지 음운 현상이 존재하고 있었지만 현대 한국어에 비해 그 종류가 다양하지 않다. 현대 한국어의 경우와 마찬가지로 15세기 한국어의 음운 현상도 음운의 변동 양상에 따라 대치, 탈락, 첨가, 축약의 네 가지로 구분하여 살피기로 한다.

10.1.3.1. 음운의 대치

평파열음화

15세기 한국어의 평파열음화는 이 당시 음절 끝에서 발음될 수 있는 자음이 'ㄱ, ㄴ, ㄷ, ㄹ, ㅁ, ㅂ, ㅅ, ㆁ'의 8종성으로 제한되어 있어서 적용되는 음운 현상이다. 종성에 올 수 없는 장애음이 종성에 놓이면 'ㄱ, ㄷ, ㅂ, ㅅ' 중 하나로 바뀌게 된다. 음운 규칙의 출력형으로 'ㅂ, ㄷ, ㄱ' 이외에 'ㅅ'도 포함된다는 점을 제외하면 현대 한국어와 거의 비슷하다.[16] 다만 15세기 한국어에는 'ㅋ'이나 'ㄲ'으로 끝나는 형태소가 존재하지 않았기 때문에 실제로는 'ㅂ, ㄷ, ㅅ'으로 바뀌는 현상만 발견된다.

16 'ㅅ'이 출력형에 포함됨으로써 '평파열음화'라는 용어는 정확성이 떨어진다. 'ㅅ'은 평파열음에 속하지 않기 때문이다. 그렇지만 현대 한국어와의 연계를 고려하여 '평파열음화'라는 용어를 사용하기로 한다.

(13) 가. ㅍ, ㅸ ⇒ ㅂ (예) 닢+과→닙과, 딮+고→딥고, 도ᇦ+디→돕디
나. ㅌ, ㅎ ⇒ ㄷ (예) 밑+과→믿과, 흩+고→흗고, 짛+ᄂᆞ니라→짇ᄂᆞ니라, 놓+ᄂᆞᆫ→녿ᄂᆞᆫ[17]
다. ㅈ, ㅊ, ㅿ ⇒ ㅅ (예) 곶+도→곳도, 맞+거늘→맛거늘, 빚+과→빗과, 좇+디→좃디, 지ᇫ+고→짓고

17 '짇ᄂᆞ니라'나 '녿ᄂᆞᆫ'과 같은 경우에는 비음화가 적용되어 '진ᄂᆞ니라, 논ᄂᆞᆫ'으로 실현되기도 한다.

15세기 한국어의 평파열음화는 조음 위치가 같은 계열의 전청으로 바뀌는 것이 원칙이다. 그래서 (13가)의 'ㅍ, ㅸ'은 순음의 전청인 'ㅂ'으로, (13나)의 'ㅌ'은 설음의 전청인 'ㄷ'으로, (13다)의 'ㅈ, ㅊ, ㅿ'은 치음의 전청인 'ㅅ'으로 실현된다. 다만 후음인 'ㅎ'은 조음 위치를 바꾸어 'ㄷ'으로 실현된다. 이것은 후음의 경우 8종성에 속하는 전청의 자음이 없다는 사실과 관련된다.

15세기 한국어의 평파열음화는 매우 규칙성이 강하지만 예외가 없는 것

은 아니다. 예외는 그 성격상 두 가지로 나눌 수 있다.

(14) 가. 아ᇫ이, 여ᇫ의, ᄇᆞᇫ아, ᄀᆞᇫ우믈

나. 좇+ᄌᆞᇦ고→졷ᄌᆞᇦ고, 좇+ᄂᆞ니→졷ᄂᆞ니, 엊+ᄌᆞᇦ고→엳ᄌᆞᇦ고

(14가)는 평파열음화가 적용되어야 함에도 불구하고 그렇지 않은 경우이다. 'ㅿ'은 평파열음화의 적용을 받아서 'ㅅ'으로 바뀌어야 하지만 (14가)에 제시된 몇몇 단어들에서는 'ㅿ'이 그대로 실현되었다.[18] (14나)는 평파열음화가 적용되기는 했지만 그 방향성이 다르다는 점에서 예외적이다. 즉 'ㅈ, ㅊ'과 같은 치음은 평파열음화가 적용되었을 때 치음인 'ㅅ'으로 바뀌어야 하지만 (14나)에서는 오히려 설음인 'ㄷ'으로 바뀐 것이다. (14나)와 같은 예외는 특히 선어말 어미 '-ᄌᆞᇦ-' 앞에서 잘 일어난다는 점이 특징이다.

18 문헌에 따라서는 '아ᇫ이, 여ᇫ의' 대신 '앗이, 엿의'가 나타나기도 하지만 '아ᇫ이, 여ᇫ의'와 같이 종성에 'ㅿ'이 오는 예와 비교해 볼 때 그 수가 많지 않다.

비음화

15세기 한국어의 비음화는 그리 활발하게 적용되지는 않았다. 비음화가 적용되는 경우보다 그렇지 않은 경우가 훨씬 많을 뿐만 아니라 비음화의 입력형도 'ㄷ'인 경우가 대부분이다.[19]

19 이러한 표기는 실제 발음을 반영한 것일 가능성이 높다.

(15) 가. 묻+노라 → 문노라, 걷+ᄂᆞᆫ → 건ᄂᆞᆫ, 듣+노라 → 든노라, 걷+나- → 건나-, ᄃᆞᆮ+니- → ᄃᆞᆫ니-

나. 븥+ᄂᆞᆫ → 븓ᄂᆞᆫ → 븐ᄂᆞᆫ, 낳+ᄂᆞ니 → 낟ᄂᆞ니 → 난ᄂᆞ니, 젛+노라 → 젇노라 → 전노라

다. 굽+ᄂᆞ니라→굼ᄂᆞ니라

(15가)는 'ㄷ'이 비음화의 적용을 받은 예로 용언의 활용형은 물론이고 합성어에서도 나타난다. (15나)는 'ㅌ'이나 'ㅎ'과 같은 자음이 'ㄷ'을 거쳐 비음화의 적용을 받은 예이다. (15다)는 15세기 한국어에 극히 드물게 보이는 'ㅂ'의 비음화 예이다.[20] 그러나 'ㄱ'의 비음화는 보이지 않는다.[21]

20 '봄뇌다'의 '봄-'은 '봅-'에 비음화가 적용된 형태일 가능성이 높은데 그럴 경우 'ㅂ'의 비음화 예로 추가할 수 있다.

21 'ㄱ'에 비음화가 적용되는 예는 근대 한국어 문헌에도 극소수만 나타난다.

경음화

15세기 한국어의 경음화는 표기에 잘 반영되지 않는다. 또한 경음화의 유형도 현대 한국어와 비교할 때 그리 다양하지 않다. 가령 비음으로 끝나는 용언 어간 뒤에서 일어나는 경음화는 존재하지 않았으며 한자어에서 일어나는 유음 뒤의 경음화도 모습을 확인하기 어렵다.

(16) 가. 받+ᄌᆞᄫᆞ니 → 바ᄍᆞᄫᆞ니, 묻+ᄌᆞ보ᄃᆡ → 무ᄍᆞ보ᄃᆡ, 믿+ᄌᆞ와 → 미ᄍᆞ와

나. 몯ᄒᆞᆯ 거시라 → 몯ᄒᆞᆯ 꺼시라, 갈 ᄃᆡ → 갈 ᄯᆡ, 디날 제 → 디날 쩨

나′. 몯ᄒᆞᇙ 거시어늘, 갏 ᄃᆡ, 디낧 제

다. 눈+ᄌᆞᅀᆞ → 눈ᄍᆞᅀᆞ, 몸+ᄉᆞᅀᅵ → 몸ᄊᆞᅀᅵ, 드틀+ᄉᆞᆸ → 드틀ᄊᆞᆸ

(16가)는 평파열음 뒤의 경음화이다. 주로 'ㄷ'으로 끝나는 용언 어간 뒤에 객체 존대의 선어말 어미 '-ᄌᆞᆸ-'이 결합할 때 경음화 모습을 보인다. 그러나 이런 경우 대부분 종성에 'ㄷ'이 나타나지 않기 때문에 순수한 경음화인지 분명하지 않다.[22] (16나)는 관형사형 어미 '-을' 뒤에서의 경음화로 15세기 한국어에서 가장 흔히 발견할 수 있는 경음화 유형이다. 이러한 경음화가 선행 어미의 말음과 관련이 있다는 것은 (16나′)과 같이 관형사형 어미의 종성이 'ㅭ'로 표기된 자료를 통해서 알 수 있다. (16다)는 사잇소리 현상으로서의 경음화인데 그리 많이 나타나지는 않는다.

22 이 외에 'ᄇᆞᇧ+아→ᄇᆞᆺᄭᅡ'와 같은 예들도 표면상 경음화로 볼 수 있는 여지가 있지만 확실하지 않다.

모음 조화

15세기 한국어의 모음 조화는 현대 한국어와 비교할 때 매우 체계적이면서도 규칙적인 모습을 보여 준다. 그 이유는 무엇보다도 모음 조화가 모음 체계와 잘 부합하고 있기 때문이다. 즉 모음 체계에서 뚜렷한 대립 관계를 보이는 모음 부류들이 모음 조화에서도 동일한 기능을 하는 것이다. 15세기 한국어의 모음 조화는 설축(舌縮) 계열인 'ㆍ, ㅗ, ㅏ'와 설소축(舌小縮) 계열인 'ㅡ, ㅜ, ㅓ' 사이에서 작용하며, 모음 조화에 참여하는 모음들이 '축(縮)'이라는 기준에 비추어 같은 속성을 공유하고 있다.

(17)

양성 모음	ᆞ	ㅗ	ㅏ	(설축)
↕	↕	↕	↕	
음성 모음	ㅡ	ㅜ	ㅓ	(설소축)

(17)에서 볼 수 있듯이 'ᆞ'와 'ㅡ', 'ㅗ'와 'ㅜ', 'ㅏ'와 'ㅓ'가 모음 조화에 있어 서로 대립하고 있다. 이에 따라 가령 선행 어간의 모음이 설축 계열이면 후행하는 어미도 설축 계열이 결합하고 선행 어간의 모음이 설소축 계열이면 후행하는 어미도 설소축 계열이 결합했다. 특히 15세기 한국어에는 '아/어'로 시작하는 어미 외에 'ᄋᆞ/으'나 '오/우'로 시작하는 어미도 있었기 때문에 모음 조화가 더 폭넓게 적용되고 있었다.

(18)

	-아/-어	-ᄋᆞ니/-으니	-옴/-움
ᄇᆞᆰ-	ᄇᆞᆯ가	ᄇᆞᆯᄀᆞ니	ᄇᆞᆯ곰
븕-	블거	블그니	블굼
곧-	고다	고ᄃᆞ니	고돔
굳-	구더	구드니	구둠
밧-	바사	바ᄉᆞ니	바솜
벗-	버서	버스니	버숨

15세기에는 모음 조화에 의한 모음 대립이 어휘의 분화에도 적극적으로 이용되었다.[23] 가령 (18)에 제시된 단어 중 'ᄇᆞᆰ-'과 '븕-', '밧-'과 '벗-'은 그 의미 차이가 그리 크지 않으면서도 'ᆞ'와 'ㅡ', 'ㅏ'와 'ㅓ'라는 모음의 차이로 구별되고 있는데 여기에는 모음 조화가 깊이 관여하고 있다. 즉 한 단어의 모음을 모음 조화에서 대립되는 다른 모음으로 바꿈으로써 단어를 확장해 나갔던 것이다. 이러한 모습은 '가ᄆᆞᆯ다'와 '거믈다', 'ᄆᆞᆰ다'와 '믉다', '남다'와 '넘다', '얇다'와 '엷다' 등 매우 많은 사례에서 확인할 수 있다.

23 모음 대립에 의한 어휘 분화는 10.2.1.1에서 자세히 다룬다.

반모음화

15세기 한국어의 반모음화는 j-반모음화와 w-반모음화가 상당히 다른 모습을 보여 준다. 따라서 이 둘을 구분하여 살필 필요가 있다.

(19) 가. 티+어도→텨도, 티+우미→튜미, ᄢᅮ미+어→ᄢᅮ며, ᄢᅮ미+우믈→ᄢᅮ뮤믈, 가ᄌᆞᆯ비+어→가ᄌᆞᆯ벼, 가ᄌᆞᆯ비+오미→가ᄌᆞᆯ뵤미

나. 지+어→지여, 디+옴ᄋᆞᆯ→디욤ᄋᆞᆯ, 흐리+어→흐리여, ᄀᆞ리+옴→ᄀᆞ리욤

다. 바+이→배, 바+이라→배라, 부텨+이→부톄, 부텨+이니→부톄니, 셔+이→셰-, 자+이→재-, 자펴+잇고→자폣고, 뫼화+잇도다→뫼홧도다, 와+이시며→왜시며

(19)는 j-반모음화의 예이다. (19가)는 용언 어간 말의 ‘ㅣ’가 다른 모음 앞에서 반모음 ‘j’로 바뀌는 경우이다. ‘아/어’로 시작하는 어미 앞에서는 물론이고 ‘오/우’로 시작하는 어미 앞에서도 반모음화가 일어나고 있다. 또한 (19나)에서 보듯이 단어에 따라서는 반모음화 대신 반모음 첨가가 일어나는 경우도 없지 않다. 그런 점에서 반모음화가 필수적으로 일어나야 하는 현상은 아니었다.

(19다)는 ‘ㅣ’가 다른 모음 뒤에서 반모음으로 바뀌는 경우이다. 15세기 한국어에는 ‘j’로 끝나는 하향 이중 모음이 많았기 때문에 단모음 ‘ㅣ’가 다른 모음 뒤에서 반모음화를 적용받는 것도 가능했다. 이러한 현상은 주격 조사 및 서술격 조사가 ‘ㅣ’를 제외한 모음으로 끝나는 체언 뒤에 결합할 때, 용언 어간 뒤에 ‘ㅣ’로 시작하는 접미사가 결합할 때, ‘아/어’로 끝나는 용언 활용형 뒤에 ‘잇-, 이시-’가 결합할 때 활발하게 일어난다.

(20) 가. 오+앗ᄂᆞᆫ→왓ᄂᆞᆫ, 소+아→솨~소아, 드리우+어→드리워, 머믈우+어→머믈워, 싸호+아→싸화~싸호아

나. 보+아→보아~보와, 누+어→누어~누워, 모도+아→모도아~모도와, 거두+어→거두어~거두워

(20)은 w-반모음화의 예이다. (20가)는 'ㅗ, ㅜ'가 'ㅏ, ㅓ' 앞에서 반모음화를 겪는 w-반모음화의 예이다. w-반모음화도 j-반모음화와 마찬가지로 용언 어간 뒤에 어미가 결합할 때에 적용된다. 그런데 w-반모음화는 j-반모음화에 비해 세력이 매우 약했다. 그래서 (20나)와 같이 아무런 현상이 일어나지 않거나 또는 w-첨가가 대신 일어나는 경우가 비율상 매우 높다. 반모음화가 일어난다고 해도 상당한 제약이 있었다. 1음절 어간의 경우 '오-'만 필수적으로 반모음화가 일어나고 나머지는 '소-'를 제외하면 반모음화 예가 보이지 않는다. 2음절 이상 어간도 마지막 음절의 초성이 없거나 후음 'ㅇ'인 경우에만 필수적으로 일어나고 그 외의 환경에서는 수의적으로만 일어난다.

ㄱ-약화

ㄱ-약화는 'ㄹ'이나 'ㅣ(j)'로 끝나는 형태소 뒤에 'ㄱ'으로 시작하는 형태소가 결합할 때 'ㄱ'이 후음인 'ㅇ'으로 바뀌는 음운 현상이다.

(21) 가. 믈+과→믈와, 알+고→알오, 울+거늘→울어늘
　　나. ᄃᆞ외+거늘→ᄃᆞ외어늘, 셰+고→셰오
　　다. 눈+이+고→누니오, ᄒᆞ+리+거늘→ᄒᆞ리어늘

(21)과 같은 현상을 ㄱ-약화가 아니라 ㄱ-탈락이라고 보는 경우도 있다. 그러나 이때의 'ㅇ'은 후음의 음가를 지니는 것으로 보이므로 ㄱ-약화라고 하는 것이 좀 더 정확하다.[24] 가령 (21가)에서 'ㄹ'이 연음되지 않거나 (21나)에서 'ᄃᆞ외어늘, 셰오' 대신 'ᄃᆞ외여늘, 셰요'나 'ᄃᆞ오여늘, 셔요'가 되지 않는 것은 모두 'ㅇ'이 후음의 음가를 지니고 있기 때문이다. (21다)는 서술격 조사 '이-'나 선어말 어미 '-리-' 뒤에서 'ㄱ'이 약화된 예이다. (21다)는 단모음 'ㅣ' 뒤에서 'ㄱ'이 약화되었다는 점에서 (21가, 나)와는 구별된다.[25]

때로는 선행하는 형태소가 'ㄹ'이나 'ㅣ(j)'로 끝나지 않는데도 'ㄱ'이 나타나지 않는 경우가 있다.

24 'ㄱ-약화' 대신 'ㄱ'의 유성 후음화라고 부르는 경우도 있다. 이는 'ㅇ'이 유성 후두 마찰음이기 때문에 변화의 방향성을 좀 더 명확히 표현하기 위함이다.

25 서술격 조사 '이-'는 ㄱ-약화를 일으키기 때문에 이중 모음 'ij'로 분석하기도 한다.

(22) 너+과→너와, 나+곳→나옷, ᄒᆞᄅᆞ+곰→ᄒᆞᄅᆞ옴

(22)에 나오는 '과, 곳, 곰' 등은 모두 체언 뒤에 붙는 문법 형태소들이다. 이들은 'ㄹ'이나 'j' 뒤는 물론이고 다른 모음 뒤에서도 'ㄱ'이 나타나지 않는다. 즉 (21)에 비해 'ㄱ'이 약화되는 환경이 훨씬 넓은 것이다. 그러나 (22)에서 보이는 ㄱ-약화는 (21)과는 다른 현상이다. 만약 두 현상이 동일하다면 ㄱ-약화가 소멸한 후에 (21)과 (22)가 동일한 모습을 보여야 한다. 그런데 16세기 이후에 ㄱ-약화가 사라진 후 (21)은 '믈과, 눈이고'와 같이 'ㄱ'이 다시 나타나지만 (22)의 '너와'와 같은 형태는 예전 모습을 그대로 유지한다는 점에서 차이가 난다.

10.1.3.2. 음운의 탈락

자음군 단순화

15세기 한국어는 음절 종성에 두 개의 자음까지 발음될 수 있었다. 그래서 자음군 단순화가 필수적으로 적용되지는 않았다. 15세기 한국어에 자음군 단순화가 반드시 적용되는 경우는 다음과 같다.

(23) 가. 갌+고→갓고, 긳+ᄂᆞᆫ→깃ᄂᆞᆫ, 밠#→밧, 마ᇨ+ᄂᆞ니→맛ᄂᆞ니,
　　　마ᇨ+ᄌᆞᄫᆞ란ᄃᆡ→맛ᄌᆞᄫᆞ란ᄃᆡ
　　나. 없+고→업고, 없+더라→업더라, 없+ᄂᆞᆫ→업ᄂᆞᆫ, 없+디→업디
　　다. 긇+ᄂᆞᆫ→글ᄂᆞᆫ, 핧+놋다→할놋다, 앓+ᄂᆞᆫ→알ᄂᆞᆫ
　　라. 알+ᄋᆞᆫ→아ᇍ→안, 알ᄋᆞᆯ→아ᇐ→알

(23가)에서 보듯 'ㅅ'으로 시작하는 겹받침을 가진 말들은 조건이 충족되면 항상 자음군 단순화가 적용되었다. (23나)의 'ㅄ'은 용언 어간 '없-'만 자음군 단순화를 겪고 체언 어간 '값-'은 자음군 단순화가 잘 적용되지 않는다는 특징이 있다. (23가, 나)와 같이 장애음이 선행하는 겹받침에 자음군 단순화가 적용되면 항상 겹받침의 후행 자음이 탈락한다. (23다)는 'ㅎ'으로 끝나는 겹받침의 경우로 'ㄴ'으로 시작하는 어미와 결합하면 항상 자음군

단순화가 적용되어 'ㅎ'이 탈락하였다. (23라)는 'ㄹ'로 끝나는 어간 뒤에서 어미의 'ᄋᆞ/으'가 탈락한 후 자음군 단순화가 적용되는 경우이다.[26] (23라)와 같은 자음군 단순화는 예외 없이 적용되는 모습을 보인다.

15세기 한국어의 경우 'ㅀ'을 제외하면 'ㄹ'로 시작하는 겹받침에는 자음군 단순화가 적용되지 않는 것이 일반적이다. 'ᄇᆞᆲ고, ᄆᆞᆰ도다' 등과 같은 예들은 겹받침이 모두 종성에서 발음되었을 것으로 추정된다.[27] 또한 'ㄴ, ㅁ'과 같은 비음으로 시작하는 겹받침에도 자음군 단순화는 적용되지 않았다. 그래서 '앉+고, 앉+디, 욵+디' 등은 '아ᇇ고, 아ᇇ디, 우ᇇ디' 등과 같이 겹받침의 후행 자음에 평파열음화만 적용될 뿐 두 개의 자음이 종성에서 발음되고 있었다. 'ㄹ'이나 비음은 모두 공명음에 속하므로 15세기 한국어에는 공명음으로 시작하는 자음군이 음절 종성에서 발음될 수 있었다고 일반화할 수 있다.

26 다른 경우와 달리 (23라)는 어간이 겹받침을 가지지 않았음에도 불구하고 모음 탈락에 의해 형성된 자음군에 자음군 단순화가 적용되고 있다.

27 예외적으로 '기슭(기ᄉᆞᆰ), 옴도다(옮+도다)'와 같은 예가 있지만 극히 드물다.

유음 탈락

15세기 한국어의 유음 탈락은 현대 한국어와 큰 차이를 보이지는 않는다. 유음 탈락이 일어나는 음운론적 환경이 현대 한국어보다 좀 더 넓었다는 점을 제외하면 상당히 비슷하다. 체언 뒤에 조사가 결합할 때에는 일어나지 않으며 용언 어간 뒤에 어미가 붙거나 복합어를 형성할 때에만 유음이 탈락한다.

(24) 가. 살+ᄂᆞ니→사ᄂᆞ니, 알+더니→아더니, 들+사→드사, 살+져→사져, 알+ᄉᆞᆸ고→아ᄉᆞᆸ고
　나. 긇+ᄂᆞᆫ→글ᄂᆞᆫ, 핧+놋다→할놋다, 앓+ᄂᆞᆫ→알ᄂᆞᆫ
　다. 아ᄃᆞᆯ+님→아ᄃᆞ님~아ᄃᆞᆯ님, ᄃᆞᆯ+님→ᄃᆞ님~ᄃᆞᆯ님, 활+살→화살~활살

(24가)는 'ㄹ'로 끝나는 용언 어간에 적용되는 유음 탈락의 예이다. 'ㄷ, ㅈ, ㅿ'과 같은 자음 앞에서도 유음 탈락이 일어난다는 점이 현대 한국어와는 다르다. 다만 (24나)에서 보듯이 'ㅀ'으로 끝나는 어간과 'ㄴ'으로 시작하는

어미가 결합하면, 자음군 단순화에 의해 'ㅎ'만 탈락할 뿐 다른 변화가 일어나지 않아서 'ㄴ' 앞에서도 'ㄹ'이 그대로 놓인다는 특징이 있다. 현대 한국어에서는 'ㄹ'과 'ㄴ'이 그대로 결합할 수 없지만 15세기 한국어에서는 가능했다는 차이가 확인된다.[28] (24다)는 복합어에서 일어나는 유음 탈락의 예이다. 유음 탈락이 적용된 형태와 그렇지 않은 형태가 공존하고 있다는 점에서 유음 탈락이 필수적으로 적용되었다고 볼 수는 없다. 활용형에서는 유음 탈락이 필수적으로 일어났다는 점과 비교할 때 차이가 난다.

28 15세기 한국어에서는 'ㄹㄴ'에 유음화가 적용된 표기가 존재하지 않으며, 이것은 이 두 자음이 연속될 수 있었음을 말해 주는 것으로 보인다.

모음 탈락

단모음과 단모음이 결합할 때 둘 중 하나의 모음이 탈락하는 현상은 15세기 한국어에도 활발하게 일어나고 있었다.

(25) 가. ᄎᆞ+아→차, ᄎᆞ+옴→촘, ᄡᅳ+어→ᄡᅥ, 크+어→커, 크+움→쿰

나. 가+아→가~가아, 놀라+아→놀라~놀라아, 셔+어셔→셔셔~셔어셔, 건너+어→건너

다. 보(L)+옴(H)→봄(R), 가(L)+옴(H)→감(R), 두(L)+움(H)→둠(R), ᅘᅧ(L)+오디(HH)→ᅘᅧ디(RH)

(25가)는 용언 어간의 마지막 모음을 탈락시키는 현상으로 현대 한국어의 으-탈락에 대응한다. 15세기 한국어에는 'ㆍ'도 모음으로 시작하는 어미 앞에서 탈락했다. (25나)는 용언 어간의 마지막 모음과 어미의 첫 모음이 'ㅏ' 또는 'ㅓ'로 동일한 경우에 일어나는 모음 탈락의 예이다.[29] 이 현상은 '가아, 놀라아, 셔어셔' 등에서 보듯이 적용되지 않는 경우도 존재했다. (25다)는 'ㅏ, ㅗ, ㅓ, ㅜ'로 끝나는 어간 뒤에서 어미의 첫 모음 'ㅗ'나 'ㅜ'가 탈락하는 모음 탈락의 예이다. 이 경우 비록 모음은 탈락했지만 그 성조는 유지되어서 평성과 거성이 상성으로 축약된 모습을 보인다.

29 어간과 어미의 모음이 같을 때 일어나기 때문에 이 현상을 흔히 동일 모음 탈락이라고 부르기도 한다.

10.1.3.3. **음운의 첨가**

15세기 한국어의 첨가 현상으로는 반모음 첨가만 확인된다. 반모음 첨가는 j-첨가와 w-첨가로 나눌 수 있다.

(26) 가. 내+아→내야, 내+옴→내욤, ᄢᅦ+어→ᄢᅦ여, ᄢᅦ+오ᄆᆞᆯ→ᄢᅦ요ᄆᆞᆯ, ᄃᆞ외+아→ᄃᆞ외야, ᄃᆞ외+옴→ᄃᆞ외욤, 쉬+어→쉬여, 쉬+우려→쉬유려, 이긔+어→이긔여, 이긔+욜→이긔욜, 그르메+에→그르메예, 쇠+에셔→쇠예셔

나. 흐리+어→흐리여, 지+어→지여, 서리+에서→서리예서, ᄃᆞ리+에→ᄃᆞ리예[30]

다. 보+아→보아~보와, 누+어→누어~누워, 모도+아→모도아~모도와

(26가)는 반모음 'j'로 끝나는 형태소 뒤에 모음으로 시작하는 문법 형태소가 올 때 'j'가 첨가되는 현상이다. (26가)와 같은 반모음 첨가는 매우 규칙적으로 일어난다.[31] (26나)는 단모음 'ㅣ' 뒤에서 일어나는 j-첨가이다. 용언 어간에서 j-반모음화 대신 'j'가 첨가되기도 하고 체언 뒤에 조사가 결합하는 경우에도 'j'가 첨가된다. (26나)의 반모음 첨가는 체언에서는 규칙적으로 일어나지만, 용언의 경우에는 반모음 첨가 대신 반모음화가 일어나는 경우가 더 많기 때문에 필수적으로 일어난다고 보기는 어렵다. (26다)는 용언 어간에서 'w'가 첨가된 경우로 이 현상 역시 수의적으로 적용되었다.

30 (26가, 나)의 '예, 예셔'를 반모음 첨가로 설명하지 않고 '에, 에셔'의 이형태로 서술할 수 있다. 10.2.2.5의 (89) 참조.

31 드물기는 하지만 'j'가 첨가되지 않고 선행 음절의 'j'가 후행 음절로 넘어가는 경우도 존재한다. 가령 'ᄢᅦ+어'의 경우 'ᄢᅦ여' 대신 'ᄢᅧ'로 나타나기도 한다.

10.1.3.4. **음운의 축약**

15세기 한국어에 존재하는 음운의 축약은 유기음화밖에 없다. 15세기 한국어의 유기음화는 현대 한국어와 비교할 때 약간의 차이가 존재한다.

(27) 가. 낳+고→나코, 돓+과→돌콰, 둏+긋-→됴큿-, 않+밗→안팏

나. ᄀᆞᆮ+ᄒᆞ→ᄀᆞᄐᆞ-, 잡+히→자피-, 앉+히→안치-, 굳+히→구티-

다. ᄀᆞ독+ᄒᆞ→ᄀᆞ독ᄒᆞ-, '몯+ᄒᆞ→몯ᄒᆞ-, 답답+ᄒᆞ→답답ᄒᆞ-, 득+

ᄒᆞ→득ᄒᆞ-

(27가)는 'ㅎ'이 후행하는 평음과 결합하여 유기음으로 실현되는 경우이다. 이런 환경에서의 유기음화는 예외 없이 일어난다. 특히 15세기 한국어에는 'ㅎ'으로 끝나는 명사가 적지 않았기 때문에 체언 뒤에서 유기음화가 일어나는 경우도 발견된다. (27나)는 평음 뒤에 'ㅎ'이 오는 경우이다. 이때에는 (27나)와 같이 유기음화가 일어나는 경우도 있지만 (27다)와 같이 유기음화가 일어나지 않은 것으로 보이는 표기도 나타난다. 특히 용언 어간 'ᄒᆞ-'가 결합된 복합어에서 예외가 집중적으로 나타난다.

10.2. 형태

10.2.1. 단어 형성론

10.2.1.1. 단어 형성의 유형

단어 형성법에 따라 단어를 나눌 때, 15세기 한국어도 현대 한국어와 마찬가지로 하나의 형태소로 되어 있는 단일어(simple word)와 둘 이상의 형태소로 되어 있는 복합어(complex word)로 나눌 수 있다. 일반적으로 복합어는 다시 어휘 의미를 강하게 띠는 요소끼리 결합한 합성어(compound word)와, 어휘 의미를 가진 요소에 접두사나 접미사와 같이 형식 의미를 갖는 요소가 결합한 파생어(derived word)로 나눌 수 있음도 물론이다.

현대 한국어를 다루는 자리(3.2.1.3.)에서 언급했듯이 단어 형성법에는 합성법과 파생법 외에도 '통사 구성의 어휘화 단어, 중첩어, 약어, 혼성어, 역형성어, 절단어, 내적 변화 단어, 영 변화 단어' 등이 있다. 합성어와 파생어를 제외하고 15세기 한국어에서 특징적인 단어 형성법은 다음에서 볼 수 있는 것과 같은 내적 변화와 영 변화이다.

먼저 내적 변화 중 자음 교체에 대해 살펴보기로 하자.

(28) 기다-ᄭᅵ다, 그ᅀᅳ다-ᄭᅳᅀᅳ다, 두드리다-ᄯᅳ드리다, 딯다-ᄯᅵᇂ다

현대 한국어의 '감감하다-깜깜하다-캄캄하다'처럼 자음 교체에 의한 것으로 보이는 단어 쌍이 15세기 국어에도 나타난다. 그런데 이 중 'ᄯᅳ드리다 〈구방 상:42〉', 'ᄯᅵᇂ다 〈구방 하:62〉의 경우는 15세기에 간행된 것으로 보이는 초간본이 아니라 16세기 중반에 간행된 것으로 보이는 중간본에서만 확인할 수 있다. 이런 예를 제외하면 15세기 국어에서는 자음 교체에 의한 쌍이 많지 않아서 한국어사 연구에서는 'ᄭᅵ다', 'ᄭᅳᅀᅳ다', 'ᄯᅳ드리다' 등을 자음 교체에 의해 형성된 단어로 보기보다는 동작을 나타내는 용언의 어두 자음이 통시적으로 경음화된 것으로 설명해 왔다. 하지만 16세기에 간행된 것으로 보이는 〈구급방언해〉 중간본이 대체로는 15세기의 언어 사실을 보이고 있다는 점, 어두음의 된소리화가 격렬한 동작을 보다 인상적으로 나타내기 위한 것으로 볼 수 있다는 점, 뒤에서 언급할 것인바 근대 한국어 이후 자음 교체로 볼 수 있는 예가 상당한 수로 증가하고 있다는 점을 고려하면 15세기 한국어는 자음 교체가 단어 형성 방법으로 발달해 가는 시작점이 되는 것으로 볼 수 있다.[32]

32 자음 교체형의 변화에 대해서는 11.3.2.1.을 참조할 수 있다.

다음으로 모음 교체에 대해 살펴보기로 하자.

(29) 가. 갇다[收]-걷다, 남다-넘다, 밧기다-벗기다; 쟉다-젹다; 곱다[曲]-굽다, 도려ᇦ다-두려ᇦ다; 햑다-혁다, ᄀᆞᄂᆞᆶ-그늟, ᄇᆞᅀᆞ다[碎]-브ᅀᅳ다

나. ᄇᆞᆰ다-븕다, 발가ᄒᆞ다-벌거ᄒᆞ다, ᄑᆞᄅᆞ다-프르다, 파라ᄒᆞ다-퍼러ᄒᆞ다

다. 마리-머리, ᄂᆞᆰ다-늙다, ᄆᆞᆰ다-믉다

(29)는 모음 교체에 의한 단어 쌍들이다. 제I권 3.2.1.3.에서 언급한 것처럼 모음 교체의 짝을 가지는 것을 어느 하나의 형태에서 다른 하나가 만들어진 것으로 본다면, 단어 형성법의 한 종류로 볼 수 있다. (29가)는 두 어휘의 의미 차이가 거의 없는 경우이고, (29나)는 어감의 차이를 가지는 경

33 11.5.3.2.에서 조금 더 자세하게 언급할 것인바 모음 교체의 짝을 가지는 색채어 중에서 양성 모음 계열은 명도(明度)가 밝음을 나타내고 음성 모음 계열은 어두움을 나타낸다.

34 근대 한국어 이후의 모음 교체형의 모음 대립 양상은 11.3.2.1.에서 자세하게 다루어진다.

35 현대 한국어의 경우도 명사 '신'은 단음, 동사 '신다'의 '신-'은 장음으로 운소의 차이를 보이듯이 15세기 한국어에서도 '신'은 거성, '신-'은 상성으로 차이가 난다.

우이며,[33] (29다)는 의미 차이가 비교적 뚜렷한 경우이다. 모음 교체는 (29가)에서 세분하였듯이 대응되는 모음에 따라 'ㅏ-ㅓ'의 대립, 'ㅑ-ㅕ'의 대립, 'ㅗ-ㅜ'의 대립, 'ㅛ-ㅕ'의 대립, 'ㆍ-ㅡ'의 대립 등으로 나눌 수 있다. 이처럼 15세기 한국어에서는 모음 교체에 의한 단어 형성의 예가 제법 많으며 그 유형을 더 세분해 볼 수도 있다.[34]

마지막으로 영 변화에 의해 단어가 만들어지는 예를 들어 보기로 하자.

(30) 가. ᄀᆞ물-ᄀᆞ물다, 너출-너출다, 신-신다,[35] 품-품다

나. ᄀᆞᆮ-ᄀᆞᆮ다, 그르-그르다, ᄂᆞ외-ᄂᆞ외다, 바ᄅᆞ-바ᄅᆞ다, 빗-빘다, 비브르-비브르다, ᄉᆞᄆᆞᆺ-ᄉᆞᄆᆞᆾ다

(30가)는 명사가 동사나 형용사 어간과 형태가 동일한 경우이고, (30나)는 부사가 동사나 형용사 어간과 형태가 동일한 경우이다. 현대 한국어의 경우도 '신-신다', '품-품다'와 같이 명사가 동사나 형용사 어간과 형태가 동일한 예가 없지는 않으나 15세기 한국어에는 이런 예가 더 많은 것으로 보이며, 현대 한국어에는 (30나)와 같이 부사가 동사나 형용사 어간과 형태가 같은 경우는 거의 없는 것으로 보인다. 15세기 국어에서 (30)과 같은 예가 많으므로 영 변화에 의한 단어 형성이 어느 정도 생산성이 있는 것으로 볼 수 있다.

사실 이른바 품사 통용을 보이는 사례는 모두 영 변화로 보아 단어 형성의 관점에서 설명하는 것이 가능하다.

(31) 아니(명사, 부사), 엇뎨(대명사, 부사), 닐굽(수사, 관형사), 둏다(동사, 형용사), 므슴(대명사, 관형사, 부사)

(32) 가. ᄯᅩ 두 고기 됴ᄒᆞ닐 머구니 [또 두 (마리) 물고기 좋은 것을 먹으니] 〈두시초 7:33〉

나. 王이 좌시고 病이 됴ᄒᆞ샤 [왕이 잡수시고 병이 좋아지셔] 〈석상 11:21〉

(33) 가. 이 나래 새ᄅᆞᆯ 맛보고 [이 날에 새 것을 맛보고] 〈두시초 15:23〉

나. 새 기슬 一定ᄒᆞ얫도다 [새 깃을 정하였구나] 〈두시초 7:1〉

다. 새 出家ᄒᆞᆫ 사ᄅᆞ미니 [새로 출가한 사람이니] 〈석상 6:2〉

(31)에서 볼 수 있듯이 하나의 형태가 둘 이상의 품사로 쓰이는 예는 현대 한국어보다 쉽게 발견된다. 특히 동사와 형용사가 동일한 형태를 가지는 경우가 현대 한국어보다 훨씬 많다.[36] (32가)는 '둏다'가 형용사, (32나)가 동사로 쓰인 예이다. '둏다'의 현대 한국어 형태 '좋다'는 형용사로만 쓰이지만 15세기 한국어에서는 동사로도 사용되었던 것이다. 또한 드물지만 (33)에서처럼 현대 한국어에서 관형사로만 쓰이는 '새'가 15세기 한국어에서는 세 가지 품사로 쓰이는 예도 있다. (33가)는 '새'가 명사, (33나)는 관형사, (33다)는 부사로 쓰인 예이다.

영 변화에 대한 논의를 마무리하기 전에 15세기 한국어의 경우 하나의 형태가 자동사와 타동사로 쓰이는 예가 흔히 나타났음도 언급하는 것이 좋을 듯하다.

(34) 가. 王ㄱ ᄭᅮ메 집 보히 것거늘 [왕의 꿈에 집 들보가 꺾이거늘] 〈석상 24:6〉

나. 고ᄫᆞᆫ 곳 것고 [고운 꽃 꺾고] 〈석상 11:41〉

(34가)는 '겄다'가 자동사, (34나)는 타동사로 쓰인 예이다. 현대 한국어의 경우 자동사는 '꺾이다'로 타동사는 '꺾다'로 나타나 형태적으로 구분이 된다. 15세기 국어에서 자동사와 타동사가 형태적으로 동일한 예는 '걸다', '긏다', 'ᄀᆞᆯ다', '다ᄋᆞ다', '비취다', '흩다', 'ᄢᅳ다' 등이 더 있다. 이 역시 자동사에서 타동사가 되거나 그 반대 방향으로 파생될 때 '-이-'와 같은 파생 접사가 결합하는 것이 일반적임을 고려하면 영 변화로 볼 수 있을 것이다.[37]

내적 변화나 영 변화와 같은 특이한 단어 형성법이 있기는 하지만 15세기 한국어의 경우도 현대 한국어와 마찬가지로 일반적인 단어 형성법은 합성법과 파생법이다. 이제 합성어와 파생어로 나누어 15세기 한국어의 단

36 현대 한국어에서도 '밝다', '크다'처럼 동일한 형태가 동사와 형용사로 쓰이는 예가 있지만 15세기 한국어에 비하면 매우 드물다.

37 현대 한국어에서도 '움직이다', '멈추다'와 같이 자동사와 타동사로 쓰이는 이른바 중립 동사(10.3.6.1. 참조)의 예가 있지만 매우 드물다. 15세기 한국어의 '비취다'는 현대 한국어로 오면서 '비추다(타동사)-비치다[<비취다(자동사)]'로 분화되었고, '겄다'는 '꺾다(타동사)-꺾이다(자동사)'로 분화되었다. 이처럼 15세기 한국어의 중립 동사에 '-이-' 계열 접사가 결합하면서 자동사나 타동사의 형태가 분화된 예가 많다.

어 형성법을 좀 더 자세하게 언급해 보기로 한다.

10.2.1.2. 합성어

합성 명사

현대 한국어와 마찬가지로 15세기 한국어 합성어의 대부분은 합성 명사이다.

(35) 가. 명사+명사: ① ᄆᆞ쇼, 밤낮, 바ᄂᆞ실, ᄯᅩᆼ오좀, 아라웋 ② 믈구븨, 쇠붚

나. 명사+ㅅ+명사: 믌새, 빗믈, 묏기슭

다. 명사+ᄋᆡ/의+명사: ᄃᆞᆯᄀᆡ알, 쇠고기

라. 명사+옛+명사: 귀옛골회

마. 관형사+명사: 외ᄡᅡᆨ, 뎌즈슴, 요ᄉᆞᅀᅵ

바. 용언의 관형사형+명사: 한숨, 져므니, ᄌᆞ믈쇠, 아로리[38]

사. 용언 어간+명사: ᄇᆞᆰ쥐, ᄲᅮᆺ돌, 쓰믈

38 '아로리'는 '지인(知人)'의 의미를 가지는 단어인데, 관형사형 'ㄹ' 앞에 '오'가 결합한 '올'이 쓰인 예이다.

(35가)는 '명사+명사' 합성어인데, ①은 대등적인 합성어이고, ②는 종속적인 합성어이다.[39] 종속적인 합성어는 '명사+명사'로도 나타나지만 대체로 선행 요소가 무정물일 경우 (35나)처럼 'ㅅ'이 나타나고 유정물일 경우 (35다)처럼 'ᄋᆡ/의'가 나타난다. (35라)는 명사 사이에 부사격 조사와 관형격 조사 'ㅅ'이 결합한 형태이다. (35마, 바)는 관형사나 관형사형이 선행 요소로 오는 합성어이다. (35사)는 용언 어간이 어미 없이 명사를 수식하는 비통사적 합성어이다.

39 현대 한국어와 마찬가지로 중세 한국어에서도 'ᄆᆞ쇼'(① 말과 소, ② 가축)처럼 쓰여 대등 합성어나 종속 합성어가 융합 합성어로도 쓰이기도 한다.

합성 동사

이제 합성 동사를 살펴보기로 하자.

(36) 가. 명사+동사: ① 믈들다, 빛나다[40] ② 녀름짓다, 맛보다, 힘쓰다 ③ 뒤돌다

40 『용비어천가』에 나오는 예이므로 8종성법을 따르지 않아 'ㅊ'이 받침으로 표기되었다.

나. 부사+동사: 몯ᄒᆞ다, 업시너기다

다. 동사 어간+연결 어미+동사 어간: 나ᅀᅡ가다, 니러셔다, 도라가다

라. 동사 어간+동사 어간: ① 여위시들다, 오ᄅᆞᄂᆞ리다 ② 딕먹다, 빌먹다

(36가)는 명사와 동사가 결합한 합성 동사들인데, 이들은 다시 선행하는 명사와 후행하는 동사의 통사 관계에 따라 나누어진다. 즉, ①은 '주어+서술어', ②는 '목적어+서술어', ③은 '부사어+서술어' 관계를 이루고 있다. (36나)는 부사와 동사가 결합한 합성어이다. (36다)와 (36라)는 동사 어간끼리 결합한 합성 동사인데, (36다)는 연결 어미가 결합된 통사적 합성어이고 (36라)는 연결 어미가 결합하지 않은 비통사적 합성어로 ①은 대등 합성어이고, ②는 종속 합성어이다. 11.3.2.2.에서 자세하게 언급할 것인바, 15세기 국어의 비통사적 합성어는 현대 한국어로 오면서 쓰이지 않게 되거나 통사적 합성어로 대체되는 경우가 많다.

합성 형용사

합성 형용사는 합성 동사와 구성이 유사하지만 다양하지 못하고 합성어의 수도 훨씬 적다.

(37) 가. 명사+형용사: 값없다, 힘세다

나. 형용사 어간+형용사 어간: 검븕다, 굳세다, 됴쿶다, 어위크다

(37가)는 명사와 형용사가 결합한 합성어인데, 형용사의 특성상 '목적어-서술어' 관계는 있을 수 없으므로 선행 체언과의 관계가 '주어-서술어'로 한정된다. (37나)는 형용사 어간끼리 결합한 비통사적 합성어이다.

합성 부사

합성 부사 역시 구성 방식이 다양하지 못하고 수도 그리 많지 않다.

(38) 가. 부사+부사: 몯다

나. 명사+명사: 나날

다. 관형사+부사: 외ᄠᆞ로

(39) ᄆᆞᆯᄀᆞᆺᄆᆞᆯᄀᆞᆺ, 아ᄃᆞᆨ아ᄃᆞᆨ, 다ᄑᆞᆯ다ᄑᆞᆯ/다폴다폴

(38가)는 부사끼리 결합한 부사 합성어이고, (38나)는 명사끼리 결합한 부사 합성어고,[41] (38다)는 관형사와 부사가 결합한 부사 합성어이다. (39)는 이른바 중첩에 의한 반복 합성어로서 '다ᄑᆞᆯ다ᄑᆞᆯ/다폴다폴'처럼 모음 교체에 의한 짝을 가지기도 한다.[42]

41 제 I 권 3.3.3.8.에서 언급한 것처럼 현대 한국어에서는 '명사+명사'가 부사로 쓰이는 합성어들이 제법 많다. 15세기 한국어에도 이런 사례가 더 있을 것으로 보이나 문증되는 예를 찾기 어렵다.

42 '다ᄑᆞᆯ다ᄑᆞᆯ 〈법화 6:137〉'과 '다폴다폴 〈법화 7:9〉'은 같은 문헌에 나타난다. '다ᄑᆞᆯ다ᄑᆞᆯ'은 '더플더플'과 '다폴다폴'은 '더풀더풀'과 짝을 이루는 것이 자연스러운데, 문증되는 예는 '다ᄑᆞᆯ다ᄑᆞᆯ'과 '다폴다폴'이다.

합성 관형사

합성 관형사 역시 구성 방식이 다양하지 못하고 수도 많지 않다.

(40) 가. 수사+명사: 온갓

나. (수) 관형사+(수) 관형사: ᄒᆞᆫ두, 두ᅀᅥ, 서너

다. 수사 혹은 (수) 관형사+용언의 관형사형: 여라ᄆᆞᆫ, 스ᄆᆞ나ᄆᆞᆫ, 쉬나ᄆᆞᆫ

라. 부사+용언의 관형사형: 아니한[43]

(40가)는 수사와 명사가 결합한 것이고, (40나)는 수 관형사끼리 결합한 것이고, (40다)는 수사 혹은 수 관형사와 용언의 관형사형이 결합한 것이다. (40라)는 부사가 용언의 관형사형을 수식한 구성이 합성어로 굳어진 예로 생각된다.

43 『우리말 큰사전』에서는 형용사 '아니하다'의 활용형으로 처리하고 있지만 대부분의 문헌에서 '아니한'으로 사용되므로 관형사로 굳어진 것으로 볼 수 있다.

10.2.1.3. 파생어

접두 파생어

접두 파생어는 어근의 앞에 접두사가 결합한 파생어를 말한다. 주지하듯이 접두사는 어근의 품사를 바꾸지 않으므로 접두 파생어의 품사는 대체로 어근의 품사와 일치한다. 제I권 3.2.3.에서 언급한 것처럼 접두사는 접미사에 비해 어휘적인 의미가 강하고, 접미사에 비해 수도 적으며 생산성이 높은 접두사도 드물다. 우리 책에서는 15세기 한국어에서 비교적 생산성이 높은 접두사에 의한 접두 파생어를 대상으로 하되, 품사에 따라 명사, 동사 및 형용사로 나누어 간략하게 논의하고자 한다.

먼저 접두 파생어 중에서 명사의 예를 들어 보기로 하자.

(41) 가. 댓-: 댓무수, 댓ᄡᆞ리
　　나. 춤-: 춤기름, 춤ᄢᅢ
　　다. 싀-: 싀아비, 싀어미, 싀아비어미

(41가)의 '댓-'은 '크고 억센' 정도의 뜻으로 15세기 한국어가 아니라 중세 한국어로 범위를 넓혀 보면 '댓딜위, 댓가치' 등 제법 많은 파생어의 예가 확인된다. (41나)의 '춤-'은 현대 한국어의 '참-'과 마찬가지로 '품질이 우수한', '먹을 수 있는' 등의 뜻을 더하는 접두사로 역시 제법 많은 파생어에서 확인된다. 현대 한국어의 '참-'과 상대되는 접두사인 '들-'의 경우 15세기에도 존재했을 가능성이 있으나 문증되지는 않는다. (41다)의 '싀-'는 현대 한국어의 '시(媤)-'에 이어지는데, 15세기 이후 더 많은 파생어가 확인된다.

다음으로 접두 파생어 중에서 동사나 형용사의 예를 들어 보기로 하자.

(42) 가. 티-: 티받다, 티쁘다, 티ᄎᆞ다, 티디ᄅᆞ다
　　나. 횟/휫-: 횟돌다, 횟도니다, 횟도ᄅᆞ다; 휫두르다, 휫두루잇다
　　다. 브르-: 브르돋다, 브르쥐다
　　라. 가ᄅᆞ-: 가ᄅᆞᄃᆞᆫ니다, 가ᄅᆞ드듸다, 가ᄅᆞᄂᆞᆯ다

(42가)의 '티-'는 '위로 올라가게' 또는 '세게' 정도의 뜻으로 15세기 한국어에서 생산적으로 파생어 형성에 참여하였다. (42나)의 '횟-'과 '휫-'은 어근에 '마구 혹은 매우 심하게' 정도의 의미를 더하는데, 모음 교체에 의한 짝을 이루고 있으며 어근이 양성 모음이면 '횟-'이 결합하고 음성 모음이면 '휫-'이 결합한다. 주로 '돌다'나 '돌다' 복합어들과 결합하는 것으로 보아 기원적으로 한자어 '回'와 관련이 있었을 것으로 논의되기도 하였다. '티-'는 현대 한국어의 '치-'로, '횟/휫-'은 '휘-'로 이어진다. (42다)의 '브르-'는 '솟아나게', '두드러지게' 정도의 의미를 가지는 접두사로 논의되고 있다. (42라)의 '가ᄅᆞ-'는 '양쪽으로 갈라' 정도의 뜻을 가지는데, 생산적으로 쓰이고 어휘 의미적인 특성이 강해 부사와 접두사의 경계에 있는 것으로 볼 수 있다.[44]

44 '가ᄅᆞ'를 『우리말 큰사전』에서는 접두사가 아닌 부사로 처리하고 있다.

접미 파생어

접미 파생어는 어근에 접미사가 결합하여 이루어진다. 접미 파생어는 접두 파생어에 비해 수가 훨씬 많으며 유형도 다양하다. 접미사 중에는 어근에 뜻만 더해 주는 것도 있지만 어근의 품사를 바꾸는 것도 있다. 이제 15세기 한국어의 접미 파생어를 품사별로 나누어 살펴보기로 하자.

먼저 접미 파생 명사에는 다음과 같은 것들이 있다.

(43) 가. -질: 불무질

나. -아기, -아지(-야지, -아지): ᄉᆞ라기, ᄆᆞ야지,[45] 강아지[46]

(44) 가. -개/게: ᄂᆞᆯ개, 벼개, 노리개, 둡게, 집게

나. -이: 사리, 이바디, 죽사리, 고키리, 글지ᅀᅵ, 거름거리

다. -(ᄋᆞ/으)ㅁ: 숢, 그림, 기츰, ᄆᆞᄎᆞᆷ, 여름, 붓그림

라. -ᄋᆡ/의: 노ᄑᆡ, 기릐, 기픠, 너븨, 둗긔

45 'ᄆᆞᆯ+야지'로 분석할 수도 있고, 'ᄆᆞᆯ+ᄋᆡ+아지'로 분석할 수도 있다.

46 '강아지', '숑아지'를 '가히+아지', '쇼+아지'로 보면 접미사 '-아지'를 설정해야 하고, '가히+아지', '쇼+아지'로 보면 사이에 나타나는 'ㆁ'이 무엇인지 설명해야 한다.

(43)은 명사 어근에 결합하여 명사 파생어가 만들어진 경우로 어근의 품사가 바뀌지 않은 것이다. (43가)의 '-질'은 '(반복적으로 하는) 행위'를 나타내는 접미사이다. '-질'에 의한 파생어로 15세기 한국어에서 문증되는 예

는 많지 않으나, 16세기 이후 문헌에는 '슈질, 도ᄌᆞᆨ질, 부체질' 등 많은 예들이 나타난다. (43나) '-아기'나 '-아지'는 이른바 축소 접미사로 사물과 결합하여 작은 것을 나타내거나 동물과 결합하여 새끼를 나타낸다.

(44)는 어근이 명사가 아닌데 접미사가 결합하면서 파생어의 품사가 명사가 된 경우이다. (44가)의 '-개/게'는 '~을 하는 도구'의 의미를 가지는데, '노리개'를 제외하면 동사 어근과 결합한다. (44나)의 '-이'는 '~하는 일', '~한 현상이나 사물' 정도의 의미를 가지는데, 대체로 동사나 형용사와 결합하지만 '고키리[[곻 길-]+-이]'처럼 구나 절로 볼 수 있는 단위와도 결합한다. (44다)의 '-(ᄋᆞ/으)ㅁ' 역시 동사와 결합하여 '~하는 일', '~한 결과로 나타나는 현상이나 사물' 등의 의미를 나타낸다. (44라)의 '-ᄋᆡ/의'는 주로 형용사와 결합하여 이른바 단위를 나타내는 척도 명사를 만든다.[47]

체언 중 대명사나 수사를 만드는 접미 파생에 대해서도 살펴보기로 하자.

47 척도 명사는 아니지만 『석보상절』에 나오는 '더ᄫᅱ, 치ᄫᅱ'의 경우도 '-ᄋᆡ/의'가 결합한 파생어로 보기도 한다.

(45) '-희, -ᄒᆡ': 너희, 너ᄒᆡ, 저희

(46) {-자히}[48]: 두서힛자히, 다ᄉᆞᆺ재, 둘짜, 둘차히, 둘채, 스믈다ᄉᆞᆺ차

48 이형태의 수가 많은 경우는 { }를 사용하여 대표형을 제시한다.

(45)의 '-희, -ᄒᆡ'는 복수형 대명사를 만드는 파생 접미사로 볼 수 있지만 '너, 저' 등과 결합하는 예만 있어 생산성은 높지 않다고 할 수 있다. (46)의 '-자히, -재, -자, -차히, -채, -차'는 양수사에 결합하여 서수사를 만드는 파생 접미사로 현대 한국어의 '-째'로 이어진다.

다음으로 접미 파생 동사를 살펴보자.

(47) 가. -ᄇᆞᆮ(왇)-: 니르ᄇᆞᆮ다, 다왇다, 믈리왇다

나. -ᅘᅧ(혀)-: 도ᄅᆞᅘᅧ다, 드위ᅘᅧ다, 기우리혀다

다. -티-': 두루티다, 드위티다, ᄇᆞᄉᆞ티다, 뻘티다, 열티다

(48) -ᄒᆞ-: ① 깃ᄒᆞ다, 시름ᄒᆞ다, ᄉᆞ랑ᄒᆞ다, 病ᄒᆞ다, 根源ᄒᆞ다 ② 다ᄆᆞᆺᄒᆞ다, 잘ᄒᆞ다, 구믈구믈ᄒᆞ다

(49) 가. {-이-}(사동): ① 머기다, 구피다, 싯기다, 재다, 살이다 ② 기피

다, 더러ᄫᅵ다, 어두이다

나. {-오-}(사동): 모도다, 기울우다, 마초다, 머추다, 솟고다

다. {-이-}(피동): ᄡ이다, 자피다, 솖기다

(47)은 동사 어근에 결합하여 다시 동사가 만들어진 경우로 어근의 품사가 바뀌지 않은 것들이다. (47가, 나, 다)의 '-ᄫᅡᆮ(왇)-', '-ᅘᅧ(혀)-', '-티-'는 어근의 의미를 강화해 주는 이른바 강세 접미사이다.

(48)은 동사가 아닌 다른 어근에 접미사 '-ᄒᆞ-'가 결합하여 동사가 된 예들이다. '-ᄒᆞ-'는 ①처럼 명사와 결합하거나, ②처럼 부사와 결합하여 동사를 만든다. '病ᄒᆞ다', '根源ᄒᆞ다'에서 볼 수 있듯이 한자어와 결합하여 동사를 만들기도 한다.

(49)는 동사를 파생한다는 점에서 (47), (48)과 같지만 15세기 한국어에서 활발하게 사용된 사동사와 피동사를 따로 분류해 본 것이다. (49가)의 ①은 사동 접미사 {-이-}가 동사 어근과 결합한 예인데, 이형태로 '머기다'에서처럼 '-이-'를 가지거나, '구피다'에서처럼 '-히-'를 가지거나, '싯기다'에서처럼 '-기-'를 가지거나, '재다'처럼 '-ㅣ-[49]'를 가지거나 '살이다'처럼 '-이(ɦi)-'를 가진다. (49가)의 ②는 '기피다, 더러ᄫᅵ다, 어두이다'처럼 '-이-'가 형용사와 결합하여 사동사를 만드는 것을 보여 준다. 형용사를 어근으로 하는 사동사가 서술어로 쓰인 문장은 사동주와 사동 행위의 관계가 분명하지 않아 전형적인 사동사로 보기는 어렵지만, 넓은 의미에서 사동 파생 접미사로 볼 수 있어 함께 다루었다. (49나)는 사동 접미사 {-오-}가 결합하는 양상을 보여 준다. '모도다'는 '-오-', '가울우다'는 '-우-', '마초다'는 '-호-', '머추다'는 '-후-', '솟고다'는 '-고-'가 결합하고 있다. (49다)의 피동 접미사 '{-이-}' 역시 다양한 이형태로 나타나는데, 'ᄡ이다'에는 '-이-', '자피다'에는 '-히-', '솖기다'는 '-기-'가 나타난다.

49 우리 책에서는 'ㅣ'가 반모음 '[j]'를 나타내는 경우도 있고 모음 '[i]'를 나타내는 경우도 있다. 10.2.에서는 주격 조사 'ㅣ'나 사동사와 피동사의 '-ㅣ-'에서 알 수 있듯이 대체로 반모음 '[j]'를 나타낸다.

이제 접미 파생 형용사를 살펴보기로 하자.

(50) 가. {-ᄃᆞᆸ-}: 疑心ᄃᆞᆸ다, 겨르ᄅᆞᆸ다, 새롭다

나. -젓-: 利益젓다, 香氣젓다, 힘젓다

다. -ᄒᆞ-; 貴ᄒᆞ다, 平ᄒᆞ다, 아니ᄒᆞ다, 구즉ᄒᆞ다, 구즉구즉ᄒᆞ다, ᄆᆞᆯᄀᆞᆺᄆᆞᆯᄀᆞᆺᄒᆞ다

(51) 가. -압/업/엽-: 앗갑다, 븟그럽다, 즐겁다, 시드럽다, 므ᅀᅴ엽다

나. {-ᄇᆞ-}: 알ᄑᆞ다, 슬프다, 우ᇫᄫᅳ다, 그립다

다. -갑/겁-: ᄂᆞᆽ갑다,[50] 녇갑다, 맛갑다

(50가)의 {-ᄃᆞᆸ-}은 '외ᄅᆞᆸ다'와 같은 예외를 제외하면 대체로 명사에 결합하여 형용사를 만드는 접미사로 15세기 한국에서에만도 '-ᄃᆞᇦ-, -ᄅᆞᇦ-, -ᄃᆞᆸ-, -ᄅᆞᆸ-, -ᄃᆞᄫᆡ-, -ᄅᆞᄫᆡ-, -ᄃᆞ외-, -ᄅᆞ외-, -롭-, -로외-' 등의 이형태를 가지며 이 접미사에 의한 파생어의 수도 상당히 많다.[51] (50나)의 '-젓-' 역시 명사와 결합하여 형용사를 만든다. (50다)의 '-ᄒᆞ-'는 앞에서 언급한 것처럼 동사를 파생할 뿐만 아니라 명사나 부사와 결합하여 형용사를 만들기도 하는데, '貴ᄒᆞ다', '平ᄒᆞ다'처럼 한자어와 결합하기도 하고 '구즉구즉ᄒᆞ다', 'ᄆᆞᆯᄀᆞᆺᄆᆞᆯᄀᆞᆺᄒᆞ다'처럼 중첩어와 결합하기도 한다.

(51가)의 '-압/업/엽-'은 동사와 결합하여 형용사를 만드는 파생 접미사인데, '앗갑다'에서는 '-압-', '븟그럽다'에서는 '-업-', '므ᅀᅴ엽다'에서는 '-엽-'이 나타난다. (51나)의 {-ᄇᆞ-}는 이형태로 '-ᄇᆞ/브/ᄫᅳ/ㅂ-' 등을 가지는데, 역시 동사에 결합하여 형용사를 파생하는 접미사이다. '알ᄑᆞ다'에는 '-ᄇᆞ-', '슬프다'에는 '-브-', '우ᇫᄫᅳ다'에는 '-ᄫᅳ-', '그립다'에는 '-ㅂ-'이 결합한 것이다. (51다) '-갑/겁-'은 형용사 어근에 결합하여 다시 형용사를 만들므로 어근의 품사를 바꾸지 않는다.

다음과 같이 접미 파생 부사도 나타난다.

(52) 가. -내: ᄆᆞᄎᆞᆷ내, 乃終내, 몯내

나. -이: ① 기리, 기피, 머리, 어려ᄫᅵ, ᄀᆞᄃᆞᆨ히, 편안히; 그ᅀᅳ기, 길즈기, 아ᄃᆞ기, 위고기 ② 낫나치, 겹겨비, 귿그티, 念念이, 그릇그르시

다. -오/우/호: 비르소, 기우루, ᄀᆞ초, 마초

50 15세기 한국어에서 'ᄂᆞᆺ다'나 'ᄂᆞᆽ다'가 문증되지 않으므로 '-갑/겁-'에 의한 파생어에서 제외하기도 한다.

51 15세기 한국어의 {-ᄃᆞᆸ-}의 이형태들은 제 I 권 3.2.3.6.에서 언급한 것처럼 현대 한국어에서는 '-답-', '-롭-', '-되-'로 단순화되었다. 더 자세한 논의는 11.3.2.2.에서 이루어진다.

(52가)의 '-내'는 'ᄆᆞᄎᆞᆷ내, 乃終내'처럼 명사와 결합하기도 하고, '몯내'처럼 부사와 결합하기도 한다. 예가 많지 않아 파생 접미사로 보아야 할지 명확하지는 않다. (52나)의 '-이'는 부사를 만드는 파생 접미사이다. ①에서는 '-이'가 형용사 어근에 결합하여 부사를 만드는 것을 보여 주는데, 이 '-이'에 의한 파생어의 수는 매우 많은 편이다. 'ᄀᆞ독히'나 '편안히'의 경우 어근에 접미사 '-히'가 결합한 것으로 분석하기도 하지만 'ᄀᆞ독ᄒᆞ다', '편안ᄒᆞ다'가 존재하는 것으로 보아 'ᄀᆞ독ᄒᆞ-+-이'가 결합한 것으로 보아 같이 다루었다. '그스기', '길즈기', '아ᄃᆞ기'처럼 의성어나 의태어 어근에 '-이'가 결합하는 경우도 있지만 '아ᄃᆞ기'와 '아독히', '위고기'와 '위곡히'가 모두 사용되는 것으로 보아 '아독ᄒᆞ-+-이', '위곡(委曲)ᄒᆞ-+-이'처럼 형용사 어근에 '-이'가 결합한 것과 다르지 않다고 볼 수 있어 역시 이 자리에서 다루었다. ②는 주로 명사가 중첩된 형태에 '-이'가 결합한 파생어이다. ①, ②에 결합하는 어근의 성격이 달라서 동일한 파생 접미사가 아니라고 보는 견해도 있다. (52다)의 '-오/우/호'는 주로 동사 어근과 결합하여 부사를 만드는데, '비르소'에는 '-오', '기우루'에는 '-우', 'ᄀᆞ초, 마초'에는 '-호'가 나타난다.

참고 3 15세기 한국어의 어미 '-이'

'-이'는 파생 접미사로 쓰이는 경우가 많지만, 어미로 볼 수 있는 경우도 있다. 현대 한국어에서도 "그가 소리도 없이 다가왔다."와 같은 사례에서 '-이'가 절에 결합하여 어미처럼 쓰이는 예가 있지만(3.2.3.6.과 4.3.3.3. 참조), 15세기 한국어에서는 이런 용법이 더 일반적으로 사용된 것으로 보인다. 그리하여 '菩薩이 住ᄒᆞᆫ 곧 업시 ᄒᆞ야 〈금강 상:22〉', '子息이며 내 몸 니르리 布施ᄒᆞ야도 〈석상 6:8〉'와 같은 예들이 제법 많이 나타난다.

15세기 한국어의 파생어에 대한 논의를 마무리하기 전에 한두 가지에 대해서 더 언급해 두려 한다.

(53) 가. 아바님, 어마님, 아자바님, 스승님, 兄님, ᄃᆞᆯ님, ᄃᆞ님

나. 孔雀이, 瞿曇이

(54) 가. 아ᄒᆡᄃᆞᆶ, 百姓ᄃᆞᆶ, 神靈ᄃᆞᆶ

나. 그듸내, 아자바님내

(53가)의 '-님'은 대체로 존칭의 의미를 가지는데 '아바님', '어마님'의 경우처럼 선행 요소가 자립적이지 않은 경우도 있고, '스승님', '兄님'처럼 자립적인 경우도 있고, 자립적인 것에서 'ᄃᆞ님'처럼 'ㄹ'이 탈락한 경우도 있다. 이에 비해 (53나)의 '-이'는 주로 사람 이름 뒤에 결합하는데, 존칭인 '-님'과 대비되는 평칭의 의미를 가지는 것으로 생각된다. '-님'이나 '-이'를 파생 접미사로 보기로 하지만 특히 '-이'의 경우 이들이 결합한 형태인 '孔雀이, 瞿曇이' 등이 어근인 '孔雀, 瞿曇'과 별개의 파생어로 쓰이지 않는 경우가 많아 새로운 단어를 만드는 파생 접미사의 본래의 기능을 가진 요소로 보기 어렵다.[52] (54가)의 '-ᄃᆞᆶ'은 체언에 결합하여 평칭의 복수형을 나타내는 접미사이고, (54나)의 '-내'는 존칭의 복수형을 나타내는 접미사이다. '-ᄃᆞᆶ'이나 '-내'가 결합한 구성 역시 '-님'이나 '-이'가 결합한 구성처럼 새로운 파생어로 쓰이지 않는 경우가 대부분이어서 파생 접미사에서 제외하기도 한다.[53]

15세기 한국어 파생어 중에는 다음과 같은 특별한 유형도 있다.

(55) 가. 이ᄂᆞᆫ 목수믈 그츨 갈히며 [이는 목숨을 끊을 칼이며] 〈몽법 53〉

나. 모딘 龍이 怒ᄅᆞᆯ 그치니 [모진 용이 노함을 그치니] 〈월인 상:37〉

15세기 한국어에서 '긏다'와 '그치다'는 둘 다 자동사와 타동사 용법을 가지므로 의미나 용법의 차이를 가진다고 보기 어렵다. '그치다'가 '긏-+-이-'에서 온 것으로 볼 때 이 '-이-'는 어근에 특별한 의미나 기능을 더해 주지 않는 파생 접미사로 볼 수 있다. 어근과 파생어가 사실상 의미나 통사 범주의 차이를 가지지 않는 이런 짝으로는 'ᄃᆞᆮ다-ᄃᆞᆯ이다', '거릋다-거리치다' 등이 더 있다.

52 '-님'과 '-이'에 대해서는 파생 접미사로 다루기도 하지만 이들이 결합한 구성이 새로운 단어가 되지 않은 경우가 대부분이라는 점을 고려하여 파생 접미사에서 제외하기도 한다.

53 현대 한국어의 '-들'이 그러하듯 15세기 한국어의 '-내, -ᄃᆞᆶ' 등은 접미사로 분류하지만 새로운 단어를 만들지 않는다는 점에서 파생 접미사로 보기는 어렵다. 이 중에서 '-ᄃᆞᆶ'은 'ㅎ' 말음을 가진 단어들이 주로 체언이라는 점을 고려하면 통시적으로 체언에서 왔을 수도 있다.

10.2.2. 품사론

10.2.2.1. 품사 분류

품사 분류와 기준

품사란 단어를 문법적인 성질의 공통성에 따라 나눈 부류이다. 서양에서는 이미 그리스나 로마 시대에 품사를 분류한 바 있으며, 우리나라에서도 품사에 대한 분명한 인식이 오래전부터 있었다.

(56) 가. 國은 나라히라 ['국'은 나라이다] 〈훈언 1〉
나. 異는 다를 씨라 ['이'는 다르다는 것이다] 〈훈언 1〉
다. 相은 서르 ᄒᆞ논 ᄠᅳ디라 ['상'은 '서로' 하는 뜻이다] 〈훈언 1〉
라. 之는 입겨지라 ['지'는 토(허사, 구결자)이다] 〈훈언 1〉

(56)은 15세기 한국어 언해본에 흔히 보이는 협주 자료(10.4.1. 참조)이다. 협주 자료에서 뜻풀이를 할 때는 품사에 따라 다른 유형의 풀이를 보인다. 즉, (56가)와 같이 체언류는 '~이라', (56나)와 같이 용언류는 '~(ᄋᆞ/으)ㄹ 씨라', (56다)와 같이 부사류는 '~ᄒᆞᄂᆞᆫ/ᄒᆞ논 ᄠᅳ디라/마리라', (1라)와 같이 조사나 어미류는 '~입겨지라' 혹은 '~ᄒᆞᄂᆞᆫ 겨체 ᄡᅳᄂᆞᆫ 字ㅣ라'처럼 풀이한다.

15세기 한국어에 대해서도 현대 한국어처럼 '형태, 기능, 의미' 등의 품사 분류 기준에 의해 9품사로 나누는 것이 가능하다.[54]

54 품사 분류 기준으로서의 '형태, 기능, 의미' 각각이 뜻하는 바에 대한 자세한 논의는 제Ⅰ권의 3.3.1.2.를 참고할 수 있다.

(57) ᄆᆞᄎᆞᆷ내 제 ᄠᅳ들 시러 펴디 몯ᄒᆞᇙ 노미 하니라 [마침내 제 뜻을 얻어 펴지 못할 사람이 많다] 〈훈언 2〉

(57)에서 'ᄠᅳᆮ, 놈'과 같은 명사, '저'와 같은 대명사, 'ᄆᆞᄎᆞᆷ내'와 같은 부사, '펴다'와 같은 동사, '하다'와 같은 형용사, 'ㅣ, 을, 이'와 같은 조사 등을 쉽게 찾을 수 있다.

15세기 한국어의 품사 분류가 현대 한국어의 품사 분류와 크게 다르지 않은 것은 15세기 한국어가 현대 한국어로 이어지면서 본질적인 특성에 있어서는 크게 변하지 않았기 때문이다. 그렇기는 하지만 15세기 한국어의 경우 '나모-낡'처럼 뒤에 오는 조사에 따라 체언류의 형태 변화가 나타난다는 점, 동사와 형용사의 구별이 뚜렷하지 않다는 점 등에서는 차이가 있기도 하다. 각각의 품사의 특성에 대한 논의는 뒤에서 언급하게 될 것이다.

품사 체계

'형태, 기능, 의미'의 품사 분류 기준을 실제 품사 분류에 적용할 때, 대체로는 형태, 기능, 의미의 순으로 적용하는 것이 자연스럽다. 이에 따라 먼저 한국어 전체 단어를 '형태'에 의해 가변어와 불변어로 나눈다. 그런 다음 가변어에는 용언을 두고 불변어는 다시 '기능'에 의해 체언, 수식언, 독립언, 관계언 등으로 나눈다. 마지막으로는 '형태'와 '기능'에다 '의미'까지 고려하여 체언은 '명사, 대명사, 수사'로, 수식언은 '관형사, 부사'로, 용언은 '동사, 형용사'로 나누고, 독립언에는 감탄사를 두고 관계언에는 조사를 두는 것이다.

15세기 한국어의 품사를 예와 함께 제시해 보면 다음과 같다.

(58) 15세기 한국어의 품사 분류

<table>
<tr><th>1단계</th><th>2단계</th><th>3단계</th></tr>
<tr><td rowspan="7">불변어
(형태가 변하지 않는 부류)</td><td rowspan="3">체언</td><td>명　사: 말ᄊᆞᆷ, 中國, 믈</td></tr>
<tr><td>대명사: 나, 너, 그듸</td></tr>
<tr><td>수　사: ᄒᆞ낳, 둟, ᄒᆞ나차히, 둘차히</td></tr>
<tr><td rowspan="2">수식언</td><td>관형사: 새, 녯, ᄯᆞᆫ, ᄒᆞᆫ, 두</td></tr>
<tr><td>부　사: 서르, ᄀᆞ장, 다</td></tr>
<tr><td>독립언</td><td>감탄사: ᄋᆡ, 애, 엥</td></tr>
<tr><td>관계언</td><td>조　사: 이/ㅣ/ø, ᄋᆞᆯ/을/ᄅᆞᆯ/를/ㄹ, ᄋᆞᆫ/은/ᄂᆞᆫ/는/ㄴ</td></tr>
<tr><td rowspan="2">가변어
(형태가 변하는 부류)</td><td rowspan="2">용언</td><td>동　사: 보다, 가다, 좇다, 걺다</td></tr>
<tr><td>형용사: 븕다, 길다, 슬프다</td></tr>
</table>

품사 통용

15세기 한국어에서도 품사 통용 현상이 발견된다.[55] 15세기 한국어의 품사 통용 현상도 현대 한국어와 크게 다르지 않지만 몇 가지 점에서는 차이를 보이기도 한다.

55 품사 통용의 개념에 대한 자세한 논의는 제 I 권의 3.3.1.4.를 참고할 수 있다.

(59) 가. 곶 됴코 여름 하ᄂᆞ니 [꽃이 좋고 열매가 많아지니] 〈용가 2장〉

(60) 가. 다시 새ᄅᆞᆯ 비허 [다시 새것을 흩뿌려] 〈법화 3:94〉

나. 새 기슬 一定ᄒᆞ얫도다 [새 깃을 정하였구나] 〈두시초 7:1〉

다. 새 出家ᄒᆞᆫ 사ᄅᆞ미니 [새로 출가한 사람이니] 〈석상 6:2〉

현대 한국어에서도 '밝다, 크다'의 경우처럼 동사와 형용사로 쓰이는 예가 있지만 15세기 한국어의 경우는 이런 현상이 광범위하였다. 대체로는 선어말 어미 '-ᄂᆞ-'의 쓰임에 의해 동사와 형용사가 구분되는데, (59)의 '하ᄂᆞ니'에서 볼 수 있듯이 주로 형용사로 쓰이는 단어가 '-ᄂᆞ-'를 가져서 동사로도 쓰이는 경우가 많다. (60)은 10.2.1.1.에서 언급했듯이 현대 한국어에서 관형사로만 쓰이는 '새'가 (60가)처럼 명사, (60나)처럼 관형사, (60다)처럼 부사로 쓰여 품사가 통용되는 것을 보여 준다.

10.2.2.2. **명사, 대명사, 수사**

명사, 대명사, 수사를 묶어 체언이라 한다. 체언은 문장에서 주어, 목적어, 보어와 같은 뼈대의 역할을 할 수 있으며, 뒤에 조사가 결합한다. 체언은 뒤에 '-ᄃᆞᇙ, -내' 등과 결합하여 복수를 표시하기도 한다.

명사

명사는 수가 많아 전체 어휘의 대부분을 차지한다.

(61) 가. 우리 始祖ㅣ 慶興에 사ᄅᆞ샤 [우리 시조가 경흥에 사시어] 〈용가 3장〉

나. 곶 됴코 여름 하ᄂᆞ니 [꽃 좋고 열매가 많아지니] 〈용가 2장〉

명사는 '시조(始祖)'처럼 사람을 나타내기도 하고, '경흥(慶興)'처럼 장소를 나타내기도 하고 '곶, 여름'처럼 사물을 나타내기도 한다. 이런 특성에 주목하여 흔히 명사를 '사람이나 사물, 장소, 사태 따위의 이름을 나타내는 말'로 정의한다.

명사는 체언에 속하므로 이미 언급했듯이 뒤에 조사가 결합할 수 있으며, '-ᄃᆞᆶ, -내' 등과 결합하여 복수를 표현한다. 또한 문장에서 관형사의 수식을 받을 수 있으며 흔히 조사와 결합하여 주어, 목적어, 보어의 역할을 할 수 있다.

현대 한국어와 비교할 때 15세기 한국어의 명사의 특징은 조사와 결합할 때 형태가 달라지는 경우가 제법 많아 굴절적인 성격이 강하다는 점이다.

(62) 가. 나모 아래 안ᄌᆞ샤 [나무 아래 앉으시어] 〈월석 1:27〉

나. 불휘 기픈 남ᄀᆞᆫ [뿌리 깊은 나무는] 〈용가 2장〉

현대 한국어의 '나무'는 뒤에 오는 조사와 무관하게 하나의 형태로만 쓰이지만, 15세기 한국어에서는 (62)에서 볼 수 있듯이 단독형으로 쓰일 때나 자음으로 시작하는 조사나 '와'와 결합할 때는 '나모', '와'를 제외한 모음으로 결합하는 조사와 결합할 때는 '낡'으로 나타났음을 보여 준다. 이처럼 뒤에 오는 조사에 따라 명사의 형태가 바뀌는 것에는 '아ᅀᆞ[弟]~앐', 'ᄀᆞᄅᆞ[粉]~ᄀᆞᆯㅇ(ɦ)', 'ᄆᆞᄅᆞ[棟]~ᄆᆞᆯㄹ' 유형이 더 있다.[56]

56 '나모'와 '낡'의 분포를 포함하여 체언의 특수한 교체에 대해서는 11.3.1.1.에서 자세하게 다룬다.

명사는 보통 명사와 고유 명사, 자립 명사와 의존 명사로 하위분류하기도 한다. 먼저 고유 명사를 살펴보기로 하자.

(63) 가. 아난(阿難), 세종(世宗), 소헌왕후(昭憲王后)

나. 중국(中國), 경흥(慶興), 한수(韓水)

고유 명사는 (63가)에서 제시한 사람의 명칭, (63나)에서 제시한 국명, 지명, 강 이름 등을 말한다. 고유 명사는 유일성을 중요한 특징으로 하므로 일반적으로 복수 표현이 가능하지 않다.

다음으로 의존 명사에 대해 살펴보기로 하자.

(64) 가. 니르고져 홇 배 이셔도 [이르고자 할 바가 있어도] 〈훈언 2〉
나. 이 經을 마ᄉᆞᆫ아홉 디위 닑고 [이 경을 마흔아홉 번 읽고] 〈석상 9:32〉

(64가)는 보편적인 의존 명사로 이와 유사하게 15세기 한국어에서 흔히 사용된 의존 명사에는 '것, ᄃᆞ, 덛, 분, ᄉᆞ, ᄲᅮᆫ, 줄' 등이 더 있다. (64나)는 단위성 의존 명사로 이와 유사한 의존 명사에는 '리(里), 번, ᄇᆞᆯ, 설[歲], 치' 등이 더 있다. 의존 명사는 앞에 반드시 관형어가 와야 하므로 문장에서 맨 앞에 올 수 없으며 특정한 격 조사만 뒤에 오는 등의 제약을 가지기도 한다.

대명사

대명사는 흔히 '사람이나 사물, 장소, 사태 따위를 나타내는 명사를 대신하는 말'로 정의된다.

(65) 가. 너는 깃거도 나ᄂᆞᆫ 깃디 아니ᄒᆞ며 그듸ᄂᆞᆫ 슬허도 나ᄂᆞᆫ 슬티 아니ᄒᆞ노라 [너는 기뻐해도 나는 기뻐하지 아니하며 그대는 슬퍼해도 나는 슬퍼하지 아니하노라] 〈금삼 2:5〉
나. 여긔도 虛空이오 뎨도 虛空이니 [여기도 허공이오 저기도 허공이니] 〈남명 상:50〉

대명사는 (65가)에서처럼 사람을 대신하거나 (65나)에서처럼 장소를 대신한다. '너, 나, 그듸, 여긔, 뎨'와 같은 대명사들이 가리키는 구체적인 의미는 대체될 수 있는 명사를 전제로 파악된다.

대명사 역시 체언에 속하므로 명사처럼 뒤에 조사가 결합할 수 있으며, '-ᄃᆞᆶ, -내' 등과 결합하여 복수를 표현한다. 대명사의 복수형은 명사와 달리 '너희'처럼 '-희'가 결합하여 나타나기도 한다. 대명사는 또한 문장에서 관형어의 수식을 받을 수 있으며 흔히 조사와 결합하여 주어, 목적어, 보어의 역할을 할 수 있다.

대명사는 조사와 결합할 때 명사와 다른 몇 가지 특성을 보이기도 한다.

(66) 가. 四衆이 울워러 仁과 날와 보ᄂᆞ니 [사중(사부중)이 우르러 인과 나를 보나니] 〈석상 13:25〉

나. 엇뎨 옷 바볼 뼈 날로 이에 니를어뇨커늘 [어찌 옷과 밥으로 나를 이에 이르는가(이르게 하는가) 하거늘] 〈법화 2:240〉

(66가, 나)의 예는 대명사 '나'가 조사 '와'나 '로'와 결합할 때 'ㄹ'이 덧생기는 것을 보여 준다. 'ㄹ'의 덧생김 현상은 '나, 너, 뎌, 누' 등의 대명사가 '와/과'나 'ᄋᆞ로/으로/로'와 결합할 때 주로 나타난다.

대명사와 조사가 결합할 때 성조의 변화에서도 몇 가지 특성을 보인다.

(67) 가. ·내 겨지비라 [내가 여자이라서] 〈월석 1:13〉

나. 내 몸애 慾心 업거늘 [나의 몸에 욕심이 없거늘] 〈월인 상:40〉

다. :날 구ᄒᆞ쇼셔 [나를 구하소서] 〈월인 상:36〉

(67가)는 1인칭 대명사 '나'가 주격 조사 'ㅣ'와 결합한 것인데 '·내'처럼 성조가 거성으로 나타난다. (67나)의 경우 관형격 조사 'ㅣ'가 결합한 것인데 '내'처럼 평성으로 나타나며, (67다)의 경우 목적격 조사 'ㄹ'이 결합한 것인데 ':날'처럼 상성으로 나타난다. 2인칭의 '너'의 경우 주격은 상성, 관형격과 목적격은 평성으로 나타난다. 15세기에서 상성으로 나타나던 1인칭 목적격의 '날', 2인칭 주격의 '네'는 현대 한국어에서 장음으로 이어진다.

대명사는 지시 대상에 따라 인칭 대명사와 지시 대명사로 나눌 수 있다. 인칭 대명사는 흔히 1인칭, 2인칭, 3인칭으로 나누고 사물을 표시하는 것과 장소를 표시하는 것으로 나눈다. 2인칭 대명사의 경우 예사말인 '너'에 대해 공대말인 '그듸, 그ᄃᆡ, 그디'가 있었는데, '그딋 아바니미 잇ᄂᆞ닛가 〈석상 6:14〉'에서처럼 ᄒᆞ야쎠체의 높임으로 대우해야 할 대상에게 사용되었다. 현대 한국어의 '저'나 '저희'에 해당하는 겸사말은 15세기에는 나타나지 않는다. 현대 한국어의 '이이, 이분', '그, 그이, 그분', '저이, 저분'과 같은 3인칭 대명사는 발달하지 않았고 대체로 '이 사ᄅᆞᆷ'처럼 구 형식이 사용되었다. 다만 '뎌'의 경우에는 '뎌옷 이기면 짓게 ᄒᆞ고 〈석상 6:26〉'와 같은 예에서 3인칭 대명사로 쓰이기도 하였다. 15세기 한국어의 대명사를 정리해 보면 다음과 같다.

(68) 15세기 한국어 대명사의 분류

<table>
<tr><td rowspan="8">인칭
대명사</td><td rowspan="3">1인칭</td><td colspan="3">단수</td><td colspan="2">복수</td></tr>
<tr><td>예사말</td><td colspan="2">나</td><td colspan="2">우리</td></tr>
<tr><td>겸사말</td><td colspan="2"></td><td colspan="2"></td></tr>
<tr><td rowspan="3">2인칭</td><td colspan="3">단수</td><td colspan="2">복수</td></tr>
<tr><td>예사말</td><td colspan="2">너</td><td colspan="2">너희</td></tr>
<tr><td>공대말</td><td colspan="2">그듸, 그ᄃᆡ, 그디</td><td colspan="2">그듸내, 그ᄃᆡ내, 그디내[57]</td></tr>
<tr><td rowspan="2">3인칭</td><td colspan="2">근칭</td><td colspan="2">중칭</td><td>원칭</td></tr>
<tr><td colspan="2"></td><td colspan="2"></td><td>뎌</td></tr>
<tr><td rowspan="2">지시
대명사</td><td>사물 표시</td><td colspan="2">이</td><td colspan="2">그</td><td>뎌</td></tr>
<tr><td>장소 표시</td><td colspan="2">이어긔, 여긔, 이에, 예</td><td colspan="2">그어긔, 그에, 게</td><td>뎡어긔, 뎌에, 뎨</td></tr>
</table>

57 '그듸내, 그ᄃᆡ내, 그디내'는 한 단어로 보기 어렵지만 '-ᄃᆞᆶ'이 아니라 '-내'와 결합하여 복수형을 나타낸다는 것을 잘 보여 주기 위해 여기에 제시하였다.

이 밖에도 15세기 한국어 대명사에는 미지칭이나 부정칭, 재귀칭(재귀 대명사)이 더 있었다. 미지칭이나 부정칭에는 '누, 아모' 등이 있었고, 재귀칭에는 예사말인 '저, 저희'와 공대말인 'ᄌᆞ갸'가 있었다.

수사

수사는 흔히 '사람이나 사물, 장소, 사태 따위의 수량이나 순서를 나타내는 말'로 정의된다.

(69) 가. 弟子 ᄒᆞ나ᄒᆞᆯ 주어시든 [제자 하나를 주시거든] 〈석상 6:22〉
　　나. 둘차힌 王法을 니버 [둘째는 왕법을 입어] 〈석상 9:36〉

(69가)의 'ᄒᆞ낳'은 수량을 나타내는 양수사이고, (69나)의 '둘차히'는 순서

를 나타내는 서수사이다.

15세기 한국어에서도 고유어 수사와 한자어 수사가 나란히 사용되었다.

(70) 가. ᄒᆞ낳, 둟, 셓, 넿, 다ᄉᆞᆺ, 여슷, 닐굽, 여듧, 아홉, 엻

나. ᄒᆞ나차히, 둘차히, 세차히, 네차히 … 열차히

(71) 가. 일(一), 이(二), 삼(三), 사(四), 오(五) … 십(十)

나. 뎨일(第一), 뎨이(第二), 뎨삼(第三) … 뎨십(第十)

(70가)는 고유어계 양수사, (70나)는 고유어계 서수사이다. (71가)는 한자어계 양수사, (71나)는 한자어계 서수사이다.

15세기 한국어의 수사는 크게 보아 현대 한국어와 다르지 않았다. 하지만 현대 한국어에는 사용되지 않는 '백(百)'을 나타내는 고유어계 수사 '온'과 '천(千)'을 나타내는 '즈믄'이 사용되었다.

(72) 가. 百ᄋᆞᆫ <u>오니라</u> ['백(百)'은 백이다] 〈월석 1:6〉

나. 또 <u>즈믄</u> 혜아료ᄆᆞᆯ 머겟도다 [또 천 번의 헤아림(우려)을 품고 있구나] 〈두시초 11:4〉

'온'과 '즈믄'은 근대 한국어 이후 점차 사라져 현대 한국어에서는 사용되지 않고 한자어 '백(百)'과 '천(千)'이 주로 사용되게 되었다.

15세기 한국어에서 사용되었던 것으로 보이는 'ᄒᆞ나차히'는 후대로 가면서 'ᄒᆞ낟재', 'ᄒᆞ낫재' 등으로 쓰였다. 그러다가 근대 한국어 이후에 등장한 '첫재, 첫째'에 자리를 내어 주고 사라지게 되어 현대 한국어에서는 '첫째'로만 나타난다.

10.2.2.3. **동사, 형용사**

동사, 형용사를 묶어 용언이라 한다. 우리는 동사, 형용사에 '이다'를 묶어서 함께 다룰 것이다. 동사나 형용사는 문장의 서술어로 쓰이며, 어미와 결합하여 활용을 한다는 특징을 갖는다.

동사

동사는 흔히 ‘사람이나 사물 따위의 움직임을 나타내는 말’로 정의된다.

(73) 가. 아비 죽다 듣고 [아비 죽었다고 듣고] 〈월석 17:21〉
　나. ᄆᆞᄅᆞᆫ … 내히 이러 바ᄅᆞ래 가ᄂᆞ니 [물은… 내가 되어 바다에 가니] 〈용가 1장〉

(73가)의 ‘죽다’는 사람의 움직임을 나타내고, (73나)의 ‘가다’는 사물의 움직임을 나타낸다.

동사는 어미를 취해서 활용을 한다. 또한 동사 어간은 반드시 어미를 취해야 한다는 점에서 형태론적으로 의존적이다. 15세기 한국어는 동사 어간이 어미와 결합할 때 현대 한국어와 다른 특징을 보이기도 한다.

(74) 가. 여러 가짓 됴ᄒᆞᆫ 根源을 시므고 [여러 가지의 좋은 근원을 심고] 〈석상 19:33〉
　나. 아니 심거 몯ᄒᆞᇙ 꺼시라 [아니 심어(심지) 못할 것이라] 〈석상 6:37〉

현대 한국어에서는 용언 어간이 ‘심-’으로만 나타나지만 15세기 한국어에서는 자음이나 매개 모음으로 시작하는 어미 앞에서는 ‘시므-’, 모음으로 시작하는 어미 앞에서는 ‘심-’으로 나타난다. 이처럼 현대 한국어와 다른 활용을 보이는 것에는 ‘잇-/이시-/시-’, ‘다ᄅᆞ-/달ㅇ(h)-’, ‘ᄇᆞᅀᆞ-/ᄇᆞᇫㅇ(h)-’, ‘짓-/지ᇫ-’, ‘돕-/도ᇦ-’ 유형이 더 있다.[58] ‘잇-/이시-/시-’은 현대 한국어에서 ‘있-’으로 통일되었고, ‘다ᄅᆞ-/달ㅇ(h)’은 ‘르’ 불규칙, ‘짓-/지ᇫ-’은 ‘ㅅ’ 불규칙, ‘돕-/도ᇦ-’은 ‘ㅂ’ 불규칙으로 나타난다.

58 이와 같은 동사의 특수한 교체에 대해서는 11.3.1.1.에서 자세하게 다룬다.

현대 한국어가 그러하듯 15세기 한국어도 동사를 자동사와 타동사, 본동사와 보조 동사, 규칙 동사와 불규칙 동사 등으로 하위분류할 수 있다.

15세기 한국어도 자동사와 타동사로 나눌 수 있다는 점에서 현대 한국어와 다르지 않지만, 이미 10.2.1.1.에서 언급한 ‘겄다’, ‘걸다’, ‘긏다’, ‘ᄀᆞᆯ다’, ‘다ᄋᆞ다’, ‘비취다’, ‘흩다’, ‘ᄢᅦ다’ 등과 같이 하나의 형태가 자동사와 타동사로 동시에 쓰이는 예가 많다는 점에서 특징적이다.

15세기 한국어의 경우도 보조 동사는 본동사와 결합하여 다양한 의미 기능을 실현한다. '-아/어 가다'는 진행, '-아/어 내다'는 종결(완료), '-아/어 보다'는 시행, '-아/어 두다'는 보유, '-아/어디다',[59] '-게 ᄃᆞ외다'는 피동, '-디/ᄃᆞᆯ 아니ᄒᆞ다'는 부정, '-아/어ᅀᅡ ᄒᆞ다'는 당위를 나타낸다.

59 '디다'를 보조 동사로 본다면 '-아/어 디다'처럼 띄어 쓰는 것이 맞지만 현대 한국어에서 '-어지다'를 붙여 쓰는 관습에 따라 여기서도 붙여 쓰기로 한다.

15세기 한국어도 규칙 동사뿐만 아니라 불규칙 동사가 있다는 점에서 현대 한국어와 크게 다르지 않다. 15세기 한국어에서 불규칙 동사로 언급해 온 예들에 대해 살펴보기로 하자.

(75) 가. 짓다, 짓고, 지ᅀᅥ, 지ᅀᅳ니
　　나. 돕다, 돕고, 도ᄫᅡ, 도ᄫᆞ니
(76) 가. 걷다, 걷고, 걸어, 걸으니
　　나. 오ᄅᆞ다, 오ᄅᆞ고, 올아
　　다. 흐르다, 흐르고, 흘러
　　라. ᄒᆞ다, ᄒᆞ고, ᄒᆞ야

(75가)는 자음으로 시작하는 어미와 결합할 때는 '짓-', 매개 모음을 포함한 모음으로 시작하는 어미와 결합할 때는 '지ᇫ-'으로 나타나고, (75나)는 자음으로 시작하는 어미와 결합할 때는 '돕-', 매개 모음을 포함한 모음으로 시작하는 어미와 결합할 때는 '도ᇦ-'으로 나타난다. 이들을 불규칙 동사로 처리하는 경우도 있지만 '지ᇫ-'이나 '도ᇦ-'을 기본형으로 삼아 규칙 동사로 설명하기도 한다.[60] 이들은 각각 현대 한국어의 'ㅅ' 불규칙 동사, 'ㅂ' 불규칙 동사로 이어진다. (76가)는 '걷-'과 '걸-'이 교체되는데 현대 한국어의 'ㄷ' 불규칙으로 이어지고, (76나)는 '오ᄅᆞ-'와 '올ㅇ(ɦ)-', (76다)는 '흐르-'와 '흘ㄹ-'로 교체되는 예들로서 현대 한국어에서는 둘 다 '르' 불규칙 동사로 나타난다. (76라)는 모음으로 시작하는 어미가 결합할 때 '-아'가 아닌 '-야'로 나타나는 예인데, 현대 한국어의 '여' 불규칙 동사로 이어진다.

60 우리 책에서는 10.1.3.1.에서 음절 말 자음의 교체를 설명하는 자리에서 '도ᇦ+디→돕디'의 예를 제시한 것에서 알 수 있듯이 'ㅸ'이나 'ㅿ'을 가진 어간을 기본형으로 보아 이를 규칙적인 교체로 설명하는 입장을 가진다.

형용사

형용사는 흔히 '사람이나 사물 따위의 성질이나 상태를 나타내는 말'로 정의된다.

(77) 가. 百姓도 만ᄒᆞ며 有德ᄒᆞ고 [백성도 많으며 유덕하고] 〈월석 2:11〉
　　나. 楚ㅅ 프리 치위ᄅᆞᆯ 디내야 프르니 [초나라의 풀이 추위를 지내어(지내고) 푸르니] 〈두시초 18:9〉

(77가)의 '만ᄒᆞ다'는 사람, (77나)의 '프르다'는 사물의 성질이나 상태를 나타낸다.

형용사는 역시 동사처럼 어미를 취해서 활용을 한다. 이미 언급했듯이 형용사는 선어말 어미 '-ᄂᆞ-'와의 결합이나 명령형이나 청유형 활용이 쉽지 않다는 점에서 동사와 활용에서 차이를 보인다.[61]

현대 한국어가 그러하듯 15세기 한국어도 형용사를 성상 형용사와 지시 형용사, 주형용사[62]와 보조 형용사, 규칙 형용사와 불규칙 형용사 등으로 하위분류할 수 있다.

성상 형용사는 감각, 평가, 비교, 심리 상태 등을 나타내며, 지시 형용사는 앞에 나온 형용사를 다시 가리킨다.

(78) 가. 길다, 높다, 븕다, ᄒᆡ다, 조ᄒᆞ다, 아ᄅᆞᆷ답다, ᄀᆞᆮᄒᆞ다, 다ᄅᆞ다, 알ᄑᆞ다, 둏다, 슬프다
　　나. 이러ᄒᆞ다, 그러ᄒᆞ다, 뎌러ᄒᆞ다, 엇더ᄒᆞ다, 아ᄆᆞ라ᄒᆞ다

(78가)는 성상 형용사, (78나)는 지시 형용사들의 예이다.

15세기 한국어의 보조 형용사는 보조 동사만큼 다양하지는 않지만, 주형용사와 결합하여 다양한 의미 기능을 실현한다. '-고져 식브다'는 '희망', '-ㄴ/ㄹ가 식브다'는 '추측', '-디 아니ᄒᆞ다'는 '부정', '-어/어 잇다'나 '-아/어 겨시다'는 '상태'를 나타낸다.

15세기 한국어의 형용사도 규칙 형용사와 불규칙 형용사로 나눌 수 있음은 물론이다. 15세기 한국어에서 불규칙 형용사로 언급해 온 예들에 대

61 15세기 한국어의 형용사는 동사로도 쓰이는 경우가 많아 앞에서 언급했듯이 '여름 하ᄂᆞ니'처럼 '-ᄂᆞ-'와 결합하는 경우가 있다. 그렇지만 '어렵다'처럼 '-ᄂᆞ-'와 결합하지 않는 형용사도 있다.

62 『표준국어대사전』에서는 본동사에 대해 본형용사라는 말을 쓰지 않고 주형용사를 사용한다. 우리도 이에 따라 주형용사로 지칭한다.

해 살펴보기로 하자.

(79) 가. 낫다, 낫고, 나ᅀᅡ, 나ᅀᆞ니

나. 곱다, 곱고, 고ᄫᅡ, 고ᄫᆞ니

(80) 가. 다ᄅᆞ다, 다ᄅᆞ고, 달아, 다ᄅᆞ니

나. 프르다, 프르고, 프르니, 프르러

다. 만ᄒᆞ다(만타), 만ᄒᆞ고(만코), 만ᄒᆞ니, 만ᄒᆞ야

(79가)는 자음으로 시작하는 어미와 결합할 때는 '낫-', 매개 모음을 포함한 모음으로 시작하는 어미와 결합할 때는 '나ᇫ-'으로 나타나고, (79나)는 자음으로 시작하는 어미와 결합할 때는 '곱-', 매개 모음을 포함한 모음으로 시작하는 어미와 결합할 때는 '고ᇦ-'으로 나타난다. 이들을 불규칙 형용사로 처리하는 경우도 있지만 앞에서 설명한 동사와 마찬가지로 '나ᇫ-'이나 '고ᇦ-'을 기본형으로 삼아 규칙 형용사로 설명하기도 한다. 이들은 각각 현대 한국어의 'ㅅ' 불규칙 형용사, 'ㅂ' 불규칙 형용사로 이어진다. (80가)는 '다ᄅᆞ-'와 '달ㅇ(ɦ)-'로 교체되는 예들로서 현대 한국어에서는 '르' 불규칙 형용사로 나타난다. (80나)는 자음으로 시작하는 어미 앞에서는 '프르-'로 나타나지만 모음으로 시작하는 어미인 '-어서'가 결합하는 경우 '프르러서'로 나타나 불규칙적인 모습을 보여 준다.[63] (80다)는 앞에서 설명한 동사의 '야' 불규칙과 유사한 활용을 보이는데, 현대 한국어에서는 '만ᄒᆞ다'가 '많다'가 되어 '좋다'와 같이 'ㅎ' 받침을 가진 형용사와 동일한 활용을 보이게 되었다.[64]

이다(이라)

'이다'는 서술격 조사, 지정사, 의존 형용사 등으로 언급되어 왔다.[65] 우리는 '이다'가 활용을 한다는 특성에 주목하여 동사, 형용사와 함께 다루기로 한다.

(81) 가. 國ᄋᆞᆫ 나라히라 ['국'은 나라이다] 〈훈언 1〉

나. 밀므리 사ᄋᆞ리로ᄃᆡ [밀물이 사흘이로되] 〈용가 67장〉

63 15세기 한국어에서는 '니르다'와 '니를다'가 공존하므로 현대 한국어의 '러' 불규칙을 설정하기가 어렵다. '프르다'의 경우도 기원적으로는 '프를다'에서 온 것으로 보면 '프르러서'를 '프를-+-어서'의 결합으로 볼 수 있어 '러' 불규칙으로 처리하기 어렵다. 여기에서는 현대 한국어에서 '러' 불규칙을 인정하는 관습에 따라 어미의 불규칙으로 다룬다.

64 '많다(<만ᄒᆞ다)', '파랗다(<파라ᄒᆞ다)'처럼 현대 한국어의 'ㅎ' 말음 어간 중에는 기원적으로 'X ᄒᆞ-'에서 온 것이 많다.

65 현대 한국어 '이다'의 범주적 특성에 대한 자세한 논의는 제권의 3.3.3.3. 을 참고할 수 있다.

다. 舍衛國 사ᄅᆞ미 十八億이러니 [사위국 사람이 십팔억이더니] 〈석상 6:28〉

'이다'는 (81가)처럼 '지정'의 의미를 가지는 것으로 많이 언급되지만, (81나, 다)처럼 '시간의 경과'나 '존재'의 의미를 가지기도 한다.

현대 한국어의 '이다'와 달리 15세기 한국어에서 '이다'가 평서의 종결형일 때 '이라'로 나타나는 것은 '-다, -더-, -도-, -다가'와 같은 'ㄷ'으로 시작하는 어미들이 '이-' 뒤에서 'ㄹ'을 가지는 '-라, -러-, -로-, -라가'로 바뀌기 때문이다. 또한 '이-' 뒤에 'ㄱ'으로 시작하는 '-고, -거늘' 등의 어미가 결합하면 'ㄱ'이 약화되어 'ㅇ(ɦ)'으로 나타나 '이오, 이어늘'이 되며, 선어말 어미 '-오-'가 결합하면 '-로-'로 나타난다. '이다(이라)'는 선행 체언(구)과 결합할 때 독특한 형태로 실현된다는 점도 언급할 만하다. 즉, 주격 조사와 유사하게 자음 뒤에서는 '이다(이라)', 모음 '이'나 반모음 'ㅣ' 뒤에서는 'ø다(ø라)', 나머지 모음 뒤에서는 'ㅣ다(ㅣ라)'로 나타난다.

10.2.2.4. 관형사, 부사, 감탄사

관형사와 부사는 수식언으로 묶이는데, 수식언들은 문장 안에서 다른 단어를 꾸며 준다. 감탄사는 독립언으로서 문장의 다른 단어들과는 별개로 쓰이면서 화자의 느낌이나 의지, 입버릇 등을 나타낸다. 관형사, 부사, 감탄사는 문장의 근간을 이루는 요소는 아니지만 표현을 풍부하게 해 주며, 부사가 일부 보조사와 결합하는 것을 제외하면 조사와 결합하지도 않고 어미와도 결합하지 않는다는 점에서 공통적이므로 여기에서 같이 다루기로 한다.

관형사

관형사는 흔히 '체언(구) 앞에서 그 체언(구)의 뜻이 분명해지도록 제한해 주는 말'로 정의된다.

(82) 가. 녯 대예 새 竹筍이 나며 새 고지 녯 가지예 기도다[66] [옛 대나무에

66 앞에서 언급한 것처럼 15세기 한국어에서는 '새'가 명사, 관형사, 부사로 사용되었는데, 이 예문에 나타나는 '새'는 '녯'과 대비되어 관형사로 쓰인 것으로 볼 수 있다.

새 죽순이 나며, 새 꽃이 옛 가지에 길도다] 〈금삼 3:23〉

나. 黑龍이 ᄒᆞᆫ 사래 주거 [흑룡이 한 화살에 죽어] 〈용가 22장〉

(82가)의 '새', '녯'[67]은 뒤에 오는 체언(구)의 성질이나 상태를 자세하게 나타내고, (82나)의 'ᄒᆞᆫ'은 뒤에 오는 체언(구)의 수량을 자세하게 나타낸다.

관형사는 어미와 결합하지 않아 활용을 하지 않으며, 보조사를 포함한 어떤 조사와도 결합하지 않는다. 이런 점에서는 뒤에서 살피게 될 부사가 보조사와 결합하는 것과도 차이가 난다.

관형사는 구성원의 수가 많지 않지만 현대 한국어처럼 15세기 한국어의 관형사도 성상 관형사, 수 관형사, 지시 관형사 등으로 나눌 수 있다.

67 '녯'을 '녜(명사)+ㅅ'으로 보아 관형사에서 제외할 수도 있다. 하지만 우리는 '녯'이 한 단어가 된 것으로 보아 관형사로 다룬다. 현대 한국어에서도 명사 '예'가 존재하지만 '옛'을 관형사로 인정한다.

(83) 가. 녯, 새, 외

나. 이, 그, 뎌, 어누(어느), 므스(므슷,[68] 므슴)

다. ᄒᆞᆫ, 두, 세/서/석, 네/너[69]/넉, 다ᄉᆞᆺ/닷, 여슷/엿, 닐굽, 첫(첟[70]), 몃, 현, 여러

68 '므슷'은 '므스+ㅅ'으로 볼 수 있지만 한 단어가 된 것으로 보아 관형사의 하나로 다룬다.

69 '너'가 관형사로 사용되는 예가 잘 발견되지 않지만 '너모'(현대 한국어의 '네모')가 쓰였다는 점과 '서'가 쓰였다는 점을 고려하면 실제로 사용되었을 것으로 보인다.

70 '첟'은 "첟 명쎄(盟誓) 일우리라 〈월인 111〉"에 나타난다.

(83가)는 성상 관형사, (83나)는 지시 관형사, (83다)는 수 관형사의 예이다. 성상 관형사는 뒤에 오는 체언(구)의 성질이나 상태를 제한해 주고, 지시 관형사는 뒤에 오는 체언(구)을 지시해서 한정해 주며, 수 관형사는 뒤에 오는 체언(구)의 수량을 정해 준다.

참고 4 관형사와 체언의 구별

관형사는 구성원의 수가 많지 않고 명사, 대명사 등의 체언과 구별도 어렵다. 이미 언급했듯이 15세기 한국어에서 '새'는 명사나 부사로도 쓰인다. '새'를 명사뿐만 아니라 관형사로도 다루는 이유는 '새'에 관형격 조사 '익/의, ㅅ' 등이 결합하지 않는 특성을 고려한 것이다. 이는 현대 한국어에서 '인간적'과 같이 '-적'이 결합한 단어를 명사와 관형사로 모두 분류하는 것과 같은 처리이다. 조사 결합이 불완전하지만 '새'의 관형사적 용법을 인정하지 않고 명사와 부사로만 처리할 수도 있다. 마찬가지로 '이, 그, 뎌'의 경우도 뒤에 조사가 오는 용법은 대명사로, 그렇지 않은 용법은 관형사로 언급하지만 모두를 대명사로만 다룰 여지도 있다. '외'의 경우는 접두사와 구별이 어렵다. 이런 사정이 있어 관형사의 구성원을 한정하기 어렵지만 일단 이런 예들도 관형사에 넣어 다루기로 한다.

부사

부사는 흔히 '용언(구)이나 다른 말 앞에 놓여 그 말의 뜻이 분명해지도록 제한해 주는 말'로 정의된다.

(84) 가. 절로 가며 절로 오ᄂᆞ닌 집 우흿 져비오 [절로 가며 절로 오는 것은 집 위의 제비고] 〈두시초 7:3〉

나. 去聲은 ᄀᆞᆺ 노ᄑᆞᆫ 소리라 [거성은 가장 높은 소리이다] 〈훈언 13〉

다. 使者ㅣ 더욱 急히 자바 [사자가 더욱 급히 잡아] 〈월석 13:16〉

라. 아마도 福이 조ᅀᆞᄅᆞᄫᅵ니 아니 심거 몯ᄒᆞᆯ 꺼시라 [아마도 복이 종요로우니(긴요하니) 아니 심어(심지) 못할 것이다] 〈석상 6:37〉

마. ᄯᅩ 이 數에 더으디 아니ᄒᆞᆯ ᄯᅮᆯ 엇뎨 알리오 그러면 니ᄅᆞ샨 아롬 어려우미 佛智의 어려우미 아니라 [또 이 수에 더하지 아니할 것을 어찌 알리오 그러면 말하신 앎의 어려움이 불지(부처의 지혜)의 어려움이 아니라] 〈법화 3:165〉

(84가)의 '절로'는 동사, (84나)의 'ᄀᆞᆺ'은 형용사, (84다)의 '더욱'은 부사를 꾸며 준다. 부사는 (84라)의 '아마도'처럼 뒤에 오는 절 전체(혹은 문장 전체)를 꾸며 주거나, (84마)의 '그러면'처럼 문장을 연결해 주기도 한다.

부사도 관형사처럼 어미와 결합하지 않아 활용을 하지 않고 격 조사와 잘 결합하지 않는다. 하지만 보조사와 결합하는 일은 드물지 않다.

(85) 가. 勢 뫼 믈어듐 ᄀᆞᆮᄒᆞ야 죠고매도 머므디 아니ᄒᆞ도다 [세가 산이 무너짐 같아 조금도 머믈지 아니하도다] 〈남명 상:36〉

나. 이리곰 火災호ᄆᆞᆯ 여듧 번 ᄒᆞ면 [이렇게 화재가 남을 여덟 번 하면] 〈월석 1:49〉

(85가)는 부사 '죠고매'가 보조사 '도'와 결합한 것이고, (85나)는 부사 '이리'가 보조사 '곰'과 결합한 예이다.

15세기 한국어에서도 부사는 (84가, 나, 다)와 같이 특정한 성분을 수식하는 성분 부사, (84라, 마)와 같이 절 전체(혹은 문장 전체)를 수식하는 절 부사(혹은 문장 부사)로 나누기도 한다. 성분 부사는 다시 성상 부사, 지시 부사, 부정 부사로 나눌 수 있다.

(86) 가. 글도 만히 알며 가ᅀᆞ며러 布施도 만히 ᄒᆞ더니 [글도 많이 알며 부유하여 보시도 많이 하더니] 〈석상 6:12〉

나. 諸佛도 出家ᄒᆞ샤ᅀᅡ 道理ᄅᆞᆯ 닷ᄀᆞ시ᄂᆞ니 나도 그리 호리라 [제불도 출가하셔야 도리를 닦으시나니 나도 그렇게 하리라] 〈석상 6:12〉

다. 불휘 기픈 남ᄀᆞᆫ ᄇᆞᄅᆞ매 아니 뮐ᄊᆡ [뿌리 깊은 나무는 바람에 아니 움직이므로] 〈용가 2장〉

(86가)의 '만히'는 성상 부사, (86나)의 '그리'는 지시 부사, (86다)의 '아니'는 부정 부사이다. 지시 부사에는 '이리, 그리, 뎌리, 어느, 엇뎨, 어드리' 등이 있으며, 부정 부사에는 '아니' 외에 '몯'이 더 있다.

절 부사(문장 부사)는 위의 (84라)에서 제시한바 '아마도'와 같은 화자의 태도를 나타내는 부사와 (84마)에서 제시한 '그러면'과 같은 접속 부사로 나눌 수 있다. 화자의 태도를 나타내는 부사는 흔히 양태 부사라 부르는데, '모로매, 반ᄃᆞ기, 아마도' 등이 더 있다. 접속 부사에는 '그러나, 그럴ᄊᆡ' 등이 더 있다.

감탄사

감탄사는 흔히 '화자의 느낌이나 의지 따위를 개념적인 표현을 사용하지 않고 직접 나타내는 말'로 정의된다.

(87) 가. ᄋᆡ 男子아 엇던 이ᄅᆞᆯ 爲ᄒᆞ야 이 길헤 든다 [애(야) 남자야, 어떤 이를 위하여 이 길에 들었느냐?] 〈월석 21:118〉

나. 舍利佛이 ᄉᆞᆯᄫᆞᄃᆡ 엥 올ᄒᆞ시이다 [사리불이 말하시되 예 옳으십니다] 〈석상 13:47〉

(87가)의 'ᄋᆡ'와 (87나)의 '엥'은 감탄사로 분류된다.

감탄사는 관형사, 부사와 마찬가지로 조사와 결합하지 않으며, 어미와 결합하지도 않고 독립적으로 사용된다. 그리하여 감탄사는 그 자체로 하나의 발화를 이룰 수 있다. 감탄사는 구어체 문장에 흔히 사용되는데 15세기 한국어 자료는 번역문 중심의 문어체가 많아 예를 찾기가 어렵다. 하지만 15세기 한국어에서도 현대 한국어처럼 구어에서는 다양한 감탄사가 사용되었을 것으로 생각된다.

10.2.2.5. 조사와 어미

조사와 어미는 문법 범주를 실현하는 주요 요소로 한국어의 교착어적 특성을 잘 반영해 준다. 규범 문법에서는 조사의 경우 단어의 하나로 다루고 어미의 경우 용언 어간과 결합한 전체를 단어로 다룬다. 하지만 조사와 어미가 문법 기능을 담당하여 형태나 기능 면에서 공통점이 많으므로 이 자리에서 함께 다루기로 한다.

조사

조사는 흔히 '자립성 있는 말, 즉 체언(구, 절)에 붙어 그 말과 다른 말과의 관계를 표시하거나, 체언(구, 절) 외에 부사, 어미, 다른 조사 등에 결합하여 특수한 뜻을 더해 주는 말'로 정의된다.

(88) 가. 내히 이러 바ᄅᆞ래 가ᄂᆞ니 [내(냇물)가 되어 바다에 가나니] 〈용가 2장〉
나. 乃終ㄱ 소리도 ᄒᆞᆫ가지라 [내종(나중) 소리도 한가지이다] 〈훈언 12〉

(88가)의 '내히'에 포함된 '이'는 주어의 자격을 표시해 주고, (88나)의 '소리도'에 포함된 '도'는 '포함이나 더함'의 의미를 더해 준다.

조사는 주로 체언(구, 절)에 결합하지만 앞에서 언급했듯이 부사에 결합하기도 한다. 또한 '싸콰ᄅᆞᆯ', '닙과ᄂᆞᆫ', '아ᄎᆞ미ᄂᆞᆫ'에서 볼 수 있듯이 두 개 이상의 조사가 연속으로 결합하기도 한다. 아울러 주격 조사 '이/ㅣ/ø', 대조나 주제의 보조사 'ᄋᆞᆫ/은/ᄂᆞᆫ/는/ㄴ' 등에서 볼 수 있듯이 이형태가 많다는 특징을 가지기도 한다. 또한 조사들 중에서 주격 조사, 목적격 조사 등은 어휘적인 의미를 가지기보다 문법적인 의미를 가지기 때문에 기능 부담량이 적어 생략되는 경우가 많다.

15세기 한국어의 조사도 현대 한국어의 조사처럼 격 조사, 보조사, 접속 조사로 나눌 수 있다. 15세기 한국어의 조사를 분류해서 예와 함께 제시해 보면 다음과 같다.

(89) 15세기 한국어의 조사 분류

<table>
<tr><td rowspan="10">조사</td><td rowspan="8">격 조사</td><td>주격 조사</td><td>이/ㅣ/ø</td></tr>
<tr><td>보격 조사[71]</td><td>이/ㅣ/ø</td></tr>
<tr><td>목적격 조사</td><td>ᄋᆞᆯ/을/ᄅᆞᆯ/를/ㄹ</td></tr>
<tr><td>서술격 조사[72]</td><td>이다(이라)/ㅣ다(ㅣ라)/ø다(ø라)</td></tr>
<tr><td>관형격 조사</td><td>ᄋᆡ/의, ㅅ</td></tr>
<tr><td rowspan="2">부사격 조사</td><td>처소: 애/에/예, ᄋᆡ/의, 애셔/에셔/예셔[73]
도구: (ᄋᆞ/으)로
비교: 와/과
동반: (ᄋᆞ/으)라와</td></tr>
<tr></tr>
<tr><td>호격 조사</td><td>아/야, 여/이여, 하</td></tr>
<tr><td>보조사</td><td colspan="2">대조나 주제: ᄋᆞᆫ/은/ᄂᆞᆫ/는/ㄴ, (ᄋᆞ/으)란
배타나 한정: ᅀᅩᆺ/곳, ᄇᆞᆺ/봇
포함이나 더함: 도
강조: (이)ᅀᅡ, 옴/곰
확대: (이)나</td></tr>
<tr><td>접속 조사</td><td colspan="2">와/과, ᄒᆞ고, (이)며, (이)여</td></tr>
</table>

71 보격 조사를 인정하지 않는 견해도 많다. 이에 대한 자세한 논의는 제 I 권의 3.3.5.1.과 4.2.4.를 참고할 수 있다.

72 앞에서 언급하였듯이 서술격 조사를 조사로 인정하지 않고 용언의 일종으로 다룰 수 있다.

73 10.1.3.3.에서 언급한 것처럼 '예, 예셔'를 반모음 첨가로 보면 굳이 이형태의 하나로 설정하지 않아도 된다.

15세기 한국어 조사 중 현대 한국어와 차이 나는 몇 가지를 간략하게 언급하면 다음과 같다.

우선 현대 한국어에 쓰이는 주격 조사 이형태 중 '가'가 쓰이지 않는다는 것이다. 따라서 15세기 한국어에서는 주격 조사의 이형태가 자음 뒤에서는 '이', 대부분의 모음 뒤에서는 'ㅣ', 모음 '이'나 반모음 'ㅣ' 뒤에서는 'ø'로 나타난다. 이형태의 조건은 이른바 서술격 조사의 경우도 '이다(이라)/ㅣ다(ㅣ라)/ø다(ø라)'로 마찬가지이다.

다음으로 현대 한국어에는 없는 관형격 조사 'ㅅ'이 사용되었다는 점이다.

(90) 가. 도ᄌᆞᄀᆡ 입과 눈, 사ᄉᆞᄆᆡ 등, 쇠 머리, 내 님금

나. 부텻 말ᄊᆞᆷ, 나랏 말ᄊᆞᆷ

(90가)에서 볼 수 있듯이 선행하는 체언(구)이 유정 체언(사람이나 동물)일 경우 'ᄋᆡ/의'가 사용되었다. 이때 '쇠, 내'처럼 모음 뒤에서는 'ㅣ'가 사용되었다.[74] (90나)에서 볼 수 있듯이 선행하는 체언(구)이 사람이라도 존칭이거나 무정 체언(사물)일 경우 'ㅅ'이 사용되었다. 잘 알려진 것처럼 'ㅅ'은 현대 한국어에서는 '나뭇가지'처럼 합성어에 흔적으로 남아 있다.

74 'ㅣ'를 관형격 조사의 이형태로 설정하여 유정 체언 뒤에서 쓰이는 관형격 조사는 'ᄋᆡ/의/ㅣ'인 것으로 기술할 수도 있다.

처소의 부사격 조사가 '애/에/예' 이외에 'ᄋᆡ/의'가 쓰였다는 것도 현대 한국어와 차이 나는 점이다.[75]

75 그렇기 때문에 'ᄋᆡ/의'는 관형격 조사와 처소의 부사격 조사로 쓰여 구별이 필요하다. 대체로 뒤에 체언(구)이 이어지면 관형격 조사, 용언(구)이 이어지면 부사격 조사로 구별된다.

(91) 아ᄎᆞᄆᆡᆫ 虛空애 나아 노다가 나조ᄒᆡᆫ 므레 가 자ᄂᆞ니 [아침에는 허공에 나아가서 놀다가 저녁에는 물에 가서 자니] 〈석상 13:10〉

(91)의 '아ᄎᆞᄆᆡ', '나조ᄒᆡ' 등에 나타나는 'ᄋᆡ'는 처소의 부사격 조사로서 현대 한국어의 '에'에 대응된다. 'ᄋᆡ/의'가 처소의 부사격으로 쓰이는 단어에는 시간을 나타내는 '낮, 밤, 봄, ᄀᆞᅀᆞᆶ, 나좋, 새박, 아ᄎᆞᆷ, 처ᅀᅥᆷ'과 장소를 나타내는 '곁, 뭍, 밗, 앒, 웋, 집, 구무(구ᇚ), ᄆᆞᅀᆞᆶ' 등이 있다.

호격 조사가 존칭이냐 평칭이냐에 따라 구분되었다는 점도 15세기 한국어의 특징이다.

(92) 가. 彌勒아 아라라 [미륵아, 알아라] 〈석상 13:29〉

나. 님금하 아ᄅᆞ쇼셔 [임금이시여, 아소서] 〈용가 125장〉

(92가)는 존칭이 아닌 호격 조사 '아', (92나)는 존칭의 호격 조사 '하'의 쓰임을 보여 준다.

어미

어미는 '문장에서 용언 어간 뒤에 나타나 여러 가지 문법적인 기능을 하는 요소'로 정의할 수 있다.

(93) 내 이ᄅᆞᆯ 爲ᄒᆞ야 어엿비 너겨 새로 스믈여듧 字ᄅᆞᆯ ᄆᆡᆼᄀᆞ노니 사ᄅᆞᆷ마다 ᄒᆡᅇᅧ 수ᄫᅵ 니겨 날로 ᄡᅮ메 便安킈 ᄒᆞ고져 ᄒᆶ ᄯᆞᄅᆞ미니라 [내가 이를 위하여 불쌍히 여겨 새로 스물여덟 자를 만드니 사람마다로 하여금 쉽게 익혀 날로 씀에 편안하게 하고자 할 따름이니라] 〈훈언 3〉

(93)의 밑줄 친 부분은 '爲ᄒᆞ+야', 'ᄆᆡᆼᄀᆞᆯ+ᄂᆞ+오+니', '니기+어', 'ᄡᅳ+움', '便安ᄒᆞ+긔', 'ᄒᆞ+고져', 'ᄒᆞ+ᇙ', 'ᄯᆞᄅᆞᆷ+이+니라'로 분석되므로, '-야, -ᄂᆞ-, -오-, -니, -어, -움, -긔, -고져, -ᇙ, -니라' 등의 어미들이 포함되어 있음을 알 수 있다.

격 조사가 흔히 생략되는 것과는 달리 어간이 자립적으로 존재할 수 없어 어미는 생략될 수 없다. 조사와 어미는 이런 차이점뿐만 아니라 공통점도 가지는데, 체언에 조사가 결합할 때 다양한 이형태를 가지는 것처럼 어간에 어미가 결합할 때도 다양한 이형태를 갖는다. 예를 들어 어간의 모음이 양성 모음인지 음성 모음인지에 따라 '-아/어', '-오/우-', '-옴/움', '-ᄋᆞ니/으니' 등이 선택되며, 어간이 자음으로 끝나는지 모음으로 끝나는지에 따라 매개 모음의 결합 여부가 달라지기도 한다. '확인'의 선어말 어미 '-거/어-'의 경우 뒤에서 언급할 것인바, 타동사에는 '-어-',[76] 비타동사(형용사, 자동사)에는 '-거-'가 선택되기도 한다. 또한 이미 언급한 '-거늘, -고' 등이 'ㄹ'이나 '이다'의 '이-' 뒤에서 '-어늘, -오'처럼 'ㄱ'이 약화된 'ㅇ(ɦ)'가 쓰이기도 한다.[77]

15세기 한국어의 어미도 현대 한국어의 어미처럼 위치에 따라 선어말 어미와 어말 어미로 나뉜다. 어말 어미는 다시 종결 어미와 비종결 어미로 나뉘고, 비종결 어미는 다시 연결 어미와 전성 어미로 나뉜다. 15세기 한국어의 어미를 분류해서 예와 함께 제시해 보면 다음과 같다.[78]

76 15세기 한국어에서 표기상 '-어-'로 나타나는 것은 '-어(ʌ)-'와 '-어(ɦʌ)-'의 두 종류가 있다. 타동사에 결합하는 '-어-'는 물론 '-어(ʌ)-'이다.

77 이미 10.2.2.3.에서 '이다'의 '이-' 뒤에서도 'ㄱ'의 약화가 일어났다는 점을 언급한 바 있다. 그리하여 10.1.3.1에서 언급했듯이 '이다'의 '이-' 뒤에 반모음 'ㅣ'가 더 있고 이 'ㅣ' 때문에 'ㄱ' 약화가 일어나는 것으로 기술하기도 한다.

78 어미들의 자세한 용법은 통사론(10.3.)에서 언급된다.

(94) 15세기 한국어의 어미 분류

<table>
<tr><td rowspan="11">어미</td><td>선어말 어미</td><td colspan="3">시간 관련: -ᄂᆞ-, -더-, -(ᄋᆞ/으)리-
높임 관련: -(ᄋᆞ/으)시/샤-,[79] -ᄉᆞᆸ/ᅀᆞᆸ/ᄌᆞᆸ/ᄉᆞᄫ/ᅀᆞᄫ/ᄌᆞᄫ-, -이-
기타: -오/우-, -거/어-, -돗/롯/도/로-, -옷-, -ㅅ-</td></tr>
<tr><td rowspan="10">어말 어미</td><td>종결 어미</td><td colspan="2">평서형: -다, -니라
의문형: -녀, -ㄴ다, -ㄴ가
명령형: -라, -(아/어)쎠, -(ᄋᆞ/으)쇼셔
청유형: -져, -져라, -사이다
감탄형: -(ᄋᆞ/으)ㄹ셔, -(ᄋᆞ/으)ㄴ뎌, -(애/에)라</td></tr>
<tr><td rowspan="6">비종결 어미</td><td rowspan="3">연결 어미</td><td>대등적 연결 어미: -고, -(ᄋᆞ/으)며, -(ᄋᆞ/으)며셔, -(ᄋᆞ/으)나</td></tr>
<tr><td>종속적 연결 어미: -(ᄋᆞ/으)니, -오ᄃᆡ/우ᄃᆡ, -거든, -거늘</td></tr>
<tr><td>보조적 연결 어미: -아/어, -게(혹은 '-긔'), -디, -고</td></tr>
<tr><td rowspan="3">전성 어미</td><td>명사형 전성 어미: -옴/움, -기, -디</td></tr>
<tr><td>관형사형 전성 어미: -(ᄋᆞ/으)ㄴ, -ᄂᆞᆫ/는, -던, -(ᄋᆞ/으)ㄹ</td></tr>
<tr><td>부사형 전성 어미: -게(혹은 '-긔'), -ᄃᆞ록</td></tr>
</table>

79 '-(ᄋᆞ/으)시-'와 '-(ᄋᆞ/으)샤-'는 주체 높임 선어말 어미의 두 이형태이다. '-(ᄋᆞ/으)시-'는 자음으로 시작하는 어미 앞에서 사용되었고, '-(ᄋᆞ/으)샤-'는 모음으로 시작하는 어미 앞에 쓰였다. 이형태의 조건에 대한 자세한 논의는 10.3.5.1.에서 이루어진다.

15세기 한국어 어미 중 현대 한국어와 차이 나는 몇 가지를 간략하게 언급하면 다음과 같다.

우선 높임의 선어말 어미가 주체 높임의 '-(ᄋᆞ/으)시/샤-', 객체 높임의 '{-ᄉᆞᆸ-}', 상대 높임의 '-이-'가 있어 정연한 모습을 보인다는 것이다. '{-ᄉᆞᆸ-}'은 현대 한국어에 '하시옵고' 등에 흔적으로 남아 있기는 하지만 대부분 '합니다' 등 상대 높임의 어미의 일부로 변하였다.[80] 상대 높임법의 '-이-'는 현대 한국어에서 사용되지 않는다.

80 '{-ᄉᆞᆸ-}'의 변화에 대해서는 11.3.1.3.을 참조할 수 있다.

현대 한국어에는 잘 쓰이지 않는 '-오/우-', '-거/어-' 등과 같은 선어말 어미가 사용되었다는 점도 특징적이다.[81]

81 이런 어미들의 통사적인 기능에 대한 자세한 논의는 뒤의 10.3.1.1.과 10.3.6.3.에서 이루어진다.

(95) 가. 내 ᄒᆞ마 命終호라 [내가 이미 목숨을 마쳤다] 〈월석 9:36〉
나. 우리ᄃᆞᆯ히 毒藥ᄋᆞᆯ 그르 머구니 [우리들이 독약을 잘못 먹으니] 〈월석 17:17〉
다. 나혼 子息이 양ᄌᆡ 端正ᄒᆞ야 [낳은 자식이 모습이 단정하여] 〈석상 9:26〉

(96) 가. 衆生이 正흔 길흘 일허다 흐며 [중생이 정한(바른) 길을 잃었다 하며] 〈석상 23:19〉

나. 淨土애 니거지이다 [정토에 가고 싶습니다] 〈월석 8:1〉

(95가, 나)는 주어가 1인칭 화자 자신일 때 나타나는 '-오/우-'의 예이다. 이런 용법의 '-오/우-'와 관련성이 명확하지 않지만 (95다)처럼 관형사절에 후행하는 명사구가 목적어나 부사어일 때 나타나는 '-오/우-' 역시 15세기 한국어의 특징적인 선어말 어미이다. 이와 관련하여 '오/우'가 나타나기는 하지만 전체 형태에서 선어말 어미 '-오/우-'를 따로 분리하여 설명하기 어려워 형태소의 일부로 보아야 하는 명사형 전성 어미 '-옴/움'과 같은 예도 있다. 이에 따라 15세기 한국어에서는 '홈, 쁨, 안좀, 여룸' 등에서 볼 수 있듯이 명사형 전성 어미는 '-옴/움'이므로 명사 파생 접미사 '-(ᄋ/으)ㅁ'과 구별되었다는 점도 지적될 수 있다. 이런 예들에서 나타나던 선어말 어미 '-오/우-' 내지 형태소의 일부로서의 '오/우'는 16세기를 기점으로 점차 사라지게 된다.

(96)은 '확인'의 선어말 어미 '-거/어-'가 사용되는 양상을 보여 준다. (96가)의 '일허다'는 타동사 '잃-'에 '-어-'가 결합한 것이고, (96나)의 '니거지이다'는 비타동사(자동사, 형용사) '니-'에 '-거-'가 결합한 것이다.

15세기 한국어의 부사형 전성 어미 중의 하나로 '-이'를 들 수 있다. 이미 10.2.1.3.에서 언급한 것처럼 '-이'는 부사 파생 접미사로 쓰이는 경우가 많지만 부사형 어미로 쓰이기도 한다.

(97) 가. 玉盞애 수를 물가 맛 업시 너기느니 [옥잔에 술을, 맑아서 맛이 없게(없는 것으로) 여기니] 〈두시초 7:25〉

나. 눉므를 手巾에 가드기 흘리노라 [눈물을 수건에 가득히 흘리노라] 〈두시초 7:22〉

(97가, 나)는 '-이'가 구 내지 절에 결합하여 부사형 전성 어미로 쓰인 예이다. 현대 한국어에서도 "그가 소리도 없이 다가온다."와 같은 예에서 흔히

파생 접미사로 쓰이는 '-이'가 어미처럼 사용되는 경우가 있지만 15세기 한국어에서는 이런 용법이 더 광범위하게 사용되었다.

10.3. 통사

10.3.1. 문장 성분

10.3.1.1. 주어

15세기 한국어에서 주어는 현대 한국어와 마찬가지로 여러 가지 형식으로 실현될 수 있었다. 첫째, 주격 조사가 붙어 실현되었다.

(98) 가. ᄉᆡ미 기픈 므른 [샘이 깊은 물은] 〈용가 2장〉
　　나. 世尊이 象頭山애 가샤 [세존이 상두산에 가시어] 〈석상 6:1〉
(99) 가. 니르고져 홇 배 이셔도 [말하고자 할 바가 있어도] 〈훈언 2〉
　　나. 우리 始祖ㅣ 慶興에 사ᄅᆞ샤 [우리 시조가 경흥에 사시어] 〈용가 3장〉
(100) 가. ᄒᆞᆫ 龍ᄋᆞᆯ 지ᅀᅳ니 머리 열히러니 [한 용을 지으니 머리 열이더니] 〈석상 6:32〉
　　나. 그듸 가아 아라듣게 니르라 [그대가 가서 아라듣게 말하라] 〈석상 6:6〉
(101) 가. 곶 됴코 여름 하ᄂᆞ니 [꽃 좋고 열매가 많아지니] 〈용가 2장〉
　　나. 부텨 오시거늘 보ᅀᆞᆸ고 [부처 오시거늘 (부처를) 뵙고] 〈석상 24:7〉

(98)은 자음으로 끝나는 체언 뒤에 주격 조사 '이[i]'가 붙었음을 보여 준다. (98가)에서는 이어적기(연철)를 적용하여 표기하였다. (99)는 모음으로 끝나는 체언 뒤에 주격 조사 'ㅣ[j]'가 붙었음을 보여 준다. 이 조사는 선행 모음과 결합하여 이중 모음으로 발음되었다. (100)은 '이[i]' 뒤에서나 반모음 'ㅣ[j]' 뒤에서 ø 주격 조사가 사용되었음을 보여 준다.[82] 이러한 ø 주격은 조사가 실현되지 않은 (101)의 예와 구별된다. (101가)의 '곶'과 '여름'은 각각 '고지'와 '여르미'로 표현될 수도 있었고 (101나)의 '부텨'는 '부톄'로

82 ø 주격 조사 결합은 연구자에 따라 주격 조사의 생략 혹은 비실현으로 다루기도 한다. 우리 책에서 ø 주격 조사를 굳이 설정하는 이유는 평성으로만 이루어진 체언 뒤에 주격 조사가 결합할 경우에는 체언의 끝 음절이 상성으로 바뀌므로 그곳에 아무것도 없다는 기술보다는 보이지 않는 영 형태를 설정하는 것이 더 합리적인 문법 기술이기 때문이다.

표현될 수도 있었기 때문이다.

둘째, 현대 한국어와 마찬가지로 주어에 보조사가 실현되면 주격 조사가 실현되지 않았다. (102)에서는 주어에 보조사 'ᄂᆞᆫ', '도', 'ᅀᅡ'가 쓰여 주격 조사가 실현되지 않았다.

(102) 가. 나ᄂᆞᆫ 어버ᅀᅵ 여희오 [나는 어버이 여의고] 〈석상 6:5〉
　　나. 어미도 아ᄃᆞᄅᆞᆯ 모ᄅᆞ며 [어미도 아들을 모르며] 〈석상 6:3〉
　　다. 이ᅀᅡ 眞實ㅅ 精進이며 [이것이야말로 진실의(진실된) 정진이며] 〈월석 18:30〉

셋째, 단체 명사일 때에는 '애/에 이셔' 혹은 '애셔/에셔'가 쓰이기도 하였다.[83] 이는 현대 한국어의 '에서'에 해당한다.

(103) 나라해 이셔 도ᄌᆞᄀᆞᆡ 자최 바다 가아 [나라에서 도적의 자취를 밟아 가] 〈월석 1:6〉

15세기 한국어에도 이중 주어문이 존재하였다.[84] 이는 서술절을 안은 문장으로 분석할 수 있다.

(104) 가. 그저긔 阿私陁ㅣ 나히 一百스믈히러니라 [그때 아사타가 나이 백 스물이더라] 〈석상 3:2〉
　　나. 太子ㅣ 性 고ᄫᆞ샤 怒호ᄆᆞᆯ 모ᄅᆞ샤 [태자가 성품 고우시어 노함을 모르시어] 〈월석 21:211〉

(104가)는 '阿私陁ㅣ'를 주어로, '나히 一百스믈히러니라'를 서술절로 분석할 수 있고, (104나)는 '太子ㅣ'를 주어로, '性 고ᄫᆞ샤'를 서술절로 분석할 수 있다. 서술절 내부는 다시 '주어+서술어' 관계가 성립되어 있다.

15세기 한국어에는 내포절이 아닌 절에서 주어가 1인칭 화자 자신일 경우 선어말 어미 '-오/우-'를 사용하였음이 특징적이다.

83 '나라해 이셔'는 형식적으로는 부사어(체언+부사격 조사)와 용언 활용형의 결합이고 '나라해셔'는 부사어이다. 그러므로 형식 문법적 관점에서 보면 '애 이셔'나 '애셔'를 주격 조사로 처리할 수는 없다. 그러나 '애 이셔'가 붙은 체언은 분명히 문장에서 주어로 해석할 수 있으므로 '애 이셔'나 '애셔'를 기능적으로 보아 주어 표시의 조사로 다룰 수 있다. 이는 현대 한국어의 '에서'도 마찬가지이다(제Ⅰ권의 4.2.1.과 4.2.9. 참조).

84 현대 한국어의 이중 주어문(혹은 주격 중출문)에 대해서는 제Ⅰ권의 4.3.3.4.를 참고할 수 있다.

(105) 가. 내 이를 爲ᄒᆞ야 … 스믈여듧 字를 ᄆᆡᇰᄀᆞ노니 [내가 이를 위하여 … 스물여덟 자를 만드니] 〈훈언 3〉

나. 우리ᄃᆞᆯ히 毒藥ᄋᆞᆯ 그르 머구니 [우리들이 독약을 잘못 먹으니] 〈월석 17:17〉

다. 내 롱담ᄒᆞ다라 [내가 농담했다] 〈석상 6:24〉

라. 내 이제 훤히 즐겁과라 [내가 이제 훤히 즐거웠다] 〈법화 2:137〉

마. 내 이거슬 怪異히 너기가니 [내가 이것을 괴이하게 여기니] 〈두시초 25:29〉

바. 누른 새ᄂᆞᆫ 져기 나로ᄆᆞᆯ 任意로 ᄒᆞ노라 [누른 새는 적이 나는 것을 마음대로 한다] 〈두시초 20:10〉

(105가)의 밑줄 부분은 'ᄆᆡᇰᄀᆞᆯ-ᄂᆞ-오-니'로 분석되는데 '-ᄂᆞ-+-오-'에서 'ㆍ'가 탈락되어 '-노-'가 된 것이다. (105나)에서는 복수 1인칭 '우리ᄃᆞᆶ'이 주어로 쓰였고 '-오-'의 이형태 '-우-'가 쓰였다. (105다)의 밑줄 부분은 '롱담ᄒᆞ-더-오-라'로 분석되는데 '-더-+-오-'가 '-다-'로 융합된 것이다. (105라)와 (105마)의 밑줄 부분은 각각 '즐겁-거-오-라', '너기-거-오-니'로 분석되는데 '-거-+-오-'는 '-과-'로 융합된 예도 있고 '-가-'로 융합된 예도 있다. (105바)에서 주어 '누른 새ᄂᆞᆫ'은 3인칭 주어인 것으로 보인다. 그러나 '누른 새'는 1인칭 화자 자신의 감정 이입 대상물이기 때문에 선어말 어미 '-오-'를 쓴 것이다.

10.3.1.2. **목적어**

15세기 한국어에서 목적어는 현대 한국어와 마찬가지로 여러 가지 형식으로 실현될 수 있다. 첫째, 목적격 조사가 붙어 실현되었다.

(106) 가. 녜 업던 이ᄅᆞᆯ 얻ᄌᆞᄫᆞ니 [옛날에 없던 일을 얻으니] 〈석상 13:25〉

나. 帝業을 여르시니 [제업(황제의 업)을 여시니] 〈용가 3장〉

(107) 가. 나ᄅᆞᆯ 겨집 사ᄆᆞ시니 [나를 아내 삼으시니] 〈석상 6:4〉

나. 내 부텨를 조ᄍᆞᄫᅡ 듣ᄌᆞᄫᅩ라 [내가 부처를(부처의 말씀을) 좇아 들

었다] 〈능엄 1:23〉

(108) 가. 개야밀 어엿비 너기고 [개밀(개미를) 불쌍히 여기고] 〈두시초 7:18〉

나. 知慧ㄹ 여러 뵈샤 [지혤(지혜를) 열어 보이시어] 〈법화 3:8〉

(109) 가. 右手 左手로 天地 ᄀᆞᄅᆞ치샤 [오른손 왼손으로 천지 가리키시어] 〈월석 2:34〉

나. 잡일 아니ᄒᆞ며 잡말 아니ᄒᆞ야 [잡일 아니하며 잡말 아니하여] 〈번소 9:1〉

(106)의 '이ᄅᆞᆯ'과 '帝業을'은 '일+ᄋᆞᆯ'과 '帝業+을'로 분석되어 자음으로 끝나는 체언 뒤에 목적격 조사 'ᄋᆞᆯ'과 '을'이 붙었음을 보여 준다.[85] (106가)의 밑줄 부분은 '일+ᄋᆞᆯ'로서 이어적기(연철)를 적용하여 표기하였다. (107)은 모음으로 끝나는 체언 뒤에 목적격 조사 'ᄅᆞᆯ/를'이 붙었음을 보여 준다. (108)은 모음으로 끝나는 체언 뒤에서 'ᄅᆞᆯ/를' 대신 'ㄹ'이 사용되었음을 보여 준다. (109)의 목적어에는 목적격 조사가 실현되어 있지 않다.

둘째, 현대 한국어와 마찬가지로 목적어에 보조사가 실현되면 목적격 조사가 실현되지 않았다.[86] (110)에서는 목적어에 보조사 '란', '도', '옷'이 쓰여 목적격 조사가 실현되지 않았다.

85 양성 모음 뒤에는 'ᄋᆞᆯ, ᄅᆞᆯ'이, 음성 모음 뒤에는 '을, 를'이 실현되었다. 중성 모음 'ㅣ'가 있는 음절 뒤에는 'ᄋᆞᆯ, ᄅᆞᆯ'과 '을, 를'이 모두 실현될 수 있었다.

86 드물지만 '이ᄅᆞᆯᅀᅡ〈월인 상:44〉'의 'ᄅᆞᆯᅀᅡ'와 같이 목적격 조사와 보조사가 결합된 형태도 쓰였다.

(110) 가. 말란 아니ᄒᆞ고 두 솏가라ᄀᆞᆯ 드니 [말은 아니하고 두 손가락을 드니] 〈석상 24:47〉

나. ᄒᆞᆫ 말도 몯ᄒᆞ야 잇더시니 [한 말씀도 못하여 있으시더니] 〈석상 6:7〉

다. 내 말옷 아니 드르시면 [내 말 아니 들으시면] 〈월석 2:5〉

15세기 한국어에도 현대 한국어와 유사한 이중 목적어문(혹은 목적격 중출문)이 존재하였다.

(111) 가. 四海ᄅᆞᆯ 년글 주리여 [사해(천하)를 남을 주겠는가?] 〈용가 20장〉

나. 如來ㅅ 像 닐구블 밍ᄀ숩고 [여래의 상 일곱을 만들고] 〈석상 9:32〉

(112) 가. 사ᄅ미 이를 다봇 옮돗 호믈 슬노니 [사람의 일이 다북쑥 옮겨 다니듯 함을 슬퍼하니] 〈두시초 7:16〉

나. 오직 똥을 돌며 뿌믈 맛볼 거시라 [오직 똥이 달며 씀을 맛볼 것이다] 〈번소 9:31〉

(111가)에서 목적어 '녇글'은 현대 한국어에서라면 일반적으로는 여격 부사어로 표현될 만한 것이다. 곧 현대어에서 '빵을 남에게 주다'를 '빵을 남을 주다'와 같이 표현하는 경우와 마찬가지이다. 다만, 15세기 한국어에서는 (111가)와 같은 이중 목적어문이 매우 일반적으로 사용되었다. (111나)는 조사 없는 목적어 '如來ㅅ 像'과 수량 명사구 목적어 '닐구블'이 함께 쓰인 이중 목적어문이다. (112)는 내포절 안에서 주어로 실현될 만한 성분이 내포절 밖에서 목적어로 쓰인 예이다. (112가, 나)에서는 '사ᄅ미 이를'과 '똥을'이 내포절 밖에 존재하면서 각각 '슬노니'와 '맛볼'의 목적어로 쓰였다.

10.3.1.3. 보어

현대 한국어 보어의 개념에 대해서는 여러 견해가 나와 있음을 제I권의 4.2.4.에서 이미 언급한 바 있다. 여기에서는 그곳에서의 보어 처리에 맞추어 서술하도록 한다.

(113) 가. 그 五百 사ᄅ미 弟子ㅣ ᄃ외아지이다 ᄒ야 [그 오백 사람이 "제자가 되고 싶습니다" 하여] 〈월석 1:9〉

나. 다 威王의 나몬 功 아니가 [다 위왕의 남은 공 아닌가?] 〈법화서:17〉

(113가)에서는 'ᄃ외다' 앞의 '弟子ㅣ'가 보어로 쓰였고 (113나)에서는 '아니다' 앞의 '威王의 나몬 功'이 조사 없는 보어로 쓰였다. 보어의 실현 형식

은 주어와 마찬가지이다.

(114) 가. 갑시 百千이 ᄉᆞᆫ 瓔珞ᄋᆞ로 [값이 백천(매우 높은 가치)에 해당하는 앵락으로] 〈월석 18:78〉

나. 일훔난 됴ᄒᆞᆫ 오시 비디 千萬이 ᄡᆞ며 [이름난 좋은 옷이 값이 천만에 해당하며] 〈석상 13:22〉

다. 執杖釋의 ᄯᆞ리 金像이 ᄀᆞᆮᄒᆞ샤 [집장석의 딸이 금상과 같으시어] 〈월인 상:14〉

(114가)의 'ᄉᆞ다'와 (114나)의 'ᄡᆞ다'는 현대 한국어의 '싸다'와는 의미가 달라 '(값이) …에 해당하다' 정도의 뜻을 지녔다.[87] 이때 문장 형식은 'NP이 NP이 ᄉᆞ다/ᄡᆞ다' 형식으로서 두 번째 NP가 보어에 해당한다. (114나)는 '일훔난 됴ᄒᆞᆫ 오시'를 주어로 하고 '비디 千萬이 ᄡᆞ며'를 서술절로 하는 서술절을 안은 문장으로 분석된다. 서술절 안에 주어와 보어가 나타났다. (114다)의 'ᄀᆞᆮᄒᆞ다'는 현대 한국어의 '같다'에 해당하는데 이 형용사 역시 'NP이 NP이 ᄀᆞᆮᄒᆞ다/ᄀᆞᇀ다/ᄀᆞᄐᆞ다'와 같은 문장을 구성한다. 이때 두 번째 NP가 역시 보어이다. 그런데 'ᄀᆞᆮᄒᆞ다/ᄀᆞᇀ다/ᄀᆞᄐᆞ다'는 보어뿐 아니라 필수 부사어를 취할 수도 있었다.

(115) 가. 이 보미 本來 거부븨 터리와 톳ᄀᆡ ᄲᅳᆯ와 ᄀᆞᆮᄒᆞ니 [이 봄이 본래 거북의 털과 토끼의 뿔과 같으니] 〈능엄 3:95〉

나. 이ᄂᆞᆫ 釋迦ㅅ 本來 셰샨 誓願에 ᄀᆞᆮᄒᆞ샤미라 [이는 석가가 본래 세우신 서원(맹세)과 같으심이다] 〈법화 1:225〉

(115가)에서는 비교 기준 대상이 부사격 조사가 붙은 부사어로 실현되었는데 '거부븨 터리와 톳ᄀᆡ ᄲᅳᆯ와'는 'ᄀᆞᆮᄒᆞ다'의 보충어이므로 필수 부사어이다. (115나)에서는 'ᄀᆞᆮᄒᆞ다'의 보충어로 '釋迦ㅅ 本來 셰샨 誓願에'가 쓰였다. 각각 '와' 부사격 조사구, '에' 부사격 조사구가 쓰인 것인데 이는 문장 성분 간의 관계를 (114다)에서와 다소 다르게 표현한 것이다.[88]

87 '값'이라는 뜻의 '빋'과 'ᄉᆞ다'가 결합한 합성어 '빋ᄉᆞ다'도 마찬가지 의미를 지녔었는데, 이것이 현대 한국어 '비싸다'로 되면서 의미가 다소 변하였다.

88 제Ⅰ권의 4.2.3.에서 "우주선이 궤도를 이탈했다."와 "우주선이 궤도에서 이탈했다."를 설명할 때, 서술어와 논항 간 관계에 대한 약간의 인식 차이로 인해 목적어와 부사어로 달리 표현될 수 있음을 언급한 바 있다. 'ᄀᆞᆮᄒᆞ다'의 보어와 부사어도 그러한 인식 차이를 반영한 결과로 해석한다. 보어는 정체를 확인하면서 주어와 같다고 인식하여 쓴 것이고, 부사어는 주어가 비교의 기준 대상과 같음을 인식하여 쓴 것이다.

10.3.1.4. 서술어

15세기 한국어의 서술어도 현대 한국어에서처럼 '무엇이 무엇이다, 무엇이 어떠하다, 무엇이 어찌하다'에서 '무엇이다, 어떠하다, 어찌하다' 부분을 구성한다. (116가~다)에서 그 각각을 확인할 수 있다.

(116) 가. 文은 글와리라 [문은 글월이다] 〈훈언 1〉
　나. 楚國 越國엣 象ᄋᆞᆫ 다 프르고 [초나라 월나라의 코끼리는 다 푸르고] 〈월석 2:31〉
　다. 瞿曇ᄋᆡ 弟子ㅣ 두리여 몯 오ᄂᆞ이다 [구담의 제자가 두려워하여 못 옵니다] 〈석상 6:29〉

보조 용언 역시 사용되었으나 문헌에서 현대 한국어만큼의 많은 수가 확인되지는 않는다.

(117) 가. 그 比丘ㅣ 蓮ㅅ 곳 우희 안자 잇거늘 [그 비구가 연꽃 위에 앉아 있는데] 〈석상 24:16〉
　나. 왼녁 피 닫 담고 올ᄒᆞᆫ 녁 피 닫 다마 두고 [왼쪽 피 따로 담고 오른쪽 피 따로 담아 두고] 〈월석 8:22〉
　다. 目連이 耶輸ㅅ 宮의 가 보니 [목련이 야수의 궁에 가 보니] 〈석상 6:2〉
　라. 地獄ᄋᆞᆯ ᄇᆞᆺ아 ᄇᆞ려 [지옥을 부숴 버려] 〈월석 21:181〉
　마. ᄆᆞᄎᆞᆷ내 제 ᄠᅳ들 시러 펴디 몯ᄒᆞᇙ 노미 하니라 [마침내 제 뜻을 (표현 수단을) 얻어 펴지 못하는 사람이 많다] 〈훈언 2〉

(117)의 밑줄 부분은 모두 '본용언+보조 용언'이 하나의 서술어로 재구조화된 것이다. 현대 한국어의 보조 용언 '있다, 두다, 보다, 버리다, 못하다'에 해당하는 '잇다, 두다, 보다, ᄇᆞ리다, 몯ᄒᆞ다'가 쓰였다.

10.3.1.5. **관형어**

중세 한국어의 관형어도 현대 한국어처럼 체언, 관형사, '체언+관형격 조사', 관형사절로 실현된다. (118)에서는 관형사 '새'와 '므슷'이 그대로 관형어로 쓰이고 있다.[89]

89 '므슷'은 의문 대명사 '므스'에 관형격 조사 'ㅅ'이 결합한 형태로도 이해할 수 있으나 이 시기에 이미 관형사로 어휘화되었다고 판단된다.

(118) 가. 새 구스리 나며 [새 구슬이 나며] 〈월석 1:27〉

나. 므슷 이를 겻고오려 ᄒᆞᄂᆞᆫ고 [무슨 일을 겪으려 하는고?] 〈석상 6:27〉

체언에 관형격 조사가 붙을 때에는 선행 체언의 종류에 따라, 문헌의 특수성에 따라 다양한 종류의 관형격 조사가 실현되어 복잡한 양상을 보인다.

(119) 가. 象ᄋᆡ 香 ᄆᆞᄅᆡ 香 [코끼리의 향, 말의 향] 〈석상 19:17〉

나. 사ᄅᆞᄆᆡ 몸 ᄃᆞ외요미 어렵고 [사람의 몸 되기가 어렵고] 〈석상 9:28〉

다. 거부븨 터리와 톳긔 쁠 ᄀᆞᆮ거니 [거북의 털과 토끼의 뿔 같으니] 〈능엄 1:74〉

(120) 가. 나랏 말ᄊᆞ미 中國에 달아 [나라의 말이 중국과 달라] 〈훈언 1〉

나. 蓮花ㅅ 고지 나거늘 [연꽃이 피었는데] 〈월석 2:34〉

다. 부텻 舍利ᄅᆞᆯ 뫼셔다가 供養ᄒᆞᅀᆞᄫᆞ리라 [부처의 사리를 모셔다가 공양할 것이다] 〈석상 23:46〉

(121) 가. 空生ᄋᆞᆫ 本來 이 獅子ㅣ 삿길시 [공생은 본래 이 사자의 새끼이므로] 〈금삼 2:21〉

나. 臣下ㅣ 말 아니 드러 正統애 有心ᄒᆞᆯᄊᆡ [신하의 말 아니 들어 정통(천자가 되는 것)에 뜻이 있으므로] 〈용가 98장〉

다. 내, 네, 제, 뉘

(119)와 (120)은 'ᄋᆡ/의'와 'ㅅ'의 용법 차이를 보여 준다. 'ᄋᆡ/의'는 앞 체

언이 존대의 대상이 아닌 사람이나 동물과 같은 유정물일 때 쓰였는데, 'ᄋᆡ'는 앞에 양성 모음이 나올 때 쓰였고 '의'는 앞에 음성 모음이 나올 때 쓰였다. 그리고 'ㅅ'은 앞 체언이 존대의 대상이거나 식물이나 무생물과 같은 무정물일 때 쓰였는데,[90] 한글로 표기된 단어에는 받침으로 쓰였고 한자로 표기된 단어에는 한자 바로 뒤에 단독으로 쓰였다. (121)은 관형격 조사 'ㅣ'가 쓰인 것이다. 'ᄋᆡ/의'가 결합할 만한 곳에 사용되었으나 'ᄋᆡ/의'보다는 사용 빈도가 적었고 선행 체언이 모음으로 끝날 때에만 쓰였다. 대명사 '나, 너, 저, 누'에 이 반모음 'ㅣ'가 붙으면 관형어 '내, 네, 제, 뉘'가 되었다.[91]

90 '野人ㅅ 서리'에서처럼 유정물 '野人(미개인: 여진족을 가리킴)' 뒤에도 쓰인 예외가 있다.

91 '내, 네, 제, 뉘'는 주격 형태와 관형격 형태가 같았으나 성조로 구별되었다(10.2.2.2. 참고). 주격일 때는 순서대로 거성, 상성, 상성, 거성이었으나 관형격일 때는 순서대로 평성, 평성, 평성, 상성이었다. 이들 어휘의 모음은 15세기 한국어에서 이중 모음으로서 현대 한국어에는 단모음화되어 남아 있다.

참고 5 관형격 조사의 다양한 형태

일부 문헌에서는 극히 예외적으로 특이한 관형격 조사가 쓰이기도 하였다. 『용비어천가』나 『훈민정음언해』에서는 '平生ㄱ ᄠᅳᆮ, 몃 間ㄷ 지븨, 사ᄅᆞᇜ ᄠᅳ디, 漂ㅸ 字, 하ᄂᆞᇙ ᄠᅳ들'에서 보듯이 선행 체언의 말음이 무엇이냐에 따라 'ㄱ, ㄷ, ㅂ, ㅸ, ㆆ'이 쓰이기도 하였다. 또한 『용비어천가』에서는 '나라ᇫ 일훔, 英主ㅿ 알ᄑᆡ, 바ᄅᆞᇫ 우희, 님그ᇟ 말'에서 보듯이 선행 체언이 유성음으로 끝나고 후행 체언이 유성으로 시작할 때 'ㅅ' 대신 'ㅿ'을 쓰기도 하였다. 이들은 음성 언어와는 상관없이 이론적으로 시용(試用)되었던 것으로 보인다.

(122) 가. 前生앳 이릐 젼ᄎᆞ를 因緣이라 ᄒᆞ고 [전생에 있었던 일의 까닭을 인연이라 하고] 〈월석 1:11〉

나. 世尊ᄋᆞᆫ 世界예 ᄆᆞᆺ 尊ᄒᆞ시닷 ᄠᅳ디라 [세존은 세계에서 가장 존귀하시다는 뜻이다] 〈석상 서:5〉

관형격 조사는 체언에만 결합될 수 있는 것이 아니었다. (122가)는 'ㅅ'이 '체언+부사격 조사'로 이루어진 부사어에 붙어 관형어가 된 예를 보여 준다. 현대 한국어에도 이러한 용법이 '귀엣말(귀에 대고 하는 말)', '눈엣가시(눈에 걸린 가시)'와 같은 말 속에 화석으로 남아 있다. (122나)는 '世界예 ᄆᆞᆺ 尊ᄒᆞ시다'라는 절 전체에 'ㅅ'이 결합되어 'ᄠᅳᆮ'을 꾸며 주고 있다.

(123) 가. 불휘 기픈 남ᄀᆞᆫ ᄇᆞᄅᆞ매 아니 뮐ᄊᆡ [뿌리 깊은 나무는 바람에 아니 움직이므로] 〈용가 2장〉

나. 우ᄂᆞᆫ 聖女ㅣ여 슬허 말라 [우는 성녀여 슬퍼하지 말라] 〈월석 21:21〉

다. 그 저긔 釋迦 菩薩ᄋᆞᆫ 衆生 濟渡ᄒᆞᇙ ᄆᆞᅀᆞ미 하실ᄊᆡ [그때 석가와 보살은 중생 구제할 마음이 많으셨으므로] 〈월석 1:52〉

(123가, 나)는 관형사절이 관형어가 된 경우이다. (123가, 나)에서는 각각 관형사절 '불휘 기픈'과 '우ᄂᆞᆫ'이 각각 '낢(나모)'와 '聖女'를 꾸며 주고 있고,[92] (123다)에서는 '衆生 濟渡ᄒᆞᇙ'이 동격 명사 'ᄆᆞᅀᆞᆷ'을 꾸며 주고 있다.[93]

15세기 한국어의 관형어에는 특기할 만한 현상이 있었다. 명사절이나 관형사절과 같은 내포절의 의미상 주어나 목적어가 주격 형태나 목적격 형태 대신 관형격 형태로 나타나는 경우가 있었다.

(124) 가. ᄒᆞᄅᆞ 二十里ᄅᆞᆯ 녀시ᄂᆞ니 轉輪王의 녀샤미 ᄀᆞᄐᆞ시니라 [하루 이십 리를 가시니 전륜왕이 가는 것과 같으시니라] 〈석상 6:23〉

나. 그ᄢᅴ 諸子ㅣ 아비의 便安히 안존 ᄃᆞᆯ 알오 [그때 여러 아들이 아비가 편안히 앉은 것을 알고] 〈법화 2:138〉

다. 부텻 니ᄅᆞ샤ᄆᆞᆯ 듣ᄌᆞᆸ고 [부처가 말씀하신 것을 듣고] 〈아미 29〉

(125) 眞實ㅅ 닷고ᄆᆞᆫ 欲 여희요ᄆᆞ로 本 사모ᄆᆞᆯ 爲ᄒᆞ시니 [진실을 닦음은 욕망 없애는 것을 근본으로 삼음을 위하시니] 〈능엄 6:88〉

(124가)에서는 명사절의 서술어 '녀샴'의 의미상 주어인 '轉輪王'에 주격 조사가 붙지 않고 관형격 조사가 붙어 있음을 확인할 수 있다. (124나)의 '아비의'도 '아비가'의 뜻이고 (124다)의 '부텻'도 '부처가'의 뜻이다. 이러한 관형격을 주어적 관형격(속격)이라고 하는데, (124가, 다)에서는 명사절 속에 실현되어 있고 (124나)에서는 관형사절 속에 실현되어 있다. (125)에서는 '眞實ㅅ'이 명사절의 서술어 '닷곰'의 의미상 목적어로 해석된다.

92 관형사절 '우ᄂᆞᆫ'은 주어가 생략되고 아무 다른 성분도 나타나지 않아 마치 절이 아닌 듯이 보인다. 그러나 이 역시 이론적으로는 관형사절로 기술하는 것이 정확하다. 이에 대해서는 제 I 권의 4.3.3.2.에서 자세히 언급한 바 있다.

93 여기에서 동격 명사란 앞의 관형사절과 동일한 내용을 의미하는 명사를 뜻한다.

10.3.1.6. **부사어**

15세기 한국어에서도 부사어는 부사, '체언+부사격 조사', 부사절의 형식으로 실현되었다.

(126) 가. 그르 알면 外道ㅣ오 [잘못 알면 외도(불교 외의 종교)이고] 〈월석 1:51〉

나. 聖人神力을 어느 다 술ᄫᆞ리 [성인의 신과 같은 힘을 어찌 다 아뢰리?] 〈용가 87장〉

(126가)의 '그르'는 '잘못(그릇되게)'의 뜻을 지니는 부사이고 '어느'와 '다'는 각각 '어찌', '다'의 뜻을 지니는 부사이다. 특히 (126가)의 '그르'는 형용사 '그르다'의 어간이 바로 부사로 쓰여 영 변화의 모습을 보여 준다.[94] 15세기 한국어에는 이렇게 용언의 어간이 바로 부사로 통용되는 경우가 많았다. (126나)의 '어느'는 '어찌'의 뜻을 지닌 부사이다.

94 학문 문법에서는 이러한 예를 품사 통용으로 보기보다는 ø 접미사에 의한 영 파생 혹은 품사 전성으로 설명하는 것이 일반적이다. 영 변화는 영 파생과 품사 전성을 분명하게 구분하지 않고 넓게 사용하는 용어이다.

(127) 가. 즉자히 神通力으로 樓 우희 ᄂᆞ라올아 耶輸ㅅ 알ᄑᆡ 가 셔니 [즉시 신통력으로 누각 위로 날아올라 야수의 앞에 가 서니] 〈석상 6:2〉

나. 처섬 이에셔 사던 저그로 오ᄂᆞᆳ날ᄭᆞ장 혜면 [처음 여기에서 살던 때부터 오늘날까지 헤아리면] 〈석상 6:37〉

다. 漢字로 몬져 그를 ᄆᆡᇰᄀᆞᆯ오 [한자로 먼저 글을 만들고] 〈월석 1:26〉

라. 내 ᄒᆞ마 衆生ᄋᆡ그에 즐거븐 거슬 布施호ᄃᆡ [내가 이미 중생에게 즐거운 것을 보시했는데] 〈석상 19:36〉

마. 梵王 帝釋 四天王과 겻구ᄂᆞ니 [범왕 제석이 사천왕과 겨루니] 〈석상 13:10〉

바. 아래와 다ᄅᆞ디 아니ᄒᆞ시니 [예전과 다르지 아니하시니] 〈석상 13:36〉

사. 나랏 말ᄊᆞ미 中國에 달아 [나라의 말이 중국과 달라] 〈훈언 1〉

(127가)에서는 처소 부사격 조사 '의'와 'ᄋᆡ'가 쓰였다. 이와 같은 처소 부

사격 조사로는 '애/에/예/ᄋᆡ/의'가 선행 체언이 무엇이냐에 따라 선택되어 쓰였다. 일반적으로는 선행 체언의 끝 음절이 양성 모음이면 '애'가, 음성 모음이면 '에'가 쓰였다. 선행 체언의 끝 음절이 'ㅣ'나 /j/이면 '예'가 쓰였다. 또한 특정 체언들에 대해 같은 조건에서 각각 'ᄋᆡ'와 '의'가 쓰였다.[95] (127나)에서는 출발점의 부사격 조사 '으로'가 쓰였다. 출발점의 '(ᄋᆞ/으)로'는 현대 한국어에서는 쓰이지 않고[96] 15세기 한국어에서도 '로셔'나 '(ᄋᆞ/으)로브터'가 더 많이 쓰였다. 출발점이 존대 대상일 경우에는 'ᄭᅴ셔'가 쓰였다. (127다)는 도구, 수단의 '로'가 사용되었는데, 현대 한국어와 마찬가지로 '(ᄋᆞ/으)로'는 도구, 재료, 수단, 자격 등의 매우 많은 뜻이 있었다. (127라)에서는 'ᄋᆡ그에'가 쓰였는데 이는 현대 한국어 '에게'에 해당한다.[97] 그 이외에도 여격의 부사격 조사에는 'ᄋᆡ손ᄃᆡ, 손ᄃᆡ, ᄃᆞ려' 등이 쓰였고 현대 한국어의 '께'에 해당하는 객체 존대 조사 'ᄭᅴ'가 쓰였다. (127마)의 '와/과'는 공동 혹은 동반의 뜻을 나타내는 부사격 조사이다. 그런데 이것은 (127바)에서처럼 다른 것과 비교할 때의 비교 기준의 뜻을 나타내기도 하였다. 비교의 뜻을 나타내는 부사격 조사에는 (127사)의 '에'나 '에셔, 이, 두고, 도곤/두곤, (ᄋᆞ/으)라와' 등이 더 있었다.

95 가령, '봄'은 '보미'가 되고 '뭍'은 '무틔'가 되었다.

96 20세기 전반기에 '해마다 봄바람이 남으로 오네'와 같은 시구에서 '으로'가 쓰인 예가 있으나 21세기에서는 쓰이지 않는다.

97 'ᄋᆡ그에'와 'ᄋᆡ손ᄃᆡ'를 각각 'ᄋᆡ 그에'와 'ᄋᆡ 손ᄃᆡ'로 분석하는 연구자도 있으나 우리 책에서는 이들을 합성어(합성 조사)로 처리하여 붙여 쓴다.

(128) 가. 돈 업시 帝里예 살오 [돈 없이 제리에 살고] 〈두시초 20:37〉

나. 座ᄅᆞᆯ ᄂᆞ호아 ᄂᆞᆷ 권ᄒᆞ면 [자리를 나누어 남에게 권하면] 〈월석 17:51〉

(128)의 밑줄 부분은 현대 한국어에서처럼 부사절로 쓰인 것이다. 부사절의 다양한 형식에 대해서는 10.3.2.2.에서 더욱 자세히 다루도록 한다.

10.3.1.7. 독립어

중세 한국어에서도 감탄사나 '체언+호격 조사'가 독립어가 되었다.

(129) 가. ᄋᆡ 슬프다 [아, 슬프다] 〈선영 서:15〉

나. 님금하 아ᄅᆞ쇼셔 [임금이시여, 아십시오] 〈용가 125〉

다. 올ᄒᆞ니라 大王아 [옳다, 대왕아] 〈능엄 2:5〉

(129가)에서는 감탄사 'ᄋᆡ'가 독립어로 쓰였고 (129나)와 (129다)에서는 '체언+호격 조사'가 독립어로 쓰였다. 독립어는 문장에서 위치가 자유로웠다. (129나)에서는 문장 앞, (129다)에서는 문장 뒤에 위치해 있다. (129나)의 호격 조사 '하'는 높임 대상에 사용하던 것이었고 (129다)의 '아/야'는 일반 대상에 사용하던 것이었다.

10.3.2. 문장의 확장

중세 한국어의 문장도 현대 한국어와 마찬가지로 단문과 복문으로 나눌 수 있고 복문은 다시 병렬문과 포유문으로 나눌 수 있다.[98] 여기에서는 복문의 형식을 살펴보기로 한다.

98 이는 현대 한국어를 기준으로 분류한 것이다. 15세기 한국어의 다양한 통사 현상은 명확히 알기 어려우므로 현대 한국어를 기준으로 한 분류가 정확하지 않을 가능성이 있다.

10.3.2.1. 병렬문(이어진문장)

중세 한국어의 이어진문장은 연결 어미 '-고, -며, -나' 등에 의해 이루어졌다.

(130) 가. 고히 길오 놉고 고ᄃᆞ며 [코가 길고 높고 곧으며] 〈석상 19:7〉
나. 菩薩이 ᄃᆞᆫ니시며 셔 겨시며 안ᄌᆞ시며 누ᄫᅳ샤매 [보살이 다니시며 서 계시며 앉으시며 누우심에] 〈월석 2:26〉
다. 衆生이 佛身血을 내어나 三寶ᄅᆞᆯ 허러 나ᄆᆞ라거나 尊敬을 아니ᄒᆞ면 [중생이 부처 몸의 피를 내거나 삼보를 헐어 나무라거나 존경을 아니 하면] 〈월석 21:39〉

(130가)는 '-고'로, (130나)는 '-며'로, (130다)는 '-거나'로 연결된 이어진 문장이다. (130가)의 '길오'에 나타나는 '-오'와 (130다)의 '내어나'에 나타나는 '-어나'는 '-고', '-거나'가 각각 'ㄹ', /j/ 뒤에서 'ㄱ'이 유성 후두 마찰음 /ɦ/로 약화되어 발음되었기 때문에 'ㄱ'이 탈락된 형태로 표기된 것이다.

10.3.2.2. **포유문(안은문장)**

명사절을 안은 문장

15세기 한국어에서도 명사절을 이끄는 명사형 어미가 존재하였다. '-옴/움'은 현대 한국어의 '-(으)ㅁ'에 해당하고 '-기'와 '-디'는 현대 한국어의 '-기'에 해당하였다.

(131) 가. 부톄 授記ᄒᆞ샤미 글 쓰미 ᄀᆞᆮ고 [부처가 수기하심(예언의 글을 줌)이 글 쓰는 것과 같고] 〈월석 8:96〉

나. 太子ㅣ 글 ᄇᆡ호기ᄅᆞᆯ 즐겨 [태자가 글 배우기를 즐겨] 〈월석 10:18〉

다. 내 겨지비라 가져가디 어려ᄫᅳᆯᄊᆡ [내가 여자라서 가져가기 어려우므로] 〈월석 1:13〉

(131가)에는 명사형 어미 '-옴/움'이 쓰였다. 양성 모음 뒤에서는 '-옴'이, 음성 모음 뒤에서는 '-움'이 쓰였고 중성 모음 '이' 뒤에서는 '-옴'과 '-움'이 수의적으로 쓰였다. '授記ᄒᆞ샤미'는 '授記ᄒᆞ-샤-옴-이'로 분석되고 '쓰미'는 '쓰-움-이'로 분석된다. (131나)에서는 '-기'가 이끄는 명사절이 '즐겨'의 목적어로 쓰였고 (131다)에서는 '-디'가 이끄는 명사절이 '어려ᄫᅳᆯᄊᆡ'의 주어로 쓰였다.

15세기 한국어에는 매우 드물기는 하지만 관형사형 어미와 같은 형태가 명사형 어미로 쓰여 명사절을 이끄는 경우가 있었다.[99]

(132) 가. 그딋 ᄒᆞᆫ 조초 ᄒᆞ야 뉘읏븐 ᄆᆞᅀᆞᄆᆞᆯ 아니 호리다 [그대가 한 것을 따라 하여 후회스러운 마음을 안 먹을 것이다] 〈석상 6:8〉

나. 다ᄋᆞᆳ 업슨 긴 ᄀᆞᄅᆞᄆᆞᆫ 니섬니ᅀᅥ 오놋다 [다함이 없는 긴 강은 이어 이어 오는구나] 〈두시초 10:35〉

(132가)에서 'ᄒᆞᆫ'은 '한 것을'로 해석된다. 목적격 조사는 생략되었고 'ᄒᆞᆫ'이 명사적으로 기능하므로 '-ㄴ'이 명사형 어미로 쓰였다고 할 수 있다. (132나)에서 '다ᄋᆞᆯ'은 '다함'으로 해석된다. '다ᄋᆞᆯ'이 명사형으로 쓰였고

99 이는 기원적으로 고대 한국어에서 '-ㄴ', '-ㄹ'이 동명사 어미였음을 뒷받침하는 현상이기도 하다.

'-ㄹ'이 명사형 어미로 쓰였다.[100]

100 이때의 'ㅅ'의 기능은 명확히 밝혀져 있지 않다. 여기에서는 주격 조사의 기능을 하고 있으나 'ᄆᆞᅀᆞ매 서늘히 너기디 아니홇 아니 ᄒᆞ노라 〈내훈 서:77〉'와 같이 목적격 조사의 기능을 한 예도 발견된다.

101 훈민정음 초기 문헌에서는 '-ㅭ'의 이표기로 나타났으나 'ㆆ'의 소실 이후 '-ㄹ'로만 나타났다.

관형사절을 안은 문장

15세기 한국어의 관형사절은 관형사형 어미 '-(ᄋᆞ/으)ㄴ', '-(ᄋᆞ/으)ㄹ'[101] 이 이끄는 절로서 현대 한국어와 마찬가지로 후행 체언을 꾸며 주는 기능을 하였다.

(133) 가. 우ᄂᆞᆫ 聖女ㅣ여 슬허 말라 [우는 성녀여, 슬퍼 말라] 〈월석 21:21〉
나. 八婇女의 기론 찻므리 모자ᄅᆞᆯ씨 [팔채녀가 길은 찻물이 모자라므로] 〈월석 8:92〉
다. 쇠 한 도ᄌᆞᄀᆞᆯ 보리라 기드리시니 [꾀 많은 도적을 보겠다 기다리시니] 〈용가 19장〉
라. ᄒᆡᄅᆞᆯ 자ᄇᆞ문 智慧 너비 비췰 느지오 [해를 잡음은 지혜를 넓게 비출 조짐이고] 〈월석 1:18〉

(133가)에서는 '우ᄂᆞᆫ(울-ᄂᆞ-ㄴ)'이 '聖女'를 꾸며 주고 있고 (133나)에서는 '八婇女의 기론(긷-오-ㄴ)'이 '찻믈'을 꾸며 주고 있으며 (133다)에서는 '쇠 한'이 '도ᄌᆞᆨ'을 꾸며 주고 있다. (133라)에서는 '智慧 너비 비췰'이 '늦(조짐)'을 꾸며 주고 있다. (133가~다)는 피수식 명사가 관형사절 속의 한 성분으로 해석될 수 있으므로 관계 관형사절이 있는 문장이고 (133라)는 피수식 명사가 관형사절 속의 한 성분으로 해석될 수 없으므로 동격 관형사절이 있는 문장이다. (133가)의 '聖女'는 관계절 속에서 주어로, (133나)의 '찻믈'은 목적어로, (133다)의 '도ᄌᆞᆨ'은 서술절 '쇠 하다'의 주어로 해석되지만[102] (133라)의 '늦'은 관형사절 속의 어떤 성분으로 해석되지 않는다.

102 관계절을 보통의 문장으로 만들어 보면 '도ᄌᆞ기 쇠 하다(도적이 꾀가 많다)'와 같은 서술절을 안은 문장이 된다.

용언에 관형사형 어미가 붙어 관형사절이 형성되었을 때 꾸밈을 받는 체언이 관형사절 속 서술어의 목적어로 해석될 경우에는 '-오/우-'가 필수적으로 사용되었고 부사어로 해석될 경우에는 수의적으로 사용되었다. 관형사절의 꾸밈을 받는 명사가 의존 명사 혹은 동격 명사(동격절의 꾸밈을 받는 명사)인 경우에도 수의적으로 '-오/우-'를 사용하였다.

(134) 가. 須達ᄋᆡ <u>지ᅀᅮᆫ</u> 精舍마다 드르시며 [수달이 지은 정사마다 들어가시며] 〈석상 6:38〉

가′. 이 觀 <u>지ᅀᅳᆫ</u> 사ᄅᆞ믄 [이 관을 지은(통찰을 밝힌) 사람은] 〈월석 8:32〉

나. 니르고져 <u>홇</u> 배 이셔도 [말하고자 할 바가 있어도] 〈훈언 2〉

다. 神力으로 <u>밍ᄀᆞᄅᆞ샨</u> 거시 [신력으로 만드신 것이] 〈월석 18:31〉

라. 本來 <u>求ᄒᆞ논</u> ᄆᆞᅀᆞᆷ 업다이다 [본래 구하는 마음이 없었습니다] 〈월석 13:37〉

(134가)의 '지ᅀᅮᆫ'은 '짓-우-ㄴ'으로 분석되는데 피수식 명사 '精舍'가 관형사절 속 서술어 '짓다'의 목적어로 해석되므로 선어말 어미 '-우-'를 쓴 것이다. 이는 (134가′)과 대조된다. (134가′)의 '사ᄅᆞᆷ'은 '짓다'의 주어로 해석되므로 선어말 어미 '-우-'를 쓰지 않은 '지ᅀᅳᆫ'이 쓰였다. (134나, 다)와 (134라)는 각각 의존 명사와 동격 명사를 꾸며 주는 관형사절 속에서 선어말 어미 '-오/우-'가 쓰인 예이다. (134나)에서 '홇'은 'ᄒᆞ-오-ᇙ'로 분석되고, (134다)에서 '밍ᄀᆞᄅᆞ샨'은 '밍ᄀᆞᆯ-ᄋᆞ샤-오-ㄴ'으로 분석된다.

참고 6 선어말 어미 '-오/우-'의 다양한 용법

(105)와 (134)에서 설명한 두 가지 용법이 '-오/우-'의 대표적 쓰임이다. 그러나 15세기 한국어에는 두 경우 이외에도 선어말 어미 '-오/우-'가 쓰였거나 기원적으로 '-오/우-'가 결합된 합성 어미가 쓰인 경우가 많다. 첫째, '부톄 道場애 안ᄌᆞ샤 得ᄒᆞ샨 妙法을 닐오려 ᄒᆞ시ᄂᆞᆫ가 〈석상 13:25〉'에서의 '닐오려'처럼 주어가 1인칭이 아니더라도 주체의 의도가 드러나는 곳에서 '-오/우-'를 쓴 일이 있다. 이 특성과 1인칭 화자 표시 기능의 특성을 종합적으로 고려하여 '-오/우-'의 기능을 의도법(volitive mood)으로 파악하기도 한다. 둘째, 명사형 어미 '-옴/움'과 부사형 어미 '-오ᄃᆡ/우ᄃᆡ' 등에서도 사용되었다. 이때의 '-오/우-'는 별도의 의미가 없기에 따로 분석하지 않고 '-오ᄃᆡ/우ᄃᆡ', '-옴/움' 전체를 하나의 어미로 보는 것이 일반적이다.

부사절을 안은 문장

15세기 한국어에도 현대 한국어와 마찬가지로 수많은 종류의 부사형 어미가 존재하였고 그에 따라 내포절(부사절)과 모절 사이에 다양한 의미 관계가 성립한다.

참고 7 **15세기 한국어의 부사절 설정**

제1권의 4.3.에서 종속적으로 이어진 문장을 모두 부사절로 기술하였는데, 그것은 그럴 만한 통사적 현상이 있기 때문이었다. 그러나 15세기 한국어에서는 그러한 통사적 현상을 확인하기 어렵다. 현대에 남아 있는 것은 오직 문헌뿐이기 때문이다. 그러므로 15세기 한국어의 부사절을 현대 한국어의 부사절에 맞추어 기술하는 것은 오류의 위험성을 안고 있으나, 이러한 위험성은 종속적으로 이어진 문장을 설정하는 것에도 똑같이 존재한다. 그러므로 우리 책에서는 현대 한국어의 부사절 설정에 준하여 15세기 한국어를 기술함으로써 적어도 체계상의 일관성을 지키고자 한다.

(135) 가. 돈 업시 帝里예 살오 [돈 없이 제리에 살고] 〈두시초 20:37〉

나. 百姓이 져재 가ᄃᆞᆺ 모다 가 [백성이 저자(시장) 가듯이 모여 가] 〈월석 2:7〉

가장 전형적인 부사절은 '-이, -게/긔/귀, -ᄃᆞ록/도록, -ᄃᆞᆺ/ᄃᆞ시'가 이끄는 절이다. (135가)에서는 '돈 없-'에 부사형 어미 '-이'가 붙은 부사절 '돈 업시'가 '帝里예 살오'를 꾸며 주고 있고 (135나)에서는 '(百姓이) 져재 가-'에 부사형 어미 '-ᄃᆞᆺ'이 붙은 부사절 '져재 가ᄃᆞᆺ'이 '모다 가'를 꾸며 주고 있다.

(136) 가. 目連일 맛디시고 울며 여희시니라 [목련이를 맡기시고 울며 이별하셨다] 〈석상 6:9〉

나. 그 金像이 세존 보ᅀᆞᄫᆞ시고 合掌ᄒᆞ야 [그 금상이 세존 보시고 합장하여] 〈월석 21:204〉

다. 믈 깊고 ᄇᆡ 업건마ᄅᆞᆫ 하ᄂᆞᆯ히 命ᄒᆞ실씨 ᄆᆞᆯ ᄐᆞᆫ 자히 건너시니이다 [물 깊고 배 없건만 하늘이 명하시므로 말 탄 채 건너셨습니다] 〈용가 34〉

라. 出家ᄒᆞ시면 正覺ᄋᆞᆯ 일우시리로소이다 [출가하시면 정각(깨달음)을 이루실 것입니다] 〈월석 2:23〉

마. 金輪王 아ᄃᆞ리 出家ᄒᆞ라 가ᄂᆞ니 [전륜왕 아들이 출가하러 가니]

〈석상 6:9〉

바. 두 힛 돋다가 세 힛 도ᄃᆞ면 [두 해 돋다가 세 해 돋으면] 〈월석 1:48〉

사. 엇던 다ᄅᆞᆫ 術을 뒷관ᄃᆡ 能히 한 毒ᄋᆞᆯ 이긿다 [어떤 다른 비술을 가지고 있기에 능히 많은 독을 이길 것인가?] 〈월석 21:118〉

아. 婢 ᄒᆞᆫ 아ᄃᆞᄅᆞᆯ 나ᄒᆞ니 사ᄋᆞᆯ 몯 차셔 말ᄒᆞ며 [여종이 한 아들을 낳았는데 (그 아들이) 사흘이 채 되지 않아 말하며] 〈월석 21:55〉

(136가)의 '-며'는 동시적 사건을 나타낸다. 동시적 사건을 나타내는 데에는 '-(ᄋᆞ/으)며셔'도 사용되었다. 이는 현대 한국어의 '-(으)면서'에 해당한다. (136나)의 '-고'는 계기적 사건을 나타낸다. 계기적 사건을 나타내는 데에는 '-아/어, -곡, -ㄴ다마다' 등도 사용되었다. (136다)의 '-건마ᄅᆞᆫ'은 양보의 뜻을 나타낸다. 양보를 나타내는 데에는 '-아/어도, -고도, -(ᄋᆞ/으)ㄴ ᄃᆞᆯ, -거니와' 등도 사용되었다. (136라)의 '-(ᄋᆞ/으)면'은 조건이나 가정의 뜻을 나타낸다. 조건이나 가정의 뜻을 나타내는 데에는 '-거든, -(ᄋᆞ/으)ㄴ댄, -(ᄋᆞ/으)ㄴ뎬, -(ᄋᆞ/으)ㄴ덴'도 사용되었다. (136마)의 '-(ᄋᆞ/으)라'는 목적이나 의도의 뜻을 나타낸다. 목적과 의도의 뜻을 나타내는 데에는 '-(ᄋᆞ/으)려'도 사용되었다. (136바)의 '-다가'는 사건의 전환을 나타낸다. 대조적 사건의 반복을 나타내는 데에는 '우희 오ᄅᆞ락 아래 ᄂᆞ리락 ᄒᆞ야'에서처럼 '-(ᄋᆞ/으)락 … -(ᄋᆞ/으)락'도 사용되었다. (136사)의 '-관ᄃᆡ'는 이유나 원인의 뜻을 나타낸다. 이유나 원인의 뜻을 나타내는 데에는 '-아/어/라,[103] -(ᄋᆞ/으)ㄹ씨' 등도 사용되었다. (136아)의 '-ᄋᆞ니'는 배경 상황 설명의 뜻을 나타낸다. 배경 상황을 설명하는 데에는 '-아/어, -오ᄃᆡ/우ᄃᆡ, -거늘/어늘/나ᄂᆞᆯ, -거든/어든/나ᄃᆞᆫ' 등도 사용되었다.[104] 이 밖에도 15세기 한국어에서는 수많은 부사형 어미들이 다양한 의미로 사용되었다.

103 '-라'는 '이다'의 '이-' 뒤에서 실현되는 '-아/어'의 이형태이다.

104 15세기 한국어에서 '-(ᄋᆞ/으)니'와 '-아/어'는 매우 다양한 용법을 가지고 있는데, 우리 책에서는 이를 상세히 기술하지 못하였다.

참고 8 '-거-'의 형태소 분석과 불연속 형태소

15세기 한국어의 '-거-'는 양태 선어말 어미로 그 독자적인 의미를 확인할 수 있다(10.3.6.3. 참조). 그 의미는 '-거든'과 '-거늘'에서도 확인된다. 그럼에도 불구하고 '-거든'과 '-거늘'은 '-든'과 '-늘'이 언제나 '-거-'와 결합되므로 일반적으로는 형태소 분석을 극한까지 행하지 않고 '-거든'과 '-거늘'을 하나의 어미로 인정한다. 이 점을 엄격하게 해석하는 연구자들은 '-시-'가 개재되어 '-거시든', '-거시늘'로 실현될 때 '-거…든'과 '-거…늘'을 불연속 형태소(discontinuous morpheme)로 해석한다. 어떤 형태소가 다른 언어 형식에 의해 분리가 가능할 때 불연속 형태소라고 한다.

(137) 가. 이 比丘ㅣ … 닐오ᄃᆡ 내 너희ᄃᆞᆯᄒᆞᆯ 업시우디 아니ᄒᆞ노니 너희ᄃᆞᆯ히 당다이 부톄 ᄃᆞ외리라 ᄒᆞ더니 [이 비구가 … 말하되(말하기를) "내 너희들을 업신여기지 않으니 너희들이 마땅히 부처가 될 것이다" 하더니] 〈석상 19:30〉

나. 내 … 世尊ᄭᅴ 묻ᄌᆞ오ᄃᆡ 일후미 ᄃᆞ왼가 일티 아니호미 ᄃᆞ왼가 코져 ᄒᆞ며 [내 … 세존께 여쭙되(여쭙기를) 잃은 것이 되었는지 잃지 아니한 것이 되었는지 하고자(묻고자) 하며] 〈법화 2:21〉

내포절로서의 인용절도 현대 한국어에서처럼 부사절의 일종으로 볼 수 있다(제1권의 4.3.3.3. 참조). (137가)에서는 '내'부터 'ᄃᆞ외리라'까지가 比丘가 한 말을 직접 인용한 것으로서 현대 한국어에서라면 "내 … ᄃᆞ외리라"와 같이 큰따옴표를 쳤을 만한 것이다. (137나)에서는 '일후미'부터 'ᄃᆞ왼가'까지가 '내'가 생각한 내용을 간접 인용한 것이다. 간접 인용인 사실은 내가 존귀한 인물인 世尊에게 하는 말인데도 '-ㄴ가'와 같은 ᄒᆞ라체 의문형 어미를 사용한 데에서 알 수 있다. 존귀한 인물에게 하는 말에는 ᄒᆞ쇼셔체를 사용하여야 하는데 가장 낮은 ᄒᆞ라체를 사용한 것은 간접 인용을 하였기 때문이다. 현대 한국어와는 달리 15세기 한국어에서는 직접 인용이든 간접 인용이든 인용의 '고'[105]가 존재하지 않았다.

105 현대 한국어에서 직접 인용에 쓰이는 '(이)라고', 간접 인용에 쓰이는 '-다고, -냐고, -(으)라고, -자고'의 '고'를 말한다.

서술절을 안은 문장

15세기 한국어에도 서술절을 안은 문장이 존재하였다.

(138) 가. 이 東山ᄋᆞᆫ 남기 됴ᄒᆞᆯᄊᆡ [이 동산은 나무가 좋으므로] 〈석상 6:24〉
나. 일훔난 됴ᄒᆞᆫ 오시 비디 千萬이 ᄊᆞ며 [이름난 좋은 옷이 값이 천만금에 해당하며] 〈석상 13:22〉

(138가)에서는 주술 구조인 '남기 됴ᄒᆞᆯᄊᆡ'를 서술절로 안고 있음을 확인할 수 있다. (138나)에서는 '일훔난 됴ᄒᆞᆫ 오시'가 '주어+보어+서술어' 구조인 '비디 千萬이 ᄊᆞ며'를 서술절로 안고 있다. 언뜻 서술절이 두 번 나온 듯이 보이지만 우리 책에서는 이 예문에서의 '千萬이'를 보어로 분석하였으므로 서술절은 하나뿐이다.

10.3.3. 문장의 유형

10.3.3.1. **평서문**

15세기 한국어의 평서문은 현대 한국어와는 달리 세 등급의 상대 높임과 별도의 반말체로 나뉘어 쓰였다.[106] 상대 높임 체계는 종결 어미 혹은 선어말 어미에 따라 결정되었다.

106 세 등급의 상대 높임법(ᄒᆞ라체, ᄒᆞ야쎠체, ᄒᆞ쇼셔체)에 대해서는 10.3.4.3.을 참고할 수 있다.

(139) 가. 닐굽 ᄒᆡ 너무 오라다 [일곱 해(는) 너무 오래다] 〈월석 7:2〉
가′. 내 이제 네 어믜 간 ᄯᅡᄒᆞᆯ 뵈요리라 [내가 이제 너의 어미가 간 땅을 보일 것이다] 〈월석 21:21〉
나. ᄒᆞ마 涅槃ᄒᆞ시니라 [이미 열반하셨다] 〈석상 23:20〉
다. 내 그런 ᄠᅳ들 몰라 ᄒᆞ댕다 [내가 그런 뜻을 몰라서 했소] 〈석상 24:32〉
라. 이 蓮花ㅣ 五百 니피오 닙 아래마다 하ᄂᆞᆳ 童男이 잇ᄂᆞ이다 [이 연꽃이 오백 잎이고 잎 아래마다 하늘의 남자아이가 있습니다] 〈석상 11:32〉
마. ᄀᆞᄅᆞ매 ᄇᆡ 업거늘 얼우시고 또 노기시니 [강에 배 없거늘 (강을)

107 이 문장은 반말체의 종결형으로 문장이 끝난 것으로 보인다. 반말체의 특성상 현대어로 정확히 번역하기 어려우므로 '… 녹이시니' 그대로 둔다.

얼리시고 또 (적이 건너기 전에) 녹이시니[107]] 〈용가 20장〉

(139가)에는 ᄒᆞ라체 어미 '-다'가 쓰였다. 이 어미는 '이다'의 '이-', 선어말 어미 '-오/우-', '-더-', '-(ᄋᆞ/으)리-, -(ᄋᆞ/으)니' 뒤에서는 '-라'로 교체되어 쓰였다. (139가′)에서는 '-리-' 뒤에 쓰였다. (139나)에 쓰인 '-니라' 역시 ᄒᆞ라체 어미이기는 하지만 '-다'에 비해 좀 더 보수적이고 상대를 가르치는 듯한 느낌을 주는 데에 많이 사용되었다. (139다)에는 ᄒᆞ야쎠체 선어말 어미 '-ᅌᅵ-'가 쓰였다. 'ᄒᆞ댕다'는 'ᄒᆞ-더-오-ᅌᅵ-다'로 분석되는데 '-더-(과거)+ -오-(1인칭)'가 '-다-'로 융합되고 그것이 '-ᅌᅵ다'와 결합하여 '댕다'로 표기된 것이다. '했소' 혹은 '했어요' 정도로 해석할 수 있다. (139라)에는 ᄒᆞ쇼셔체 선어말 어미 '-이-'가 쓰였으므로 '잇ᄂᆞ이다'는 '있습니다' 정도로 해석된다. (139마)에는 반말체 어미 '-니'가 쓰였다.[108] '-니'와 '-리', 그리고 16세기 서간문 등에 쓰인 '-ᄋᆡ, -오'와 같은 반말체 어미는 의문형 어미로도 쓰였다. 반말체가 청자에 대해 높이는 정도는 분명하지 않다. 특정 청자를 염두에 두지 않았거나 현대 한국어의 해요체, 하오체, 하게체를 포괄하는 기능을 가졌을 것으로 추측된다. 이는 의문문에 쓰인 반말체 종결 어미도 마찬가지였다.

108 반말 및 반말체에 대해서는 10.3.4.3.을 참고할 수 있다.

참고 9 '원칙'의 양태적 의미

15세기 한국어에서 '-다/-라'는 일반적인 평서형 종결 어미로 널리 쓰였다. 그런데 '-니라'는 좀 더 보수적인 문체로 사용되었던 것으로 보인다. 상대를 가르치는 듯이 어떤 진리나 원칙을 전달하는 맥락에서 '-니라'를 사용한 경우가 많은데, 이 경우의 '-니라'를 일반적인 뜻의 평서형 종결 어미 '-니라'와는 달리 '-니-라'로 분석하여 '-니-'를 '원칙'의 양태적 의미를 지니는 선어말 어미로 분석하는 연구자도 있다. 그러나 '-니라'와 '-니-라'는 뚜렷이 구분되지 않는 경우가 훨씬 많으며 '-니-'가 평서형 종결 '-니라' 이외의 곳에서 사용된 경우가 없으므로 '-니-'를 별개의 형태소로 분석하는 일은 지나치다고 생각된다. 따라서 우리 책에서는 '원칙'의 의미를 전달하는 '-니-'를 따로 분석하지 않고 평서형 종결 어미 '-니라'가 '원칙'의 양태적 의미를 전달하는 데 많이 쓰였다는 기술을 택하기로 한다.

(140) 가. 내 너ᄃᆞ려 ᄀᆞᄅᆞ쵸마 [내 너에게 가르치마] 〈번박 상:10〉

나. 東山 구경ᄒᆞ야지이다 [동산을 구경하고 싶습니다] 〈월석 2:27〉

다. 내 가논 ᄃᆡ 놈 갈셰라 [내가 가는 데에 남이 갈까 (걱정되는구나)] 〈악가, 한림별곡〉

(140가~다)는 모두 평서문으로 분류되기는 하지만 화행적 의미는 각각 약속, 소망(所望), 두려움/경계(警戒) 정도의 뜻을 나타내고 있다. (140가)의 '-마'는 그 의미상 늘 1인칭 주어와 함께 쓰여야 하므로 언제나 선어말어미 '-오-'와 결합하여 '-오마' 형태로 나타났다. (140나)의 '-아지이다'는 ᄒᆞ쇼셔체인데 ᄒᆞ라체에서는 '-아지라'의 형태로 나타났다. (140다)의 '-ㄹ셰라'는 어떤 사건이 걱정되거나 두려워 경계하는 뜻을 나타내고 있다.

10.3.3.2. **의문문**

15세기 한국어의 의문문은 의문사에 대한 대답을 요구하는 설명 의문문이냐 가부(可否)를 묻는 판정 의문문이냐에 따라, 의문문 주어의 인칭에 따라, 그리고 상대 높임의 등급에 따라 매우 다양한 형태의 종결 어미에 의해 나타났다. 또한 체언 뒤에 바로 의문 보조사가 붙음으로써 의문문이 될 수도 있었다.

(141) 가. 이 大施主의 得혼 功德이 하녀 져그녀 [이 대시주가 얻은 공덕이 많은가 적은가?] 〈월석 17:48〉

나. 이 智慧 업슨 比丘ㅣ 어드러셔 오뇨 [이 지혜 없는 비구가 어디에서 왔는가?] 〈석상 19:30〉

다. 이 아니 내 鹿母夫人ᄋᆡ 나혼 고진가 [이는 나의 녹모 부인이 낳은 꽃이 아닌가?] 〈석상 11:32〉

다′. 이 됴ᄒᆞᆫ 藥ᄋᆞᆯ 이제 예 뒷노니 너희 먹고 몯 됴ᄒᆞᆯ가 시름 말라 [이 좋은 약을 이제 여기에 두었으니 너희가 먹고 좋아지지 못할까 걱정 말라] 〈월석 17:20〉

라. 엇던 幸ᄋᆞ로 아ᄒᆡ돌히 ᄇᆡ브르 머글고 [어떤 행운으로 아이들이 배불리 먹을까?] 〈두시초 15:56〉

(141가)의 '-으녀'는 ᄒᆞ라체 의문형 어미로서 판정 의문문에 쓰인 것이다.[109] '-(ᄋᆞ/으)녀' 이외에도 '-(ᄋᆞ/으)니여/니야' 등이 쓰였고 미래의 일에 대해서는 '-(ᄋᆞ/으)리어/리아/리야/려' 등이 ᄒᆞ라체 판정 의문문 어미로 쓰였다. (141나)의 '-뇨'는 ᄒᆞ라체 설명 의문문의 어미로 쓰인 것이다. ᄒᆞ라체 설명 의문문 어미로는 '-(ᄋᆞ/으)니오'도 쓰였고 미래의 일에 대해서는 '-(ᄋᆞ/으)리오/료'도 쓰였다. (141다, 다', 라)는 독백이나 마음속의 의문을 표현하여 청자의 대답을 요구하지 않는 간접 의문문을 보인 것이다. 간접 의문문은 (141다')에서처럼 내포절로 나타날 수도 있었다. (141다, 다')의 '-(ᄋᆞ/으)ㄴ가, -(ᄋᆞ/으)ㅭ가/ㄹ가'는 판정 의문문에 쓰였고 (141라)의 '-(ᄋᆞ/으)ㅭ고/ㄹ고'와 '-(ᄋᆞ/으)ㄴ고'는 설명 의문문에 쓰였다.

109 제Ⅰ권의 4.4.2.에서는 판정 의문문, 설명 의문문 외에 선택 의문문도 설정하였다. 그런데 선택 의문문은 의문항의 하나를 제거하면 판정 의문문과 다를 바가 없기 때문에 크게 보면 판정 의문문의 범주에 넣을 수 있다. 특히 판정 의문문과 설명 의문문이 형태적으로 구별되었던 중세 한국어의 특징에 맞추어 기술한다면 판정 의문문으로 처리하는 것이 더욱 합리적이다.

(142) 가. 이ᄂᆞᆫ 賞가 罰아 [이는 상인가 벌인가?] 〈몽법 53〉
나. 이 므슴 相고 [이것은 무슨 상인가?] 〈금삼 2:22〉

(142)는 체언에 의문 보조사가 붙어서 의문문이 된 예이다. (142가)에서는 판정 의문의 보조사 '가/아'가 사용되었고 (142나)에서는 설명 의문문의 보조사 '고'가 사용되었다. '가'와 '고'는 'ㄹ' 받침 뒤 혹은 /j/ 뒤에서 각각 '아'와 '오'로 교체하였다. (142가)에서 그러한 교체를 확인할 수 있다.

(143) 가. 네 겨집 그려 가던다 [네가 아내를 그리워하여 갔느냐?] 〈월석 7:10〉
나. 네 엇던 혜ᄆᆞ로 나ᄅᆞᆯ 免케 ᄒᆞᇙ다 [네가 어떤 생각으로 나를 면하게 할 것인가?] 〈월석 21:56〉

15세기 한국어에서는 특이하게 2인칭 주어 의문문에 별도의 어미를 사용하였다. '-ㄴ다'를 사용하였는데 시제에 따라 '-ㄴ다(과거), -던다(과거), -ᄂᆞᆫ다(현재)'로 사용하였고 미래 일에 대해서는 '-ㅭ다/ㄹ따'를 사용하였다. 이 어미들은 판정 의문문과 설명 의문문을 가리지 않고 사용되었다.

(144) 가. 그듸 아바니미 잇ᄂᆞ닛가 [그대의 아버님이 있는가?] 〈석상 6:14〉
나. 主人이 므슴 차바ᄂᆞᆯ 손소 ᄃᆞᆫ녀 밍ᄀᆞ노닛가 [주인이 무슨 음식을

손수 다니면서 만드는가?] 〈석상 6:16〉

(144)는 ᄒᆞ야쎠체 의문형 종결 어미로 '-닛가'가 사용되었음을 보여 준다. ᄒᆞ라체와 ᄒᆞ쇼셔체에서 모두 판정 의문문의 의문형 어미와 설명 의문문의 의문형 어미가 구별되는 것을 볼 때 ᄒᆞ야쎠체에서도 '*-닛고'가 쓰였을 것이라 추정해 볼 수 있으나, 실제로는 (144나)와 같은 설명 의문문에서도 '-닛가'가 쓰였다.

(145) 가. 世尊이 ᄀᆞᆺ봄 내시게 아니 ᄒᆞᄂᆞ니잇가 [세존이 가쁨(힘듦) 내시게 아니 합니까?] 〈법화 5:92〉

나. 世尊ㅅ 安否 묻ᄌᆞᆸ고 니ᄅᆞ샤ᄃᆡ 므스므라 오시니잇고 [세존의 안부 여쭙고 이르시되(이르시기를) "무엇 때문에 오셨습니까?"] 〈석상 6:3〉

(145가)의 '-니잇가'는 판정 의문문에 쓰인 ᄒᆞ쇼셔체 의문형 어미이고 (145나)의 '-니잇고'는 설명 의문문에 쓰인 ᄒᆞ쇼셔체 의문형 어미이다. 시제에 따라 '-ᄂᆞ니잇가(현재), -니잇가(과거), -리잇가(미래)'의 복합 형식이 나타났다. 그러므로 (145가)의 'ᄒᆞᄂᆞ니잇가'는 '합니까' 정도의 뜻을 지니고 (145나)의 '오시니잇고'는 '오셨습니까' 정도의 뜻을 지닌다.

참고 10 ᄒᆞ야쎠체 의문형 종결 어미와 ᄒᆞ쇼셔체 의문형 종결 어미의 분석

ᄒᆞ야쎠체 의문형 종결 어미는 '-(ᄋᆞ/으)닛가', '-(ᄋᆞ/으)닛고'이다. 그리고 ᄒᆞ쇼셔체 의문형 종결 어미는 '-(ᄋᆞ/으)니잇가', '-(ᄋᆞ/으)니잇고'이다. 이 경우 ᄒᆞ쇼셔체 선어말 어미 '-이-'가 한 형태소를 가르고 들어간 형태가 되었다. '-(ᄋᆞ/으)닛가'와 '-(ᄋᆞ/으)닛고'처럼 어떤 형태소가 다른 언어 형식에 의해 서로 떨어져 있을 때 불연속 형태소라고 한다. 그런데 이 불연속 형태소는 연구자에 따라 다르게 분석하기도 한다. 왜냐하면 '-(ᄋᆞ/으)니…ㅅ가'와 '-(ᄋᆞ/으)니…ㅅ고' 사이에 '-이-'가 가르고 들어간 것으로 해석하면, ᄒᆞ야쎠체가 '-이-'에 의해 ᄒᆞ쇼셔체가 된다는 설명인데, 어떤 등급의 어말 어미가 그와는 다른 등급의 선어말 어미의 첨가에 의해 다른 등급으로 바뀐다는 설명이 불합리한 것으로 볼 수도 있기 때문이다. 즉, 그렇게 분석하면 ᄒᆞ야쎠체를 나타내는 선어말 어미가 따로 없게 되어 ᄒᆞ야쎠체를 무표적인 상대 높임 등급으로 보아야 하는데, 선어말 어미를 쓰지 않는 상대 높임의 무표적 등급은 ᄒᆞ라체 하나로 한정하는 것이 자연스럽다는 것이다. 그 주장에 따르면 의문형 종결 어미는 불연속 형태소 '-(ᄋᆞ/으)니…가'와 '-(ᄋᆞ/으)니…고'이고 ᄒᆞ야쎠체 의문형 선어말 어미로 '-ㅅ-'과 ᄒᆞ쇼셔체

의문형 선어말 어미로 '-잇-'을 따로 설정한다. 분석의 철저함 면에서는 뒤의 설명이 더 낫지만 평서형, 의문형, 청유형에 공통적으로 나타나는 '-이-' 분석의 일반성을 확보하는 면에서는 앞의 설명이 더 낫다. 우리 책에서는 앞의 설명을 택하기로 한다.

(146) 가. 님금 말ᄊᆞ미 긔 아니 올ᄒᆞ시니 [임금의 말씀이 그것이 옳지 않으시니[110]] 〈용가 39장〉

나. 俱夷 묻ᄌᆞᄫᆞ샤ᄃᆡ 므스게 ᄡᅳ시리 [구이 여쭈시되(여쭈시기를) "무엇에 쓰실 것인가?"] 〈월석 1:10〉

110 이 문장은 반말체의 수사 의문문으로 '옳지 않으신가?' 정도로 해석된다.

(146)의 '-니, -리'는 의문문에 쓰인 반말체 종결 어미이다. 청자에 대한 높임의 정도는 분명하지 않다. 특정 청자를 염두에 두지 않았거나 현대 한국어의 해요체, 하오체, 하게체를 포괄하는 기능을 가졌을 것으로 추측된다. 이는 평서문에 쓰인 반말체 종결 어미도 마찬가지였다.

10.3.3.3. **명령문**

15세기 한국어에서는 ᄒᆞ라체, ᄒᆞ야쎠체, ᄒᆞ쇼셔체의 명령문과 '-고라, -고려'를 사용한 반말체 명령문이 사용되었다.

(147) 가. 須達이 뉘읏디 말라 [수달이 (너는) 뉘우치지 마라] 〈석상 6:19〉

나. 내 보아져 ᄒᆞᄂᆞ다 ᄉᆞᆲ바쎠 [내가 보고자 한다(고) 말씀드리오] 〈석상 6:14〉

다. 님금하 아ᄅᆞ쇼셔 [임금이시여, 아십시오] 〈용가 125장〉

(148) 가. 生生애 내 願을 일티 아니케 ᄒᆞ고라 [살면서 내 원을 잃지 않게 해 주오] 〈월석 1:13〉

나. 내 아기 위ᄒᆞ야 어더 보고려 [나의 아기(아들)를 위하여 (며느리를) 얻어 보구려] 〈석상 6:13〉

(147가)에서는 ᄒᆞ라체 명령형 어미 '-라'가 쓰였고 (147나)에서는 ᄒᆞ야쎠체 명령형 어미 '-아쎠'가 쓰였다. (147다)에서는 ᄒᆞ쇼셔체 명령형 어미

'-쇼셔'가 쓰였다. (148)의 '-고라, -고려'는 명령의 의미보다는 우회적 지시나 허락 정도의 약한 뜻을 나타내었다.[111] 높임의 등급으로는 반말체로서 현대 한국어의 해체, 하게체, 하오체를 넓게 포괄했던 것으로 보인다.

111 현대 한국어의 '-구려'는 중세 한국어의 '-고려'가 이어져 내려온 것이다.

10.3.3.4. 청유문

청유형 어미는 ᄒᆞ라체와 ᄒᆞ쇼셔체에서만 나타난다.

(149) 가. 이 劫 일후므란 賢劫이라 ᄒᆞ져 [이 겁 이름은 현겁이라 하자] 〈월석 1:40〉

나. 淨土애 ᄒᆞᆫᄃᆡ 가 나사이다 [정토에 함께 가 태어나시지요] 〈월석 8:100〉

(149가)의 '-져'는 ᄒᆞ라체 청유형 어미로서 현대 한국어의 '-자' 정도에 해당하고 (149나)의 '-사이다'는 ᄒᆞ쇼셔체 청유형 어미이다. 16세기에는 '-져' 대신 '-쟈'도 나타났고 '-사이다' 대신 '-새이다, -새'도 나타났다.

10.3.3.5. 감탄문

15세기 한국어에서 감탄문은 현대 한국어와는 달리 종결 어미로써만 표현되지 않고 선어말 어미에 의해서도 표현되었다. 그러나 감탄 선어말 어미에 의해 표현되는 문장은 일반적으로 감탄문으로 기술되기보다는 평서문의 감탄(감동) 서법으로 기술되는 일이 많다.[112] 따라서 여기에서는 종결 어미에 의한 감탄문만을 다루기로 한다.

112 제 I 권에서 한국어의 문법 범주로서 '서법'을 제한된 범위에서만 인정할 수 있는 것으로 기술하였으므로 제 II 권에서도 '감탄'을 양태 범주로 다루기로 한다(10.3.6.3. 참조).

(150) 가. 내 아ᄃᆞ리 어딜쎠 [내 아들이 어질구나] 〈월석 2:7〉

나. 六祖ㅅ 큰 오ᄋᆞᆫ ᄠᅳ들 보디 몯ᄒᆞᄂᆞᆫ뎌 [육조의 크고 온전한 뜻을 보지 못하는구려] 〈육조 서:7〉

(151) 가. 몰라보애라 [몰라보았구나] 〈월석 23:86〉

나. 봆 興에 아디 몯게라 [봄의 흥취에(흥취 때문에) 알지 못했구나] 〈두시초 22:16〉

(150가)의 '-ㄹ쎠'는 ᄒᆞ라체의 감탄형 어미이고 (150나)의 '-ㄴ뎌'는 ᄒᆞ야쎠체의 감탄형 어미이다. 그런데 (151가)의 '-애라'(이형태 '-에라')는 대체로 ᄒᆞ라체로 쓰였는데 '-애이다'가 ᄒᆞ쇼셔체에 쓰인 것으로 보아 감탄의 선어말 어미 '-애/에-'를 분석할 가능성도 있다. (151나)의 '-게라'는 '-애라/에라'와 같은 뜻을 지녔으나 항상 '몯(ᄒᆞ)-' 뒤에 쓰이는 분포상의 제약이 있었다.

10.3.4. 높임 표현

10.3.4.1. 주체 높임

주체 높임은 문장의 주어나 주제를 높이는 것이다. 15세기 한국어의 주체 높임법은 현대 한국어와 마찬가지로 선어말 어미 '-(ᄋᆞ/으)시/샤-'에 의해 실현되었다. '-(ᄋᆞ/으)시-'는 자음으로 시작하는 어미 앞에서 쓰였고 '-(ᄋᆞ/으)샤-'는 모음으로 시작하는 어미 앞에서 쓰였다.[113] 그러나 현대 한국어의 '께서'에 해당하는 주체 높임의 주격 조사는 쓰이지 않았다.

113 '-(ᄋᆞ/으)시-'가 모음으로 시작하는 어미와 결합하여 융합형 '-(ᄋᆞ/으)샤-'가 된다고 설명하기도 하지만, 중세 한국어 공시적으로 그와 같은 융합이 규칙적으로 일어날 만한 동인(動因)을 설명하기 어렵기 때문에 일반적으로는 어미가 자음으로 시작할 때와 모음으로 시작할 때의 음운론적, 비자동적 교체로 설명한다.

(152) 가. 부텨 滅度ᄒᆞ샤미 엇뎨 ᄲᆞᄅᆞ신고 ᄒᆞ더니 [부텨 멸도(해탈)하심이 어찌 빠르신고 하더니] 〈법화 1:122〉

나. 부텻 뎡바깃 ᄡᅧ 노ᄑᆞ샤 ᄧᅩᆫ 머리 ᄀᆞᄐᆞ실ᄊᆡ [부처의 정수리 뼈 높으시어 짠 머리(머리를 튼 것) 같으시므로] 〈월석 8:34〉

(152가)에서 'ᄲᆞᄅᆞ신고'의 주어 대상은 '부텨'가 아니라 '부텨 滅度ᄒᆞ샴'이다. '부텨'가 높임의 대상이므로 '부처가 滅度(세상을 구하는 일)하시는 것'도 높였다. 한편 (152가)의 명사절 '부텨 滅度ᄒᆞ샴'에서는 명사형 어미 '-옴' 앞에서 '-샤-'가 실현되어 있다. (152나)에서 '노ᄑᆞ샤, ᄀᆞᄐᆞ실ᄊᆡ'는 각각 '높-ᄋᆞ샤-아', 'ᄀᆞᇀ-ᄋᆞ시-ㄹᄊᆡ'로 분석되는데, 그 주어 대상은 '부텨'가 아니라 '부텻 뎡바깃 ᄡᅧ'이다. '부처'가 높임의 대상이므로 '부처의 정수리 뼈'도 높임의 대상으로 간주하여 주체 높임의 '-ᄋᆞ샤-'와 '-ᄋᆞ시-'를 사용하였다.

10.3.4.2. 객체 높임[114]

15세기 한국어에는 목적어와 부사어 대상을 높이는 객체 높임의 선어말 어미가 존재하였다. 또한 현대 한국어의 '께'에 해당하는 여격 부사어 높임의 부사격 조사로 'ᄭᅴ(ㅅ긔), ㅅ그에'가 쓰였다.

(153) 가. 賢은 어딜 씨니 우ᄒᆞ로 부텻 教化ᄅᆞᆯ 돕ᄉᆞᆸ고 [현은 어질다는 뜻이니 위로 부처의 교화를 돕고] 〈월석 8:62〉

가′. 그ᄢᅴ 阿那律이 如來ᄅᆞᆯ 棺애 녀ᄊᆞᆸ고 [그때 아나율이 여래를 관에 넣고] 〈석상 23:27〉

나. 아자바님내ᄭᅴ 다 安否ᄒᆞᅀᆞᆸ고 [아주버님들께 다 안부를 여쭙고] 〈석상 6:1〉

다. 부텨 니ᄅᆞ샤ᄆᆞᆯ 듣ᄌᆞᆸ고 [부처 말씀하심을 듣고] 〈아미 29〉

라. 如來 머리 ᄆᆞ니샤ᄆᆞᆫ 부톄 便安케 ᄒᆞ샤ᄆᆞᆯ 닙ᄉᆞᄫᆞ미라 [여래가 머리 만지심은 부처가 편안하게 하심을 입은 것이다] 〈월석 15:50〉

마. 아바님 命엣 절을 天神이 말이ᅀᆞᄫᆞᆯᄊᆡ [아버님의 명에 따라 절하는 것을 천신이 말리므로] 〈월인 상:12〉

바. 부텻긔 이런 마ᄅᆞᆯ 몯 듣ᄌᆞᄫᆞ며 [부처께 이런 말을 못 들었으며] 〈석상 13:44〉

객체 높임 선어말 어미는 목적어나 부사어 지시 대상이 높임의 인물이거나 그와 관련된 사물일 경우에 쓰였다. (153가)에서는 '-ᄉᆞᆸ-'이 쓰였다. '-ᄉᆞᆸ-'은 'ㄱ, ㅂ, ㅅ, ㅎ' 뒤에 쓰였다. 'ㅎ' 뒤에서는 (153가′)에서와 같이 'ㅎ'과 '-ᄉᆞᆸ-'이 결합하여 '-ᄊᆞᆸ-'으로 실현되었다. (153가′)의 '녀ᄊᆞᆸ고'는 '녛-ᄉᆞᆸ-고'로 분석된다. (153나)에서는 '-ᅀᆞᆸ-'이 쓰였다. '-ᅀᆞᆸ-'은 유성음(모음과 유성 자음) 뒤에 쓰였다. (153다)에서는 '-ᄌᆞᆸ-'이 쓰였다. '-ᄌᆞᆸ-'은 'ㄷ, ㅌ, ㅈ, ㅊ' 뒤에서 쓰였다. (153라~바)는 모음으로 시작하는 어미 앞에서 '-ᄉᆞᆸ/ᅀᆞᆸ/ᄌᆞᆸ-' 대신에 각각 '-ᄉᆞᄫ/ᅀᆞᄫ/ᄌᆞᄫ-'이 쓰임을 보인 것이다.

114 현대 한국어와는 달리 15세기 한국어에서는 객체 높임 선어말 어미가 매우 활발하게 쓰였기 때문에 정밀한 연구에서는 '객체'가 '주어'에 비해 높여지는 것인지 '화자'에 비해 높여지는 것인지까지 살펴보는 것이 일반적이다. 개론의 성격을 지닌 우리 책에서는 그러한 수준으로까지 기술하지는 않았다.

10.3.4.3. 상대 높임

상대 높임은 종결 어미에 의해 실현되었고 ᄒᆞ라체, ᄒᆞ야쎠체, ᄒᆞ쇼셔체의 3등분 체계와 더불어 반말체가 더 있었다.

참고 11 반말과 반말체

현대 한국어에서는 종결 어미 '-아/어' 등에 의해 체계적으로 나타나는 반말을 반말체(해체)라고 명명하지만 15세기 한국어에서는 반말이 '-니-'('원칙' 양태의 선어말어미를 인정할 경우), '-리-'와 같은 비종결 어미로 끝나는 특징을 가리키기 위해 '반말체'라는 용어를 쓰지 않고 '반말'이라고만 하는 것이 일반적이다. 말을 다 끝내지 않고 반(半)만 하다 말았다는 뜻이다. 그러나 이는 지나치게 세세한 용어 사용이라고 생각된다. '-니, -리'를 종결 어미로 인정할 수 있다는 점, '-고라, -고려'와 같은 명령형 종결 어미, 16세기 이후에 주로 나타나는 '-ᄋᆡ, -오, -(ᄋᆞ/으)ㅁ새'와 같은 의문형 종결 어미가 반말의 등급에 쓰였다는 점 등을 볼 때 반말체라는 범주를 설정하여 상대 높임 등급의 용어를 체계적으로 사용하는 것이 더 합리적일 것이다.

(154) 가. 네 겨집 그려 가던다 [네가 아내를 그리워하여 갔는가?] 〈월석 7:10〉

나. 첫소리를 어울워 ᄡᅮᇙ 디면 ᄀᆞᆯ바 쓰라 [초성을 아울러 쓸 것이면 나란히 쓰라] 〈훈언 12〉

ᄒᆞ라체는 청자(상대)를 낮추는 데에 쓰였다. 대체로 현대 한국어의 해라체와 해체를 포괄하는 등급이었던 것으로 추정된다. (154가)에는 의문형 어미 '-ㄴ다'가 사용되었고 (154나)에는 명령형 어미 '-라'가 사용되었다. ᄒᆞ라체는 현대 한국어의 해라체와 마찬가지로 (154가)에서처럼 대화 장면에 쓰이기도 하고 (154나)에서처럼 어떤 내용을 일방적으로 전달하는 문어 텍스트에서 쓰이기도 하였다.

(155) 가. 내 그런 ᄠᅳ들 몰라 ᄒᆞ댕다 [내가 그런 뜻을 몰라서 했소] 〈석상 24:32〉

나. 내 보아져 ᄒᆞᄂᆞ다 ᄉᆞᆲ바쎠 [내가 보고 싶다 한다고 말씀드리오] 〈석상 6:14〉

ᄒᆞ야쎠체는 청자를 존중하며 높이는 데 쓰였다. 대체로 현대 한국어의 하오체 혹은 해요체 정도의 등급인 것으로 추정된다. (155가)에는 평서형 어미 '-ᅌᅵ다'가 쓰였고 (155나)에는 명령형 어미 '-아쎠'가 쓰였다. ᄒᆞ야쎠체는 ᄒᆞ라체와는 달리 대화 장면에서만 쓰였다.

(156) 가. 니ᄅᆞ샨 양ᄋᆞ로 호리이다 [말씀하신 대로 하겠습니다] 〈석상 6:24〉
　　　나. 님금하 아ᄅᆞ쇼셔 [임금이시여, 아십시오] 〈용가 125장〉

ᄒᆞ쇼셔체는 청자를 아주 높이는 데 쓰였다. 대체로 현대 한국어의 하십시오체 정도의 등급인 것으로 추정된다. (156가)에는 평서형 어미 '-다'에 ᄒᆞ쇼셔체를 만드는 선어말 어미 '-이-'가 쓰였고 (156나)에는 명령형 어미 '-쇼셔'가 쓰였다. ᄒᆞ쇼셔체 역시 ᄒᆞ야쎠체와 마찬가지로 대화 장면에서만 쓰였다.

(157) 가. 내히 이러 바ᄅᆞ래 가ᄂᆞ니 [내가 되어 바다에 가니[115]] 〈용가 2장〉
　　　나. 生生애 내 願을 일티 아니케 ᄒᆞ고라 [살면서 내 소원을 잃지 않게 해 주오] 〈월석 1:13〉

115 이 문장은 반말체의 종결형으로 문장이 끝난 것으로 보인다. 반말체의 특성상 현대어로 정확히 번역하기 어려우므로 '…가니' 그대로 둔다.

반말체의 높임의 등급은 대략 ᄒᆞ라체와 ᄒᆞ야쎠체 사이에 있었던 것으로 추정된다. 현대 한국어의 관점에서 다시 말하면, 해체, 하게체, 하오체의 등급을 모두 포괄한 것으로 보인다. (157가)는 반말체 평서형 종결 어미 '-니'가 사용된 것이고 (157나)는 반말체 명령형 종결 어미 '-고라'가 사용된 것이다. 반말체의 대표적 어미인 '-니'와 '-리'는 (157가)와 같은 평서문뿐만 아니라 의문문에서도 사용되었다.

10.3.4.4. 높임의 특수 어휘

15세기 한국어에도 주체 높임의 특수 어휘, 객체 높임의 특수 어휘가 쓰였고 높임이나 겸양을 위한 특수 체언도 쓰였다.

(158) 가. 비론 바ᄇᆞᆯ 엇뎨 좌시ᄂᆞ가 [빈(빌어 온) 밥을 어찌 잡수시는가?] 〈월인 상:44〉

나. 世尊이 舍衛國에 겨실 쩌긔 [세존이 사위국에 계실 적에] 〈석상 24:44〉

다. 世尊이 … 엇던 因緣으로 이런 祥瑞 잇거시뇨 [세존이 … 어떤 인연으로 이런 상서(길한 징조) 있으시냐?] 〈석상 13:15〉

(158가)에서는 '먹다'의 주체 높임 어휘로 '좌시다'가 쓰였다. 15세기 문헌에는 '좌시다'와 함께 '자시다'도 드물게 나타나는데, 이 단어는 16세기 이후 좀 더 보편화되어 현대 한국어에서도 쓰이고 있다. (158나)는 '잇다/이시다'의 주체 높임 어휘로 '겨시다'가 쓰였다. 그런데 (158다)에서 보듯이 선어말 어미 '-거-'나 '-더-' 앞에서는 '겨시다'를 쓰지 않고 '잇다'에 '-시-'를 결합해 쓰는 일도 있었다.[116] 15세기 한국어에서는 '-거-'가 '-시-' 앞에 나왔기 때문에 '잇거시뇨'로 실현된 것이다. 현대 한국어의 '주무시다'에 해당하는 어휘는 없었다.

116 현대 한국어의 경우 '있다'의 높임 표현에서 직접 높임으로는 '계시다', 간접 높임으로는 '있으시다'를 비교적 잘 구분해서 쓰지만, 15세기 한국어에서는 이와 같은 구분이 철저하지 않았다.

(159) 가. 王ᄭᅴ 그 ᄭᅮ믈 ᄉᆞᆯᄫᆞ시ᄂᆞᆯ [왕께 그 꿈을 아뢰시니] 〈월석 2:23〉

나. 婇女ㅣ … 太子ᄅᆞᆯ ᄡᅳ려 안ᄉᆞᄫᅡ 夫人ᄭᅴ 뫼셔 오니 [채녀가 … 태자를 꾸려(보에 싸) 안아 부인께 모셔 오니] 〈월석 2:43〉

다. 다 이에 와 無上尊을 뵈라 [다 여기에 와 무상존을 뵈어라] 〈법화 3:39〉

라. 王ᄭᅴ 가아 말ᄆᆡ 엳ᄌᆞᆸ고 [왕께 가 까닭 여쭙고] 〈석상 6:15〉

(159가)에 사용된 'ᄉᆞᆲ다'는 부사어(여격어)를 높이는 객체 높임 어휘이고 (159나)에 사용된 '뫼시다'('뫼시다' 외에 '뫼ᅀᆞᆸ다'도 쓰임), (159다)에 사용된 '뵈다'는 목적어를 높이는 객체 높임 어휘이다. '뫼시다, 뵈다'는 '-ᅀᆞᆸ/ᅀᆞᄫ-'이 결합된 형태로도 쓰여 객체 높임의 의미를 더욱 분명히 드러내기도 하였다. (159라)의 '엳ᄌᆞᆸ다'는 객체 높임 선어말 어미의 형태가 어휘의 일부가 되어 있는 예이다. 이 밖에도 높임의 대상에 대해 '마ᄍᆞᄫᆡ'를 객체 높

임의 특수 어휘로 사용하였다. '마ᄍᆞᄫᅵ'는 '마중'의 뜻이다.

10.3.5. 시제, 상, 양태

현대 한국어에도 일부 표현에서 시제와 상이 뚜렷이 구별되지 않는 예가 있으나 15세기 한국어에는 그러한 표현이 좀 더 일반적으로 나타났다. 그에 따라 15세기 한국어에서는 '시제'와 '상'을 따로 논의하지 않고 '시상(時相)' 범주로 합쳐 논의하는 일도 있다. 그러나 15세기 한국어에서도 시간성의 의미와 행위의 내적 시간 구성을 별개로 파악하여 '시제'와 '상'을 나누는 일이 가능하다.

10.3.5.1. 시제

현재 시제

현재 시제를 표현하기 위해 동사나 '잇다'는 '-ᄂᆞ-'를 사용한 반면, 형용사나 '체언+이다'는 가시적 형태를 사용하지 않았다.[117]

(160) 가. 네 이제 ᄯᅩ 묻ᄂᆞ다 [네가 이제 또 묻는다] 〈월석 23:97〉
나. 金輪王 아ᄃᆞ리 出家ᄒᆞ라 가ᄂᆞ니 [금륜왕 아들이 출가하러 가니] 〈석상 6:9〉
다. 길흘 조차 부텻긔로 가ᄂᆞᆫ 저긔 [길을 따라 부처께로 갈 때에] 〈석상 6:19〉
라. 그듸 아바니미 잇ᄂᆞ닛가 [그대의 아버님이 있소?] 〈석상 6:14〉

'-ᄂᆞ-'가 (160가)에서는 평서형 종결 어미 앞에, (160나)에서는 부사형 어미 '-니' 앞에, (160다)에서는 관형사형 어미 '-ㄴ' 앞에, (160라)에서는 의문형 종결 어미 '-닛가' 앞에 쓰였다.

(161) 가. 내 오ᄂᆞᆯ 實로 無情호라 [내가 오늘 실로 무정하다] 〈월석 21:219〉
나. 이 大施主의 功德이 하녀 져그녀 [이 대시주의 공덕이 많냐 적으냐?] 〈석상 19:4〉

117 형태소가 실현되지 않았다고 기술하기도 하고 ø가 실현되었다고 기술하기도 한다. 이 경우를 '부정법(不定法)'이라고 하여 서법의 일종으로 기술하는 경우도 있으나 우리 책에서는 시제의 표현 양상으로 다루기로 한다.

(161가)의 '無情호라'는 '無情ᄒᆞ-오-라(무정하다)'로 분석되고 (161나)의 '하녀 져그녀'는 '하-녀 젹-으녀'로 분석되는데, 형용사에서는 현재 시제를 나타내는 가시적 형태소가 없었음을 보인 것이다.

과거 시제

과거 시제를 표현하기 위해 동사는 아무런 가시적 형태를 사용하지 않거나[118] '-더-'를 사용하였다.[119] 형용사나 '잇다', '체언+이다'는 '-더-'를 사용하였다. '-더-'는 '-오-'와 결합하면 융합형 '-다-'로 실현되었다.

(162) 가. 네 아비 ᄒᆞ마 주그니라 [네 아비 이미 죽었다] 〈월석 17:21〉

나. 내 世尊 위ᄒᆞᄉᆞ바 精舍ᄅᆞᆯ 짓ᄉᆞ보니 [내가 세존 위하여 정사를 지었으니] 〈석상 6:38〉

다. 鹿母夫人ᄋᆡ 나ᄒᆞᆫ 고ᄌᆞᆯ 어듸 ᄇᆞ린다 [녹모 부인이 낳은 꽃을 어디 버렸느냐?] 〈석상 11:32〉

(162가)의 '주그니라'는 '죽-으니라'로 분석된다. 아무런 시제 형태소가 쓰이지 않았으므로 '죽었다' 정도의 뜻(과거)으로 해석된다. (162나)의 '짓ᄉᆞ보니(짓-ᄉᆞᆸ-오-니)'와 (162다)의 'ᄇᆞ린다(ᄇᆞ리-ㄴ다)'에도 역시 시제 형태소가 쓰이지 않았으므로 각각 '지었으니', '버렸느냐' 정도의 뜻(과거)으로 해석된다.

(163) 가. (須達) … 그딋 ᄯᆞᄅᆞᆯ 맛고져 ᄒᆞ더이다 [(수달) … 그대의 딸을 만나고자 했습니다] 〈석상 6:15〉

나. 내 롱담ᄒᆞ다라 [내가 농담했다] 〈석상 6:24〉

다. 버근 法王이시니 傳法을 조차 ᄒᆞ더시니이다 [(부처님에) 버금가는 법왕이시니 전법을 좇아 하셨습니다] 〈석상 24:37〉

라. 내 지븨 이싫 저긔 受苦ㅣ 만타라 [내가 집에 있을 적에 고생이 많았다] 〈월석 10:23〉

118 시제 형태소가 실현되지 않으면 대체로 과거로 해석되었지만, 때에 따라서는 시제와 비관여적인(irrelevant) 맥락에서 사용되기도 하였다. 가령 현대 한국어에서도 '클 거(巨)', '큰 대(大)'에서 관형사형 어미 '-ㄹ', '-ㄴ'은 시제와 무관한데, 15세기 한국어에서도 시제 형태소가 실현되지 않은 '거른 병[步兵]'과 같은 예는 과거를 표현하지 않는 것이다.

119 '-더-'는 시제뿐 아니라 양태도 함께 전달하는 형태소이다. 그래서 우리 책에서도 '-더-'를 시제 형태소로도 다루고(제 I 권의 4.6.3.2.) 양태 형태소로도 다루었다(제 I 권의 4.7.2.2.). 그런데 15세기 한국어에서는 '-더-'의 양태성을 분명히 확인하기 어려우므로 여기에서는 시제적 의미만을 기술하였다.

(163)에서 '-더-'는 모두 과거 사실을 진술하는 데 쓰이고 있다. (163나)는 1인칭 주어에 '-다-(-더-+-오-)'가 쓰인 예인데, 15세기 한국어에서는 '-더-'에 주어의 인칭 제약이 없었음을 보여 주는 예이다. 현대 한국어에서는 심리 형용사를 제외하고 일반적인 경우 1인칭 주어에는 '-더-'를 쓰지 않는 제약이 있다(제I권의 4.6.3.2. 참조). (163다)는 15세기 한국어에서 '-더-'와 '-시-'가 '-더시-'로 나타났음을 보여 준다. 현대 한국어에서 '-시더-'의 순서로 나타나는 것과 대조적이다. (163라)는 형용사 '많다'에 '-다-'가 결합된 예인데, "내가 집에 있을 적에 고통이 많았다." 정도의 뜻이므로 서술절을 안은 문장의 1인칭 주어 '내'의 형용사 서술어에도 '-더-'가 쓰였음을 볼 수 있다. '-더-'는 발화시를 기준으로 과거 시제를 나타내고 화자가 해당 사태를 경험한 시점을 기준으로 현재 시제를 나타냈다고 할 수 있는데, 이는 현대 한국어의 '-더-'도 마찬가지이다.

미래 시제

15세기 한국어의 미래 시제는 '-(ᄋᆞ/으)리-'에 의해 표현되었다.[120] 다만, 관형사형의 미래 시제는 '-(ᄋᆞ/으)ㄹ'에 의해 표현되었다. '-(ᄋᆞ/으)ㅭ'도 '-(ᄋᆞ/으)ㄹ'의 이표기로 쓰였다.[121]

(164) 가. 이 두 사ᄅᆞ미 福德이 어늬사 하리잇고 [이 두 사람의 복덕이 어느 사람이 많겠습니까?] 〈석상 23:4〉

나. 내 이제 分明히 너ᄃᆞ려 닐오리라 [내가 이제 분명히 너에게 말하겠다] 〈석상 19:4〉

(164가)와 (164나)에서는 미래의 사태를 나타내는 '-리-'가 쓰였다. 이 경우 미래 시제로 기술하기보다는 (164가)는 '추측'의 양태적 의미로 기술하고 (164나)는 '의지'의 양태적 의미로 기술할 수도 있다. 그러나 양태적 의미와는 별개로, 현재까지 확인되지 않은 사실을 미래에 확인할 수 있다는 점에서 미래 시제로 해석할 수 있다.

120 현대 한국어에서는 '-겠-, -(으)ㄹ 것이-'에 의해 미래 시제가 표현되고 드물게 '-(으)리-'가 쓰이는데, 중세 한국어에서는 '-겠-, -(으)ㄹ 것이-'가 없었고 '-(ᄋᆞ/으)리-'가 활발하게 쓰였다. '-(ᄋᆞ/으)리-'는 현대 한국어와 마찬가지로 추측, 의지의 양태적 의미를 전달하기도 하였다. '-겠-'의 발달에 대해서는 11.3.1.3.을 참조할 수 있다.

121 주석에서 용언류를 풀이하는 데에 쓰인 '-(ᄋᆞ/으)ㄹ 씨라'에서의 '-(ᄋᆞ/으)ㄹ'는 시제와 무관한 관형사형 어미였다.

> **참고 12 실현법과 비실현법**
>
> 확인된 사실인지 확인되지 않은 사실인지의 의미 특성을 중시하여 어떤 연구자들은 서법 범주로서 '실현법(realis)'과 '비실현법(irrealis)'을 설정하기도 한다. 우리는 학교 문법 체계에 따라 이들을 시제 범주에 편입하여 기술한다.

(165) 가. ᄒᆞ마 <u>命終ᄒᆶ</u> 사ᄅᆞᄆᆞᆯ 善惡 묻디 말오 [곧 죽을 사람에게 선악 묻지 말고] 〈월석 21〉

나. 그디 가 <u>들</u> 찌비 불쎠 잇도다 [그대 가 들어갈 집이 벌써 있도다] 〈석상 6:35〉

(166) 내 하 더러ᄫᅥ 사ᄅᆞ미 몯 <u>나ᅀᅡ가리러라</u> [내가 많이 더러워 사람이 (나에게) 못 나아가겠더라] 〈석상 19:34〉

(165)는 미래 시제 관형사형 어미 '-ᇙ'과 '-ㄹ'을 보여 준다. 한편 (166)에서는 '-리-'와 '-더-'의 이형태 '-러-'가 결합한 '-리러-'가 쓰였다. '나ᅀᅡ가리러라'는 순전히 시제적으로만 파악하면 미래 시제와 과거 시제의 결합은 이해가 되지 않는 현상이다. 그러나 현대 한국어에서도 '-겠-'과 '-더-'의 결합이 가능하듯이 중세 한국어에서도 '-(ᄋᆞ/으)리-'와 '-더-'의 결합이 가능했는데, 이는 경험시(과거) 기준으로 미래 시제 혹은 추측 양태가 성립하기 때문이다.

10.3.5.2. 상

상은 주로 보조 용언 구성에 의해 표현되었고 때로는 ø 과거에 의해서도 실현되었다.

진행상

(167) 가. 됴ᄒᆞᆫ 香 <u>퓌우고 잇거니</u> [좋은 향 피우고 있었으니] 〈석상 24:26〉

나. 네 이제 사ᄅᆞ미 모ᄆᆞᆯ 得ᄒᆞ고 부텨를 <u>맛나 잇ᄂᆞ니</u> [네가 이제 사람의 몸을 얻고 부처를 만나고 있으니] 〈석상 6:11〉

다. 누늘 長常 <u>ᄡᅡᆯ아 잇더라</u> [눈을 늘 쏘아보고 있더라] 〈석상 24:42〉

라. 法이 펴디여 가미 ᄆᆞᆯ 흘러 녀미 ᄀᆞᄐᆞᆯᄊᆡ [법이 펴져 감이 물 흘러 감과 같으므로] 〈석상 9:21〉

(167가)는 '-고 잇/이시다'에 의해 진행상이 나타난 경우이다. 이는 현대 한국어와 마찬가지이다. 그러나 15세기 한국어에서는 (167가)와 같은 진행형은 매우 드물고 오히려 (167나, 다)와 같이 '-아/어 잇/이시다'에 의해 진행상이 나타나는 것이 일반적이었는데, 이는 현대 한국어에는 없는 현상이다. (167라)는 '-아/어 가다'에 의해 진행상이 나타난 것이다. 현대 한국어와 마찬가지로 15세기 한국어에서도 '-아/어 가다/오다'에 의해 진행상이 나타날 수 있었다.

완료상

(168) 가. 龍宮엣 玉女ᄃᆞ리 虛空애 반만 몸 내야 이시며 [용궁에 있는 옥녀들이 허공에 반만 몸을 내어 있으며] 〈월석 2:31〉

나. 녜 藍毗尼라 ᄒᆞᇙ 天女ㅣ 이어긔 왯더니 [옛날에 남비니라고 하는 천녀가 여기 와 있었는데] 〈월석 2:27〉

다. ᄯᅡ해 무텟던 보ᄇᆡ 절로 나며 [땅에 묻혔 있던 보배 저절로 나며] 〈월석 2:45〉

라. ᄒᆞ마 得ᄒᆞ얏노이다 [이미 얻었습니다] 〈남명 상:53〉

마. 頭陀ㅅ 碑ᄂᆞᆫ 구스레 사겻ᄂᆞ니라 [두타의 비는 구슬에 새겨져 있다] 〈두시초 20:13〉

(168)은 '-아/어 잇/이시다'에 의해 완료상이 나타난 경우이다. 그런데 완료상은 현대 한국어처럼 완료 후 결과 상태의 지속 의미, 곧 결과상태상을 나타내는 경우도 있었는데, (168나, 다)에서 그 예를 확인할 수 있다. 또 '-아/어 잇-'은 표기상 (168다)에서처럼 '-앳/엣-'으로도 나타나고 (168라, 마)에서처럼 더 줄어들어 '-앗/엇-'으로도 나타났는데,[122] 이는 현대 한국어 '-았/었-'의 소급형으로서 근대 한국어 시기에 과거 시제 선어말 어미로 정착하였다. (168마)의 '사겻ᄂᆞ니라'는 '사기-엇-ᄂᆞ-니라'로 분석되는데,

122 '무텟던'은 '무티-엣(어 잇)-던'으로 분석되고 '得ᄒᆞ얏노이다'는 '得ᄒᆞ-얏(야 잇)-ᄂᆞ-오-이-다'로 분석되며 '사겻ᄂᆞ니라'는 '사기-엇(어 잇)-ᄂᆞ-니라'로 분석된다.

15세기 한국어에서는 이처럼 '-아/어 잇/이시-' 혹은 '-앗/엇-'과 결합되는 능동사 형태가 피동의 의미를 지니는 중립 동사로 쓰인 예가 많다.

(169) 가. 善慧 니버 잇더신 鹿皮 오ᄉᆞᆯ 바사 [선혜 입고 계시던 녹피(사슴 가죽) 옷을 벗어] 〈월석 1:16〉

나. 그 菩薩ᄋᆞᆯ 자바 남ᄀᆡ 모ᄆᆞᆯ 뻬ᅀᆞ바 뒷더니 [그 보살을 잡아 나무에 몸을 꿰어 두었더니] 〈월석 1:6〉

(169가)는 '입다'가 신체 접촉을 동반하는 동사이므로 현대 한국어에서라면 '-고 있다'가 결합된 결과상태상이 표현될 만한 예이다. 그러나 15세기 한국어에서는 '-고 잇/이시다'가 결과상태상을 나타내는 경우가 발견되지 않는다. (169나)의 '뒷더니'는 '두어 잇더니'의 준말인데 본말 형태는 문헌에 나타나지 않는다. '두어 있다'는 물론이고 '두고 있다'도 현대 한국어에서 결과상태상으로는 잘 쓰이지 않으므로 (169나)와 같은 예가 결과상태상을 나타낸 것은 15세기 한국어의 특징이라 할 수 있다.

10.3.5.3. **양태**

15세기 한국어의 양태는 주로 선어말 어미에 의해 표현되었다. 대표적인 양태 형태소로는 믿음을 확인하는 '-거/어-'와 감동이나 감탄의 감정을 표현하는 '-돗/롯/도/로-, -옷-, -ㅅ-'이 있었다.

믿음의 확인

'-거/어-'는 자신이 믿고 있는 바에 따라 어떤 사태를 확정적으로 진술할 때 쓰였다.[123]

123 선어말 어미 '-ᄉᆞᆸ/ᅀᆞᆸ/ᄌᆞᆸ-', '-오/우-'가 현대 한국어로 적절히 번역될 수 없듯이 '-거/어-의 양태적 의미 역시 현대 한국어로는 쉽게 나타낼 수 없다. 현대 한국어에 잘 사용하지 않는 '-것-'으로 믿음 확인의 의미를 현대어로 표현하기도 하지만, 일반적으로는 현대 한국어로의 해석에 반영하지 않는 경우가 많다.

(170) 가. 뎌 즁아 닐웨 ᄒᆞ마 다ᄃᆞ거다 [저 중아, 이레가 이미 다다랐다(되었다)] 〈석상 24:15〉

나. 그에 精舍이 업거니 어드리 가료 [거기에 정사가 없는데 어디로 가겠느냐?] 〈석상 6:22〉

다. 衆生이 正ᄒᆞᆫ 길ᄒᆞᆯ 일허다 [중생이 바른 길을 잃었다] 〈석상 23:19〉

라. 곳 디는 時節에 ᄯᅩ 너를 맛보과라 [꽃 지는 시절에 또 너를 만나 보았다] 〈두시초 16:52〉

마. 내 命 그추미ᅀᅡ 므더니 너기가니와 [내 목숨 끊어짐이야 무던히 여기거니와] 〈월석 10:4〉

바. 죽사릿 受苦ᄅᆞᆯ 아니 ᄒᆞ거시니와 [생사의 고생을 아니 하시거니와] 〈월석 1:12〉

(170가)의 '다ᄃᆞᆫ다'는 자동사이고 (170나)의 '없다'는 형용사이다. '-거-'는 주로 자동사, 형용사, '이다'의 '이-'에 결합하였다.[124] (170다)의 '잃다'는 타동사이다. '-어-'는 주로 타동사에 결합하였다. (170라, 마)의 '-과-'와 '-가-'는 모두 '-거-'와 '-오/우-'의 융합형으로 쓰인 것이다. (170바)의 'ᄒᆞ거시니와'는 현대 한국어에서의 '하시거니와'에 해당하는데, 중세 한국어의 선어말 어미 순서가 현대 한국어와 다른 경우가 있었음을 보여 주는 예이다.

124 15세기 한국어의 형용사는 현대 한국어에서보다 동사적 특성을 보이는 일이 더 많았다. '없다' 역시 '업ᄂᆞ니, 업ᄂᆞᆫ' 등의 활용형에서 '-ᄂᆞ-'와 결합하는 동사적 특성을 보일 수 있었다. 그러나 활용형에서 약간의 일탈이 있거나(업ᄂᆞᆫ: 현대 한국어에서도 '없는'으로 활용함) 동사적인 뜻을 반영한 활용형이 나타난다고(업ᄂᆞ니: '없어지니'의 뜻) 해도 '존재하지 않는다'라는 고유한 의미로서 '없다'의 품사를 형용사로 규정하는 데에는 문제가 없다.

(171) 가. 부텻 智慧ᄅᆞᆯ 모ᄅᆞ리어며 [부처의 지혜를 모를 것이며] 〈석상 13:42〉

나. 너희 一切 衆生이 큰 利益을 일흐려다 [너희 일체 중생이 큰 이익을 잃을 것이다] 〈월석 22:43〉

다. 眞實로 그ᅀᅳ기 化ᄒᆞ시다 닐어리로다 [진실로 그윽이 되셨다고 말할 것이로다] 〈월석 13:44〉

(171)은 모두 미래(혹은 추측 양태)의 '-리-'와 '-거/어-'의 결합형이 쓰인 예이다. (171나)의 '-려-'는 '-리어-'의 축약형이다. (171다)에서 '-거-'는 '-리-' 앞에 나타났는데 '-리어-'의 형태보다는 덜 자주 나타났다.

감탄과 감동

현대 한국어에서 감탄이나 감동의 느낌 혹은 강한 감정은 주로 감탄형 종결 어미로 표현되지만 15세기 한국어에서는 주로 선어말 어미로 표현되었다.

(172) 가. 太子ㅣ 그런 사ᄅᆞ미시면 이 이리 어렵도소이다 [태자가 그런 사람이시면 이 일이 어렵습니다] 〈석상 11:19〉

나. 어마니ᄆᆞᆯ 아라보리로소니잇가 [어머님을 알아보시겠습니까?] 〈월석 23:86〉

다. 내 아ᅀᆞ도 도ᄌᆞ기 주기도다 [내 아우도 도적이 죽였도다] 〈월석 22:49〉

라. 모ᄃᆞᆫ ᄆᆞᅀᆞᄆᆞᆫ ᄲᆞᆯ리 몯 고티리로다 [모든 마음은 빨리 못 고칠 것이로다] 〈월석 1:52〉

(172가)의 '어렵도소이다'는 '어렵-돗-ᄋᆞ이-다'로 분석된다. '-ᄋᆞ이-'에서의 'ᄋᆞ'는 '돗'의 모음 '오'의 영향을 받아 '오'로 원순 모음화된 것으로 보인다. (172나)의 '아라보리로소니잇가'에서 보듯이 '-돗-'은 '-리-' 혹은 '이다'의 '이-' 뒤에서 '-롯-'으로 나타났다. (172다)의 '-도-'는 '-다' 앞에 쓰인 '-돗-'의 이형태이고 (172라)의 '-로-'는 '-리-' 혹은 '이-' 뒤에 쓰인 '-도-'의 이형태이다.

(173) 가. 이 男子ㅣ 精誠이 至極ᄒᆞᆯᄊᆡ 보ᄇᆡᄅᆞᆯ 아니 앗기놋다 [이 남자가 정성이 지극하므로 보배를 아니 아끼는구나] 〈월석 1:11〉

나. 우리ᄃᆞᆯ토 … 머리셔 오소이다 [우리들도 … 멀리서 왔습니다] 〈석상 23:53〉

(173)에서 '앗기놋다'는 '앗기-ᄂᆞ-옷-다'로 분석되고 '오소이다'는 '오-ㅅ-오-이-다'로 분석되는데, '-옷-'과 '-ㅅ-'에 의해 강한 감정이 전달된다. 꼭 감탄이나 감동의 의미가 아니더라도 이렇게 강한 감정을 표현하는 예

가 적지 않게 발견된다. '-오-'는 1인칭 화자 표시 선어말 어미로 나타난 것이다.

10.3.6. 피동과 사동

10.3.6.1. 피동

15세기 한국어의 피동 범주는 피동사와 '-아/어디다'에 의해 실현되었다. 또한 피동의 의미를 실현하는 중립 동사가 상당히 광범위하게 사용되었다.

피동사 피동

피동사는 능동사에 피동 접미사 '-이-, -히-, -기-'가 붙어 만들어졌다.

(174) 가. 七寶ㅣ 이러 ᄯᅡ 우희 차 두피고 [칠보가 일어나 땅 위에 차서 덮이고] 〈월석 8:18〉

가′. 獄門이 절로 열이고 [지옥문이 저절로 열리고] 〈월석 23:83〉

가″. ᄆᆞᆯ게 ᄇᆞᆯ이며 쇠게 ᄢᅵᆯ여 [말에게 밟히며 소에게 찔려] 〈구방 하:29〉

나. 東門이 도로 다티고 [동쪽 문이 도로 닫히고] 〈월석 23:80〉

다. ᄆᆞ리 솟글허 ᄉᆞᇝ기더니 [물이 끓어올라 삶아지더니] 〈월석 23:81〉

(174가)에는 능동사 '둪다'에 '-이-'가 붙은 '두피다'가 쓰였고 (174나)에는 '닫다'에 '-히-'가 붙은 '다티다'가 쓰였으며 (174다)에는 'ᄉᆞᇝ다'에 '-기-'가 붙은 'ᄉᆞᇝ기다'가 쓰였다. 한편 피동 접미사 앞 자음이 'ㄹ'이면 '-이-'에 연음되어 '여리고'와 같이 쓰였을 법하지만 (174가′)에서 보듯이 'ㄹ'은 연음되지 않았다.[125] (174가″)는 능동사 어간 'ᄢᅵᄅᆞ-'에서 'ᆞ'가 탈락한 후에 피동 접미사 '-이-'가 붙으면서 분철 표기처럼 된 것이다.[126]

(175) 가. 張弘範의그에 자펴가아 [장홍범에게 잡혀가] 〈삼강 충신:24〉

나. 畢凌이 가ᄉᆡ예 ᄢᅵᆯ여 모ᄆᆞᆯ ᄇᆞ리며 [필릉이 가시에 찔려 몸을 버리며] 〈능엄 6:78〉

125 그래서 피동 접미사의 경우 '두피다'에서는 '-이[i]-', '열이다'에서는 '-이[ɦi]-'가 결합되었다고 본다. 사동 접미사도 마찬가지이다.

126 이는 학교 문법의 테두리를 크게 벗어나지 않는 범위 내에서 기술한 것이다. 학문 문법에서는 'ᄢᅵᄅᆞ-'가 자음으로 시작하는 어미 혹은 접미사에 쓰이고 'ᄢᅵᆯㅇ-'이 모음으로 시작하는 어미 혹은 접미사에 쓰이는 복수 기저형(쌍형 어간)을 지니는 어휘로 보아 이 분철 표기처럼 보이는 현상을 설명하는 것이 일반적이다. 이때 'ㅇ'은 [ɦ]이고 뒤 음절로 연음되었다.

(175가)에서 '張弘範'는 사람이므로 유정 체언이다. 유정 체언이 부사어로 쓰이면 격 조사 'ᄋᆡ/의그에'를 사용하였고, 유정 체언이라도 높임의 대상 뒤에는 '씌, ㅅ그에' 등을 사용하였다. 이들은 각각 현대 한국어에서의 '에게', '께'에 해당한다. (175나)에서는 무정 체언 '가ᄉᆡ' 뒤에 처소 부사격 조사 '예'가 결합된 모습이 나타났다. 현대 한국어의 '에'에 해당한다.

(176) 가. 東門이 열어든 보고 [동쪽 문이 열리거든 보고] 〈월석 23:80〉
　　나. 時節이 ᄀᆞᆯ어든 어버ᅀᅵ 일흔 듯ᄒᆞ니라 [시절이 갈리면(바뀌면) 어버이 잃은 듯하다] 〈월석 서:16〉

(176)은 능동사가 그대로 피동사로도 쓰인 예이다. 이러한 동사를 중립 동사라고 하는데, 15세기 한국어에서는 매우 많은 중립 동사가 존재하였다. 10.2.1.1.에서는 여기에서 중립 동사로 다루는 예를 단어 형성의 관점에서 영 변화로 다루었다.

(176가)의 '열다'는 '열리다'의 뜻으로 쓰였고 (176나)의 'ᄀᆞᆯ다(바꾸다)'는 '바뀌다'의 뜻으로 쓰였다. 15세기 한국어의 중립 동사에는 '열다, ᄀᆞᆯ다' 외에도 '걳다[折], 박다[釘], 버히다[斬], 흩다[散]' 등이 더 있었는데, 이들도 간혹 피동사 '바키다, 열이다' 등으로 쓴 예가 있어 15세기 한국어 시기에 이미 중립 동사가 점점 덜 쓰이고 능동사와 피동사를 구분해 쓰는 예가 늘어나는 과정이 진행되었음을 추정하게 한다.

참고 13 중립 동사

자동사와 타동사로 모두 쓰일 수 있는 동사를 자타 양용 동사라고 하는데, 중립 동사는 특히 행위주를 주어, 대상을 목적어로 실현시키는 능동사와 대상을 주어로 실현시키는 피동사가 같은 형태로 쓰일 경우 성립하는 개념이다. 제1권의 3.3.3.1.에서 소개한 '멈추다, 그치다, 움직이다, 휘다'와 같은 동사가 중립 동사의 예이다.

(1) 가. 고양이가 쥐를 잡았다.
　　나. 쥐가 잡혔다.
(2) 가. 철수가 돌을 움직였다.
　　나. 돌이 움직였다.
(3) 열차가 {궤도에서, 궤도를} 벗어났다.

(1)과 같은 능동문과 피동문 관계에서는 (1나)에서처럼 대상이 주어로 될 때 피동사를 쓰는 것이 일반적이다. 그러나 '움직이다'와 같은 중립 동사가 쓰이는 경우, (2나)에서처럼 대상이 주어로 되더라도 능동사와 똑같은 형태의 동사가 사용된다. 중립 동사는 이런 경우에 성립되는 개념이다. 그러므로 (3)에서의 '벗어나다'는 자동사와 타동사로 모두 쓰일 수 있지만, 중립 동사가 아니라 보통의 자타 양용 동사이다.

참고 14 **능격 언어, 능격문, 능격 동사**

중립 동사의 쓰임을 적극적으로 해석하여 15세기 한국어를 '능격-절대격' 언어(줄여서 능격 언어)로 규정하는 연구자도 있다. 만약 그렇다면 중립 동사는 '능격 동사'로 부르는 것이 더 적절할 수 있다. '능격-절대격' 언어의 반대 개념은 '주격-대격' 언어(줄여서 대격 언어)이다. 능격 언어에서는 주로 능격문이 쓰이는데, 능격문이란 능격(ergative case)이 유표격으로 나타나고 절대격(absolute case)이 기본격(default case: 한국어에서는 주격) 혹은 무표격으로 나타난 두 자리 서술어 문장을 말한다. 이를 의미적으로 말하면 사태 유발자, 곧 행위주가 능격(유표격)으로 나타나고 행위의 대상, 곧 피동주가 절대격(기본격/무표격)으로 나타난 두 자리 서술어 문장이다.

(1) tuna ekaranmapo-'pi uuri-ya
물 부탁하다.대해-과거 나-능격
[해석] 나(A)는 물(P)을 부탁했다.

(1)은 브라질 마쿠시(Makusi)어의 예이다. 피동주(Patient) 'tuna(물)'가 무표격(절대격)으로 나타나 있는 반면 행위주(Agent) 'uuri(나)'는 유표격(능격)으로 나타나 있다.

반대로 대격 언어에서는 주로 대격문이 쓰이는데, 대격문이란 대격(=목적격, accusative case)이 유표격으로 나타나고 주격(subjective case)이 기본격으로 나타난 두 자리 서술어 문장을 말한다. 이를 의미적으로 말하면 사태 유발자, 곧 행위주가 주격(기본격)으로 나타나고 사태의 대상, 곧 피동주가 대격(유표격)으로 나타난 두 자리 서술어 문장이다.

(2) 토끼가 풀을 먹는다.

(2)에서 행위주 '토끼'는 한국어의 기본격(주격)으로 나타나 있으나 피동주 '풀'은 유표격(대격)으로 나타나 있다.

15세기 한국어에서는 (176)과 같이 피동주가 기본격인 주격으로 나타나고 두 자리 서술어인 타동사가 서술어로 쓰인 경우가 많았으므로 15세기 한국어를 능격 언어로 보는 견해가 있는 것이다. 그러나 15세기 한국어에서도 능격 표지(격 조사)는 없었기 때문에 15세기 한국어를 능격 언어로 부르기에는 모자라다. 따라서 우리 책에서는 15세기 한국어에 대해서도 능격 언어, 능격문, 능격 동사와 같은 개념을 도입하지 않고 (176)에서의 서술어도 현대 한국어에서와 마찬가지로 중립 동사로 부른다.

'-아/어디다' 피동

15세기 한국어에서의 통사적 피동은 보조적 연결 어미 '-아/어'와 보조동사 '디다'가 결합한 '-어디다'가 사용되었으나 현대 한국어에 비해 드물게 나타났다.[127]

127 현대 한국어 '-어지다'처럼 통사적 구성이지만 붙여 쓰도록 한다.

(177) 가. 즈믄 ᄆᆞ디 다 글희여디거늘 [천 마디 다 풀어지거늘] 〈월석 23:79〉

나. 뫼히여 돌히여 다 노가디여 [산이며 돌이며 다 녹게 되어] 〈월석 1:48〉

(177가)는 타동사 '글희다(풀다)'의 피동형으로 '글희여디다(풀어지다)'가 쓰인 것이다. (177나)는 자동사 '녹다'에 '-아디다'가 붙어 '노가디다'로 된 것이다. '-아/어디다' 구성을 사용하였지만 피동문이라고 할 수 없다. 현대 한국어에서도 이러한 쓰임이 많은 것은 아니지만 중세 한국어에서는 이러한 용례가 더욱 드물게 발견된다.

10.3.6.2. 사동

15세기 한국어의 사동 범주는 사동사와 '-게/에 ᄒᆞ다, -긔/기/의/이 ᄒᆞ다'에 의해 실현되었다.

사동사 사동

사동사는 주동사[128]에 사동 접미사 '-이-, -히-, -기-', '-오/우-, -호/후-', '-ᄋᆞ/으-'가 붙어 만들어졌다. 현대 한국어보다 더 광범위하고 활발하게 사동사가 쓰였다.

128 이때의 주동사는 자동사, 타동사뿐만 아니라 형용사까지 포함한 개념으로서 사동사의 대(對)가 되는 범주를 가리키는 용어로 사용한 것이다.

(178) 가. ᄀᆞᄅᆞ매 ᄇᆡ 업거늘 얼우시고 또 노기시니 [강에 배 없는데 (강을) 얼리시고 또 녹이시니] 〈용가 20장〉

가'. 法을 닐어 沙彌를 들이니 [법을 말해 사미를 들려주니] 〈월인 기 184〉

나. 宮中에 드르샤 比丘란 노피 안치시고 [궁중에 드시어 비구는 높이 앉히시고] 〈월석 8:90〉

다. 沙婆佛身은 勝을 숨기시고 劣을 나토시니 [사바불신은 우월함을 숨기시고 열등함을 나타내시니] 〈월석 18:72〉

라. 合ᄋᆞᆫ 對ᄒᆞ야 서르 ᄡᅡᆨ 마촐 씨니 [합은 대하여 서로 짝 맞춘다는 뜻이니] 〈월석 서:7〉

마. ᄒᆡ마다 數千人을 사ᄅᆞ니 [해마다 수천 사람을 살리니] 〈내훈 2:62〉

(178가)에서 '얼우시고'는 '얼다'에 '-우-'가 붙은 '얼우다'가 쓰인 것이고 '노기시니'는 '녹다'에 '-이-'가 붙은 '녹이다'가 쓰인 것이다. 현대 한국어의 '얼리다', '녹이다'에 각각 해당한다. (178가')의 '들이니'는 '듣다'에 '-이-'가 붙은 '들이다'가 쓰인 것이다. ㄷ 불규칙 용언은 'ㄷ'이 'ㄹ'로 바뀌고 사동 접미사 '-이[ɦi]-'가 결합하였다. (178나)의 '안치다'는 '앉다'에 '-히-'가 붙은 '안치다'가 쓰인 것이다. (178다)의 '숨기시고'는 '숨다'에 '-기-'가 붙은 '숨기다'가 쓰인 것이고 '나토시니'는 '낟다(나타나다)'에 '-호-'가 붙은 '나토다'가 쓰인 것이다.[129] (178라)의 '마촐'은 '맞다'에 '-호-'가 붙은 '마초다'의 활용형이고 (178마)의 '사ᄅᆞ니'는 '살다'에 '-ᄋᆞ-'가 붙은 '사ᄅᆞ다'가 활용형이다.

129 '나토다'는 '낟다'에 '-오-'가 결합한 것으로 볼 수도 있다.

(179) 가. 살이다 / 사ᄅᆞ다

나. 돌이다 / 도ᄅᆞ다

다. 일우다 / 이ᄅᆞ다

(179)는 동일한 어근에 서로 다른 사동 접미사가 결합한 사동사의 짝들이 의미 차이를 보이는 예이다. '살이다'는 '살게(거주하게) 하다'의 의미를, '사ᄅᆞ다'는 '(목숨을) 살리다'의 의미를 가졌다. '돌이다'는 '돌리다'의 의미를, '도ᄅᆞ다'는 '돌이키다, 돌아오게 하다'의 의미를 가졌다. '일우다'는 '이루다'의 의미를, '이ᄅᆞ다'는 '(건물, 탑 등을) 쌓다/세우다'의 의미를 가졌다.

'-게/긔/에/의 ᄒᆞ다' 사동

'-게/긔 ᄒᆞ다' 사동은 현대 한국어의 '-게 하다' 사동에 해당하는 통사적 사동이다. '-게'는 '-긔'로도 나타났는데, '-게', '-긔'는 'ㄹ' 뒤 혹은 '이다'의 '이-' 뒤에서는 각각 '-에', '-의'로 실현되었다.

(180) 가. 내 아ᄃᆞ리 목수믈 일케 ᄒᆞ야뇨 [내 아들이 목숨을 잃게 했느냐?] 〈월석 21:219〉

나. 衆生ᄋᆞ로 … 法을 다 듣ᄌᆞ바 알에 호리라 [중생으로 하여금 … 법을 다 들어 알게 할 것이다] 〈석상 13:27〉

다. 後ㅅ 사ᄅᆞᄆᆞᆯ 알의 ᄒᆞᄂᆞᆫ 거시라 [후세 사람을 알게 하는 것이다] 〈월석 1:1〉

(180가)는 내포절 '내 아ᄃᆞ리 목수믈 잃-'에 '-게'가 붙은 것으로서 내포절을 그대로 쓴 것이다. 그러나 (180나, 다)에서 보듯이 피사동주는 모절에서 목적어나 부사어로 실현시키고 내포절의 주어는 생략하는 것이 더 일반적이었다. 즉 (180나)의 내포절은 '(衆生이) … 법을 다 들어 알게'이고, (180다)의 내포절은 '(後ㅅ 사ᄅᆞ미) 알의'이다. (180나)에서는 통사적 사동에서도 피사동주에 'ᄋᆞ로'가 붙었음을 확인할 수 있다.

10.3.7. 부정

15세기 한국어의 부정(否定)은 현대 한국어와 차이가 거의 없어 통사적 부정과 어휘적 부정, 단형 부정과 장형 부정, '아니' 부정과 '몯' 부정이 구별되었다.

10.3.7.1. 통사적 부정과 어휘적 부정

통사적 부정은 부정 부사나 부정의 보조 용언에 의한 부정이고 어휘적 부정은 특정 어휘에 의한 부정이다.

(181) 가. 불휘 기픈 남ᄀᆞᆫ ᄇᆞᄅᆞ매 아니 뮐씨 [뿌리 깊은 나무는 바람에 아니

움직이므로] 〈용가 2장〉

나. ᄆᆞᄎᆞᆷ내 제 ᄠᅳ들 시러 펴디 몯ᄒᆞᇙ 노미 하니라 [마침내 제 뜻을 (표현 수단을) 얻어 펴지 못하는 사람이 많다] 〈훈언 2〉

(182) 가. ᄆᆞᅀᆞ맷 ᄣᅵ ᄒᆞ마 업스시니 [마음의 때가 이미 없어지시니] 〈월석 10:9〉

나. 다시 眞實ㅅ ᄀᆞᆺ ᄀᆞᄅᆞ치샤ᄆᆞᆯ 모ᄅᆞ며 [다시 진실의 경계 가르치심을 모르며] 〈능엄 1:19〉

(181)은 통사적 부정의 예이다. (181가)는 부정 부사 '아니'에 의해 부정문이 이루어졌고 (181나)는 부정의 보조 용언 '몯ᄒᆞ다'에 의해 부정문이 이루어졌다. (182)는 어휘적 부정의 예이다. (182가)에는 '잇다/이시다'의 부정어인 '없다'가 쓰였고 (182나)에는 '알다'의 부정어인 '모ᄅᆞ다'가 쓰였다.

10.3.7.2. **단형 부정과 장형 부정**

단형 부정은 부정 부사 '아니, 몯'에 의해 만들어지는 부정이었고 장형 부정은 '-디 아니ᄒᆞ다, -디 몯ᄒᆞ다'에 의해 만들어지는 부정이었다. 그 외에 금지(부정의 명령)의 의미를 나타날 때에는 '-디 말다'를 사용하였다.[130]

130 장형 부정의 부정어 앞에서 드물게 '-디' 대신 '-ᄃᆞᆯ'이 쓰이기도 하였다.

(183) 가. 부텨를 몯 맛나며 法을 몯 드르며 [부텨를 못 만나며 법을 못 들으며] 〈석상 19:34〉

나. 耶輸ㅣ ᄉᆞᆫ지 듣디 아니ᄒᆞ시고 [야수가 오히려 듣지 아니하시고] 〈석상 6:7〉

다. 이 ᄠᅳ들 닛디 마ᄅᆞ쇼셔 [이 뜻을 잊지 마십시오] 〈용가 110장〉

(184) 議論ᄒᆞ디 마롤 디어다 [의론하지 말 것이다] 〈능엄 6:42〉

(183가)는 단형 부정으로서 부정 부사 '몯'이 '맛나며'와 '드르며'를 꾸며 주고 있다. (183나)는 장형 부정으로서 보조 용언 구성 '-디 아니ᄒᆞ다'를 확인할 수 있다. 15세기 한국어에는 현대 한국어에서 자주 쓰이는 줄임말 '-지 않다' 형태가 아직 쓰이지 않았다. (183다)에서는 금지의 뜻을 나타내

기 위해 장형 부정 '-디 말다'가 쓰인 것이다. '-디 말다'의 짝이 되는 단형 부정은 존재하지 않았다. 또 (184)에서 보듯이 '말다'는 명령문이 아니더라도 명령이나 바람의 의미가 포함되어 있는 평서문에도 사용될 수 있었다.

10.3.7.3. '아니' 부정과 '몯' 부정

'아니' 부정은 중립 부정의 의미와 의지 부정의 의미, 두 가지의 의미를 나타내는 데 쓰였고 '몯' 부정은 능력 부정의 의미를 나타내는 데 쓰였다.[131]

131 '중립 부정, 의지 부정, 능력 부정'에 대해서는 제I권의 4.9.2.3.을 참고할 것.

(185) 가. 불휘 기픈 남ᄀᆞᆫ ᄇᆞᄅᆞ매 아니 뮐씨 [뿌리 깊은 나무는 바람에 아니 움직이므로] 〈용가 2장〉

나. 耶輸ㅣ ᄉᆞᆫ지 듣디 아니ᄒᆞ시고 [야수가 오히려 듣지 아니하시고] 〈석상 6:7〉

(186) 므스글 보디 몯ᄒᆞ리오 [무엇을 보지 못하겠는가?] 〈법화 6:29〉

(185가)는 뿌리가 깊은 나무는 바람에 움직이지 않는다는 사실을 전달하는 중립 부정으로 쓰인 것이고 (185나)는 '耶輸(야수)'가 듣지 않는다는 의지를 나타낸 의지 부정으로 쓰인 것이다. '아니' 부정문의 주어가 사람일 때 문맥에 따라 의지 부정이 될 수도 있고 중립 부정이 될 수도 있음은 현대 한국어와 마찬가지였다. (186)은 '몯' 부정문으로서 주체의 능력이 부족함 혹은 주체가 능력을 발휘할 수 없는 상황임을 나타내는 능력 부정의 예이다.

10.3.7.4. 부정 명사 '아니'

15세기 한국어에서 '아니'는 현대 한국어의 '아니'와 달리 부정의 의미를 나타내는 명사로도 쓰였다.

(187) 가. 世尊이 아니 오실씨 [세존이 아니 오시므로] 〈월석 21:188〉

나. 妙法이 둘 아니며 세 아닐씨 [묘법이 둘 아니며 셋 아니므로] 〈석상 13:48〉

다. 이 生이며 生 아니ᄅᆞᆯ ᄀᆞᆯ히ᄂᆞ니 [이 생이며 생 아닌 것을 가리니]

〈법화 5:30〉

(187가)는 '아니'가 부정 부사로 쓰여 단형 부정을 이룬 예이다. 중세 한국어에는 '아니'의 줄임말 형태인 '안'이 쓰이지 않았다. (187나)는 '아니다'가 체언 부정의 형용사로 쓰인 예이다.[132] (187다)에서는 '아니'가 명사로 쓰였음을 알 수 있다. 15세기 한국어에서는 '아니'가 명사로서 활발히 쓰였다.

132 이는 부정 형용사 '아니다'가 존재하는 현대 한국어와의 연관성을 중시한 기술이다. 15세기 한국어 기술의 체계성을 중시한다면 (187나)의 '아니'를 명사로 보고 그 뒤에서 '이다'의 '이-'가 늘 탈락된 것으로 기술할 수 있다. 즉 (187나)의 '아니며', '아닐씨'를 각각 '아니-이-며'와 '아니-이-ㄹ씨'로 분석하는 것이다.

10.4. 어휘

10.4.1. 15세기 한국어 어휘 자료

이 절에서는 어휘 체계와 어휘 관계를 중심으로 15세기 한국어 어휘의 특성에 대해 언급해 보려 한다. 본격적인 논의에 앞서 15세기 한국어 어휘의 양상을 살펴볼 수 있는 자료에는 어떤 것들이 있는지 간략하게 언급해 보기로 하자.

15세기 한국어 자료 중에는 한문 자료, 구결이나 이두와 같은 차자 표기 자료 등도 있으나 활용하기 쉬운 확실한 자료는 한글 자료이다. 한글 자료는 다시 악장, 언해 자료, 번안 산문 자료, 협주 자료 등으로 나눌 수 있다.[133] 주지하듯이 악장에 속하는 대표적인 자료는 『용비어천가(龍飛御天歌)』이다. 악장은 노랫말이라는 특성상 문학적인 표현이 드러난다. 언해 자료는 대체로는 한문이나 중국어 원문을 앞세우고 구결문(口訣文)을 거쳐 우리말로 번역했다는 점이 특징적이다. 물론 언해 자료에는 불교나 유교 경전의 언해 자료와 『두시언해(杜詩諺解)』와 같은 문학 작품의 언해 자료가 있으며, 구결문이 있는 경우가 많으나 『두시언해』처럼 구결문이 없는 경우도 있다. 언해 자료는 정도의 차이는 있지만 원문의 영향을 직접 받으므로 문어적인 속성이 강하고 한자어가 많은 것이 특징이다. 번안 산문 자료는 주로 『석보상절(釋譜詳節)』을 말하는데, 원문을 직접 제시하고 우리말로 옮긴 것이 아니라는 점에서 15세기 당시 우리말 어휘의 실상을 좀 더 잘 보여

133 번안(飜案)은 '원작의 내용이나 줄거리는 그대로 두고 풍속, 인명, 지명 따위를 시대나 풍토에 맞게 바꾸어 고친 것'을 말하고, 언해(諺解)는 '주로 한문을 한글로 풀어서 쓴 것'을 말한다. '번안'과 '언해'와 관련되는 용어가 '번역(飜譯)'인데, 번역이란 '어떤 언어로 된 글을 다른 언어의 글로 옮긴 것'을 뜻한다.

주며 언해 자료에 비하면 한자어가 적은 것이 특징이다. 협주 자료는 언해 자료나 번안 산문 자료에서 한자나 한자어의 뜻풀이를 부연 설명하기 위해 끼워 넣은 것으로 번안 산문 자료처럼 15세기 당시의 한국어의 모습을 잘 보여 주는 것으로 알려져 있다.

참고 15 『석보상절』의 어휘적 특징

『석보상절』은 번안 산문 자료로서 한자어에 비해 고유어가 두드러지게 많이 쓰였다. 이는 동일 원문을 번역한 『월인석보』와의 비교에서 잘 드러난다.

『석보상절』: …녀느 고대 가 쥬의 坊이어나 뷘 겨르ᄅᆞᄫᅵᆫ 싸히어나 자시어나 ᄀᆞ올히어나 巷陌이어나 ᄆᆞᅀᆞᆯ히어나 제 ᄃᆞ론 야ᅌᆞ로 어버ᅀᅵ며 아ᅀᆞ미며 이든 벋ᄃᆞ려 힘 싸장 블어 닐어든…

『월인석보』: …녀느 고대 가 僧坊애 잇거나 空閑ᄒᆞᆫ 싸히어나 城邑과 巷陌과 聚落과 田里예 드룬 다ᄫᅵ 父母 宗親 善友知識 爲ᄒᆞ야 히믈 조차 블어 닐어든…

이제 이런 자료들을 바탕으로 살펴보면 15세기 한국어의 어휘적인 특징으로 다음 몇 가지가 두드러진다. 첫째, 15세기 한국어는 현대 한국어에 비해 상대적으로 고유어가 더 많았던 것으로 보인다. 이는 '온[百]', '좋다[淨]', '혁다[小]' 등 현대 한국어에는 없는 고유어가 흔히 사용되었다는 점을 통해 알 수 있다. 이들 중 상당수는 현대 한국어로 오면서 한자어로 대치되었다. 둘째, 한자어 외에도 15세기 이전 원나라와의 접촉으로 들어온 몽골어 외래어나 중국어 구어 차용어들이 제법 많이 사용되었다.

10.4.2. 어휘 체계

어휘 체계란 전체 어휘를 대상으로 특정한 기준을 정해 어휘를 분류하는 것으로 흔히 품사에 따라 분류하거나 기원에 따라 분류하게 된다. 품사에 따른 분류는 다른 자리에서 이루어지므로 여기에서는 기원에 따라 분류해 보기로 한다. 현대 한국어와 마찬가지로 15세기 한국어 어휘도 기원에 따라 고유어, 한자어, 외래어로 나눌 수 있다. 여기에서는 이들 각각의 특징에 대해 간략하게 살펴볼 것이다.

10.4.2.1. **고유어**

현대 한국어와 마찬가지로 15세기 한국어에서도 조사, 어미, 접사와 같이 문법적 기능을 하는 요소들은 대부분 고유어이다. 그뿐만 아니라 명사, 동사, 형용사, 부사 등 대부분의 어휘들에서 현대 한국어보다는 고유어가 널리 사용되었다.

(188) ᄀᆞᄅᆞᆷ[江], 뫻[山], 온[百], 좋다[淨], 혁다[小], ᄒᆞ다가[萬一에]

(188)은 현대 한국어에서는 사용되지 않는 고유어들이다. 이들 중 '온', 'ᄒᆞ다가'처럼 현대 한국어로 오면서 한자어로 대치된 것들도 있고 '좋다',[134] '혁다'처럼 더 이상 사용되지 않는 것들도 있다. 이를 고려하면 15세기 한국어의 경우 현대 한국어보다 고유어가 더 많이 쓰였음을 알 수 있다.

134 15세기 한국어에는 '좋다[淨]'가 쓰였는데, 현대 한국어에서는 쓰이지 않게 되었다. 현대 한국어의 '좋다[好]'는 15세기 한국어의 '둏다'가 변한 것이다.

현대 한국어와 마찬가지로 15세기 한국어에서는 모음 교체나 자음 교체에 의한 미묘한 어감의 차이를 보여 주는 어휘의 짝들이 존재하였다. 이에 대해서는 제10장(10.2.1.1.)에서 단어 형성을 논의하는 자리에서 언급한 바 있으므로 여기서는 거기에서 언급하지 않은 몇 가지 예를 제시하는 것으로 논의를 마치려 한다.

먼저 앞에서 언급한 모음 교체의 예를 좀 더 자세하게 살펴볼 수 있다.

(189) 가. 大施主의 功德이 하녀 져그녀 [대시주의 공덕이 많으냐, 적으냐] 〈석상 19:4〉
나. 信力이 가ᄇᆡ야오며 쟈가 [신력이 가벼우며 작아] 〈선영 상:20〉
다. 햐ᄀᆞᆫ 조ᄡᆞᆯ ᄀᆞᆮᄒᆞ니 [작은 좁쌀 같으니] 〈구방 하:77〉
라. 혀근 션비ᄅᆞᆯ 보시고 [작은 선비를 보시고] 〈용가 82장〉
마. 횩게 ᄡᅮᆨᄡᅮᆺ글 ᄆᆡᇰᄀᆞ로ᄃᆡ [작게 쑥뜸을 만들되] 〈구간 6:84〉

현대 한국어에서는 주로 수효나 분량을 나타낼 때 사용하는 '적다[少]'와 크기를 포함하여 더 확장된 의미를 가지는 '작다[小]'가 구별되지만, 이에 대당되는 15세기 한국어의 '젹다'와 '쟉다'는 의미 차이가 잘 드러나지 않는다. (189가, 나)에서 볼 수 있듯이 추상적인 대상에 대해 ‘젹다’와 ‘쟉다’를 모두 쓸 수 있다는 점과 두 단어 모두 실제 대응되는 원문이 ‘小’, ‘少’ 모두 가능하다는 점에서 이를 알 수 있다. 더욱이 15세기 한국어에는 ‘젹다’, ‘쟉다’와 동의어로 보이는 ‘햑다’, ‘혁다’, ‘횩다’도 있는데,[135] 우리로서는 15세기 한국어의 직관이 없고 자료가 한정되어 있어 이들의 의미 차이를 알기는 매우 어렵다.

『우리말 큰사전』(옛말과 이두)에서는 ‘젹다’는 현대어의 ‘작다’에, ‘쟉다’는 현대어의 ‘적다’와 ‘작다’에, ‘햑다’는 현대어의 ‘작다’에, ‘혁다’는 현대어의 ‘적다’와 ‘작다’에, ‘횩다’는 현대어의 ‘잘다(자잘하다)’에 대응되는 것으로 풀이하고 있지만 제시된 예문으로 명시적으로 구별하기는 쉽지 않다. 의미 차이를 명시적으로 구분하기는 어렵지만 유사한 개념을 나타내기 위해 이처럼 자음과 모음을 달리하는 다양한 표현이 있다는 것은 미묘한 어감 차이를 표현하기 위한 수단으로 보이며, 이런 점은 한국어 고유어의 특성으로 볼 수 있을 것이다.

현대 한국어도 그러하지만 15세기 한국어에서도 다양한 색채어들이 나타난다.

(190) 가. ᄑᆞᄅᆞ다, 프르다, 파라ᄒᆞ다, 퍼러ᄒᆞ다

나. 감ᄇᆞᆰ다, 검븕다, 검프르다, 블가ᄑᆞᄅᆞᄒᆞ다, 프러누러ᄒᆞ다

(190가)의 ‘ᄑᆞᄅᆞ다-프르다’와 ‘파라ᄒᆞ다-퍼러ᄒᆞ다’는 모음 교체의 짝을 이루는데, 모음의 차이는 대체로 색의 명도 차이를 나타낸다. ‘ᄑᆞᄅᆞ다-파라ᄒᆞ다’, ‘프르다-퍼러ᄒᆞ다’처럼 ‘-어ᄒᆞ다’가 결합하면 채도나 색상을 강화해 주는 것으로 보인다.[136] (190나)는 다양한 복합 색채어를 보여 준다.

15세기 한국어에서도 현대 한국어처럼 고유어의 특징의 하나로 소리나 모양을 모방한 의성어나 의태어가 발달해 있었다는 점을 들 수 있다.[137]

(191) ᄋᆡ,[138] 혝, 화, 뚝

(192) 가. ᄀᆞᆷᄌᆞᆨ, 설설, 어른, 구믈구믈, 너운너운, ᄆᆞᆯᄀᆞᆺᄆᆞᆯᄀᆞᆺ, 어른어른

135 ‘쟉다’, ‘젹다’와 ‘햑다’, ‘혁다’, ‘횩다’를 자음 교체로 볼 수 있을 듯하지만, ‘ㅈ-ㅎ’의 대응을 보이는 자음 교체가 없으므로 이들의 관계를 자음 교체로 보아야 할지 판단하기 어렵다.

136 현대 한국어로 오면서 ‘프르다’는 ‘푸르다’로, ‘파라ᄒᆞ다’는 ‘파랗다’로, ‘퍼러ᄒᆞ다’는 ‘퍼렇다’로 형태가 변했고, ‘ᄑᆞᄅᆞ다’는 더 이상 사용되지 않는다. 현대 한국어에서 ‘푸르다’와 ‘파랗다’가 ‘청색’과 ‘녹색’을 나타낼 때 혼동되는 것은 ‘ᄑᆞᄅᆞ다’가 가지던 의미 영역이 ‘푸르다’와 ‘파랗다’에 분산되게 된 것과도 관련이 있는 것으로 보인다. 이에 대한 자세한 논의는 11.5.3.2.에서 언급된다.

137 의성어와 의태어는 대체로 부사에 속하는 어휘들을 가리킨다. 그렇지만 우리는 부사와 감탄사를 포함하여 소리나 모양을 나타내는 말을 포괄적으로 다루기로 한다.

138 ‘ᄋᆡ’는 10.2.2.4.에서 논의한 것처럼 감탄사로 쓰이므로 주로 부사를 포함하는 의성어에서 제외할 수 있지만 소리를 나타낼 수 있다는 점에서 여기에서 같이 다루기로 한다.

나. ᄀᆞᆽᄀᆞ지, 어득히, 직직이, 칙칙이, 특트기, 다복다보기, 어득어
드기

(191)은 15세기 한국어에 나타나는 의성어들로 15세기 자료가 대부분 문어 자료이므로 문증(文證)되는 예가 많지 않다. (192)는 의태어들인데, 현대 한국어처럼 다양한 예가 문증되지는 않지만 의성어보다는 상대적으로 예가 많이 나타난다. (192가)와 달리 (192나)는 '-이'가 더 결합한 예들이다. 의성어나 의태어는 구어에 많이 나타나게 되는데, 15세기 한국어의 자료는 언해서가 대부분을 차지한다는 자료상의 한계로 의성어나 의태어가 많이 나타나지 않은 것으로 보인다.

참고 16 **15세기 한국어 의성어들의 의미**

의성어는 발화 상황에 따라 하나의 형태가 다양한 의미를 표현하므로 의미를 단정하기는 어렵다. 대체로는 'ᅌᅵ'는 현대 한국어 '아'나 '야'에 가깝고, '헥'은 현대어의 '헉'에 가까우며, '화'는 '허'에 가깝고, '뿍'은 '툭'에 가까운 의미로 쓰였던 것으로 보인다.

10.4.2.2. **한자어**

기원을 전후하여 한자와 한문을 받아들이게 되면서 한국어 어휘에는 한자어가 지속적으로 증가하게 되었다. 현대 한국어만큼 높은 비중은 아닐지라도 15세기 한국어에는 이미 한자어가 대량으로 침투해 있었다. 우리가 잘 알고 있는 『훈민정음(訓民正音)』 언해본에서만 보아도 '중국(中國), 문자(文字), 백성(百姓), 위(爲)ᄒᆞ다, 편안(便安)ᄒᆞ다'와 같은 한자어들이 사용되고 있음을 알 수 있다.

15세기 한국어에 쓰인 한자어의 예를 들어 보기로 하자.

(193) 가. 군(軍), 도(道), 병(病), 수(數), 옥(玉), 용(龍), 가신(家臣), 간과(干戈), 강촌(江村), 건곤(乾坤), 곡식(穀食), 국화(菊花), 근본(根本), 기약(期約), 기운(氣運), 난세(亂世), 낭군(郎君), 노인(老

人), 만리(萬里), 본래(本來), 본향(本鄕), 서신(書信), 선생(先生), 수건(手巾)

나. 겸(兼)ᄒᆞ다, 고(告)ᄒᆞ다, 구(求)ᄒᆞ다, 노(怒)ᄒᆞ다, 대(對)ᄒᆞ다, 병(病)ᄒᆞ다, 경계(警戒)ᄒᆞ다, 고소(告訴)ᄒᆞ다, 곤궁(困窮)ᄒᆞ다, 망망(茫茫)ᄒᆞ다, 상대(相對)ᄒᆞ다

다. 감(敢)히, 난(難)히, 능(能)히, 세(細)히, 친(親)히, 행(幸)히, 자세(仔細)히

(193가)는 명사로 쓰인 한자어를 보여 주고, (193나)는 'ᄒᆞ다'와 결합하여 동사나 형용사로 쓰이는 한자어를 보여 주며, (193다)는 'ᄒᆞ다'를 갖는 단어에 다시 '-이'가 결합하여 부사로 쓰이는 예를 보여 준다.

우리나라에서는 일찍이 『논어(論語)』를 비롯한 중국의 고전을 교육하였으며, 그 결과로 중국의 고전을 통해 수많은 한자어 어휘들이 우리말에 들어오게 된다. 하지만 우리나라나 일본에서 만들어진 한자가 사용되고 있기도 하다. 또한 불교의 전파와 함께 불교 관련 용어가 우리말에 한자어의 형태로 들어오기도 하였다.

다음은 15세기 한국어에서 사용된 불교 관련 한자어들이다.

(194) 가. 가사(袈裟),[139] 건달바[乾達婆],[140] 아수라(阿修羅)

나. 세존(世尊), 여래(如來), 출가(出家), 해탈(解脫), 열반(涅槃), 극락(極樂)

139 '가사(袈裟)'는 15세기 한국어 자료가 아닌 16세기 한국어 자료에서 나타나지만 15세기에도 있었을 것으로 추정된다.

140 '건달바[乾達婆]'는 11.5.2.2.에서 언급될 것인바, 고대 한국어 단계에서도 이미 문증되지만 여기에서 같이 다룬다.

(194가)는 산스크리트어를 음역(音譯)한 것으로 엄밀하게 말하면 외래어에 가까운 것이고, (194나)는 의역(意譯)한 한자어이다. 불교 용어들은 종교와 같은 문화적인 요소의 전파가 어휘의 차용이나 형성에 주는 영향을 잘 보여 준다.

한자어는 외래적인 요소였으나 우리말에 동화되면서 고유어화를 경험하기도 한다. 15세기 한국어 문헌의 경우 한자어는 한자로 표기하는 것이 일반적이었지만 일부 한자어는 한글로 표기되기도 하였다.

(195) 가. 두어 ᄌᆞᇇ 巫峽엣 수리오 [두어 잔 무협에서의 술이고] 〈두시초 8:46〉

숤 盞[141] ᄋᆞᆯ 해 머그니 [술잔을(술을) 많이 먹으니] 〈두시초 8:50〉

나. ᄆᆞᅀᆞᆷ 자보ᄆᆞᆯ 근원을 알ᄉᆡ [마음 잡음을 근원을 알새] 〈두시초 24:7〉

됴ᄒᆞᆫ 根源으로 西方 極樂 世界예 나고져 [좋은 근원으로 서방 극락 세계에 나고자] 〈석상 9:18〉

141 중세 한국어에서도 '숤 盞'을 '숤盞'으로 보아 합성어로 볼 수도 있다.

(195가)의 '잔/盞', (195나)의 '근원/根源'은 한자어가 한글로 표기되기도 하고 한자로 표기되기도 하는 예이다. 이런 예에는 이 밖에도 '반(半), 법(法), 긔운(氣運), ᄂᆡ실(來日), 만일(萬一), 샹녜(常例), 쟝ᄎᆞ(將次), 젼(全)혀, ᄒᆡᆼ(幸)혀, 위(爲)ᄒᆞ다' 등이 더 있었다. 한자어가 한글로 표기된 것은 이 어휘들이 언중에게 한자어로 잘 인식되지 않았기 때문으로 생각된다.

10.4.2.3. **외래어**

현대 한국어만큼 많지는 않았지만 15세기 한국어 어휘 중에도 고유어와 한자어뿐만 아니라 외래어가 존재했다.[142]

142 외래어는 8.2.1.4.에서 설명한 것처럼 '외국에서 들어온 말로 우리말처럼 쓰이는 단어'를 말한다. 다만 다른 나라에서 들어왔다 하더라도 우리말 한자음으로 읽히는 한자어는 외래어와 구분하므로 우리말 어휘는 기원에 따라 고유어, 한자어, 외래어로 구분할 수 있다. 외래어에는 중국 구어에서 들어와 우리나라 한자음으로 읽히지 않는 '퉁[銅], 훠[靴], 보비[寶貝], 비단[匹段]' 등도 포함된다.

(196) 퉁[銅], 훠[靴], 노[羅], 갸ᄉᆞ[椀楪],[143] 보ᄇᆡ[寶貝], 비단[匹段], 쳔[錢], 쳔량[錢糧]

(197) 도롱태[매의 한 종류], 사오리[발돋움], 타락[駝酪, 우유와 유사한 음식]

(198) 투먼[豆漫, 두만강], 퉁건[童巾, 종성의 옛 지명]

143 그릇 따위의 세간붙이를 말한다.

(196)은 중국어 구어 차용어로 한국 한자음으로 읽히지 않는다. 중국어 구어 차용어는 이미 고대 한국어 시기에 들어온 '붓', '먹' 등이 있었으며, 중세와 근대에 이르기까지 지속적으로 우리말에 들어오게 되었다.

(197)은 몽골어 차용어 중에서 15세기 문헌에서 문증되는 예이다. 16세기 이후 자료에서도 '가라(ᄆᆞᆯ), 간쟈(ᄆᆞᆯ), 갈지게, 고도리, 고ᄃᆞᆯ개, 고라(ᄆᆞᆯ),

구렁ᄆᆞᆯ, 궈진, 나친, 바오달, 숑골, 악대, 졀다(ᄆᆞᆯ), 털릭' 등 많은 예들이 문증되는데, 이들도 고려 말 원나라와의 교섭 과정에서 들어온 것으로 생각되므로 15세기 한국어에도 쓰였을 것으로 보인다.

(198)은 여진어의 흔적을 보이는 사례이다. 여진어는 우리말 어휘에 함경도 지방의 지명으로 남아 있는데, '투먼(강 이름)'은 여진어로 '萬'을 나타내고 '퉁건('종성'의 옛 지명)'은 여진어로 '鼓'를 나타낸다.

참고 17 몽골어 차용어 '바톨'

『용비어천가(龍飛御天歌)』에는 이성계가 전라도 운봉에서 왜적을 물리칠 때 16살 밖에 안 되는 용감한 적장이 있어 우리 군사가 이를 '아기바톨[阿其拔都]'이라고 불렀다는 기록이 나온다. '아기바톨'에서 '아기'는 고유어 '아기'이고 '바톨'은 몽골어 'ba'ature(勇士)'에서 온 외래어였던 것이다. 참고로 현재 몽골의 수도 이름인 '울란바토르(Ulan Bator)'는 '붉은 용사(영웅)'라는 뜻으로 중세 몽골어가 이어지고 있음을 알 수 있다.

10.4.3. 어휘 관계

어휘 관계란 개별 어휘가 다른 어휘와 맺고 있는 관계를 말하는 것으로 주로 의미적인 관계에 따라 단어들이 연결되는 양상을 말한다. 어휘 관계에는 동의 관계, 반의 관계, 상하 관계, 합성 관계, 연어 관계, 관용 관계, 다의 관계, 동음 관계 등이 있다. 어휘 관계를 논의하기 위해서는 어휘들의 미묘한 의미 차이를 알아야 하지만 15세기 한국어 자료는 어휘 관계에 대한 세밀한 논의가 가능할 정도로 충분하지 못하며 우리는 그 당시 어휘들의 의미에 대한 직관이 없으므로 이러한 다양한 어휘 관계를 모두 논의하기는 어렵다. 여기에서 우리는 여러 가지 어휘 관계 중에서 동의 관계, 반의 관계, 동음 관계를 이루는 어휘를 중심으로 간략하게 논의할 것이다.

10.4.3.1. 동의어

동의 관계를 이루는 어휘들을 동의어라고 한다.[144] 15세기의 동의어는 제법 다양한 양상으로 나타난다. 특히 고대부터 계속된 한자어의 대규모

144 8.2.2.2.에서 언급했듯이 완전하게 같은 의미를 가지는 단어들이 존재하기는 어렵다는 점에서 유의 관계, 유의어를 쓰기도 하지만 유의 관계나 유의어는 범위가 지나치게 넓어질 수 있으므로 동의 관계, 동의어를 사용하기로 한다. 우리 책에서 사용하는 동의어는 완전 동의어뿐 아니라 부분 동의어를 포함하는 개념이다.

유입으로 고유어와 한자어 동의어가 대규모로 나타나게 되었다. 이런 점을 고려하여 고유어끼리의 동의어, 고유어와 한자어의 동의어, 한자어끼리의 동의어로 나누어 논의하고자 한다.

고유어-고유어 동의어

먼저 15세기 한국어에 나타나는 고유어끼리의 동의어를 살펴보기로 하자.

(199) 가. 거츤 드르헤 누이며 [거친 들에 누이며] 〈월석 18:39〉

나. 거츤 ᄆᆡ헤 뉘이며 [거친 들에 누이며] 〈법화 6:154〉

(200) 가. 藥이 發ᄒᆞ야 가ᄉᆞᆷ 닶겨 [약이 발하여 가슴이 답답하여(답답하게 여겨)] 〈월석 17:16〉

나. 藥이 發ᄒᆞ야 안 닶겨[145] [약이 발하여 속이 답답하여(답답하게 여겨)] 〈법화 5:151〉

(201) 가. 그 집 소배 잇더니 [그 집 속에 있더니] 〈월석 20:22〉

나. 그 집 안해 잇더니 [그 집 안에 있더니] 〈법화 2:57〉

(199가, 나)의 '드릏'과 'ᄆᆞᇂ'은 현대 한국어 '들' 정도의 의미로 쓰이는데, 동일한 원문의 '荒郊'의 번역에 사용되었다. 다른 문헌에서도 두 어휘의 차이를 명시적으로 말하기는 어렵다. 이에 비해 (200가, 나)의 '가ᄉᆞᆷ'과 '안(않)'은 '가ᄉᆞᆷ'이 '신체의 일부'와 '속(마음)'의 의미를 모두 가지는 것에 비해 '안(않)'은 '신체의 일부'라는 의미를 가지지 않는다는 점에서 특정한 용법에서만 동의어임을 알 수 있다. 즉, (201가, 나)에서 볼 수 있듯이 '않'은 '속'의 의미를 가지고 있으므로 '속'의 의미를 가지는 15세기 어휘 '솝'과 동의어를 이루지만, '가ᄉᆞᆷ'은 그렇지 않다. 이를 고려하면 '드릏'과 'ᄆᆞᇂ'는 완전 동의어에 가깝고, '가ᄉᆞᆷ'과 '않'은 부분 동의어에 더 가깝다.

부분 동의어를 포함하여 15세기 한국어에서 고유어끼리 동의어로 쓰이는 어휘들을 제시하면 다음과 같다.

145 『우리말 큰사전』에서는 '안닶기다'를 합성어로 보고 있지만 '안'과 '닶기다'가 각각 자립적인 단어로 쓰이므로 우리는 하나의 단어가 아닌 것으로 파악한다.

(202) 가. 골와라-골, ᄢᅳ-제, ᄀᆞᇫ-겯, 놈-사ᄅᆞᆷ, ᄯᅡᇂ-곧, ᄯᅡᇂ-ᄃᆡ, ᄠᅳᆮ-ᄆᆞᅀᆞᆷ, 막다히-매, 빋-값, 불-디위, 아래[146]-녜, 양자-얼굴, 적-ᄢᅳ, 적-제, 젼ᄎᆞ-닷, ᄒᆞᆰ-ᄯᅡᇂ, 흥졍바지-흥졍ᄒᆞ리

나. 가ᄉᆡ다-시들다, 가지다-디니다, 가ᄌᆞᆯ비다-비기다, 거르ᄠᅱ다-건너ᄠᅱ다, 견주다-가ᄌᆞᆯ비다, 고티다-밧고다, 굵다-멀텁다, 굵다-크다, 그르다-어긔다, 그릇다-외다, ᄀᆞ리다-막다, ᄉᆞᆯ다-펴다, 나ᄆᆞ라다-구진다, 너기다-삼다, 더블다-ᄃᆞ리다, 두립다-저프다

다. 고대-바ᄅᆞ, 곧-즉재, 골오-ᄒᆞᆫ가지로, 그르-외오, ᄀᆞᄆᆞ니-그ᅀᅳ기, ᄀᆞ장-키, ᄂᆞ외야-다시, 다ᄆᆞᆫ-오직, 다시-ᄯᅩ, 당다이-반ᄃᆞ기, 더욱-더, 만히-해, 모로매-반ᄃᆞ기

(202가)는 명사 동의어의 예, (202나)는 동사와 형용사 동의어의 예, (202다)는 부사 동의어의 예들이다.

고유어-한자어 동의어

이미 언급한 것처럼 15세기 한국어 당시에는 한자어가 이미 대규모로 유입되어 사용되고 있었으므로 고유어와 한자어의 동의어가 상당히 많이 나타난다. 15세기 한국어에서 고유어와 한자어의 동의어로 볼 수 있는 어휘들을 제시하면 다음과 같다.

(203) 가. 가ᄫᆞᆫᄃᆡ-중(中), 귀-이(耳), ᄀᆞᄅᆞᆷ-강(江), 나모-수목(樹木), 녁-방면(方面), 눈-안(眼), 뉘-세(世), 뎡바기-정(頂), 드틀-진(塵), ᄃᆞᇙ-등(等), 묗-산(山), ᄆᆞᅀᆞᇙ-취락(聚落), 손-객(客), 쉰-오십(五十), ᄉᆞᅀᅵ-중간(中間), 아ᅀᆞᆷ-종친(宗親)

나. 가지다-취(取)ᄒᆞ다, 가ᄌᆞᆯ비다-비유(譬喩)ᄒᆞ다, 거느리다-영(領)ᄒᆞ다, 거리다-제도(濟度)ᄒᆞ다, 고티다-개(改)ᄒᆞ다, ᄭᅮ미다-장엄(莊嚴)ᄒᆞ다,[147] 굳다-견고(堅固)ᄒᆞ다, 굿블이다-항복(降服)히다, 궂다-추(醜)ᄒᆞ다, 긏다-단(斷)ᄒᆞ다

146 뒤에서 설명할 것인바, 15세기 한국어에서는 '下'의 뜻을 가지는 '아래(평거)'와 '前'의 뜻을 가지는 '아래(상거/상평)'가 성조에 의해 구분되었다. '녜'의 동의어는 물론 후자이다.

147 '장엄ᄒᆞ다'의 현대 한국어 형태는 '장엄하다'인데, 불교 용어로서 '아름다운 것으로 국토를 꾸미고, 훌륭한 공덕을 쌓아 몸을 장식하고, 향이나 꽃 따위를 부처에게 올려 장식하다'의 의미로 쓰인다.

다. 그스기-비밀(祕密)히, 기리-영(永)히, ᄀ장-지극(至極), 두려ᄫᅵ/두려이-원(圓)히, 믄득-홀연(忽然)히, ᄲᆞᆯ리-시급(時急)히, 잘-능(能)히, 제여곰-각각(各各)

(203가)는 명사 동의어의 예, (203나)는 동사와 형용사 동의어의 예, (203다)는 부사 동의어의 예들이다.

고유어는 오랫동안 한국어에서 사용되면서 다양한 의미로 사용되는 경우가 많지만 한자어는 다의성이 덜하여 아래의 예에서 볼 수 있듯이 하나의 고유어가 둘 이상의 한자어와 동의어를 이루는 경우도 흔히 나타난다.

(204) 가. 이 三乘 가ᄌᆞᆯ비신 그릐 남기 兼커늘 [이 삼승 비유하신 글이 나무가 겸하거늘] 〈월석 13:38〉

나. 이ᄂᆞᆫ 三乘을 가ᄌᆞᆯ비샤 文이 樹木이 兼ᄒᆞ샤ᄃᆡ [이는 삼승 비유하시어 글이 수목이 겸하시되] 〈법화 3:3〉

(205) 가. 아래 正히 니ᄅᆞ샨 그레 [아래 정히 이르신 글에] 〈법화 1:133〉

나. 아래 正히 니ᄅᆞ샨 文字애 [아래 정히 이르신 문자(문장)에] 〈월석 11:96〉

(204가, 나)는 '글-문(文)'이 동의어임을 보여 주고, (205가, 나)는 '글-문자(文字)'가 동의어임을 보여 준다. 이를 고려하면 15세기 한국어에서 고유어 '글'은 한자어 '문(文)', '문자(文字)' 두 단어와 동의어를 이루고 있음을 알 수 있다. 이처럼 하나의 고유어가 둘 이상의 한자어와 동의어를 이루는 것에는 '나랗-국계(國界), 국토(國土)', '겨집-여인(女人), 부녀(婦女)', 'ᄠᅳᆮ-정(情), 의취(義趣)', '밑-근원(根源), 본(本)', 'ᄆᆞᅀᆞᆷ-심(心), 심지(心地)', '소리-음(音), 음성(音聲)' 등이 더 있다.[148]

148 물론 많지는 않지만 한자어인 '색(色)'에 대해 고유어 'ᄂᆞᆾ'과 '빛'이 동의어로 쓰여 하나의 한자어가 둘 이상의 고유어와 동의어를 이루기도 한다.

한자어-한자어 동의어

고유어끼리 동의어나 고유어와 한자어 간의 동의어에 비해 그 수가 매우 적지만 한자어끼리 동의어도 존재한다.

(206) 가. 千二百 八百 功德이샤 [천이백 팔백 공덕이야] 〈월석 19:10〉

나. 千二百 八百 功은 [천이백 팔백 공은] 〈법화 6:26〉

(206가, 나)는 동일한 원문을 번역한 것이다. (206가)에서는 '功德', (206나)에서는 '功'으로 표현하고 있어 두 어휘가 엄밀히 말하면 동의어로 보기는 어렵지만 동의어처럼 쓰이고 있음을 알 수 있다. 15세기 한국어에 나타나는 한자어 동의어들은 이처럼 한 어휘가 다른 어휘의 일부 요소만 사용하는 경우가 상당히 많다. 이런 유형에는 '경계(境界)-경(境)', '고뇌(苦惱)-고(苦)', '과보(果報)-보(報)', '광명(光名)-광(光)' 등이 있다. 물론 이들이 완전히 같은 의미로 보기는 어렵지만 이들이 동일한 원문의 번역에 쓰이는 것은 한자 글자 하나하나가 의미를 가지고 있어 한 글자만으로도 전체의 의미를 담당할 수 있는 경우가 많기 때문으로 생각된다.[149]

149 이런 유형이 모든 경우 대체될 수 없으므로 완전 동의어로 보기 어렵지만 앞에서 언급한 것처럼 동의어의 범위를 넓게 잡아 이런 예들도 동의어에 포함한다.

그 밖에 한자어끼리의 동의어 어휘를 제시하면 다음과 같다.

(207) 가. 도(道)-술(術), 훈(勳)-공(功), 근원(根源)-본(本), 기운(氣韻)-기분(氣分), 망량(妄量)-허망(虛妄), 백성(百姓)-인민(人民), 생사(生死)-사생(死生)

나. 구경(究竟)ᄒᆞ다-궁진(窮盡)ᄒᆞ다, 미(迷)ᄒᆞ다-미혹(迷惑)ᄒᆞ다, 찬탄(讚嘆)ᄒᆞ다-찬선(讚善)ᄒᆞ다, 친근(親近)ᄒᆞ다-친(親)ᄒᆞ다, 빈궁(貧窮)ᄒᆞ다-간난(艱難)ᄒᆞ다, 안(安)ᄒᆞ다-편안(便安)ᄒᆞ다, 위두(爲頭)ᄒᆞ다-승(勝)ᄒᆞ다

다. 각별(各別)히-특별(特別)히, 급(急)히-시급(時急), 진실(眞實)로-실(實)로

(207가)는 명사 동의어의 예, (207나)는 동사와 형용사 동의어의 예, (207다)는 부사 동의어의 예들이다.

10.4.3.2. 반의어

15세기 한국어에도 두 어휘가 반의 관계를 이루는 반의어가 존재한다. 그런데 동의어들은 동일한 원문을 다르게 번역하는 자료 등을 통해 확인할 수 있지만, 반의어는 이런 문헌이 없고 정확한 의미를 알아야 하기 때문에 반의어를 찾아내기가 매우 어렵다. 그러므로 여기에서는 지금까지 반의어로 언급된 15세기 한국어의 예를 가능하면 다양하게 찾아서 몇 가지 유형으로 나누어 간략하게 살펴보고자 한다.

반의 관계는 8.2.2.2.에서 언급한 것처럼 다시 '상보 반의', '등급 반의', '관계 반의'로 나눌 수 있다. 다음의 예들은 15세기 한국어의 반의어들이다.

(208) 가. 남진(남자)-겨집(여자)
　　나. 잇다-없다, 살다-죽다, 알다-모르다
(209) 가. 더ᄫᅱ-치ᄫᅱ, 져므니-늘그니
　　나. 덥다-칩다, 깊다-녙다, 넙다-좁다
　　다. 수ᄫᅵ-어려ᄫᅵ, 머리-갓가ᄫᅵ
(210) 가. 앒-뒿, 형-아ᅀᆞ, 아비-아ᄃᆞᆯ
　　나. 주다-받다, ᄑᆞᆯ다-사다, 나ᅀᅡ가다-드러오다

(208)은 상보 반의어들인데, (208가)는 명사, (208나)는 동사나 형용사의 예이다. (209)는 등급 반의어들인데, (209가)는 명사, (209나)는 형용사, (209다)는 부사의 예이다. (210)은 관계 반의어들인데, (210가)는 명사, (210나)는 동사의 예이다.

동의어들이 어휘들 간의 경쟁으로 15세기 이후 현대 한국어로 오면서 많은 변화를 보여 주는 것과는 달리 반의어들은 큰 변화를 보이지 않았다. 위에서 제시한 반의어들은 형태나 의미에서 약간의 변화를 가지게 되었지만 대체로 현대 한국어로 이어진다.

10.4.3.3. 동음어

동음 관계는 하나의 표현에 여러 개의 의미가 결합되는 관계이다. 그런데 다의 관계가 하나의 단어가 여러 의미를 가지는 것과는 달리 동음 관계는 다른 단어가 우연히 형태(소리)가 같아서 나타나는 관계이다.

15세기 한국어에서도 현대 한국어와 마찬가지로 동음 관계를 가지는 동음어들이 존재한다. 15세기 한국어에 나타나는 특징적인 동음어를 몇 가지 유형으로 나누어 살펴보기로 하자.

(211) 가. 나ᄅᆞᆯ 겨집 사ᄆᆞ시니 [나를 아내로 삼으시니] 〈석상 6:4〉
　　나. 나 져믄 弟子와 [나이 어린 제자와] 〈법화 1:18〉

(211가)는 '나', (211나)는 '낳'이지만 'ㅎ' 말음이 실현되지 않는 환경에서는 동음 관계를 이루게 된다. 이처럼 환경에 따라 동음어가 되기도 하고 그렇지 않기도 하는 부분 동음어에는 '낮-낮', '내[臭]-냏[溪]', 'ᄂᆞᆯ[生]-ᄂᆞᆶ[刃]-ᄂᆞᆶ[經]' 등 제법 많이 있다.

위에서 언급한 '나-낳, '내-냏'은 환경에 따라 동음어인지 여부가 달라질 뿐만 아니라 성조에서도 차이가 있다. 한편, 환경에 따른 차이 없이 자모의 구성이 동일하지만 성조에서 차이를 보여 완전한 동음어로 보기 어려운 예도 존재한다.

(212) ᄇᆡ[腹](거)-ᄇᆡ[梨](평), 아래[下](평거)-아래[前](상거/상평), 니ᄅᆞ다[說](평평)-니ᄅᆞ다[至](평거/거거)

(212)의 'ᄇᆡ-ᄇᆡ', '아래-아래', '니ᄅᆞ다-니ᄅᆞ다'는 15세기 한국어에서는 성조의 차이를 보이므로 완전한 동음어로 보기는 어렵다. 이 중 '아래[前]'의 경우는 현대 한국어 표준어에서 쓰이지 않지만[150] 나머지 어휘들은 형태만 바뀐 채 지금도 사용되며, 성조가 사라진 현대 한국어 표준어에서 음장 면에서도 일치하는 동음어를 이루고 있다.

150 '前'의 의미를 가지는 '아래(상거/상평)'는 표준어에서는 남아 있지 않지만 방언에서는 '어제', '그저께' 정도의 의미를 가진 말로 남아 있다.

15세기 한국어에서 성조마저도 같은 완전 동음어도 존재했음은 물론이다.

(213) 일(一)-일[早], 머리[頭]-머리[遠], 니[齒]-니[虱], 춤[舞]-춤[唾]

(213)은 성조도 같은 완전 동음어의 예들이다.

10.4.4. 어휘의 변이

어휘는 음운, 형태, 통사, 의미 등 모든 측면에서 다양한 변이를 가진다. 15세기 한국어도 지역적 변이와 사회적 변이를 가지고 있었던 것으로 생각된다. 하지만 자료의 제약으로 인해 이에 대해 자세하게 논의하기는 어렵다. 여기에서는 15세기 한국어에서 특별한 형태적인 변이를 보이는 몇 가지 예와 사회적인 변이의 일종으로 볼 수 있는 공대말과 겸사말을 언급하는 것으로 논의를 마치려 한다.

15세기 한국어 어휘들은 다음과 같은 다양한 변이를 보여 준다.

(214) 막다히-막대, ᄀᆞᆮᄒᆞ다-ᄀᆞᇀ다, 오ᄋᆞᆯ오다-올오다, 이긔다-이기다

(215) 바닿-바ᄅᆞᆯ, 드틀-듣글, 두텁다-둗겁다, ᄆᆞ니다-ᄆᆞᆫ지다, 여믈다-염글다, 져믈다-졈글다, 반ᄃᆞ기-반ᄃᆞ시, 믄득-믄듯

(214)의 예들은 음운의 변화나 음운 규칙의 적용 여부의 차이를 보여 주는 짝들이다. 이들은 같은 시기에 구형과 신형이 공존하는 것으로 설명하거나 수의적인 변이형이 공존하는 것으로 설명할 수 있을 것이다.

(215)의 예들은 이른바 쌍형어(doublet)로 불리는 것들로 음운 규칙으로 설명하기가 매우 어렵다. 예를 들어 '드틀'과 '듣글'의 변화를 설명하기 위해서는 '듣글'의 제2음절 'ㄱ'이 'ㅎ'으로 변한 것이 '드틀'이라고 설명하여야 하는데, 이를 15세기 한국어의 공시적인 규칙으로 상정하기는 쉽지 않다.[151] 이에 대해서는 기원적으로는 동일한 형태였던 것이 방언형에서 독자적으로 발달하였고, 이 시기에 다른 방언에서 사용되던 형태가 차용된 것으로 설명하는 것이 일반적이다.

151 15세기 한국어보다 이른 시기에는 이런 규칙이 가능했을 것으로 보인다.

15세기 한국어에는 현대 한국어와 마찬가지로 어휘에 의해 높임을 표현하는 어휘적인 표현들이 나타난다.

(216) 가. 누의님, 스승님, 아바님, 어마님, 아ᄃᆞ님/아드님, 아ᅀᆞ님, 아자바님/아ᄌᆞ바님, 한아버님, 형님, 즁님

나. 그듸/그디/그ᄃᆡ, ᄌᆞ갸

(217) 가. 겨시다, 좌시다[152]

나. ᄉᆞᆲ다, 엳ᄌᆞᆸ다, 뵈다, 뵈ᅀᆞᆸ다, 드리다, 뫼시다, 뫼ᅀᆞᆸ다, 뫼시ᅀᆞᆸ다[153]

(216가)는 현대 한국어와 마찬가지로 15세기 한국어에서도 상대를 높이는 접미사 '-님'이 결합한 어휘가 활발하게 쓰였음을 보여 준다. (216나)는 대명사들로서 10.2.2.2.에서 언급한 것처럼 '그듸/그디/그ᄃᆡ'는 2인칭 대명사의 공대말이고, 'ᄌᆞ갸'는 재귀칭(재귀 대명사)의 공대말이었다. (217가)는 주어로 실현되는 존경의 대상을 높이는 표현들이었다. (217나)는 목적어나 부사어 등을 높이고 주어 혹은 화자를 낮추어 겸양의 의미를 표현할 때 사용하는 어휘들이다. 15세기 한국어에서는 아직 '진지', '뫼', '주무시다' 등은 문증되지 않는다.

152 15세기 한국어에서는 '飯'의 의미로 '좌ᄒᆞ다'가 쓰이는데 이 '좌ᄒᆞ다'에 '-시-'가 결합되고 'ᄒᆞ'가 탈락한 형태가 '좌시다'로 생각된다. 따라서 '좌시다'에서 '-시-'가 분석될 수 있지만 이 '좌시다'가 주로 결합형으로 쓰여 높임을 나타내므로 여기에 제시하였다.

153 '엳ᄌᆞᆸ-'는 '엳-+-ᄌᆞᆸ-', '뵈ᅀᆞᆸ다'은 '뵈-+-ᅀᆞᆸ-', '뫼시ᅀᆞᆸ-'은 '뫼시-+-ᅀᆞᆸ-'으로 분석이 가능하지만 흔히 결합하여 쓰이므로 여기에서 같이 제시하였다.

제11장 한국어의 역사

11.1. 한국어사 연구의 범위와 필요성

11.1.1. 한국어사의 개념

한국어사는 예전부터 현재에 이르기까지 한국어가 시대의 흐름에 따라 변천되어 온 역사를 가리킨다. 언어는 어느 한 순간도 고정되어 있지 않고 끊임없이 변화를 겪게 된다. 이러한 변화는 음운, 형태, 통사, 어휘 등 언어의 모든 층위에서 일어난다. 한국어사에서는 한국어가 지금까지 어떤 변화를 거쳐 현재에까지 이르렀는지를 체계적으로 설명하게 된다.

한국어사 연구에서 다루는 내용은 여러 가지이다. 우선 현대 한국어 이전 시기의 한국어가 어떤 모습을 지녔는지 연구한다. 가령 고대 한국어나 중세 한국어 시기의 음운 체계나 단어 형성, 문장 구조 등은 어떠했는지를 자료에 근거하여 탐구한다. 또한 각 시기별 한국어의 모습이 구체화되면 시간의 흐름에 따라 어떠한 변화가 일어났는지도 알 수 있다. 이상과 같이 각 시대별 한국어의 모습과 변천을 알아내는 것은 한국어사의 일차적 연구 주제가 된다.

그러나 한국어사의 연구 내용은 이보다 더 다양하다. 현재보다 앞선 시기로 계속 거슬러 올라가면 한국어의 형성과 계통의 문제와 맞닿게 된다. 한국어가 어떤 언어들과 관계를 맺으며 형성되어 왔는지를 다루는 계통론의 문제는 한국어사의 중요 연구 주제이다. 또한 한국어와 다른 언어 사이의 영향 관계도 한국어사에서 다루게 된다. 한국어와 인접 언어 사이에는 단어의 차용은 물론이고 여러 가지 언어적 간섭을 주고받아 왔는데 이러한 측면들도 한국어사에서 밝혀야 할 부분이다. 한국어의 변화와 관련된 모든 내용들은 한국어사의 연구 범위에 든다고 보아도 무방하다.

한국어사 연구의 의의는 여러 측면에서 살펴볼 수 있다. 무엇보다도 한국어사의 연구는 현대 한국어를 이해하는 데 큰 도움을 준다. 현대 한국어의 특이한 언어 사실은 대체로 한국어사 연구를 통해 납득할 수 있는 경우가 많다. 가령 '개(犬)'라는 단어가 접두사 '수-'나 '암-'과 결합하면 '수캐, 암캐'와 같이 '캐'로 나타나는 현상이 있다. 이러한 특이성은 예전에 '수-'나 '암-'이 'ㅎ'으로 끝나는 명사였다는 사실을 알게 되는 순간 궁금증이 해소된다. '수'나 '암'의 'ㅎ'이 '개'와 합쳐져 '캐'가 되었다는 것이 자명해지기 때문이다.

한국어사 연구는 현대 방언 사이의 차이를 설명하는 데에도 유리하다. 예를 들어 '말(馬)'이라는 단어는 남부나 북부의 일부 방언에서는 '몰'로 나타난다. 이러한 방언 차이는 이 단어가 예전에 'ᄆᆞᆯ'이었으며 양순음 뒤의 'ㆍ'가 어떤 방언에서는 'ㅏ'로 바뀌고 어떤 방언에서는 'ㅗ'로 바뀌었다는 한국어사적 고찰을 통해 충분히 해명된다.

한국어사 연구는 우리 민족의 문화를 이해하는 데에도 도움이 된다. 언어는 삶과 함께해 왔으므로 한국어가 우리 민족의 삶과 밀접한 관련을 맺고 있다는 것은 부인할 수 없다. 한국어 속에 흔적으로 남아 있는 옛 모습들은 한국어뿐만 아니라 역사나 문화를 이해하는 데에도 매우 중요하다. 이것은 역으로 한국어사를 연구할 때 한국어와 관련을 맺는 여러 요소들을 종합적으로 고려할 필요가 있음을 말해 주기도 한다.

한국어사 연구를 통해 예전의 문학 작품을 온전하게 이해하는 데 도움을 얻을 수도 있다. 현대 한국어 이전 시기에 당시 언어로 적힌 문학 작품들을 정확히 해독하기 위해서는 그 당대의 언어를 올바르게 파악해야 한다. 특히 현대로부터 시기적으로 멀리 떨어져 있는 문학 작품일수록 한국어사에 대한 이해가 선행될 필요가 있다. 이처럼 한국어사에 대한 연구는 한국어의 본질 파악은 물론이고 인접한 다른 분야의 이해를 위해서도 중요한 의미를 지닌다.

11.1.2. 한국어의 계통과 형성

전 세계의 언어에는 수천 개가 있는 것으로 조사되었는데 그 계통에 따라 몇 부류로 묶을 수 있다. 일반적으로 동일한 조상에서 분리되어 나왔으리라 추정되는 언어들을 하나의 어족(language family)으로 묶게 된다. 한국어가 어느 어족에 속하는지에 대해서는 적지 않은 논란이 있지만 비교적 구체적인 논의가 이루어진 견해는 알타이 어족 가설이다.[1] 알타이 어족은 크게 몽골어 계통, 만주어 계통, 터키어 계통, 한국어 계통의 네 부류로 이루어졌다고 보고 있다.

1 예전에는 우랄·알타이 어족에 속한다고 보기도 했으나 현재는 우랄어족과 알타이 어족을 분리하여 서로 다른 어족으로 보고 있다. 한국어가 알타이족에 속하는지 여부에 대한 논의가 쉽지 않은 것은 고대 이전의 자료가 충분하지 못하기 때문이다. 한국어가 알타이 어족에 속하는지 단정하기 어렵지만 우리 책에서는 일단 알타이 어족 가설에 따라 논의를 진행한다.

알타이 어족은 다른 어족과 비교해 다음과 같은 공통점을 가지고 있다.

(1) 가. 모음 조화 현상이 존재한다.
　나. 단어의 첫머리에 오는 자음에 특별한 제약이 존재한다.
　다. 교착어(膠着語)에 속한다.
　라. 문법적 기능을 하는 자음 교체 및 모음 교체가 없다.
　마. 접속사가 없는 대신 용언의 연결형과 같은 부동사가 존재한다.

(1가)의 모음 조화는 한 단어 내에서 동일한 특징을 공유하는 모음들끼리 어울리는 현상을 가리킨다. 모음 조화는 여러 언어에서 보이지만 알타이어와 인접한 다른 언어에서는 잘 보이지 않는다. 그러므로 몽골어를 비롯한 알타이어들이 모음 조화를 보인다는 것은 중요한 계통론적 특징에 속한다.

(1나)에서 언급한 것처럼 알타이 어족의 언어들은 단어의 첫머리에 자음군(子音群)이나 유음이 오는 것을 꺼리는 제약을 가진다.[2] 중세 한국어의 경우 'ᄡᆞᆯ'과 같이 어두 자음군이 오기도 했지만 이것은, 이것은 '*ᄇᆞᄉᆞᆯ'에서 어중 모음이 탈락하여 의해 일시적으로 생겨난 것일 뿐 기원적으로는 어두에 자음군이 있었다고 보기 어렵다. 또한 한자어를 받아들이는 과정에서 '로인(老人)' 대신 '노인'으로 받아들이는 등 'ㄹ'이 단어의 첫머리에 오지 않는다. 알타이 어족의 언어들은 공통적으로 어두 제약을 가지고 있을 뿐만 아니라 그 제약의 내용이 비슷하다는 점에서 이런 제약은 알타이 어족

2 자음군이 어두에 못 오는 것은 음절의 초성에 대한 음절 구조 제약으로 보는 것이 더 정확하지만 단어 첫머리에 오는 자음 제약에 포함할 수도 있다.

언어들 간의 중요한 공통점이라고 볼 수 있다.

(1다)는 언어 유형론에서 흔히 언어들을 고립어, 굴절어, 교착어로 구분할 때 알타이 어족에 속하는 언어들은 교착어로 분류된다는 것을 말한다. 조사나 어미와 같이 문법적 기능을 실현하는 별도의 문법 형태소가 다수 존재하여 어간과 결합한다는 것은 알타이 어족에 인접한 중국어나 인도·유럽 어족 언어에서는 찾아보기 어렵다. 그러므로 교착어에 속한다는 점도 알타이 어족의 중요한 공통점이다.

(1라)는 위에서 설명한 교착어적 특성과도 관련이 있는데, 영어의 경우 'sing~sang~sung'처럼 모음 교체를 통해 문법적 기능을 실현하기도 하지만 알타이어들이 모음 교체나 자음 교체를 통해 이런 문법적 기능을 실현하는 경우가 없다. 이는 문법적 기능이 주로 조사나 어미와 같은 별도의 형태에 의해 실현되는 교착어적 특성을 가지기 때문으로 보인다. 앞에서 (3.2.1.3.과 10.2.1.1.) 언급한 것처럼 한국어의 경우 모음 교체나 자음 교체는 시제의 변화와 같은 문법적 기능을 실현하기보다 어감이 차이를 가지는 새로운 단어를 만드는 단어 형성의 기능을 실현한다.

(1마)는 한국어의 연결 어미처럼 용언 어간에 결합하되 진술을 완결 짓지 못하는 활용형, 이른바 부동사를 가지는 특성을 언급한 것이다. 알타이어의 경우 용언과 용언을 이을 때 별도의 접속사를 사용하기보다 주로 부동사를 사용한다. 이런 특성 역시 조사나 어미가 발달한 교착어적 특성과 관련이 있다.

이제 알타이 공통 조어로부터 한국어가 분화되는 과정을 간단히 살펴보기로 하자. 원시 알타이어는 네 부류의 언어가 분화되지 않은 상태로 있었다고 추정된다. 그 후 여러 언어들이 분기되어 나오면서 현재와 같은 상태에 이르는데, 그 과정은 다음과 같이 간략하게 도식화할 수 있다.

(2)

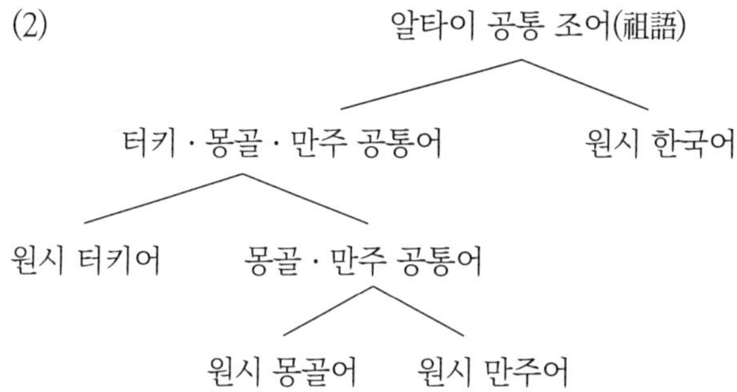

위의 그림에서 알 수 있듯이 알타이 어족을 이루는 네 개의 분파 중 한국어가 가장 먼저 분화되어 나왔다고 추정된다. 그러므로 한국어는 다른 세 부류의 언어와 가장 큰 차이를 보일 수밖에 없다.

알타이 공통 조어에서 분리된 원시 한국어가 어떤 모습이었는지 현재로서는 자세히 알 길이 없다. 다만 몇몇 단편적으로 남아 있는 자료를 통해 원시 한국어는 이후 북방계와 남방계의 두 부류로 분화되었을 것으로 생각된다. 북방계 한국어는 후대에 고구려어로 계승되고 남방계 한국어는 백제어와 신라어로 계승된다. 이후 신라가 삼국을 통일하면서 언어적인 통일이 이루어졌고, 그 언어가 한국어의 근간을 이루며 현재의 한국어로 이어지고 있다.

11.1.3. 한국어사의 시대 구분

한국어사의 시대 구분 방법은 학자들에 따라 다양한 모습을 보이는데, 현재 가장 일반화된 시대 구분은 다음과 같다.

(3) 가. 고대 한국어: 삼국 시대부터 10세기 초엽의 통일 신라 시대까지 쓰인 신라어 중심의 한국어

나. 중세 한국어: 고려가 건국된 10세기 초부터 조선 전기인 16세기 말까지의 한국어. 14세기 말엽을 기점으로 하여 전기 중세 한국어와 후기 중세 한국어를 구분함.

다. 근대 한국어: 17세기부터 19세기 말까지의 한국어

라. 현대 한국어: 20세기 이후의 한국어

(3가)의 고대 한국어에 고구려어나 백제어를 더 포함시킬지의 문제는 다소 이견이 있다. 다만 자료적으로 신라의 말이 가장 많이 남아 있을 뿐만 아니라 그 이후에 이어지는 중세 한국어의 직접적인 선대형이 신라의 말이라는 점에서 신라의 말이 고대 한국어를 대표한다고 보는 경우가 많다.

(3나)의 중세 한국어 단계의 시작을 10세기 초로 잡는 것은 언어의 중심지가 한반도의 동남쪽인 경주에서 한반도의 중앙에 위치한 현재의 수도권으로 옮겨 온다는 점을 고려한 것이다. 중세 한국어는 전기와 후기를 구분하는 것이 일반적이다. 후기 중세 한국어는 한글 문헌 자료가 많이 남아 있기 때문에 이 시기가 본격적인 한국어사 연구의 출발점이라고 해도 과언이 아니다. 대체로 한국어사 연구는 후기 중세 한국어 시기인 15세기를 연구의 출발점으로 삼아 이를 바탕으로 그 이전과 그 이후를 연구하게 된다.

(3다)의 근대 한국어는 17세기에서 19세기에 이르는 시기로 중세 한국어와 현대 한국어의 가교 역할을 하는 단계이다. 이 시기를 거치면서 성조어에서 비성조어로의 변화처럼 중세 한국어에서 벗어나게 되고, 현대 한국어의 특징 중 상당수가 완성된다. 근대 한국어 시기도 18세기를 기준으로 하여 전기와 후기를 구분하는 경우가 있는데 그리 일반화되어 있지는 않다.

(3)에서 제시된 한국어사의 시대 구분을 보면 우연히도 정치적 사건과 같은 언어 외적인 중요 사건과 그 시기가 중첩된다는 것을 알 수 있다. 가령 고대 한국어와 중세 한국어의 경계에는 고려 건국이, 전기 중세 한국어와 후기 중세 한국어 사이에는 조선의 건국이 놓여 있다. 또한 근대 한국어가 시작되는 시기 무렵에는 임진왜란이라는 사건이 있었고 현대 한국어의 시작 시점은 갑오개혁과 매우 가까운 것이다. 이러한 사실 때문에 (3)과 같은 한국어사의 시대 구분이 언어 자체의 특성에 기반을 둔 것이 아니라 왕조의 흥망 또는 중요한 역사적 사건에 기반을 둔 것이라는 비판을 받기도 한다. 언어사의 시대 구분은 언어적 특징에 따라 이루어져야만 타당하다는 것은 말할 필요도 없다.

그러므로 한국어사의 시대 구분은 당연히 언어 외적인 사건보다는 언어 내적인 변화에 의거한 것이어야 한다. 가령 고대 한국어와 중세 한국어를 가르는 데에는 경음의 유무, 유성 마찰음 'ㅸ, ㅿ'의 존재, 어두 자음군의 생성 등이 거론되고 있다. 이 시기의 언어 자료가 많지 않아서 충분히 설명하기 어려울 뿐 단순히 고려의 건국[3]과 같은 언어 외적 사실만으로 시대 구분을 한 것은 아니다. 훈민정음의 창제 역시 우리 문자생활의 역사에서 매우 중요한 사건임에는 틀림이 없으나 이는 직접적인 한국어의 변화와 관련되는 것이 아니라 표기의 변화일 뿐이므로 한국어사의 시대 구분의 근거가 되지 않는다. 중세 한국어와 근대 한국어의 경계도 임진왜란이라는 사건과는 크게 관련이 없다. 근대 한국어의 특징인 'ㅿ'의 소실, 성조의 소멸 등은 임진왜란 이전에 이미 변화의 초창기에 접어들었으며, 이것이 17세기 이후에 본격화되었기 때문에 이 시기를 근대 한국어로 구분한 것이다. 근대 한국어와 현대 한국어의 경계 역시 모음 체계의 변화를 비롯한 여러 문법 층위에서의 변화가 대체로 19세기 말을 지나면서 완성되는 모습을 보이는 것에 근거를 두고 있다.

3 고려의 건국은 언어의 중심지의 이동이라는 점에서 다른 역사적 사실들보다는 시대 구분의 중요한 근거가 될 수 있다.

11.1.4. 한국어사의 연구 방법

한국어사 연구를 위해서는 각 시기별 언어 자료가 확보되어야 한다. 현대 한국어의 경우에는 언어 자료를 구하기가 어렵지 않다. 적당한 제보자를 구하여 얼마든지 음성 자료를 채록할 수 있다. 그러나 현대 한국어 이전 시기의 한국어는 그렇지 않다. 예전 시기의 한국어가 어떤 상태였는지를 있는 그대로 보여 주는 음성 자료는 남아 있지 않은 상황이다. 그래서 한국어사 연구에서는 부득이하게 구어가 아닌 문어 자료를 주로 활용할 수밖에 없다. 그런데 이러한 자료들은 그 수도 적을 뿐만 아니라 당시 한국어의 전체적인 모습을 반영하기에는 부족함이 많다. 특히 후기 중세 한국어보다 앞선 시기의 한국어를 연구할 때에는 자료가 극도로 적어서 연구에 커다란 걸림돌이 된다. 이런 어려움을 극복하기 위해 한국어사 연구에서는 다양한 방법론을 활용하고 있다.

문헌을 통한 연구

한국어사 연구에서 가장 널리 사용되는 방법론이다. 이전 시기 한국어의 음성 자료는 남아 있지 않기 때문에 문헌에 기록된 한국어 자료를 통해 연구하는 것이 일차적인 연구 방법이다. 한글 창제 이후에 간행된 한글 문헌은 그 당시의 한국어를 알 수 있게 해 주는 가장 중요한 자료이다. 또한 한글 창제 이전에도 한자를 통한 차자 표기 자료가 있어서 한국어사 연구를 가능하게 해 주고 있다.[4]

4 차자 표기에 대해서는 12.3.을 참고할 수 있다.

문헌을 통한 연구에서는 몇 가지 주의해야 할 점이 있다. 우선 문헌에 나오는 표기는 당시의 구어를 그대로 반영하지 않는다는 점이다. 현재도 문어와 구어에 차이가 있듯이 예전에도 그러한 차이가 존재했기 때문에 문헌에만 의지해서 한국어사 연구를 해서는 안 된다. 다음으로 문헌에 나타나는 언어는 보수적이라는 사실을 감안해야 한다.[5] 문헌에는 당대의 언어 변화가 늦게 나타나는 경향이 강하므로 문헌에 나타나는 양상을 곧이곧대로 해석해서는 안 된다. 또한 문헌 자료를 현대적 편견에 사로잡혀 해석해서도 안 된다. 예컨대 현대와 과거에 동일한 글자가 나타난다고 해서 그 음가도 동일했다고 단정하는 것은 소위 '현대적 편견'에 사로잡힐 위험이 있다.[6]

5 기본적으로 문어는 보수적인 성격을 지니고 있다.

6 중세 한국어의 'ㅐ, ㅔ, ㅚ, ㅟ'가 나타내는 음가가 현대 한국어와 다르다는 것이 대표적 사례이다.

이러한 제약에도 불구하고 문헌을 통한 한국어사 연구가 현재로서는 가장 보편화되어 있다. 다만 문헌 자료가 아무리 많다고 해도 한국어의 전체 모습을 보여 주는 데에는 한계가 있기 때문에 이를 보완해 줄 연구 방법들도 활용되고 있다. 여기에는 크게 비교 방법, 내적 재구, 방언 연구의 세 가지를 들 수 있다.

비교 방법을 통한 연구

비교 방법은 한국어와 계통론적으로 관련이 있거나 영향 관계에 있는 언어들과의 비교를 통해 연구하는 것이다. 비교 방법은 한국어의 계통이나 형성을 고찰할 때 많이 활용하지만 이전 시기 한국어의 음소 체계나 어휘 형태 등을 연구할 때에도 활용한다. 예를 들어 고대 한국어의 모음 체계는 전설 모음 계열과 후설 모음 계열의 두 가지로 이루어졌으리라고 추정하는 경우가 많다. 이것은 한국어와 계통론적으로 관련이 있는 알타이 어족의 여러 언어들이 전설 모음과 후설 모음의 대립을 가지고 있다는 사실을 참고한 것이다.

비교 방법이 특히 많이 활용되는 부분은 어떤 단어의 이전 형태가 무엇인지 추정할 때이다. 한정된 문헌 자료에 의지해 어떤 단어의 형태를 추출한 후 이것의 타당성을 다른 언어와의 비교를 통해 입증하려는 시도가 자주 나타난다. 가령 『삼국유사』에는 아이[童]를 가리키는 말이 '福, 卜, 巴, 伏' 등으로 표기되어 있는데, 이것으로부터 '복'이라는 형태를 추출한 후 만주어 계통에서 보이는 'piktę', 'hutę'나 고대 일본어의 'pitö'와의 비교를 통해 그 존재를 증명하려고 하는 경우를 예로 들 수 있다.

내적 재구를 통한 연구

내적 재구란 한 언어의 공시적 상태로부터 그 이전의 언어를 추론하는 방법이다. 과거의 언어는 그 이후의 언어에 여러 흔적을 남긴다는 사실을 활용하여 예전 상태를 복원하는 것이 내적 재구의 원리이다. 내적 재구는 특히 불규칙적인 현상에 착안하는 경우가 많다. 당대의 불규칙한 현상이 예전에는 규칙적이었을 가능성이 높다고 보고 이를 통해 이전 상태를 추정하는 것이다.

예를 들어 중세 한국어의 '벼로, 보션, ᄇᆞᆯ셔' 등은 모음 조화를 어긴다는 점에서 특이하다. 한국어 모음 조화의 역사를 통해 볼 때 그 이전 시기에는 모음 조화를 지켰을 가능성이 높으므로 '벼로, 보션, ᄇᆞᆯ셔'의 'ㅕ'가 기원적으로 'ᆝ(ㅣ+ㆍ)'에서 변화했을 것이라고 추정할 수 있다. 이것은 모음 조화의 예외에 착안하여 이전의 형태를 재구성한 내적 재구의 예에 속한다.

중세 한국어 시기에 '나모(木), 나모도, 남기, 남ᄀᆞᆯ'과 같이 특수한 교체 양상을 보이는 형태의 이전 형태를 '*나ᄆᆞᆨ'으로 추정하는 것도 내적 재구의 사례에 속한다. 중세 한국어 시기에는 불규칙적이지만 예전에는 규칙적인 교체를 보인다고 가정할 때 '나모, 나모도, 남기, 남ᄀᆞᆯ'로부터 추론할 수 있는 예전 형태는 '*나ᄆᆞᆨ'과 같은 2음절 형태가 되어야 한다. 이것이 어중 모음의 탈락, 어말 'ㄱ'의 탈락 등을 거쳐 이후에는 '나모, 나모도, 남기, 남글' 등으로 남게 되었다고 보는 것이다.

방언을 통한 연구

현대의 방언을 통해서도 한국어사 연구가 가능하다. 방언에는 이전 시기 한국어의 중요한 흔적들이 곳곳에 남아 있다. 이러한 흔적들을 활용하면 한국어의 역사를 밝히는 데 많은 도움을 얻을 수 있다.[7] 가령 예전에는 존재했으나 현재는 대부분의 방언에서 사라진 모음 '·'의 연구에는 제주도 방언의 존재가 크게 기여했다. 제주도 방언에는 '·'에 대응하는 모음이 남아 있기 때문에 방언 연구를 통해 '·'의 존재를 확신하는 것은 물론이고 대략적인 음가까지도 추정할 수 있었던 것이다. 이 외에도 방언 자료는 한국어사 연구의 많은 방면에서 중요하게 다루어지고 있다.

7 실제로 일본 학자인 오구라 신페이[小倉進平]나 고노 로쿠로[河野六郎]와 같은 학자들이 20세기 전반기부터 한국어의 방언에 깊은 관심을 가졌던 것은 한국어사 연구를 보완하기 위해서였다.

11.2. 음운사

음운사는 고대 한국어부터 살피는 것이 이상적이지만 15세기 이전의 한국어 음운 체계에 대해서는 알려진 바가 그리 많지 않으므로 여기서는 15세기를 논의의 출발점으로 삼는다.

11.2.1. 음운 체계의 변화

11.2.1.1. 자음 체계의 변화

후기 중세 한국어로부터 현대 한국어에 이르기까지 개별 자음들은 여러 가지 변화를 겪어 왔다. 이런 변화들을 자음 체계의 관점에서 살펴보면 유성 마찰음 계열의 소멸, 후음 계열의 단순화, 치음 계열의 음가 변화라는 세 가지 부류로 나눌 수 있다.

유성 마찰음 계열의 소멸

15세기 한국어의 자음 체계에는 유성 마찰음 'ㅸ[β], ㅿ[z], ㅇ[ɦ]'이 존재했다.[8] 유성 마찰음은 한국어의 역사에서 본다면 매우 특이한 부류이다. 한국어는 성대의 울림에 의해서만 자음이 대립되는 경우가 마찰음 계열을 제외하면 존재하지 않았다.[9] 따라서 유성 마찰음 계열은 체계 내적으로 그리 안정적이라고 볼 수가 없다. 더욱이 유성 마찰음은 그 분포가 매우 제한되어 있다. 개별 음소에 따라 차이는 있지만 비어두의 음절 초성에 주로 놓이되 그 앞에 오는 음의 종류가 제한된다거나, 또는 'ㅇ, ㅸ' 앞의 음절 종성에만 온다는 제약이 있다. 이처럼 극히 제한된 분포는 유성 마찰음의 기능 부담량을 약화시킨다. 즉 유성 마찰음과 다른 음소의 차이에 의해 어휘가 변별되는 경우가 드문 것이다.

8 'ㅇ'은 음가가 없는 형식적 표기와 유성 마찰음을 나타내는 표기가 구분된다. 여기에 대해서는 10.1.1.1을 참조할 수 있다.

9 'ㅿ'과 'ㅅ', 'ㅇ'과 'ㅎ'이 여기에 해당한다.

이처럼 유성 마찰음과 관련된 자음 체계 내적인 문제나 분포의 제한 등으로 인해 유성 마찰음은 이후 사라지게 된다. 유성 마찰음의 소멸 시기나 변화 양상은 개별 음소에 따라 조금씩 다르다.

(4) 가. 글발>글왈, 더버>더워
나. 치브니>치우니
다. 갓가비>갓가이, -디비>-디위~-디외~-디웨

(4)는 유성 양순 마찰음인 'ㅸ'의 변화이다. 'ㅸ'은 이미 15세기 중반 이후에 모습을 보이지 않을 정도로 유성 마찰음 중에서도 가장 먼저 없어졌다. 'ㅸ'은 후행하는 모음에 따라 변화 양상이 조금씩 다르다. (4가)와 같이 후행 모음이 'ㅏ'나 'ㅓ'인 경우에는 'w'로 바뀌고, (4나)와 같이 후행 모음이 'ㆍ'나 'ㅡ'일 때에는 이 모음들과 합쳐져 'ㅗ'와 'ㅜ'로 바뀐다.[10] 한편 (4다)에서 보듯이 모음 'ㅣ' 앞에서는 다소 복잡하여 'ㅣ'가 파생 접미사일 때에는 'ㅸ'이 탈락하고 말지만(갓가비>갓가이) 그렇지 않은 경우(-디비>-디위~-디외~-디웨)에는 여러 가지로 변화하는 모습을 보인다.

10 (4나)와 같은 변화는 'ㅸ'이 일단 'w'로 바뀐 후 'w'가 'ㆍ, ㅡ'와 축약되어 'ㅗ, ㅜ'로 변했다고 해석하기도 한다.

이러한 'ㅸ'의 변화는 현대 한국어의 ㅂ-불규칙 어간과 직접적인 관련이 있다.

(5) 더ᄫᅥ, 더ᄫᅳ니, 덥고, 덥더라 > 더워, 더우니, 덥고, 덥더라

(5)에서 보듯이 ㅂ-불규칙 어간들은 모음으로 시작하는 어미 앞에서는 말음이 'ㅸ'으로 나타나고 자음으로 시작하는 어미 앞에서는 말음이 'ㅂ'으로 나타났다. 그러다가 'ㅸ'이 소멸하면서 현재와 같은 불규칙적 모습을 보이게 된 것이다.

(6) ᄆᆞᅀᆞᆷ>ᄆᆞᄋᆞᆷ, ᄉᆞᅀᅵ>ᄉᆞ이, 여ᅀᅳ>여우

(6)은 'ㅿ'의 변화이다. 'ㅿ'은 중앙어에서 주로 아무런 흔적을 남기지 않고 탈락하는 쪽으로 변화했다. 'ㅿ'의 탈락은 16세기 문헌부터 나타나기 시작한다. 'ㅿ'은 드물지만 'ㅈ'으로 바뀐 경우도 없지는 않다. '손조(<손ᅀᅩ), 남진(<남ᅀᅵᆫ, 男人), 삼질(<삼ᅀᅵᆯ, 三日)' 등이 그러한 예인데 단순히 탈락하는 변화와 비교할 때 수적으로 열세이다.

'ㅿ'의 변화는 현대 한국어의 ㅅ-불규칙 어간과 직접적인 관련이 있다.

(7) 지ᅀᅥ, 지ᅀᅳ니, 짓고, 짓더라 > 지어, 지으니, 짓고, 짓더라

(7)에서 보듯 ㅅ-불규칙 어간들은 모음으로 시작하는 어미 앞에서는 말음이 'ㅿ'으로 나타나고 자음으로 시작하는 어미 앞에서는 말음이 'ㅅ'으로 나타났다. 그러다가 'ㅿ'이 소멸하면서 현재와 같은 불규칙적 모습이 나타나게 되었다.

'ㅇ'의 변화는 16세기에 본격적으로 나타난다.

(8) 가. ᄀᆞᇫ애>ᄀᆞᅀᅢ, 거ᇫ위>거ᅀᅱ, 놀애>노래

나. 벌에>벌레, 달애다>달래다

'ㅇ'의 변화는 크게 두 가지이다. 하나는 (8가)와 같이 'ㅇ'이 그냥 탈락하는 변화이고 다른 하나는 (8나)와 같이 'ㄹ'로 바뀌는 변화이다. 'ㅇ'이 'ㄹ'로 바뀌는 변화는 'ㄹㅇ' 연쇄에서 주로 보인다.[11]

11 'ㄹㅇ'이 모두 'ㄹㄹ'로 바뀌는 것은 아니다. (8가)의 '놀애>노래'에서 보듯 'ㄹㅇ'이 'ㄹ'로 변화하는 경우도 존재한다.

참고 1 **유성 마찰음의 기원**

유성 마찰음 'ㅸ, ㅿ, ㆁ'의 기원에 대해서는 두 가지 상반된 견해가 존재한다. 하나는 유성 마찰음이 유성음 사이에 놓인 'ㅂ, ㅅ, ㄱ'에서 변화했다고 보는 견해로 여기에 따르면 유성 마찰음은 기원적으로 존재하지 않은 셈이 된다. 그런데 유성음 사이에 놓인 'ㅂ, ㅅ, ㄱ'이 전부 유성 마찰음으로 바뀌지는 않았다. 실제로 유성음 사이에서 'ㅂ, ㅅ, ㄱ'이 그대로 실현되는 경우도 매우 많다. 그래서 나온 대안이 일부 환경(가령 'ㄹ, j'와 모음 사이 등)의 유성 마찰음은 'ㅂ, ㅅ, ㄱ'에서 변화했고 그 이외의 환경에 있는 유성 마찰음은 원래부터 존재했다고 보는 견해이다. 'ㅂ, ㅅ, ㄱ'으로부터 변화할 수 있는 유성 마찰음은 일부 환경으로 제한하고 나머지는 처음부터 유성 마찰음으로 존재했다고 해석하는 것이다.

앞서 (4), (6), (8)에서 살핀 변화는 주로 현대의 중앙어에서 일어난 것들이다. 방언에 따라서는 유성 마찰음이 중앙어와 다른 모습으로 대응하기도 하다. 가령 'ㅸ'은 현대에 'ㅂ'에 대응하는 방언이 적지 않다. 'ㅿ'은 'ㅅ', 'ㆁ'은 'ㄱ'으로 반영된 방언들도 상당하다.[12] 이런 특이한 대응은 경상도 방언이 대표적이고 다른 방언에서도 찾아볼 수 있다.

12 'ㅸ, ㅿ, ㆁ'이 현대 방언에서 'ㅂ, ㅅ, ㄱ'에 대응하는 사례로 가령 '(날씨가) 더워'를 '더버', '여우'를 '여시, 여수', '모래'를 '몰개'라고 하는 것 등을 들 수 있다. '더워, 여우, 모래'는 중세 한국어 시기에는 '더ᄫᅥ, 여ᅀᆞ/여ᅀᅳ, 몰애'로 나타난다.

이런 방언들에 대한 설명은 유성 마찰음의 기원을 어떻게 보느냐에 따라 달라진다. 유성 마찰음이 기원적으로 존재하지 않았다고 볼 경우에는 이 방언들의 'ㅂ, ㅅ, ㄱ'이 처음부터 유성 마찰음으로 변화하지 않고 예전 모습을 간직하는 것이라고 해석할 수 있다. 반면 유성 마찰음이 기원적으로 존재한다고 보면 유성 마찰음이 중앙어에서는 (4), (6), (8)과 같이 변화하고 다른 방언에서는 'ㅂ, ㅅ, ㄱ'으로 변화했다고 해석하게 된다.

후음 계열의 단순화

후기 중세 한국어의 후음에는 'ㅎ' 이외에 'ㆁ, ㆅ'이 더 존재한다.[13] 또한 'ㆆ'이 더 포함될 여지가 있다. 'ㅎ'을 제외한 나머지는 공통적으로 분포상의 제약이 매우 심하다. 'ㆁ'은 앞서 유성 마찰음 계열을 설명하는 부분에서 이미 언급했듯이 'j'나 'ㄹ, ㅿ'이 선행해야 하고 음절 초성에만 올 수 있다. 'ㆅ'도 이중 모음 'ㅕ' 앞에서만 보이며 나타나는 단어도 극소수에 불과하다.[14] 'ㆆ'은 실제로 발음이 되었는지 의심될 정도여서 고유어의 경우 'ᄇᆞᇙ 사ᄅᆞᆷ'의 'ᄇᆞᇙ'과 같이 관형사형 어미의 일부 또는 '하ᄂᆞᇙ 뜯'과 같이 사이

13 다른 후음과 달리 'ㆅ'의 정확한 음가는 알 수 없다. 다만 반모음 'j' 앞에 나타나기 때문에 경구개 마찰음 'ç'와 비슷했을 가능성도 없지 않다. 그럴 경우 'ㆅ'은 후음에서 제외해야 한다.

14 'ᅘᅧ-(引)'가 대표적이다.

시옷이 쓰이는 자리에서만 나타난다.

이러한 분포상의 제약도 문제이지만 언어 보편적으로 보아도 후음 계열이 이처럼 다양하다는 것은 결코 자연스러운 일이 아니다. 후두 부위는 소리를 다양하게 내는 데 한계가 있으므로 여러 자음을 구별하여 발음하기 어렵다. 그래서 후음을 복수로 가지고 있는 언어가 그렇지 않은 언어보다 훨씬 적다. 이런 점을 감안하면 15세기 이후 후음 계열이 단순화되어 'ㅎ' 하나만 남게 된 것은 유형론적 보편성을 추구한 변화의 결과라고 할 수 있다.

후음 중에서 'ㅇ'의 변화는 이미 언급했고 'ㆆ'은 그 실체를 확인할 수 없어서 구체적인 변화를 논의하기 어렵다. 남은 것은 'ㆅ'의 변화이다. 'ㆅ'은 17세기까지도 'ㅅㆆ'으로 표기될 정도로 꽤 오랜 기간 지속되었다.[15] 'ㆅ'은 이후 'ㅋ(ᅘᅧ->켜-), ㅆ(*ᅘᅧᆯ믈>썰물), ㅎ(도ᄅᆞᅘᅧ>도ᄅᆞ혀>도리어)'의 세 방면으로 변화를 거친다.

15 가령 중세 한국어의 'ᅘᅧ'가 근대 한국어 시기에는 '쎠'로 나타나는 예가 있다.

치음 계열의 음가 변화

후기 중세 한국어에는 다양한 치음이 존재했다. 이들은 크게 ㅅ-계열(ㅅ, ㅆ)과 ㅈ-계열(ㅈ, ㅊ, ㅉ)로 나눌 수 있다.[16] 이 자음들은 근대 한국어 시기를 거치면서 조음 위치가 변화를 겪은 것으로 보인다. ㅈ-계열의 경우 치음에서 경구개음으로 바뀌었다고 추측되는데, 그 근거는 다음 세 가지이다.[17]

16 'ㅿ'도 치음 계열이지만 조음 위치의 변화가 있기 전 소멸했으므로 논의 대상에 포함하지 않는다.

17 치음의 음가에 대해서는 10.1.1.1.을 참조할 수 있다.

(9) 가. ㅈ-계열 뒤의 'j'가 근대 한국어를 거치면서 모두 탈락한다.
  나. 평안도 방언의 ㅈ-계열은 아직도 치조 부근에서 발음된다.
  다. 구개음화 현상이 근대 한국어 시기 들어서 발생한다.

(9가)의 경우 ㅈ-계열이 치음이던 중세 한국어에서는 그 뒤에 반모음 'j'가 자유롭게 올 수 있었다. 그래서 '쟈랑[誇], 젹다[少], 쵸[燭]'와 같은 구조의 고유어도 많았고 '작(作)'과 '쟉(雀)', '창(倉)'과 '챵(昌)'처럼 반모음 'j'의 유무로 그 음이 구별되는 한자도 적지 않았다. 그러나 ㅈ-계열이 경구개

음으로 바뀌면 'j'와 그 성질(조음 위치)이 중복되어서 경구개음 뒤에서는 'j'가 모두 탈락하게 된다. (9나)는 평안도 방언에서 ㅈ-계열이 예전의 음가를 그대로 유지할 뿐만 아니라 구개음화도 일어나지 않았다는 사실을 말한다. (9다)와 관련하여 구개음화 현상은 자음 체계에서 경구개음의 존재를 전제하지 않으면 안 된다.[18] 따라서 ㅈ-계열이 아직 치음이었던 중세 한국어 시기에는 구개음화가 일어날 수 없으며, ㅈ-계열이 경구개음으로 바뀐 근대 한국어 시기에 와서 구개음화가 적용될 수 있다. 이상의 근거들은 ㅈ-계열의 조음 위치가 치음에서 경구개음으로 바뀌었음을 명확히 말해준다.

18 최근에는 이러한 전제를 인정하지 않는 경우도 없지 않다. 즉 경구개음이 음소로 확립되어 있지 않아도 음성 차원에서의 구개음화가 일어날 수 있다는 것이다.

그런데 ㅅ-계열도 ㅈ-계열과 비슷한 조음 위치의 변화를 겪었을 것으로 추정된다. ㅅ-계열의 경우 현재는 치조음으로 분류되기 때문에 ㅈ-계열과 차이가 나지만 역사적으로 보면 치음에서 경구개음으로 바뀌었던 시절이 있었을 것으로 보인다. 그 근거는 다음과 같다.

(10) 가. ㅅ-계열 뒤의 'j'가 근대 한국어를 거치면서 모두 탈락한다.
나. ㅈ-계열뿐만 아니라 ㅅ-계열 뒤에서도 전설모음화가 일어난다.
다. 'ㅎ' 구개음화가 일어나면 'ㅅ'으로 바뀐다.
라. 일부 방언에서는 'ㅅ'을 '[ʃ]'로 발음한다.

(10가)는 (9가)와 같은 성질의 변화이다. 중세 한국어 시기에는 형태소 내부에서 '샤, 셔, 쇼, 슈' 등과 같이 'ㅅ' 뒤에 'j'가 자유롭게 결합할 수 있었지만 그 이후 변화를 거쳐 현재는 '사, 서, 소, 수'와 같이 'j'가 모두 탈락했다. 이 변화는 그 시기도 ㅈ-계열의 경우와 동일하다. (10나)는 전설모음화와 관련된다. 'ㅡ'가 'ㅣ'로 바뀌는 전설모음화가 ㅈ-계열 뒤에서도 일어나지만 ㅅ-계열 뒤에서도 일어났다. 가령 '스ᄀᆞᆯ>시골, 슴겁다>싱겁다, 금슬>금실'에서 그런 변화를 확인할 수 있다. 이 변화는 자음의 조음 위치(경구개)에 모음이 닮아 가는 현상이므로 'ㅅ'도 경구개음으로 발음되던 시기가 있었음을 추측하게 한다.

(10다)는 '형>성, 힘>심'에서 보이는 'ㅎ' 구개음화와 관련된다. 이 변

화의 조건이 다른 구개음화 현상과 동일한 이상 'ㅎ'이 'ㅅ'으로 구개음화된다는 것은 'ㅅ'이 경구개음이었던 적이 있음을 말해 준다. (10라)는 일부 방언에서 'ㅣ'나 'j' 앞이 아닌 환경의 'ㅅ'도 '[ʃ]'로 발음하는 경우를 가리킨다. 가령 경상도 방언 중에는 '동생, 세계'의 '생'이나 '세'를 '[sɛŋ]'이나 '[se]'가 아닌 '[ʃɛŋ]'이나 '[ʃe]'로 발음하기도 한다. 이러한 발음은 'ㅅ'이 경구개음으로 바뀌었던 시절의 흔적을 그대로 유지한 것이라고 해석할 수도 있다.

11.2.1.2. **모음 체계의 변화**

모음 체계의 변화는 단모음 체계와 중모음 체계를 구분하여 살펴야 한다.

단모음 체계의 변화

후기 중세 한국어의 단모음은 'ㆍ, ㅡ, ㅣ, ㅗ, ㅏ, ㅜ, ㅓ'의 7개였다. 현대 한국어의 단모음인 'ㅐ, ㅔ, ㅚ, ㅟ'는 당시에는 이중 모음이었다.[19] 이러한 7모음 체계가 현대 한국어의 10모음 체계로 바뀌는 과정에서 두 가지 변화를 겪게 된다. 하나는 기존 단모음의 소멸이고 다른 하나는 새로운 단모음의 생성이다.

19 여기에 대해서는 10.1.1.2를 참조할 수 있다.

(11) 가. 'ㆍ'의 소멸
나. 전설 모음 계열의 생성

(11가)의 'ㆍ' 소멸은 크게 두 단계를 거쳐 일어났다. 첫째 단계는 16세기에 특히 왕성하게 일어난 변화로 비어두에 놓인 'ㆍ'가 'ㅡ'로 합류되는 것이다. 'ᄒᆞᄆᆞᆯ며>ᄒᆞᄆᆞᆯ며, 모ᄅᆞ->모르-, 말ᄆᆡ>말믜' 등과 같은 변화가 16세기를 지나면서 완성된다. 이 변화로 인해 'ㆍ'는 주로 어두에서만 나타나게 되는 분포상의 제약을 가지게 된다. 그러나 'ㆍ'가 아직 모음 체계에서 완전히 사라지지는 않았다. 둘째 단계는 18세기 무렵에 완성되는 변화로 어두의 'ㆍ'가 주로 'ㅏ'에 합류되는 변화이다.[20] 'ᄑᆞᆯ>팔, ᄂᆞᆷ>남, ᄇᆡ>

20 'ㆍ'의 주된 변화 방향은 비어두에서 'ㅡ', 어두에서 'ㅏ'이지만 다른 단모음으로의 변화도 산발적으로 관찰된다.

배' 등이 그 예이다. 이처럼 '·'가 크게 두 방향으로 합류를 겪으면서 '·'는 한국어 단모음 체계에서 완전히 사라지게 된다.[21]

21 제주도 방언에는 '·'에 대응하는 모음이 아직도 남아 있다고 보고되어 왔다.

(11나)는 'ㅐ, ㅔ, ㅚ, ㅟ'와 같이 후기 중세 한국어 시기에 'j'로 끝나는 하향 이중 모음들이 단모음으로 바뀌면서 새롭게 전설 모음 계열을 이룬 것을 가리킨다. 15세기 한국어의 전설 모음은 'ㅣ' 하나밖에 없었으며 그 당시에는 '전설 모음 : 후설 모음'의 대립이 나타나지 않았다.[22] 그러다가 18세기 무렵부터 이 이중 모음들이 점차 단모음으로 변화하기 시작하여 20세기 전반기를 전후해서는 전설 모음이 확립되기에 이른다. 이러한 전설 모음 계열의 등장은 단모음들의 대립 관계에 새로운 변화를 가져왔다. 즉 'ㅏ : ㅐ, ㅓ : ㅔ, ㅡ : ㅣ, ㅗ : ㅚ, ㅜ : ㅟ'에서 보듯이 모든 모음들이 혀의 전후 위치에 따라 대립 관계를 맺게 되면서 그 이전과는 확연히 다른 모음 체계가 만들어진 것이다.

22 15세기 한국어의 단모음은 기본적으로 '설축(舌縮)'에 의한 대립을 이루고 있었다. 자세한 것은 10.1.1.2를 참고할 수 있다.

(11가, 나)의 변화를 거쳐 형성된 10개의 단모음 체계는 다시 급격한 변화를 겪고 있다. 전설 모음 중 원순 모음에 속하는 'ㅚ, ㅟ'가 주로 이중 모음으로 발음되어 단모음 목록에서 사라지기 직전의 상황이며 'ㅐ'와 'ㅔ'의 변별도 노년층을 제외한 대부분의 세대에서 이루어지지 않고 있다. 이러한 변화들은 전설 모음 계열에서만 일어났다는 공통점이 있다. 그리하여 현재 안정적인 지위를 지닌 전설 모음은 'ㅣ'와 'ㅔ'만 남게 되었다.[23] 그 결과 모처럼 형성된 '전설 모음 : 후설 모음'의 대칭적 대립은 다시 유지되기 어려운 상황을 맞고 있다.

23 이때의 'ㅔ'는 'ㅐ'와 'ㅔ'가 변별되지 않고 합류된 모음을 편의상 가리킬 뿐 'ㅐ'가 'ㅔ'로 합류되었음을 나타내는 것은 아니다.

중모음 체계의 변화

중모음에는 이중 모음과 삼중 모음이 포함된다. 이중 모음 체계의 변화는 이중 모음 자체의 변화와 이중 모음을 이루는 단모음의 변화로 나눌 수 있다. 이중 모음 자체의 변화는 'ㅐ[aj], ㅔ[ʌj], ㅚ[oj], ㅟ[uj]'와 같은 하향 이중 모음들이 단모음으로 바뀌는 것이 가장 대표적이다. 이 변화는 하향 이중 모음의 목록을 축소하여 급기야 하향 이중 모음으로 'ㅢ' 하나만 남기에 이르렀다. 그 결과 하향 이중 모음의 존재가 이중 모음 체계에서 매우 불안정하게 되어 'ㅢ'도 이미 오래선부터 '[ɨj]'가 아닌 다른 음가로 발음되는 변화를 강하게 겪고 있다.[24] 이중 모음을 이루는 단모음의 변화로 말미암은 이중 모음 체계의 변화는 'ㆎ'의 소멸을 들 수 있다. 'ㆎ'는 원래 'ㆍ+j'로 구성되어 있었지만 'ㆍ'가 다른 모음으로 합류하면서 더 이상 이중 모음 체계 속에 유지될 수 없었다.

24 표준 발음법에서 조사 '의'를 '[에]'로 발음하거나 비어두의 '의'를 '[이]'로 발음하는 것을 허용할 정도이다.

10.1.1.2에서 언급했듯이 현대 한국어에는 삼중 모음이 없지만 예전에는 존재했다. 가령 'ㅒ(jaj), ㅖ(jʌj), ㆉ(joj), ㆌ(juj), ㅙ(waj), ㅞ(wʌj)'는 예전에 '반모음+단모음+반모음'의 구조를 가진 삼중 모음이었다. 삼중 모음의 변화 방향은 두 가지이다. 하나는 'ㆉ, ㆌ'가 겪은 소멸이다. 이 둘의 소멸 이유는 명확히 밝혀져 있지는 않다. 다른 하나는 이중 모음으로의 변화이다. 'ㅒ, ㅖ, ㅙ, ㅞ'는 모두 이중 모음으로 바뀌었는데, 여기에는 하향 이중 모음이던 'ㅐ, ㅔ'의 단모음화가 결정적인 역할을 했다. 이러한 변화로 말미암아 삼중 모음은 사라지고 말았다.

11.2.1.3. 운소 체계의 변화

후기 중세 한국어 시기에는 소리의 높낮이로 실현되는 성조가 운소로 작용했다. 표면적으로 구분되는 성조소의 종류는 평성, 거성, 상성의 세 가지였지만 상성은 평성과 거성의 복합 성조로 분석할 수 있기 때문에 실제로는 평성과 거성의 두 가지만 변별적으로 기능했다고 할 수 있다. 즉 저조(L)와 고조(H)의 대립으로 이루어진 성조 체계를 지녔던 것이다.

성조는 대체로 17세기를 전후하여 더 이상 운소로 작용하지 못하고 대신 장단이 그 기능을 이어받게 된다. 이러한 변화를 가리켜 성조가 사라지고 장단이 새로 등장했다고 해석하기도 하지만 이것은 그다지 정확하다고 보기 어렵다. 장단은 성조가 사라지기 전에도 이미 존재했었다. 다만 성조에 가려서 장단이 별도의 변별적 기능을 하지 못했을 뿐이다. 그러다가 성조가 사라지면서 그 이전에는 비변별적이던 장단이 변별적인 역할을 이어받게 된 것이다.

성조와 장단의 대응 관계를 살펴보면 대체로 상성은 장음으로 남고, 평성과 거성은 단음으로 남아 있다. 상성이 장음으로 남아 있는 것은 상성이 평성과 거성의 복합 성조였음을 고려하면 쉽게 이해할 수 있다. 두 개의 성조로 이루어진 만큼 원래부터 길이가 더 길었으며 그것이 후대까지 그대로 이어진 것이다. 반면 평성과 거성은 하나의 성조로 이루어졌으므로 상성에 비해 길이가 짧다. 성조에서 장단으로의 운소 변화는 최소대립쌍의 성립 여부에도 영향을 미치게 된다.

(12) 가. :눈[雪] ⇔ ·눈[目] > 눈ː[雪] ⇔ 눈[目]

나. ·ᄇᆡ[舟, 腹] ⇔ ᄇᆡ[梨] > 배[舟, 腹] = 배[梨]

(12가)에서 '눈[雪]'과 '눈[目]'은 성조가 존재할 때에는 '상성⇔거성'의 차이로 구분되던 최소대립쌍이었다. 이후 성조가 장단으로 대체되고 나면 '장음⇔단음'의 차이로 구별되는 최소대립쌍으로 바뀐다. 그러나 (12나)는 상황이 다르다. 성조가 존재할 때에는 'ᄇᆡ[舟, 腹]'와 'ᄇᆡ[梨]'가 '거성⇔평성'의 차이로 구분되었지만 성조가 소멸한 이후에는 거성과 평성이 모두 단음으로 남아 있음으로써 현재는 완전한 동음어가 되어 버렸다.

참고 2 상성과 장음의 관련성

상성과 장음이 밀접한 관련을 맺고 있는 것은 상성이 장음으로 남아 있다는 사실 이외에 다른 측면에서도 확인할 수 있다. 첫째, 상성은 주로 어두에서 실현되었는데 현대 한국어의 장음 역시 원칙상 단어의 첫머리에서만 실현된다. 상성의 분포 제약과 장음의 분포 제약이 비슷한 것이다. 둘째, 상성과 관련된 성조 변동이 장음과 관련된 장단의 변동과 일맥상통한다. 가령 상성을 지닌 ':알-, :ᄫᆞᆲ-'과 같은 어간은 모음으로 시작하는 어미 또는 피사동 접미사와 결합하면 그 성조가 평성으로 변동을 일으켰다. 그런데 현대 한국어에 와서는 '알-, 밟-'이 지닌 장음이 동일한 환경에서 단음으로 바뀌어서 예전과 비슷한 모습을 보인다. 심지어 이러한 성조 변동의 예외('없-, 얻-' 등)는 장단 변동에서도 예외를 보일 정도로 상성과 장음은 서로 평행적이다.

11.2.2. 음절의 변화

음절의 변화는 크게 초성, 중성, 종성의 변화로 나눌 수 있다. 이 중 중성의 변화는 모음 체계의 변화와 크게 다르지 않으므로 따로 다룰 필요가 없다. 여기서는 초성과 종성의 변화에 대해서만 살피기로 한다.

초성의 변화

후기 중세 한국어 이래로 일어난 초성의 변화는 크게 두 가지이다. 한 가지는 초성에 올 수 있는 자음의 개수와 관련된다.

(13) 초성에 올 수 있는 자음의 최대 개수가 줄어듦

(13)은 초성에 올 수 있는 자음의 최대 개수가 후기 중세 한국어에는 2개였는데 이후 1개로 줄어든 변화를 가리킨다. 후기 중세 한국어 시기에는 어두에 ㅂ-계 자음군(ㅲ, ㅄ 등) 및 'ㅶ'과 같은 자음군이 올 수 있었다.

(14) 가. 뜯, 쌀, 짝, ᄩ다

나. 싸히

(14가)는 'ㅂ'으로 시작하는 어두 자음군을 가진 단어의 예이다. 'ㅂ' 뒤에는 'ㄷ, ㅅ, ㅈ, ㅌ' 등 여러 자음들이 올 수 있었다. (14가)와 같은 자음군으로 시작하는 단어는 중세 한국어 시기에 매우 많이 존재했다. (14나)는 'ㅅ'으로 시작하는 어두 자음군을 가진 단어의 예이다. 'ㅅ'으로 시작하는 어두 자음군은 'ㅶ'밖에 없으며 그것도 '싸히'에서만 보인다.[25] '싸히'는 원래 'ᄉᆞ나히'에서 'ㆍ'가 탈락하여 생겨난 것이다. 그런 점에서 'ㅅ'으로 시작하는 어두 자음군은 일부에서만 잠시 나타났다고 할 수 있다.

(14)에서 보듯이 중세 한국어 시기에는 음절 초성에 올 수 있는 자음의 최대 개수가 2개까지 가능했다. 그러나 근대 한국어 시기를 거치면서 (14가)와 같은 ㅂ-계 어두 자음군은 'ㅂ'이 탈락하는 변화를 겪게 된다.[26] (14나)는 '싸히' 대신 'ㆍ'가 탈락하기 이전 형태인 'ᄉᆞ나히'가 현대의 '사나이, 사내'로 이어지게 되었다. 이처럼 어두의 자음군이 모두 사라지면서 현재는 초성에 올 수 있는 자음의 최대 개수가 1개로 줄었다.

초성에서 일어난 변화에는 초성에 올 수 있는 자음의 종류와 관련된 것도 있다.

25 10.1.2에서 언급했듯이 'ㅺ, ㅼ, ㅽ' 등은 표기상으로는 'ㅅ'으로 시작하는 자음군의 형태를 가지지만 그 발음은 'ㅅ'에 후행하는 'ㄱ, ㄷ, ㅂ'의 경음에 속했다. 'ㅅ'으로 시작하는 어두 자음군 표기 중 실제로 그 음가가 자음군이었던 것은 'ㅶ'에 국한된다.

26 '뜯, 쌀'에서와 같이 'ㅂ' 뒤에 오는 자음이 평음이면 '뜻, 쌀'처럼 어두 자음이 경음으로 바뀐다. 또한 'ᄩ다'와 같이 'ㅂ' 뒤의 자음이 유기음이면 '타다'와 같이 'ㅂ'만 탈락하고 유기음은 그대로 남게 된다.

(15) 초성에 올 수 있는 자음의 종류가 줄어듦

(15)는 초성에 오는 자음의 종류와 관련된다. 15세기에는 '바올, 보오리, 이아' 등과 같이 한 형태소 내부의 초성에 'ㆁ'이 오는 단어도 존재했고 '쥬이(즁+이), 쥬을(즁+을)'과 같이 'ㆁ'이 후행 음절의 초성으로 연음되는 경우도 있었다. 이런 사례들은 모두 연구개 비음 'ㆁ'이 음절의 초성에 올 수 있었음을 말해 준다. 그러나 이후에는 'ㆁ'이 선행 음절의 종성으로만 발음되면서 음절 초성의 목록이 줄어들게 되었다.

종성의 변화

종성에서의 변화도 초성에서의 변화와 동일하게 종성에서 허용하는 자음의 개수와 종류에 대한 것으로 나눌 수 있다.

(16) 종성에 올 수 있는 자음의 최대 개수가 줄어듦

(16)은 종성에 올 수 있는 자음의 개수가 2개에서 1개로 줄어든 변화를 가리킨다. 15세기 한국어의 경우에는 공명음이 선행하는 겹받침(ㄵ, ㄺ, ㄻ 등)을 비롯하여 음절 종성에서 발음될 수 있는 겹받침이 어느 정도 존재했다.

(17) 가. 흙과, 늙ᄂᆞ니, ᄇᆞᆰ고, 곪거든
　　나. 앉거늘, 엱고, 옮ᄂᆞᆫ가[27]

(17가)는 유음인 'ㄹ'로 시작하는 자음군, (17나)는 비음인 'ㄴ, ㅁ'으로 시작하는 자음군이 음절 종성에서 발음될 수 있었음을 말해 준다. 유음이나 비음은 공명음으로 묶이기 때문에 중세 한국어 시기에는 공명음으로 시작하는 자음군이 음절 종성에서 발음될 수 있었다고 보는 것이 일반적이다. 이 외에 '낛[釣], 넋[魂]'이나 '값[價]'에서 보이는 'ㄳ, ㅄ'도 음절 종성에서 실현되었을 가능성이 있다.[28]

27 이 단어들은 원래 '앉-, 엱-, 옮-'이 기본형인데 'ㅈ, ㅊ'이 종성에 오면 'ㅅ'으로 바뀌기 때문에 겹받침의 후행 자음이 'ㅅ'으로 표기되어 있다.

28 가령 '없-' 뒤에 자음으로 시작하는 어미가 오면 항상 '업고, 업더라, 업는'과 같이 'ㅅ'을 표기하지 않지만 '값'은 같은 환경에서 'ㅄ'을 모두 표기하는 경향이 강하다. 이것은 '값'과 같은 단어의 'ㅄ'이 종성에서 그대로 발음되었을 가능성을 말해 준다.

그 후 'ㄳ, ㄵ, ㅄ'과 같이 후행 자음이 치음 계열인 겹받침은 16세기 중엽 무렵부터 겹받침 중 뒤의 자음이 탈락하게 되었다. 또한 공명음이 선행하는 겹받침은 근대 한국어 시기를 거치면서 역시 겹받침 중 하나가 반드시 탈락했다. 그 결과 현대 한국어에는 음절 종성에서 자음이 두 개 이상 발음되는 경우가 존재할 수 없게 되었다.

(18) 종성에 올 수 있는 자음의 종류가 줄어듦

(18)은 종성에 올 수 있는 자음의 종류가 8개에서 7개로 줄어든 변화를 가리킨다. 15세기 한국어에는 음절의 종성에서 'ㅅ'이 발음될 수 있었다.[29]

29 여기에 대해서는 이견도 존재한다. 자세한 것은 10.1.2를 참조할 수 있다.

(19) 가. 옷, 옷과, 옷도 (옷, [衣])

나. 맛고, 맛고져, 맛디 (맞-, [迎]), 좃디, 좃ᄂᆞ니, 좃고 (좇-, [從])

(19가)는 원래의 말음 'ㅅ'이 종성에서 그대로 실현되었음을 보여 준다. (19나)는 원래는 말음이 'ㅈ, ㅊ'과 같은 치음이었는데 이것이 종성에서 'ㅅ'으로 실현되었음을 말해 준다. 이처럼 중세 한국어 시기에는 종성에서 'ㅅ'도 발음되었기 때문에 현대 한국어와 비교하여 종성에 올 수 있는 자음이 1개 더 많았다. 그러나 16세기를 거치면서 종성의 'ㅅ'이 'ㄷ'으로 발음되는 변화가 완료되어 근대 한국어 이래로는 종성에서 'ㄱ, ㄴ, ㄷ, ㄹ, ㅁ, ㅂ, ㅇ'의 7종류 자음만 발음하게 되었다.

참고 3 표기상의 7종성과 발음상의 7종성

근대 한국어 시기의 종성 표기에는 'ㄱ, ㄴ, ㄹ, ㅁ, ㅂ, ㅅ, ㅇ'의 7개 글자를 주로 사용하였다. 이것을 흔히 7종성 표기라고 부른다. 여기서 주목할 점은 'ㅅ'이다. 발음상으로는 이미 16세기를 거치면서 종성의 'ㅅ'이 'ㄷ'으로 발음되었다. 그러나 표기상으로는 오히려 'ㄷ' 대신 'ㅅ'을 사용했다는 차이가 있다. 그래서 근대 한국어 시기에는 '믿고, 받고' 등을 '밋고, 밧고'와 같이 표기하는 경향이 상당히 강했던 것이다. 결과적으로 표기상의 7종성에 속하는 자음 목록과 발음상의 7종성에 속하는 자음 목록은 서로 다르다는 사실을 주의해야 한다.

초성의 변화와 종성의 변화는 그 방향에 있어서 공통점을 지닌다. 초성이나 종성 모두 허용하는 자음의 개수와 종류를 더 제한하는 쪽으로 변화가 이루어져 왔다. 초성과 종성에 올 수 있었던 자음군은 더 이상 발음되지 않으며, 초성과 종성에서 허용하는 자음의 종류도 모두 줄어들었다. 후기 중세 한국어와 비교할 때 시간이 흐르면 흐를수록 한국어의 초성이나 종성은 그 구조가 간단해졌다고 할 수 있다. 그에 따라 초성이나 종성이 속한 음절의 전체 구조나 가짓수도 더 단순화되었다.

11.2.3. 음운 현상의 변화

11.2.3.1. 자음 관련 음운 현상의 변화

유음화의 발생

유음화는 'ㄹ+ㄴ'에 적용되는 순행적 유음화와 'ㄴ+ㄹ'에 적용되는 역행적 유음화로 나뉜다. 두 가지 유음화 모두 15세기까지는 존재하지 않다가 16세기 이후 새롭게 생겨난 음운 현상이다.

(20) 가. 잃ᄂᆞᆫ>일ᄅᆞᆫ(잃+ᄂᆞᆫ), 알ᄂᆞ니라>알ᄅᆞ니라(앓+ᄂᆞ니라), 슬노라>슬로라(슳+노라), ᄊᆞᆯᄂᆞᆫ>ᄊᆞᆯᄅᆞᆫ(ᄊᆞᆶ+ᄂᆞᆫ)

나. 열닐굽>열릴굽(열+닐굽), 솔닙>솔립(솔+닙), 칼ᄂᆞᆯ>칼ᄅᆞᆯ(칼+ᄂᆞᆯ), 실낫>실랏(실+낫)

다. 벼슬 노픈>벼슬 로픈, 블 나>블 라, 블 노코>블 로코

(20)은 순행적 유음화 자료이다. (20가)는 용언의 활용형에 나타난 유음화의 예이다. 용언 어간의 겹받침이 'ㅀ'인 경우에만 유음화가 나타나는 이유는 유음화가 생겨났을 당시 'ㅀ'에만 자음군 단순화가 적용되어 'ㄹ'과 'ㄴ'이 인접할 수 있었기 때문이다. 'ㄺ, ㄼ' 등과 같은 겹받침에는 자음군 단순화가 적용되지 않아서 'ㄹ'과 'ㄴ' 사이에 다른 개재 자음이 놓임으로써 유음화가 적용될 수 없었다.[30] (20나)는 합성어에서 일어난 유음화이고 (20다)는 단어 경계를 사이에 두고 일어난 유음화의 예이다.

30 한때 순행적 유음화가 용언의 활용형에 적용될 때에는 'ㄹ'과 'ㄴ' 사이에 다른 자음이 반드시 놓여야 한다고 본 적도 있다. 그러나 유음화의 역사적 발달 과정을 보면 'ㄹ'과 'ㄴ' 사이에 다른 자음이 올 때에는 유음화가 적용되지 않고 'ㄹ'과 'ㄴ'이 직접 만날 때에만 유음화가 적용되었다.

역행적 유음화는 한자어에서만 확인된다.

(21) 쳔량>철량(錢糧), 본ᄅᆡ>볼ᄅᆡ(本來), 간략>갈략(簡略)

유음화는 16세기 이후 계속 세력을 넓혀 갔다. 다만 문헌 표기에는 유음화의 예가 그리 많이 반영되지 않았다. 그러나 현대 한국어에서 'ㄹ'과 'ㄴ'은 서로 인접해서 발음되지 못하는 것을 보면, 유음화가 지속적으로 확대되었음을 알 수 있다.

ㄱ-약화의 소멸

15세기에는 'ㄹ'이나 'ㅣ(j)'로 끝나는 형태소 뒤에서 'ㄱ'이 약화되는 규칙이 활발하게 적용되었지만 16세기 중엽 이후에는 이 규칙이 사라지게 된다.

(22) ᄃᆞ외오>ᄃᆞ외고(ᄃᆞ외+고), 알어늘>알거늘(알+거늘), 울오>울고(울+고)

(22)에서 ㄱ-약화가 적용되지 않은 형태는 16세기부터 나타나는 것으로 ㄱ-약화가 더 이상 필수적으로 적용되지 않았음을 말해 준다. 현대 한국어에서는 ㄱ-약화가 일어나지 않으므로 ㄱ-약화가 역사적으로 사라졌음을 알 수 있다. 이러한 ㄱ-약화 규칙의 소멸에는 후음 'ㅇ'의 소실도 관여되어 있을 가능성이 높다. ㄱ-약화의 출력형인 'ㅇ'이 자음 체계에서 사라진 이상 ㄱ-약화 역시 영향을 받을 수밖에 없다. 시기적으로도 'ㅇ'의 소멸 시점과 ㄱ-약화의 소멸 시점이 비슷하다.

구개음화의 발생

구개음화는 적용 대상에 따라 'ㄷ' 구개음화, 'ㄱ' 구개음화, 'ㅎ' 구개음화를 구분할 수 있다. 구개음화는 방언에 따라 나타난 시기가 약간씩 차이가 나지만 대체로 근대 한국어 시기에 들어와서 새로 생겨났다. 그 이전에는 한국어의 자음 체계에 경구개음이 존재하지 않았기 때문에 구개음화가 일어날 수 있는 조건이 충족되지 않았다.

(23) 가. 혓그티>혓긋치(혓긑+이), ᄯᅳᆫ허디디>ᄯᅳᆫ허지디(ᄯᅳᆫ허디+디), 옮기디>옮기지(옮기+디), 디하>지하(地下)

나. 겨으레>져으레(겨을+에), 견줄>젼쥴(견주+ㄹ), 기픈>집픈(깊+은), 계유년>졔유년(癸酉年)

다. 힘>심(力), 혀와>셔와(혀+와), 혜고>셰고(혜+고), 가슴 흉>가슴 슝(胸)

(23가)는 'ㄷ' 구개음화의 예이다. 중앙어의 구개음화는 17세기 이후에 나타난다. 'ㄷ' 구개음화는 현재도 형태소 경계 사이에서 일어나지만 '마디, 티끌, 견디-'와 같이 한 형태소 내부에는 'ㄷ' 구개음화가 적용되지 않는 예외들이 존재한다. 이런 예외들은 공통적으로 'ㅣ'가 그 이전에 구개음화를 일으킬 수 없는 다른 모음이었다는 공통점이 있다. 가령 '마디'는 '마ᄃᆡ', '티끌'은 '듣글', '견디-'는 '견듸-'에서 변화를 거쳤다. 'ㄷ' 구개음화가 활발하게 적용될 때에는 'ㅣ'가 아닌 모음이었기 때문에 구개음화가 적용될 수 없다가, 이후 형태소 내부에서의 'ㄷ' 구개음화가 사라진 후에 'ㅣ'로 바뀌었기 때문에 예외로 남게 되었다.

(23나)와 (23다)는 각각 'ㄱ' 구개음화와 'ㅎ' 구개음화의 예이다. 'ㄷ' 구개음화와 달리 'ㄱ' 구개음화와 'ㅎ' 구개음화는 중앙어에서 그리 활발하게 일어나지는 않았다. 평안도 방언을 제외한다면 주로 중앙에서 멀어질수록 'ㄱ' 구개음화와 'ㅎ' 구개음화는 잘 일어난다.

'ㄱ'과 'ㅎ'의 구개음화는 공통적으로 어두에서만 적용되는 것이 원칙이다. 따라서 형태소와 형태소가 결합하면서 'ㄱ' 구개음화나 'ㅎ' 구개음화가 적용되는 경우는 존재할 수 없다. '참지름(<참기름), 뒷심(<뒷힘)'과 같이 비어두에서 구개음화가 적용된 듯 보이는 것은, '기름, 힘'이 단일어로 쓰이면서 구개음화가 적용된 데 영향을 받아서 합성어의 후행 요소도 바뀐 결과로 보아야 한다.

한편 한국어의 구개음화에는 'ㄴ' 구개음화도 존재한다. 'ㄴ' 구개음화는 다른 구개음화와 달리 음운의 변화를 초래하지는 않고 다만 'ㄴ'의 조음 위치를 경구개 부근으로 이동시키는 음성적 변이만 일으킨다. 그러나 어두에서 'ㄴ' 구개음화가 일어난 경우에는 그 이후 'ㄴ'이 탈락하는 역사적 변화가 뒤따라서 두음 법칙을 완성시켰다는 점에서 중요한 의미가 있다. 'ㄴ' 구개음화에 이은 두음 법칙의 적용은 주로 18세기 이후에 많이 나타난다.

(24) 니를>이를(니르+ㄹ), 녀름>여름(夏), 니버>입어(닙+어), (량식>)냥식>양식(糧食)

ㅎ-탈락의 발생

후기 중세 한국어 시기에는 'ㅎ'이 음절의 종성을 제외하면 어두든 비어두든 자유롭게 올 수 있었다. 그러나 현대 한국어에 와서는 'ㅎ'이 비어두의 초성에 실현되는 데 상당한 제약이 따른다. 그래서 'ㅎ'으로 끝나는 형태소가 모음으로 시작하는 문법 형태소와 결합하면 항상 'ㅎ'이 탈락하며 '실험, 무효' 등과 같이 원래부터 'ㅎ'이 음절 초성에 있던 경우도 'ㅎ'이 온전하게 발음되지 않는 경우가 많다.[31] 이러한 ㅎ-탈락은 근대 한국어 시기를 거치면서 발달했다.

31 다만 현대 한국어의 표준 발음법에서는 '실험, 무효'와 같은 경우는 'ㅎ'을 온전하게 발음하도록 규정하고 있다.

(25) 가. 노하>노아(놓+아), 나흐니>나으니(낳+으니)
나. 가히>가이>개, 버히->버이->베-

(25)는 'ㅎ'이 탈락한 모습을 잘 보여 준다. 특히 (25나)는 ㅎ-탈락이 일어난 후 두 모음이 직접 만나게 되면서 모음 축약이 일어나서 음절 수가 줄어드는 변화를 더 거치게 된다. ㅎ-탈락이 문헌에 주로 반영되는 것은 19세기이다. 그러나 실제로는 이보다 더 앞선 시기에도 있었다고 보인다. 왜냐하면 '가히'나 '막다히'로부터 변한 '개, 막대'와 같은 형태들이 이미 후기 중세 한국어 시기에도 나타나기 때문이다.

11.2.3.2. 모음 관련 음운 현상의 변화

원순 모음화의 발생

원순 모음화는 평순 모음인 'ㅡ'가 선행하는 양순음의 영향으로 원순 모음인 'ㅜ'로 바뀌는 음운 현상을 말한다. 이것은 모음이 자음의 순음성에 닮아 가는 일종의 동화 현상이다. 원순 모음화는 형태소 내부에서 활발하게 일어나서 형태 자체를 변화시켰다. 이 변화는 17세기부터 출현하기 시작한다.

(26) 믈>물[水], 머믈->머물-[留], 블>불[火], 플>풀[草], 쁠>뿔[角]

참고 4 **'ㆍ'와 원순 모음화**

현대 중앙어의 양순음 뒤에 오는 모음 'ㅏ'가 전남과 경남, 함북 등과 같이 한반도의 양 극단에 위치한 지역의 방언에서는 'ㅗ'에 대응하는 경우가 있다. 가령 중앙어의 '파리'나 '맑다'가 이 방언들에서는 '포리'나 '몱다'로 나타나는 것이다. 이런 모습을 보이는 단어들은 역사적으로 양순음 뒤에 오는 모음이 'ㅏ'가 아니라 'ㆍ'였다. 즉 'ㆍ'가 양순음 뒤에서 원순 모음화의 적용을 받아서 'ㅗ'로 바뀐 것이다. 이 변화는 원순 모음 'ㅗ'에 대응하는 평순 모음이 'ㆍ'이던 시기에 일어났다.

반면 'ㆍ'의 소실 이후 많은 방언에서는 'ㅗ'의 평순 모음 대립짝이 'ㅓ'로 바뀌었다. 그리고 이러한 대립 관계의 변화를 반영하여 비원순 모음화라는 음운 변화가 생기기도 했다. 가령 '본도기, 몬져'와 같은 형태가 '번데기, 먼저'로 바뀐 것은 'ㅗ'가 양순음 뒤에서 비원순 모음화의 적용을 받은 결과이다.

전설 모음화의 발생

전설 모음화는 'ㅡ'가 'ㅈ, ㅊ, ㅉ'이나 'ㅅ, ㅆ' 뒤에서 'ㅣ'로 바뀌는 변화이다. 이 변화는 모음 'ㅡ'가 자음의 조음 위치(경구개 부근)에 영향을 받아서 그와 비슷한 위치로 닮아 가는 동화 현상이다. 전설 모음화가 문헌에 많이 등장하는 것은 19세기에 와서이다.

(27) 즐->질-[泥], 아츰>아침[朝], 승겁->싱겁-[薄], ᄉᄀ올>시골[村]

전설 모음화는 세력이 그리 강하게 일어나지는 않았다. 그래서 '즈음, 즐기-, -쯤, 슬프-, 쓰러지-' 등과 같이 전설 모음화의 적용을 받지 않은 예들도 존재하고 있다. 특히 'ㅅ, ㅆ' 뒤에서는 전설 모음화가 적용된 것보다 그렇지 않은 것이 더 많다. 'ㅅ, ㅆ'의 경우 'ㅈ, ㅊ, ㅉ'과 같이 경구개음으로 완전히 굳어지지 않았기 때문에 전설 모음화를 일으키는 데에도 더 약하게 작용했으리라 추측된다.[32]

32 11.2.1.1에서 언급했듯이 역사적으로 볼 때 'ㅅ, ㅆ'의 조음 위치는 한때 경구개 부근으로 이동했지만 그 이후 치조음으로 바뀌었을 가능성이 높다.

'이' 모음 역행 동화의 발생

'이' 모음 역행 동화는 후설 모음이 뒤에 오는 단모음 'ㅣ'나 반모음 'j'에 닮아서 전설 모음으로 바뀌는 변화이다. 모음 체계의 관점에서 볼 때 '이' 모음 역행 동화가 적용되기 위해서는 먼저 전설 모음 계열이 확립되어야 한다고 보는 경우가 많다. 그렇지 않으면 '이' 모음 역행 동화의 출력형이 모음 체계에 존재하지 않기 때문에 음운 변화가 일어날 수 없다는 것이다. 특히 '이' 모음 역행 동화는 후설 모음이 그에 대응하는 전설 모음으로 바뀌는 변화이므로 혀의 전후 위치에 의한 대립이 형성되어 있지 않으면 안 된다. '이' 모음 역행 동화는 19세기에 많이 나타나는데 이 시기는 전설 모음 계열에 'ㅐ, ㅔ, ㅣ'가 확립되어 있었기 때문에 모음 체계와 음운 변화 사이의 상관성이 잘 성립하고 있다.

(28) 앗기->익기-, 머기->메기-, 지팡이>지펑이, 어미>에미

모음 조화의 약화

후기 중세 한국어의 모음 조화는 상당히 규칙적으로 일어나고 있었다. 또한 모음 조화에 참여하는 모음들의 부류(양성 : 음성)는 모음 체계상 '축(縮)'에 의한 구분(설축 : 설소축)과 부합함으로써 모음 조화가 모음 체계의 뒷받침을 충분히 받고 있었다. 즉 중세 한국어의 모음 조화는 한 단어 내에서 '축(縮)'에 있어서 공통적인 성질을 지니는 모음들끼리 함께 어울리는 현상이라고 할 수 있는 것이다. 그러나 이후 단모음과 관련된 변화가 진행되면서 모음 조화는 더 이상 모음 체계와 밀접한 관련을 맺기 어렵게 되었다. 모음 조화에 영향을 준 모음의 변화는 크게 세 가지이다.

(29) 가. ·>ㅡ

나. ㅗ>ㅜ

다. 전설 모음 계열의 성립

(29가)는 '·'의 1단계 변화이다. 비어두에 놓인 양성 모음 '·'가 음성 모음 계열인 'ㅡ'로 바뀌면서 이전에 모음 조화를 잘 지키던 'ᄆᆞᄉᆞᆷ, 사ᄉᆞᆷ, 다ᄉᆞᆺ' 등과 같은 단어는 모두 모음 조화를 어기는 형태가 되고 말았다. (29나) 역시 비어두에서 일어난 변화로서 '나모, 노로, 모도'와 같은 단어들을 '나무, 노루, 모두'로 바꾸었다. 'ㅗ'와 'ㅜ'는 모음 조화에 있어 서로 대립되는 부류에 속해 있었기 때문에 (29나)가 적용된 결과 그 이전에 모음 조화를 잘 지키던 단어들은 모두 모음 조화를 지키지 않게 되었다.

(29가, 나)가 개별 단어 내의 모음 구성에 영향을 주어 모음 조화가 문란해지는 데 영향을 주었다면 (29다)는 모음 조화 규칙 자체에 큰 영향을 주었다고 할 수 있다. '·'의 소멸 이후 새롭게 등장한 전설 모음 계열은 모음 조화에서 모두 음성 모음 계열로 편입되었다.[33] 그 이전의 모음 조화는 '·, ㅗ, ㅏ'와 'ㅡ, ㅜ, ㅓ' 사이에서 균형적이고 대칭적으로 작용했지만 전설 모음이 등장한 이후 양성 모음에는 'ㅗ, ㅏ'밖에 없고 나머지 단모음들은 모두 음성 모음으로 작용하게 되어 모음 조화의 균형성이나 대칭성은 사라지고 말았다. 이것은 모음 조화가 약화되는 데 또 다른 요인으로 작용했다.

33 19세기 자료에서 이미 'ㅣ, ㅔ, ㅐ, ㅚ, ㅟ'로 끝나는 용언 어간들은 그 뒤에 '아' 대신 '어'로 시작하는 어미를 취하는 것으로 나타나고 있다.

참고 5 모음 조화와 모음 체계의 변화

한국어 모음 조화의 역사는 단모음 체계의 변화와 밀접한 관련을 맺는다. 아래에서 보듯이 15세기 이전 시기의 한국어 단모음 체계는 15세기와는 상당히 달랐다고 추정되고 있다. 특히 15세기 한국어와 비교할 때 'ㅗ'와 'ㅜ'의 음가가 큰 차이를 보인다. 그러다가 모음 추이라는 대규모의 모음 체계 변화가 일어나면서 15세기의 모음 체계가 완성된다.[34]

34 모음 추이가 일어난 시기를 정확히 알기 어렵기 때문에 여기서 말하는 '15세기 이전'도 구체적으로 언제인지를 확정하기는 어렵다. 일반적으로는 13~14세기 정도로 추정하고 있다.

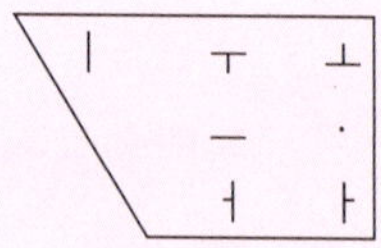

(15세기 이전)

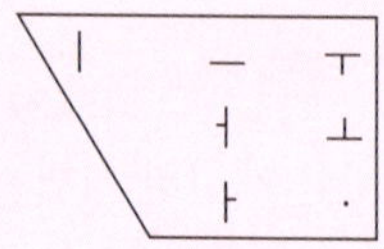

(15세기)

15세기 이전과 15세기의 모음 조화 양상을 비교해 보면 15세기 이전은 후설 모음과 중설 모음이 모음 조화에서 대립하고 있음을 알 수 있다. 모음 조화에서 대립하는 '·:ㅡ, ㅗ:ㅜ, ㅏ:ㅓ'는 '후설:중설'의 전후 대립에 해당한다. 그래서 이러한 모음 조화를 흔히 구개적 조화라고 부른다. 이것은 구개의 전후 위치 차이가 모음 조화에서 중요하게 작용함을 의미한다.

그러나 15세기의 모음 체계는 더 이상 전후 대립을 보이지 않는다. 그 대신 '·:ㅡ, ㅗ:ㅜ, ㅏ:ㅓ'는 '축(縮)'의 양상에 따라 '설축:설소축'의 대립을 보인다. 그 이전과 비교하여 모음 조화에서 대립하는 모음들의 특성은 바뀌었지만 여전히 모음 조화에 참여하는 모음들은 공통점을 지니고 있다. 그런데 이후에 단모음 체계가 다시 한 번 바뀌면서 모음 조화가 모음 체계와의 관련성을 잃어버리고, 모음 조화에 참여하는 모음들도 더 이상 공통점을 유지할 수 없게 되었다. 그리하여 모음 조화는 현재와 같이 매우 약화된 모습으로 남아 있는 것이다.

현대 한국어의 모음 조화는 매우 다양한 환경에서 그 예외가 존재한다.

(30) 가. 하늘, 고추, 보름, 다듬-, 싸우-
나. 앉어, 알어, 살어, 아퍼
다. 깡충깡충, 노릇노릇

(30가)는 한 형태소 내부에서 모음 조화가 깨졌음을 보여 준다. 한 형태소 내부에서 모음 조화를 어기는 예는 셀 수 없을 정도로 많다. (30나)는 용언 어간 뒤에 '아/어'로 시작하는 어미가 결합할 때 모음 조화가 지켜지지 않는 예이다. (30나)와 같은 예외는 특히 어간의 모음이 'ㅏ'일 때 어미의 모음이 '아' 대신 '어'인 경우가 많다. 다만, (30나)는 표준어로 인정되지는 않는다. (30다)는 의성어나 의태어의 내부에서 모음 조화가 깨어진 경우이다. '깡충깡충'은 '깡총깡총'에서, '노릇노릇'은 '*노ᄅᆞᆺ노ᄅᆞᆺ'에서 바뀐 것으로 예전에는 모음 조화를 잘 지켰지만 현재는 단모음의 변화 때문에 모음 조화가 지켜지지 않는다.

11.3. 형태사

단어의 형태는 시간의 흐름에 따라 변화한다. 이 절에서는 후기 중세 한국어 이후 현대 한국어에 이르기까지의 형태 변화에 대해 살피게 될 것이다.

11.3.1. 단어의 형태 변화

단어들의 형태 변화는 많은 경우 음운의 변화에 의해 나타나게 된다. 앞에서 살펴본 'ㅸ', 'ㅿ', 'ㆁ'과 같은 유성 마찰음 계열의 소멸, 'ㆅ'과 같은 후음 계열의 변화, 'ㅈ, ㅊ, ㅉ'과 같은 치음 계열의 음가 변화, 'ㆍ'의 소실과 단모음 체계의 변화, 중모음 체계의 변화, 초성의 변화, 종성의 변화 등은 모두 단어의 형태 변화에 영향을 준다. 이에 대해서는 앞에서 논의한 바 있으므로 이 절에서는 단어의 형태 변화와 관련하여 주목할 만한 몇 가지만 언급하기로 한다.

11.3.1.1. 조사와 어미를 제외한 단어들의 형태 변화

체언 말 'ㅎ'의 변화

후기 중세 한국어에는 현대 한국어와 달리 체언 말음에 'ㅎ'을 가진 단어들이 제법 많이 존재하였다.

(31) 가. ᄀᆞᅀᅳᆶ[秋], 갏[刀], 겨ᅀᅳᆶ[冬], 긿[道], ᄂᆞᆶ[刃], ᄃᆞᆶ[等], 돓[石], 둟[二], ᄆᆞᅀᅳᆶ[村], 붏[臂], ᄉᆞᆶ[肉], 앓[卵], 엻[十], 옳[今年], 하ᄂᆞᆶ[天]

나. 곻[鼻], 낳[年], 나랗[國], 나좋[夕], 냏[川], 넿[四], 뒿[後], ᄯᅡᇂ[地], 뫃[山], 바닿[海], 셓[三], 숳[雄], ᄒᆞ낳[一]

다. 않[內], 암ㅎ[雌]

(32) 가. ᄀᆞᅀᆞᆯ 오매 興이 甚히 기도다 [가을 오매 흥이 심히 길구나] 〈두시초 20:35〉

나. ᄀᆞᅀᆳ 아오ᄅᆞᆯ 글히니 ᄯᅩ 새롭도다 [가을 아욱을 끓이니 또 새롭구나] 〈두시초 7:38〉

다. ᄀᆞᅀᆞᆯ콰 녀르미어든 솝니플 ᄡᅳ라 [가을과 여름이거든 속잎을 써라]

〈구간 7:84〉

라. 邊方ㅅ ᄀᆞᅀᆞᆯᄒᆡ ᄒᆞᆫ 그려긔 소리로다 [변방의 가을에 한 기러기 소리구나] 〈두시초 8:36〉

'ㅎ' 말음을 가진 체언들은 (31가)처럼 'ㄹ', (31나)처럼 모음의 뒤에 'ㅎ'이 결합되어 있는 경우가 많았고 예외적으로 (31다)처럼 'ㄴ'이나 'ㅁ' 뒤에 'ㅎ'이 나타나는 경우도 있었다. 이들 체언들은 (32)에서 볼 수 있듯이 단독형으로 쓰일 때나 관형격 조사 'ㅅ' 앞에서는 'ㅎ'이 실현되지 않았으나 'ㄱ, ㄷ'으로 시작하는 조사와 결합할 때는 'ㅎ' 말음이 뒤에 오는 조사와 결합하여 'ㅋ, ㅌ'으로 축약되며, 모음이나 매개 모음으로 시작하는 조사 앞에서는 연음이 되어 나타났다.

'ㅎ' 말음은 일부 어휘에서는 15세기 한국어에서 이미 소실되기도 하였으나 근대 한국어 시기까지 유지되기도 하였다. 현대 한국어에서는 대체로 '안팎, 암캐' 등의 복합어에 화석으로 남고 소멸하였으나 'ᄯᅡᇂ>땅'처럼 받침 'ㅇ'으로 나타나거나 '셓, 넿 > 셋, 넷'처럼 'ㅅ'으로 나타나기도 한다.

'ㄷ'말음 명사의 변화

후기 중세 한국어에는 현대 한국어와 달리 말음이 'ㄷ'인 명사들도 존재하였다.

(33) 곧[處], 긷[柱], 낟[穀], ᄆᆞᆮ[兄], 몯[釘], 벋[友], 붇[筆], 빋[債], ᄠᅳᆮ[志]

이 명사들은 근대 한국어 시기에는 '곳, 낫, ᄆᆞᆺ'처럼 어간 말음이 'ㅅ'으로 변화하였다. 이에 따라 현대 한국어에는 'ㄷ'을 가지던 명사의 흔적이 '맏형, 맏아들, 낟알' 등의 복합어에 화석으로만 남게 되었다.[35]

35 『표준국어대사전』에는 '좁쌀 낟 같은'에 쓰이는 '낟'이 올라 있으나 실제로 잘 쓰이지는 않는 것으로 생각된다.

조사에 따른 체언의 형태 변화

앞(10.2.2.2)에서 언급한 것처럼 후기 중세 한국어에서는 현대 한국어와 달리 뒤에 결합하는 조사에 따라 체언이 달리 나타나기도 하였다.

(34) 가. 나모, 나모도, 나모와, 남기, 남ᄀᆞᆫ

나. 노ᄅᆞ[獐], 노ᄅᆞ도, 노ᄅᆞ와, 놀이, 놀ᄋᆞᆯ

다. ᄆᆞᄅᆞ[棟], ᄆᆞᄅᆞ도, ᄆᆞᄅᆞ와, ᄆᆞᆯ리, ᄆᆞᆯᄅᆞᆯ

라. 아ᅀᆞ[弟], 아ᅀᆞ도, 아ᅀᆞ와, 앗이, 앗ᄋᆞᆯ

(34가)는 단독형으로 쓰일 때나 자음으로 시작하는 조사나 '와'와 결합할 때는 '나모', '와'를 제외한 모음으로 결합하는 조사와 결합할 때는 '낡'으로 나타났음을 보여 준다. (34나~라) 역시 단독형으로 쓰일 때나 자음으로 시작하는 조사나 '와'와 결합할 때는 '노ᄅᆞ, ᄆᆞᄅᆞ, 아ᅀᆞ'가 나타나고, '와'를 제외한 모음으로 결합하는 조사와 결합할 때는 '놀ㅇ, ᄆᆞᆯㄹ, 앗ㅇ'이 나타났음을 보여 준다.

이런 교체들은 역사적으로 설명된다. 11.1.4.에서 언급했듯이 '나모'의 고대 한국어 형태는 '*나ᄆᆞᆨ'이었을 것으로 추정할 수 있는데, 어떤 이유로 휴지나 자음 앞에서는 말자음 'ㄱ'이 탈락하고, 모음 앞에서는 모음 'ㆍ'가 탈락한 '낡'이 남게 되었던 것이다. 나머지 예들도 이와 같이 역사적 관점에서 설명된다. 이러한 단어들은 16세기 이후 'ㅿ'과 'ㅇ(ɦ)'의 음가 소실 등의 영향으로 달라지기 시작하여 현대 한국어에서는 '나무, 나무와, 나무도, 나무가, 나무는'처럼 하나의 형태로 고정되게 되었다.[36]

36 현대 한국어에서는 '나무, 노루, 마루, 아우'로 나타나는데, 이는 단독으로 나타나던 형태가 선택된 것으로 볼 수 있다.

참고 6 용언의 형태 변화

중세 한국어에는 10.2.2.2.에서 언급한 것처럼 '나모/낡'처럼 체언이 뒤에 오는 조사의 음운론적 특성에 따라 다른 형태가 결합하는 것과 유사하게 용언 어간이 뒤에 오는 어미의 음운론적 특성에 따라 형태가 달라지는 예도 있다.

(1) 시므고, 심거, 심굼
(2) 다ᄅᆞ거늘, 달아, 달옴
(3) 모ᄅᆞ거늘, 몰라, 몰롤
(4) ᄇᆞᅀᆞ디[碎], ᄇᆞᆺ아, ᄇᆞᆺ온

(1)은 '시므-/심ㄱ-', (2)는 '다ᄅᆞ-/달ㅇ-', (3)은 '모ᄅᆞ-/몰ㄹ-', (4)는 'ᄇᆞᅀᆞ-/ᄇᆞᆺㅇ-'와 같은 이형태를 가지고 있어 뒤에 오는 어미에 따라 달리 나타나는 것으로 설명할 수 있다.

쌍형어들의 변화

후기 중세 한국어에는 다음과 같은 쌍형어들이 나타나기도 한다.

(35) 범글-/버믈-, 염글-/여믈-, 졈글-/져믈-, 둗겁-/두텁-

이들은 의미의 차이가 없고 뒤에 오는 어미와의 결합 양상에서도 차이가 없이 공시적으로 둘 다 사용된다. 이는 구형과 개신형이 한 시기에 모두 사용된 결과로 보인다. 예를 들어 구형인 '범글-'에서 'ㄱ'이 약화되고 이어서 종성 'ㅁ'이 다음 음절의 초성이 되어 형성된 개신형 '버믈-'이 '범글-'과 함께 사용된 것이다. 현대 한국어에서는 '여물다'와 '영글다', '두껍다'와 '두텁다'처럼 약간의 어감 차이를 가지고 둘 다 쓰이기도 하고 '저물다'처럼 어느 한쪽이 주로 쓰이기도 한다.

11.3.1.2. 조사의 형태 변화

후기 중세 한국어에서 현대 한국어에 이르는 동안 조사의 형태 역시 조금씩 변화를 보여 왔다. 쉽게 발견할 수 있는 변화는 'ㆍ'의 소실로 'ᄋᆞᆫ/은, ᄋᆞᆯ/을, ᄋᆞ로/으로' 등이 '은, 을, 으로' 등으로 통합된 것을 들 수 있다. 여기에서는 모든 조사의 형태 변화를 다루지는 않고 후기 중세 한국어에서 현대 한국어로 이르는 동안에 특징적인 변화를 보이는 조사의 형태 변화 몇 가지를 살펴보기로 한다.

주격 조사 '가'의 출현

15세기 한국어까지는 현대 한국어와 달리 주격 조사로 '가'가 나타나지 않는다.

(36) 가. 사ᄅᆞ미, 말ᄊᆞ미

나. 아뫼, 昭憲王后ㅣ

다. 머리, 불휘

(36가)처럼 주격 조사는 체언의 말음이 자음일 때는 이[i], (36나)처럼 모음일 때는 ㅣ[j], (36다)처럼 모음 '이'나 하향 이중 모음의 반모음 'ㅣ'일 때는 ø로 나타난다.[37] 주격 조사 형태 '가'의 출현은 최대한 위로 올려 잡으면 16세기 후반, 아래로 내려 잡으면 17세기 중반으로 잡을 수 있다.

37 10.3.1.1.에서 언급했듯이 체언의 말음이 모음 '이'나 하향 이중 모음의 반모음 'ㅣ'일 때는 주격 조사 'ㅣ'가 실현된 후, 음운론적인 조건에 의해 탈락된 것으로 볼 수도 있다.

(37) 가. ᄎᆞᆫ 구ᄃᆞ릐 자니 ᄇᆡ가 세니러셔 ᄌᆞ로 ᄃᆞᆫ니니[38] 〈송강 자당의 편지〉
나. 多分 ᄇᆡ가 올 거시니 [다분히 배가 올 것이니] 〈첩해 1:8〉

38 명시적으로 현대어로 풀이하기 어려우므로 현대어 역을 제시하지 않았다.

(37가)는 1572년 송강 정철의 어머니 안 씨의 편지에 나오는 것인데, '세닐다'가 문증되지 않아 해석이 분명하지 않으므로 주격 조사 '가'가 쓰인 예인지 명시적으로 말하기 어렵고 이 시기에 이를 뒷받침할 만한 추가적인 용례가 없다는 점에서 문제가 된다.[39] 실제로 주격 조사 '가'가 제법 활발하게 사용되기 시작하는 것은 (37나)에서 볼 수 있듯이 1676년의 『첩해신어』에서부터이다.[40] 주격 조사 '가'는 초기에는 'ᄋᆡ, 의'와 같이 'ㅣ[j]'로 끝나는 체언 뒤에 통합되다가 점차 모음으로 끝나는 체언 전체로 확대되어 현대 한국어와 같은 모습을 보이게 되었다.

39 'ᄇᆡ가 세니러셔'는 해석자에 따라서 'ᄇᆡ 가세 니러셔'(배(에) 가시가 일어서)'처럼 이해하여 주격 조사 '가'가 나타나는 예가 아닌 것으로 보기도 한다.

40 『첩해신어』의 간행은 1676년이지만 〈권1〉~〈권4〉의 원고본은 1618년경에 이루어진 것으로 알려졌다.

참고 7 **주격 조사 '가'의 기원**

주격 조사 '가'의 기원에 대해서는 여러 가지 주장이 제기된 바 있다. 그 중 몇 가지만 소개하기로 한다.

첫째, 어미 '-다가'나 '이다'의 활용형 '-이라가'에서 기원
둘째, 동사 어간 '가-'에 '-아'가 결합한 활용형 '가'에서 기원
셋째, 일본어 '가(が)'에서 차용
넷째, 의문 보조사 '가'에서 기원

첫째와 둘째의 견해는 기원적인 형태와 주격 조사 사이에 의미적, 구문적 유사성을 찾기 어려우며 그러한 변화를 문증할 만한 용례가 보이지 않는다는 점에서 문제가 있다. 셋째 견해는 문법 형태는 차용이 쉽지 않다는 점, 본문에서 언급한 송강 정철 자당의 편지에 쓰인 '가'를 주격 조사로 인정할 경우 일본어의 영향을 대규모로 받았다고 생각되는 임진왜란 이전이라는 점 등이 문제가 된다. 넷째 견해 역시 자료에 의해 충분하게 뒷받침되지 못하고 있다.

관형격 조사의 변화

후기 중세 한국어의 관형격 조사는 'ᄋᆡ/의', 'ㅅ'으로 나타나 '의' 하나만 쓰이는 현대 한국어와 차이를 보인다.

(38) 가. 사ᄅᆞ미 몸, 뎌의 목숨
　　나. 쇠 머리, 獅子ㅣ 삿기
　　다. 나랏 말ᄊᆞ미, 부텻 道理

(38가)에서 볼 수 있듯이 평칭의 유정(有情) 체언 뒤에서는 모음 조화에 따라 'ᄋᆡ'와 '의'가 쓰인다. 'ᄋᆡ/의'는 (38나)에서 볼 수 있듯이 모음으로 끝나는 체언 뒤에서는 'ㅣ[j]'로도 나타난다. (38다)는 '나라'처럼 무정 체언 뒤나, 유정 체언이라도 '부텨'처럼 존칭일 경우 'ㅅ'이 쓰인다는 것을 보여 준다.[41]

41 이미 10.3.1.5.에서도 언급했듯이 '狄人ㅅ 서리예', '野人ㅅ 서리'처럼 존칭이라 보기 어려운 유정 체언 뒤에서 'ㅅ'이 나타나는 등 예외도 있다.

근대 한국어에 이르면 'ㆍ'의 음가가 소실되면서 'ᄋᆡ/의'의 구분이 없어지게 된다. 또한 'ㅅ'은 평칭의 무정 체언이나 존칭의 유정 체언 뒤에서의 관형격 조사의 기능이 소멸되고 합성 명사 내부에 남아 있는 이른바 사이시옷으로 굳어져 현대 한국어에 이르게 된다.

처소의 부사격 조사의 변화

후기 중세 한국어의 처소의 부사격 조사는 '애/에/예' 등으로 나타나, '에' 하나만 나타나는 현대 한국어와 차이를 보인다.

(39) 가. ᄯᅡ해, 山애
　　나. 누네, 中國에
　　다. 허리예, 배예, 代예
(40) 가. ᄀᆞᅀᆞᆯᄒᆡ, 床ᄋᆡ
　　나. 지븨, 門의

처소의 부사격 조사는 (39가)에서처럼 양성 모음 뒤에서는 '애', (39나)에서처럼 음성 모음 뒤에서는 '에', (39다)에서처럼 모음 '이'나 하향 이중 모음의 반모음 'ㅣ[j]' 뒤에서는 '예'가 쓰인다. 한편 (40)처럼 시간이나 장소 등을 나타내는 일부 체언 뒤에서는 관형격 조사와 형태가 같은 'ᄋᆡ/의'가 쓰이기도 한다.[42] 근대 한국어에 이르면 '애/에/예'와 'ᄋᆡ/의'가 혼란스럽게 쓰이다가 점차 현대 한국어에서처럼 '에'로 통합되게 된다.[43]

42 처소의 부사격 조사가 'ᄋᆡ/의'로 나타나는 예는 10.2.2.5.를 참조할 수 있다.

43 'ᄆᆞᅀᆞᆶ해~ᄆᆞᅀᆞᆶ히'처럼 일부 명사는 후기 중세 한국어에서부터 이미 '애/에'와 'ᄋᆡ/의'가 혼용되기도 한다.

호격 조사의 변화

후기 중세 한국어의 호격 조사는 평칭에 쓰이는 '아/야'와 존칭에 쓰이는 '하'가 있었다. 드물게는 '여/이여/ㅣ여'도 사용되었다.

(41) 가. 님금하, 世尊하

나. 佛子아, 阿逸多야

다. 文殊師利여, 觀世音이여, 聖女ㅣ여

(41가)는 존칭에 쓰이는 '하', (41나)는 평칭에 쓰이는 '아/야', (41다)는 상위자가 아니면서 어느 정도 대접해 줄 때 사용하는 '여/이여/ㅣ여'를 보여준다.

근대 한국어를 거치면서 존칭에 쓰이는 '하'는 사라지고 점차 현대 한국어와 비슷한 양상으로 바뀌게 된다.[44] 그리하여 자음 뒤에서는 '아', 모음 뒤에서는 '야'가 쓰이게 되었다. 현대 한국어에서도 기도문과 같은 특수한 글에서는 '(이)시여'가 사용된다.

44 3·1절 노래의 '선열하 이 나라를 보소서'에서 '선열하'의 '하'는 예전의 용법을 살려 쓴 것으로 볼 수 있다.

둘 이상의 체언(구, 절)에서의 접속 조사 결합

후기 중세 한국어에서도 '와/과'와 같은 접속 조사들이 사용되어 둘 이상의 체언(구, 절)을 같은 자격으로 이어 주는 기능을 하였다.

(42) 가. 입시울와 혀와 엄과 니왜 다 됴ᄒᆞ며 [입술과 혀와 어금니와 이가 다 좋으며] 〈석상 19:7〉

나. 하ᄂᆞᆯ과 ᄯᅡ히 크고 [하늘과 땅이 크고] 〈두시초 21:2〉

후기 중세 한국어에서는 (42가)처럼 체언이 나열될 때 마지막 체언에까지 '와/과'가 결합하였는데, (42나)에서 볼 수 있듯이 이미 후기 중세 한국어에서도 마지막 체언에는 '와/과'가 결합되지 않는 경우가 있었다. 현대 한국어로 오면서 마지막 체언에는 '와/과'가 결합하지 않게 되었다.

11.3.1.3. **어미의 형태 변화**

후기 중세 한국어에서 현대 한국어에 이르는 동안 어미의 형태 역시 조금씩 변화를 보여 왔다. 조사와 마찬가지로 어미 역시 'ㆍ'의 소실로 인하여 '-ᄋᆞ니/으니, -ᄋᆞᆫ/은' 등이 '-으니, -은' 등으로 통합되었으며, 'ㅿ'이나 'ㅸ'의 소실로 인하여 '{-ᄉᆞᆸ-}'이 변화하였고, 음성 모음과 양성 모음 사이의 교체로 인해 '-져'가 '-져>-쟈>-자'로 바뀌는 등 다양한 변화가 일어나게 되었다. 어미는 문법적인 기능 부담이 큰 요소이므로 어미의 형태 변화에 대해서는 주로 해당 문법을 설명하는 자리에서 간단히 덧붙이기로 하고, 여기에서는 후기 중세 한국어에서 현대 한국어로 이르는 동안에 특징적인 변화를 보이는 형태 변화 몇 가지를 제시하기로 한다.

'{-ᄉᆞᆸ-}'의 변화

후기 중세 한국어에는 주체 높임, 객체 높임, 상대 높임이 선어말 어미에 의해 체계적으로 실현되었다. 그중에서 현대 한국어로 오면서 심한 형태 변화를 보이는 것이 객체 높임의 선어말 어미 '{-ᄉᆞᆸ-}'이다.

후기 중세 한국어에서 '{-ᄉᆞᆸ-}'은 자음으로 시작하는 어미 앞에서는 '-ᄉᆞᆸ/ᄌᆞᆸ/ᅀᆞᆸ-', 모음으로 시작하는 어미 앞에서는 '-ᄉᆞᄫ/ᄌᆞᄫ/ᅀᆞᄫ-'으로 실현되었다.[45] 근대 한국어로 오면서 'ㅸ', 'ㅿ', 'ㆍ'의 음가 변화로 인해 '-ᄉᆞᆸ/ᄌᆞᆸ/ᄋᆞᆸ/ᄉᆞ오/ᄌᆞ오/ᄋᆞ오-' 등으로 변화하였고, 현대 한국어에서는 '-삽/잡/사오/자오/옵/오-'로 나타난다. 객체 높임의 선어말 어미 형태들은 형태 변화를 보일 뿐 아니라 기능에서 있어서도 변화를 보인다. 주지하듯이 '-습니다/ㅂ니다'에 보이는 '습, ㅂ'은 후기 중세 한국어의 객체 높임의 선어말 어미의 흔적인데 이들은 이제 객체 높임이 아닌 상대 높임의 기능을 하는 것으로 보인다. 물론 현대 한국어의 '결혼식을 개최하고자 하오니'에 나타나는

45 10.3.5.2.에서 언급했듯이 '-ᄉᆞᆸ/ᄉᆞᄫ-'은 어간의 말음이 'ㄱ, ㅂ, ㅅ, ㅎ'인 경우, '-ᄌᆞᆸ/ᄌᆞᄫ-'은 'ㅈ, ㅊ, ㄷ, ㅌ'인 경우, '-ᅀᆞᆸ/ᅀᆞᄫ-'은 모음이나 'ㄴ, ㄹ, ㅁ'인 경우에 나타난다.

'-오-'나 '제게 힘을 주옵소서'와 같은 기도문 등에 널리 나타나는 '-오-', '-옵-' 등은 화자 겸양의 의미 기능으로 사용되고 있기도 하다.[46]

'{-거-}'의 변화

후기 중세 한국어에서 시간 표현과 관련되는 어미로 '{-거-}'가 있었다.[47]

(43) 가. -아/어/야/여-: 보아라(보-+-아-+-라), 니저니(닞-+-어-+니)
나. -거/어(ɦʌ)-: 잇거니(잇-+-거-+니), 니를어다(니를-+-어-+다)
다. -나-: 오나다(오-+-나-+-다)
라. -가/아-: ᄒᆞ가니오(ᄒᆞ-+-거-+-오-+-니오)
마. -과/와-: ᄒᆞ과라(ᄒᆞ-+-거-+-오-+-라)

(43가)의 '-아/어/야/여-'는 '보다, 닞다' 등 타동사 어간에 결합하는데, 모음 조화에 따라 '-아/야-'와 '-어/여-'가 결정된다. 반모음 뒤를 제외한 환경에서는 '-아/어-', 반모음 뒤에서는 '-야/여-'로 실현된다. (43나)의 '-거/어(ɦʌ)-'는 '잇다, 니를다' 등 비타동사(자동사, 형용사, 이다) 어간에 결합하는데, '어(ɦʌ)'는 'ㄹ'과 반모음 뒤에서 'ㄱ'이 약화되어 나타난 형태이다. (43다)의 '-나-'는 동사 '오-' 뒤에서만 나타난다. (43라, 마)의 '-가/아-'나 '-과/와-'는 '-거/어-'에 또 다른 선어말 어미 '-오/우-'가 결합할 때 나타나는 형태들이다.

'{-거-}'의 형태들은 근대 한국어를 거쳐 현대 한국어 시기가 되면 확인의 문법 범주가 잘 쓰이지 않게 되어 형태 역시 거의 사라져 버렸다. 하지만 현대 한국어의 "그 사람이 분명 여길 다녀갔것다.", "오후에는 비가 오렷다."에는 확인의 기능이나 형태가 남아 있으며, 현대 한국어의 명령형 어미 '-아라/어라', '-거라'와 '-나-'가 변화한 '-너-'가 포함된 '-너라' 등에도 '-거/어-'의 흔적이 남아 있다.

46 화자 겸양은 결국 청자인 상대를 높이는 효과가 있으므로 화자 겸양과 청자 높임을 엄격하게 구분하기는 어렵다. 우리 책에서는 제 I 권 4.4.5.에서도 언급한 것처럼 후기 중세 한국어의 객체 높임 내지 화자 겸양의 {-숩-}의 기능이 현대 한국어에 부분적으로 남아 있는 것으로 기술한다.

47 '-거/어-'에 대해서는 과거 시제로 파악하기도 하고 양태나 서법으로 파악하기도 한다. 우리 책에서는 10.3.5.3.에서 볼 수 있듯이 주로 양태의 관점에서 다루었다. 양태나 서법은 화자의 태도와 관련되는 문법 범주이지만 시간과 밀접한 관련이 있어 넓은 의미에서 시간 표현에서 다룰 수 있다.

시제 형태소 '{-았-}'과 '-겠-'의 발달

후기 중세 한국어의 시간 관련 형태 중에서 현대 한국어로 오면서 변화가 가장 두드러진 것은 과거 시제의 '{-았-}'과 미래 시제 혹은 추측의 '-겠-'의 발달이다. '{-았-}'이나 '-겠-'은 후기 중세 한국어에 존재하지 않은 형태들이며 근대 한국어 이후 발달한다.

(44) 가. -아/어/야 잇- > -앳/엣/얫- > -앗/엇/엿- > -았/었/였-
나. -게 ᄒᆞ엿- > -겟- > -겠-[48]

48 '-게 ᄒᆞ엿-'과 '-겟-' 사이에 중간형으로 '-게엿-'을 상정하기도 한다.

현대 한국어에서 널리 쓰이는 과거 시제의 '{-았-}'은 15세기 한국어의 시제 표시 형태로 존재하지 않았으며 15세기 이후 (44가)와 같은 과정을 거쳐 발달하면서 과거 시제 표시 형태로 정착되었다.[49] 미래 시제 내지 추측을 나타내는 '-겠-' 역시 15세기 한국어에서는 사용되지 않았으며 근대 한국어 이후 (44나)의 과정을 거쳐 발달하여 현대 한국어에서 널리 쓰이게 되었다.

49 현대 한국어에서 '-았/었-'이 '과거 시제'뿐만 아니라 '완료상'을 표시하는 것은 '-아/어 잇-'에서 발달했다는 것과 관련이 있다.

참고 8 '-겠-'의 기원에 대한 견해

'-겠-'의 기원에 대해서는 몇 가지 주장이 제기되었다. 첫째, 선어말 어미 '-거-'에 '잇-'의 결합하여 발달했다는 견해이다. 둘째, 연결 어미 '-게'에 'ᄒᆞ엿-'이 결합하여 발달했다는 가설이다. 「한듕록」(혹은 「한중록」)이 판본에 따라 '-겟-'과 '-게 ᄒᆞ엿-'의 표기가 모두 보이는 점, 여러 문헌들에서 '-겟-'이 나타나야 할 문맥에서 '-게 ᄒᆞ엿-'이 나타나는 점, 의미상 미래 내지 추측은 '-게 ᄒᆞ엿-'에 가깝다는 점을 고려하면 둘째 견해가 더 설득력이 있는 것으로 보인다.

'{-오-}'의 변화

후기 중세 한국어에 널리 나타나는 '{-오-}'는 '내 ᄒᆞ마 命終호라(ᄒᆞ+오+라)'에서처럼 1인칭 화자 자신이 주어임을 표시하는 경우와 '얻논(얻+ᄂᆞ+오+ㄴ) 藥이 므스것고'처럼 피수식어가 관형사절 서술어의 목적어 또는 부사어가 되는 경우에 주로 나타난다. '-오-'는 양성 모음 뒤에서, '-우-'는 음성 모음 뒤에서 사용된다. '{-오-}'는 근대 한국어를 거쳐 현대 한국어에 이르면서 그 기능의 소실과 함께 형태도 사라지게 되어 '나 이제 가노라 저 거친 광야를'과 같은 노래 가사나 '하노라고 했는데'와 같은 표현에 화석으로만 남아 있다.

1인칭 화자 주어 표시 혹은 피수식어가 목적어나 부사어인 경우에 결합하는 '{-오-}'와 직접 관련이 있는지는 명확하지 않으나 후기 중세 한국어에서는 명사형 전성 어미 '-옴/움', 연결 어미 '-오딕/우딕'처럼 항상 '오/우'가 포함된 어미가 존재했다. 그리하여 후기 중세 한국어에서는 명사 파생 접미사 '-(ᄋᆞ/으)ㅁ'과 명사형 전성 어미 '-옴/움'이 형태적으로 구별되었다. 그러다가 '{-오-}'가 사라지고 '-ᄋᆞᆷ'에 있던 'ㆍ' 역시 음가를 잃게 되어 현대 한국어에서는 양자가 모두 '-(으)ㅁ'으로 통합되어 형태적으로 구별되지 않게 되었다.

선어말 어미 순서 변화

일반적으로 한국어와 같은 교착어에서 문법 형태가 연속되면 그 순서는 고정되는 경향이 강하다. 그렇지만 이 순서는 통시적으로 변화를 보이기도 한다.

(45) 가. ᄒᆞ거시니, ᄒᆞ거시늘

나. ᄒᆞ시거니, ᄒᆞ시거늘

(46) 가. 하오시니

나. 하시오니

(45)는 후기 중세 한국어 자료로 '거+시'의 순서로도 나타나고 '시+거'의 순서로도 나타났음을 보여 준다.[50] 이 밖에도 후기 중세 한국어는 '더+시'와 '시+더'의 순서로 나타나는 예가 공존한다. (46)은 현대 한국어 자료로 현대 한국어에서도 어미의 결합 순서가 고정되지 않은 것으로 보이는 사례이다.[51]

이런 예를 고려하여 한국어의 선어말 어미의 결합 순서가 고정된 것이 아니라는 주장을 하기도 하지만 순서가 고정되지 않는 것은 예외적이며 이

50 이에 대해 '거'나 '시'가 선어말 어미가 아닌 시기의 모습이 남은 것으로 해석하기도 한다.

51 '하오시니'에 나타나는 '오'가 어간에 인접해 있는 것은 중세 한국어의 {-ᅀᆞᆸ-}이 어간에 가깝게 위치했던 흔적으로 볼 수 있다.

는 대체로 통시적인 변화의 과정으로 설명된다. 'ᄒᆞ거시니'와 'ᄒᆞ시거니' 중에서 후기 중세 한국어 이전의 구결 자료에는 'ᄒᆞ거시니'로 나타나며, 후기 중세 한국어 이후의 자료에는 'ᄒᆞ시거니'로 나타난다. 현대 한국어의 '시+오'와 '오+시'의 공존 역시 앞에서 언급한바, 높임의 선어말 어미 '{-ᅀᆞᆸ-}'이 기능 변화와 함께 위치가 어미 쪽으로 변화하면서 생긴 것으로 볼 수 있다. 이는 선어말 어미 순서의 공존이 통시적 발달 과정에서의 과도기적 현상이라는 해석을 가능하게 한다.

11.3.2. 단어 형성법의 변화

11.3.2.1. 단어 형성법 유형의 변화

단어 형성법은 합성법, 파생법 외에 모음 교체나 영 변화 등이 있다. 단어 형성법은 고대 한국어 이래로 후기 중세 한국어를 거쳐 현대 한국어로 오면서 조금씩 달라지기도 하였다.

비통사적 합성법의 변화

합성은 통사적 합성과 비통사적 합성으로 나눌 수 있다. 제10장에서 언급한 것처럼 후기 중세 한국어에는 다음과 같이 비통사적 합성법에 의한 합성어가 많았다.

(47) 가. ᄇᆞᆰ쥐, ᄲᅮᆺ돌, 쓰믈, 두디쥐

나. 여위시들다, 오ᄅᆞᄂᆞ리다, 듹먹다, 빌먹다

다. 감ᄑᆞᄅᆞ다, 검븕다, 굳세다, 됴쿶다, 횩뎍다, 어위크다

(47가)는 '동사나 형용사 어간+명사'로 구성된 합성 명사이고, (47나)는 '동사 어간+동사 어간'이 결합한 합성 동사이며, (47다)는 '형용사 어간+형용사 어간'이 결합한 합성 형용사이다.

이런 비통사적 합성법은 근대 한국어에서도 나타난다. 다음은 중세 한국어에서는 문증되지 않고 근대 한국어 이후에 문증되는 비통사적 합성어들이다.

(48) 가. 졉낫, 검버섯, 넙가래

나. 엿듣다, 잡쥐다, 쥐잡다, 굶주리다, 넘나들다

다. 감븕다, ᄌᆞᆺ뭡다[52]

(48가)는 '동사나 형용사 어간+명사'로 구성된 합성 명사이고, (48나)는 '동사 어간+동사 어간'이 결합한 합성 동사이며, (48다)는 '형용사 어간+형용사 어간'이 결합한 합성 형용사이다.

52 'ᄌᆞᆺ뭡다'는 'ᄌᆞᆽ(頻)- + 뭡-'가 결합한 것으로 현대 한국어에서는 "몹시 밉다"의 의미로 쓰이는 '잔밉다'로 나타난다.

이런 비통사적 합성법은 자료가 많지 않지만 이미 고대 한국어나 전기 중세 한국어에서도 다수 발견된다. 향가 자료에 나타나는 '솣나(涌出)-, 노니(遊行)-' 등은 정확한 재구가 어렵지만 비통사적 합성법에 의한 합성어로 보인다. 비통사적 합성법이 가능했던 것은 한국어가 기원적으로는 동사나 형용사 어간이 어미와 유리되어 사용될 수 있었을 것임을 암시한다. 뒤에서 언급할 것인바, 영 변화 파생이 시대를 거슬러 올라갈수록 활발했음을 가정하면 비통사적 합성법도 고대 한국어에서는 현대 한국어나 중세 한국어보다 상대적으로 활발했을 가능성이 크다.

중세 한국어의 비통사적 합성법에 의한 합성어 중의 일부는 '검붉다', '오르내리다'처럼 약간의 음운 규칙의 변화를 입은 채 현대 한국어로 이어지기도 하지만, '다니다'처럼 단일어화하여 공시적으로는 합성어로 인식되지 않기도 하고 '빌어먹다'처럼 통사적 합성어로 교체되기도 하고 '여위고 시들다'처럼 합성어로는 더 이상 존재하지 않고 구로만 표현이 가능하게 된 경우도 있다. 이를 고려하면 비통사적 합성법은 고대 한국어 이후 현대 한국어로 이어지면서 점차 약화된 것으로 볼 수 있을 것이다. 이는 한국어에서 용언 어간이 어미와 유리되기 어렵게 변화한 것과도 관련이 있을 것으로 생각된다.

자음 교체형의 변화

고대 한국어의 경우 자음 체계에서 경음이 존재하지 않았다는 점, 유기음이 존재하였지만 사용된 단어 수가 많지 않았다는 점을 고려하면 단어 형성법의 하나로서 자음 교체가 존재하기 쉽지 않았을 것으로 생각된다.

제10장에서 언급한 것처럼 중세 한국어는 자음 교체가 나타나는 초기의 모습을 보여 준다.

(49) 가. 기다-ᄭᅵ다, 그ᅀᅳ다-ᄭᅳᅀᅳ다, 두드리다-ᄯᅳ드리다, 딯다-ᄯᅵᇂ다

나. 구짖다-ᄭᅮ짖다, 긇다-ᄭᅳᇙ다, 빟다-ᄲᅵᇂ다, 사ᄒᆞᆯ다-싸ᄒᆞᆯ다, 십다-씹다

(49나)는 15세기 한국어에 나타나는 '평음-경음'의 단어 쌍을 보여 준다. 10장에서 언급한 것처럼 이 중 'ᄯᅳ드리다〈구방 상:42〉', 'ᄯᅵᇂ다〈구방 하:62〉'의 경우는 15세기에 간행된 것으로 보이는 초간본이 아니라 16세기 중반에 간행된 것으로 보이는 중간본에서만 확인할 수 있고, 자음 교체에 의한 쌍이 많지 않아서 (49가)의 예들에 대해서 'ᄭᅵ다', 'ᄭᅳᅀᅳ다', 'ᄯᅳ드리다' 등을 동작을 나타내는 용언의 어두 자음이 통시적으로 경음화된 것으로 설명해 왔다. 하지만 우리는 어두음의 된소리화가 격렬한 동작을 인상적으로 나타내기 위해 사용된 것으로 볼 수 있다는 점, (49나)와 같이 16세기 이후 한국어에는 자음 교체로 볼 수 있는 예가 상당한 수로 증가하고 있다는 점을 고려하여 중세 한국어 시기가 단어 형성 방법의 하나로 발달해 가는 시작점이 되고 있음을 논의한 바 있다.

근대 한국어 이후에는 '평음-경음'의 대립 쌍뿐만 아니라 '평음-유기음', '경음-유기음' 등의 대립쌍도 나타나서 양적으로 혹은 질적으로 자음 교체가 증가하는 모습을 보인다.

(50) 가. 숫다-쓷다, 듧다-ᄯᅮᆯ다, 곶다-ᄭᅩᆽ다; 곳고리-ᄭᅬ고리, 덛더디-ᄯᅥᆺᄯᅥᆺ이, ᄃᆞᆺᄃᆞ시-ᄯᆞᄯᆞ시

나. 닷-탓, 불무-풀무, 고키리-코키리

(51) 가. 불근-불ᄀᆞᆫ, 밧작밧작-ᄲᅡᆺ짝ᄲᅡᆺ짝, 불ᄀᆞᆫ-ᄲᅮᆯ근-ᄲᅮᆯᄀᆞᆫ, 울긋불긋-울긋ᄲᅮᆯ긋, 번듯-번ᄯᅳᆺ, 덩실-ᄯᅥᆼ실, 셜셜-쎨쎨, 션듯션듯-쎤듯쎤듯, 잘잘-짤짤

나. 달낭달낭-털넝털넝, 벌넝벌넝-펄넝펄넝

다. 덩더러궁-던더러쿵

(50)은 근대 한국어 자료인데, (50가)는 '평음-경음', (50나)는 '평음-유기음'의 대립을 보여 준다. (51)은 개화기 전후의 판소리 사설 등에서 나타나는 자료인데, (51가)는 '평음-경음', (51나)는 '평음-유기음', (51다)는 '경음-유기음'의 대립 쌍을 보여 준다.

현대 한국어에도 자음 교체의 대립 쌍이 많이 나타나며, '감감하다-깜깜하다-캄캄하다'처럼 '평음-경음-유기음'의 대립 쌍이 나타나기도 한다. 이런 점들을 고려하면 자음 교체는 중세 한국어 이후 점차 확대되는 양상을 보여 온 것으로 생각된다.

모음 교체형의 변화

고대 한국어 단계에서도 한국어에 모음 조화가 있었다는 점을 고려하면 단어 형성법의 하나로 모음 교체가 존재했을 개연성이 크다. 다만 모음 교체의 특성상 주로 색채어 등에 나타나서 어감 차이를 가지게 되므로 고대 한국어 자료에서 문증되기는 쉽지가 않다. 제10장에서 언급한 것처럼 후기 중세 한국어에서는 모음 교체에 의한 단어 쌍이 다수 존재한다.

(52) 가. 갇다[收]-걷다, 남다-넘다, 밧기다-벗기다; 쟉다-젹다; 곱다[曲]-굽다, ᄇᆞᅀᆞ다[碎]-브ᅀᅳ다; 횩다-혁다
나. ᄇᆞᆰ다-븕다, 발가ᄒᆞ다-벌거ᄒᆞ다, ᄑᆞᄅᆞ다-프르다, 파라ᄒᆞ다-퍼러ᄒᆞ다
다. 마리-머리, ᄂᆞᆰ다-늙다, ᄆᆞᆰ다-믉다

앞에서 언급한 것처럼 (52가)는 두 단어 쌍의 의미가 거의 없는 경우이고, (52나)는 어감의 차이를 가지는 경우이며, (52다)는 의미 차이가 뚜렷한 경우이다.

근대 한국어에서도 모음 교체에 의한 단어 쌍이 다수 나타난다.

(53) 가. 감다-검다, 반득반득ᄒᆞ다-번득번득ᄒᆞ다, 사늘ᄒᆞ다-서늘ᄒᆞ다, 아득ᄒᆞ다-어득ᄒᆞ다, 파라ᄒᆞ다-퍼러ᄒᆞ다, 하얗다-허옇다

나. 노ᄅᆞ다-누르다, 노라ᄒᆞ다-누러ᄒᆞ다, 도탑다-두텁다, 돗갑다-둣겁다, 보ᄃᆞ랍다-부드럽다, 오목ᄒᆞ다-우묵ᄒᆞ다, 촉촉ᄒᆞ다-축축ᄒᆞ다

다. 휫도ᄅᆞ다-휫두르다

라. ᄃᆞᆫᄃᆞᆫᄒᆞ다-든든ᄒᆞ다, ᄑᆞᄅᆞ다-프르다, ᄒᆞᆯ긋ᄒᆞᆯ긋-흘긧흘긧

마. ᄎᆡᆨᄎᆡᆨᄒᆞ다-츽츽ᄒᆞ다, ᄒᆡ다-희다

바. 한들한들-흔들흔들

사. 죠고맛-져구맛, 죠그마ᄒᆞ다-져구마ᄒᆞ다

(53)은 근대 한국어에 나타나는 모음 교체의 쌍을 대립하는 모음에 따라 나누어 본 것이다. (53가)는 ‘ㅏ-ㅓ’, (53나)는 ‘ㅗ-ㅜ’, (53다)는 ‘ㅚ-ㅟ’, (54라)는 ‘ㆍ-ㅡ’, (55마)는 ‘ㆎ-ㅢ’, (55바)는 ‘ㅏ-ㅡ’, (55사)는 ‘ㅛ-ㅕ’의 모음 대립을 보여 준다. 중세 한국어에 비해 모음 대립의 양상이 다양해진 것은 ‘ㆍ’의 음가 변화로 ‘ㅏ-ㅡ’의 대립 등이 생겨난 결과이다.

개화기 한국어나 현대 한국어에서도 모음 교체형이 발견된다. 모음 교체는 모음 체계에 기반을 둔 모음 조화와 관련되어 있으므로 중세 한국어까지의 모음 교체는 ‘후설 모음-전설 모음’의 모음 교체의 짝이 주로 나타나지만,[53] 모음 조화가 약화된 개화기나 현대 한국어의 모음 교체의 짝으로는 다음과 같이 ‘고모음-저모음’의 대립의 모음 교체 짝이 증가한다.

53 중세 한국어의 모음 조화는 10.1.2.3.에서 논의한 것처럼 엄밀히 말하면 ‘후설 모음-전설 모음’의 대립에 의한 것이 아니라 ‘설축-설소축’의 대립이다.

(54) 가. 동동-둥둥, 도리도리-두리두리, 동골동골-둥굴둥굴, 동실동실-둥실둥실

나. 쇼근쇼근-슈군슈군, 쏙쏙-쑥쑥-쑥쑥

다. 발발-벌벌, 아롱아롱-어룽어룽, 알른알른-얼른얼른, 앙금앙금-엉금엉금, 팔팔-펄펄

라. 살살-셜셜, 싹싹-썩썩, 잘숙잘숙-절숙절숙

마. 싹싹-씍씍, 싸닥싸닥-싸득싸득, 한들한들-흔들흔들

(54)는 개화기 전후의 판소리 사설 등에 나타나는 자료이다. (54가)는

‘ㅗ-ㅜ’, (54나)는 ‘ㅛ-ㅠ’, (54다)는 ‘ㅏ-ㅓ’, (54라)는 ‘ㅏ-ㅕ’, (54마)는 ‘ㅏ-ㅡ’의 대립을 보이는 단어 쌍들로 대체로 ‘저모음-고모음’의 대립을 보여 준다.

현대 한국어에도 모음 교체의 대립 쌍이 많이 나타난다는 점을 고려하면 모음 교체가 고대 한국어에서 현대 한국어에 이르기까지 존재한 한국어의 단어 형성법의 하나로 볼 수는 있다. 다만 중세 한국어까지의 ‘후설 모음-전설 모음’의 구개적 대립에서 점차 ‘저모음-고모음’으로 대립되는 등 다양한 양상을 보이지만 ‘ㆍ’의 소실 등으로 모음 체계와 모음의 대립이 일치하지 않아 모음 체계의 강력한 지원을 받기는 어려웠던 것으로 보인다.

모음 교체의 쌍은 현대 한국어로 오면서 어느 한쪽이 더 이상 쓰이지 않아 짝을 이루지 않게 되거나, 쓰이더라도 의미나 분포가 제한되거나, 각각이 의미 차이가 더 분명해져 언중에게 모음 교체의 짝으로 잘 인식되지 않기도 한다. ‘ᄀᆞᄂᆞᆶ’, ‘갇다’, ‘ᄑᆞᄅᆞ다’ 등은 현대 한국어에 쓰이지 않으며, ‘마리’의 경우 ‘首’의 의미로는 쓰이지 않고 주로 동물의 수효를 나타내는 단위로만 쓰이며, ‘곱다’의 경우도 “추워서 손가락이 곱았다.”에서처럼 제한된 용례로만 쓰인다. ‘쟉다-젹다’의 경우 후기 중세 한국어와 달리 각각이 ‘작다(小)-적다(少)’ 정도로 의미가 분화되었으며, ‘ᄇᆞᆰ다-븕다’의 경우도 후기 중세 한국어의 ‘ᄇᆞᆰ다’는 ‘丹’, ‘明’의 의미를 가지고 있었는데 현대 한국어의 ‘밝다’는 ‘明’의 의미만 지니게 되어 ‘븕다(현대 한국어의 ‘붉다’)’와의 유연성이 멀어지게 되었다. 이를 고려하면 모음 교체에 의한 단어 형성법은 후기 중세 한국어 이래로 현대 한국어로 오면서 점차 약화되어 가는 것으로 생각된다.

영 변화형의 변화

한국어의 경우 ‘명사-용언 어간’, ‘부사-용언 어간’은 형태가 동일하지 않고 어느 한 쪽에 파생 접사가 결합하는 경우가 일반적이다. 그렇지만 10.2.1.1.에서 후기 중세 한국어에서의 예를 들면서 언급한 것처럼 ‘명사-용언 어간’, ‘부사-용언 어간’의 형태가 동일한 경우가 있어서 이를 영 변화에 의한 단어 형성으로 다루기도 한다. 영 변화의 사례로 볼 수 있는 예들 중에서 '밋(及ㅌ), 비릇(方ㅌ), 좇(從ㅌ), 사ᄆᆞᆺ(通ㅌ)' 등의 구결 자료에 나타나는 예들은 정확한 재구가 어렵지만 고대 한국어에 나타나는 '부사-용언 어간'의 영 변화에 의한 단어 형성의 예로 볼 수 있을 것이다.

영 변화에 의한 단어 형성의 예로 볼 수 있는 조금 더 분명한 자료는 제10장(10.2.2.1.)에서 언급한 후기 중세 한국어 자료이다.

(55) 가. 너출-너출다, ᄀᆞᄆᆞᆯ-ᄀᆞᄆᆞᆯ다, 신-신다, 품-품다

나. ᄀᆞᆮ-ᄀᆞᆮ다, 그르-그르다, ᄂᆞ외-ᄂᆞ외다, 바ᄅᆞ-바ᄅᆞ다, ᄉᆞᄆᆞᆾ-ᄉᆞᄆᆞᆾ다, ᄇᆡ브르-ᄇᆡ브르다

(55가)는 '명사-용언 어간', (55나)는 '부사-용언 어간'이 동일한 형태로 나타나는 예이다.

영 변화의 의한 단어 형성의 예로 볼 수 있는 자료는 다음과 같은 근대 한국어에서도 확인된다.

(56) 가. ᄀᆞᄆᆞᆯ-ᄀᆞ믈다, 누비-누비다, 되-되다, 씌-씌다, ᄇᆡ-ᄇᆡ다, ᄇᆡᆺ-ᄇᆡᆺ다, 신-신다, 품-품다

나. 뎍-뎍다, 하-하다, 그르-그르다, 더ᄃᆡ-더ᄃᆡ다, 므르-므르다, 바ᄅᆞ-바ᄅᆞ다, ᄇᆡ브르-ᄇᆡ브르다

(56가)는 '명사-용언 어간', (56나)는 '부사-용언 어간'이 동일한 형태로 나타나는 예이다. 이 중에는 중세 한국어에서 이미 나타난 예들도 있지만 근대 한국어에 새롭게 문증되는 자료도 있다.

그런데 현대 한국어로 오면서 형태 변화가 일어나 영 변화로 설명하기 어려운 경우가 많아졌다. 명사와 용언 어간의 형태가 동일한 예들은 약간의 형태 변화가 보이기는 해도 현대 한국어에 그대로 이어지는 경우가 많다.[54] 하지만 부사와 용언 어간의 형태가 같았던 예들은 '그르'는 '그릇'으로, '바ᄅᆞ'는 '바로'로, 'ᄇᆡ브르'는 '배불리'로 나타나 더 이상 영 변화 관계로 설명하기 어렵게 되었다. 이를 고려하면 영 변화에 의한 단어 형성도 현

54 '너출-너출다'의 경우 현대 한국어에서 '넌출-넌출지다'로 나타나므로 영 변화로 설명하기 어렵다.

대 한국어로 오면서 점차 약화한 것으로 볼 수 있을 것이다. 영 변화에 의한 단어 형성법의 약화를 극적으로 보여 주는 사례는 다음과 같은 것이다.

(57) 가. 하ᄂᆞᇙ 벼리 눈 ᄀᆞᆮ 디니이다 [하늘의 별이 눈과 같이 집니다] 〈용가-초간 50장〉

나. 하ᄂᆞᇙ 벼리 눈 ᄀᆞᆮ더니이다 [하늘 별이 눈 같습디다(같았습니다)] 〈용가-중간 50장〉

(57가)에서 볼 수 있는 중세 한국어(초간본 간행 1447년)의 부사 'ᄀᆞᆮ'이 근대 한국어(중간본 간행 1659년)에 이르면 더 이상 부사로 인식되지 않아 "눈과 같이 지다" 대신 "눈 같더라"로 다르게 해석한 것으로 보인다. 영 변화에 의한 단어 형성법의 약화는 앞에서 언급한 비통사적 합성법의 경우와 마찬가지로 이는 한국어에서 용언 어간이 어미와 유리되기 어렵게 변화한 것과도 관련이 있을 것으로 생각된다.

사실 현대 한국어의 '밝다(형용사, 동사), 크다(동사, 형용사)'처럼 품사 통용어들도 영 변화에 의한 단어 형성으로 설명하는 것이 가능하다. 이러한 품사 통용은 현대 한국어에도 드문 편이 아니지만 후기 중세 한국어에는 더 흔하며, 특히 동사와 형용사의 통용이 광범위하게 나타났다.[55]

55 품사 통용에 대한 자세한 논의는 10.2.1.1.에서 이루어진 바 있다.

(58) 가. 됴ᄒᆞᆫ 마시 ᄃᆞ외야 [좋은 맛이 되어] 〈석상 19:20〉

나. 病이 됴ᄒᆞ샤 [병이 좋아져서] 〈석상 11:21〉

10.2.1.1.에서도 언급한 것처럼 후기 중세 한국어에서 '둏-'을 비롯한 많은 형용사는 동사적으로도 쓰인다. (48가)는 '둏-'이 형용사로, (48나)는 동사로 쓰인 예이다. 후기 중세 한국어에서는 우리가 흔히 형용사로 알고 있는 '하다[多]'가 『용비어천가』의 잘 알려진 구절에서 "곶 됴코 여름 하ᄂᆞ니 〈용가 2장〉"처럼 동사로 쓰이는 것에서 알 수 있듯이 동사와 형용사의 통용 현상이 매우 일반적인 현상이었다. 이를 영 변화로 볼 것인지, 후기 중세 한국어에서 동사와 형용사가 덜 분화된 것으로 볼 것인지에 대해서는 명확하

게 말하기 어렵다. 그렇지만 후기 중세 한국어에서 동사와 형용사가 각각 다른 품사로 볼 수 있으므로 이 역시 영 변화의 일종으로 볼 수 있다. 이런 단어 형성법 역시 고대 한국어 이래로 현대 한국어로 오면서 약화된 것으로 볼 수 있을 것이다.

11.3.2.2. 개별 단어 형성법의 변화

고대 한국어 이래로 현대 한국어에 이르는 동안 개별 단어 형성법에 있어서도 적지 않은 변화가 일어났다. 파생을 이루는 파생 접사들이 주로 어근에서 발달한 경우가 많다는 점에서 개별 단어 형성법의 변화에서 특히 주목되는 것은 파생법의 변화이다. 여기에서는 여러 가지 단어 형성의 변화 중에서 특히 파생법을 중심으로 몇 가지 특징적인 것에 대해 언급하고자 한다.

어근에서 접두사로의 변화를 통한 접두 파생: '풋-'의 경우

접두사는 흔히 통시적으로 어근에서 발달한 경우가 많다. 따라서 접두 파생법은 합성의 구성 요소 중 하나가 어근에서 접두사로 변화하여 나타나는 경우가 많다. 현대 한국어에서 제법 높은 결합 가능성을 가진 것으로 보이는 '풋-'의 발달은 이런 일련의 과정을 잘 보여 준다.

(59) 가. 중세 한국어: 픐뎡, 풋뎌
　　나. 근대 한국어: 풋ᄂᆞ믈, 풋소옴, 풋좀
　　다. 현대 한국어: 풋감, 풋나물, 풋잠, 풋눈, 풋내, 풋바람, 풋사랑

(59가)의 중세 한국어에서는 '풋-'이 아직 접미사로 완전히 확립되지는 않은 모습을 보인다. '픐뎡'는 파생어라기보다 '플[草]+ㅅ+뎡'의 합성어로 보는 것이 온당하다. 하지만 동일한 문헌에서 나타나는 '풋뎌'는 'ㄹ'이 탈락하여 형태적으로 접두사로서의 발달 가능성을 보인다. (59나)의 근대 한국어의 예에서는 '풋좀'에서 볼 수 있듯이 원래 의미에서 추상화되어 접두사로 발달하였으며, 대체로는 식물명을 어근으로 하지만 '좀'과 같은 추상

적인 어근과 결합하여 파생어를 만들기도 한다. (59다)의 현대 한국어에서는 원순 모음화를 경험한 형태인 '풋-'으로 변화하였으며 '풋내, 풋바람, 풋사랑' 등 식물명이 아닌 추상적인 어근에 결합하는 경우도 훨씬 많아지게 되었다.

어미에서 접미사로의 변화를 통한 접미 파생: '-이'의 경우

통사 구성 요소의 하나인 조사나 어미가 파생 접사로 발달하기도 한다. 여기에서는 부사 파생 접사 '-이'의 경우를 들어 통사 구성 요소의 하나가 통시적으로 파생 접사로 발달하는 과정에 대해 살펴보려 한다.

(60) 가. 고대 한국어: 廣刂(너비), 深刂(기피), 速刂(ᄲᆞᆯ리), 多刂(해), 大刂(키)

나. 중세 한국어: 너비, 기피, ᄲᆞᆯ리, 해, 키, 어려ᄫᅵ, 만히, 퍼러히, 하야히

다. 현대 한국어: 너비, 널리, 깊이, 빨리, 많이, 어려이, 많이, 쉬이, 같이

(60가)는 흔히 고대 한국어 자료로 간주하는 구결 자료를 중세 한국어의 어형을 고려하여 추정해 본 것이다. '-이'에 의해 형성된 부사 파생어는 중세 한국어나 현대 한국어에서도 상당히 많이 나타난다.

10.2.1.3.에서도 언급한 것처럼 중세 한국어나 현대 한국어에서 '-이'는 부사 파생 접사뿐만 아니라 부사형 전성 어미로 쓰이기도 한다.

(61) 가. 玉盞애 수를 ᄆᆞᆯ가 맛 업시 너기ᄂᆞ니 [옥잔에 술을, 맑아서 맛이 없게(없는 것으로) 여기니] 〈두시 7:25〉

나. 能히 큰 慈悲 ᄀᆞ자 ᄆᆞᅀᆞᄆᆞᆯ ᄂᆞᄌᆞ기 ᄒᆞ야 [능히 큰 자비 가져 마음을 나직이 하여] 〈월석 21:139〉

(61)은 중세 한국어에서도 '-이'가 부사형 전성 어미로 쓰인다는 것을 잘

보여 준다. 하지만 고대 한국어에 비해 그 쓰임은 줄어들었을 것으로 보인다. 현대 한국어에서는 부사형 전성 어미로서의 용법이 더 줄어들어 ‘그가 소리도 없이 다가온다.’의 ‘없이’ 등에 한정적으로 나타난다. (61나)의 경우 현대 한국어라면 ‘-이’의 부사형 전성 어미로서의 용법이 축소됨에 따라 ‘능히 큰 자비를 갖추어 마음을 낮게 하여’처럼 ‘-게’를 사용할 것으로 생각된다.

우리는 지금까지 논의를 통해 부사형 전성 어미 ‘-이’가 부사 파생 접사로 발달한 것으로 보았다. ‘-이’는 고대 한국어와 중세 한국어는 물론 현대 한국어에서도 부사형 전성 어미와 부사 파생 접사 두 가지 용법으로 모두 쓰이다가, 점차 부사형 전성 어미로서의 ‘-이’는 경쟁 상대인 ‘-게’에 자리를 내어 주면서 부사 파생 접사로서의 용법으로 제한되어 가는 것으로 보인다.

접사의 형태 변화와 동음이의 접사와의 혼동: ‘-ᄋᆡ/의’의 경우

10.2.1.3.에서 언급한 것처럼 중세 한국어에서 ‘-ᄋᆡ/의’는 형용사 어근과 결합하여 척도 명사를 파생한다. 그런데 현대 한국어에서는 접미사의 모습이 달라진다.

(62) 가. 중세 한국어: ᄏᆡ, 기릐, 너븨, 노ᄑᆡ, 둗긔

나. 현대 한국어: 키, 길이, 너비/넓이, 노피, 두께

(62가)는 후기 중세 한국어에서 ‘-ᄋᆡ/의’가 형용사 어근과 결합하여 이른바 단위를 나타내는 척도 명사를 파생하는 모습을 보여 준다. 이들 척도 명사 파생어들은 근대 한국어를 거치면서 ‘ㆍ’의 소실과 단모음화를 겪어 ‘키, 길이, 깊이, 너비/넓이, 두께’ 등으로 변하였다.

이런 형태 변화의 결과 척도 명사 파생어들은 ‘-이’가 결합한 것으로 인식되기도 한다. 아래의 『표준국어대사전』의 처리는 이런 인식을 잘 보여 준다.

(63) -이27 「접사」「1」((몇몇 형용사, 동사 어간 뒤에 붙어)) 명사를 만드는 접미사. 길이. 높이. 먹이.
「2」((몇몇 명사와 동사 어간의 결합형 뒤에 붙어)) '사람', '사물', '일'의 뜻을 더하고 명사를 만드는 접미사. 곱삶이. 남의집살이. 살잡이.
「3」((몇몇 명사, 어근, 의성 · 의태어 뒤에 붙어)) '사람' 또는 '사물'의 뜻을 더하고 명사를 만드는 접미사. 절름발이. 애꾸눈이. 멍청이.

국어사전에서는 명사를 만드는 파생 접미사를 모두 다의 접사로 처리하고 있으며, 특히 형용사에 결합하여 척도 명사를 파생하는 '길이, 높이'의 '이'를 따로 처리하지 않고 '먹이'와 같이 다룬다. 척도 명사 파생 접사인 '-이'는 동사가 아닌 형용사와 결합한다는 점, 중세 한국어에서 형태가 '-ᄋᆡ/의'로 달랐다는 점, 의미 기능이 척도 명사를 만든다는 점 등을 고려하면 다른 '-이' 접사와 구별되어 동음이의 접사로 다루어야 할 것이다.

이형태의 개별 파생 접사로의 발달: '-답-', '-되-', '-롭-'의 경우

파생 접사의 형태는 다른 형태와 마찬가지로 환경에 따라 다양한 이형태를 가지기도 한다. 이들 이형태는 인접음에 의한 변이, 이형태를 이루고 있는 자음이나 모음의 통시적인 변화, 사용 빈도나 다른 어휘에 의한 유추 등 다양한 원인으로 통시적인 변화를 경험하게 된다. 그런데 흔히 있는 일이 아니지만 이형태 관계에 있던 개별 형태가 별개의 파생 접미사로 발달하기도 한다. 이런 통시적인 변화 양상을 가장 잘 보여 주는 예가 현대 한국어에 나타나는 '-답-', '-되-', '-롭-'의 경우이다.

현대 한국어에서 주로 명사를 어근으로 형용사를 만드는 파생 접미사 '-답-', '-되-', '-롭-'은 『표준국어대사전』을 참고하면 각각 다른 파생 접미사로 인식되고 있는 것으로 보인다.

(64) -답다: 「1」((일부 명사 뒤에 붙어)) '성질이 있음'의 뜻을 더하고 형

용사를 만드는 접미사. 꽃답다. 정답다. 참답다.

「2」((일부 명사나 대명사 또는 명사구 뒤에 붙어)) '특성이나 자격이 있음'의 뜻을 더하는 접미사. 너답다. 철수답다. 우리 엄마답다.

(65) -롭다: ((모음으로 끝나는 일부 어근 뒤에 붙어)) '그러함' 또는 '그럴 만함'의 뜻을 더하고 형용사를 만드는 접미사. 명예롭다. 신비롭다. 자유롭다.

'-되-'는 사전에 올라 있지 않고, '-답-'은 「1」, 「2」로 나누어져 있다. 우리의 논의와 관련되는 '-답-'은 「1」이다.[56] '-답-' 「1」은 뒤에서 언급할 것인바, 자음 뒤에서만 결합하기 때문에 모음 뒤에서만 결합하는 '-롭-'과 이형태 관계를 떠올릴 수 있게 해 준다.

56 '-답-' 「1」, 「2」의 차이에 대해서는 3.2.3.6.에서 자세하게 논의한 바 있다.

현대 한국어의 '-답-', '-되-', '-롭-'의 이전 형태는 중세 한국어에서 다양한 이형태로 나타난다.

(66) 중세 한국어의 '-ᄃᆞᇦ-, -ᄃᆞㅇ-, -ᄅᆞᇦ-, -로ᇦ-, -ᄅᆞㅇ-, -로ㅇ-, -ᄃᆞᆸ-, -ᄃᆞᄫᅵ-, -ᄃᆞ외-, -ᄅᆞᆸ-, -롭-, -ᄅᆞᄫᅵ-, -ᄅᆞ외-, -로외-': 吉慶ᄃᆞᄫᅵ, 病ᄃᆞ이, 受苦ᄅᆞᄫᅵ, 겨르로ᄫᅵ, 受苦ᄅᆞ이, 受苦로이, 주변ᄃᆞᆸ다, 疑心ᄃᆞᄫᆡᆫ, 疑心ᄃᆞ외니, 겨르ᄅᆞᆸ다, 새롭도다, 受苦ᄅᆞᄫᅵ야, 수고ᄅᆞ왼, 새로외야

중세 한국어의 이들 파생 접미사의 이형태의 교제 조건은 선행 어기가 'ㄹ'을 제외한 자음으로 끝나고 후행 어미가 자음으로 시작할 때 '-ᄃᆞᆸ-', 선행 어기가 'ㄹ'을 제외한 자음으로 끝나고 후행 어미가 매개 모음이나 모음으로 시작할 때(단, 부사형 '-이' 제외) '-ᄃᆞᄫᅵ-, -ᄃᆞ외-', 선행 어기가 'ㄹ'이나 모음으로 끝나고 후행 어미가 자음으로 시작할 때 '-ᄅᆞᆸ-, -롭-', 선행 어기가 'ㄹ'이나 모음으로 끝나고 후행 어미가 매개 모음이나 모음으로 시작할 때(단, 부사형 '-이' 제외) '-ᄅᆞᄫᅵ-, -ᄅᆞ외-, -로외-', 선행 어기가 'ㄹ'을 제외한 자음으로 끝나고 후행 어미(접미사)가 부사형 '-이'일 때

'-ᄃᆞᇦ-, -ᄃᆞㅇ-', 선행 어기가 'ㄹ'이나 모음으로 끝나고 후행 어미(접미사)가 부사형 '-이'일 때 '-ᄅᆞᇦ-, -로ᇦ-, -ᄅᆞㅇ-, -로ㅇ-'가 나타나는 것으로 정리할 수 있다.

이들 파생 접미사의 중세 한국어 이전의 형태에 대해서는 자료의 한계 등으로 구체적인 논의가 쉽지 않다. 다만 교체 조건의 예외, 이형태의 편재성(偏在性) 등을 고려하고 내적 재구 등을 활용하여 '*-ᄃᆞᄫᆡ-' 정도로 추정할 수 있다.

이들의 개별 파생 접사로서의 분화는 근대 한국어에서 본격적으로 나타난다.

(67) 가. 속쬐게, 참쬐물

나. 정답ᄉᆞ외다, 곧다온

다. 보ᄇᆡ롭다, 외롭고, 효도로오며, 녜로오매

(67가)는 '-되-'로 이어지는 이형태가 나타난 단어들인데, 자음 뒤에 결합한 이형태 중에서 '-ᄃᆞᄫᆡ-, -ᄃᆞ외-'는 근대 한국어에 이르면 대부분의 경우 경음을 가지는 '-쬐-'로 나타나고 중세 한국어와 달리 후행 어미가 모음이나 매개 모임이 아닌 자음인 경우에도 나타나면서 '-ᄃᆞᆸ-'과 이형태 관계가 분명하지 않게 된다. 현대 한국어에 나타나는 '앳되다, 삿되다' 등에는 '-되-'의 선행 요소가 모음인 경우에 나타나던 근대 한국어의 '-쬐-'가 결합한 흔적이 보인다.

(68나)는 '-답-'으로 이어지는 이형태가 나타난 단어들인데, 중세 한국어에서 자음 뒤에서 결합하던 이형태 중에서 '-ᄃᆞᇦ-, -ᄃᆞㅇ-, -ᄃᆞᆸ-'은 근대 한국어에서 '-답-, -다오-'로 나타난다. 근대 한국어에서 '-답-, -다오-'는 나타나는 예가 많지 않아 결합 가능성을 논의하기 어렵다. 현대 한국어에서도 위에서 언급한바 '-답다' 「1」의 용법은 사전에 제시된 '꽃답다, 정답다, 참답다'가 거의 전부라고 생각된다. 그리하여 파생 접미사로서의 생산성은 거의 없는 것으로 보인다. 결과적으로 직접 관련이 없는 '-답다' 「2」와 묶이게 되어 더 이상 '-되-'나 '-롭-'과의 관계를 인식하기 어렵게 되

었다.

(68다)는 '-롭-'으로 이어지는 이형태들이 나타난 단어들인데, 모음 뒤에 결합하는 '-롭-'의 경우 근대 한국어에 이르면 중세 한국어의 '-ᄅᆞᇦ-, -로ᇦ-, -ᄅᆞㅇ-, -로ㅇ-, -ᄅᆞᆸ-, -롭-, -ᄅᆞᄫᅵ-, -ᄅᆞ외-, -로외-' 등이 통합되어 '-롭-, -로오-'로 재편된다. '-롭-, -로오-'는 현대 한국어로 오면서 '-롭-, -로우-'로 바뀌었을 뿐 파생 접미사로서 생산성이 유지된다. '-롭-'은 모음 뒤에 나타난다는 제약을 가지지만 우리가 문제 삼은 '-답-', '-되-', '-롭-' 중에서 상대적으로 생산성이 높은 파생 접사로 사용되고 있는 것으로 보인다. 다만 '수고롭다-수고스럽다, 평화롭다-평화스럽다'와의 공존에서 볼 수 있듯이 18세기에 새롭게 등장한 '-스럽-'과의 경쟁으로 현대 한국어에서 생산성은 상당히 축소되어 있는 것으로 보인다.

이처럼 중세 한국어에서 복잡한 이형태를 보였던 '-답-', '-되-', '-롭-'의 선대형들에 의한 파생어는 근대 한국어를 거쳐 현대 한국어에 이르게 되면서 '정답다', '참되다', '새롭다'와 같이 '-답-', '-되-', '-롭-'을 가진 단어로 바뀌게 된다. 이런 변화의 결과 현대 한국어에서는 '-답-', '-되-', '-롭-'을 한 형태소의 이형태로 인식하기 어려워졌다.

참고 9 '-답-', '-되-', '-롭-'과 '-스럽-'의 의미 차이

제1권 3.2.3.6.에서 언급했듯이 '-답-', '-되-', '-롭-'은 주로 추상 명사와 결합하여 '해당 어근의 속성이 풍부히 있음'의 의미를 나타내고 '-스럽-'은 '해당 어근의 속성에 근접함'의 의미를 나타낸다. '-롭-'을 가진 파생어가 존재함에도 불구하고 새로 생긴 '-스럽-'에 의한 파생어가 생겨나는 것은 '-스럽-'이 나중에 생기면서 생산성이 높았기 때문이기도 하지만 '-롭-'과 의미가 완전히 같지는 않기 때문이다.

11.4. 통사사

후기 중세 한국어에서 현대 한국어에 이르기까지 통사적인 특성은 크게 달라지지 않았지만 부분적으로는 변화를 보여 주기도 한다. 이 절에서는 문장의 구조, 문장의 확대, 문법 범주 등을 중심으로 후기 중세 한국어 이후 현대 한국어에 이르기까지의 통사 변화에 대해 살피게 될 것이다.

11.4.1. 문장 길이의 변화

후기 중세 한국어는 현대 한국어에 비해 문장의 길이가 길다는 지적이 있어 왔다.

(52) 給孤獨 長者ㅣ 닐굽 아ᄃᆞ리러니 여슷 아ᄃᆞᆯ란 ᄒᆞ마 갓 얼이고 아기 아ᄃᆞ리 양ᄌᆡ 곱거늘 各別히 ᄉᆞ랑ᄒᆞ야 아ᄆᆞ례나 ᄆᆞᆺ ᄃᆞᆰᄒᆞᆫ 며느리ᄅᆞᆯ 어두리라 ᄒᆞ야 婆羅文ᄋᆞᆯ ᄃᆞ려 닐오ᄃᆡ…… [급고독 장자가 일곱 아들이더니(아들이 있더니) 여섯 아들은 이미 아내를 맞았고 막내아들이 모습이 곱거늘 각별히 사랑하여 아무려나 마뜩한 며느리를 얻으리라 하여 바라문더러 말하되(말하기를)] 〈석상 6:13〉

(52)에서 볼 수 있듯이 병렬문(이어진문장)과 포유문(안은문장)이 복합적으로 사용되어 한 문장이 하나의 문단에 대당되는 경우가 많았다.[57] 이러한 경향은 근대 한국어에도 이어지다가 현대 한국어에 이르면서 긴 문장은 물론 짧은 문장을 포함한 다양한 길이의 문장으로 나타나게 되었다.

57 후기 중세 한국어에서 문장 길이가 길게 나타나는 것은 남아 있는 자료가 문어이면서 번역문이기 때문이라는 점이 작용했을 수도 있다.

11.4.2. 문장 성분의 변화

후기 중세 한국어의 문장 역시 '주어, 서술어, 목적어' 등으로 구성되며 각각의 서술어가 가지는 자릿수나 성분에서도 큰 차이는 없다. 여기에서는 특징적인 몇 가지를 중심으로 후기 중세 한국어에서 현대 한국어에 이르는 문장 성분에서의 변화를 살펴보도록 한다.

주격이나 부사격 대신 목적격의 실현

후기 중세 한국어에서는 현대 한국어라면 주격이나 부사격으로 실현되어야 할 성분이 목적격으로 나타나는 다음과 같은 경우가 흔히 있다.[58]

58 (53)과 같은 예에 대해 10.3.1.2.에서는 이중 목적어문의 관점에서 다룬 바 있다.

(53) 가. 오직 ᄯᅩᆼᄋᆞᆯ ᄃᆞᆯ며 ᄡᅳ믈 맛볼 거시라 [오직 똥이 달며 씀을 맛볼 것이라] 〈번소 9:31〉

나. 四海ᄅᆞᆯ 년글 주리여 [사해를 다른 사람을/사람에게 주겠는가] 〈용가 20장〉

(54) 가. ᄯᅩᆼ의 ᄃᆞᆯ며 ᄡᅳ믈 맛보아 [똥의 달며 씀을 맛보아] 〈동신 효 8:71〉

나. ᄯᅩᆼ이 ᄃᆞᆯ며 ᄡᅳ믈 맏보더니 [똥이 달며 씀을 맛보더니] 〈동신 효 4:86〉

(53가)는 중세 한국어의 예인데, 'ᄯᅩᆼᄋᆞᆯ'은 내포절의 주어인데, 주격 대신 목적격으로 실현되었다. 11.4.3에서 언급하듯이 내포절의 주어는 중세 한국어에서 목적격뿐만 아니라 주격이나 관형격으로도 실현되었는데, 근대 한국어에서는 (54가, 나)에서 볼 수 있듯이 목적격은 잘 나타나지 않고 관형격이나 주격으로 실현되는 모습을 보여 준다. (53나)는 부사격 대신 목적격으로 실현된 예이다. 중세 한국어에서는 (53가, 나)처럼 주격이나 부사격 대신 목적격이 실현되는 것이 드물지 않았지만 점차 줄어들어 현대 한국어에서는 이런 현상이 매우 드물게 나타난다.

'슬프다'류 구문의 변화

후기 중세 한국어와 현대 한국어가 서술어의 구문 유형에서 차이를 보이기도 한다.

(55) 가. 솘 소리 슬프니 [솔 소리가 슬프니] 〈두시초 23:1〉

나. 男兒ᄋᆡ 性命이 可히 슬프도다 [남아의 성명(생명, 목숨)이 가히 슬프도다] 〈두시초 25:41〉

59 '音樂ᄋᆞᆯ 펴면'은 두보의 시 원문은 '樂張'이므로 '음악이 펼쳐지면' 정도의 의미로 이해되지만, 현대역은 일단 15세기 언해를 고려하여 '음악을 펴면'으로 하기로 한다.

(56) 가. 音樂ᄋᆞᆯ 펴면[59] 遊子ㅣ 슬프리라 [음악을 펴면 유자가 슬프리라] 〈두

시초 22:43〉

나. ᄆᆞᅀᆞ미 슬프며 [마음이 슬프며] 〈원각 상 1-2:98〉

현대 한국어에서는 '슬프다'와 같은 심리 형용사 구문은 '나는 슬프다.', '나는 할머니의 죽음이 슬프다.'와 같이 경험주를 주어로 하는 한 자리 서술어나 이중 주어문(주격 중출문)으로 나타나는 것이 보통이다. 후기 중세 한국어에서는 (55)에서 볼 수 있듯이 경험주가 아닌 대상이 주어로 나타나는 경우가 제법 흔하다는 것이 특징적이었다. 물론 드물기는 하지만 (56가)처럼 경험주가 주어로 나타나기도 하고 (56나)처럼 경험주의 '마음'이 주어로 나타나기도 한다. 현대 한국어로 오면서 대상이 주어로 나타나는 문장은 많이 쓰이지 않게 되고 경험주를 주어로 하거나 경험주와 대상이 이중 주어문(주격 중출문)으로 나타나는 경우가 많아지게 되었다.

개별 서술어의 격 실현의 차이

후기 중세 한국어에서 현대 한국어로 오면서 나타난 변화로 잘 알려진 것의 하나가 개별 서술어들이 격 실현에서 차이를 보이는 것이다. 다음의 예를 살펴보기로 하자.

(57) 가. 道ㅣ 큰 바ᄅᆞ리 ᄀᆞᆮᄒᆞ야 [도가 큰 바다와 같아] 〈몽법 49〉

나. 나랏 말ᄊᆞ미 中國에 달아 [나라의 말이 중국과 달라] 〈훈언 1〉

(58) 다만 내 본쯧이 젼의 니른 바와 ᄀᆞ틀 뿐이 아니라 [다만 내 본뜻이 전에 말한 바와 같을 뿐이 아니라] 〈신서(臣庶) 윤음 17〉

(57가)는 'ᄀᆞᆮᄒᆞ다'를 서술어로 하는 문장이 후기 중세 한국어에서 '~이 ~이 ᄀᆞᆮᄒᆞ다'의 구성으로 나타나는 것을 보여 주고,[60] (57나)는 '다ᄅᆞ다'를 서술어로 하는 문장이 '~이 ~애/에/예 다ᄅᆞ다'의 구성으로 나타나는 것을 보여 준다. 현대 한국어라면 모두 '~이 ~와/과 같다(다르다)'의 구성으로 나타나는 것이 자연스럽다. (58)은 근대 한국어에서 이미 '~이 ~와/과 ᄀᆞᇀ다'의 구성으로 나타나고 있음을 보여 준다.

60 후기 중세 한국어에서도 드물지만 '~이 ~와/과 ᄀᆞᆮᄒᆞ다'가 쓰이기도 했다.

11.4.3. 문장 확장의 변화

후기 중세 한국어 이후 현대 한국어에 이르기까지 문장의 확장 방법은 두 절이 이어지는 병렬문(이어진문장)과 하나의 절을 안은 포유문(안은문장)을 구성하는 등 전체적으로 보아 크게 달라지지 않았다. 다만 몇 가지 특징적인 것에 대해 살펴보기로 한다.

명사절과 관형사절의 분화

이미 10.3.2.2.에서 언급했듯이 후기 중세 한국어나 그 이전의 한국어에서는 명사절과 관형사절의 구분이 뚜렷하지 않았던 것으로 보인다.

(59) 가. 德이여 福이라 <u>호ᄂᆞᆯ</u> 나ᄋᆞ라 오소이다 [덕이여 복이라 함을 바치러 옵니다] 〈악궤, 동동〉

나. <u>威化 振旅ᄒᆞ시ᄂᆞ로</u> 輿望이 다 몯ᄌᆞᄫᆞ시나 [위화 진려하심으로 여망이 다 모이시나] 〈용가 11장〉

(59가, 나)는 현대 한국어에서 관형사형 전성 어미로만 쓰이는 '-(ᄋᆞ/으)ㄴ'이 조사 'ᄋᆞᆯ', 'ᄋᆞ로'과 결합하므로 후기 중세 한국어나 그 이전에는 명사형 어미처럼 사용되기도 했다는 것을 보여 준다. 물론 후기 중세 한국어에서도 '-(ᄋᆞ/으)ㄴ'은 관형사형 어미로 쓰이는 경우가 압도적이다. 이를 고려하면 한국어에는 원래 명사형 전성 어미와 관형사형 전성 어미의 구분이 없이 이른바 동명사형 어미가 존재했으며 차츰 명사형 어미와 관형사형 어미로 분화되었다고 볼 수 있다. 후기 중세 한국어는 명사형 어미와 관형사형 어미가 완전히 분화되기 전의 마지막 단계의 모습을 보여 주는 것이라 생각된다. 명사형 어미와 관형사형 어미의 구분이 이루어짐에 따라 명사절과 관형사절의 분화가 일어나게 되었다.

주어적 관형격

앞에서 언급한 것처럼 후기 중세 한국어의 명사절이나 관형사절에서 주어 표지가 '이'가 아닌 'ᄋᆡ/의'로 나타나는 것도 주목할 만하다.[61]

61 명사절이나 관형사절의 주어나 목적어가 'ᄋᆡ/의, ㅅ'으로 나타나는 현상에 대한 자세한 논의는 10.3.1.5.를 참조할 수 있다.

(60) 가. <u>迦葉의</u> 能히 信受호ᄆᆞᆯ 讚歎ᄒᆞ시니라 [가섭의 능히 신수함을 찬탄하셨다] 〈월석 13:57〉

나. <u>迦葉이</u> 能히 信受호미 이 希有호미라 [가섭이 능히 신수함이 이(이것이) 희유함(흔하지 않음)이라] 〈월석 13:57〉

(60가)는 명사절의 주어가 주격이 아닌 관형격으로 표시된 예이다. 물론 같은 책에서 (60나)처럼 주격으로 표시되기도 한다. (60가)와 같은 격을 이른바 주어적 관형격(속격)이라 부르기도 했는데, 이런 예는 후기 중세 한국어에서는 흔히 나타나지만 근대 한국어에서부터 점차 줄어들었고, 현대 한국어에서는 '나의 살던 고향은'과 같은 노랫말 등에서만 나타날 뿐 거의 쓰이지 않는다.

'-기' 명사절의 확대

후기 중세 한국어에 흔히 나타나던 명사절이 '-옴/움'을 표지로 가졌던 것에 비해 근대 한국어를 거쳐 현대 한국어로 오면서 '-기'나 '-은/는/ㄴ 것'[62]이 우세하게 쓰이는 것도 주목할 만하다.

(61) 가. 날로 <u>ᄡᅮ메</u> 便安킈 ᄒᆞ고져 ᄒᆞᇙ ᄯᆞᄅᆞ미니라 [날로 씀에 편안하게 하고자 할 따름이다] 〈훈언 1〉

나. 부톄 <u>授記ᄒᆞ샤미</u> 글 <u>ᄡᅳ미</u> ᄀᆞᆮ고 [부처가 수기(예언의 글을 줌)하심이 글 씀과 같고] 〈월석 8:96〉

(62) 太子ㅣ 글 <u>ᄇᆡ호기</u> 始作ᄒᆞ샤 [태자가 글 배우기 시작하시어] 〈석상 6:13〉

(61가, 나)는 후기 중세 한국어의 '-옴/움'에 의한 명사절의 예를, (62)는 '-기'에 의한 명사절의 예를 보여 준다. 후기 중세 한국어의 경우 (61)과 같이 '-옴/움'에 의한 명사절이 압도적으로 많았다. 근대 한국어 이후 현대 한국어로 오면서 '-옴/움'은 '오/우'가 없어지고 '-(으)ㅁ'이 되어 형태적으로 변했을 뿐 아니라 상당히 많은 예에서 '-기'나 '-은/는/ㄴ 것'에 의해 대체되게 되었다.

62 제Ⅰ권 4.3.3.2.에서 언급한 것처럼 현대 한국어에서 '-은/는/ㄴ 것'은 하나의 명사형 어미와 같이 기능하므로, 여기에서 '-음', '-기' 구성과 함께 제시하였다.

인용절의 변화

후기 중세 한국어에서 현대 한국어로 오면서 인용절에 있어서도 주목할 만한 변화가 있었다.

(63) 가. 이 比丘ㅣ…닐오ᄃᆡ 내 너희ᄅᆞᆯ 업시오ᄃᆞᆯ 아니ᄒᆞ노니 너희ᄃᆞᆯ히 다 당다이 부톄 ᄃᆞ외리라 ᄒᆞ더라 [이 비구가…말하되, "내가 너희를 업신여기지 아니하니 너희들이 다 마땅히 부처가 되리라." 하더라] 〈석상 19:30〉

나. 善宿ㅣ 또 무로ᄃᆡ 네 어느 고대 난다 [선수가 또 묻되, 네 어느 곳에서 났느냐] 〈월석 9:36〉

다. 如來 샹녜 우리ᄅᆞᆯ 아ᄃᆞ리라 니ᄅᆞ시니이다 [여래 늘 우리를 아들이라 말씀하셨습니다] 〈월석 13:32〉

후기 중세 한국어에서는 (63가)에서 볼 수 있듯이 인용문 뒤에 인용 동사가 쓰이기도 했지만 (63나)에서 볼 수 있듯이 인용 동사 없이 쓰이기도 했다. 물론 둘 다에서 인용의 '고'는 사용되지 않았다. 직접 인용은 물론 (63다)와 같은 간접 인용에서도 인용의 '고'는 나타나지 않았다.

근대 한국어에서도 초기에는 인용의 '고'가 잘 쓰이지 않았지만 차츰 현대 한국어처럼 인용 구문에서 '고'가 사용되기 시작하였다.

(64) 가. 이애 닐오ᄃᆡ 내 아미타불이 셔로브터 오샤 날로 보비좌 주믈 보로라코 말 ᄆᆞᆺ고 죵ᄒᆞ니라 [이애 말하되 내 아미타불이 서로부터 오시어 나로 하여금 보배좌를 줌을 보라 하고 말 마치고 목숨을 거두었다] 〈권념 29〉

나. 우리의게 졍이 만하 ᄯᆞ라 가지라고 날마다 와 보채니 [우리에게 정이 많아서 따라 가고 싶다고 날마다 와서 보채니] 〈일동장유가 3:75〉

(64가)는 인용 구문에 쓰이는 '고'가 인용 동사 'ᄒᆞ다'의 활용형인 'ᄒᆞ고'(줄임말 '코')의 어미에서 기원하였음을 보여 준다. (64나)는 'ᄒᆞ'가 탈락

하여 만들어진 부사형 어미 '-라고'(←명령형 어미 '-라'+인용 동사 'ᄒᆞ고') 가 쓰인 예이다.

11.4.4. 문장 유형의 변화

후기 중세 한국어에서 현대 한국어에 이르기까지 '평서문, 의문문, 명령문, 청유문, 감탄문' 등의 문장 유형은 특별한 변화를 보이지는 않는다. 여기에서는 몇 가지 특징적인 것에 대해 살펴보기로 한다.

평서문 어미 '-니라'

후기 중세 한국어는 현대 한국어와 달리 평서문의 의미에서 약간의 차이를 보였다. 후기 중세 한국어에는 '-다'를 어미로 가지는 유형과 '-니라'를 어미로 가지는 유형이 있었다.[63]

63 10.3.3.1.에서 언급한 것처럼 '-니라'는 '-다'에 비해 보수적인 어미로서 원칙의 양태 의미가 느껴지는 경우가 많다.

(65) 가. 이 東山이 甚히 맛갑다 [이 동산이 심히 알맞다] 〈석상 6:23〉
나. 네 아비 ᄒᆞ마 주그니라 [네 아비 이미 죽었다] 〈월석 17:21〉

(65가)는 '-다'를 어미로 가지는 평서문, (65나)는 '-니라'를 가지는 평서문이다.[64] '-니라' 평서문은 근대 한국어 시기에 이르면 문어적인 표현이나 다소 의고적인 표현에만 쓰이다가 현대 한국어에 가까워지면서 점차 '-다' 형으로 합쳐지게 된다.

64 우리 책에서는 '-니라'를 평서형 어미로 보았다. 하지만 평서형 어미 '-니라'를 인정하지 않고 '원칙'의 '-니-'와 '-다(>라)'의 결합으로 분석하는 연구자도 있고, '-니라'가 평서형 어미로 쓰이는 것과 '-니- + -다'의 결합으로 볼 수 있는 것으로 구분하는 연구자도 있다.

소망 평서형 구문

후기 중세 한국어의 평서문 중에 다소 특징적인 것에는 다음과 같은 소망 평서형도 있었다.

(66) 東山 구경ᄒᆞ야지이다 [동산 구경하고 싶습니다] 〈월석 2:27〉

(66)은 소망 평서형을 나타내는 '-아/어/야지이다'가 결합한 문장으로 현대 한국어로 옮기면 '東山을 구경하고 싶습니다.' 정도에 대당된다. 현대

한국어에서는 소망 평서형이 '-고 싶다'와 같은 통사적인 형식으로 실현된다.

의문문의 변화

후기 중세 한국어에서 현대 한국어에 이르기까지 형태적인 변화를 많이 보이는 것이 의문문이다. 후기 중세 한국어의 경우 10.3.3.2.에서 언급했듯이 주어가 2인칭인 의문문은 1인칭이나 3인칭의 경우와 형태적으로 구별되었다.

(67) 가. 네 언제 온다 [네 언제 왔느냐] 〈번박 상:51〉
　　 나. 네 내 마ᄅᆞᆯ 다 드를따 [네(네가) 내 말을 다 듣겠느냐] 〈석상 6:8〉

(67가)에서는 주어가 2인칭인 의문문에 '-(ᄋᆞ/으)ㄴ다', (67나)에서는 '-(ᄋᆞ/으)ㅭ다(ㄹ따)'가 쓰여 1인칭이나 3인칭에서 '가, 아; -니아, -니여, -녀; -리아, -리여, -려'나 '고, 오; -니오, -뇨; -리오, -료' 등이 쓰이는 것과 구별된다. 2인칭 의문의 '-(ᄋᆞ/으)ㄴ다', '-(ᄋᆞ/으)ㅭ다(ㄹ따)'는 근대 한국어 시기까지 유지되다가 현대 한국어에서는 모습을 감추게 되었다.

한편 후기 중세 한국어에서는 판정 의문문과 설명 의문문도 형태적으로 구분이 되었다.

(68) 가. 이 ᄯᆞ리 너희 죵가 [이 딸이 너희 종인가] 〈월석 8:94〉
　　 나. 앗가ᄫᆫ ᄠᅳ디 잇ᄂᆞ니여 [아까운 뜻이 있느냐] 〈석상 6:25〉
(69) 가. 엇던 因緣으로 일후미 常不輕고 [어떤 인연으로 이름이 상불경인가] 〈월석 17:82〉
　　 나. 이 智慧 업슨 比丘ㅣ 어드러셔 오뇨 [이 지혜 없는 비구가 어디에서 오는가] 〈석상 19:30〉

(68가, 나)는 판정 의문문, (69가, 나)는 설명 의문문의 예이다. 판정 의문문에는 '가, 아; -니아, -니여, -녀; -리아, -리여, -려'에서처럼 모음이 '아'

또는 '어' 계열이 쓰이고, 설명 의문문에서는 모음이 '오' 계열이 쓰임을 알 수 있다. 판정 의문문과 설명 의문문의 이런 형태적인 구별은 근대 한국어를 거쳐 현대 한국어로 오면서 점차 사라지고 지금은 일부 경상도 방언에만 남아 있다.

11.4.5. 문법 범주의 변화

11.4.5.1. 높임법

높임법은 후기 중세 한국어에서 현대 한국어에 이르기까지 대체로 큰 폭의 변화가 있었다. 다음은 후기 중세 한국어의 높임법 체계를 보여 주는 예이다.

(70) 가. 우리 父母ㅣ 듣디 <u>아니ᄒᆞ샨</u> 고ᄃᆞᆫ [우리 부모가 듣지 아니하신 것은] 〈석상 6:7〉

나. 大臣이 이 藥 ᄆᆡᇰᄀᆞ라 大王ᄭᅴ <u>받ᄌᆞᄫᆞᆫ대</u> [대신이 이 약 만들어 대왕께 바치니] 〈월석 21:218〉

다. 이 못 ᄀᆞᇫ애 큰 珊瑚나모 아래 <u>무두이다</u> [이 못 가의 큰 산호나무 아래 묻었습니다] 〈석상 11:32〉

다′. 님금하 <u>아ᄅᆞ쇼셔</u> [님금이시여 아소서] 〈용가 125장〉

후기 중세 한국어의 높임법 역시 현대 한국어처럼 주체 높임법, 객체 높임법, 상대 높임법으로 체계화할 수 있다.[65] (70가)는 '-(ᄋᆞ/으)시/샤-'에 의한 주체 높임법을 보여 주고, (70나)는 '{-ᄉᆞᆸ-}'에 의한 객체 높임법의 예를 보여 주며, (70다)는 '-이-'에 의한 상대 높임법을 보여 준다. 상대 높임법은 선어말 어미 '-이-'뿐만 아니라 (70다′)처럼 어말 어미에 의해서도 실현되었다.

후기 중세 한국어에서 현대 한국어로 오면서 주체 높임법은 큰 변화가 없었다. 하지만 객체 높임법이나 상대 높임법은 비교적 큰 변화를 보여 준다. 먼저 객체 높임법의 변화를 살펴보자.

근대 한국어에 이르면 객체 높임법의 선어말 어미 '-ᄉᆞᆸ/ᄌᆞᆸ/ᅀᆞᆸ/ᄉᆞᄫ/ᄌᆞᄫ/ᅀᆞᄫ-'

65 후기 중세 한국어 특히 15세기 한국어의 높임법은 10.3.5.에서 자세히 다루어진 바 있다.

은 'ㆍ', 'ㅸ', 'ㅿ' 등의 음가 소실의 영향으로 형태가 변화했을 뿐만 아니라 어미 결합의 순서에 있어서도 어간 바로 뒤에서 어말 어미 쪽으로 이동하게 된다. 또한 후기 중세 한국어라면 나타날 것이 예상되는 환경에서 이들 형태가 나타나지 않는 경우도 보이게 된다.

(71) 가. 다 無事히 渡海ᄒᆞ시니 아ᄅᆞᆷ답다 니ᄅᆞ시ᄋᆞᆸᄂᆡ [다 무사히 바다를 건너시니 아름답다 말씀하시네] 〈첩해 2:1〉

나. 葬을 行ᄒᆞᆯ 제ᄂᆞᆫ 다시 반ᄃᆞ시 신主ᄅᆞᆯ 내디 아니ᄒᆞᆯ 거시어니와 [장(葬事)을 행할 제는 다시 반드시 신주를 내지 아니할 것이거니와] 〈가례 10:47〉

(71가)의 '니ᄅᆞ시ᄋᆞᆸᄂᆡ'는 '-시-'와 '-ᄋᆞᆸ-'의 순서로 결합하여 후기 중세 한국어와 다른 결합 순서를 보여 준다. (71나)는 '내디'에 '신主'를 높이는 선어말 어미 '-ᄋᆞᆸ-'이 더해질 것이 예상되지만 나타나지 않는다.[66]

66 같은 문헌에서 '祠版을 내ᄋᆞᆸ디 아니ᄒᆞ고 〈가례 1:28〉'로도 나타난다.

객체 높임을 나타내는 선어말 어미가 어말 어미 쪽으로 위치 이동을 하기도 하고 나타날 것으로 예상되는 문장에서 나타나지 않는 것은 근대 한국어에 이르면서 객체 높임이 약화된 것과 관련이 있다. 객체 높임의 기능을 하던 후기 중세 한국어의 '{-ᄉᆞᆸ-}'은 현대 한국어에서는 주로 '-습니다/ㅂ니다' 등과 같이 상대 높임의 기능을 하는 어미의 일부로 기능이 변화하였다. 물론 자주 쓰이지는 않지만 '하시옵고, 하오니, 드리오니' 등에서 볼 수 있듯이 화자 겸양의 기능을 하는 어미로 남아 있기도 하다. 그리하여 현대 한국어에서 객체 높임은 대체로는 '여쭙다/여쭈다', '뵙다/뵈다', '드리다', '모시다' 등 몇몇 어휘로만 실현되게 되었다.

상대 높임법은 후기 중세 한국어에서 현대 한국어에 이르는 동안 매우 큰 변화를 보인다. 우선 중세 한국어에서 상대 높임의 선어말 어미로 쓰이던 '-이-'가 더 이상 쓰이지 않게 되었으며, 어말 어미에 의한 상대 높임의 등분에 있어서도 변화를 보여 준다.

후기 중세 한국어에서는 10.3.5.3.에서 언급한 것처럼 반말체를 제외하면 'ᄒᆞ쇼셔체', 'ᄒᆞ야쎠체', 'ᄒᆞ라체'의 3등분으로 실현되었으나 18세기에 이르면 중간 등급이 분화되어 다음과 같은 4등분 체계를 보여 준다.

(72) 가. 先生은 章書ᄅᆞᆯ 講ᄒᆞ여 學生들희게 들리쇼셔 [선생은 장서를 강하여 학생들에게 듣게 하십시오] 〈오륜 1:20〉

나. ᄉᆡᆼ각ᄒᆞ여 보시오 … 마노라가 어ᄂᆞ 지경이 되시게소 [생각하여 보시오 … 마마께서 어느 지경이 되시겠소] 〈한중록 406〉

다. ᄌᆞᄂᆡᄂᆞᆫ 됴히 살게 ᄒᆞ엿ᄂᆡ… ᄌᆞᄂᆡ가 아모커나 무셥고 흉한 사ᄅᆞᆷ이로ᄉᆡ [자네는 좋게 살게 되었네 … 자네가 아무려나 무섭고 흉한 사람이로세] 〈한중록 260〉

라. ᄆᆞᄋᆞᆷ을 편안케 ᄒᆞ라 [마음을 편안하게 하여라] 〈천의 1:22〉

(72)는 근대 한국어 자료인데 (72가)는 청자인 스승을 높이는 것으로 후기 중세 한국어의 'ᄒᆞ쇼셔체'나 현대 한국어의 '하십시오체'에 해당하고, (72나)는 혜경궁이 정조에게 하는 말로 약간 높이는 현대 한국어의 '하오체' 정도에 해당하고, (72다)는 사도세자가 혜경궁에게 하는 말로 현대 한국어의 '하게체' 정도에 해당하며, (72라)는 경종이 아랫사람인 왕세제(후에 영조가 됨)에게 하는 말로 후기 중세 한국어의 'ᄒᆞ라'체나 현대 한국어의 '해라체' 정도에 해당한다.

19세기에 들어 근대 한국어의 마지막 시기에 이르면 현대 한국어의 '해요체'나 '해체'에 해당하는 높임의 등분이 확립되게 된다. 그리하여 현대 한국어와 같은 6등분 체계가 성립되게 되었다. 높임법, 특히 상대 높임법의 등분은 현대 한국어의 경우도 지역이나 세대의 차이가 큰 편이다. 최근에도 상대 높임의 등분이 변화하여 '하오체'나 '하게체'는 거의 쓰이지 않아 4등분 체계로 재편되고 있는 것으로 보인다.

11.4.5.2. 시제와 양태(또는 서법)[67]

후기 중세 한국어에는 현대 한국어와 달리 시제만을 나타내는 뚜렷한 형태가 없이 시제와 양태가 같은 형태에 의해 표시되는 경우가 많다.

67 연구자에 따라 '양태'의 문법 범주를 '서법'으로 다루기도 하고 '양태'와는 다소 다른 별도의 범주로 '서법'을 다루기도 한다. 이들 논의는 그 나름의 근거와 체계를 갖추고 있으나 우리 책에서는 제Ⅰ권과 제Ⅱ권에서 일관되게 '양태' 범주 설정의 관점에서 문법을 기술하였다.

(73) 가. 大王을 보ᅀᆞᄫᆞ라 오이다 [대왕을 보러 왔습니다] 〈월석 8:90〉
나. 네 이제 또 묻ᄂᆞ다 [네가 이제 또 묻는다] 〈월석 23:97〉
다. 그딋 ᄯᆞᄅᆞᆯ 맛고져 ᄒᆞ더이다 [그대의 딸을 맞이하고자 하더이다] 〈석상 6:15〉
라. 내 이제 分明히 너ᄃᆞ려 닐오리라 [내가 이제 분명히 너더러 말하겠다] 〈석상 19:4〉

(73가)는 시간 관련 선어말 어미가 결합하지 않았다. 이를 시제나 서법의 관점에서 흔히 부정법(不定法)이라 부르기도 하는데, 시제의 기능은 과거로 나타나는 경우가 많았다. (73나)는 직설의 '-ᄂᆞ-'가 결합한 것으로 시제의 기능은 현재로 나타나는 경우가 많았다. (73다)는 회상의 '-더-'가 결합한 것으로 시제의 기능은 과거로 나타나는 경우가 많았다. (73라)는 추측의 '-리-'가 결합한 것으로 시제의 기능은 미래로 나타나는 경우가 많았다.[68]

이미 언급한 것처럼 후기 중세 한국어와 달리 근대 한국어를 거치면서 '-아 잇/어 잇-'에서 '-았/었-'이 만들어지고 '-게 ᄒᆞ엿-'에서 '-겠-'이 만들어져 이들이 주로 과거와 미래를 담당하게 된다. 현재 시제는 '-ᄂᆞ-'에서 발달한 '-는/ㄴ-'이 담당하게 된다. 그리하여 현대 한국어에서는 시제를 양태와 구분되는 범주로 세우는 것이 상대적으로 쉽게 되었다.

(74) 가. 먹는다, 먹었다, 먹겠다
나. 먹었더냐, 먹었으리라
다. 먹었겠다

(74가)에서 볼 수 있듯이 시제는 현재 시제 '-는-', 과거 시제 '-었-', 미래 시제 '-겠-'에 의해 대립적으로 파악된다. (74나)는 양태를 나타내는 '-더-', '-(으)리-'가 시제 형태소 뒤에 나타나 시제와 양태가 구별되는 범주로 발달했음을 잘 보여 준다.[69] 물론 현대 한국어에서도 시제와 양태가 형태적으로 완전히 분리되는 것은 아니다. (74다)처럼 '-었-'에 '-겠-'이 동시에 결합하는 양상은 둘 다 시제만을 나타낸다고 보게 되면 과거와 미래가

68 중세 한국어의 '-더-'와 '-(ᄋᆞ/으)리-'는 양태의 관점에서 기술하기 어려운 면이 있다. 여기에서는 시제의 관점에서 각각 과거와 미래로 다룬다. 이에 대해서는 10.3.5.에서도 이미 언급한 바 있다.

69 우리 책에서는 '-더-', '-(으)리-'를 시제소와 분리하여 서법이나 양태를 나타내는 요소로만 다루지는 않고 서법이나 양태적인 의미 기능을 가진 시제소로 다룬다. 자세한 논의는 제1권 4.6.을 참조할 수 있다.

동시에 실현되는 아주 어색한 시간 표현이 가정되어야 한다. 또한 '-겠-'이 미래 시제와 추측 및 의지의 양태를 나타내는 것에서 알 수 있듯이 현대 한국어에서도 양태가 시제와 형태적으로 완전하게 분리되지는 않는 것으로 볼 수 있다.

11.4.5.3. 사동과 피동

사동과 피동에 있어서도 후기 중세 한국어 이후 현대 한국어에 이르는 동안 몇 가지 변화를 보여 준다. 먼저 사동에 대해 살펴보기로 하자.

(75) 가. 기피다, 구피다, 숨기다
　　나. 뮈우다, 안초다, 솟고다
　　다. 사ᄅᆞ다, 이ᄅᆞ다/이르다

후기 중세 한국어의 사동은 (75가)에서 볼 수 있듯이 '-이-, -히-, -기-', (75나)에서 볼 수 있듯이 '-우-, -호-, -고-', (75다)에서 볼 수 있듯이 '-ᄋᆞ-, -으-' 등이 결합하여 사동사를 만들고 이 사동사를 통해 사동문을 만들었다. 후기 중세 한국어에서 특이한 것은 (75다)와 같은 '-ᄋᆞ/으-'에 의한 사동사가 쓰이는 사동문이었다. '살다'의 사동사인 '(목숨을) 살게 하다'의 의미를 가진 '사ᄅᆞ다'와, '거주하게 하다'의 의미를 가진 '살이다'의 의미를 대비해 보고 '일다'의 사동사인 '어떤 일을 성취하다'의 의미를 가진 '일우다'와 '(집이나 탑 등을) 세우다'의 의미를 가지는 '이ᄅᆞ다/이르다'의 의미를 대비해 보면, '-ᄋᆞ/으-'가 좀 더 구체적이고 특수한 의미의 사동사를 파생하는 기능을 하였음을 알 수 있다.[70] 이런 기능의 '-ᄋᆞ/으-'에 의한 파생어들은 근대 한국어를 거쳐 현대 한국어에 이르면서 거의 사용되지 않게 되었다.

후기 중세 한국어에서도 '-게 ᄒᆞ다'에 의한 통사적인 구성에 의한 사동문도 있었다.

(76) ᄆᆞ레 ᄃᆞ마 ᄆᆞᆰ게 ᄒᆞ야 [물에 담아 맑게 하여] 〈월석 10:119〉

70 '-ᄋᆞ/으-'에 의한 사동사의 특수한 의미를 포함하여 15세기 한국어 사동사에 대한 전반적인 논의는 10.3.7.2.에서 이루어졌다.

(77) 가. 座ᄅᆞᆯ ᄂᆞᆫ호아 앉긔 ᄒᆞ면 [자리를 나누어 앉게 하면] 〈월석 17:51〉

나. 제 座ᄅᆞᆯ ᄂᆞᆫ호아 안치면 [제 자리를 나누어 앉히면] 〈석상 19:6〉

후기 중세 한국어에서도 사동사에 의한 사동은 간접 사동으로 쓰이는 경우가 없지는 않으나 대체로 직접 사동으로 쓰이고, '-게 ᄒᆞ다'에 의한 사동은 간접 사동으로 쓰여 의미나 기능에서 차이를 가졌던 것으로 보인다. 다만 동일한 원문을 번역할 때 두 가지 사동을 쓴 (77)의 예에서 알 수 있듯이 그 차이는 그리 크지 않았음을 알 수 있다. 현대 한국어로 오면서 사동사에 의한 사동은 'ᄒᆞ다'의 사동사 'ᄒᆡ이다'가 사용되지 않게 된 것에서 알 수 있듯이 점차 위축되고 '-게 ᄒᆞ다(>게 하다)'에 의한 사동이 증가하는 경향을 보이게 되었다.

다음으로 피동에 대해 살펴보기로 하자.

(78) 가. 두피다, 바키다, ᄃᆞᆷ기다

나. 드트리 ᄃᆞ외ᄋᆡ ᄇᆞᆺ아디거늘 [티끌이 되게 부수어지거늘] 〈석상 6:30〉

(78가)에서 볼 수 있듯이 후기 중세 한국어에서도 '-이-, -히-, -기-' 등에 의해 피동사를 만들고 이 피동사를 사용하여 피동문을 만들었다. (78나)와 같이 '-아/어디다'[71]와 같은 통사적인 구성에 의해 피동문을 만들기도 하였다. 사동문이 그러하듯 피동문에서도 현대 한국어로 오면서 피동사에 의한 피동보다 '-어지다'에 의한 피동이 활발하게 쓰이는 경향을 보인다.

71 앞에서 언급한 것처럼 '-아/어디다'를 붙여 쓴 것은 현대 한국어의 '-아/어지다'를 붙여 쓰는 관습을 존중한 것이다.

11.4.5.4. 부정

후기 중세 한국어에서 현대 한국어에 이르기까지 부정에 있어서 체언의 부정이 따로 있고 짧은 부정과 긴 부정이 있으며 명령문의 경우 부정을 나타내는 어휘가 따로 존재한다는 점에서는 그리 큰 변화가 없었다고 할 수 있다. 여기에서는 몇 가지 특징적인 변화에 대해 언급하기로 한다.

후기 중세 한국어에서 부정은 다음과 같이 나타난다.

(79) 가. 이 生이며 生 아니ᄅᆞᆯ ᄀᆞᆯᄒᆡᄂᆞ니 [이 생이며 생이 아닌 것을 구별하니] 〈법화 5:30〉

나. 므리 뮈디 아니ᄒᆞ고 [물이 움직이지 아니하고] 〈월석 1:28〉

나′. ᄇᆞᄅᆞ매 아니 뮐ᄊᆡ [바람에 아니 움직일새] 〈용가 1장〉

다. 부텨 맛나디 몯ᄒᆞ며 [부처 만나지 몯하며] 〈월석 17:91〉

다′. 부텨를 몯 맛나며 [부처 못 만나며] 〈석상 19:34〉

라. 이 ᄠᅳ들 닛디 마ᄅᆞ쇼셔 [이 뜻을 잊지 마소서] 〈용가 110장〉

(79가)는 명사 '아니'에 의한 명사 부정, (79나)는 '-디 아니ᄒᆞ다'에 의한 긴 부정, (79나′)는 부사 '아니'에 의한 짧은 부정, (79다)는 '-디 몯ᄒᆞ다'에 의한 긴 부정, (79다′)는 부사 '몯'에 의한 짧은 부정이다. (79라)는 명령이나 요청을 부정하는 '-디 말다' 부정이다.

부정을 나타내는 형태들은 후기 중세 한국어에서 현대 한국어로 오면서 변화를 보여 준다. 명사 '아니'는 더 이상 쓰이지 않게 되었고, 부사 '아니'가 일부 쓰이기는 하지만 대체로 '안'으로 변화하였으며, '몯'은 '못'으로 변화하였다. '아니ᄒᆞ-'는 '안ᄒᆞ-'를 거쳐 '않-'으로 변화하였으며 '-디'가 '-지'로 변화하여 '-지 않다'로 변화하였다. '몯ᄒᆞ-' 역시 '-디'가 '-지'로 변화하여 '-지 못하다'가 쓰이게 되었다.

후기 중세 한국어는 현대 한국어보다 짧은 부정이 상대적으로 많이 쓰였다. 이는 특히 '아니'나 '몯'의 사용 영역이 축소되는 것과 관련이 있다. '아니'의 예를 들어 논의해 보기로 하자.

(80) 가. 비록 아니 여러 나리라도 [비록 아니 여러 날이라도/비록 여러 날이 아니라도] 〈월석 21:27〉

나. 아니 더듸 도라올가 너기다 ᄒᆞ니 [아니 더디 돌아올까 여겼다 하니/더디지 않게 돌아올까 여겼다 하니] 〈남명 하:46〉

(81) 가. 衆生ᄋᆞᆯ 시름 아니 호리라 [중생을 시름 아니 하겠다/중생을 시름하지 않겠다] 〈월석 21:130〉

나. 뉘 아니 ᄉᆞ랑ᄒᆞᅀᆞᄫᆞ리 [누가 아니 사랑하리?/누가 사랑하지 않으리?]

〈용가 78장〉

(80가)는 '아니'가 관형사를, (80나)는 부사를 수식하는 예이다. (81가)는 '아니'가 '시름하다'의 단어 내부, 즉 어근과 접사 사이에 쓰이기도 하는 것을 보여 주고, (81나)는 '아니'가 'ᄉᆞ랑ᄒᆞ다'처럼 '-하다'를 가지는 복합어 앞에서도 쓰이기도 하는 것으로 보여 준다. 현대 한국어로 오게 되면서 (80)과 같은 용법은 더 이상 쓰이지 않게 되었고, (81가)와 같이 어근과 접사 사이에 사용되는 경우도 구어에만 한정적으로 쓰이게 되었으며, (82나)와 같이 '-하다'를 가지는 복합어 앞에서도 '*안 공부하다' 등이 어색한 것에서 알 수 있듯이 잘 쓰이지 않는다. '아니'의 사용 영역이 축소됨에 따라 특히 문어에서는 후기 중세 한국어와 비교할 때 현대 한국어에서는 짧은 부정이 덜 쓰이는 경향을 보인다.

11.4.5.5. **화자 주어 표시와 대상 표시의 '-오/우-'**

후기 중세 한국어에서 '-오/우-'는 주어가 1인칭 화자 자신임을 표시하는 것과 피수식어가 대상임을 표시하는 것이 있었다.

(82) 가. 내 ᄒᆞ마 命終호라 [내가 이미 목숨을 거두었다] 〈월석 9:36〉
　　나. 얻논 藥이 므스것고 [얻는 약이 무엇인가] 〈월석 21:215〉

(82가)의 '命終ᄒᆞ-+-오-+라'에 나타나는 '-오/우-'는 1인칭 화자를 표시하는 예이고, (82나)의 '얻-+-ᄂᆞ-+-오-+ㄴ'의 '-오/우-'는 피수식어인 '藥'이 '얻다'의 목적어임을 표시하는 예이다.

근대 한국어에 이르면 '-오/우-'가 점차 소멸해 간다.

(83) 가. 내 요ᄉᆞᅀᅵ 구읫 브리신 일로 나가노니 [내가 요사이 관청 부리신 일로 나가니] 〈번박 상:47〉
　　가'. 내 요ᄉᆞ이 差使로 나가니 [내가 요사이 차사로 나가니] 〈박언 상:42〉
　　나. 밤마다 먹논 딥과 콩이 [밤마다 먹는 짚과 콩이] 〈번노 상:12〉

나′. 每夜의 <u>먹ᄂᆞᆫ</u> 딥과 콩이 [매일 밤 먹는 짚과 콩이] ⟨노언 상:43⟩

(83)은 후기 중세 한국어 자료인 『번역박통사』, 『번역노걸대』와 근대 한국어 자료인 『박통사언해』, 『노걸대언해』의 유사한 원문에 대한 비교이다. 근대 한국어에 이르면서 '-오/우-'가 소멸해 가고 있음을 단적으로 보여 준다. 그리하여 앞에서 언급한 것처럼 현대 한국어에 이르게 되면 그 기능을 완전히 상실하고 '가노라' 등에 화석으로만 형태가 남아 있게 된다.

11.5. 어휘사

11.5.1. 어원 연구와 어휘사 연구

여러 층위의 언어 변화 중 비교적 쉽게 알 수 있는 것이 어휘의 변화이다. 우리가 사용하는 어휘는 지금 이전에 생겨나서, 변화하고, 지금의 모습으로 정착한 결과물이다. 어휘의 변화에 대해 연구하는 분야가 어원론(語源論, etymology)과 어휘사(語彙史)이다. 어원론이란 어떤 단어가 생겨난 근원을 밝히는 학문이며, 어휘사란 어원론을 포함하여 어휘의 역사를 연구하는 학문이다. 그런데 시야를 조금 넓혀 보면 어휘사가 단순히 개별 단어의 역사를 연구하기만 하는 것은 아님을 알 수 있다. 어휘사 연구란 개별 어휘의 역사에 대한 연구이기도 하지만 개별 어휘가 모여서 이루어진 전체 어휘 체계의 변화에 대한 연구이기도 하다.

어휘를 연구하는 학자가 아닌 일반 언중도 어원이나 어휘사에 관심을 가지는 경우가 많다. 일반 언중에 의해 이루어져 언어학적 방법이나 사실을 바탕으로 연구되지 않고, 민간에서 속설로 믿어지고 있는 어원을 민간 어원(folk etymology)이라고 한다. 잘 알려진 민간 어원의 예로는 '행주치마'가 있는데, 이 말이 임진왜란 때 왜적을 물리치기 위해 행주산성에서 아낙네들이 앞치마에 돌을 싸서 나른 것에서 유래했다는 것이다. 주지하듯이 임진왜란(1592) 이전 문헌인 『훈몽자회(訓蒙字會)』(1527)에 이미 'ᄒᆡᇰᄌᆞ쵸마(>행주치마)'가 나타나므로 이런 어원론은 과학적인 사실은 아니다. 민간 어원이 비록 과학적인 사실과 일치하지는 않지만 언중의 언어에 대한 관심과 집단적인 의식이 들어 있다는 점에서 문화사적으로 또는 교육적으로 소중한 자료이기도 하다. 민간 어원이 아니라도 뒤에서 논의하게 될 것인바 김대문의 어원론이라든지, 실학 시대 학자들의 어원론은 어원이 일반인의 주요한 관심사였음을 보여 준다.[72]

72 우리가 흔히 먹는 엘에이 갈비가 미국의 LA 지역에서 갈비를 뼈째 가로로 자른 데에서 유래했다는 설과 같이 민간 어원은 최근까지도 끊임없이 만들어지고 전파된다.

참고 10 '도루묵'과 민간 어원

재미있는 민간 어원의 하나로 '도루묵'에 대한 어원설이 있다. 택당(澤堂) 이식의 시 '환목어(還目魚)'에 따르면 원래 '목어'라는 고기가 있었는데, 난리 중에 임금님의 허기를 달래 주어서 '은어'라는 이름을 하사했다. 그 뒤 난리 후에 다시 수랏상에 올렸으나 은총을 받지 못해서 도로 '목어'로 떨어져 그 이름이 '도루묵(<도로목)'이 되었다는 것이다. 택당의 시가 세태를 풍자하는 것인지 아니면 다른 어떤 의도가 있는지는 명확하게 알 수 없으나, 이 고기의 이름에 대해 떠도는 민간 어원을 반영한 것으로 보인다. 물론 이와 같은 어원이 과학적인 근거가 있는 것은 아니다. 최근 연구들에 따르면 '도루묵'의 어원은 '돌목어'에서 온 것인데, '돌가자미', '돌농어' 등에서도 확인되는 접두사 '돌-'이 목어와 결합한 것이라고 보고 있다.

우리는 이 절에서 어휘 전체의 체계 변화와 개별 어휘의 변화로 나누어 한국어의 어휘사를 살펴보려 한다. 우리가 살펴보려는 한국어 어휘사는 고대 한국어에서 현대 한국어에 이르는 광범위한 시대를 포괄하므로 자세하게 다루기는 어렵고 전체적인 모습만 간략하게 살펴보게 될 것이다.

11.5.2. 어휘 체계의 변화

어휘 체계는 전체 어휘를 대상으로 특정 기준을 정해서 분류하는 것인데, 주로 품사에 따라 분류하거나 기원에 따라 분류한다. 품사 분류는 다른 자리에서 자세하게 다루어지므로 여기에서는 기원에 따라 고유어, 한자어, 외래어로 나누되, 고대 한국어에서 현대 한국어에 이르는 사적인 변화를 살펴보려고 한다.

11.5.2.1. 어휘 체계의 변화 양상

다른 언어도 대체로 그러하듯이 한국어도 어휘를 기원에 따라 나누면, 원래 우리말에 있었던 고유어와 다른 언어에서 들어온 차용어로 나누어진다. 차용어는 다시 우리가 오랫동안 사용해 온 문어인 한문에 기반을 둔 한자어와 그 밖의 차용어인 외래어로 나누어진다. 다른 언어도 그러했겠지만 한국어에서도 고유어와 차용어는 치열한 경쟁 관계에 놓이는 경우가 많았다. 8.4.4.1.에서도 언급했듯이 한국어 어휘 체계는 고유어와 한자어 및 외래어의 경쟁의 역사라고 말해도 크게 틀리지 않을 것이다.

우리말 어휘에서는 고대로부터 개화기에 이르기까지 한자어가 꾸준히 증가하여 고유어와 동의 관계를 이루어 경쟁 관계에 있는 경우가 많았는데, 이들 중 고유어가 경쟁에서 밀리는 경우가 많았다. 개화기 이후는 한자어의 위치를 일본어와 서구 외래어가 차지하여 고유어와 또 다른 경쟁을 계속하고 있기도 하다.

11.5.2.2. 어휘 체계의 시대별 변화

고대 한국어

고대 한국어 시기는 한자와 한문이 들어와서 입으로는 한국어를 말하고 손으로는 한문을 사용하는 이른바 '언문이치(言文二致)'의 시기였다. 한문을 사용했을 뿐 아니라 한자를 활용하여 우리말을 표기하던 차자 표기법이 발달하기 시작한 시기이기도 하였다. 따라서 고대 한국어 어휘의 가장 믿을 만한 자료는 향찰로 표기된 향가와 같은 차자 표기 자료나 『삼국사기(三國史記)』 등의 지명 표기들이었다. 또한 고대 한국어 시기는 대체로 고구려어, 백제어, 신라어의 세 나라가 정립하던 시기이기도 하므로 이들 나라의 어휘가 차이를 보이기도 하였다.

먼저 고대 한국어의 고유어에 대해 살펴보자.[73]

(84) 가. 길[道尸], ᄀᆞᅀᆞᆯ[秋察尸], ᄆᆞᅀᆞᆷ[心音], 밤[夜音], 시름[憂音], 우리[吾里], 두블[二尸], 즈믄[千隱]

[73] 여기에서 제시한 고대 한국어 자료들은 차자 표기법 연구 방법으로 재구한 것을 한글로 표기한 것이다.

나. ᄋᆞᇫ-[奪叱], ᄇᆞᆰ-[明]-, 남[餘]-, 잇-[有], 없-[無], 그리-[慕理], 노니-[遊行]

다. 그ᅀᅳᆨ[密只], 오직[唯只], 반ᄃᆞᆨ[必只]

(84가)는 명사, 대명사, 수사 등의 체언이고, (84나)는 동사와 형용사들이고, (84다)는 부사들이다.

고구려어, 백제어, 신라어의 차이를 보여 주는 어휘들도 발견된다.

(85) 가. 고구려어 '단[旦, 呑, 頓]', 신라어 '실[谷]'

나. 고구려어 '홀(忽)', 백제어 '긔[己]', 신라어 '잣[城叱]'

다. 고구려어 'ᄀᆡ[皆]', 백제어 '긔ᄌᆞ[吉支]', 신라어 '금[今]'

(85가)는 '골짜기'를 나타내는 고구려어는 '단'이고 신라어는 '실'이라는 것을 보여 준다. 이들 어휘는 각각 고구려와 신라의 영토였던 지역의 지명들에 남아 있다. (85나)는 '성(城)'을 나타내는 고구려어, 백제어, 신라어의 차이를 보여 준다.[74] (85다)는 왕을 나타내는 단어가 삼국이 달랐음을 보여 준다.

74 고대 일본어에 성(城)을 나타내는 두 단어 'ki'와 'sasi'는 '긔'와 '잣'이 일본어로 건너간 흔적인 것으로 보인다.

뒤에서 자세하게 언급할 것인바, 한자어의 유입에 의한 고유어의 소멸은 이미 고대 한국어에서 나타나기 시작했다. 이는 신라어에서 통치자는 '次次雄', '居西干', '尼師今', '麻立干' 등[75]으로 불리다가 22대 지증왕에서부터 한자어인 왕(王)으로 바뀌게 되는 것에서도 잘 드러난다. 또한 경덕왕(景德王) 16년(757) 개명을 통한 고유어 지명의 한자어로의 개정은 고유어가 한자어로 대체되는 데에 큰 영향을 주었을 것으로 보인다.

75 '次次雄', '居西干', '尼師今', '麻立干' 등은 한자어가 아니라 차자 표기 단어에 해당하므로 한자음으로 읽으면 실제 발음과 다르다.

참고 11 **김대문의 어원 연구**

『삼국사기』와 『삼국유사』에는 왕의 이름과 관련된 김대문의 어원론이 인용되어 있다. 이에 따르면 '次次雄'은 '巫(무당)'를 나타내는 말이며, '尼師今'은 '齒理(이의 금)'을 나타내는 말이며, '麻立干'은 '橛(말뚝)'을 나타내는 말이다. 이들은 각각 중세 한국어에서 '스승[師, 巫]', '니[齒]', '말[橛]'로 나타난다.

다음으로 한자어를 살펴보기로 하자. 고구려는 4세기 소수림왕 2년(서기 372년)에 이미 태학(太學)이라는 교육 기관을 설치하였는데, 여기에서는 시경(詩經), 서경(書經), 역경(易經) 등 유교 경전들을 가르쳤던 것으로 보이며, 백제에서도 오경박사(五經博士)가 있어 일본에 초빙되어 갔다는 기록이 있다. 신라의 화랑도 '시(詩), 상서(尙書), 예기(禮記), 좌전(左傳)'을 배웠음이 유명한 '임신서기석(壬申誓記石)'에 기록되어 있다. 따라서 지금 사용하고 있는 상당수의 한자어가 이미 고대 한국어 시기에 들어왔을 것임을 알 수 있다. 하지만 개별 어휘가 구체적으로 어느 시기에 들어왔는지 알기는 어렵다.

다음은 향가에 등장하는 한자어들이다.

(86) 가. 방(方), 군(軍), 군(君), 신(臣), 민(民), 태평(太平), 혜성(彗星)
　　나. 공덕(功德), 관음(觀音), 서방(西方), 왕생(往生), 산화(散花), 자비(慈悲)

(86가)는 일반적인 한자어들이고, (86나)는 불교계 한자어들이다.

8.1.1.에서 '상사(上士), 중사(中士), 하사(下士)'를 예로 들어 언급했듯이 한자어는 여러 시기에 걸쳐 차용되며, 유입되는 과정에 유교나 불교와 같은 외래적인 문화를 함께 담고 있기도 하였다. 불교계 한자어는 다음에서 언급하게 될 산스크리트어의 음역을 통한 외래어들과 함께 종교가 어휘의 유입에 영향을 미친 특징적인 면을 보여 준다.

마지막으로 고대 한국어의 외래어를 살펴보기로 하자.

(87) 가. 붇[筆], 먹[墨], 글[契], 잫[尺], 숗[俗]
　　나. 건달바[乾闥婆], 미타찰(彌陀刹)

(87가)에서 '붇'이 입성 운미(t)를 가진 것 등을 고려하면, 우리나라에 한자 내지 한문이 처음으로 들어오던 시기에 같이 들어왔을 것으로 보인다. (87나)는 산스크리트어를 음역한 것으로 불교계 외래어가 고대 한국어에 들어

왔음을 보여 준다.

고대 한국어의 어휘 체계의 특징은 한자어의 대량 유입이 시작되면서 경덕왕 지명 개명 등의 영향으로 고유어가 한자어와의 경쟁에서 밀려나기 시작하는 시기라고 할 수 있다. 물론 고유어의 비중이 상대적으로 높았다는 점과 많지는 않았지만 중국어 구어나 불교계 외래어들이 들어오기 시작했다는 점을 특징으로 지적할 수도 있을 것이다.

중세 한국어

중세 한국어 시기는 한반도 동남쪽에 위치한 통일 신라의 수도인 경주에서 한반도 중앙에 위치한 개경으로 언어의 수도가 옮겨진 시기이다. 아울러 한문과 차자 표기의 이중적인 문자 생활에서 벗어나 한글이 창제된 시기이기도 하다. 그리하여 한문이나 차자 표기 자료 이외에 한글 자료를 가지게 되어 본격적인 어휘사 연구가 가능한 시기이다. 물론 한글 창제 이후에도 한문이나 차자 표기가 계속 사용되어 문어가 구어에 끊임없이 영향을 주어 한자어가 지속적으로 유입되는 시기이기도 하다.

중세 한국어, 특히 후기 중세 한국어의 어휘적인 특징에 대해서는 15세기 한국어 자료를 중심으로 10.4.에서 자세하게 다룬 바 있다. 그러므로 여기에서는 15세기 이전의 전기 중세 한국어 자료를 중심으로 기술하되, 필요한 경우 15세기나 16세기 자료를 보충하는 것으로 중세 한국어 어휘에 대한 논의를 마무리하고자 한다.

먼저 중세 한국어의 고유어에 대해 살펴보기로 하자.

(88) 가. 갈[割], 돋[突], ᄆᆞᆯ[末], 믈[沒], 블[李], 가히[家狶], 슈룹[聚笠], ᄒᆞᄃᆞᆫ[河屯], 닐굽[一急], 활소-[活索]
나. 맣[亇支], 거ᇫ위[居兒乎], 도랓[道羅次], 다리우리[多里甫里]; 겨ᅀᅳᆶ[冬], 묗[山], 믈[水], ᄃᆞᆶ[等], 두-[置], 말-[休]

(88가)는 『계림유사(鷄林類事)』에 나타난 어휘들인데, 송나라 당시의 중국 한자음으로 읽어야 하지만 편의상 15세기 한국어를 고려하여 재구해 본

것이다. (88나)는 『향약구급방(鄕藥救急方)』의 예로 음독(音讀)을 해야 하는 글자도 있고 훈독(訓讀)을 해야 하는 글자도 있는데, 이를 추정해서 재구해 본 것이다. 이 어휘들이 대체로 15세기 이후 한글 자료들에서도 나타난다는 점을 고려하면 전기 중세 한국어의 어휘는 대체로는 후기 중세 한국어와 다르지 않다고 볼 수 있다.[76]

76 『계림유사』의 자료 중에는 '尼曰阿尼', '兄曰長官'의 '阿尼', '長官'처럼 후기 중세 한국어로 대응시키기 어려운 어휘들도 있다.

중세 한국어의 한자어에 대해서도 15세기 한국어를 중심으로 10.4.2.2.에서 자세하게 언급한 바 있다. 전기 중세 한국어 자료인 『계림유사』나 『향약구급방』은 주로 고유어를 제시하고 있어 한자어 어휘로서 특별히 언급할 것은 많지 않다. 다만 '豆曰太'의 '太'와 같은 한자어도 간혹 섞여 있는 것으로 보인다.[77]

77 『계림유사』에서 '豆曰太'의 '태(太)'와 같이 음독을 한 결과가 고유어가 아닌 한자어로 나타나기도 하는 것은 그 당시 우리말에 한자어가 제법 많았다는 증거도 되지만 이 책이 구어와 문어를 엄격하게 구별하지 않은 결과로 보인다.

중세 한국어 시기를 대표하는 외래어는 중국어 구어와 원나라 시기에 들어온 몽골어이다. 이에 대해서도 10.4.2.3.에서 15세기 자료를 중심으로 비교적 자세하게 언급한 바 있다. 여기에서는 15세기 자료에는 나타나지 않지만 16세기 자료에 문증되는 예를 제시하는 것으로 논의를 마무리 하려 한다.[78]

78 (89)에서 제시한 예들은 『번역박통사』나 『훈몽자회』 등 16세기 한국어 자료에서 나타나는 것들이지만 차용 시기는 고려가 원나라의 영향을 받던 전기 중세 한국어일 것으로 생각된다.

(89) 가. 아질게ᄆᆞᆯ[兒馬], 악대[犍], 졀ᄃᆞ ᄆᆞᆯ[赤馬], 가라ᄆᆞᆯ[黑馬], 고라ᄆᆞᆯ[土黃馬], 구렁ᄆᆞᆯ[栗色馬]

나. 갈지게[黃鷹], 궉진[白角鷹], 나친[鴉鶻], 보라매[秋鷹], 숑골[海靑]

다. 고도리[樸頭], 오노/오ᄂᆡ[筈], 텰릭[帖裏]

(89가)는 말 이름, (89나)는 매 이름, (89다)는 군사 관련 어휘들이다. 이 시기의 몽골어에서 들어온 외래어에 말이나 매 이름, 군사 관련 어휘가 많은 것은 이런 분야에서 몽골과 접촉이 활발했음을 보여 준다. 이 자료들은 16세기 이후의 문헌에 나오는 어휘들이지만 대체로는 원나라와 접촉하던 전기 중세 한국어 시기에 유입된 것으로 보인다.

남아 있는 자료를 고려하면 중세 한국어 어휘 체계의 큰 특징으로 몽골어 외래어가 유입된 것을 들 수 있다. 물론 자료가 충분하지 않지만 고대 한국어 단계에서 시작된 한자어의 비중이 점차 높아 갔음은 짐작이 가능하다. 이 시기에는 몽골어 차용어의 유입으로 고유어와 한자어의 이원적인 구성에서 본격적으로 고유어, 한자어, 외래어의 삼원적인 체계가 이루어지게 되었다.

근대 한국어

근대 한국어는 중세 한국어에서 이어져 개화기와 현대 한국어로 이어지는 시기이다. 중세 한국어와 마찬가지로 한문과 차자 표기뿐만 아니라 한글도 사용하는 시기이다. 특히 한글의 사용이 언간(諺簡)과 같은 일상적인 언어생활과, 소설과 같은 문학 작품의 표기 수단으로도 사용되어 고유어 어휘 사용의 증가에 영향을 주었던 시기이기도 하다. 그렇기는 하지만 중국을 통한 서구 문물이 도입되면서 한자어의 증가가 계속되고 있는 시기이기도 하다.

먼저 근대 한국어 고유어의 특징에 대해 살펴보자. 근대 한국어 시기에서 새롭게 문증되는 고유어가 없는 것은 아니지만 우리는 특히 근대 한국어에 나타나는 형태 및 의미 변화와, 고유어가 소실되거나 한자어로 대체되는 양상을 주목하고자 한다.

먼저 『두시언해(杜詩諺解)』의 초간본과 중간본에 나오는 예를 들어 중세 한국어에서 근대 한국어로의 형태 면에서의 변화를 살펴보자.

(90) 가. 새 우러 제 모ᄆᆞᆯ ᄀᆞ초ᄂᆞ니 [새 울어 제 몸을 감추니] 〈두시초 7:24〉
　　나. 새 우러 제 모ᄆᆞᆯ ᄀᆞᆷ초ᄂᆞ니 [새 울어 제 몸을 감추니] 〈두시중 7:24〉

『두시언해』 초간본(1481)과 중간본(1632)은 각각 중세 한국어와 근대 한국어의 문헌으로 중세 한국어에서 근대 한국어로의 변화를 확인할 수 있는 자료가 된다. (90가)에서 볼 수 있듯이 초간본의 'ᄀᆞ초ᄂᆞ니'는 (90나)에 나타나는 것처럼 중간본에 이르면 'ᄀᆞᆷ초ᄂᆞ니'가 되어 근대 한국어가 현대 한국어에 더 가까워지고 있음을 잘 보여 준다. 『두시언해』 초간본과 중간본의 차이를 보여 주는 예에는 '거붑:거북', '브섭:부억', '솝:속', '머리:멀리' 등이 더 있다.

중세 한국어에서 근대 한국어로 오면서 의미 면에서의 변화를 보이기도 한다. 예를 들어 중세 한국어의 'ᄉᆞ랑ᄒᆞ다'는 '思'의 의미와 '愛'의 의미를 가졌지만 근대 한국어에 오면서 주로 '愛'로 사용된다. 이런 변화에 대해서는 다음 절에서 개별 어휘의 변화를 살피면서 조금 더 자세하게 논의할 것이다.

고대 한국어나 중세 한국어에서 쓰이던 고유어 어휘 중에서 근대 한국어 시기에 잘 쓰이지 않는 예들도 제법 있다.

(91) 가. 묗, ᄀᆞᄅᆞᆷ, 아ᅀᆞᆷ, 오래
　　나. 입다[迷], 외다, 외ᄑᆞ다, 혁다

(91가)는 대체로 '산(山), 강(江), 친척(親戚), 문(門)' 등의 한자어로 바뀌었지만, (91나)는 이유를 명확하게 알 수 없지만 잘 나타나지 않고 사라지게 되었다.

근대 한국어에서도 한문은 지배 계층의 문자 생활의 가장 중요한 수단이었으므로 한자어가 지속적으로 증가하게 되었음은 물론이다. 그런데 이 시기에 이르면 한자어의 사용이 지배 계층에만 한정되지 않고 일반 백성들의 언어생활에도 널리 퍼져 가고 있었다. 판소리계 소설 「열녀춘향수절가」의 첫 구절을 가져와 보기로 하자.

(92) 슉종 ᄃᆡ왕 직위 초의 셩덕이 너부시사 셩자셩손은 계계승승ᄒᆞ사 금고 옥족은 요슌 시절이요 으관문물은 우탕의 버금이라 좌우 보필은 쥬셕지신이요 용양호위난 간셩지장이라 조졍의 흐르난 덕화 힝곡에 폐였시니 사ᄒᆡ 구든 기운이 원근의 어려 잇다 [숙종 대왕 즉위 초에 성덕이 넓으시어 성자성손은 계계승승하시어 금고 옥적은 요순 시절이요 의관문물은 우(禹)·탕(湯)에 버금이라 좌우 보필은 주석지신이요 용양 호위는 간성지장이라 조정에 흐르는 덕화 향곡에 펴 있으니 사해 굳은 기운이 원근에 어려 있다] 「열녀춘향수절가」(완판본)

(92)에서는 한자로 표기되지 않았지만 '숙종(肅宗)', '대왕(大王)', '즉위(卽位)', '초(初)', '성덕(聖德)', '성자(聖子', '성손(聖孫)', '계계승승(繼繼承承)', '금고(金鼓)', '옥적(玉笛)', '요순(堯舜)', '시절(時節)', '의관문물(衣冠文物)', '우(禹)·탕(湯)', '좌우(左右)', '보필(輔弼)', '주석지신(柱石之臣)', '용양호위(龍驤虎威)', '간성지장(干城之將)', '조정(朝廷)', '덕화(德化)', '향곡(鄕曲)', '사해(四海)', '기운(氣運)', '원근(遠近)' 등 많은 한자어나 한문의 구절이 나타나 한자어가 많이 쓰이고 있음을 한 눈에 알 수 있다. 「열녀춘향수절가」를 포함한 근대 한국어 시기의 판소리계 소설들이 지배 계층뿐 아니라 일반 백성들도 향유한 것이라는 점을 고려하면 한자어의 사용이 더 이상 지배 계층만의 것이 아님을 잘 알 수 있다.

근대 한국어 시기의 한자어의 증가를 보여 주는 특징적인 것은 중국을 통해 서구 문물을 받아들이면서 동시에 이와 관련되는 한자어를 받아들였다는 점과 서양의 종교를 받아들이면서 한자어가 증가했다는 것이다.

(93) 가. 서포(西砲), 천리경(千里鏡), 자명종(自鳴鐘), 염초화(焰硝花)
나. 텬쥬(天主), 셩신(聖神), 션악과(善惡果), 셩탄(聖誕), 셩모(聖母), 례비당(禮拜堂)

(93가)는 서양의 과학 기술 용어들을 한자어로 받아들인 어휘들이고, (93나)는 천주교와 관련되는 한자어 어휘들이다.

근대 한국어에 쓰이던 한자어 중에는 현대 한국어에서는 아주 쓰이지 않게 되었거나 쓰이더라도 다른 뜻으로 쓰이게 된 한자어들도 있다.

(94) 인정(人情), 방송(放送), 하옥(下獄), 등대(等待), 발명(發明), 정체(政體)

근대 한국어에서 '인정(人情)'은 '뇌물', '방송(放送)'은 '석방', '하옥(下獄)'은 '투옥', '등대(等待)'는 '미리 준비하고 기다림', '발명(發明)'은 '변명', '정체(政體)'는 '다스리는 형편'의 의미로 사용되었다.[79] 하지만 이들 어휘들은 현대 한국어에서는 사용되지 않거나 동일한 한자어가 사용된다 하더

79 이들 어휘들 중에서 '방송(放送), 발명(發明)' 등은 이두문에서 나온 것으로 흔히 이두 한자어라고 부르기도 한다.

라도 이런 의미로 사용되지는 않는다.

마지막으로 근대 한국어 시기의 외래어에 대해 살펴보기로 하자. 이 시기는 중국뿐만 아니라 일본을 비롯한 주변 국가와의 접촉이 빈번해져 제법 다양한 외래어를 받아들이게 된다.

(95) 가. 슈판[水飯], 토슈[套袖], 탕건[唐巾], 보리[玻瓈]

나. 다담이, 담배, 고구마, 각기소리

다. 널쿠, 소부리, 쿠리매

(95가)는 근대 한국어에 처음으로 문증되는 중국어 구어 차용어이고, (95나)는 이 시기에 처음 나타나는 일본어 차용어들이고, (97다)는 만주어 차용어들이다.

근대 한국어의 어휘 체계의 특징은 언간 등으로 한글 사용이 확대되어 고유어 사용에 긍정적으로 영향을 준 점, 한자어의 사용이 지배 계층을 넘어 일반 백성으로의 확대가 뚜렷하다는 점, 서구의 과학 기술이나 종교 관련 한자어가 증가하고 있다는 점, 일본계 외래어가 증가하기 시작했다는 점 등을 들 수 있을 것이다.

개화기와 현대 한국어[80]

개화기 이후 한국어 내지 한국어 어휘는 새로운 국면을 맞이하게 된다. 한글이 국문으로 인정받게 되면서 표기 생활의 전면에 등장하게 되었고, 차자 표기나 한문의 사용은 축소되었다. 일제 강점기를 거치면서 한국어 어휘에는 일본어의 흔적이 많이 남게 되었으며, 해방 이후 서구 사회와의 본격적인 접촉은 다양한 경로로 서구어가 한국어에 들어오는 계기가 되었다. 이 시기가 되면 과거 한자어가 차지하던 고유어가 아닌 다른 어휘 요소의 대표 자리를 서구 외래어가 차지하게 된다.

80 개화기는 19세기 후반에서 20세기 초반에 걸치는 시기로 한국어사의 시대 구분에서 개화기를 따로 구분하는 경우도 있지만 구분하지 않는 경우가 많다. 우리 책에서는 고대 한국어, 중세 한국어, 근대 한국어, 현대 한국어로 시대를 구분한 바 있는데, 이렇게 분류하면 개화기의 한국어는 근대 한국어와 현대 한국어에 조금씩 걸치는 셈이다. 굳이 이 자리에서 개화기 한국어를 따로 다루는 것은 이 시기가 특히 어휘적인 면에서 특징이 잘 드러나기 때문이다.

참고 12 **서구 외래어의 차용 방식**

① 직접 음역어: 서구어를 직접 한국어로 음역하여 한글로 표기한 것으로 '인그리스(←English)', 브레드(←bread)' 등이 있다.
② 간접 음역어: 서구어를 중국이나 일본에서 음역한 것을 한국 한자음으로 표기한 것으로 '아미리견(←亞美利堅←American)', '아편(←阿片/鴉片←opium)' 등이 있다.
③ 직접 의역어: 서구어를 한국어로 직접 의역한 것으로 '몸제자(←apostle)', '십자틀(←cross)' 등이 있다.
④ 간접 의역어: 서구어를 중국이나 일본에서 의역한 것을 한국 한자음으로 표기한 것으로 '백부장(←centurion)', '격물학(←physics)' 등이 있다.

먼저 개화기나 그 이후에 고유어가 사용되는 양상을 살펴보기로 하자. 한자어나 외래어뿐만 아니라 고유어도 끊임없이 새로 만들어지고 있음은 물론이다. 하지만 여기에서는 개화기까지 쓰이다가 사라진 어휘들에 주목해 보려 한다.[81]

(96) 골질(신경질), 넘는절[逾越節],[82] 물고개(파도), 발긔[帳簿][83]

(96)의 예들은 개화기 자료에서는 나타나지만 이후 현대 한국어에서는 쓰이지 않고 주로 한자어로 대체되었다.

개화기 이후에도 한자어는 꾸준히 증가하다가, 주요한 외래 어휘 요소의 원천을 점차 일본계 외래어나 서구 외래어에 내어 주게 된다. 개화기에 나타나는 한자어를 살펴보기로 하자.

(97) 가. 학동(學童), 교육(教育), 연역(演繹), 귀납(歸納), 현상(現想), 공학(工學), 문학(文學), 경제학(經濟學), 수신학(修身學)
나. 화차(火車), 화륜선(火輪船), 증기차(蒸氣車), 비행거(飛行車), 자동차(自動車)
다. 병인(病人), 의원(醫院), 의가(醫家), 치병(治兵), 간병(看病), 약물(藥物)
라. 대통령(大統領), 쇼통령(小統領), 정부(政府), 샹고(商賈), 샹회(商

81 '넘는절'의 '절'은 고유어 요소가 아니지만 고유어에 포함하여 다룬다.

82 '넘는절', 즉 유월절(逾越節)은 성서에 나오는 어휘로 '이스라엘 민족이 이집트에서 탈출한 일을 기념하는 유대교의 축제일'이다.

83 '발긔', 즉 장부(帳簿)는 '물건의 출납이나 돈의 수지(收支) 계산을 적어 두는 책'이다.

會), 쟈본(資本)

(97가)는 교육이나 학문 관련 어휘, (97나)는 교통이나 통신 관련 어휘, (97다)는 의료 관련 어휘, (97라)는 정치나 경제 관련 어휘들이다. 이들 중 상당수는 명치유신(明治維新)을 전후하여 일본에서 만들어져 수입된 것이다.

개화기를 전후하여 우리나라에 들어온 외래어는 일본계 어휘들이 대부분이었다.

(98) 가. 영길리[英吉利], 이태리[伊太利], 아미리가[亞米利加]
나. 아다리, 에리, 오뎅, 게다, 사꾸라, 시다, 쓰시, 벤또
다. 구락부, 도락꾸, 다이야, 도나스, 쎄무, 쓰봉, 바리깡
(99) 실크, 글로벌, 넘버원, 스코어, 네거티브, 네일 아티스트

(98가)는 개화기에 일본에서 만들어진 음역어를 우리식 한자음으로 받아들인 것이다. (98나, 다)는 일제 강점기 이후에 일본을 통해 받아들인 차용어들인데, (98나)는 원래 일본어들이고 (98다)는 서구어를 우리나라에서 일본식으로 받아들인 것이다. (98나, 다)는 해방 이후 순화 운동의 대상이 되기도 하였다.

해방 이후 지금에 이르기까지 우리의 언어생활에 미치는 영어의 영향은 절대적이다. 특히 최근에는 인터넷 공간을 중심으로 영어계 외래어가 대량으로 유입되고 있기도 하다. (99)는 이를 잘 보여 주는 영어계 외래어들이다.

11.5.3. 개별 어휘의 변화

어휘사의 대상은 기원에 따른 어휘 체계의 변화도 포함하지만 더 본질적으로는 개별 어휘의 변화를 다루게 된다. 하나의 어휘가 생겨나면 그 언어 사회에서 사용되면서 많든 적든 변화를 경험하게 된다. 그 변화가 형태와 의미 두 측면에서 모두 일어남은 물론이다.

어휘는 개별적으로 존재하는 것이 아니라 다른 어휘와 관계를 맺고 존재하므로 개별 어휘의 변화는 다른 어휘에도 영향을 미친다. 따라서 우리는 여기에서 어휘 하나하나의 변화에도 주목하지만 색채어라든지 높임을 나타내는 어휘라든지 하는 어휘 부류의 변화에도 주목할 것이다.

11.5.3.1. 개별 어휘의 형태 변화

개별 어휘, 즉 단어의 변화는 형태와 의미 양 측면에서 나타난다. 여기에서는 먼저 형태의 변화에 대해 살펴보자. 형태의 변화는 결과적으로 원래 형태가 축소되기도 하고, 확대되기도 하는 등 다양한 양상을 보인다.

(100) 가. ᄒᆞᄫᆞᅀᅡ > ᄒᆞ오ᅀᅡ/ᄒᆞ온ᅀᅡ > 호ᅀᅡ > 혼자
　　 나. 나모/나ᇚ > 나무, 이시-/잇-/시- > 있-
(101) 가. 머리 > 멀리, 졈- > 졂-, 더디- > 던지-
　　 나. 울월- > 우러르-
(102) 가. 붚 > 북, 녁 > 녘
　　 나. 춥-/추ᄫ- > 춥-/추우-, 짓-/지ᅀ- > 짓-/지-

(100가)는 형태가 축소된 예이고, (100나)는 이형태가 합류된 예이다. (101가)는 음소의 추가를 통한 형태 변화의 예이고, (101나)는 음소 내지 음절의 확대를 통한 형태 변화의 예이다. (102)는 형태 축소나 확대로 보기 어려운 변화의 예인데, (102가)는 단일 형태가 변화를 보인 예이고, (102나)는 이형태의 양상이 달라진 예이다.

어휘의 형태 변화는 단어 개별적으로 일어나는 경우도 있지만 음운 체계의 변화로 어휘 전반에 걸쳐 일어나는 경우도 있다. 'ㆍ'나 'ㅿ'의 소실은 'ᄆᆞᅀᆞᆷ>ᄆᆞᄋᆞᆷ>ᄆᆞ음>마음'으로의 형태 변화를 가져왔는데, 이런 변화는 'ㆍ'나 'ㅿ'을 가진 대부분의 어휘에서 예측될 수 있는 것이다.

형태의 변화는 자연스럽게 의미나 분포의 변화와 같이 일어나기도 한다. 예를 들어 현대 한국어의 '가난하다'는 한자어 '간난(艱難)ᄒᆞ다'에서 온 것으로 형태와 의미의 변화를 보여 준다.

(103) 올힌 쳔량이 간난ᄒᆞ고 [올해는 천량(재물)이 가난하고] 〈번박 상:53〉

(104) 가. 國步ㅣ 오히려 가난ᄒᆞ니 [국보(나라의 운명)가 오히려 어려우니] 〈두시초 22:48〉

나. 나ᄂᆞᆫ 진실로 가난ᄒᆞ고 쳔호니 [나는 진실로 가난하고 천하니] 〈번소 9:59〉

(103)과 (104)를 살펴보면 중세 한국어에서 '간난ᄒᆞ다'와 '가난ᄒᆞ다'가 모두 사용되었음을 알 수 있는데, (104)의 '가난ᄒᆞ다'는 '간난ᄒᆞ다'에서 'ㄴ'이 탈락한 것이다. (104가)에 대응하는 원문은 '간난(艱難)'이고, (104나)는 '빈(貧)'이므로 '어렵다'와 '가난하다'의 두 가지 의미로 사용되었음도 알 수 있다. 근대 한국어 이후에는 형태가 '가난ᄒᆞ다'로만 나타나며 의미도 '가난하다[貧]'로 축소되게 된다.

11.5.3.2. 개별 어휘의 의미 변화와 분포 변화

개별 어휘, 즉 단어는 다양한 문맥에서 쓰이면서 다의성을 가지게 되어 의미가 확장되기도 하고, 특정한 문맥에서만 쓰이면서 의미가 축소되기도 한다. 개별 어휘의 의미나 분포의 변화에 대해서는 8.4.3.1.에서 언급한 바 있으므로 여기에서는 자세하게 다루지 않고 한국어에서 나타나는 몇 가지 재미있는 예를 언급하는 것으로 단어의 의미 변화에 대한 논의를 마무리할 것이다.

본격적인 논의에 앞서 개별 어휘의 의미나 분포의 변화가 다른 어휘에 미치는 영향에 대해 언급해 보려 한다. 이미 언급했듯이 중세 한국어에서 '어리다'는 '어리석다[愚]'의 의미와 '어리다[幼]'의 의미를 가졌었다. 그러다가 현대 한국어로 오면서는 '어리다[幼]'의 의미로만 쓰인다. 물론 '어리석다[愚]'의 의미는 '어리숙하다', '어리둥절하다' 등에 화석처럼 남아 있다.

그런데 '어리다'의 의미 변화는 다른 어휘의 변화에도 영향을 주게 된다. 중세 한국어에서 나이를 나타내는 형용사 어휘는 일부 문맥에서 '어리다'가 '졈다'와 같은 의미로 사용되었지만 대체로는 '졈다[幼, 少]-늙다[老]'의 두 단계로 구분되었다. 그러다가 근대 한국어 이후 점차 '어리다'가 '어리다[幼]'의 의미로 확고하게 자리를 잡게 되자, '졈다'는 '어리다[幼]'의 의미로는 잘 쓰이지 않게 되었다. 결과적으로 '어리다[幼]-졈다(>졂다)[少]-늙다[老]'의 세 단계로 나이를 구분하게 된 것이다. '졈다-늙다'의 두 단계일 때에 비해 '어리다-졈다(>졂다)-늙다'일 때의 '졈다(>졂다)'나 '늙다'에 해당하는 나이가 좀 뒤로 옮겨졌음은 물론이다. 이처럼 특정 단어의 어휘 변화가 다른 단어 의미 변화에도 영향을 주는 것이다.

우리말 어휘의 변화에서 재미있는 예로 먼저 10.2.1.1.에서 언급한 바 있는 모음 교체를 보이는 어휘들의 의미 변화에 대해 살펴보기로 하자.

(105) 가. 고비/구븨, 갇다/걷다, 곱다/굽다, 남다/넘다, 도렫ᄒᆞ다/두렫ᄒᆞ다, 쟉다/젹다

나. ᄇᆞᆰ다/븕다, 노라ᄒᆞ다/누러ᄒᆞ다, ᄑᆞᄅᆞ다/프르다, ᄑᆞ라ᄒᆞ다/퍼러ᄒᆞ다

다. 마리/머리, ᄆᆞᆰ다/믉다, ᄂᆞᆰ다/늙다

(105가)는 모음의 차이에도 불구하고 의미 차이가 거의 없는 짝들이고, (105나)는 어감의 차이가 느껴지는 유형이며, (105다)는 의미 차이가 제법 뚜렷한 유형이다.

모음 교체의 동기가 모음 조화라는 음운론적인 것에 있었다는 점을 고려하면 모음에 따라 단어의 의미가 달라지는 것은 설명하기가 쉽지 않다. 애초에 모음 교체의 짝은 (105가)가 그러하듯 의미 차이를 가지지 않았을 것이다. 그런데 동일한 의미를 가지는 단어가 존재한다는 것은 효율적이지 못하므로 점차 둘 중 하나가 쓰이지 않게 되거나 (105나, 다)처럼 약간씩이라도 다른 의미로 쓰이게 되었을 것으로 추정된다. 그러다가 점차 어감의 차이를 가지거나 아예 다른 어휘로 발달하게 되었을 것으로 생각된다. 그리하여 현대 한국어에서는 모음 교체의 짝들의 의미 차이가 심해져서 (105가, 나)의 짝들 중에서 하나만 남아 있는 경우도 있으며 '작다'와 '적다'처럼 각자의 의미 영역을 확보하거나 '고비'와 '구비'처럼 완전히 다른 의미

를 가지게 된 것으로 보인다.

(105나)와 관련하여 색채어의 의미 변화에 대해서도 약간의 설명을 추가할 필요가 있을 듯하다. 10.4.2.1.에서 언급한바, 15세기 한국어에서는 'ᄑᆞᄅᆞ다, 프르다, ᄑᆞ라ᄒᆞ다, 퍼러ᄒᆞ다'가 약간 다른 의미로 사용되었다.

(106) 'ᄑᆞᄅᆞ다, 프르다, ᄑᆞ라ᄒᆞ다, 퍼러ᄒᆞ다'의 의미 차이

채도(색상) / 명도	옅음(綠色에 가까움)	짙음(靑色에 가까움)
明	'ᄑᆞᄅᆞ다'가 많이 쓰이고 'ᄑᆞ라ᄒᆞ다'도 쓰임	'ᄑᆞ라ᄒᆞ다'가 많이 쓰이고 'ᄑᆞᄅᆞ다'도 쓰임
暗	'프르다'가 쓰임	'퍼러ᄒᆞ다'가 많이 쓰이고 '프르다'도 쓰임

대체로 모음의 교체는 명도의 차이를 나타내고, '-어ᄒᆞ다'의 결합형은 채도나 색상을 강화해 준다. 그리하여 예외는 있지만 'ᄑᆞᄅᆞ다'는 주로 명도가 밝고 채도가 낮은 녹색에, '프르다'는 주로 명도가 어둡고 채도가 낮은 녹색에, 'ᄑᆞ라ᄒᆞ다'는 주로 명도가 밝고 채도가 높은 청색에, '퍼러ᄒᆞ다'는 주로 명도가 어둡고 채도가 높은 청색에 사용되는 경우가 많았다.

그러다가 'ㆍ'의 소실과 함께 'ᄑᆞᄅᆞ다'가 사라지게 되면서 명도가 밝고 채도가 낮은 녹색에 가까운 색을 나타내는 어휘에 공백이 생겼고, 원래부터 그 자리에서 사용되던 '파랗다(<ᄑᆞ라ᄒᆞ다)' 외에 '푸르다(<프르다)'도 그 자리로 밀려오면서 현대 한국어에서 그러하듯 '푸르다'와 '파랗다'가 혼란스럽게 쓰이게 된 것으로 보인다.[84] 현대 한국어에서 신호등에 대해 '푸른 신호등'과 '파란 신호등', '하늘이 푸르다'와 '하늘이 파랗다'가 모두 가능한 것처럼 '푸르다'와 '파랗다'가 혼란스럽게 쓰이게 된 것은 이런 어휘사와 관련이 있다.

84 'ㆍ'가 소실되면 'ᄑᆞᄅᆞ다'는 "파르다' 정도로 변할 것으로 가정할 수 있지만 이런 형태는 문증되지 않는다. 대체로는 'ᄑᆞᄅᆞ다'와 '프르다'가 모두 '푸르다'에 통합된 것으로 생각된다. 현대 한국어에서의 '푸르다'와 '파랗다'의 혼란에 대해서는 11.5.3.2.에서 자세하게 언급하고 있다.

11.5.3.3. **어휘 분화 양상의 시대적 변화**

어휘는 통시적으로 변화할 뿐만 아니라 공시적으로 다양한 변이를 보이기도 한다. 어휘의 변이는 어휘사에서 다루는 것이 아니라 사용역

(register)과 관련하여 공시적으로 다룬다. 그렇지만 사용역과 관련한 어휘의 분화 양상이 시대에 따라 변화하는 특이한 측면이 있어 여기에서 간략하게 언급하고자 한다.

첫째, 한자어나 차용어의 유입은 종교를 비롯한 문화적인 요소와 함께 이루어져, 해당 사용역의 어휘가 풍부해지는 계기가 된다는 점을 들 수 있다. 이는 고대 한국어 이후 불교와 유교의 유입, 근대 한국어 이후 천주교나 기독교의 유입에서도 유사하게 진행되었다. 둘째, 문자의 사용은 해당 문자가 주로 사용되는 영역에서의 어휘 발달을 촉진하기도 했다. 고대 한국어 이후 이두문의 발달은 법률과 같은 실용적인 분야에 적용되어 이 분야 어휘의 발달로 이어졌으며, 한글 창제 후 점진적인 한글 사용의 확대는 소설과 같은 문학 작품이나 언간(諺簡)과 같은 실용적인 분야의 어휘가 확장되는 계기가 된다.

문학 영역에서의 어휘 발달은 좀 구체적으로 언급할 필요가 있을 듯하다. 주지하듯이 향찰은 주로 향가라는 문학 작품을 표기하기 위한 수단으로 사용되었으며 향가를 향유하게 되면서 문학 영역의 어휘가 확장되고 정제되는 데에 영향을 미쳤을 것으로 생각된다. 앞에서 언급한바 판소리계 소설에 한자어 어휘가 풍부하게 사용되는 것은 한자어 사용이 일반 백성에게 확장되었음을 말해 주기도 하지만, 한편으로 판소리나 판소리계 소설이 한자어 사용을 확장하는 계기로 작용하기도 했다는 것을 보여 준다. 문학 작품 속에서는 다른 문헌에서는 거의 발견되지 않는 의성어나 의태어 부사 혹은 감탄사가 발견된다.

(107) 가. 어와 버힐시고 낙낙댱숑 버힐시고 … 어즈버 명당이 기울거든 므서ᄉᆞ로 바티려뇨 [어와 벨시고 낙락장송 벨시고 … 아, 명당이 기울면 무엇으로 버티려나]

나. 뮈온 님 오며ᄂᆞᆫ ᄭᅩ리를 홰홰 치며 쒸락 ᄂᆞ리쒸락 반겨서 내ᄃᆞᆮ고 고온 님이 오며ᄂᆞᆫ 뒷발을 버동버동 므르락 나으락 캉캉 즈져서 도라가게 ᄒᆞᆫ다 [뮈운 님 오면은 꼬리를 홰홰 치며 뛰락 내리뛰락 반겨서 내닫고 고운 님이 오며는 뒷발을 버둥버둥 물러나고 나

아가고 캉캉 짖어서 돌아가게 한다]

(107가)는 송강(松江) 가사의 구절인데, '어와', '어즈버' 등은 주로 문학 작품에서 나타난다. '어와'는 고려 가요 「처용가」에도 나오며 황진이의 시조에도 나온다. '어즈버'는 수많은 시조 작품의 종장 첫 구절로 등장한다. (107나)는 잘 알려진 사설시조 작품인데, '홰홰', '버동버동', '캉캉' 등의 의성어나 의태어가 다양하게 등장한다.

고대에서 현대에 이르기까지 한국어를 특징짓는 것의 하나는 높임법의 발달이다. 통시적인 변이의 하나로 높임의 어휘의 변화를 살펴보는 것도 어휘사의 측면에서 흥미롭다. 10.4.4.에서 언급한 것처럼 15세기 한국어에서 이미 '누의님, 아바님'과 같이 '-님'을 사용한 높임, '그듸/그딕/그디'와 같은 대명사를 이용한 높임, '겨시다', '좌시다', '엳줍다', '뫼시다', '뵈다'와 같은 서술어 어휘를 사용한 높임이 발달했다. 이후 16세기 한국어에서는 '이'의 공대말 '분'이 나타나고 '밥'의 공대말 '진지'가 나타난다. '나'에 대한 겸사말 '저'는 19세기에 가서야 문증된다. 『훈민정음』 언해본에도 나오는 '말쏨'은 15세기 한국어에서 '말'이라는 의미와 높임의 '말씀'의 의미로 사용되다가 어느 시기부터인지 잘 알 수는 없지만 현대 한국어에서는 '말씀'이 다른 사람의 말을 높이는 의미와 자기의 말을 낮추는 겸사말로 쓰이게 되었다.

제12장 문자와 표기

12.1. 문자의 이해

12.1.1. 문자의 개념

문자란 언어를 기록하는 데 사용하는 시각적 기호 체계를 가리킨다.[1] 이러한 정의에서 문자의 중요한 특성 몇 가지를 추출할 수 있다. 우선 문자는 '시각적'인 것이다. 소리로만 들리고 보이지 않는다면 그것은 문자가 될 수 없다. 또한 문자는 '기호'의 일종이다. 기호는 기본적으로 기표와 기의의 두 요소로 이루어진다. 문자의 경우 시각적으로 드러나는 모양이 기표라면 그것이 지시하는 내용이 기의라고 할 수 있다.[2] 마지막으로 문자는 '체계'이다. 체계라는 것은 유한한 수의 요소들이 일정한 관계를 맺으며 이루는 집합이라고 할 수 있다. 현재 쓰이고 있는 다양한 문자들은 모두 이러한 요건들을 충족하고 있다.

문자가 쓰이기 시작한 것은 매우 오래전의 일이다. 초기 문자는 현재와 같이 정제된 모습이 아니었다. 간단한 도형이나 그림 등으로 어떤 사실을 표현하는 데에서 문자가 나오기 시작했다. 이러한 도형이나 그림 등은 기억을 보조해 주거나 상황을 단순히 표시해 줄 뿐, '체계'라고 보기는 어렵기 때문에 엄밀한 의미의 문자에 속하지는 않는다. 그러나 의사소통을 위한 시각적 도구라는 점에서 문자의 개념과 통하는 바가 있다. 이후 단순히 사물의 모양을 본뜨는 데에서 나아가 추상화의 단계를 거치고 유한한 수의

1 한자어인 '문자(文字)'는 '문(文)'과 '자(字)'가 결합된 말로서, 원래 '문(文)'은 '一, 山, 水' 등과 같이 하나의 요소로만 이루어진 글자를 가리키고 '자(字)'는 '明(日 + 月), 浩(水 + 告), 相(木 + 目)' 등과 같이 둘 이상의 요소로 이루어진 글자를 가리킨다.

2 기의의 내용이 무엇인지에 따라 문자는 표의 문자와 표음 문자로 나눌 수 있다. 자세한 것은 12.1.2에서 서술한다.

요소로 굳어지면서 진정한 문자의 단계에 이르게 된다.

이처럼 문자가 일찍부터 사용되어 현재까지 계속 사용되어 온 이유는 무엇보다도 문자가 음성 언어의 시간적·공간적 단점을 보완하는 데 매우 효과적이기 때문이다. 음성 언어는 한번 입 밖으로 내뱉으면 그대로 사라지고 만다. 그러므로 음성 언어가 말해지는 그 순간 같은 공간에 있는 사람들만이 들을 수 있을 뿐이다. 만약 어떤 사실을 멀리 떨어진 사람에게 전달한다거나 후손들에게 전수하고자 한다면 음성 언어만으로는 큰 제약을 받게 된다. 반면 문자로 그 내용을 기록한다면 언제 어디서든 쉽게 전달이 가능해진다.

그렇기 때문에 문자의 사용은 인류의 삶과 밀접한 관련을 맺는다. 현재와 같은 고도의 문명 발달은 문자의 힘에 의지한 바가 크다. 이뿐만 아니라 일상생활의 효율성도 문자와 무관하지 않다. 가령 어떤 약속이나 계약 등을 말로만 하고 문자로 기록하지 않는다면 나중에 그것을 지키지 않았을 때 커다란 낭패가 생길 것이다. 문자가 없는 인간의 삶이란 상상하기조차 어려울 정도이다.

12.1.2. 문자의 분류

문자는 크게 두 가지 부류로 나눌 수 있다. 하나는 표의(表意) 문자이고 다른 하나는 표음(表音) 문자이다. 이 구별은 문자가 나타내는 내용, 즉 그 기의가 '의미'인지 '음성'인지에 달려 있다. 잘 알다시피 언어는 '의미'와 '음성'으로 이루어진 기호인데 이 중 어느 쪽을 나타내는가에 따라 표의 문자와 표음 문자가 나뉜다.

(1)

<table>
<tr><td rowspan="3">문자의 종류</td><td colspan="2">표의 문자</td></tr>
<tr><td rowspan="2">표음 문자</td><td>음절 문자</td></tr>
<tr><td>음소 문자</td></tr>
</table>

표의 문자로 가장 대표적인 것은 바로 중국의 한자(漢字)이다. 가령 '開'는 '열다'라는 의미를 나타내며 '天'은 '하늘'을 가리킨다. 다른 한자들도

모두 그것이 지시하는 의미를 가지고 있다. 물론 한자는 음도 가지고 있다. '開'와 '天'은 각각 '개'와 '천'이라는 음을 가지고 있다.[3] 그렇지만 한자를 표음 문자라고 하지는 않는다. 이것은 '개'라는 음이나 '천'이라는 음을 항상 '開'와 '天'으로 표기하지는 않는 데에서 쉽게 알 수 있다. 만약 한자가 표음 문자라면 멍멍 짖는 '개'도 '開'로 적어야 하고 사물의 단위를 셀 때 쓰는 '개'도 '開'로 적어야 하는데 그렇지 않은 것이다.

3 중국 음으로는 각각 'kāi'와 'tiān'이다.

반면 표음 문자는 그 의미와 상관없이 같은 소리는 같은 글자로 나타내는 것이 원칙이다. 표음 문자는 각 글자들이 어떤 소리의 단위를 나타내는지에 따라 음절 문자와 음소 문자로 구분된다.[4] 음절 문자는 개별 글자들이 음절을 나타내는 것이다. 음절 문자의 대표적 사례는 일본 문자인 '가나(假名)'를 들 수 있다. '가나'의 경우 'か, く'는 'ka, ku'와 같이 음절을 나타낸다. 다른 '가나'들도 기본적으로 음절을 나타낸다는 점에서는 다르지 않다.

4 '음소 문자' 대신 '음운 문자'라고 하기도 한다. 이 외에 표음 문자의 한 부류로 '자질 문자(featural system)'를 따로 설정하기도 하는데 이것은 오로지 한글만을 위해 새롭게 규정한 부류이다. 한글의 자질 문자적 특성에 대해서는 12.2.2.에서 다루기로 한다.

음절 문자는 음절 구조가 단순한 언어를 표기하는 데에는 불편함이 없다. 음절 구조가 단순하다는 것은 음절의 가짓수가 적음을 의미하므로 그것을 표기하는 글자의 수도 많지 않다. 일본어의 경우 초성에 올 수 있는 자음의 개수가 1개를 넘지 않고 종류도 그리 많지 않다. 또한 종성에는 원칙적으로 자음이 오지 못한다. 그래서 '가나' 역시 '히라가나(平假名)'와 '가타가나(片假名)'가 각각 50여 개의 글자로 이루어져 있다.

그런데 음절 구조가 복잡한 언어의 경우에는 음절 문자를 사용하기가 쉽지 않다. 한국어의 경우 음절 구조가 그다지 복잡하지 않음에도 불구하고 음절의 가짓수가 표준 발음의 경우 3,000여 개, 현실 발음의 경우도 2,500개를 넘는 것으로 알려져 있다.[5] 이런 언어를 음절 문자로 표기하고자 하면 수천 개의 문자를 구별해야 하며 이것은 엄청난 학습 부담으로 작용하여 문자 습득을 어렵게 만드는 것이다.

5 표준 발음에서 구분하도록 하는 발음 중 현실 발음에서 구분하지 못하는 경우가 많기 때문에 표준 발음에서의 음절 가짓수가 현실 발음보다는 더 다양하다.

여기서 음소 문자의 필요성이 대두된다. 음소 문자는 각 글자들이 음절을 이루는 개별 음소들을 표시한다. 음소 문자를 가리키는 'alphabet(알파벳)'이라는 용어도 그리스 문자 'α(alpha)'와 'β(beta)'가 합쳐진 것으로 글자 각각이 음소를 지칭한다는 사실을 담고 있다. 음절 문자에서 'ka, ku'라는 음절을 하나의 글자로 표기한다면 음소 문자에서는 'ka, ku'를 각각 두 개씩의 글자로 표기하게 된다. 음절의 수에 비해 자음이나 모음과 같은 음소는 그 수가 현격하게 적기 때문에 적은 수의 글자만 있어도 표기가 가능하다. 음소 문자의 대표적인 예는 로마자와 한글이다. 로마자 'p, t, k'나 한글의 낱글자인 'ㄱ, ㄴ, ㄷ' 등은 모두 하나의 음소를 나타낸다. 이러한 낱글자들이 모여 음절을 나타내고 그것이 모여 다시 단어를 나타내게 된다.

문자의 역사를 살펴보면 표의 문자에서 표음 문자로 발달해 왔다. 이것은 두 가지 사실에서 확인할 수 있다. 첫째, 오늘날 가장 널리 쓰이는 표음 문자인 로마자도 기원적으로는 표의 문자로부터 변화한 것이다. 원래는 뜻을 나타내던 문자가 그 뜻과 결부된 음을 나타내게끔 변화가 일어나면서 표의 문자로부터 표음 문자로 진화하게 되었다. 둘째, 후대에 만들어진 문자는 대부분 표음 문자라는 사실에서도 표음 문자가 더 발달된 형태라는 점을 알 수 있다. 만들어진 지 1,000년도 되지 않는 몽골의 파스파 문자나 그보다 조금 뒤에 만들어진 한글 역시 모두 표음 문자이다.

표음 문자 중에서는 음절 문자보다 음소 문자가 더 발달된 형태의 문자이다. 앞에서도 언급했듯이 음절 문자는 음절 구조가 복잡한 언어에는 사용하기 어렵다. 반면 음소 문자는 그러한 제약이 별로 없다. 결과적으로 인간이 사용하는 문자 중 가장 발달된 형태는 음소 문자라고 할 수 있다.

12.2. 한글의 창제

한글은 1443년(세종 25) 세종에 의해 친히 만들어진 문자이다. 당시에는 백성을 가르치는 바른 소리라는 뜻으로 '훈민정음(訓民正音)'이라고 부르기도 했고 이를 줄여 '정음'이라고 부르기도 했다.[6] 한글의 창제 원리는 1446년(세종 28)에 한문으로 간행된 『훈민정음』이라는 책의 「제자해」에 자세히 설명되어 있다.[7] 이를 통해 한글이 얼마나 과학적이고 독창적인 글자인지를 알 수 있게 되었다.

6 한글을 가리키는 데 가장 널리 쓰인 것은 '언문(諺文)'이었다. '언문'은 문자 창제 직후부터 20세기 전반기까지 거의 500년 동안 쓰인 말이다. '언문'의 '諺'은 중국과 대비시켜 우리 것을 가리킬 때 많이 쓰던 글자이다. '언문'은 중국의 한자를 높이고 우리 문자를 낮추는 의미가 있다고 하여 많은 학자들로부터 비판을 받기도 하였다. 그러나 한글이 처음 만들어졌을 때에 쓰이던 '언문'에는 우리 글자를 특별히 낮추려는 의도가 있었다고 보기 어렵다.

7 『훈민정음』은 두 개의 이본이 남아 있다. 하나는 1940년에 발견되었으며 국보로 지정되어 있다. 안동에서 발견되었기 때문에 '안동본'이라고도 한다. 다른 하나는 2000년대에 발견된 것으로 상주에서 발견되었다고 해서 '상주본'이라고 한다. 상주본은 소유권 분쟁에 휘말리면서 현재 그 소장처가 미상인 상태에 있다. 한편 한문본인 『훈민정음』의 앞부분(예의)을 번역한 것이 『월인석보』를 비롯한 몇몇 책에 포함되어 있다. 한문으로 된 원문을 해례본, 번역한 것을 언해본이라고 부르기도 한다.

참고 1 **한글의 창제자**

한글의 창제자가 누구인지에 대해서 적지 않은 논란이 있는 것처럼 알려져 있다. 그렇지만 한국어학계에서는 세종 친제설 또는 세종이 주도하되 일부 사람들의 협찬을 약간 받았다는 설이 일찍부터 정설로 받아들여져 왔다. 세종은 성운학을 비롯하여 여러 학문에 두루 능했기 때문에 한글을 창제할 만한 역량이 충분했다. 그런데도 역사학계 또는 일반인들은 단지 세종이 왕이었다는 사실만 가지고, 실제로는 집현전 학자들을 비롯한 신하들이 한글을 만들었으며 세종은 명목상의 창제자 노릇만 했다고 보아 왔다. 사실 집현전 학자들 중 고위층은 한글이 창제된 직후 그에 반대하는 상소문을 집단으로 낼 정도로 한글 창제에 비우호적이었다. 적어도 현재까지 확인할 수 있는 사료들을 통해 볼 때에는 한글 창제가 세종의 손에 의해 이루어졌다고 보는 것이 가장 타당하다.[8]

8 다만 한글에 대한 해설서인 『훈민정음』은 집현전의 학자들에 의해 간행되었다. 문자를 창제한 인물과 문헌을 완성한 인물은 구분해야 한다.

12.2.1. 한글 창제의 원리

한글 창제의 가장 기본적인 원리는 상형이다. 즉 사물의 모양을 본떠서 글자를 만든 것이다. 상형의 구체적 내용은 초성을 나타내는 글자(이하 초성자)와 중성을 나타내는 글자(이하 중성자)가 다르다.[9] 그러므로 초성자와 중성자를 구별하여 창제 원리를 살피기로 한다.

9 '종성부용초성(終聲復用初聲)'에서 알 수 있듯이 종성을 나타내는 글자(이하 종성자)는 따로 만들지 않고 초성자를 그대로 사용했으므로 종성자의 창제 원리는 살피지 않는다.

12.2.1.1. 초성자의 창제 원리

초성자는 각 글자가 나타내는 자음들이 발음되는 조음 기관의 모양을 본떠서 그 기본자를 만들었다. 전통적인 성운학에서는 자음의 조음 위치를 '아음(牙音), 설음(舌音), 순음(脣音), 치음(齒音), 후음(喉音)'의 다섯 부류로 나누었는데, 각 부류마다 조음 기관을 상형한 기본자가 하나씩 있게 된다.[10]

10 조음 위치에 따라 구분되는 다섯 음을 흔히 '오음(五音)'이라고 한다. 여기에 반설음(半舌音)과 반치음(半齒音)이 추가되면 '칠음(七音)'이 된다. 반설음과 반치음은 각각 설음, 치음과 조음 위치가 구별되지 않기 때문에 실제로는 5개의 조음 위치가 구분되었다고 할 수 있다.

(2)

	아음	설음	순음	치음	후음
상형 내용	혀뿌리가 목구멍을 막는 모양	혀끝이 윗잇몸에 닿는 모양	입 모양	이 모양	목구멍 모양
기본자	ㄱ	ㄴ	ㅁ	ㅅ	ㅇ

이처럼 초성자를 '상형'의 원리에 바탕을 두고 만든 것은 한글이 세계에서

가장 우수한 문자로 평가받는 데 핵심적인 역할을 한다. 그 어떤 문자도 그것이 나타내는 음의 음성적 조음 과정을 정밀하게 관찰하여 그 모양을 상형한 경우는 존재하지 않는다. 놀랍도록 치밀한 관찰의 결과를 문자의 모양에 녹여 냈다는 점에서 한글은 그 유래를 찾기 어려운 매우 과학적 문자이다.

'상형'의 원리로 기본자를 만든 후에는 각 기본자에 획을 더하는 과정, 즉 가획(加劃)의 과정을 통해 나머지 글자를 만든다. 가획에 의해 만들어진 글자를 흔히 '가획자'라고 부른다. 그런데 글자에 따라 가획의 방식은 약간씩 다르다. (3)에서 보듯 'ㄱ→ㅋ'의 가획과 'ㅁ→ㅂ→ㅍ'의 가획은 그 방식이 동일하지 않다. 특히 'ㅁ'이나 'ㅂ'에 가획하는 방식은 다른 글자와 상당히 이질적이다. 그러나 획을 더한다는 점에서는 모두 동일하다.

(3)

	아음	설음	순음	치음	후음
기본자	ㄱ	ㄴ	ㅁ	ㅅ	ㅇ
가획자	↓ ㅋ	↓ ㄷ ↓ ㅌ	↓ ㅂ ↓ ㅍ	↓ ㅈ ↓ ㅊ	↓ ㆆ ↓ ㅎ

초성자 창제 원리의 우수성은 가획에서도 찾아볼 수 있다. 기본자와 가획자는 모두 조음 기관의 모양을 공유하면서 획의 추가에 따라 구분되고 있다. 그래서 같은 조음 위치에 속하는 음들을 나타내는 글자들은 형태상의 공통점을 지닌다. 즉 글자 모양을 통해 어떠한 조음 위치에서 발음되는지를 곧바로 알 수 있는 것이다.

더욱이 '가획'에는 중요한 음성학적 의미가 담겨 있다. 기본자에 획을 더할수록 소리는 점점 강하게 된다. 'ㄱ'보다는 'ㅋ'이 더 강하고 'ㄴ'보다는 'ㄷ'이 더 강하다. 'ㅁ→ㅂ→ㅍ'으로 갈수록 소리가 더 강해지는 것도 마찬가지이다.[11] 현대 음성학적으로 보면 'ㄴ, ㅁ' 등과 같은 공명음보다는 'ㄷ, ㅂ'과 같은 장애음의 음성학적 강도가 더 크고, 'ㄱ, ㄷ, ㅂ, ㅈ'과 같은 평음보다는 'ㅋ, ㅌ, ㅍ, ㅊ'과 같은 유기음의 음성학적 강도가 더 크다. 그런데 이러한 자음들 사이의 강도 관계가 '가획'이라는 제자 과정에 잘 반영되

11 'ㆆ'을 '여린히읗'이라고 부르는 것도 'ㅎ'에서 획을 뺀 'ㆆ'이 'ㅎ'보다 더 여린 소리이기 때문이다.

어 있는 것이다.

결과적으로 초성자의 경우 각 조음 위치에서 가장 약한 소리를 나타내는 기본자는 조음 기관의 모양을 상형하고 나머지는 여기에 가획을 하여 만들었다. 그리하여 각각의 글자 모양 속에 그 글자가 가리키는 자음의 음성학적 특징은 물론 자음들 사이의 음성적 관계도 고스란히 담기게 되었다. 세계의 언어학자들이 한글을 극찬하는 이유가 바로 여기에 있다. 조음 기관을 본떠서 글자를 만든 것도 대단한데 여기에 획을 더하여 강한 소리를 나타내는 글자들을 만들었다는 것은 실로 엄청난 일이다.[12]

이처럼 초성자는 상형과 가획의 원리에 따라 만들어졌지만 그에 대한 예외도 없지는 않다. 예외에 속하는 글자들은 흔히 이체자(異體字)라고 불리는 'ㆁ, ㄹ, ㅿ'이다. 이 글자들은 공통적으로 가획의 과정을 거쳤지만 가획의 의미, 즉 가획 이전과 비교하여 소리의 세기가 세진다는 내용을 담고 있지 않다는 점에서 예외적이다. 'ㆁ'은 'ㅇ'에, 'ㄹ'은 'ㄷ'에, 'ㅿ'은 'ㅅ'에 획을 더하여 만들었다. 그러나 'ㆁ'과 'ㅇ'은 소리의 세기가 같고, 'ㄹ'이나 'ㅿ'은 오히려 가획 이전과 비교하여 소리가 더 약해졌다.[13] 즉, 표면적으로 가획을 하기는 했지만 가획의 뜻이 전혀 없는 것이다. 게다가 이체자 중 'ㆁ'은 아음이지만 후음의 기본자에 획을 더해 만들었다는 점에서도 예외적인 모습을 보인다.[14]

12 일찌감치 한글에 대해 깊이 있는 연구를 수행한 레드야드(Gari K. Ledyard) 교수는 한글에 대해 '문자학적 사치'라는 표현을 사용한 바 있는데, 이것은 문자에 너무나 많은 과학적 원리가 숨어 있음을 비유적으로 예찬한 것이다.

13 중세 한국어 초성의 세기는 '불청불탁(不淸不濁)'이 가장 약하고 그 다음이 '전청(全淸)'이며 '차청(次淸)'이 가장 강하다. '전탁(全濁)'의 세기는 잘 언급하지 않지만 현대 한국어를 고려하면 '차청'과 거의 같은 세기를 가진다고 할 수 있을 듯하다.

14 『훈민정음』에서는 이러한 예외성이 'ㆁ'와 'ㅇ'의 음성적 유사성에서 비롯되었다고 설명하고 있다.

참고 2 이체자에 대한 해석

한국어 연구의 초창기에는 이체자에 대해 표면적으로 글자의 모양이 다른 글자와 이질적이기 때문에 붙여진 명칭이라고 해석하는 경우도 있었다. 그러나 이것은 '이체자'라는 이름에서 비롯된 편견이다. 이체자 역시 다른 글자와 동일하게 기본적으로는 상형과 가획의 원리에 바탕을 두되 다만 다른 가획자와 달리 획을 더할수록 소리가 더 강해진다는 '가획'의 의미가 없을 뿐이다.

최근에는 이체자에 대한 약간의 다른 주장이 나오기도 했다. 『훈민정음』에서 'ㆁ'에 대한 설명과 'ㅿ, ㄹ'에 대한 설명이 조금 달리 이루어진다는 데 착안하여, 'ㅿ, ㄹ'은 각각 이와 혀의 모양을 상형하지만 그 모양을 'ㅅ, ㄴ'과는 다르게 한 이체자로 보고, 'ㆁ'은 'ㅇ'에 가획을 했지만 가획의 뜻이 없는 예외로 보는 것이다. 그리하여 'ㆁ'은 가획자로 재분류되고 이체자에는 'ㅿ, ㄹ'만 남게 된다. 여기에 따르면 '이체'라는 것은 단순한 '가획'의 예외가 아니라 '가획'과 대등하게 초성자의 제자 원리 중 하나로 다루어진다. 상형을 하더라도 글자의 모양을 달리한 것이 '이체'가 되는 것이다.

한글의 자음자에는 각 자음의 조음 과정이 고스란히 반영되어 있다. 사실 각 글자가 나타내는 음을 소리 낼 때의 조음 기관 모양은 어떤 언어든지 동일하다. 가령 'ㄱ'이 나타내는 음을 발음할 때는 서양인이든 동양인이든 남녀노소를 불문하고 같은 입 모양을 취한다. 그래서 한글을 이용하여 국제 음성 기호를 만들려는 노력도 있었다. 글자의 모양만 보아도 그 글자의 특성을 이해할 수 있으니 한글로 세계 모든 언어의 소리를 표시하는 음성 부호를 만든다면 더 쉽고 편리할 것이라는 생각에서였다.[15] 그만큼 자음을 나타내는 글자들의 창제 방식은 뛰어난 과학적 성찰에 바탕을 두고 있다.

15 실제로 한글과 몇몇 구별 기호를 사용하여 국제 음성 기호를 만든 결과물이 존재한다.

12.2.1.2. **중성자의 창제 원리**

중성자의 창제도 기본적으로는 상형에 바탕을 두고 있다. 그러나 실제 내용을 보면 초성자와는 적지 않은 차이가 나타난다. 그 이유는 크게 두 가지이다. 첫째 이유는 자음과 모음의 조음 방식이 다르다는 점이다. 자음은 발음 기관을 이용해 공기가 입안의 어느 위치에서 방해를 받으면서 발음된다. 그래서 초성자는 자음의 발음 기관을 본떠서 만들 수가 있었다. 반면 모음은 이러한 방해 과정이 없기 때문에 자음처럼 발음 기관을 본떠서 만들기 어렵다.

둘째 이유는 한글 창제 당시의 음운 이론과 관련이 있다. 중국으로부터 받아들인 음운 이론인 성운학은 초성에 대한 설명은 매우 체계적이었지만 중성만을 위한 설명은 존재하지 않았다.[16] 그래서 초성자를 만들 때에는 성운학의 초성에 대한 내용을 많이 참고한 반면 중성자를 만들 때에는 성운학과 무관한 독창적 방법을 사용하게 되었다. 그 결과 중성자의 창제는 초성자와는 다른 모습을 지니게 되었다.

16 성운학에서는 음절을 성모(초성)와 운모(중성+종성)의 둘로 나누고 있어서, 중성을 독자적인 단위로 다루지는 않는다.

중성자는 조음 기관이 아닌 성리학의 삼재(三才)를 상형의 대상으로 삼았다. 삼재는 하늘(天), 땅(地), 사람(人)을 가리킨다. 하늘의 둥긂을 상형하여 '•'를 만들고 땅의 평평함을 상형하여 'ㅡ'를 만들었다. 또한 하늘과 땅 사이에 서 있는 사람의 모양을 상형하여 'ㅣ'를 만들었다. 이 세 글자는 중성자의 기본자에 속하는 것으로 중성자는 성리학적 원리를 바탕으로 하고 있다.

기본자인 '•, ㅡ, ㅣ'를 만든 후에는 이 글자들을 조합하여 초출자인 'ㅗ, ㅏ, ㅜ, ㅓ'를 만들었다. 'ㅗ'와 'ㅜ'는 '•'와 'ㅡ'가 합쳐져 만들어졌다는 점은 동일하지만 '•'의 위치에 따라 구분되고 있다. 'ㅏ'와 'ㅓ'의 차이 역시 동일하다. 초출자 다음으로는 재출자를 만들었다. 재출자는 초출자 앞에 반모음 'ㅣ(j)'가 결합된 이중 모음을 나타낸다. 이러한 음운론적 사실을 고려해도 그렇고 재출자가 사람에서 시작된다는 역학적(力學的) 관점에서 보아도 그렇고, 재출자는 초출자 앞에 사람을 본딴 'ㅣ'가 결합되어야 마땅하다. 그러나 그러지 않고 실제로는 초출자에 '•'를 더하여 'ㅛ, ㅑ, ㅠ, ㅕ'와 같은 모양을 지니게 되었다.

(4)

	제자 방식	글자 종류
기본자	상형	•, ㅡ, ㅣ
초출자	기본자의 합성	ㅗ, ㅏ, ㅜ, ㅓ
재출자	초출자와 '·'의 합성	ㅛ, ㅑ, ㅠ, ㅕ

상형과 가획을 통해 자음의 음성학적 특징과 관계를 잘 드러내 주었던 초성자와 비교하면 중성자는 다소 과학성이 떨어지는 것처럼 보일 수도 있다. 그러나 중성자는 다른 측면에서 초성자가 가지지 못한 과학성을 가진다. 즉 중성자는 '모음 조화'라는 음운 현상에서 동일한 부류로 기능하는 모음들의 관계를 글자 모양에 담아내고 있는 것이다.

중세 한국어 시기에는 혀의 움츠림(舌縮) 정도에 따라 설축(舌縮), 설소축(舌小縮), 설불축(舌不縮)이라는 세 가지 부류의 모음이 구별되었다. '•, ㅗ, ㅏ'는 설축에 속하고 'ㅡ, ㅜ, ㅓ'는 설소축에 속하며 'ㅣ'는 설불축에 속한다. 음양의 이치에 비추어 보면 설축에 속하는 모음들은 양성 모음이고 설소축에 속하는 모음들은 음성 모음이다. 양성 모음과 음성 모음은 모음 조화 현상에서 서로 대립하고 있다.[17] 그런데 이러한 모음들 사이의 관계를 중성자의 모양에 반영하고 있다.

17 중세 한국어의 모음 조화에 대해서는 10.1.3.1에서 자세히 다루고 있다.

(5)

양성 모음		음성 모음	중립 모음
ㆍ ㅗ ㅏ	⇔	ㅡ ㅜ ㅓ	ㅣ

하늘을 본딴 'ㆍ'는 양(陽)의 으뜸이며 땅을 본딴 'ㅡ'는 음(陰)을 대표하므로 'ㆍ'와 'ㅡ'는 음양으로 대립한다. 'ㅗ'는 'ㅡ' 위에 'ㆍ'가 있고 'ㅜ'는 'ㅡ' 밑에 'ㆍ'가 있어 모양상 대칭을 이루는데 이것 역시 음양에서 대립을 형상화한 것이다. 'ㅏ'와 'ㅓ'의 형태 역시 동일한 이치이다. 이처럼 중성자도 모음들의 음운론적 대립 관계를 고려하여 음양의 원리에 따라 체계적으로 만들었으므로 초성자 못지않은 과학성을 담고 있다. 모음들의 특성에 따라 동일한 방식으로 'ㆍ'을 더하고 서로 대립하는 모음들을 글자의 모양에 그대로 반영한 것은 그 어떤 문자에서도 찾을 수 없는 독창적인 방식이다.

12.2.2. 한글의 특성

한글은 창제 원리와는 무관하게 개별 문자로서의 여러 가지 속성을 지니고 있다. 앞서 언급한 것처럼 한글은 기본적으로 음소 문자에 속한다. 개별 글자들은 각각의 음소에 대응한다. 가령 'ㄱ, ㄴ, ㄷ'과 같은 글자들은 하나의 자음을 나타내고 'ㅏ, ㅓ, ㅗ'와 같은 글자들은 하나의 모음을 나타낸다. 이것은 전형적인 음소 문자로서의 속성을 말해 준다.

물론 여기에는 예외도 존재한다. 가령 자음을 나타내는 글자 중 'ㄲ, ㄸ, ㅃ' 등은 두 개의 글자를 합쳐서 경음이라는 한 음소를 나타낸다.[18] 모음을 나타내는 글자 중에는 예외가 좀 더 많이 존재한다. 'ㅑ, ㅕ, ㅛ, ㅠ'와 같이 두 개의 음소로 이루어진 이중 모음을 하나의 글자로 나타내는 예외도 있고, 'ㅐ(ㅏ+ㅣ), ㅔ(ㅓ+ㅣ), ㅚ(ㅗ+ㅣ), ㅟ(ㅜ+ㅣ)'와 같이 두 개의 글자가 합쳐져 하나의 단모음을 나타내는 예외도 있다.[19] 그러나 기본적으로는 하나의 글자가 하나의 음소에 대응하는 것이 원칙이다. 그러므로 한글이 음소 문자라는 사실을 부인하기는 어렵다.

18 'ㄲ, ㄸ, ㅃ' 등은 동일한 두 글자가 결합된 것이기 때문에 한글 기본 자모 24자에도 포함되지 않는다. 여기에 대해서는 9.1.1.2.를 참고할 수 있다.

19 'ㅐ, ㅔ, ㅚ, ㅟ'는 중세 한국어 시기에는 이중 모음이었으므로 그 당시에는 두 개의 음소를 두 개의 글자로 나타내어 예외가 아니었다. 그 이후 'ㅐ, ㅔ, ㅚ, ㅟ'가 단모음으로 바뀌면서 예외가 되었다.

그런데 한글은 음소 문자이면서 동시에 음절 문자적인 속성도 지닌다. 이것은 한글의 모아쓰기와 관련된다. 한글은 음소 문자이면서도 음절 단위로 모아쓰는 방식을 채택하고 있다. 세계의 대다수 음소 문자가 풀어쓰기 방식을 택하는 것과 비교할 때 상당히 특이한 일이다. 한글과 같이 음소 문자이면서도 음절 단위로 모아쓰는 글자로는 몽골의 파스파 문자가 있다.[20]

20 한글과 파스파 문자 사이의 공통점은 이 밖에도 여러 가지가 있는데 한글 창제 과정에서 파스파 문자를 참고했다는 점을 고려할 때 이러한 공통점은 우연한 일치라고 보기는 어려울 것이다.

한글이 음소 문자이면서도 모아쓰기를 채택한 중요한 이유는 한자(漢字) 때문으로 보인다. 한자의 음이 모두 한 음절로 되어 있어 여기에 영향을 받아 한글을 음절 단위로 모아썼다는 것이다. 한글의 창제 목적 중에는 한자음을 바르게 정리하고자 한 것도 있기 때문에 한자의 음에 맞춰 음절 단위로 모아썼을 가능성은 충분히 존재한다.

여기서 한 가지 더 주목할 점은 음절 단위로 모아쓴 형태가 정사각형이라는 사실이다.[21] 정사각형을 만들기 위해서 'ㅏ, ㅑ, ㅓ, ㅕ' 등과 같이 세로꼴 중성자는 초성자의 오른쪽에 붙여 썼고 'ㅗ, ㅛ, ㅜ, ㅠ' 등과 같은 가로꼴 중성자들은 초성자의 아래에 붙여 썼다. 만약 세로꼴 중성자를 초성자의 아래에 붙여 쓰든지 가로꼴 중성자를 초성자의 오른쪽에 붙여 쓴다면 결코 정사각형이 나오지 않는다. 이처럼 음절 단위로 모아 쓴 형태가 정사각형이라는 것도 한자의 형태가 정사각형에 가깝다는 사실과 무관하지 않을 것이다.

21 파스파 문자는 음절 단위로 모아 써도 그 형태가 정사각형이 아니라 세로로 긴 직사각형이다.

음소 문자임에도 불구하고 음절 단위로 모아씀으로써 얻는 가장 큰 장점은 독서의 효율성을 들 수 있다. 음절 단위로 받아들임으로써 여러 개의 음소를 한꺼번에 인식할 수 있기 때문에 독서의 속도가 빨라지는 것은 분명하다. '책을 빨리 읽는다'를 'ㅊㅐㄱㅇㅡㄹ ㅃㅏㄹㄹㅣ ㅇㅣㄹㄱㄴㅡㄴㄷㅏ'와 같이 풀어쓰면 읽는 속도가 상당히 느려진다.

참고 3 한글 모아쓰기에 대하여

지금은 한글 모아쓰기에 대해 어떠한 이견도 없지만 예전에는 한글 모아쓰기 대신 풀어쓰기를 심각하게 고민한 적이 있었다. 그 시작은 주시경에게서 찾아볼 수 있다. 당시 유행하던 세로쓰기를 가로쓰기로 고칠 것을 주장하면서 가로쓰기에서는 모아쓰기보다 풀어쓰기가 더 타당하다고 본 것이다. 특히 가로로 풀어쓰면 글자를 쓰는 속도가 빠르고 읽기도 쉬우며 무엇보다 인쇄에 필요한 활자의 수가 줄어들어 인쇄에 큰 도움이 된다고 하였다.

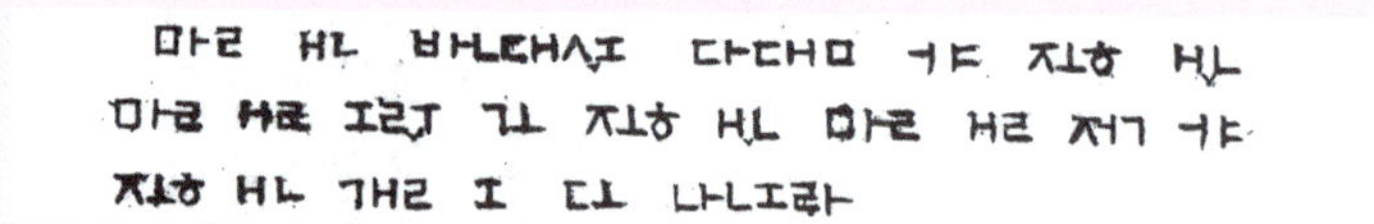

[그림] 『말의 소리』(주시경 저) 중 「우리글의 가로쓰기 익힘」의 일부

여기에 타자기 사용의 문제도 끼어들었다. 그 당시 타자기는 인쇄술의 혁명이라고 할 수 있었는데 그때 보급되던 타자기는 로마자의 경우와 같이 풀어쓰기 방식에 적합하게 되어 있었다. 한글 모아쓰기를 고수하는 한 기존 타자기를 개량할 수밖에 없는데 이 과정이 매우 복잡했던 것이다. 그래서 한글 모아쓰기가 기술 발전에 걸림돌이 된다고 비난받기도 했다.

결국 1954년에 열린 국어 심의회에서는 이 문제를 표결에 붙여 한글을 풀어쓰는 쪽으로 의견을 모았다. 물론 이 안은 최종적으로 공포되지 못하고 묻혀 버렸지만 자칫 잘못했으면 한글 풀어쓰기가 정착될 뻔하였다. 한글 풀어쓰기가 시행됨으로써 야기될 혼란, 그리고 후손들이 모아쓰기로 된 자료들을 해석할 때의 어려움 등을 생각하면 풀어쓰기 주장이 시행되지 못한 것은 다행스러운 일이다.

당시에 기술 발전에 장애가 된다고 하던 한글 모아쓰기는 과학 기술의 발달과 컴퓨터의 등장으로 모두 극복되었다. 만약 당시의 순간적인 편의만을 생각하고 한글 풀어쓰기를 시행했더라면 두고두고 후회할 결과를 초래했을지도 모른다. 이를 두고 어떤 학자는 기계화를 위해 한글 풀어쓰기를 주장하는 것은 구두가 발에 맞지 않는다고 해서 발을 수술하는 것과 같은 불합리한 일이라고 말한 적도 있다.

한글은 자질 문자적인 특성도 지닌다. 자질 문자(featural system)라는 개념은 나온 지 그리 오래되지 않는다.[22] 자질 문자의 '자질(feature)'은 현대 언어학의 변별적 자질을 가리킨다. 변별적 자질은 음소를 이루는 음성학적 특징을 바탕으로 한다. 자질 문자란 이러한 변별적 자질의 특성을 글자에 반영한 것인데 여기에 속할 수 있는 문자는 한글밖에는 없다. 한글은 가령 'ㄴ→ㄷ, ㅁ→ㅂ'으로의 가획을 통해 '[-공명성]'이라는 변별적 자질을, 'ㄱ→ㅋ, ㄷ→ㅌ, ㅂ→ㅍ'으로의 가획을 통해 '[+유기성]'이라는 변별적

22 한글이 자질 문자적인 특성을 지닌다는 사실은 1960년대부터 지적되었지만 1985년에 나온 샘슨(Geoffrey Sampson)의 『Writing Systems』에서 '자질 문자'에 대해 독립된 장을 할애하여 한글을 설명하면서 많은 주목을 받게 되었다.

자질을 나타낸다고 볼 수 있다. 모음의 경우에도 모음 조화와 관련된 변별적 자질이 글자 모양에 들어 있다.

이전까지 한글과 함께 음소 문자로 분류되었던 다른 문자들은 음소보다 작은 음성적 특징은 전혀 나타내지 못하였다. 단지 각 글자들이 음소들을 개별적으로 나타내는 데 불과했다. 반면 한글은 자음이나 모음의 음성적 자질을 글자 모양에 반영하고 있다. 이처럼 한글의 각 글자에는 음소보다 작은 음성적 특징까지 들어 있기 때문에 음소 문자에서 한 단계 더 나아간 자질 문자라고 평가받고 있는 것이다.

이상에서 본 바와 같이 한글은 문자의 다양한 속성을 가지고 있다. 기본적으로는 음소 문자이지만 그것을 운용할 때는 음절 단위로 모아 쓴다는 점에서 음절 문자의 성격을 지닌다. 또한 창제 과정에서 음성적 특징을 고려했다는 점에서는 자질 문자의 속성도 가진다고 할 수 있다. 이를 두고 쿨마스(Florian Coulmas)는 한글이 자질 문자적 특징 때문에 배우기가 쉽고 음절 문자적인 특징 때문에 읽고 이해하는 데 편리하다고 평가하기도 했다.

12.2.3. 한글 자모의 명칭

자음자

한글을 처음 만들었을 때 자음자의 명칭을 어떻게 정했는지 명확히 알지는 못한다. 그런데 『훈민정음』을 언해한 책에 나오는 기록을 통해 대략적인 형태를 추측할 수는 있다.

(6) ㄱᄂᆞᆫ 엄쏘리니… ㄴᄂᆞᆫ 혀쏘리니…

(6)에서 'ㄱ, ㄴ'과 같은 글자 뒤에 결합하는 조사를 보면 'ᄂᆞᆫ'이 쓰이고 있다. 만약 'ㄱ, ㄴ'을 지금과 같이 '기역, 니은'이라고 읽었다면 그 뒤에는 조사가 'ᄂᆞᆫ' 대신 'ᄋᆞᆫ/은'이 와야 한다. 'ᄂᆞᆫ'이 쓰였다는 것은 'ㄱ, ㄴ'을 모음으로 끝나는 형태로 읽었다는 것이며 현재의 '기역, 니은'과 같은 명칭에서 첫 음절이 '기, 니'임을 감안하면 (6)의 'ㄱ, ㄴ'은 '기, 니'로 읽었을 가능성

이 높다. 즉 모든 자음자들은 '자음+ㅣ'의 구조로 된 명칭을 가졌던 것이다. 물론 이것은 어디까지나 추정일 뿐 실제 기록으로 확인하지는 못한다.

자음자의 명칭이 구체적으로 나오는 최초의 문헌은 최세진이 쓴 『훈몽자회』(1527년)이다. 『훈몽자회』는 한자 학습서로서 3,360자의 한자에 한글로 그 음과 뜻을 달아 두었다. 한글을 알아야만 책의 내용을 이해할 수 있으므로 책의 앞에 있는 범례를 두었는데 여기에 글자들의 명칭이 나오고 있다.

(7) 가. 初聲終聲通用八字 ㄱ(其役) ㄴ(尼隱) ㄷ(池末) ㄹ(梨乙) ㅁ(眉音) ㅂ(非邑) ㅅ(時衣) ㆁ(異凝)
나. 初聲獨用八字 ㅋ(箕) ㅌ(治) ㅍ(皮) ㅈ(之) ㅊ(齒) ㅿ(而) ㅇ(伊) ㅎ(屎)

(7)에서 볼 수 있듯이 『훈몽자회』에서는 각 자음자들이 어떤 음으로 읽히는지를 한자의 음을 빌려서 표시해 주고자 했다.[23] 그런데 자음자 중 일부는 초성과 종성 모두에 표기되지만 나머지는 초성으로만 쓰인다. 초성과 종성에 두루 쓰이는 글자는 초성으로 쓰일 때와 종성으로 쓰일 때를 모두 보이기 위해 (7가)와 같이 2음절로 나타내고, 초성으로만 쓰이는 것은 (7나)와 같이 1음절로 나타낸다.[24]

23 예외적인 경우에는 한자의 뜻을 빌리기도 했는데 '◯'로 표시된 글자들이 그러하다. 여기에 대해서는 뒤에서 다시 서술한다.

24 여기서 알 수 있듯이 글자들의 명칭은 원래는 각 글자가 어떤 음을 나타내는지를 보이기 위한 '표지'였는데 이것이 나중에 명칭으로 굳어졌다.

종성으로 쓰이지 않는 글자들은 종성에서 어떤 음으로 쓰이는지 보일 필요가 없었다는 점에서 글자의 쓰임에 따라 그 명칭의 음절 수를 달리하는 것은 그 나름대로의 타당성이 있다. 그러나 명칭의 일관성 측면에서 본다면 그리 효율적이라고 볼 수 없다. 더욱이 종성 표기 양상은 이후 계속 바뀌었기 때문에 이에 맞추어 글자 명칭을 수정할 필요성도 제기될 수밖에 없었다. 그리하여 자음자의 명칭을 새롭게 정하려는 시도가 20세기 들어와서 활발해졌다.

(8) 가. 「신정국문」(1905년): ㄱ(기윽), ㄴ(니은), ㄷ(디읃), ㄹ(리을), ㅁ(미음), ㅂ(비읍), ㅅ(시읏), ㅇ(이응), ㅈ(지), ㅊ(치), ㅋ(키), ㅌ(티), ㅍ(피), ㅎ(히)

나. 『대한문전』(1909년): ㄱ(극), ㄴ(는), ㄷ(듣), ㄹ(를), ㅁ(믐), ㅂ(븝), ㅅ(슷), ㅇ(응), ㅈ(즈), ㅊ(츠), ㅋ(크), ㅌ(트), ㅍ(프), ㅎ(흐)

다. 『조선말본』(1916년): ㄱ(기윽), ㄴ(니은), ㄷ(디읃), ㄹ(리을), ㅁ(미음), ㅂ(비읍), ㅅ(시읏), ㅇ(이응), ㅈ(지읒), ㅊ(치읓), ㅋ(키읔), ㅌ(티읕), ㅍ(피읖), ㅎ(히읗)[25]

라. 『조선어문경위』(1923년): ㄱ(그윽), ㄴ(느은), ㄷ(드읃), ㄹ(르을), ㅁ(므음), ㅂ(브읍), ㅅ(스읏), ㅇ(으응), ㅈ(즈읒), ㅊ(츠읓), ㅋ(크읔), ㅌ(트읕), ㅍ(프읖), ㅎ(흐읗)

마. 「언문철자법」(1930년): ㄱ(기역), ㄴ(니은), ㄷ(디귿), ㄹ(리을), ㅁ(미음), ㅂ(비읍), ㅅ(시옷), ㅇ(이응), ㅈ(지읒), ㅊ(치읓), ㅋ(키읔), ㅌ(티읕), ㅍ(피읖), ㅎ(히읏)

25 김두봉의 『조선말본』에는 원래 'ㄱ, ㄴ, ㄷ, ㄹ, ㅁ, ㅂ, ㅅ, ㅇ, ㅈ, ㅎ'의 명칭만 나오고 'ㅊ, ㅋ, ㅌ, ㅍ'의 명칭이 나오지 않는다. 그런데 최현배(1929: 33)에 따르면 김두봉은 'ㅊ, ㅋ, ㅌ, ㅍ'의 형태를 (8다)에 제시된 것처럼 정했다고 한다. (8다)는 북한의 방식과 동일하다.

(8)은 현재와 같은 명칭이 정해지기 이전에 나온 여러 가지 안들이다. (8가)는 『훈몽자회』의 형태와 비슷하되 다만 'ㄱ, ㄷ'의 둘째 음절 형태를 '윽, 읃'으로 바꾸었다.[26] (8나)는 모든 글자의 형태를 1음절로 통일하되 초성과 종성에 모두 쓰이는 글자와 초성으로만 쓰이는 글자의 명칭을 구분하고 있다.[27] (8다)는 모든 글자들의 명칭을 2음절로 하고 그 형태도 통일한 방식이다. (8라)는 (8다)와 취지는 동일하지만 1음절 모음을 'ㅡ'로 하고 있다는 점에서 차이가 있다. (8마)는 현재의 방식과 가장 비슷하다. 다만 'ㅋ'과 'ㅎ'의 명칭을 '키읔'과 '히읏'으로 하고 있을 뿐이다.

26 'ㄱ, ㄷ'의 명칭을 '기윽, 디읃'으로 한 것은 강위(姜瑋)의 『동문자모분해(東文字母分解)』에 나오는 안을 따른 것이라고 한다.

27 글자의 명칭을 1음절로 하는 방식은 주시경도 채택한 것으로 알려져 있는데 그 형태는 '그, 느, 드, 르' 등과 같이 '자음+ㅡ'로 통일되어 있다.

(9)

ㄱ(기역) ㄴ(니은) ㄷ(디귿) ㄹ(리을) ㅁ(미음) ㅂ(비읍) ㅅ(시옷) ㅇ(이응) ㅈ(지읒) ㅊ(치읓) ㅋ(키읔) ㅌ(티읕) ㅍ(피읖) ㅎ(히읗)

현재 통용되는 글자의 명칭은 (9)와 같다. 이것은 1933년 「한글맞춤법통일안」에서 마련된 것이다. (9)는 (8마)와 비슷하기 때문에 (8마)를 수용한 것으로 설명하기도 하지만 실제로는 그 이전에 간행된 최현배의 『우리말본 첫재매』(1929년)에 나오고 있다.

이상의 내용을 통해 자음자의 명칭이 지니는 특징을 알 수 있다. 우선 자음자가 모두 2음절로 된 것은 글자들이 초성으로 쓰일 때와 종성으로 쓰일 때의 용법을 모두 보이기 위함이다. 자음자 명칭 중 첫 음절은 해당 자음자가 초성으로 쓰일 때의 모습을 보이고 둘째 음절은 그 자음자가 종성으로 쓰일 때의 모습을 보인다. 따라서 첫 음절의 초성과 둘째 음절의 종성이 일치해야 하는 것은 필연적인 결과이다.

또한 자음자의 명칭을 보면 첫 음절 중성은 'ㅣ'이고 둘째 음절 중성은 대체로 'ㅡ'이다. 음절에 따라 중성의 모음이 달라진 이유는 명확히 알지 못하지만 이러한 경향성이 매우 높다는 것은 부인할 수 없다. 또한 첫 음절은 초성으로의 용법을 보여 주므로 종성 자리는 비어 있고, 둘째 음절은 종성으로의 용법을 보여 주므로 초성 자리가 비게 된다. 이러한 원칙에서 어긋나는 것은 'ㄱ, ㄷ, ㅅ'의 세 글자이다.

'ㄱ, ㄷ, ㅅ'은 원래대로라면 '기윽, 디읃, 시읏'이 되어야 하지만 '기역, 디귿, 시옷'이다. 이러한 형태는 (7)에서 보듯 이미 『훈몽자회』가 간행된 시기부터 나타나던 것이다. 'ㄱ, ㄷ, ㅅ'이 예외가 된 것은 새로운 글자들의 명칭을 한자(漢字)로 적을 수밖에 없었던 사정과 관련된다. 새로 만든 한글의 명칭을 한글로 적어 둔다면 한글을 모르는 사람은 읽을 수가 없게 된다. 가령 'ㄴ'을 '니은'이라고 적으면 한글을 모르는 사람에게는 아무런 소용이 없는 것이다. 그러므로 새로 만든 한글의 명칭은 당시 사람들이 읽을 수 있는 글자, 즉 한자로 적을 수밖에 없다. 한자에는 음과 훈이 있는데 아무래도 글자들의 명칭을 표시하는 데에는 음이 유리하다. 한자의 음은 1음절로 고정되어 있고 종류도 다양하여 자음자들의 쓰임을 효과적으로 나타내 줄 수 있었다.

'ㄱ, ㄷ, ㅅ'을 제외한 글자들은 'ㄴ'을 '尼隱', 'ㄹ'을 '梨乙'로 적는 데서 보듯 별다른 문제가 없다. 'ㄱ, ㄷ, ㅅ'의 경우도 첫째 음절은 예외가 아니다. 'ㄱ'의 '기'는 '其', 'ㄷ'의 '디'는 '池', 'ㅅ'의 '시'는 '時'로 적을 수 있다.[28] 그런데 둘째 음절의 경우에는 사정이 다르다. 'ㄱ'의 경우 둘째 음절인 '윽'을 적을 한자가 없다. 당시 한자음 중에는 '윽'이 없었던 것이다. 그래서 차선책으로 종성이 'ㄱ'인 다른 한자 중 '役(역)'을 채택함으로써 '기

28 '池'는 원래 음이 '디'였으며 여기에 구개음화가 적용되어 '지'가 되었다. 구개음화는 근대 한국어 시기에 일어난 변화이므로 그 이전에는 '디'와 같은 한자음이 널리 쓰였다.

역(其役)'이 되고 말았다.

'ㄷ'이나 'ㅅ'은 사정이 좀 더 복잡하다. 당시에는 'ㄷ'이나 'ㅅ'으로 끝나는 한자음 자체가 존재하지 않았다. 따라서 'ㄷ, ㅅ'의 둘째 음절은 한자의 음을 빌려서는 표시할 수 없다. 그 대신 'ㄷ, ㅅ'의 둘째 음절은 한자의 훈을 빌려 표시하게 되었다. 'ㄷ'의 경우 '末'의 훈인 '귿'을, 'ㅅ'의 경우 '衣'의 훈인 '옷'을 가져왔다.[29] 그래서 'ㄷ, ㅅ'은 각각 '디귿'과 '시옷'이라는 형태를 지니게 되었다.

29 현대 한국어에서 '末'의 훈은 '끝'이지만 예전에는 '귿'이었다. 그런데 중세 한국어 시기에는 종성에 'ㅌ'을 표기하지 않았기 때문에 '귿'과 같은 형태는 '귿'으로 표기된다. '디귿'의 둘째 음절이 '끝'이 아닌 '귿'이 된 데에는 이러한 사정이 숨어 있다.

참고 4 'ㅈ, ㅊ, ㅋ, ㅌ, ㅍ, ㅎ'의 명칭과 표준 발음

역사적으로 자음자의 명칭은 한자의 음을 빌리되 그것이 어려울 때에는 한자의 훈을 빌려 나타내었다. 그렇다고 할 때 'ㅈ, ㅊ, ㅋ, ㅌ, ㅍ, ㅎ'의 둘째 음절을 각각 '읒, 읓, 읔, 읕, 읖, 읗'으로 정한 것은 별도의 해명이 필요하다. '읒, 읓, 읔, 읕, 읖, 읗'과 같은 형태는 한자의 음이든 훈이든 찾아볼 수 없는 것이다. (7나)에서도 볼 수 있듯이 이 글자들은 원래 종성으로는 쓰이지 않았으므로 처음에는 글자 명칭이 1음절이었다. 이 글자들의 명칭이 2음절로 바뀐 것은 1933년에 와서의 일이다. 이미 한글이 널리 보급된 상황에서 글자 명칭을 고치는 데 굳이 한자의 음이나 훈을 빌릴 필요는 없다. 그래서 다른 글자의 경우를 고려하여 통일된 원칙을 적용한 결과 '읒, 읓, 읔, 읕, 읖, 읗'과 같은 형태로 정하게 되었다.

다만 이러한 조치는 이후 새로운 문제를 낳게 되었다. 즉 '지읒이, 키읔이, 피읖이, 히읗이' 등과 같이 'ㅈ, ㅊ, ㅋ, ㅌ, ㅍ, ㅎ' 뒤에 모음으로 시작하는 조사를 결합시킬 때 어떻게 발음해야 하는지에 대한 의문이 생긴 것이다. '지읒이, 키읔이, 피읖이, 히읗이'와 같은 경우 원칙대로 연음을 해야 하는지 아니면 다르게 발음해야 하는지가 분명하지 않았다. 당시 조선어학회에서 간행하던 학술지 『한글』 6권 6호와 7권 8호의 '물음과 대답'에는 이와 관련된 물음이 올라온 적이 있다. 여기에 대해 학회 편집실에는 연음을 시켜 발음하라고 답변했다. 그러나 현재의 표준 발음법에서는 '지읒이[지으시], 키읔이[키으기], 피읖이[피으비], 히읗이[히으시]'로 발음하게끔 정함으로써 연음의 예외로 처리하고 있다.

모음자

자음자와 달리 모음자는 모두 1음절로 되어 있다. 이것은 모음이 중성으로만 쓰이기 때문이다. 중성으로 쓰이는 것을 한 번만 보여 주면 되므로 모음자는 1음절로도 충분하다. 『훈몽자회』에는 모음자의 명칭이 다음과 같이 제시되어 있다.

(10) 中聲獨用十一字　ㅏ(阿) ㅑ(也) ㅓ(於) ㅕ(余) ㅗ(吾) ㅛ(要) ㅜ(牛) ㅠ(由) ㅡ(應) ㅣ(伊) ·(思)

(10)에서 보듯 모음자 역시 기본적으로 한자의 음을 통해 그 명칭을 표시하였다. 다만 'ㅡ'의 경우 '으'라는 한자음이 없기 때문에 '應'을 가져다 쓰고 대신 '應'의 종성은 빼고 읽으라는 주석을 달아 두었다. '·'의 경우도 'ᄋᆞ'라는 한자음이 없으므로 '思(ᄉᆞ)'에서 초성을 빼고 읽도록 했다.[30]

30 'ㅡ(應)'에는 '不用終聲(종성을 사용하지 않는다)', '·(思)'에는 '不用初聲(초성을 사용하지 않는다)'라는 주석이 붙어 있다.

12.2.4. 한글 자모의 배열 순서

자음자

한글 자음자들이 오늘날과 같이 'ㄱ, ㄴ, ㄷ, …, ㅎ'의 순서로 굳어지기까지는 여러 단계의 변화를 거쳤다. 자음자들의 변천을 알 수 있게 해 주는 책으로는 『훈민정음』(1446년), 『훈몽자회』(1527년), 『삼운성휘』(1751년), 『언음첩고』(1846년) 등을 들 수 있다. 이 책들에 제시된 자음자들의 순서는 다음과 같다.[31]

31 편의상 현재 쓰이는 자음 14자만 논의 대상으로 삼도록 한다.

(11) 가. 『훈민정음』: ㄱ ㅋ ㆁ ㄷ ㅌ ㄴ ㅂ ㅍ ㅁ ㅈ ㅊ ㅅ ㅎ ㄹ
　　나. 『훈몽자회』: ㄱ ㄴ ㄷ ㄹ ㅁ ㅂ ㅅ ㆁ ㅋ ㅌ ㅍ ㅈ ㅊ ㅎ
　　다. 『삼운성휘』: ㄱ ㄴ ㄷ ㄹ ㅁ ㅂ ㅅ ㆁ ㅈ ㅊ ㅌ ㅋ ㅍ ㅎ
　　라. 『언음첩고』: ㄱ ㄴ ㄷ ㄹ ㅁ ㅂ ㅅ ㅇ ㅈ ㅊ ㅋ ㅌ ㅍ ㅎ

(11가)의 배열 순서는 성운학의 분류 방식과 밀접한 관련이 있다. 당시의 성운학은 초성들을 조음 위치에 따라 '아음(牙音), 설음(舌音), 순음(脣音), 치음(齒音), 후음(喉音), 반설음(半舌音), 반치음(半齒音)'의 순서로, 조음 방식에 따라서는 '전청(全淸), 차청(次淸), 전탁(全濁), 불청불탁(不淸不濁)'의 순서로 분류하였다. 『훈민정음』에서는 이 순서에 따라 자음을 분류하였다. 그래서 아음인 'ㄱ, ㅋ, ㆁ'을 '전청, 차청, 불청불탁'의 순서로 배열하고 그 뒤 설음, 순음, 치음, 후음 등도 같은 방식으로 배열하였다.[32] 다만 치음을 'ㅈ, ㅊ, ㅅ'의 순서로 배열한 것은 특이하다. 'ㅅ'은 'ㅈ'과 함께 '전청'에

32 성운학에 근거한 중세 한국어의 초성 체계는 10.1.1.1.을 참고할 수 있다.

속하며 글자를 만들 때에는 치음의 기본자로서 가장 앞에 놓였다. 그러므로 'ㅅ'은 'ㅈ' 앞에 와야 하는데 오히려 'ㅊ'보다도 뒤에 배열되어 있다. 이것 역시 전통적인 성운학에서 'ㅈ, ㅊ'에 해당하는 파찰음을 'ㅅ'에 해당하는 마찰음보다 먼저 배열한 데에서 그 원인을 찾을 수 있을 듯하다.

(11나)에서는 자음자의 순서가 현대 한국어와 상당히 유사해졌음을 알 수 있다. 오늘날의 자음자 배열은 큰 뼈대가 (11나)에서 비롯되었다고 해도 과언이 아니다. 『훈몽자회』에서는 자음자를 배열할 때 초성과 종성에 두루 쓰이는 'ㄱ, ㄴ, ㄷ, ㄹ, ㅁ, ㅂ, ㅅ, ㆁ'을 앞에 두고 초성에만 쓰이는 'ㅋ, ㅌ, ㅍ, ㅈ, ㅊ, ㅎ'은 그 뒤에 두었다. 또한 초성과 종성에 모두 쓰이는 글자들은 성운학의 조음 위치를 고려하여 '아(牙)→설(舌)→순(脣)→치(齒)→후(喉)'의 순서를 따랐으며 조음 위치가 같은 경우에는 기본자를 먼저 배열하고 가획자는 나중에 배열하였다. 초성으로만 쓰이는 글자들도 동일한 원리에 따라 배열하였다.

(12)

초성종성통용(初聲終聲通用)					초성독용(初聲獨用)				
아음	설음	순음	치음	후음	아음	설음	순음	치음	후음
ㄱ	ㄴ, ㄷ, ㄹ	ㅁ, ㅂ	ㅅ	ㆁ	ㅋ	ㅌ	ㅍ	ㅈ, ㅊ	ㅎ

이 중 'ㆁ'은 원래 아음인데도 후음으로 분류하여 초성과 종성으로 통용되는 글자들의 맨 마지막에 배열한 것이 특이하다. 이것은 'ㆁ'과 'ㅇ'의 음이 이미 15세기부터 혼란스러웠다고 기록되어 있다는 점, 'ㆁ'이 후음의 기본자인 'ㅇ'에 가획을 해서 만들었다는 점, 'ㅇ'과 'ㆁ'이 자형상 비슷하다는 점 등과 관련된다.

(11다)는 (11나)와 비교할 때 두 가지 차이가 있다. 치음인 'ㅈ, ㅊ'의 위치가 현재와 같이 앞으로 이동했고, 'ㅋ'과 'ㅌ'의 순서가 뒤바뀌었다. 'ㅈ, ㅊ'의 순서가 바뀐 것은 'ㅈ'과 관련될 가능성이 크다. 초성으로만 쓰이는 글자들 중 'ㅈ'을 제외한 나머지는 모두 차청에 속하고 'ㅈ'만 전청에 속한다. 그래서 'ㅈ'을 다른 차청자들보다 앞에 두었고, 'ㅊ'은 'ㅈ'과 함께 치

음에 속하므로 'ㅈ' 뒤에 놓은 결과 (11다)와 같은 순서가 된 것이다. 반면 'ㅋ'과 'ㅌ'의 순서가 뒤바뀐 것은 명확한 이유를 알기 어렵다.

(11라)는 (11다)에서 'ㅋ'과 'ㅌ'만 '아음 → 설음'의 순서에 따라 되돌려 놓았다. 다른 기준에 비추어 볼 때 'ㅋ'과 'ㅌ'은 조음 위치의 순서대로 'ㅋ'이 'ㅌ'보다 앞에 오는 것이 타당하므로 올바른 수정이 이루어졌다. 이 방식은 이후 특별한 변화 없이 현재까지 이르고 있다.

모음자

자음자와 마찬가지로 모음자의 배열 순서 역시 『훈민정음』에서 비롯되었고 『훈몽자회』에서 큰 변화를 겪는다.

(13) 가. 『훈민정음』: ㆍ ㅡ ㅣ ㅗ ㅏ ㅜ ㅓ ㅛ ㅑ ㅠ ㅕ

나. 『훈몽자회』: ㅏ ㅑ ㅓ ㅕ ㅗ ㅛ ㅜ ㅠ ㅡ ㅣ ㆍ

(13가)의 방식은 글자의 창제 순서와 관련이 있다. 만물의 으뜸인 삼재(三才)를 상형한 기본자가 앞에 놓이되 그중에서도 삼재의 시초인 하늘을 본뜬 'ㆍ'가 가장 앞에 나온다. 그 뒤를 이어 땅과 사람을 본뜬 'ㅡ, ㅣ'가 배열된다. 초출자는 양(陽)의 성질을 가지는 'ㅗ, ㅏ'가 음(陰)의 성질을 가지는 'ㅜ, ㅓ'보다 앞에 놓인다. 'ㅗ'와 'ㅜ'가 각각 'ㅏ'와 'ㅓ'보다 앞서는 것은 하늘(ㆍ)과 땅(ㅡ)이 결합된 것을 하늘(ㆍ)과 사람(ㅣ)이 결합된 것보다 우선하기 때문이다. 재출자는 초출자의 배열 순서와 동일한 원리에 따라 배열한다.

그런데 (13나)에 오면 모음자의 배열 순서는 큰 변화를 겪는다. 그 이전에 앞에 놓였던 기본자들은 뒤에 배열되었으며 그 순서도 'ㅡ → ㅣ → ㆍ'로 되어 있어 이전과는 전혀 다르다. (13가)에서 초출자가 재출자보다 앞서던 방식 역시 (13나)에서는 완전히 달라졌다. (13나)는 오늘날의 방식과 동일한데, (13가)에서 (13나)로 바뀐 이유는 아직 정확히 알지 못한다. 모음을 발음할 때의 입의 벌어짐, 즉 개구도의 순서대로 배열한 것이라는 설명이 있기는 하지만 이것만으로 (13나)의 배열 순서를 모두 설명할 수는 없다. 전통적인 성운학에서는 입술 모양에 따라 평순에 해당하는 개구(開口)와 합구(合口)를 구분한다. 이것을 고려하면 (13나)에서 개구에 해당하는 모음(ㅏ, ㅑ, ㅓ, ㅕ)을 합구에 해당하는 모음(ㅗ, ㅛ, ㅜ, ㅠ)보다 앞에 배열했음을 알 수 있다. 또한 개구와 합구 내에서는 양성 모음을 음성 모음보다 앞에, 초출자를 재출자보다 앞에 놓았다. 그렇지만 기본자인 'ㆍ, ㅡ, ㅣ'가 'ㅡ, ㅣ, ㆍ'의 순서로 맨 뒤에 놓인 이유는 명확히 알기 어렵다.

12.3. 차자 표기

12.3.1. 차자 표기의 원리

차자 표기란 다른 문자를 빌려서 한국어를 표기하는 방식을 가리킨다. 주로 중국의 한자를 이용하게 되는데 이러한 차자 표기의 전통은 매우 오래되었을 것으로 추정되고 있다. 차자 표기는 처음에는 인명, 지명, 관직명 등과 같은 고유 명사를 표기하는 제한된 쓰임만을 가지다가 이후 차차 발달하여 한국어 문장을 표기하는 단계로까지 나아가게 된다.

한자를 통한 차자 표기는 음차(音借)와 훈차(訓借)라는 두 가지 방식으로 구체화된다. 음차는 말 그대로 한자의 음을 가져와 한국어를 표기하는 것이다. 예를 들어 13세기 자료인 『향약구급방』에는 '나ᄆᆞᆯ(鉛)'을 '那勿'로 표기하고 있는데 이것은 전형적인 음차의 예이다. 같은 책에서 '다리ᄇᆞ리(熨, >다리우리)'를 '多里甫里'로 적은 것도 음차에 해당한다. 한자의 음을 가지고 다른 언어를 표기하는 방식은 중국 내에서도 이전부터 있었다.[33] 음차는 차자 표기에서 가장 일반적으로 이용되는 방법이다.

33 이것을 흔히 '가차(假借)'라고 부른다. 중국어로 '이탈리아'를 '伊太利'라고 하는 것 등이 가차의 사례에 속한다.

이에 비해 훈차는 우리나라의 독특한 것이라고 할 수 있다. 한자에는 음과 더불어 뜻도 들어 있는데 이러한 뜻을 빌려 한국어를 표기하는 방식이 훈차이다. 가령 『향약구급방』에는 중세 한국어의 '쇠귀ᄂᆞᄆᆞᆯ'에 대해 '牛耳菜'로 적었는데 이는 '牛(쇼), 耳(귀), 菜(ᄂᆞᄆᆞᆯ)'의 훈을 빌려 표기한 결과이다. 이러한 훈차는 현대에도 활발히 활용되고 있다. 가령 '광주(光州)'를

34 '빛고을'은 예전부터 있어 온 고유 지명이 아니고 현대에 와서 인위적으로 훈차의 방식을 동원해 만든 것이다.

35 '介伊日伊'에서 둘째 음절의 '伊'는 그 앞의 '介(개)'의 말음인 반모음 'j'를 나타내고 있다.

36 '크다, 많다'의 의미로 예전에는 '하-'라는 용언이 존재했다.

37 엄밀하게 말하면 이런 경우 해당 한자 표기가 차자 표기인지 아닌지조차 알기 어렵다.

'빛고을'이라고 하는 것은 훈차의 방식을 활용한 새로운 명명이다.[34]

단어에 따라서는 음차와 훈차를 뒤섞어서 표기하는 경우도 있다. 『향약구급방』에는 '녹각(鹿角)'을 '沙蔘矣角'으로 표기하고 있다. '沙蔘矣角'은 '사ᄉᆞ미쁠'을 차자 표기로 적은 것으로, '沙, 蔘, 矣'는 음차에 해당하고 '角'은 훈차에 해당한다. 『향약집성방』(1433년)에서는 '개나리'를 '介伊日伊'로 적고 있는데, '介'와 '伊'는 음차, '日'은 훈차를 한 것이다.[35]

여기서 알 수 있듯이 차자 표기 자료를 정확히 해독하기 위해서는 해당 표기가 음차인지 훈차인지를 명확히 구분해야 한다. 음차에 의한 것은 음독(音讀)을 해야 하고 훈차에 의한 것은 훈독(訓讀)을 해야 한다. 그런데 이 작업이 그리 만만하지 않다. 차자 표기에 대응하는 다른 표기가 있어서 서로 비교가 가능하면 용이하다. 앞서 제시한 차자 표기 자료들은 모두 후대에 존재하는 고유어 어형과 비교함으로써 음차 또는 훈차의 구분이 가능했다.

때로는 동일한 대상에 대한 복수 표기가 존재하여 음차와 훈차 여부를 알 수도 있다. (14)는 『삼국사기』에 나오는 지명 자료이다.

(14) 가. 大山縣本翰山縣(大山縣은 원래는 翰山縣이었다)
　　나. 永同郡本吉同郡(永同郡은 원래는 吉同郡이었다)

(14가)를 보면 '大'와 '翰'이 동일한 형태를 나타내므로 '大'는 훈차이고 '翰'은 음차임을 알 수 있다.[36] (14나)에서는 '永'과 '吉'이 역시 동일한 형태를 표기한 것이므로 '永'은 그 훈인 '길'로 읽고 '吉'은 그 음인 '길'로 읽어야 한다. 만약 이러한 비교 대상이 존재하지 않으면 차자 표기만 가지고는 어떻게 해독해야 할지 알기가 어렵다.[37]

물론 음차나 훈차라는 점을 확인할 수 있다고 해서 해당 차자 표기의 해독이 항상 완벽한 것은 아니다. 음차의 경우에는 해당 한자음을 그 당시의 한자음으로 읽어야 하지만 그것이 불분명할 수 있다. 또한 훈차는 한자의 예전 훈이 구체적으로 무엇인지 모를 수 있다. 가령 『삼국유사』에는 "元曉亦是方言也 當時人皆以鄕言稱之 始旦也"('元曉'는 우리말이다. 당시 사람들은 모두 우리말로 이 이름을 말하였다. '첫새벽' 정도의 의미이다.)라는 구절이 나온다. 이를 통해 '元曉'의 '元'과 '曉'가 훈차에 속한다는 사실을 알 수는 있다. 그러나 '元'과 '曉'의 예전 훈을 모르기 때문에 '元曉'가 구체적으로 어떻게 해독되어야 하는지는 알기 어렵다.

12.3.2. 차자 표기의 종류

12.3.2.1. 이두

이두(吏讀)는 고유 명사나 지명 등과 같은 단순한 단어의 표기 차원을 넘어 우리말의 문장을 표기하기 위해 고안된 차자 표기의 한 방식이다. 이두는 삼국 시대부터 사용되어 왔다고 알려져 있다. 신라 시대에는 왕이나 귀족들은 물론이고 평민에 이르기까지 다양한 계층들에 의해 폭넓게 쓰였으나 고려 중기 이후에는 주로 하급 관리들의 공문서 작성 등 특수한 영역에 국한되어 쓰였다. '이두'의 '吏'가 '서리(胥吏)'와 관련되는 것은 이러한 상황 때문이다.

초기의 이두는 한문을 한국어의 문장 구조에 따라 그 어순을 조정하는 방식으로 쓰였다. 이러한 형태의 이두는 신라 시대 자료에서 이미 나타난다.

(15) 壬申年六月十六日 二人并誓記 天前誓 今自三年以後 忠道執持 過失无誓 若此事失 天大罪得誓… (임신년 6월 16일에 두 사람이 함께 맹세하여 기록한다. 하늘 앞에 맹세한다. 이제부터 3년 이후 충도를 지녀서 잘못이 없기를 맹세한다. 만일 이 일을 잘못한다면 하늘로부터 큰 벌을 받을 것을 맹세한다.)「임신서기석(壬申誓記石)」

(15)는 552년 또는 612년에 지어진 것으로 알려진「임신서기석」의 내용이다.[38] 우리말의 조사나 어미 등을 차자 표기로 적지는 않았지만 그 어순이 한문과 달리 우리말 방식으로 되어 있음이 주목된다. 가령 한문이었다면 '天前誓'는 '誓天前'으로, '今自'는 '自今'으로, '忠道執持'는 '執持忠道'로, '過失无誓'는 '誓无過失'로, '若此事失'은 '若失此事'로, '天大罪得誓'는 '誓得

38 문체 분석을 통해 552년에 제작되었다고 하는 주장이 근래에 나오기도 했다.

大罪於天'으로 되어야 한다. 그러나 우리말 어순에 따라 서술어를 뒤로 배열하는 등의 변화를 준 것이다. 이것은 한문을 이용하여 우리말 문장을 적은 이두의 초기 형태라고 볼 수 있다.[39]

39 (15)와 같은 표기는 흔히 '서기체 표기'라고 하여 이두와 구별하기도 하지만 이두의 초기 모습이라고 해석해도 무방하다.

한문의 어순을 바꾸어 우리말 문장을 적는 단계를 넘어서면 우리말의 조사나 어미까지도 차자 표기로 적는 본격적인 이두의 단계로 나아가게 된다. 이러한 이두는 755년 지어진 「신라화엄경사경조성기(新羅華嚴經寫經造成記)」에서 찾아볼 수 있다.

(16) 天寶十三載 甲午 八月一日初 乙未載 二月十四日 一部 周了 成內之 成內願旨者 皇龍寺 緣起法師爲內賜 第一 恩賜父願爲爲內弥 第二 法界一切衆生 皆成佛欲爲賜以成賜乎 … 又 一法師 梵唄唱 引弥 諸筆師等 各香花 捧尒 右念行道爲 作處中 至者 三歸依尒 三反頂禮爲內 佛菩薩 華嚴經等 供養爲內 以後中 坐中 昇 經寫在如… (천보 14년 갑오년 8월 1일에 시작하여 을미년 2월 14일 1부를 모두 다 이루었다. 이룬 뜻은 황룡사 연기법사가 하신 것이다. 첫째는 은혜를 베푸신 아버지의 소원을 위하며 한 것이며, 둘째는 법계의 모든 중생이 다 성불하시기를 바라는 것으로 이루신 것이다. 또한 한 법사가 범패를 부르면서 이끌며, 모든 필사들이 각기 향기로운 꽃을 받들어서 우념행도하여 만드는 곳에 이르면, 삼귀의하여 세 번 정례하고, 부처와 보살과 화엄경 등을 공양한 이후에 자리에 올라 경을 베꼈다.) 「신라화엄경사경조성기」

(16)은 화엄경의 사경을 만들면서 그 목적과 과정, 참여자 등을 이두로 적은 자료이다. (16)을 보면 우리말 어순을 따르는 것은 물론이고 다양한 문법 형태소들도 한자로 표기되어 있다. 부사격 조사 '로(以), 긔(中)'는 물론이고 선어말 어미 '-ᄂ(內)-, -겨(在)-, -시(賜)-', 종결 어미 '-다(之/如)', 연결 어미 '-며(弥)' 등이 나타나고 있다. 문법 형태소가 보이지 않는 (15)와 비교할 때 분명한 차이가 보인다.

이두는 한문으로 된 책을 우리말로 번역하는 데 이용되기도 하였다. 한글 창제 이후에는 주로 한글로 번역을 하지만 그 이전에는 이두로 번역하는 경우도 있었던 것이다.

(17) 가. 한문: 凡犯罪未發而自首者 免其罪 猶徵正贓 (무릇 죄를 범하고서 죄가 드러나지 않았을 때 자수한 자는 그 죄를 면한다. 그러나 범죄로 얻은 장물은 징수한다.)

나. 이두 번역문: 凡 犯罪人亦 未發前 自告爲在乙良 免其罪爲遣 正贓物色乙良 生徵 (무릇 범죄한 사람이 발각되기 전에 스스로 고백한 경우에는 그 죄를 면하고 범죄로 얻은 장물은 그대로 징수한다.)

(17가)는 명나라 법전인 『대명률(大明律)』의 원문이고 (17나)는 이를 이두로 번역한 『대명률직해』(14세기 말)의 해당 부분이다. (17가)와 (17나)를 비교하면 둘의 차이점이 확연해진다. (17나)에서는 우리말 어순에 맞게 한문 원문의 순서를 바꾸고 표현도 일부 바꾸었다. 또한 '亦(이), 乙良(을란)'과 같은 조사나 '爲在乙良(ᄒᆞ견을란), 爲遣(ᄒᆞ고)'와 같이 어미가 결합된 활용형을 더 넣어서 해석이 용이하게끔 하고 있다.

12.3.2.2. 향찰

이두는 우리말을 적기 위해 고안된 표기 방식이기는 하지만 기본적으로 한문에 의지하는 바가 적지 않다. 그리하여 대략적인 내용의 전달은 가능했지만 우리말 어휘나 표현들을 생생하게 드러내기에는 근본적인 한계가 있었다. 이에 비하면 향찰(鄕札)은 우리말을 온전하게 적기 위해 고안된 차자 표기 방식이라고 할 수 있다. 단어의 실질적인 의미를 가진 부분은 훈차를 하고, 문법적 의미를 가진 부분은 음차를 하는 것이 향찰의 기본 원칙이다.[40] '향찰'이라는 명칭은 '향가(鄕歌)'라는 시가의 표기에 주로 쓰였기 때문에 붙여진 것이다. 향찰은 이두에 비해 우리말을 표기하는 데 더 나은 측면이 있지만 그만큼 더 복잡하고 어렵다는 문제점을 지니고 있어서 고려 전기까지만 쓰이고 더 이상 쓰이지 않게 되었다.

40 이를 훈주음종(訓主音從)의 원리라고 부른다.

(18) 가. 吾隱(나ᄂᆞᆫ), 汝隱(너는), 主隱(님은), 彼矣(뎌의), 夜矣(밤ᄋᆡ), 吾置(나도)

나. 出古(나고), 去內尼叱古(가ᄂᆞ닛고), 待是古如(기드리고다), 置內乎多(두ᄂᆞ오다)

(18가)는 체언의 예이다. '吾, 汝, 主, 彼, 夜'와 같이 어휘 형태소를 나타내는 차자 표기는 모두 훈차를 하고, '隱, 矣'와 같이 조사를 나타내는 차자 표기는 음차를 한다. 물론 경우에 따라서는 '吾置'의 '置'와 같이 조사이지만 훈차를 통해 표기하는 경우도 있다. (18나)는 용언의 사례이다. 기본적인 원칙은 체언의 경우와 동일하다. 어휘적인 의미를 나타내는 용언 어간은 주로 하고, 문법적인 의미를 나타내는 어미는 음차를 많이 한다.

(18)을 보면 차자 표기에서 형태소의 이형태는 구분하지 않음을 알 수 있다. 가령 (18가)에서 '隱'은 '나ᄂᆞᆫ, 너는'에서의 'ᄂᆞᆫ, 는'은 물론이고 '님은'에서의 '은'에도 쓰이고 있다. 대조의 기능을 가지는 보조사는 선행하는 형태의 받침 유무, 모음 조화 등에 따라 'ᄂᆞᆫ, 는, ᄋᆞᆫ, 은'의 네 가지로 실현되지만 차자 표기에서는 이들을 모두 하나의 글자 '隱'으로 나타내고 있다. 또한 서로 다른 기능의 형태소라고 하더라도 음상이 같으면 동일한 글자로 표기하는 것도 알 수 있다. 가령 (18나)에서 '古'는 '出古'의 '-고'와 같이 연결 어미도 나타내고 '去內尼叱古'의 '-고'와 같이 종결 어미도 나타내며 '待是古如'의 '-고-'와 같은 선어말 어미도 나타낸다. 이처럼 이형태들을 표기상 구별하지 않는다거나 음상이 같으면 기능과 상관없이 동일한 글자로 적는 것은 이두나 구결과 같은 다른 차자 표기에서도 찾아볼 수 있다.

향찰에는 '말음 첨기'라는 특이한 표기법도 나타난다. 말음 첨기란 체언이나 용언의 실질 형태소를 적은 한자 뒤에 그 말음을 밝혀 주기 위해 음독자를 첨가하는 것을 말한다.

(19) 雲音(구름), 栢史(잣), 蓬次(다봊), 川理(나리), 秋察尸(ᄀᆞᅀᆞᆶ), 一等隱(ᄒᆞᄃᆞᆫ)

(19)의 말음 첨기 양상을 살펴보면 '雲音'의 '音', '栢史'의 '史', '蓬次'의 '次'는 앞 음절의 종성만을 첨기하고 있다.[41] 그러나 '川理'의 '理'와 같이 마지막 음절 전체를 첨기하는 경우도 있다. 한편 '一等隱'에서는 '等'과 '隱' 두 글자가 말음 첨기를 위해 쓰였다는 점에서 특이하다. 원래 '一'을 훈차해도 'ᄒᆞᄃᆞᆫ'이 되지만 그 뒤에 'ᄃᆞᆫ'을 나타내는 '等'과 'ᄋᆞᆫ'을 나타내는 '隱'을 말음 첨기하여 해독에 도움을 주고 있다.

41 (19)에는 체언의 경우만 예로 들었지만 용언의 경우에도 말음 첨기가 나타난다. 가령 '有叱多(잇다), 奪叱良乙(앗아놀)'에서는 '叱(ㅅ)'을 통해 그 앞의 어간이 'ㅅ'으로 끝난다는 사실을 표시하고 있다.

12.3.2.3. 구결

구결은 한문 원문을 해독할 때 그 의미나 문법적 관계를 표시하기 위해 한문 어구 사이에 덧붙이는 우리말 조사나 어미와 같은 요소를 가리킨다. 한글이 창제되기 전에는 한자를 이용하여 구결을 달았지만 한글이 창제된 이후에는 한글로 구결을 다는 경우도 많았다. 특히 언해문의 경우에는 대체로 한글 구결이 더 많이 나타난다. 차자 표기로서의 구결은 당연히 한자로 적힌 것을 가리킨다. 구결을 쉽게 이해하기 위해 먼저 한글로 된 구결의 예를 들어 보면 다음과 같다.

(20) 가. 國之語音 異乎中國 與文字 不相流通 故 愚民 有所欲言 而終不得伸其情者 多矣

나. 國之語音이 異乎中國ᄒᆞ야 與文字로 不相流通ᄒᆞᆯᄊᆡ 故로 愚民이 有所欲言ᄒᆞ야도 而終不得伸其情者ㅣ 多矣라

(20가)는 『훈민정음』의 서문을 원문만 제시한 것이고 (20나)는 여기에 한글로 구결을 달아 놓은 것이다. (20나)에서는 격 조사 '이, 로' 등을 첨가한다든지 'ᄒᆞ야, ᄒᆞ야도' 등과 같은 용언 활용형을 넣어서 한문 원문에서 주어가 무엇인지 또는 해당 구절을 어떻게 풀이해야 하는지에 대한 단서를 제공한다. 그러므로 한문 해석이 훨씬 쉬워지는 장점이 있다.

구결은 인쇄되어 있는 책에 붓으로 기입하는 경우가 많다. 붓으로 적는 구결은 책의 좁은 자간에 표기해야 하고 게다가 같은 글자를 반복적으로 사용해야 할 때도 허다하다. 이런 사정으로 말미암아 한자로 표기하는 구

결은 한자의 정자(正字)로 표시하기보다는 약자(略字)로 표시하는 것이 일반적이다.[42]

42 역사적으로 보면 신라 시대에는 정자 구결이 많이 쓰였고 고려 시대에는 약자 구결이 많이 쓰였다고 한다.

(21) 가. 國之語音是 異乎中國爲良 與文字奴 不相流通爲乙沙是 故奴 愚民是 有所欲言爲良刀 而終不得伸其情者是 多矣羅

나. 國之語音丶 異乎中國丷𠄌 與文字又 不相流通丷乚氵丶 故又 愚民丶 有所欲言丷𠄌刀 而終不得伸其情者丶 多矣厶

(21)은 (20나)에 적힌 한글 구결을 차자 표기로 표시해 본 것이다. (21가)는 정자로 적었을 때의 구결이고 (21나)는 약자로 적었을 때의 구결이다. 획이 단순한 한자는 정자 그대로 사용하지만 획이 많은 한자는 정자의 앞이나 뒤의 획만 가져와서 사용함을 알 수 있다. 구결자는 한자의 초서(草書)에서 가져오기도 하고 해서(楷書)에서 가져오기도 했는데, 여기에 따라 그 모양이 조금씩 달라진다.

참고 5 약자로 된 구결자의 사례

구결자로 흔히 사용되는 대표적인 글자들의 독법과 약자를 제시하면 다음과 같다.

정자	약자	해독	정자	약자	해독	정자	약자	해독	정자	약자	해독
爲	丷	ᄒᆞ	隱	ㄱ/阝	은/ᄋᆞᆫ	古	口	고	多	ㅣ/夕	다
羅	厶/丶	라	以	灬	로	彌	㢱/朩	며	面	丆	면
良	𠄌/卩	아	乎	ノ/乎	오/호	衣	ラ	의	在	𠂇	겨

구결은 음독 구결과 석독 구결로 나눌 수 있다. 음독 구결은 한문 원문의 구절 사이에 구결만 다는 것으로 앞에서 본 구결은 모두 음독 구결에 속한다. 반면 석독 구결은 단순히 구결만 다는 것이 아니고 한문을 우리말 어순으로 풀어서 읽는 번역문의 성격을 지닌다. 즉, 석독 구결은 한문 원문에 우리말로 해석하는 순서까지도 표시하여 완전하게 번역이 가능하도록 해 주는 것이다.

석독 구결은 다시 자토 석독 구결과 부호 석독 구결(또는 점토 석독 구결)로 나뉜다. 자토 석독 구결은 한자의 약체자를 사용하는 점은 음독 구결과 동일하지만 세로로 쓰여 있는 한문 원문의 오른쪽과 왼쪽에 구결을 기입하는 방식으로 한문의 해독 순서를 표시해 준다는 점에서 차이를 지닌다. 어순이 바뀌지 않는 부분은 한문의 오른쪽에 구결을 달되 어순을 바꾸어 나중에 읽어야 할 부분은 왼쪽에 구결을 달아 둔다. 해독할 때에는 오른쪽 구결을 기준으로 한문을 읽어 나가다 왼쪽에 구결이 달린 부분을 만나면 그 부분을 건너뛰고 오른쪽 구결이 달린 부분을 계속 읽다가 '、'과 같은 역독점이 찍힌 부분에서 위로 올라가 그 전에 건너뛴 부분의 왼쪽에 달린 구결을 읽는다.[43]

(22) 가. 善男子阝 於初菩薩地阝十ㄱ 行向ソ弥 檀波羅蜜乙、

나. 善男子阝(아) 於初菩薩地阝十ㄱ(아긘) 檀波羅蜜乙(을) 行向ソ弥(ᄒᆞ며)

다. 선남자(善男子)여, 초보살지(初菩薩地)에서는 단바라밀(檀波羅蜜)을 수행하며

(22가)에서 위에 적은 구결은 한문 원문의 오른쪽에 있는 것이고 아래 적은 구결은 왼쪽에 있는 것을 가리킨다. 첫 두 부분은 구결이 한문의 오른쪽에 있으므로 그대로 순서대로 해독한다. 세 번째 부분은 구결이 한문의 왼쪽에 있으므로 건너뛰고 네 번째 부분으로 가는데 그 끝에 역독점(、)이 있으므로 해독하지 않고 건너뛴 세 번째 부분으로 가면 된다. 그러한 순서를 따른 것이 (22나)이며 이것을 해독하면 (22다)와 같이 된다.

부호 석독 구결은 하나의 한자를 둘러싼 공간을 25등분한 후 각 위치에 부호를 써 넣음으로써 구결을 표기하는 방식이다.[44] 부호는 점(點)과 선(線)을 기본으로 한다. 단점(單點)과 쌍점(雙點)을 구별한다든지 점과 선을 조합함으로써 부호의 종류를 늘려 나가는데 20여 종의 부호가 밝혀져 있다.[45]

43 '역독점(逆讀點)'은 되돌아가서 읽으라는 표시를 가리킨다. 자료에 따라서는 역독점을 일일이 찍지 않기도 하는데 그런 경우에는 독자가 문맥에 따라 역독해야 될 위치를 스스로 찾아서 읽어야 한다.

44 이러한 부호는 나무나 상아 같은 것을 뾰족하게 깎아서 종이에 표시한 자국으로 남아 있다. 부호 석독 구결을 적는 나무나 상아와 같은 도구를 흔히 '각필(角筆)'이라고 한다. 한때 '부호 석독 구결'이라는 용어 대신 '각필 구결'이라는 용어를 사용했던 것은 이러한 사정 때문이다.

45 이러한 여러 개의 부호가 25개 자리에 따로 쓰이면 산술적으로 600개가 넘는 구결을 표시할 수 있다. 그러나 하나의 부호가 25개 자리를 모두 채운 경우는 아직까지 없다고 하므로 실제 부호로써 표시하는 구결의 수도 이론적으로 계산되는 것보다는 더 적다.

(23)

11	12	13	14	15
21	22	23	24	25
31	32	33	34	35
41	42	43	44	45
51	52	53	54	55

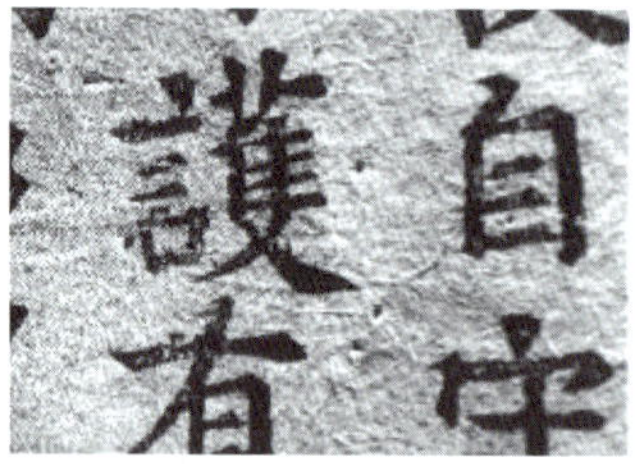

(23)에서 굵은 실선 부분은 한자가 적히는 구역이며 그 외곽은 한자를 둘러싼 부분이다. 숫자로 표시된 부분 중 어디에 어떤 부호를 적느냐에 따라 나타내는 구결이 구분되는데 문헌에 따라 그 양상이 조금씩 다르다. 가령 『유가사지론』의 경우 '22' 자리에 단점이 찍혀 있으면 'ㄋ(良)'을 가리키고 '34' 자리에 단점이 찍혀 있으면 'ㄹ(乙)'을 가리킨다. 이처럼 각 위치에 다양한 부호들을 적어서 구결자를 나타내게 된다.

부호 석독 구결은 해당 위치의 각 기호들이 의미하는 내용을 모두 외워야 하는 불편함이 있다. 또한 하나의 한자에 부호가 복수로 표시되는 경우도 있는데 이런 경우 어느 것을 먼저 읽어야 하는지를 알기 어려울 수도 있다. 게다가 역독을 해야 하는 부분이 분명하지 않을 때도 있다. 이처럼 부호 석독 구결은 자토 석독 구결에 비해서는 훨씬 어렵고 복잡한 방식의 구결이다.

12.4. 한국어 표기법의 변천

15세기 중엽에 한글이 처음 만들어진 이후 1933년에 「한글맞춤법통일안」이 마련되기까지 한국어 표기법은 적지 않은 변화를 겪어 왔다. 이러한 변화는 여러 가지 측면에서 살필 수 있는데, 특히 표음주의와 표의주의라는 두 가지 표기 원리를 중심으로 할 때 그 성격이 잘 드러난다. 한글이 창제된 이래 20세기 초에 이르기까지 오랜 기간의 표기법은 주로 표음주의적인 모습을 보인다. 이것은 크게 두 가지 측면에서 드러난다.

(24) 가. 형태소와 형태소 사이의 경계를 구분하지 않고 발음대로 연철한다.

나. 음운 현상이 적용된 대로 표기하는 경향이 강하다.

(24가)는 자음으로 끝나는 형태소 뒤에 모음으로 시작하는 문법 형태소가 올 때 앞선 형태소의 받침을 어떻게 적느냐와 관련된다. 이런 경우에는 발음의 원리상 앞 형태소의 받침이 뒤 음절의 초성으로 연음이 되는데, 이것을 그대로 표기에 반영한 것이 연철(連綴, 이어적기)이다. 중세 한국어의 표기법은 연철이 원칙이다.

(25) 가. 소ᄂᆞ로(손+ᄋᆞ로), ᄂᆞ치(ᄂᆞᆾ+이), 므른(믈+은), 기픈(깊-+-은), 노ᄑᆞ시니(높-+-ᄋᆞ시니), 조ᄎᆞ샤(좇-+-ᄋᆞ샤)

나. 눈에(눈+에), 몸앳(몸+앳), 비늘을(비늘+을), 안아(안-+-아), 담아(담-+-아)

다. 믈와(믈+과), 여ᇫ이(여ᅀᅳ+이), 울어늘(울-+-거늘), 알오(알-+-고)

(25가)에서는 체언이나 용언 어간 뒤에 모음으로 시작하는 문법 형태소가 올 때 앞 형태소의 말음을 연철하여 적고 있다. (25가)는 중세 한국어의 일반적인 표기 양상을 보여 준다. (25나)와 같이 연철하지 않고 그 경계를 분리하여 적는 분철(分綴, 끊어적기) 사례도 없지는 않으나 (25나)는 『월인천강지곡』과 같은 일부 문헌에서만 나타나기 때문에 중세 한국어의 일반적 표기 원칙이라고 할 수는 없다. (25다)는 표면상 (25나)와 마찬가지로 연철의 예외처럼 보이지만 그렇지 않다. (25다)의 경우 둘째 음절 초성의 'ㅇ'은 자음이 없는 것을 가리키는 것이 아니고 엄연한 자음인 후음 'ㅇ[ɦ]'을 가리킨다. 그러므로 (25다)는 연철과는 무관하다.[46]

(24나)는 형태소의 결합 과정에서 적용되는 여러 음운 현상들을 표기에 반영하는지의 여부와 관련된다. 현대 한국어의 경우 일부 음운 현상만 표기에 반영하고 대부분은 잘 반영하지 않는다. 반면 중세 한국어는 현대 한

46 (25다)는 모두 'ㄱ'이 'ㅇ'으로 약화되는 변화와 관련된다. '믈와(믈+과), 울어늘(울-+-거늘), 알오(알-+-고)'는 조사나 어미의 두음 'ㄱ'이 'ㅇ'으로 약화되는 변화를 겪었고 '여ᇫ이(여ᅀᅳ+이)'는 '*여ᅀᅳᆨ'으로 재구되는 체언의 말음이 역시 'ㅇ'으로 약화되는 변화를 겪었다.

국어와는 다른 모습을 보인다.

(26) 가. 커서(크-+-어서), 뻐도(ᄡᅳ-+-어도), 아ᄂᆞᆫ(알-+-ᄂᆞᆫ), 사노라(살-+-노라), 알코(앓-+-고), 글커든(긇-+-거든)

나. 건ᄂᆞᆫ(걷-+-ᄂᆞᆫ), 난놋다(낳-+-놋다), 든노라(듣-+-노라) ↔ 걷ᄂᆞ니(걷-+-ᄂᆞ니), 낟노라(낳-+-노라), 듣ᄂᆞᆫ(듣-+-ᄂᆞᆫ)

다. 빗과(빛+과), 입던(잎-+-던), 비왇디(비왙-+-디), 닛다가(닞-+-다가)

(26가)는 항상 음운 현상이 적용된 형태를 표기하는 경우이다. 으-탈락, 유음 탈락, 'ㅎ'이 선행하는 경우의 유기음화는 발음 그대로 표기하는 것이 원칙이다. 특히 으-탈락이나 유음 탈락을 표기에 반영하는 것은 현대 한국어까지 그대로 이어진다. 반면 (26나)는 음운 현상이 적용된 형태대로 표기하기도 하고 그렇지 않기도 하는 사례이다. 비음화가 대표적인데 전체적으로 보면 비음화는 표기에 반영하지 않는 비율이 더 높은 편이다.[47] (26다)는 종성 표기의 경우로 중세 한국어 시기에 8개의 자음을 종성으로 표기한 것은 실제로 종성에서 8개의 자음만 발음되었기 때문이다.[48] 8개의 종성에 속하지 않는 자음이 종성에 놓이면 평파열음화에 해당하는 음운 현상이 적용되는데 이러한 음운 현상이 표기에도 잘 반영되어 있다.

47 이것은 비음화가 중세 한국어 시기에는 아직 완성되지 않았기 때문으로 생각된다.

48 중세 한국어의 종성 발음과 표기는 실제로는 이보다 좀 더 복잡한데 여기에 대해서는 10.1.2.와 10.1.3.1.을 참고할 수 있다.

물론 그렇다고 해서 모든 음운 현상이 표기에 반영되는 것은 아니다. (26나)와 같이 적용되는 예 중 일부만 반영되는 경우도 있고, 존재했으리라 추측되는 음운 현상이지만 좀처럼 표기에 모습을 드러내지 않는 경우도 있다. 대표적으로 장애음 뒤에서 일어나는 경음화를 들 수 있다. 이 현상은 중세 한국어 시기에도 존재했으리라 추측되지만 표기에 반영되는 경우는 상당히 드물다.

한편 중세 한국어 표기법의 특징으로 '방점'을 들 수도 있다. 당시에는 각각의 음절 왼쪽에 점을 찍어 음의 고저를 나타내었다. 구체적으로는 0점, 1점, 2점의 세 가지 방점을 이용하여 음의 높낮이를 구분하여 표기하였다. 운소를 표기에 반영하는 것은 그리 일반적인 경우는 아니다.[49]

49 방점의 종류와 그 음가에 대해서는 10.1.1.3.을 참고할 수 있다.

이후 중세 한국어 시기의 표기법은 조금씩 변화를 겪는데 대체로 다음의 세 가지 경향을 지적할 수 있다.

(27) 가. 형태소와 형태소 사이의 경계를 구분하여 분철한다.
　　나. 8종성 표기에서 7종성 표기로 바뀐다.
　　다. 방점은 표기하지 않는다.

(27가)는 연철에서 분철로의 변화를 가리킨다. 앞서 (25나)에서도 본 것처럼 비록 소수이기는 하지만 중세 한국어 시기에도 분철 표기가 나타난다. 이러한 분철 경향은 근대 한국어 시기로 진행될수록 더욱 강하게 나타난다.

(27나)는 종성 표기법으로 중세 한국어 시기에 종성에서 구분되어 쓰이던 'ㅅ'과 'ㄷ'이 발음상 구별이 되지 않으면서 표기상으로는 점차 'ㅅ'으로 바뀌어 간다. 그리하여 원래 말음이 'ㄷ'이었던 것도 근대 한국어 시기에 이르면 종성에서 'ㅅ'으로 표기된다.[50]

(28) 밧ᄌᆞ왓더니(받- + -ᄌᆞ왓더니), 듯보다(듣- + 보다), 밋ᄭᆞ지(밑 + ᄭᆞ지), 것(겉)

(28)을 보면 원래부터 'ㄷ'으로 끝나는 '받-, 듣-'이나 원래 'ㅌ'으로 끝나므로 그 말음이 종성에서 'ㄷ'으로 표기되던 '밑, 겉' 등의 종성이 모두 'ㅅ'으로 표기되고 있다. 발음상으로는 'ㄷ'이지만 표기상으로는 'ㅅ'으로 적는 것이 특이하다. 그리하여 근대 한국어 시기의 경우 발음상의 7종성은 'ㄱ, ㄴ, ㄷ, ㄹ, ㅁ, ㅂ, ㅇ'이지만 표기상의 7종성은 'ㄱ, ㄴ, ㄹ, ㅁ, ㅂ, ㅅ, ㅇ'이 되어 발음과 표기가 서로 불일치하게 된다.[51]

(27다)는 성조의 소실과 관련되는 표기 변화이다. 중세 한국어 시기에 단어의 뜻을 변별해 주던 성조가 근대 한국어 시기 들어오면서 소멸하게 된다. 그리하여 성조를 표기하는 방점도 자연스럽게 사라지게 되었다.

50 이러한 7종성 표기 경향과 (27가)의 분철 표기 경향이 결합하면서 중세 한국어의 '미드니, 미더서' 등을 근대 한국어 시기에는 '밋으니, 밋어서'와 같이 표기하기도 한다.

51 여기에 대해서는 제11장의 '참고 3'에서 따로 다루었다.

참고 6 **중철에 대하여**

자음으로 끝나는 형태소 뒤에 모음으로 시작하는 문법 형태소가 올 때 앞 형태소의 자음을 표기하는 방식으로는 연철이나 분철 이외에 중철(重綴)도 있다. 중철은 앞 형태소의 말음을 종성에도 적고 초성에도 적는 방식이다.

(1) 가. 님금미(님금+이), 먹글(먹-+-을), 옷ᄉᆞᆯ(옷+ᄋᆞᆯ), 잡바(잡-+-아)
　　나. 겻ᄐᆡ(겿+ᄋᆡ), 동녁킈(동녘+의), 깁피(깊-+-이), 밋처(및-+-어)
　　다. ᄒᆞᆰ기(ᄒᆞᆰ+이), 얇ᄑᆡ(얇+ᄋᆡ), ᄃᆞᆰ긔(ᄃᆞᆰ+의)

(1가)의 경우에는 종성과 초성에 표기되는 자음이 동일하다. 반면 (1나)에서는 종성에 적는 자음의 경우 7종성 표기 규정을 따르기 때문에 그 뒤 음절 초성 자음과는 차이가 날 수밖에 없다. (1다)는 겹받침의 후행 자음이 중철된 경우이다.

이처럼 중철은 연철과 분철의 성격을 모두 지닌다고 할 수 있다. 앞 형태소의 자음을 뒤 음절 초성으로 이어서 적는다는 점에서는 연철과 같지만 그 앞 음절의 종성에도 받침을 적는다는 점에서는 분철과 비슷한 측면이 있다. 이러한 특성을 고려하여 종래에는 중철이 연철에서 분철로 전환해 나가는 과정에서 나온 과도기적인 표기 방식이라고 해석하는 경우가 적지 않았다. 반면 중철이 실제 발음을 반영하고 있다고 적극적인 해석을 하기도 한다. 가령 (나)의 경우 유기음은 폐쇄 지속 시간이 평음에 비해 긴데 이러한 음성학적 특징이 중철의 형태로 표출되었다는 것이다. 이러한 해석은 타당성을 지니고 있지만 (가)와 같은 경우까지 포괄하기 어렵다는 문제가 있다.

한편 연철, 분철, 중철 이외에 매우 독특한 표기 유형도 근대 국어 시기에는 나타난다. 가령 '기픈'을 '깁흔', '겨ᄐᆡ'를 '겻ᄒᆡ'와 같이 표기하는 것이다. 이것은 유기음을 평음과 'ㅎ'으로 재음소화하여 적는다는 점에서 재음소화 표기라고 부르기도 한다.

이상에서 중세 한국어의 표기법적 특징과 그 이후의 변화 양상을 통해 볼 때 중세 한국어 시기부터 근대 한국어 시기를 거치면서 표기 방식에 어느 정도 변화가 있었던 것은 사실이다. 그러나 20세기 이전까지는 중세 한국어의 표음주의 표기 경향을 표의주의 표기 경향으로 뒤바꾸었다고 할 만큼 근본적인 전환이 이루어졌다고 보기는 어려울 듯하다. 현대 한국어의 표기법이 표의주의로 전환된 것은 순차적인 변화 단계를 밟았다기보다는 짧은 시간 동안 급격히 이루어졌다. 이러한 변화의 출발점은 주시경으로부터 비롯된다.

주시경은 일찍부터 'ㄷ, ㅈ, ㅊ, ㅋ, ㅌ, ㅍ, ㅎ' 등과 같이 근대 한국어 시기에 받침으로 잘 쓰이지 않던 글자들을 받침으로 써야 한다고 주장했다. 이것은 각 형태소의 기본형을 밝혀 적는 것과 무관하지 않다. 예컨대 '높-'

이라는 형태소의 기본형을 밝혀 적으려면 '높고, 높다, 높더라'와 같이 표기해야 하는데 그러려면 'ㅍ'과 같은 자음의 종성 표기를 허용해야 하는 것이다. 이전의 8종성 또는 7종성 표기 방식을 고수하면 형태소의 기본형을 밝혀 적는 표의주의 방식은 나오기가 어렵다.

주시경이 제창한 종성 표기법은 그 이전의 표기 전통과는 맥을 달리하는 획기적인 전환의 계기를 마련하였다. 이러한 방식은 이후 여러 차례 반대에 부딪히지만 끝내 1933년 「한글맞춤법통일안」에 반영되었다. 「한글맞춤법통일안」에서는 받침 표기에 특별한 제한을 두지 않음으로써 형태소의 기본형을 밝혀 다양한 받침을 적을 수 있도록 했다. 또한 띄어쓰기 규정을 따로 정해서 단어별로 띄어 쓰도록 했는데, 이것도 표기법의 변천에 있어서는 중대한 변화라고 할 수 있다.[52] 현행 표기법은 이러한 「한글맞춤법통일안」의 기본 정신을 그대로 계승하고 있다.

52 국한문 혼용에서는 띄어쓰기를 하지 않아도 어절이 자연스럽게 구분되지만 한글 전용에서는 그렇지 않다. 그래서 한글 전용이 본격화되면서 띄어쓰기의 필요성이 더 커졌다. 띄어쓰기가 채택된 「독립신문」의 창간사에는 띄어쓰기의 이유가 설명되어 있는데, 여기에 따르면 구절 단위로 띄어 쓴 것은 알아보기 쉽도록 한 것이라고 한다.

참고 문헌

강규선(1989), 「20세기 초기 국어의 경어법 연구」, 성균관대학교 박사학위논문.

강범모(1999ㄱ), 「어휘 의미 정보의 구조와 표상」, 『한국어 의미학』 5, 한국어 의미학회.

강범모(1999ㄴ), 『한국어의 텍스트 장르와 언어 특성』, 고려대학교 출판부.

강범모(2018), 『의미론: 국어, 세계, 마음』, 한국문화사.

강범모·김흥규·허명희(2000), 『한국어의 텍스트 장르, 문체, 유형』, 태학사.

강보선(2013), 「표현 어휘 신장 교육 연구」, 서울대학교 박사학위논문.

강성영(1988), 「문장의미와 언표내적 파생원리」, 서울대학교 박사학위논문.

강신항(1995), 『조선관역어연구』(증보), 성균관대학교 출판부.

강신항(1996), 「한자음을 통해서 본 국어음운사연구 문제」, 『국어학』 27, 국어학회.

강신항(2003), 『훈민정음연구』(수정증보판), 성균관대학교 출판부.

강연임(2007), 「공익 광고의 텍스트 구조의 특징」, 『우리말글』 39, 우리말글학회.

강은국(1993), 『조선어 접미사의 통시적 연구』(우리말 밝히기 5), 서광학술자료사.

강인선(1977), 「15세기 국어의 인용구조연구」, 서울대학교 석사학위논문.

강창석(1990), 「15세기 음운 이론의 연구」, 서울대학교 박사학위논문.

강현화(2000ㄱ), 「빈도가 동사의 어휘교육에 주는 효용성」, 『비교문화연구』 4, 경희대학교 외국어학부.

강현화(2000ㄴ), 「코퍼스를 이용한 부사의 어휘교육 방안 연구」, 『이중언어학』 17, 이중언어학회.

강현화(2001ㄱ), 「다의어의 분석과 교수 방안」, 『국어 문법의 탐구 V』, 태학사.

강현화(2001ㄴ), 「한국어교육용 기초 한자어에 대한 기초 연구: 한국어 교재에 나타난 어휘를 바탕으로」, 『한국어교육』 12-2, 국제한국어교육학회.

강현화(2002), 「한국어 문화어휘의 선정과 기술에 관한 연구」, 『21세기 한국어교육학의 현황과 과제』, 한국문화사.

강희숙(2010), 『국어 정서법의 이해』(개정판), 역락.

고광모(1991), 「국어의 보상적 장음화 연구」, 서울대학교 박사학위논문.

고광모(2004), 「과거시제 어미 '-었-'의 형성에 대하여」, 『형태론』 6-2, 형태론 편집위원회.

고니시(小西敏夫)(1992), 「목련전의 텍스트언어학적 분석」, 『국어연구』 107, 서울대학교 국어연구회.

고동호(1995), 「국어 마찰음의 통시적 연구」, 서울대학교 박사학위논문.
고성환(2002), 「응결 장치와 텍스트 경계」, 『문법과 텍스트』, 서울대학교 출판부.
고성환(2003), 『국어 명령문에 대한 연구』, 역락.
고성환(2009), 「응결 장치의 계층성과 텍스트 경계」, 『한국 문학 작품과 텍스트 분석』(텍스트언어학 총서 1), 집문당.
고영근(1976), 「특수조사의 의미 분석: '까지, 마저, 조차'를 중심으로」, 『문법연구』 3, 문법연구회[고영근(1999ㄱ)에 재수록].
고영근(1993), 『우리말의 총체서술과 문법체계』, 일지사.
고영근(1995), 『단어·문장·텍스트』, 한국문화사.
고영근(1996ㄱ), 『표준중세국어문법론』(개정판), 집문당.
고영근(1996ㄴ), 「한국 고전 작품에 대한 텍스트 언어학적 분석」, 『새국어생활』 6-1, 국립국어연구원.
고영근(1997ㄱ), 「중세어에는 과연 'ㅂ, ㅅ' 불규칙활용이 없을까」, 『국어학논집』 3, 서울대학교 국어국문학과.
고영근(1997ㄴ), 「텍스트 이론과 문학 작품의 분석」, 『텍스트 언어학』 4, 한국텍스트언어학회.
고영근(1999ㄱ), 『국어형태론연구』(증보판), 서울대학교 출판부.
고영근(1999ㄴ), 『텍스트이론』, 아르케.
고영근(2001), 「말·글·텍스트」, 『시학과 언어학』 1, 시학과 언어학회.
고영근(2002), 「텍스트 과학: 그 정체성을 찾아서」, 『텍스트 언어학』 12, 한국텍스트언어학회.
고영근(2004), 『한국어의 시제 서법 동작상』, 태학사.
고영근(2006), 「시상법의 변천에 대한 연구사적 검토」, 임용기·홍윤표 편, 『국어사연구: 어디까지 와 있는가』, 태학사.
고영근(2007), 『한국어의 시제 서법 동작상』(보정판), 태학사.
고영근(2010), 『표준 중세 국어문법론』(제3판), 집문당.
고영근(2011ㄱ), 『중세 국어의 시상과 서법』(제4판), 집문당.
고영근(2011ㄴ), 『텍스트 과학』, 집문당.
고영근·구본관(2018), 『개정판 우리말 문법론』, 집문당.
고영근·남기심 공편(1997), 『중세어 자료강해』, 집문당.
고영근·박금자·고성환·윤석민(2003), 『월인천강지곡 텍스트 분석』(텍스트언어학총서 5), 집문당.
고영근 외(2001), 『한국 텍스트 과학의 제과제』, 역락.
고영근 외(2002), 『문법과 텍스트』, 서울대학교 출판부.
고영근 외(2009), 『한국 문학 작품과 텍스트 분석』(텍스트언어학총서 1), 집문당.
곽충구(1980), 「십팔세기 국어의 음운론적 연구」, 『국어연구』 43, 서울대학교 국어연구회.

곽충구(1986), 「'로한회화'와 함북 경흥방언」, 『진단학보』 62, 진단학회.
곽충구(1994), 「계합 내에서의 단일화에 의한 어간 재구조화」, 『남천 박갑수선생 화갑기념논문집』, 태학사.
곽충구(1995), 「어휘의 의미 분화와 명칭의 분화: '지렁이', '회충'의 단어 지리학」, 『한일어학논총』, 국학자료원.
곽충구(1997), 「국어 음절의 변화」, 『국어사연구』, 태학사.
곽충구(2001), 「구개음화 규칙의 발생과 그 확산」, 『진단학보』 92, 진단학회.
구본관(1996), 「중세 국어 형태」, 『국어의 시대별 변천·실태 연구 1: 중세 국어』, 국립국어연구원.
구본관(1998), 『15세기 국어 파생법에 대한 연구』(국어학총서 30), 태학사.
구본관(2001), 「수사와 수관형사의 형태론」, 『형태론』 3-2, 형태론 편집위원회.
구본관(2005), 「어휘의 변화와 현대국어 어휘의 역사성」, 『국어학』 45, 국어학회.
구본관(2007ㄱ), 「경상도 방언의 어휘 기술과 연구 방법론」, 『방언학』 5, 한국방언학회.
구본관(2007ㄴ), 「접미사 {둘}의 이형태에 대한 통시적 연구」, 『우리말 연구』 21, 우리말학회.
구본관(2007ㄷ), 「한국어에 나타나는 언어적 상상력」, 『국어국문학』 146, 국어국문학회.
구본관(2008), 「교육 내용으로서의 어휘사에 대한 연구」, 『국어교육연구』 21, 서울대학교 국어교육연구소.
구본관(2009), 「복합 색채어의 의미」, 『국어학』 56, 국어학회.
구본관(2022), 「국어의 수 관련어와 문법화」, 『우리말연구』 70, 우리말학회.
구본관(2023), 『국어 파생법의 역사』, 태학사.
구본관·박재연·이선웅·이진호(2020), 『한국어학 개론』, 집문당.
구본관 외(2014), 『어휘교육론』, 사회평론.
구현정(2000), 「유머 담화의 구조와 생성 기제」, 『한글』 248, 한글학회.
국립국어연구원(1993), 『신소설의 언어 사용 실태 연구』, 국립국어연구원.
국립국어연구원(1996), 『국어의 시대별 변천·실태 연구 1: 중세 국어』, 국립국어연구원.
국립국어연구원(1997), 『국어의 시대별 변천·실태 연구 2: 근대 국어』, 국립국어연구원.
국립국어연구원(1998), 『국어의 시대별 변천·실태 연구 3: 고대 국어』, 국립국어연구원.
국립국어연구원(1999), 『국어의 시대별 변천·실태 연구 4: 개화기 국어』, 국립국어연구원.
국어사연구회 편(1997), 『국어사 연구』, 태학사.
국어연구소(1988ㄱ), 『한글 맞춤법 해설』, 국어연구소.
국어연구소(1988ㄴ), 『표준어 규정 해설』, 국어연구소.
국어연구소(1990), 「표준어 모음」, 『국어생활』 22, 국어연구소.
권경근(2001), 「현대국어에서의 모음체계 변화의 움직임에 대하여」, 『언어학』 30, 한국언어학회.

권경근(2005), 「현대국어의 음운론적 역사성」, 『국어학』 45, 국어학회.

권경원(1988), 『전제와 함의 연구』, 한신문화사.

권경원(1992), 「중의성과 모호성에 관한 연구」, 『현대영어영문학』 34, 한국현대영어영문학회.

권순희(2003), 「인터넷 신문의 리플 텍스트에 나타난 수용자 반응 분석」, 『국어교육』 111, 한국어교육학회.

권용경(1990), 「15세기 국어 서법의 선어말어미에 대한 연구」, 『국어연구』 101, 서울대학교 국어연구회.

권인한(1993), 「'표준발음법'과 '문화어발음법' 규정」, 『새국어생활』 3-1, 국립국어연구원.

권인한(1997), 「한자음의 변화」, 『국어사연구』, 태학사.

권인한(1998), 『조선관역어의 음운론적 연구』(국어학총서 29), 태학사.

권인한(2000), 「표준 발음」, 『새국어생활』 10-3, 국립국어연구원.

권재선(1992), 『훈민정음의 표기법과 음운』, 우골탑.

권재일(1998), 『한국어 문법사』, 박이정.

기주연(1991), 「근대국어의 파생어 연구」, 한양대학교 박사학위논문.

기주연(1994), 『근대국어 조어론 연구 Ⅰ』, 태학사.

김경아(1991), 「중세국어 후음에 대한 일고찰」, 『국어학의 새로운 인식과 전망』, 민음사.

김경용(2001), 『기호학의 즐거움』, 민음사.

김경훤(1994), 「조선관역어에 나타난 모음표기에 관하여」, 『새국어교육』 50, 한국국어교육학회.

김광해(1982), 「복합명사의 신생과 어휘화 과정에 대하여」, 『국어국문학』 88, 국어국문학회.

김광해(1993), 『국어 어휘론 개설』, 집문당.

김광해(1995), 『어휘연구의 실제와 이론』, 집문당.

김광희(1998), 「국어 문장 의미 연구를 위한 형식의미론의 수용 양상과 과제」, 『한국어 의미학』 2, 한국어 의미학회.

김남미(2006), 「/Xㅸ-/계 어간의 재구조화와 음운 과정」, 『국어학』 48, 국어학회.

김도남(2003), 『상호텍스트성과 텍스트 이해 교육』, 박이정.

김동소(1998), 『한국어 변천사』, 형설출판사.

김동소(2003), 『중세한국어개설』, 한국문화사.

김동식(1984), 「객체높임법의 '숩'에 대한 검토」, 『관악어문연구』 9, 서울대학교 국어국문학과.

김동언(1989), 「17세기 국어의 형태음운 연구」, 고려대학교 박사학위논문.

김동언(1999), 「개화기 국어 형태」, 『국어의 시대별 변천·실태 연구 4: 개화기 국어』 4, 국립국어연구원.

김동환(2002), 『개념적 혼성 이론: 인지언어학과 의미구성』, 박이정.

김무림(1990), 「홍무정운역훈의 음운론적 연구」, 고려대학교 박사학위논문.

김무림(1998), 「고대 국어 음운」, 『국어의 시대별 변천·실태 연구 3: 고대 국어』, 국립국어연구원.

김무림(2004), 『국어의 역사』, 한국문화사.
김무림(2009), 「고대국어 음운론」, 『국어사연구』 9, 국어사학회.
김무식(1993), 「'훈민정음'의 음운체계 연구」, 경북대학교 박사학위논문.
김무식(1994), 「설축 자질과 모음 체계 기술방법에 대한 반성」, 『어문학』 55, 한국어문학회.
김문웅(1983), 「언해서에 나타난 구결의 양상과 표기법」, 『어문학』 42, 한국어문학회.
김문웅(1986), 『십오세기언해서의 구결연구』, 형설출판사.
김민수(1980), 『신국어학사』(전정판), 일조각.
김민수(1981), 『국어의미론』, 일조각.
김민수(1983), 「〈말모이〉의 편찬에 대하여」, 『동양학』 13, 단국대학교 동양학연구소.
김민수·최호철·김무림 공편(1997), 『우리말 어원 사전』, 태학사.
김방한(1990), 『어원론』, 민음사.
김방한(1998), 『소쉬르』, 민음사.
김병균(1996), 『국어 동음이의어 연구』, 이회문화사.
김병욱(1983), 「국어 음운체계 변천에 대한 연구」, 명지대학교 박사학위논문.
김봉국(2006), 「개화기 이후 국어의 '위, 외' 음가의 그 변화」, 『이병근선생퇴임기념 국어학논총』, 태학사.
김봉국(2008), 「음운론적 관점에서 본 [표준어 규정(제2부 표준 발음법)]의 문제점」, 『열린정신 인문학 연구』 9:1, 원광대학교 인문학연구소.
김봉순(1996), 「텍스트 의미 구조의 표지 연구」, 서울대학교 박사학위논문.
김상대(1985), 『중세국어 구결문의 국어학적 연구』, 한신문화사.
김선철(2004), 「표준 발음법 분석과 대안」, 『말소리』 50, 대한음성학회.
김성규(1993), 「중세국어 성조의 변화에 대한 연구」, 서울대학교 박사학위논문.
김성규(1995), 「'사ᄅᆞ다'류의 파생어」, 『한일어학론총』(이종철선생 회갑기념), 국학자료원.
김성규(1996), 「중세 국어 음운」, 『국어의 시대별 변천·실태 연구 1: 중세 국어』, 국립국어연구원.
김성규(2009ㄱ), 「15세기 한국어 성조의 성격에 대하여」, 『국어학』 56, 국어학회.
김성규(2009ㄴ), 「중세국어 음운론의 쟁점」, 『국어사연구』 9, 국어사학회.
김성렬(1987), 「중세국어 모음 연구」, 성균관대학교 박사학위논문.
김세환(2012), 「청송지역어 용언 어간의 통시적 변화 연구」, 서울대학교 박사학위논문.
김소영(2009), 「이중모음 /의/의 통시적 변화 연구」, 『국어연구』 213, 서울대학교 국어연구회.
김송원(1988), 「15세기 중기국어의 접속월 연구」, 건국대학교 박사학위논문.
김수진·차재은·오재혁(2011), 「발화 요소와 발화 유형」, 『한국어 의미학』 36, 한국어 의미학회.
김슬옹(1998), 「상보반의어 설정 맥락 비판」, 『한국어 의미학』 3, 한국어 의미학회.

김아름(2011), 「모음조화의 변화 양상 연구: 활용·곡용을 중심으로」, 『국어연구』 226, 서울대학교 국어연구회.
김아영(2022), 「한국의 외래어 정책에 관한 연구」, 서울대학교 박사학위논문.
김영규(2024), 「'하-' 활용 패러다임에 대한 통시적 연구」, 서울대학교 박사학위논문.
김영선(2001), 「중세국어 'ㆍ'의 1단계 변화와 몇 문제」, 『부산 한글』 20, 한글학회 부산지회.
김영선(2003), 「15C 국어의 모음 연결제약과 Glide화」, 『우리말 연구』 3, 우리말학회.
김영송(1976), 「훈민정음의 홀소리 체계: 특히 舌縮·聲深·口蹙에 대하여」, 『문리과대학 논문집』 15, 부산대학교.
김영욱(1989), 「중세국어의 존비법에 대한 연구」, 『국어연구』 89, 서울대학교 국어연구회.
김영욱(1990), 「중세국어 관형격조사 'ᄋᆡ/의, ㅅ'의 기술과 관련된 문제해결을 위하여」, 『주시경학보』 6, 주시경연구소.
김영욱(1995ㄱ), 『문법형태의 역사적 연구』, 박이정.
김영욱(1995ㄴ), 「불완전계열에 대한 형태론적 연구」, 『국어학』 24, 국어학회.
김영진(1990), 「모음체계」, 『국어연구 어디까지 왔나』, 동아출판사.
김완진(1963), 「국어 모음체계의 신고찰」, 『진단학보』 24, 진단학회.
김완진(1967), 「한국어발달사 상: 음운사」, 『한국문화사대계Ⅴ: 언어·문자사(상)』, 고려대학교 민족문화연구소.
김완진(1971), 『국어음운체계의 연구』, 일조각.
김완진(1972), 「다시 β>w를 찾아서」, 『어학연구』 8-1, 서울대학교 어학연구소.
김완진(1978), 「모음체계와 모음조화에 대한 반성」, 『어학연구』 14-2, 서울대학교 어학연구소.
김완진(1982), 『중세국어성조의 연구』(국어학총서 4), 탑출판사.
김완진(1996), 『음운과 문자』, 신구문화사.
김완진 외(1996), 『문학과 언어의 만남』, 신구문화사.
김욱동(1992), 『포스트모더니즘의 이론』, 민음사.
김욱동(1999), 『은유와 환유』, 민음사.
김유범(2001ㄱ), 「시간성 의존명사 '다'를 찾아서」, 『형태론』 3-2, 형태론 편집위원회.
김유범(2001ㄴ), 「15세기 국어 문법형태소의 형태론과 음운론」, 고려대학교 박사학위논문.
김유범(2004), 「언어 변화 이론과 국어 문법사 연구」, 『국어학』 43, 국어학회.
김유범(2007), 「문헌어의 음성적 구현을 위한 연구(1)」, 『한국어학』 34, 한국어학회.
김유정(1993), 「어휘 의미론 연구사(2): 어원론을 중심으로」, 『현대의 국어연구사』, 서광학술자료사.
김윤신(2013), 「생성어휘부 이론과 합성성의 기제」, 『한국어 의미학』 41, 한국어 의미학회.
김은영(1998), 「국어 어휘의 부분-전체 관계에 대한 고찰」, 한국어 의미학 2, 한국어 의미학회.

김일근(1986), 『언간의 연구』, 건국대학교 출판부.
김재봉(1999), 『텍스트 요약 전략에 대한 국어교육학적 연구』, 집문당.
김정남(2008), 「한글맞춤법의 원리: 총칙 제1항의 의미 해석을 중심으로」, 『한국어 의미학』 27, 한국어 의미학회.
김정대(2005), 「계사 '이-'의 기원형 '*일-'을 찾아서」, 『우리말글연구』 35, 우리말글학회.
김정아(1984), 「십오세기국어의 대명사에 관한 연구」, 『국어연구』 62, 서울대학교 국어연구회.
김정아(1998), 『15세기 국어의 비교구문 연구』, 태학사.
김정우(2000), 「국어 음운 변화의 한 기제」, 『경남어문논집』 11, 경남대학교.
김정태(1994), 「후음 ㆅ의 변화 고찰」, 『어문연구』 24, 어문연구회.
김정태(1996), 『국어 과도음 연구』, 박이정.
김종규(1989), 「중세국어 모음의 연결제약과 음운현상」, 『국어연구』 90, 서울대학교 국어연구회.
김종도(2005), 『인지문법적 관점에서 본 환유의 세계』, 경진문화사.
김종택(1982), 「국어 의미론 연구 30년: 그 반성과 다짐」, 『국어국문학』 88, 국어국문학회.
김종택(1993), 『국어 어휘론』, 탑출판사.
김주미(2005), 「의미·화용론 연구사: 최근 30년간 의미론 연구의 경향」, 『제21회 한말연구학회 발표논문집』, 한말연구학회.
김주원(1990), 「국어사 연구의 방향 정립을 위한 제언」, 『민족문화논총』 11, 영남대학교 민족문화연구소.
김주원(1991), 「한국어의 모음추이 연구사」, 『언어학연구사』, 서울대학교 출판부.
김주원(1997), 「구개음화와 과도교정」, 『국어학』 29, 국어학회.
김주필(1985), 「구개음화에 대한 통시론적 연구」, 『국어연구』 68, 서울대학교 국어연구회.
김주필(1988ㄱ), 「15세기피동접미사의 이형태와 그 분화과정에 대하여」, 『관악어문연구』 13, 서울대학교 국어국문학과.
김주필(1988ㄴ), 「중세국어 음절말 치음의 음성적 실현과 표기」, 『국어학』 17, 국어학회.
김주필(1990ㄱ), 「국어 폐쇄음의 음성적 특징과 음운현상」, 『강신항교수 회갑기념 국어학논문집』, 태학사.
김주필(1990ㄴ), 「'표준어 모음'의 심의 경위와 해설」, 『국어생활』 22, 국어연구소.
김주필(1994), 「17·18세기 국어의 구개음화와 관련 음운현상에 대한 통시론적 연구」, 서울대학교 박사학위논문.
김주필(2001), 「ㅸ의 [순음성] 관련 현상과 ɦ로의 약화」, 『국어학』 38, 국어학회.
김주필(2003), 「후기 중세국어의 음운현상과 모음체계」, 『어문연구』 117, 한국어문교육연구회.
김주필(2006), 「한글 맞춤법 원칙의 특성과 의미」, 『어문학논총』 24, 국민대학교 어문학연구소.
김주필(2009), 「근대국어 음운론의 쟁점」, 『국어사연구』 9, 국어사학회.

김준기(2000), 『한국어 타동사 유의어 연구』, 한국문화사.
김지형(2006), 「전승한자음과 ‘ · ’: ‘계림유사’와 ‘조선관역어’ 수록자를 중심으로」, 『어원연구』 7, 한국어원학회.
김진권(1996), 「상호 텍스트성: 차우더의 거시 텍스트 이론을 중심으로」, 『텍스트 언어학』 4, 한국텍스트언어학회.
김진식(2007), 『현대국어 의미론 연구』, 박이정.
김진해(2000ㄱ), 『연어 연구』, 한국문화사.
김진해(2000ㄴ), 「연어의 계열 관계 연구」, 『국어학』 35, 국어학회.
김진해(2013), 「어휘관계의 체계성을 다시 생각한다」, 『한국어 의미학』 42, 한국어 의미학회.
김진해(2014), 「개념적 은유의 보편성과 특수성: ‘마음’에 나타난 개념적 은유의 빈도를 중심으로」, 『한국어 의미학』 46, 한국어 의미학회.
김진형(1995), 「중세국어 보조사에 대한 연구」, 『국어연구』 136, 서울대학교 국어연구회.
김진호(2008), 『언어와 사고: 언어적 상대성의 가설을 넘어서』, 한국문화사.
김차균(1984), 「15세기 국어의 음운 체계」, 『언어』 5, 충남대학교 어학연구소.
김차균(1985), 「한국어의 상성 성조의 본질」, 『소당 천시권박사 화갑기념 국어학논총』, 형설출판사.
김차균(1986ㄱ), 「15세기 국어의 성조」, 『국어학논총』(백민 전재호박사 화갑기념), 형설출판사.
김차균(1986ㄴ), 「월인천강지곡에 나타나는 표기체계와 음운」, 『한글』 182, 한글학회.
김차균(1990), 『우리말 시제와 상의 연구』, 태학사.
김태우(2018), 「{-습-}의 기능 변화에 대한 연구」, 서울대학교 박사학위논문.
김태우(2024), 「언어 유형론과 연계한 국어사 연구」, 『국어사연구』 38, 국어사학회.
김태인(2019), 「한국어 문장의 의미 층위에 대한 연구: 사건, 명제, 사실, 화행을 중심으로」, 서울대학교 박사학위논문.
김태자(1987), 『발화 분석의 화행의미론적 연구』, 탑출판사.
김태자(1989), 「간접 화행과 대화적 함축」, 『국어학』 18, 국어학회.
김태현(2001), 「국어의 모음추이에 대한 통시적 연구」, 국민대학교 박사학위논문.
김　현(1997), 「15세기 국어 자음 연쇄에 대한 연구」, 『국어연구』 145, 서울대학교 국어연구회.
김　현(2006), 『활용의 형태음운론적 변화』(국어학총서 54), 태학사.
김한결(2019), 「체언 수식 부사의 역사적 연구」, 서울대학교 박사학위논문.
김한별(2016), 「19세기 전기 국어의 음운사 연구: 〈의성김씨 학봉 종가 언간〉을 중심으로」, 서강대학교 박사학위논문.
김형철(1997), 『개화기 국어 연구』, 경남대학교 출판부.
김형철(1999), 「개화기 국어 어휘」, 『국어의 시대별 변천·실태 연구 4: 개화기 국어』, 국립국어연구원.

김혜지(2022), 「유추에 의한 신어 형성 연구」, 이화여자대학교 박사학위논문.

김흥수(2004), 「문체 텍스트와 문체론」, 『한국어학』 25, 한국어학회.

남경완(1999), 「어휘 의미론 연구사」, 『현대의 국어 연구사(1945-1998)』(수정·증보판), 박이정.

남경완(2000), 「다의 분석을 통한 국어 어휘의 의미 관계 연구」, 고려대학교 석사학위논문.

남경완(2008), 『국어 용언의 의미 분석』(국어학총서 63), 태학사.

남경완(2019), 「구조주의적 관점에서의 어휘 의미관계 고찰: 계열적 의미관계를 중심으로」, 『한국어 의미학』 66, 한국어 의미학회.

남경완·이동혁(2004), 「틀의미론으로 분석한 "사다"와 "팔다"의 의미 분절 양상」, 『언어』 29-1, 한국언어학회.

남광우(1973), 『조선(이조)한자음연구: 임란전 현실한자음을 중심으로』, 일조각.

남광우(1978), 「서울말의 발음경향과 표준말의 문제점」, 『어문연구』 20, 한국어문교육연구회.

남광우(1992), 「중세국어 한자어에 대한 기초적 연구」, 『한국어문』 1, 한국정신문화연구원.

남성우(1997), 「어휘 의미의 변화」, 『국어사연구』, 태학사.

남성우(2001), 『월인석보와 법화경언해의 동의어 연구』, 태학사.

남성우(2006), 『16세기 국어의 동의어 연구』, 박이정.

남성우 외(2007), 『국어사 연구와 자료』, 태학사.

남윤진(1989), 「십오세기 국어의 접속어미에 대한 연구」, 『국어연구』 93, 서울대학교 국어연구회.

남풍현(1998), 「고대 국어 자료」, 『국어의 시대별 변천·실태 연구 3: 고대 국어』, 국립국어연구원.

남풍현(1999), 『국어사를 위한 구결연구』, 태학사.

남풍현(2000), 『구결연구』, 태학사.

도수희(1987), 『한국어음운사연구』, 탑출판사.

렴종률(1980), 『조선어문법사』, 김일성종합대학출판사(탑출판사, 1989, 영인본).

류광식(1990), 「15세기 국어 부정법의 연구」, 건국대학교 석사학위논문.

류　렬(1992), 『조선말력사(2)』, 사회과학출판사.

류성기(1992), 「사동사 사동법의 변화와 사동사 소멸」, 『국어학』 22, 국어학회.

류성기(1993), 『한국어 사동사 연구』, 홍문각.

류성기(1997), 「근대 국어 형태」, 『국어의 시대별 변천·실태 연구 2: 근대 국어』, 국립국어연구원.

류현미(2002), 「반복의문문의 화행과 대화기능」, 『어문연구』 39, 언어연구학회.

문금현(1996), 「국어의 관용 표현 연구」, 서울대학교 박사학위논문.

문금현(2000), 「구어 텍스트를 활용한 한국어 어휘교육」, 『한국어교육』 11-2, 국제한국어교육학회.

문금현(2002), 「광고문에 나오는 간접표현의 의미 분석」, 『한국어 의미학』 12, 한국어 의미학회.

문금현(2004), 「전제의 유형」, 『한국어 의미학』 14, 한국어 의미학회.

문금현(2009),「한국어의 고정적인 화용 표현 연구」,『국어국문학』 152, 국어국문학회.
문금현(2013),「색채어 관련 관용표현에 나타난 인지의미 양상」,『국어국문학』 163, 국어국문학회.
문병열(2009),「중세국어 한정 보조사의 의미·기능과 그 변화 양상」,『국어학』 54, 국어학회.
문유진(1996),「의미론적 어휘개념에 기반한 한국어 명사 WordNet의 설계와 구축」, 서울대학교 박사학위논문.
문효근(1974),『한국어 성조의 분석적 연구: 15세기 성조와 방언 성조와의 대조』, 세종출판공사.
민현식(1988),「중세국어 어간형 부사에 대하여」,『선청어문』 16·17(합집), 서울대학교국어교육과.
민현식(1991),『국어의 시상과 시간부사』, 개문사.
민현식(1995),「국어 어휘사의 시대 구분에 대하여」,『국어학』 25, 국어학회.
민현식(1996),「중세국어의 교체 현상 기술에 대한 재검토」,『이기문교수정년퇴임기념논총』, 신구문화사.
민현식(1998),「시간어의 어휘사」, 심재기 외,『국어 어휘의 기반과 역사』, 태학사.
민현식(1999ㄱ),「개화기 국어 문법」,『국어의 시대별 변천·실태 연구 4: 개화기 국어』 4, 국립국어연구원.
민현식(1999ㄴ),『국어정서법 연구』, 태학사.
민현식 외(2019),『국어 의미 교육론』, 태학사.
박금자(1988),「중세문헌의 협주의 성격」,『주시경학보』 2, 주시경연구소.
박금자(1997),『15세기 언해서의 협주 연구』(텍스트언어학총서 3), 집문당.
박기영(2005),「개화기 한국어의 음운 연구」, 서울대학교 박사학위논문.
박만규(2002),「다의어의 의미 분할과 의미 부류」,『한글』 257, 한글학회.
박병채(1971),『고대국어의 연구: 음운편』, 고려대학교 출판부.
박병채(1989),『국어발달사』, 세영사.
박선우(2006),「국어의 유추적 음운현상에 대한 연구」, 고려대학교 박사학위논문.
박성종(1998),「고대 국어 어휘」,『국어의 시대별 변천·실태 연구 3: 고대 국어』, 국립국어연구원.
박성종(2006),『조선초기 고문서 이두문 역주』, 서울대학교 출판부.
박숙희(2004),「어간 재구조화의 두 요인」,『한글』 265, 한글학회.
박여성(1995),「화행론적 텍스트유형학을 위하여」,『텍스트 언어학』 2, 한국텍스트언어학회.
박여성(1996),「간텍스트성의 문제: 현재 독일어의 실용 텍스트를 중심으로」,『텍스트 언어학』 3, 한국텍스트언어학회.
박여성(1997),「비난 또는 헌사: 서평에 대한 텍스트 언어학적 고찰」,『텍스트 언어학』 4, 한국텍스트언어학회.
박영섭(1992),『개화기 국어 어휘 자료집: 신소설 편』, 솔터.

박영순(1996), 『한국어 의미론』, 고려대학교 출판부.
박영순(1997), 「21세기 국어 문장 의미 연구의 방향」, 『한국어 의미학』 1, 한국어 의미학회.
박영순(2000), 『한국어 은유 연구』, 고려대학교 출판부.
박영순(2001), 『한국어 문장의미론』, 박이정.
박영순(2007), 『한국어 화용론』, 박이정.
박영준(1987), 「현대국어 명령문 연구: 사회언어학적 접근」, 고려대학교 석사학위논문.
박영환(1991), 『지시어의 의미 기능』, 한남대학교 출판부.
박용익(2001), 『대화분석론』(개정증보판), 역락.
박용찬(2008), 『중세국어 연결어미와 보조사의 통합형』(국어학총서 62), 태학사.
박재연(2014ㄱ), 「한국어 연결어미 의미 확장에서의 환유와 은유」, 『국어학』 70, 국어학회.
박재연(2014ㄴ), 「한국어 환유 표현의 체계적 분류 방법」, 『한국어 의미학』 45, 한국어 의미학회.
박재연(2015ㄱ), 「양태와 관습적 간접 화행의 환유적 연계: 요청 화행을 중심으로」, 『국어학』 73, 국어학회.
박재연(2015ㄴ), 「한국어 어미 결합에서나타나는 비합성적 의미 해석」, 『언어와 정보사회』 26, 서강대학교 언어정보연구소.
박재연(2019ㄱ), 「일상 언어의 은유와 환유」, 『새국어생활』 29-4, 국립국어원.
박재연(2019ㄴ), 『한국어 어미의 의미』, 집문당.
박재연(2022), 「한국어 문법 형식의 의미 기술을 위한 의미의 종류 설정에 대하여」, 『한국어 의미학』 30, 한국어 의미학회.
박종갑(1996), 『국어의미론』, 박이정.
박종덕(2004), 『경상도 방언 모음체계 변천사』, 박이정.
박종희(2008), 「중세 국어의 분철 표기형과 대응 이론」, 『한글』 279, 한글학회.
박지용(2016), 「중세한국어의 '곤가'와 관련 어휘에 대하여」, 『구결연구』 37, 구결학회.
박지용(2020), 「원인·이유의 연결어미 '-어서'-와 '-니까' 연구」, 서울대학교 박사학위논문.
박진호(1994), 「중세국어의 피동적 '-어 잇-' 구문」, 『주시경학보』 13, 주시경연구소.
박진호(1995), 「현대국어 '만', '뿐', '따름'과 중세국어 '만', '쑨', 'ᄯᆞ름'의 문법적 지위에 대하여」, 『국어학논집』 2, 태학사.
박진호(1998), 「고대 국어 문법」, 『국어의 시대별 변천·실태 연구 3: 고대 국어』, 국립국어연구원.
박진호(2006), 「중세국어에서 형용사와 결합하는 '-어 잇-'의 상적 의미」, 『구결연구』 17, 구결학회.
박진호(2007), 「유형론적 관점에서 본 한국어 대명사 체계의 특징」, 『국어학』 50, 국어학회.
박진호(2012), 「의미지도를 이용한 한국어 어휘요소와 문법요소의 의미 기술」, 『국어학』 63, 국어학회.
박창원(1983), 「고성지역어의 모음사에 대하여」, 『국어연구』 54, 서울대학교 국어연구회.

박창원(1984), 「중세국어의 음절말 자음체계」, 『국어학』 13, 국어학회.
박창원(1987), 「15세기 국어의 음절경계」, 『진단학보』 64, 진단학회.
박창원(1990), 「병서」, 『국어연구 어디까지 왔나』, 동아출판사.
박창원(1991), 「국어 자음군 연구」, 서울대학교 박사학위논문.
박창원(1996), 『중세국어 자음 연구』, 한국문화사.
박창원(1997), 「연구방법과 변화유형」, 『국어사연구』, 태학사.
박철우(2011), 「화시의 기능과 체계에 대한 고찰」, 『한국어 의미학』 36, 한국어 의미학회.
박철우(2012), 「양화사와 의미」, 『한국어 의미학』 39, 한국어 의미학회.
박철우(2013ㄱ), 「부정문의 중의성 문제 재고: 작용역과 정보구조의 상호작용」, 『국어학』 68, 국어학회.
박철우(2013ㄴ), 「어휘부와 의미론」, 『국어학』 66, 국어학회.
박철우(2015), 「보조사의 기능과 정보구조」, 『국어학』 73, 국어학회.
박철우 외(2023), 『한국어 의미론』, 사회평론 아카데미.
박태영(1993), 「15세기 국어의 사동법 연구」, 단국대학교 석사학위논문.
박형우(1994), 「중세국어 조사 '이/의'에 대한 연구」, 한국교원대학교 석사학위논문.
박희숙(1984), 「대명율직해의 이두연구」, 명지대학교 박사학위논문.
박희식(1984), 「중세국어의 부사에 대한 연구」, 『국어연구』 63, 서울대학교 국어연구회.
방종현(1948), 『훈민정음통사』, 일성당서점.
배도용(2002), 『우리말 의미 확장 연구』, 한국문화사.
배도용(2007), 「어휘의미론 연구의 현황과 전망: 어휘의미론 연구사를 중심으로」, 『우리말연구』 21, 우리말학회.
배석범(1994), 「용비어천가의 문체에 대한 일고찰」, 『국어학』 24, 국어학회.
배영환(2005), 「'ㅎ'-말음 어간의 재구조화 연구」, 한국학중앙연구원 박사학위논문.
배주채(2006), 「표준발음법의 이상」, 『어문연구』 34-3, 한국어문교육연구회.
배주채(2010), 「현대국어 음절 가짓수 연구」, 『어문연구』 38-4, 한국어문교육연구회.
배해수(1989), 「낱말밭 분석 연구의 의의」, 『한글』 203, 한글학회.
백두현(1992), 『영남 문헌어의 음운사 연구』(국어학총서 19), 태학사.
백두현(1997ㄱ), 「19세기 국어의 음운사적 고찰: 모음론」, 『한국문화』 20, 서울대학교 한국문화연구소.
백두현(1997ㄴ), 「차자표기와 형태론」, 『새국어생활』 7-4, 국립국어연구원.
백채원(2017), 「한국어 피동문의 역사적 연구」, 서울대학교 박사학위논문.
서반석(2018), 「한국어 접속 부사에 대한 인지·텍스트적 연구」, 서울대학교 박사학위논문.
서반석(2021), 「'결과'와 '환언'의 접속 부사 '그러니까' 연구」, 『국어학』 100, 국어학회.

서상규(1991), 「16세기 국어의 말재어찌씨의 통어론적 연구」, 연세대학교 박사학위논문.

서울대국어연구회 편(1990), 『국어연구 어디까지 왔나』, 동아출판사.

서울대학교 국어교육연구소 편(2014), 『한국어교육학 사전』, 하우.

서정목(1982), 「15세기 국어 동명사 내포문의 주어의 격에 대하여」, 『진단학보』 53·54(합병호), 진단학회.

서정목(1987), 『국어 의문문 연구』, 탑출판사.

서정섭(1986), 「중세국어의 대립 양보의 접속어미에 관한 연구」, 전북대학교 석사학위논문.

서종학(1991), 「이두의 문법형태 표기에관한 역사적 연구」, 서울대학교 박사학위논문.

서 혁(1996), 「담화의 구조와 주제 구성에 관한 연구」, 서울대학교 박사학위논문.

서혜진(2022), 「신어의 유형과 생성 원리에 대한 연구: 신형어와 신의어를 중심으로」, 성균관대학교 박사학위논문.

석주연(2002), 「중세국어의 인용문과 선어말어미 '오'」, 『형태론』 4-1, 형태론 편집위원회.

석주연(2003), 『노걸대와 박통사의 언어』(국어학 총서 47), 태학사.

성기철(1979), 「십오세기국어의 화계 문제」, 『논문집』 13, 서울시립대학교.

성원경(1972), 「한자운으로 본 'ㆍ' 음가의 재고」, 『국문학논집』 5·6, 단국대학교.

성은실(2010), 「한국어 금지 화행 연구」, 『국어연구』 219, 서울대학교 국어연구회.

소강춘(1989), 『방언분화의 음운론적 연구』, 한신문화사.

소강춘(1991), 「원순모음화 현상에 의한 모음체계의 통시성과 공시성」, 『국어국문학』 105, 국어국문학회.

소강춘(1993), 「구개음화의 통시성과 그 공시적 분화상에 관한 연구: 전북방언을 중심으로」, 『국어문학』 28, 전북대학교 국어문학회.

소신애(2006), 「공시적 음운 변이와 통시적 음운 변화의 상관성: 함북 육진 방언을 중심으로」, 서강대학교 박사학위논문.

소신애(2008), 「중세 국어 음절말 유음의 음가와 그 변화: 방언 자료와 문헌 자료에 근거하여」, 『국어학』 53, 국어학회.

소신애(2012), 「국어의 ㅿ>ㅈ 변화에 대하여」, 『진단학보』 114, 진단학회.

손남익(1993), 「어휘 의미론 연구사(1)」, 『현대의 국어연구사』, 서광학술자료사.

손남익(2006), 「국어 반의어의 존재 양상」, 『한국어 의미학』 19, 한국어 의미학회.

손세모돌(1992), 「중세국어의 'ᄇᆞ리다'와 '디다'에 대한 연구」, 『주시경학보』 9, 주시경연구소.

손춘섭(2000), 「현대국어의 정도어에 대한 연구」, 전남대학교 박사학위논문.

손희하(1991), 「새김 어휘 연구」, 전남대학교 박사학위논문.

손희하(1992), 「영남대본 천자문 연구」, 『국어국문학』 108, 국어국문학회.

송경숙(2003), 『담화화용론』, 한국문화사.
송기중(1986), 「신라 전반기의 관직명·인명과 북방민족어」, 『진단학보』 61, 진단학회.
송기중(1991), 「이론적 측면에서 본 15세기 국어의 /·/음, 모음체계, 모음조화」, 『국어학』 21, 국어학회.
송 민(1986), 『전기근대국어 음운론 연구: 특히 구개음화와 '·'음을 중심으로』, 탑출판사.
송 민(1988), 「국어에 대한 일본어의 간섭」, 『국어생활』 14, 국어연구소.
송 민(1992), 「개화기의 어휘 개신에 대하여」, 『어문학논총』 11, 국민대학교.
송 민(1994), 「갑오경장기의 어휘」, 『새국어생활』 4-4, 국립국어연구원.
송 민(1997), 「국어사의 시대 구분」, 『국어사 연구』, 태학사.
송 민(1999), 「개화초기 신생한자어 수용」, 『어문학논총』 18, 국민대학교.
송원용(2005), 『국어 어휘부와 단어 형성』(국어학총서 50), 태학사.
송창선(1993), 「15세기 국어의 사동·피동 표현 양상」, 『어문학』 54, 어문학회.
송철의(1987), 「15세기 국어의 표기법에 대한 음운론적 고찰: 훈민정음 창제 초기문헌을 중심으로」, 『국어학』 16, 국어학회.
송철의(1992), 『국어의 파생어형성 연구』, 태학사.
송철의(1993), 「언어 변화와 언어의 화석」, 『국어사 자료와 국어학의 연구』, 문학과지성사.
송철의(1998), 「표준 발음법」, 『우리말 바로 알기』, 문화관광부.
시 부(1993), 「중세한국어의 의문법어미에 대한 각서」, 『국어사자료와 국어사연구』, 문학과지성사.
신명선(2003), 「지적 사고도구어 교육 연구」, 서울대학교 박사학위논문.
신승용(2000), 「음운 변화의 원인과 과정에 대한 통시적 연구」, 서강대학교 박사학위논문.
신승용(2004), 「교체의 유무와 규칙의 공시성·통시성」, 『어문연구』 32-4, 한국어문교육연구회.
신중진(2007), 『개화기 국어의 명사 어휘 연구』(국어학총서 60), 태학사.
신지연(1998), 『국어 지시용언 연구』(국어학총서 28), 태학사.
신지연(2001), 「감탄사의 의미 구조」, 『한국어 의미학』 8, 한국어 의미학회.
신지연(2011), 「주제 분석과 텍스트 유형」, 『한국어 의미학』 36, 한국어 의미학회.
신지영(2006), 「표준 발음법에 대한 비판적 검토」, 『한국어학』 30, 한국어학회.
신지영(2011), 「음운론과 어문 규범」, 『한국어학』 50, 한국어학회.
신현숙(1986), 『의미 분석의 방법과 실제』, 한신문화사.
신현숙(1997), 「21세기 담화 의미 연구의 방향」, 『한국어 의미학』 1, 한국어 의미학회.
신현숙(1998), 「한국어 어휘교육과 의미 사전」, 『한국어교육』 9-2, 국제한국어교육학회.
심재기(1982), 『국어어휘론』, 집문당.
심재기(1992), 「개화기 교과서의 문체에 대하여」, 『국어국문학』 107, 국어국문학회.

심재기(1994), 「국어 어휘 의미론」, 『현대언어학 지금 어디로』, 한신문화사.

심재기(2000), 『국어 어휘론 신강』, 태학사.

심재기·이기용·이정민(1984), 『의미론 서설』, 집문당.

심재기 외(1998), 『국어 어휘의 기반과 역사』, 태학사.

안대현(2000), 「15세기 국어의 홀소리체계에 대한 연구」, 연세대학교 석사학위논문.

안대현(2009), 「한국어 중앙어 ㄷ구개음화의 발생 시기」, 『국어학』 54, 국어학회.

안병희(1959), 「십오세기국어의 활용어간에 대한 형태론적 연구」, 『국어연구』 7, 서울대학교 국어연구회.

안병희(1967), 「문법사」, 『한국문화사대계 V』(언어문학사), 고려대학교 민족문화연구소.

안병희(1977), 『중세국어 구결의 연구』, 일지사.

안병희(1978), 『십오세기 국어의 활용어간에 대한 형태론적 연구』(국어학선서 2), 탑출판사.

안병희(1992ㄱ), 『국어사연구』, 문학과지성사.

안병희(1992ㄴ), 『국어사자료연구』, 문학과지성사.

안병희(2007ㄱ), 『최세진연구』(국어학총서 6), 태학사.

안병희(2007ㄴ), 『훈민정음연구』, 서울대학교 출판부.

안병희·윤용선·이호권(2002), 『중세국어연습』, 한국방송통신대학교 출판부.

안병희·이광호(1990), 『중세국어문법론』, 학연사.

안의정(2014), 「구어 어휘의 의미 연구방법론: 말뭉치 기반 사용역 변이 연구를 중심으로」, 『한국어 의미학』 43, 한국어 의미학회.

양명희(1994), 「국어 대용어의 특성과 기능」, 『국어학』 24, 국어학회.

양명희(2006), 「비지시 대용어의 대용성」, 『한국어 의미학』 19, 한국어 의미학회.

양영희(2001), 「중세국어 공손법 등급에서의 '-닝다'체 위상」, 『국어학』 38, 국어학회

양영희(2006), 「중세 국어 '재귀대명사' 설정에 대한 재고」, 『한글』 273, 한글학회.

양영희(2007), 「15세기국어 대명사 체계 설정: 인칭대명사를 중심으로」, 『배달말』 40, 배달말학회.

양정호(1991), 「중세국어 파생 접미사 연구」, 『국어연구』 105, 서울대학교 국어연구회.

양정호(2002), 「중세국어의 보어 설정에 대하여」, 『문법과 텍스트』, 서울대학교 출판부.

양정호(2003), 『동명사 구성의 '-오-' 연구』(국어학총서 57), 태학사.

양정호(2005), 「중세국어의 '-기'에 대하여」, 『우리말연구 서른아홉마당』, 태학사.

양태식(1987), 「우리나라 의미론 연구의 동향」, 『우리말의 의미』, 과학사.

엄태수(2001), 「한글 맞춤법의 원리에 대한 검토」, 『시학과 언어학』 1, 시학과 언어학회.

연규동(1996), 「근대국어 어휘집 연구: 언해류 역학서를 중심으로」, 서울대학교 박사학위논문.

연규동(1998), 『통일 시대의 한글 맞춤법』, 박이정.

연재훈(2008), 「한국어에 능격성이 존재하는가」, 『한글』 282, 한글학회.
오새내(2008), 「일제 강점기 서울 지역어의 성격과 표준어와의 관계」, 『한국어학』 40, 한국어학회.
오예옥(2004), 『형식의미론과 인지의미론에서 본 어휘의미론』, 역락.
오정란(1988), 『경음의 국어사적 연구』, 한신문화사.
오정란(1990), 「구개음화의 음운론적 위상」, 『국어국문학』 103, 국어국문학회.
오정란(2000), 「중세 국어 모음체계의 대립과 조정양상」, 『한국어학』 12, 한국어학회.
오종갑(1988), 『국어 음운의 통시적 연구』, 계명대학교 출판부.
오창명(1995), 「조선전기이두의 국어사적 연구」, 단국대학교 박사학위논문.
왕문용(1987), 「후기 근대국어의 의존명사 연구」, 서울대학교 박사학위논문.
왕문용(1996), 「국어의 형태 분석: 국어의 통시적 연구에서의 형태 분석」, 『국어학』 27, 국어학회.
우민섭(1997), 「범어 음역을 통해서 본 중세국어 음운」, 『한국언어문학』 39, 한국언어문학회.
우창현(2005), 「중세 국어에서의 상 해석에 대하여: "-아/어 잇-"을 중심으로」, 『한국어학』 29, 한국어학회.
우형식(2001), 『한국어 분류사의 범주화 기능 연구』, 박이정출판사.
원진숙(1988), 「국어 동의문 연구」, 고려대학교 박사학위논문.
위국봉(2015), 「고대 한국어 음운 체계 연구: 전승 한자음을 대상으로」, 서강대학교 박사학위논문.
유경민(2005), 「지시어 '저'의 제한적 기능에 대한 통시적 고찰」, 『한국어 의미학』 16, 한국어 의미학회.
유동석(1984), 「양태 조사의 통보 기능에 대한 연구: '이', '은', '을'을 중심으로」, 『국어연구』 60, 서울대학교 국어연구회.
유동석(1987), 「15세기 국어 계사의 형태교체에 대하여」, 『우해 이병선박사회갑기념논총』, 형설출판사.
유동준(1983), 「국어의 분류사와 수량화」, 『국어국문학』 89, 국어국문학회.
유창돈(1961), 『국어변천사』, 통문관.
유창돈(1964), 『이조국어사연구』, 선명문화사.
유창돈(1971), 『어휘사연구』, 선명문화사.
유필재(2000), 「'잡숫다'류 동사의 사전 기술」, 『서울말 연구』 1, 박이정.
유필재(2003), 「후기중세국어 용언 어간의 성조와 기저형 설정」, 『어학연구』 39-1, 서울대학교 언어교육원.
유필재(2007), 「후기 중세국어 부사파생접미사 '-이'의 형태음운론」, 『국어학』 49, 국어학회.
유필재(2008), 「후기중세국어 1음절 명사의 성조 교체: 비자동적 교체를 중심으로」, 『국어국문학』 149, 국어국문학회.
유필재(2014), 「중세국어 평성, 상성 변동 명사와 관련 제약」, 『어학연구』 50-3, 서울대학교 언어교육원.
유현경·강현화(2002), 「유사관계 어휘정보를 활용한 어휘교육 방안」, 『외국어로서의 한국어교육』 27, 연세대학교 언어교육원.
윤석민(1989), 「국어의 텍스트 언어학적 연구 시론」, 『국어연구』 92, 서울대학교 국어연구회.
윤석민(1993), 「'-시-', '-삽-'의 의미·화용론적 고찰」, 『국어학논집』 1, 태동.
윤석민(2000), 『현대국어의 문장종결법 연구』, 집문당.
윤석민(2011), 「텍스트언어학과 화용론: 그 상호 접점을 찾아서」, 『한국어 의미학』 34, 한국어 의미학회.
윤용선(1986), 「중세국어 경어법연구」, 『국어연구』 71, 서울대학교 국어연구회.
윤용선(2003), 『15세기 언해자료와 구결문』, 역락.
윤평현(1989), 『국어의 접속어미 연구: 의미론적 기능을 중심으로』, 한신문화사.
윤평현(1997), 「국어 명사의 의미관계에 대한 연구」, 『한국언어문학』 35, 한국언어문학회.
윤평현(2003), 「국어 소형문의 발화 행위에 대한 고찰」, 『한글』 259, 한글학회.
윤평현(2008), 『국어의미론』, 역락.
이건식(1996), 「구결자의 코드체계 정립을 위한 시론」, 『구결연구』 1, 구결학회.
이경우(1998), 『최근세 국어 경어법 연구』, 태학사.
이경호(1998), 「국어 고유명의 의미 기능 연구」, 고려대학교 석사학위논문.
이관규(2002), 『학교 문법론』(개정판), 월인.
이광정(1983), 「15세기국어의 부사형어미 '-게'와 '-이'에 대하여」, 『국어교육』 44·45(합병호), 한국어교육학회.
이광호(1972), 「중세국어의 대격연구」, 『국어연구』 29, 서울대학교 국어연구회.
이광호(2004), 『근대국어문법론』, 태학사.
이광호(2006), 「'낯'과 '얼굴'의 의미 고찰」, 『어문학』 93, 한국어문학회.
이광호(2009), 「'므스'와 '므슥/므슴/므슷'의 의미특성 및 형태변화」, 『국어국문학』 151, 국어국문학회.
이극로(1947), 『실험 도해 조선어 음성학』, 아문각.
이근수(1986), 「ㄷ, ㅅ 종성에 대하여」, 『국어학신연구』, 탑출판사.
이근영(1990), 『국어 변동규칙의 역사적 변천』, 대제각.
이금영(2000), 「선어말어미 '-거/어-'의 통시적 연구」, 충남대학교 박사학위논문.
이기갑(1981), 「씨끝 '-아'와 '-고'의 역사적 교체」, 『어학연구』 17-2, 서울대학교 어학연구소.
이기갑(1995), 「한국어의 담화 표지 '이제'」, 『담화와 인지』 1, 담화·인지 언어학회.
이기동(1986), 「낱말의 의미와 범주화」, 『동방학지』 50, 연세대학교 국학연구원.
이기동(1997), 「관용어, 은유, 그리고 환유」, 『담화와 인지』 4-1, 담화·인지 언어학회.

이기문(1962), 「중세국어의 특수어간 교체에 대하여」, 『진단학보』 23, 진단학회.
이기문(1963), 『국어표기법의 역사적 연구』, 한국연구원.
이기문(1968), 「모음조화와 모음체계」, 『이숭녕박사송수기념논총』, 을유문화사.
이기문(1969), 「중세국어 음운론의 제문제」, 『진단학보』 32, 진단학회.
이기문(1972ㄱ), 『국어사개설』(개정판), 민중서관.
이기문(1972ㄴ), 『국어 음운사 연구』, 탑출판사.
이기문(1974), 「훈민정음 창제에 관련된 몇 문제」, 『국어학』 2, 국어학회.
이기문(1978ㄱ), 「국어의 인칭대명사」, 『관악어문연구』 3, 서울대학교 국어국문학과.
이기문(1978ㄴ), 『16세기 국어의 연구』, 탑출판사.
이기문(1979), 「중세국어 모음론의 현상과 과제」, 『동양학』 9, 단국대학교 동양학연구소.
이기문(1983ㄱ), 「'아자비'와 '아ᄌᆞ미'」, 『국어학』 12, 국어학회.
이기문(1983ㄴ), 「한국어 표기법의 변천과 원리」, 『한국어문의 제문제』, 일지사.
이기문(1991), 『국어 어휘사 연구』, 동아출판사.
이기문(1998), 『국어사개설』(신정판), 태학사.
이기문(2000), 「현대 한국어의 변화들에 대한 단상」, 『서울말 연구』 1, 박이정.
이기연(2012), 「국어 어휘 평가 내용 연구」, 서울대학교 박사학위논문.
이기용(1998), 『언어와 세계: 형식의미론』, 태학사.
이기황·이재윤(2010), 「한국어 사전 어휘의 네트워크 분석」, 『한국사전학』 16, 한국사전학회.
이돈주(1995), 『한자음운학의 이해』, 탑출판사.
이동석(1996), 「국어 이중모음에 대한 통시적 연구」, 고려대학교 석사학위논문.
이동석(2002), 「국어 음운 현상의 소멸과 변화에 대한 연구」, 고려대학교 박사학위논문.
이동혁(2004), 「국어 연어관계 연구」, 고려대학교 박사학위논문.
이동혁·이종열(2007), 「고유명사의 비유적 의미 양상에 대한 연구」, 『한국어 의미학』 23, 한국어 의미학회.
이문규(1999), 「15세기 어두 합용병서의 음가 연구」, 『국어교육연구』 31, 국어교육학회.
이문규(2009), 「중세국어 부사 파생 접사 '-이'의 성조 문제와 '상징어식 성조형'」, 『한글』 283, 한글학회.
이문규(2009), 「음운 규칙의 공시성과 통시성: 진행 중인 음운 변화의 기술 문제를 중심으로」, 『한글』 285, 한글학회.
이문규(2022), 『국어 운소의 역사』, 태학사.
이병근(1973), 「동해안 방언의 이중모음에 대하여」, 『진단학보』 36, 진단학회.
이병근(1976), 「파생어형성과 i역행동화규칙들」, 『진단학보』 42, 진단학회.

이병근(1978), 「국어의 장모음화와 보상성」, 『국어학』 6, 국어학회.
이병근(1979), 『음운현상에 있어서의 제약』, 탑출판사.
이병근(1981), 「유음 탈락의 음운론과 형태론」, 『한글』 173·174, 한글학회.
이병근(1988), 「표준 발음법 해설」, 『표준어 규정 해설』, 국립국어연구원.
이병근(2004), 『어휘사』, 태학사.
이병기(2008), 「중세 국어 '강세접미사'와 '보조용언'의 상관성」, 『국어학』 53, 국어학회.
이병기(2014), 「명사와 국어사」, 『한국어학』 62, 한국어학회.
이병기(2023), 「문법사를 활용한 현대 국어 문법 교육」, 『국어사연구』 37, 국어사학회.
이병운(1993), 「중세국어 음절구조와 음운현상 연구」, 부산대학교 박사학위논문.
이봉원(2003), 「남북한 어문 규범과 그 통일 방안: 남북 표준 발음의 통일 방안」, 『우리어문연구』 20, 우리어문학회.
이상신(1998), 「VyV 연쇄에 대한 통시론적 연구」, 『국어연구』 155, 서울대학교 국어연구회.
이상신(2009), 「학교 문법의 '축약(縮約)' 및 관련 어문 규정에 대하여」, 『국어국문학』 153, 국어국문학회.
이상억(1986), 「모음조화 및 이중모음」, 『국어학신연구 II』, 탑출판사.
이상억(1999), 『국어의 사동·피동 구문연구』, 집문당.
이상욱(2006), 「주어적 속격에 대한 재론」, 『형태론』 8-1, 형태론 편집위원회.
이상훈(2018), 「『삼강행실도』 언해본의 서지학적·국어학적 연구」, 서울대학교 박사학위논문.
이선영(1992), 「중세국어 비통사적 복합동사의 특성」, 『주시경학보』 10, 주시경연구소.
이선영(2006), 『국어 어간복합어 연구』(국어학총서 53), 태학사.
이선영(2011), 「국어의 모순어에 대하여」, 『국어학』 61, 국어학회.
이선영(2012), 「국어의 기본 색채어와 그 의미」, 『국어국문학』 162, 국어국문학회.
이선웅(2003), 「띄어쓰기에 관한 몇 가지 문제」, 『국어국문학』 134, 국어국문학회.
이선웅(2005), 「환유 목적어와 결과 목적어의 통사와 의미」, 『우리말 연구 서른아홉 마당』, 태학사.
이선웅(2008), 「단어의 중의성 실현에서의 몇 문제」, 『이병근선생 퇴임기념 국어학논총』, 태학사.
이선웅(2012), 「문장 부호에 대한 국어학적 고찰」, 『국어학』 64, 국어학회.
이선웅·문병열·오규환(2024), 『한국어 문법론의 점과 선』, 한국문화사.
이선웅·양명희(2015), 「한글 맞춤법 총칙 제1항과 일부 조항에 대한 검토」, 『국어교육연구』 58, 국어교육학회.
이선웅·이승희·정희창(2024), 『한국어 정서법』(개정4판), 사회평론.
이선웅·이정화·서경숙(2024), 『한국어 어휘 교육론』(제3판), 한국문화사.
이성구(1983), 「국어 의문의 유형에 대한 연구」, 서울대학교 석사학위논문.

이성만(1993), 「텍스트 구조의 이해」, 『텍스트 언어학』 1, 한국텍스트언어학회.
이성만(1995), 「언어학적 텍스트 이해의 의미론적 과제」, 『텍스트 언어학』 3, 한국텍스트언어학회.
이성범(1999), 『언어와 의미』, 태학사.
이성범(2002), 『영어화용론』, 한국문화사.
이성범(2015), 『소통의 화용론』, 한국문화사.
이성은(2003), 「간접화행 이해의 메커니즘에 대하여」, 서울대학교 석사학위논문.
이성하(1998), 『문법화의 이해』, 한국문화사.
이수련(2006), 「은유와 환유의 상호작용성 연구: 관용 표현을 중심으로」, 『한글』 271, 한글학회.
이수연(2016), 「한국어 반복구성 연구」, 서울대학교 박사학위논문.
이숭녕(1940), 「'·'음고」, 『진단학보』 12, 진단학회.
이숭녕(1949ㄱ), 「모음조화연구」, 『진단학보』 16, 진단학회.
이숭녕(1949ㄴ), 『조선어음운론연구 제일집 '·'음고』, 을유문화사.
이숭녕(1954ㄱ), 『고전문법』, 을유문화사[『역대한국문법대계』, 탑출판사, ①-88에 재수록].
이숭녕(1954ㄴ), 「순음고」, 『논문집』 1, 서울대학교.
이숭녕(1954ㄷ), 「15세기의 모음체계와 이중모음의 Kontraktion적 발달에 대하여」, 『동방학지』 1, 연세대학교 동방학연구소.
이숭녕(1956), ㅿ음고, 『논문집』 3, 서울대학교.
이숭녕(1960), 「Volitive form으로서의 Prefinal ending 『-(o/u)-』의 개재에 對하여」, 『진단학보』 21, 진단학회.
이숭녕(1961), 「'샤다' 攷」, 『진단학보』 22, 진단학회.
이숭녕(1966), 『국어학론총』, 동아출판사.
이숭녕(1972), 『국어학연구』, 형설출판사.
이숭녕(1981), 『중세국어문법』(개정증보판), 을유문화사.
이슬비(2016), 「한국어 학술 텍스트의 필자 태도 표현 교육 연구」, 서울대학교 박사학위논문.
이승명(1998), 「국어 의미론 연구사」, 『의미론 연구의 새 방향』, 박이정.
이승욱(1973), 『국어 문법 체계의 사적 연구』, 일조각.
이승욱(1974), 「동사어간 형태소의 발달에 대하여」, 『진단학보』 38, 진단학회.
이승재(1989), 「고려시대의 이두에 대한 연구」, 서울대학교 박사학위논문.
이승재(1991), 「훈민정음의 언어학적 이해」, 『언어』 16-1, 한국언어학회.
이승재(1992), 『고려시대의 이두』, 태학사.
이승재(1996), 「'ㄱ' 약화·탈락의 통시적 고찰」, 『국어학』 28, 국어학회.
이승재(1998), 「고대 국어 형태」, 『국어의 시대별 변천·실태 연구 3: 고대 국어』, 국립국어연구원.

이승희(1996), 「중세국어 감동법 연구」, 『국어연구』 139, 서울대학교 국어연구회.
이승희(2007), 『국어 청자높임법의 역사적 변화』(국어학총서 59), 태학사.
이승희(2009), 「중세국어 'NP1앳 NP2' 구성의 의미유형에 대한 고찰」, 『국어학』 54, 국어학회.
이안구(2002), 「'있다'와 '없다'에 대한 통시적 연구」, 『관악어문연구』 26, 서울대학교 국어국문학과.
이영경(2003), 「중세국어 형용사의 동사적 용법에 대하여」, 『형태론』 5-2, 형태론 편집위원회.
이영경(2007), 『중세국어 형용사 구문 연구』(국어학총서 57), 태학사.
이영래(1992), 「간접 언어 행위에 대한 연구」, 경북대학교 박사학위논문.
이 용(1991), 「18세기 국어의 시상에 관한 연구」, 서울시립대학교 석사학위논문.
이원직(1996), 「어휘 의미론의 현황과 전망」, 『한국어학』 4, 한국어학회.
이유미(2004), 「의사소통 구조의 화용적 연구」, 『한국어 의미학』 15, 한국어 의미학회.
이유미(2005), 「국어 담화상의 중의 표현 연구」, 중앙대학교 박사학위논문.
이유미(2011), 「의사소통과 화용론: 화용론과 의사소통론의 연구 범주를 통한 고찰」, 『한국어 의미학』 34, 한국어 의미학회.
이은경(1998), 「텔레비전 토크쇼의 연결 어미 분석」, 『텍스트 언어학』 5, 한국텍스트언어학회.
이은령·윤애선(2007), 「표준국어대사전의 동사 정보 개선을 위한 연구」, 『한민족어문학』 51, 한민족어문학회.
이은섭(2006), 「중세국어 부사 범주에 관한 시론」, 『국어학논총』, 태학사.
이응백(1988), 「'표준어 규정' 해설」, 『국어생활』 13, 국어연구소.
이의종(2020), 「한국어 연결 어미의 레지스터 분석」, 서울대학교 박사학위논문.
이익섭(1983), 「한국어 표준어의 제문제」, 『한국 어문의 제문제』, 일지사.
이익섭(1988), 「국어 표준어의 형성과 변천」, 『국어생활』 13, 국어연구소.
이익섭(1992), 『국어표기법연구』, 서울대학교 출판부.
이익환(1983), 『현대의미론』, 민음사.
이익환(1995), 『의미론개론』(수정증보판), 한신문화사.
이익환(2000), 『영어의미론』, 한국문화사.
이재원(2009), 『광고로 읽는 언어학』(개정판), 공감.
이정복(2002), 『국어 경어법과 사회언어학』, 월인.
이정복(2003), 『인터넷 통신 언어의 이해』, 월인
이정복(2009), 『인터넷 통신 언어의 확산과 한국어 연구의 확대』, 소통.
이정식(2003), 『다의어 발생론』, 역락.
이정택(1994ㄱ), 「15세기 국어의 입음법과 하임법」, 『한글』 223, 한글학회.
이정택(1994ㄴ), 「15C 국어 입음법 유사 형식에 대하여」, 『우리말글 연구』 1, 우리말학회.

이정화(2009), 「한국어 직시적 이동사건의 의미에 대한 말뭉치 연구」, 『한국어 의미학』 29, 한국어 의미학회.
이종열(2002), 「국어 환유표현의 사상적 특징과 의미 작용」, 『어문학』 76, 한국어문학회.
이종열(2007), 「개념적 환유 이론에 대한 비판적 연구」, 『국어교육연구』 40, 국어교육학회.
이주행(1988), 『한국어 의존명사의 통시적 연구』, 한샘.
이주행(1993), 「후기 중세국어의 사동법」, 『국어학』 23, 국어학회.
이준환(2011), 「일본한자음과의 비교를 통한 /ㆍ/의 음가 고찰」, 『국어학』 61, 국어학회.
이준희(1999), 「국어의 간접화행에 관한 연구」, 한양대학교 박사학위논문.
이준희(2001), 「명령문의 간접 화행」, 『한국어 의미학』 8, 한국어 의미학회.
이지수(2016), 「한국어 명령문의 문법과 화행 연구」, 서울대학교 박사학위논문.
이지영(2008ㄱ), 『한국어 용언부정문의 역사적 변화』(국어학총서 61), 태학사.
이지영(2008ㄴ), 「'-은지'와'-을지'의 통시적 변화」, 『국어학』 53, 국어학회.
이지은(2007), 「고전 이해 능력을 위한 문법 형태 교육 연구」, 서울대학교 석사학위논문.
이진호(1997), 「국어 어간말 자음군과 관련 현상에 대한 통시음운론」, 『국어연구』 147, 서울대학교 국어연구회.
이진호(1999), 「중세국어 유성마찰음의 설정 여부」, 『형태론』 1-2, 형태론 편집위원회.
이진호(2003), 「음운론적 시각에서 본 중세국어 합성어의 긴밀성」, 『진단학보』 95, 진단학회.
이진호(2008ㄱ), 「국어 표준 발음법의 제정 과정」, 『어문학』 100, 한국어문학회.
이진호(2008ㄴ), 『통시적 음운 변화의 공시적 기술』, 삼경문화사.
이진호(2009), 「현대국어의 음운사적 고찰」, 『국어사연구』 9, 국어사학회.
이진호(2011), 「국어 반모음화에 따른 운소 변동의 통시적 고찰」, 『국어학』 60, 국어학회.
이진호(2012), 『한국어의 표준 발음과 현실 발음』, 아카넷.
이진호(2013), 「'ᄋᆞ'의 음가론」, 『국어사연구』 17, 국어사학회.
이진호(2015), 「중세 국어의 성조 축약 양상과 제약」, 『국어학』 75, 국어학회.
이진호(2024), 『한국어 종성 체계의 언어 유형론』, 서울대학교출판부.
이찬규(2001), 「문장 의미 해석을 위한 한국어 동사의 층위별 의미 자질 구조화」, 『한국어 의미학』 8, 한국어 의미학회.
이찬규(2004), 「발화 의미 분석의 시스템적 접근」, 『한국어 의미학』 15, 한국어 의미학회.
이창덕(1992), 「질문행위의 언어적 실현에 관한 연구」, 연세대학교 박사학위논문.
이태영(1985), 「주격조사 {가}의 변천에 대하여」, 『국어문학』 25, 전북대학교.
이태욱(1995), 「중세국어의 부정법 연구」, 성균관대학교 박사학위논문.
이필영(1995), 『국어의 인용구문 연구』, 탑출판사.

이필영(2003), 「간접 화행 해석의 조건과 방향」, 『텍스트 언어학』 15, 텍스트언어학회.
이한민(2010), 「한·영 의문문 형식의 간접 화행 연구」, 『담화와 인지』 17-2, 담화·인지 언어학회.
이해영(1996), 「현대한국어 종결어미와 부담줄이기의 상관성」, 이화여자대학교 박사학위논문.
이해윤(2015), 「한국어 문장 유형의 분류」, 『한국어 의미학』 47, 한국어 의미학회.
이혁화(2007), 「'애아' 모음 연쇄의 통시적 변화와 공시적 기술」, 『국어국문학』 146, 국어국문학회.
이현규(1984), 「명사형어미 '-기'의 변화」, 『목천유창균박사회갑기념논문집』, 계명대학교 출판부.
이현복(1989), 『한국어의 표준발음』, 교육과학사.
이현희(1982), 「국어 의문법에 대한 통시적 연구」, 『국어연구』 52, 서울대학교 국어연구회.
이현희(1985), 「'ᄒᆞ다'동사의 성격에 대하여」, 『한신논문집』 2, 한신대학교.
이현희(1986ㄱ), 「중세국어 내적 화법의 성격」, 『한신논문집』 3, 한신대학교.
이현희(1986ㄴ), 「중세국어 '둗겁-'의 형태론」, 『진단학보』 63, 진단학회.
이현희(1986ㄷ), 「중세국어의 용언어간말 'ᄒᆞ-'의 성격에 대하여」, 『국어학신연구』, 탑출판사.
이현희(1987), 「국어의 어중·어말 'ㄱ'의 성격에 대한 종합적 고찰」, 『한신논문집』 4, 한신대학교.
이현희(1989), 「국어 문법사 연구 30년」(1959~1989), 『국어학』 19, 국어학회.
이현희(1990), 「훈민정음」, 『국어연구 어디까지 왔나』, 동아출판사.
이현희(1991ㄱ), 「국어 어휘사 연구의 흐름」, 『국어학연구 백년사 Ⅱ』, 일조각.
이현희(1991ㄴ), 「중세국어 명사문의 성격」, 『국어학의 인식과 전개』, 민음사.
이현희(1991ㄷ), 「중세국어의 합성어와 음운론적인 정보」, 『석정 이승욱선생 회갑기념논총』, 서강대학교 국어국문학과.
이현희(1992), 「국어문법사 기술의 몇 문제」, 『한국어문』 2, 한국정신문화연구원.
이현희(1994ㄱ), 「19세기 국어의 문법사적 고찰」, 『한국문화』 15, 서울대학교 한국문화연구소.
이현희(1994ㄴ), 『중세국어 구문 연구』, 신구문화사.
이현희(1996ㄱ), 「중세 국어 자료」, 『국어의 시대별 변천·실태 연구 1: 중세 국어』, 국립국어연구원.
이현희(1996ㄴ), 「중세국어 부사 '도로'와 '너무'의 내적 구조」, 『이기문교수정년퇴임기념논총』, 신구문화사.
이현희(1996ㄷ), 「중세국어의 용언 어간말 '-ᄒᆞ-'의 성격에 대하여」, 『국어학신연구』, 탑출판사.
이현희(1997), 「중세국어 강세접미사에대한 일고찰」, 『한국어문학논고』, 태학사.
이현희(1999), 「개화기 국어 자료」, 『국어의 시대별 변천·실태 연구 4: 개화기 국어』, 국립국어연구원.
이현희(2002), 「중세·근대국어 형태론의 몇 문제」, 『문법과 텍스트』, 서울대학교 출판부.
이현희(2006), 「'멀리서'의 통시적 문법」, 『관악어문연구』 31, 서울대학교 국어국문학과.
이현희·이호권·이종묵·강석중(1997), 『두시와 두시언해 ⑦』, 신구문화사.
이혜용(2011), 「의사소통적 특성을 고려한 정표화행의 유형 분류」, 『한국어 의미학』 34, 한국어 의미학회.

이혜용(2015), 『한국어 정표화행 연구: 정표화행의 유형 분류와 수행 형식』, 역락.

이호권(1987), 「법화경의 언해에 대한 비교 연구」, 『국어연구』 78, 서울대학교 국어연구회.

이호권(2001), 『석보상절의 서지』(국어학총서 39), 태학사.

이호영(2000), 「서울말과 표준발음법」, 『서울말 연구』 1, 박이정.

이후인(2022), 「한국어 접속 현상에 대한 담화 해석 연구」, 서울대학교 박사학위논문.

이희승(1949), 『초급국어문법』, 박문출판사[『역대한국문법대계』, 탑출판사, 1-85에 재수록].

이희승(1955), 『국어학개설』, 민중서관.

이희승(1959), 『한글 맞춤법 통일안 강의』(새로고친판), 신구문화사.

이희승 외 2인(2015), 『개정 한글 맞춤법 강의』, 신구문화사.

이희자(1994), 「국어의 주제부/설명부 구조 연구: 텍스트의 구성 성분으로서의 '발화문'과 '발화문'의 구성 성분으로서의 '주제부/설명부'」, 『국어학』 24, 국어학회.

임근석(2010), 『한국어 연어 연구』, 월인.

임동훈(1994), 「중세국어 선어말어미 {-시-}의 형태론」, 『국어학』 24, 국어학회.

임동훈(2000), 『한국어 어미 '-시-'의 문법』(국어학총서 37), 태학사.

임동훈(2001), 「'-겠-'의 용법과 역사적 해석」, 『국어학』 37, 국어학회.

임동훈(2005), 「'-오-' 논의의 쟁점들」, 『우리말연구 서른아홉마당』, 태학사.

임동훈(2011), 「담화 화시와 사회적 화시」, 『한국어 의미학』 36, 한국어 의미학회.

임동훈(2012), 「'은/는'과 종횡의 의미 관계」, 『국어학』 64, 국어학회.

임용기(1991), 「훈민정음의 삼분법 형성 과정」, 연세대학교 박사학위논문.

임지룡(1985), 「어휘 체계의 빈자리에 대하여」, 『소당 천시권박사 화갑기념 국어학논총』, 경북대학교 출판부.

임지룡(1990), 「의미의 성분분석에 대한 종합적검토」, 『국어교육연구』 22, 국어교육연구회.

임지룡(1992ㄱ), 『국어의미론』, 탑출판사.

임지룡(1992ㄴ), 「국어 의미론 연구사」, 『국어국문학 40년』, 집문당.

임지룡(1995), 「환유의 인지적 의미특성」, 『국어교육연구』 27, 국어교육연구회.

임지룡(1996), 「국어 어휘/의미 연구의 성과와 전망」, 『광복 50주년국학의 성과』, 한국정신문화연구원.

임지룡(1997), 「21세기 국어 어휘 의미 연구의 방향」, 『한국어 의미학』 1, 한국어 의미학회.

임지룡(2001), 「다의어 '사다' '팔다'의 인지의미론적 분석」, 『국어국문학』 129, 국어국문학회.

임지룡(2006) 「환유 표현의 의미 특성」, 『인문논총』 55, 서울대학교 인문학연구원.

임지룡(2007), 「인지의미론 연구의 현황과 전망」, 『우리말 연구』 21, 우리말학회.

임지룡(2009), 「다의어의 판정과 의미 확장의 분류 기준」, 『한국어 의미학』 28, 한국어 의미학회.

임지룡(2011), 「다의어와 다면어의 변별 기준과 의미 특성」, 『언어과학연구』 58, 169-190.
임지룡(2018), 『한국어 의미론』, 한국문화사.
임지룡 외(2019), 『한국어 의미 탐구의 현황과 과제』, 한국문화사.
임채훈(2006), 「문장 의미와 사건」, 『한국어 의미학』 21, 한국어 의미학회.
임채훈(2011), 「유의 어휘관계와 문장의미 구성」, 『한국어 의미학』 34, 한국어 의미학회.
임채훈(2013ㄱ), 「문장과 담화 층위에서의 어휘의미 관계: 어휘부의 내적 정보로서 어휘의미 관계의 정립을 위하여」, 『한국어 의미학』 42, 한국어 의미학회.
임채훈(2013ㄴ), 「어휘의미 관계와 어휘적 응집성」, 『한국어 의미학』 40, 한국어 의미학회.
임홍빈(1981), 「사이시옷 문제의 해결을 위하여」, 『국어학』 10, 국어학회.
임홍빈(1988), 「'무슨'과 '어떤'-의문에 대하여: 의문의 통사론과 의미론을 중심으로」, 『말』 13, 연세대 한국어학당.
임홍빈(1991), 「국어 분류사의 성격에 대하여」, 『국어학의 새로운 인식과 전개』(김완진 선생 회갑 기념논총), 민음사.
임홍빈(1998), 『국어 문법의 심층 I, II, III』, 태학사.
임홍빈·장소원(1995), 『국어문법론』 1, 한국방송대학교 출판부.
장경희(1980), 「지시어 '이, 그, 저'의 의미 분석」, 『어학연구』 16-2, 서울대학교 어학연구소.
장경희(1988), 「국어의 간접 표현」, 『주시경학보』 1, 주시경연구소.
장경희(1998ㄱ), 「국어의 수용형 대화법」, 『텍스트 언어학』 6, 한국텍스트언어학회.
장경희(1998ㄴ), 「화행의미론」, 『한국어 의미학』 2, 한국어 의미학회.
장경희(2004), 「국어 지시 표현의 유형과 성능」, 『한국어 의미학』 15, 한국어 의미학회.
장고은(2023), 「한국어 '-게' 구문의 역사적 연구」, 서울대학교 박사학위논문.
장석진(1975), 「문답의 화용상」, 『어학연구』 11-2, 서울대학교 어학연구소.
장석진(1985), 『화용론 연구』, 탑출판사.
장석진(1987), 『오스틴: 화행론』, 서울대학교 출판부.
장석진(1993), 『화용과 문법』, 탑출판사.
장소원(1986), 「문법기술에 있어서의 문어체 연구」, 『국어연구』 72, 국어연구회.
장영길(1994), 『15세기 국어 음운 체계 연구』, 홍문각.
장요한(2007), 「중세국어 접속문에서의 부정 범위에대하여」, 『국어국문학』 146, 국어국문학회.
장요한(2008), 「15세기 국어 접속문 연구」, 서강대학교 박사학위논문.
장요한(2009), 「중세국어 접속 구성에서의 사실성」, 『어문연구』 141, 어문학회.
장윤희(1991), 「중세국어 조건 접속어미에 대한 연구」, 『국어연구』 104, 서울대학교 국어연구회.
장윤희(2002), 『중세국어 종결어미 연구』(국어학총서 41), 태학사.

장윤희(2006), 「중세국어 비통사적 합성동사와 관련된 문제」, 『국어학논총』, 태학사.
장윤희(2013), 「훈민정음 제자원리의 위계성과 이체」, 『어문연구』 158, 한국어문교육연구회.
장향실(2000), 「중세국어 모음 ‘ · ’의 음가에 대한 연구」, 『21세기 국어학의 과제』, 월인.
전광현(1988), 「17세기 국어의 접미 파생어에 대하여」, 『동양학』 18, 단국대학교 동양학연구소.
전광현(1997), 「근대 국어 음운」, 『국어의 시대별 변천·실태 연구 2: 근대 국어』, 국립국어연구원.
전광현(2003), 『국어사와 방언 2』, 월인.
전병용(1995), 「중세국어의 어미 ‘-니’에 대한 연구」, 단국대학교 박사학위논문.
전수태(1997), 『국어 반의어의 의미 구조』, 박이정.
전영철(2003), 「한국어 총칭표현들의 의미론적 분석」, 『언어학』 37, 한국언어학회.
전영철(2012), 「총칭성과 양화」, 『한국어 의미학』 39, 한국어 의미학회.
전영철(2013), 『한국어 명사구의 의미론: 한정성/특정성, 총칭성, 복수성』, 서울대학교 출판문화원.
전영철(2023), 『한국어의 의미와 의미 이론』, 박이정.
전정례(1995), 『새로운 ‘-오-’ 연구』, 한국문화사.
전형주(2012), 「국어 어휘사 교육 내용에 관한 연구」, 서울대학교 석사학위논문.
전혜영(2001), 「한국어 관용표현의 교육 방안」, 『한국어교육』 12-2, 국제한국어교육학회.
전혜영(2004), 「한국어 공손표현의 의미」, 『한국어 의미학』 15, 한국어 의미학회.
정경재(2015), 「한국어 용언 활용 체계의 통시적 변화」, 고려대학교 박사학위논문.
정 광(2002), 「훈민정음 중성자의 음운대립: 한글 창제의 구조언어학적 이해를 위하여」, 『문법과 텍스트』, 서울대학교 출판부.
정 광(2009), 「훈민정음의 중성과 파스파 문자의 모음자」, 『국어학』 56, 국어학회.
정 광(1994), 「국어 계통 연구의 문제점」, 『어문논집』 33, 국학자료원.
정길남(1985), 「초기 국역성서의 격조사에 대하여」, 『한국학논집』 8, 한양대학교.
정길남(1992), 『19세기 성서의 우리말 연구』, 서광학술자료사.
정길남(1997), 『개화기 교과서의 우리말 연구』, 박이정.
정명숙(2002), 「현대국어 말소리의 통시적 변화: 1950년대 이후 방송 자료를 중심으로」, 고려대학교 박사학위논문.
정민주(2003), 「한국어 요청 화행 표현 연구」, 서울대학교 석사학위논문.
정수진(2005), 「미각어의 의미 확장 양상」, 『한국어 의미학』 18, 한국어 의미학회.
정승철(1995), 『제주도 방언의 통시음운론』, 태학사.
정승철(1997), 「자음의 변화」, 『국어사연구』, 태학사.
정승철(1999), 「개화기 국어 음운」, 『국어의 시대별 변천·실태 연구 4: 개화기 국어』, 국립국어연구원.
정승철(2004), 「음운사 연구에서의 언어 변화 이론의 수용과 전개: ‘ᄋᆞ’의 음운사 연구를 중심으로」,

『국어학』 43, 국어학회.
정승혜(2000), 「첩해신어 연구」, 고려대학교 박사학위논문.
정언학(2006), 『상 이론과 보조용언의 역사적 연구』, 태학사.
정언학(2007), 「보조용언 구성의 문법화와 역사적 변화」, 『한국어학』 35, 한국어학회.
정연찬(1961), 「십오세기국어의 Tone에 대한 연구」, 『국어연구』 9, 서울대학교 국어연구회.
정연찬(1963), 「15세기 국어의 활용어간의 성조에 대하여: 특히 1음절 어간을 중심으로」, 『논문집』 3, 충남대학교.
정연찬(1981), 「근대국어 음운론의 몇가지 문제」, 『동양학』 11, 단국대학교 동양학연구소.
정연찬(1989), 「15세기 국어의 모음체계와 그것에 딸린 몇 가지 문제」, 『국어학』 18, 국어학회.
정우영(2014), 「≪훈민정음≫ 해례본의 '예의편' 구조와 '해례편'과의 상관관계」, 『국어학』 72, 국어학회.
정우택(1987), 「후기근대국어의 형태음소론적 고찰」, 『국어연구』 79, 서울대학교 국어연구회.
정원용(1996), 『은유와 환유』, 신지서원.
정윤자(1990), 「근대국어 활용어간에대한 형태음소론적 연구」, 단국대학교 석사학위논문.
정은균(2001), 「중세국어 구문의 장문성시고」, 『국어연구의 이론과 실제』, 태학사.
정인호(1997), 「ㅂ-불규칙 용언 어간의 변화에 대하여」, 『애산학보』 20, 애산학회.
정인호(2004), 「하강 이중모음과 부동 이중모음의 음변화」, 『어문연구』 122, 한국어문교육연구회.
정인호(2006), 「제2음절 이하의 'ᄋᆞ' 변화에 대한 일고찰」, 『진단학보』 101, 진단학회.
정재영(1996), 『중세국어의존명사 'ᄃᆞ'에 대한 연구』(국어학총서 21), 태학사.
정재영(1997), 「고려시대 석독구결」, 『문헌과해석』 1, 태학사.
정재영(2006), 「한국의 구결」, 『구결연구』 17, 구결학회.
정종수·이필영(2005), 「간접 화행 판단의 제문제」, 『한국언어문화』 28, 한국언어문화학회.
정주리(2007), 「통사의미론 연구의 현황과 전망」, 『우리말 연구』 21, 우리말학회.
정진원(1993), 「15세기 국어의 설화자 화법 연구」, 홍익대학교 박사학위논문.
정진원(1994), 「'치화평 상'에 나타난 용비어천가 텍스트의 종결구조 분석」, 『텍스트 언어학』 2, 한국텍스트언어학회.
정철주(1993), 「15세기 현실한자음과 음운체계」, 『계명어문학』 8, 계명어문학회.
정한데로(2014), 「단어형성과 의미 합성성: 통합 관계와 계열 관계를 중심으로」, 『한국어 의미학』 44, 한국어 의미학회.
정호완(1987), 『후기 중세국어 의존명사연구』, 학문사.
정희자(1999), 「삶과 환유」, 『외대논총』 19-4, 부산외국어대학교.
정희자(2002ㄱ), 『담화와 추론』, 한국문화사.

정희자(2002ㄴ),「전경 함축과 배경 함축」,『담화와 인지』 9, 담화·인지 언어학회.
정희자(2004),『담화와 비유어』, 한국문화사.
정희창(2010),「'돼-' 표기의 역사적 해석」,『한국어학』 49, 한국어학회.
정희창(2014),「어문 규범의 현황과 전망」,『우리말글』 60, 우리말글학회.
정희창(2015),「복수 표준어의 개념과 의미」,『한민족문화연구』 50, 한민족문화학회.
조국현(2002),「텍스트구조 및 생산의 관점에서 본 메타 의사소통의 역할」,『텍스트언어학』 13, 한국텍스트언어학회.
조국현(2007),「인터넷 '댓글'의 텍스트유형학적 연구」,『텍스트 언어학』 23, 한국텍스트언어학회.
조규태(2006ㄱ),『용비어천가』, 한국문화사.
조규태(2006ㄴ),「중세 국어의 선어말어미 '-으니-'에 대하여」,『배달말』 39, 배달말학회.
조남호(1996),「중세 국어 어휘」,『국어의 시대별 변천·실태 연구 1: 중세 국어』, 국립국어연구원.
조남호(1997),「근대 국어 어휘」,『국어의 시대별 변천·실태 연구 2: 근대 국어』, 국립국어연구원.
조남호(2006),『두시언해 한자어 연구』, 태학사.
조일규(1995),「중세국어 추상화 뒷가지 연구」,『한글』 228, 한글학회.
조항범(1996),『국어 친족어휘의 통시적 연구』, 태학사.
조항범(2007),「'도루묵'의 어원」,『국어국문학』 145, 국어국문학회.
조항범(2014),『국어 어원론』, 충북대학교 출판부.
조현용(2000),『한국어 어휘 교육 연구』, 박이정.
조형일(2010),「시소러스 기반 한국어 어휘 교육 연구」, 서울대학교 박사학위논문.
주지연(2019),「한국어 한자성어 변이 구성 연구」,『어문연구』 47-1, 한국어문교육연구회.
주지연(2021),「차용 요소를 중심으로 한 국어 차용 어휘 분석」,『국어국문학』 194, 국어국문학회.
진남택(2004),「일본자료를 통해 본 ㆍ의 변천과정」,『국어학』 44, 국어학회.
차재은(1993),「중세국어 w계 이중모음에 대한 소고」,『주시경학보』 94, 주시경연구소.
차재은(1999),『중세국어 성조론』, 월인.
차준경(2009),『국어 명사의 다의 현상 연구』, 제이앤씨.
채 완(1982),「국어수량사구의 통시적 고찰」,『진단학보』 53·54(합병호), 진단학회.
채 완(1986),『국어 어순의 연구』, 탑출판사.
채 완(1990),「국어 분류사의 기능과 의미」,『진단학보』 70, 진단학회.
채 완(2003),『한국어의 의성어와 의태어』, 서울대학교 출판부.
채 완(2010),『광고와 상표명의 언어 연구』, 지교.
채 완(2011),「TV 광고 언어의 통합적 해석」,『한국어 의미학』 36, 한국어 의미학회.
채 완(1998),「특수조사」,『문법연구와 자료』(이익섭선생회갑기념논총), 태학사.

채현식(2003), 『유추에 의한 복합명사 형성 연구』(국어학총서 46), 태학사.
최경봉(1996), 「국어 명사의 의미 구조 연구」, 고려대학교 박사학위논문.
최경봉(1998), 「국어 어휘 의미 연구에서 인지이론의 수용 양상과 전망」, 『한국언어문학』 41, 한국언어문학회.
최경봉(2010), 「≪국어학≫ 50년: 의미 연구의 성과와 전망」, 『국어학』 57, 국어학회.
최경봉 외(2020), 『한국어 어휘론』, 한국문화사.
최동주(1989), 「국어 능격성 논의의 문제점」, 『주시경학보』 3, 주시경연구소.
최동주(1996), 「중세 국어 문법」, 『국어의 시대별 변천·실태 연구 1: 중세 국어』, 국립국어연구원.
최동주(2015), 『국어 시상체계의 통시적 변화』,(국어학총서 27), 태학사.
최명옥(1978), 「ㅸ, ㅿ'와 동남방언」, 『어학연구』 14-2, 서울대학교 어학연구소.
최명옥(1982), 『월성지역어의 음운론』, 영남대학교 출판부.
최명옥(1985), 「변칙동사의 음운현상에 대하여: p-, s-, t- 변칙동사를 중심으로」, 『국어학』 14, 국어학회.
최명옥(1988), 「변칙동사의 음운현상에 대하여: lɨ, lə, ɛ(jə), h-변칙동사를 중심으로」, 『어학연구』 24-1, 서울대학교 어학연구소.
최명옥(1989), 「국어 움라우트의 연구사적 고찰」, 『주시경학보』 3, 주시경연구소.
최명옥(1992), 「19세기 후기국어의 연구: '모음음운론'을 중심으로」, 『한국문화』 13, 서울대학교 한국문화연구소.
최명옥(1993), 「어간의 재구조화와 교체형의 단일화 방향」, 『성곡논총』 24, 성곡학술문화재단.
최명옥(2003), 「과거시제의 형성과 변화」, 『진단학보』 94, 진단학회.
최범훈(1981), 『중세한국어문법론』, 이우출판사.
최범훈(1985), 『한국어발달사』, 통문관.
최병선(1998), 『중세 국어의 음절과 모음 체계』, 박이정.
최상진(2010), 「보통명사 외연의 의미성분 연구」, 『어문연구』 148, 한국어문교육연구회.
최성규(2016), 「차자표기 자료의 격조사 연구: 삼국시대부터 고려시대까지를 중심으로」, 서울대학교 박사학위논문.
최소영(2008), 「연결어미 '-오딕'의 역사적 연구」, 『국어연구』 208, 서울대학교 국어연구회.
최윤갑(1987), 『중세조선어 문법』, 연변대학교 출판사.
최윤지(2018), 「전제의 두 가지 개념과 정보구조」, 『형태론』 20-1, 형태론 편집위원회.
최윤지(2019), 『한국어 정보구조 연구』(국어학총서 78), 태학사.
최윤지(2021), 「구정보, 신정보란 무엇인가?: 신구성의 구별과 정보구조적 조정」, 『어문연구』 51-1, 한국어문교육연구회.

최임식(1994), 『국어 방언의 음운사적 연구』, 문창사.
최전승(1981), 「국어의 통시적 음운변화와 공시적 구조」, 『선청어문』 11·12 합집, 서울대학교 국어교육과.
최전승(1986), 『19세기 후기 전라방언의 음운현상과 그 역사성』, 한신문화사.
최전승(1987), 「이중모음 '외', '위'의 단모음화 과정과 모음체계의 변화」, 『어학』 14, 전북대학교 어학연구소.
최전승(2004), 『한국어 방언의 공시적 구조와 통시적 변화』, 역락.
최전승(2008), 『국어사와 국어방언사와의 만남』, 역락.
최지훈(2010), 『한국어 관용구의 은유·환유 연구』, 혜안.
최현배(1929), 『우리말본 첫째매』, 연희전문학교 출판부.
최현배(1959), 「"·"자의 소리값 상고: 배달말의 소리뭇(음운) 연구」, 『동방학지』 4, 연세대학교 동방학연구소.
최현배(1971), 『우리말본』, 정음문화사.
최형용(2003), 『국어 단어의 형태와 통사』(국어학총서 45), 태학사.
최형용(2009), 「〈한글 맞춤법〉 총칙 제1항과 표기의 원리」, 『한중인문학연구』 26, 한중인문학회.
최호철(1998), 「구조 의미론의 수용 양상과 국어 어휘 의미론의 과제」, 『한국어 의미학』 2, 한국어 의미학회.
최호철(2002), 「한국어 의미 연구의 나아갈 길」, 『21세기 국어학의 현황과 과제』, 한국문화사.
최호철(2011), 「국어 발화의 의미에 대하여」, 『한국어 의미학』 36, 한국어 의미학회.
하귀녀(1994), 「중세국어 세 자리 서술어 구문연구」, 『국어연구』 128, 서울대학교 국어연구회.
한국텍스트언어학회(2004), 『텍스트언어학의 이해』, 박이정.
한동완(1996), 『국어의 시제 연구』(국어학총서 24), 태학사.
한영균(1985), 「음운변화와 어휘부의 재구조화」, 『관악어문연구』 10, 서울대학교 국어국문학과.
한영균(1988), 「비음절화규칙의 통시적 변화와 그 의미」, 『울산어문논집』 4, 울산대학교 국어국문학과.
한영균(1990ㄱ), 「모음조화의 붕괴와 '·'의 제1단계 변화」, 『국어학』 20, 국어학회.
한영균(1990ㄴ), 「모음체계의 재정립과 '·'의 제2단계 변화」, 『애산학보』 10, 애산학회.
한영균(1994), 「후기중세국어 모음조화 연구」, 서울대학교 박사학위논문.
한영균(1997), 「모음의 변화」, 『국어사연구』, 태학사.
한재영(1984), 「중세국어 피동구문의 특성에 대한 연구」, 『국어연구』 61, 서울대학교 국어연구회.
한재영(1985), 「중세국어 성조에 관한 일고찰: 특히 피동사와 사동사의 파생을 중심으로」, 『국어학』 14, 국어학회.
한재영(1986), 「중세국어 시제체계에 관한 관견」, 『언어』 11-2, 한국언어학회.

한재영(1990), 「선어말어미 '-오/우-'」, 『국어연구 어디까지 왔나』, 동아출판사.
한재영(1996ㄱ), 『16세기 국어구문의 연구』, 신구문화사.
한재영(1996ㄴ), 「조사 중첩원리의 모색」, 『이기문교수정년퇴임기념논총』, 신구문화사.
한재영(1999), 「중세국어의 복합동사의 구성에 대한 연구」, 『어학연구』 35-1, 서울대학교 어학연구소.
한재영(2006), 「존칭체언소고」, 『국어학논총』, 태학사.
한정한·고석주·김진해·이동혁(2008), 『한국어 어휘의미망 구축을 위한 기초 연구』, 보고사.
허 발(1998), 『현대 의미론의 이해』, 국학자료원.
허 용(1997), 「특수 어간 교체어 재고」, 『국어학』 30, 국어학회.
허 웅(1955), 『용비어천가』, 정음사.
허 웅(1968), 『국어음운학』(개고신판), 정음사.
허 웅(1975), 『우리 옛말본: 15세기 국어 형태론』, 샘문화사.
허 웅(1985), 『국어 음운학: 우리말 소리의 오늘·어제』, 샘문화사.
허 웅(1989), 『16세기 우리 옛말본』, 샘문화사.
허 웅(1992), 『15·16세기 우리 옛말본의 역사』, 탑출판사.
허원욱(1993), 『15세기 국어 통어론』, 샘문화사.
허재영(2002), 『부정문의 통시적 연구』, 역락.
허인영(2021), 「전사 자료를 통해 본 한국어 전설모음의 형성 과정」, 고려대학교 박사학위논문.
허철구(2007), 「한글 맞춤법의 원리에 대한 일고」, 『사림어문연구』 17, 사림어문학회.
호광수(2003), 『국어 보조용언 구성 연구』, 역락.
홍기문(1966), 『조선어력사문법』, 사회과학출판사.
홍사만(1994), 『국어의미론연구』, 형설출판사.
홍사만(2003), 『국어 어휘의미의 사적 변천』, 태학사.
홍사만(2008), 『국어의미분석론』, 한국문화사.
홍윤표(1969), 「십오세기 국어의 격연구」, 『국어연구』 21, 서울대학교 국어연구회.
홍윤표(1977), 「불구동사에 대하여」, 『국어국문학논총』(이숭녕선생고희기념), 탑출판사.
홍윤표(1985), 「구개음화에 대한 역사적 연구」, 『진단학보』 60, 진단학회.
홍윤표(1995), 「명사화소 '-기'에 대하여」, 『국어사와 차자표기』(남풍현선생회갑기념논총), 태학사.
홍윤표(1997), 「근대 국어 자료」, 『국어의 시대별 변천·실태 연구 2: 근대 국어』, 국립국어연구원.
홍윤표(2009), 『살아있는 우리말의 역사』, 태학사.
홍재성·김현권(2003), 「Mel'cuk의 설명결합사전과 한국어 동사 '사다/팔다'의 의미기술」, 『언어학』 35, 한국언어학회.
홍종선(1983), 「명사화어미의 변천」, 『국어국문학』 89, 국어국문학회.

홍종선(1986), 「국어 체언화 구문의 연구」, 고려대학교 박사학위논문.

홍종선(1997), 「근대 국어 문법」, 『국어의 시대별 변천·실태 연구 2: 근대 국어』, 국립국어연구원.

홍종선(2015), 「광복 70년, 국어학의 여정과 통일 좌표」, 『국어국문학회 2015년 국제학술대회 자료집: 광복 70년, 통일과 창조를 위한 한국어문학』, 국어국문학회.

홍종선 외(2006), 『후기 근대국어 형태의 연구』, 역락.

황국정(2009), 『국어 동사구문구조의 통시적 연구』, 제이앤씨.

황문환(1998), 「'ᄒᆞ니·ᄒᆞ리'류 종결형의 대우 성격에 대한 통시적 고찰」, 『국어학』 32, 국어학회.

황문환(2001), 「이인칭대명사 '자네'의 기원」, 『국어학』 37, 국어학회, 197-217.

황문환(2002), 『16, 17세기 언간의 상대경어법』(국어학총서 35), 태학사.

황미향(1998), 「한국어 텍스트 계층 구조와 결속 표지의 기능 연구」, 경북대학교 박사학위논문.

황선엽(1993), 「생산자를 중심으로 한 '안락국태자전'의 텍스트언어학적 분석」, 『관악어문연구』 18, 서울대학교 국어국문학과.

황선엽(1995), 「15세기 국어 '-으니'의 용법과 그 기원」, 『국어연구』 135, 서울대학교 국어연구회.

황재건(1992), 「중세국어 가정 조건 접속어미연구」, 단국대학교 석사학위논문.

梅田博之(2006), 「일본에서의 한국어 음운 연구」, 『국어사 연구 어디까지 와 있는가』, 태학사.

門脇誠一(1976), 「中期朝鮮語における声調交替について」, 『朝鮮學報』 79, 朝鮮學會.

門脇誠一(1982), 「中期韓國語における母音調和の亂れについて: 特に語基母音ㅗ/ㅜを中心に」, 『朝鮮學報』 102, 朝鮮學會.

門脇誠一(1986), 「再び中期朝鮮語における母音調和の乱れについて: 特に第3語基母音a/əを中心に」, 『朝鮮學報』 119·120, 朝鮮學會.

服部四郎(1974), 「중세한국어의 모음조화와 모음체계」, 『강연논문집』(학술원 창립20주년기념 학술강연회), 대한민국 학술원.

福井玲(1985), 「中期朝鮮語のアクセント體系について」, 『東京大學言語學論集』, 東京大學文學部言語學研究室.

福井玲(2003), 「朝鮮語音韻史の諸問題」, 『音聲研究』 7-1, 日本音聲學會.

小倉進平(1929), 『鄕歌及び吏讀の研究』, 京城帝國大學法文學部.

小倉進平(1944), 『朝鮮語方言の研究(下)』, 岩波書店.[이진호 역(2009), 『한국어 방언 연구』, 전남대학교 출판부.]

伊藤智ゆき(2007), 『朝鮮漢字音研究本文篇』, 汲古書院.[이진호 역(2011), 『한국 한자음 연구: 본문편』, 역락.]

早田輝洋(1974), 「Accent in Korean: Synchronic and Diachronic Studies」, 『言語研究』 66, 日本言語學會.

早田輝洋(1975), 「A Note on Vowel Haromny in Middle Korean」, 『言語研究』 68, 日本言語學會.

志部昭平(1988), 「陰德記「高麗詞之事」について: 文禄慶長の役における仮名書き朝鮮語資料」, 『朝鮮學報』 128, 朝鮮學會.

泉井久之助·羅鐘浩(1968), 「中期朝鮮語の母音調和と母音交替」, 『言語研究』 52, 日本言語學會.

河野六郎(1939), 「朝鮮漢字音の一特質」, 『言語研究』 3, 日本言語學會.

河野六郎(1968), 『朝鮮漢字音の研究』, 天理時報社.[李珍昊 譯註(2010), 『한국 한자음의 연구』, 역락.]

河野六郎(1945), 『朝鮮方言學試攷: '鋏'語考』, 東都書籍.[이진호 역(2012), 『한국어 방언학 시론: 'ᄀᆞ시개(鋏)'고찰』, 전남대학교 출판부.]

河野六郎(1951), 「諺文古文献の声点に就いて」, 『朝鮮學報』 1, 朝鮮學會.

河野六郎(1953), 「中期朝鮮語用言語幹の聲調に就いて」, 『金田一博士 古稀記念 言語民俗論叢』, 三省堂.

Austin, J. L. (1962), *How to do Things with Words,* Oxford University Press.

Barcelona, A. *ed.* (2000), *Metaphor and Metonymy at the Crossroads: A Cognitive Perspective,* Mouton de Gruyter.

Brinker, K. (1985), *Linguistische Textanalyse: Eine Einführung in Grundbegriffe und Methoden,* Berlin.[이성만 역(2004), 『텍스트 언어학의 이해: 언어학적 텍스트 분석의 기본 개념과 방법』, 역락.]

Brown, P. & S. C. Levinson (1987), *Politeness: Some Universals in Language Usage,* Cambridge University Press.

Bybee, J. L. (1985), *Morphology: A Study of the Relation between Meaning and Form,* John Benjamins Publishing Company.

Bybee, J., R. Perkins & W. Pagliuca (1994), *The Evolution of Grammar: Tense, Aspect and Modality in the Language of the World,* The University of Chicago Press.

Carter, R. (1998), *Vocabulary: Applied Linguistic Perspectives(2nd edition),* Routeledge Publishers.

Cole, P. & J. L. Morgan *eds.* (1975), *Speech acts(Syntax and Semantics 3),* Academic Press.

Cole, P. *ed.* (1978), *Pragmatics(Syntax and Semantics 9),* Academic Press.

Comrie, B. (1976), *Aspect,* Cambridge University Press.

Cruse, A. (1986), *Lexical Semantics,* Cambridge University Press.[임지룡·윤희수 역(1989), 『어휘의미론』, 경북대학교 출판부.]

Cruse, A. (2000), *Meaning in Language: An Introduction to Semantics and Pragmatics,* Oxford University Press.[임지룡·김동환 역(2002), 『언어의 의미: 의미·화용론 개론』, 태학사.]

de Beaugrande, B. & W. Dressler (1981), *Introduction to Textlinguistics,* Longman.[김태옥·이현호 역(1995), 『담화·텍스트 언어학 입문』, 한신문화사.]

de Saussure, F. (1915), *Cours de Linguistique générale,* Payo.[최승언 역(2006), 『일반언어학강의』,

민음사.]

Dirven, R. & R. Pörings *eds*. (2002), *Metaphor and Metonymy in Comparison and Contrast*, Mouton de Gruyter.

Donnellan, K. (1966), Reference and Definite Description, *Philosophical Review 75*.

Evans, V. & M. Green (2006), *Cognitive Linguistics: An Introduction*, Edinburgh University Press.[임지룡·김동환 역(2008), 『인지언어학 기초』, 한국문화사.]

Fauconnier, G. (1985), *Mental Spaces*, MIT Press.

Fauconnier, G., & M. Turner (2002), *The Way We Think: Conceptual Blending and the Mind's Hidden Complexities*, Basic Books.

Geeraerts, D. & H. Cuyckens *eds*. (2007), *The Oxford Handbook of Cognitive Linguistics*, Oxford University Press.

Geeraerts, D. (2010), *Theories of Lexical Semantics*, Oxford University Press.[임지룡·김동환 역(2013), 『어휘의미론의 연구 방법: 역사의미론에서 인지의미론까지』, 경북대학교 출판부.]

Gibbs, R. W. Jr. (1986), What Makes Some Indirect Speech Acts Conventional?, *Journal of Memory and Language 25*.

Gibbs, R. W. Jr. (1994), *The Poetics of Mind: Figurative Thought, Language, and Understanding*, Cambridge University Press.[나익주 역(2003), 『마음의 시학』, 한국문화사.]

Gorden, D. & G. Lakoff (1975), Conversational Postulates, in Cole & Morgan *eds*. (1975).

Grice, H. P. (1975), Logic and Conversation, *Speech Act(Syntax and Semantics 3)*, Academic Press.

Halliday, M. A. K. (1985/1994), *An Introduction to Functional Gramma(2nd edition)*, Edward Arnold.

Heine, B., U. Claudi & F. Hunnemeyer (1991), *Grammaticalization: A Conceptual Framework*, University of Chicago Press.

Hock, H. H. (1986), *Principles of Historical Linguistics*, Mouton de Gruyter.

Hopper, P. *ed*. (1982), *Tense and Aspect: Between Semantics and Pragmatics*, John Benjamins Publishing Company.

Hopper, P. J. & E. C. Traugott (1993/2003), *Grammaticalization(2nd edition)*, Cambridge University Press.

Huang, Y. (2007), *Pragmatics*, Oxford Publishing Limited.[이해윤 역(2009), 『화용론』, 한국외국어대학교 출판부.]

Jeffers, R. & I. Lehiste (1979), *Principles and Methods for Historical Linguistics*, The MIT Press.

Jespersen, O. (1924), *The Philosophy of Grammar*, Allen and Unwin LTD.[이환묵·이석무 역(1987), 『문법 철학』, 한신문화사.]

Kempson, R. M. (1977), *Semantic Theory*, Cambridge University Press.

Kövecses, Z. (2002/2010), *Metaphor: A Practical Introduction(2nd edition)*, Oxford University Press.

Lakoff, G. (1987), *Women, Fire, and Dangerous Things: What Categories Reveal about the Mind*, University of Chicago Press.

Lakoff, G. & M. Johnson (1980), *Metaphors We Live by*, University of Chicago Press.

Lakoff, R. T. (1973), The Logic of Politeness; or, Minding Your P's and Q's. In *Papers from the Ninth Regional Meeting of the Chicago Linguistics Society*, Department of Linguistics, University of Chicago.

Langacker, R. W. (1987), *Foundations of Cognitive Grammar 1: Theoretical Prerequisites*, Stanford University Press.

Leech, G. (1977), *Semantics*, Penguin Books.

Leech, G. (1980), *Exploration in Semantics and Pragmatics*, John Benjamins.

Leech, G. (1983), *Principles of Pragmatics*, Longman.

Levinson, S. C. (1983), *Pragmatics*, Cambridge University Press.

Lyons, J. (1968), *Introduction to Theoretical Linguistics*, Cambridge University Press.

Lyons, J. (1977), *Semantics 1, 2*, Cambridge University Press.

Lyons, J. (1995),*Linguistic Semantics: An Introduction*, Cambridge University Press.

Nation I. S. P. (1990), *Teaching & Learning Vocabulary*, Heinle & Heinle Publishers.

Ogden, C. K. & I. A. Richards (1923), *The Meaning of Meaning*, A Harvest.

Panther, K. U. & G. Radden *eds.* (1999), *Metonymy in Language and Thought*, John Benjamins Publishing Company.

Panther, K. U. & L. Thornburg *eds.* (2003), *Metonymy and Pragmatic Inferencing*, John Benjamins.

Pustejovsky, J. (1995/2001), *The Generative Lexicon*, The MIT Press.

Sadock, J. I. (1974), *Toward a Linguistic Theory of Speech Act*, Academic Press.

Saeed, J. I. (1997/2009), *Semantics(3rd edition)*, Wiley-Blackwell.

Sampson, G. (1985), *Writing System: A Linguistic Introduction*, Hutchinson.

Searle, J. R. (1969), *Speech Acts: An Essay in the Philosophy of Language*, Cambridge University Press.[이건원 역(1987), 『언화행위』, 한신문화사.]

Searle, J. R. (1975), *Indirect Speech Acts*, in Cole & Morgan *eds.*

Singleton, D. (2000), *Language and Lexicon: An Introduction*, Routledge.[배주채 역(2008), 『언어의 중심 어휘』, 삼경문화사.]

Smith, C. (1991), *The Parameter of Aspect*, Kluwer Academic Publisher.

Sperber, D. & D. Wilson (1986/1995), *Relevance: Communication and Cognition(2nd edition)*, Blackwell.

Sweetser, E. (1990), *From Etymology to Pragmatics: Metaphorical and Cultural Aspects of Semantic Structure*, Cambridge University Press.

Talmy, L. (2000), *Toward a Cognitive Semantics Volume 1, 2: Concept Structuring Systems*, The MIT Press.

Taylor, J. R. (2002), *Cognitive Grammar*, Oxford University Press.[임지룡·김동환 역(2005), 『인지문법』, 한국문화사.]

Traugott, E. C. & B. Heine *eds.* (1991), *Approaches to Grammaticalization volume 1: Focus on Theoretical and Methodological Issues*, John Benjamins Publishing Company.

Ullmann, S. (1962), *Semantics: An Introduction to the Science of Meaning*, Basil Blackwell.

Ungerer, F. & H. Schmid (1996), *An Introduction to Cognitive Linguistics*, Longman.[임지룡·김동환 역(2010), 『인지언어학 개론』(개정판), 태학사.]

Vater, H. (1994), *Einführung in die Textlinguistik*, Köln.[이성만 역(1995), 『텍스트 언어학 입문』, 한국문화사.]

Yule, G. (1996), *Pragmatics*, Oxford University Press.

찾아보기

ㄱ

'ㄱ' 구개음화 374
ㄱ-약화 374
가나 445
가나다순 137
가변어 267
가정 305
가족 유사성 19
가타가나 445
가획 448
가획자 448
간접 인용 306
간접 화행 94, 96
감동 125, 128, 324, 326
감탄 324, 326
감탄문 313, 413
감탄사 278, 281, 299
감탄형 286
개념 4
개념적 은유 10, 11
개념적 의미 4
개념적 환유 12
개념주의적 접근법 4
개별 어휘 174
개별형 141
개형 142
개화기 434
객체 높임 286, 315, 318, 388, 416
객체 높임법 415
거성 238, 239
검색 기능 189
격 조사 280, 283, 285
결속 구조 112
결속성 112, 117
결합 관계 21, 160
겸사말 170, 272, 349
겸양 350
겸양어 170
겹받침 249
경음화 244, 253
경험주 409
계기적 사건 305
계열 관계 20, 158, 159
계층 164
계통론 351
고구려어 355
고대 한국어 355, 425, 427
고유 명사 65, 269
고유어 144, 145, 180, 336, 337, 344, 345, 425, 426
고유어계 서수사 273
고유어계 양수사 273
고유어 수사 273
고정 함축 71
공기(共起) 관계 178
공기 관계 140
공대말 170, 271, 349
공대어 164
공손성 82, 83
공손성 원리 82
공시적 변이 164
공인 182
과거 418
과거 시제 320
과도 교정 175
과장법 78
관계 반의 159, 347
관계 반의어 35, 37, 347
관계언 267
관련성의 격률 74, 79
관련 어휘 정보 137
관용 관계 160, 342
관용구 137, 138, 173, 184
관용어 164, 170
관용어 사전 186
관용 표현 45, 173
관형격 조사 283, 295, 296
관형사 278, 280
관형사절 63, 410
관형사절을 안은 문장 302
관형사형 전성 어미 410
관형어 295
교착어 391
교체 192, 275
구개음화 374
구결 469
구결문 335
구어 자료 109
구어체 282
구장 236
구조적 은유 11
구조적 중의성 50, 51
구축 236
구형 349
국어사전 185

국어 순화 155
국어 순화 운동 182
국한문 혼용 477
권위 82
규칙 동사 274, 275
규칙 형용사 276
근대 한국어 355, 430
근원 영역 11
금기어 170, 172
기능 266, 267
기본 어휘 141
기본자 447
기술적 의미 6, 33
기억의 단위 138
기의 1, 4
기초 어휘 141, 145
기표 1
기호 1, 443
긴 부정 420
끊어적기 473

ㄴ

'ㄴ' 구개음화 376
남방계 355
남성 사용어 167
남성어 167
내적 재구 175, 359
내포 159
노인어 164
높임 286, 317, 350
높임법 82, 104, 224, 415, 441
높임 표현 314
능격 동사 329
능격문 329
능격 언어 329
능력 부정 334

ㄷ

'ㄷ' 구개음화 374
'ㄷ' 말음 명사 382
'ㄷ' 불규칙 275
다면어 29
다(多)언어 사전 185
다의 관계 158, 162, 342
다의어 24, 25, 51, 147
다의어 재해석 43
다차원의 망 137
단락 110
단어 135, 252
단어 형성론 252
단어 형성법 252, 392
단일어 252
단일어 사전 185
단점 471
단체 명사 289
단형 부정 333
당위 275
대격 언어 329
대등 합성어 257
대립 관계 35, 159
대립어 35
『대명률직해』 467
대명사 100, 268, 270
대사전 185
대상 409
대용 105
대조적 사건 305
대화 격률 72, 74, 82
대화 함축 70
도구 299
독립어 299
독립언 267, 278
독립의 기능 166
독백 310
독백 텍스트 130
독일어 153
독화 텍스트 130
『동문자모분해』 457
동반 299
동사 273, 274
동사 어간 274
동시적 사건 305
동음 관계 41, 162, 163, 342, 348
동음어 24, 42, 147, 163, 348
동의 관계 31, 61, 114, 157, 159, 342
동의어 159, 184, 342, 343, 344, 345, 346
동의어 사전 186
동일성 제약 29
두려움/경계 309
등급 반의 159, 347
등급 반의어 35, 36, 160, 347
등재소 138
띄어쓰기 195, 477

ㄹ

'ㄹ'의 덧생김 현상 271
라틴어 153
'러' 불규칙 277
러시아어 153
레드야드 449
로마자 표기법 216
'르' 불규칙 274
'르' 불규칙 동사 275
'르' 불규칙 형용사 277

ㅁ

만주어 152
말뭉치 언어학 140, 141
매개 모음 275, 277
매큔-라이샤워 로마자 표기법 220
맥락 67, 140
머릿속 사전 137, 184
머릿속 어휘부 151
명도 338, 439
명령문 312, 413
명령형 276, 286
명료성 83
명사 268
명사절 410, 411
명사절을 안은 문장 301
명사형 어미 301
명사형 전성 어미 410
명시적 수행 발화 87, 96

명시적 재수용 113
명제 내용 조건 93
모순 명제 49
모아쓰기 453
모음 교체 145, 253, 337, 392
모음 교체형 395
모음 조화 244, 438
모음 탈락 250
모호성 55
목적 305
목적격 조사 283, 290
목적어 290
목표 영역 11
'몯' 부정 334
몽골어 152, 429
몽골어 외래어 336
몽골어 차용어 341, 342, 430
무성의 무기음 233
무성의 유기음 233
무정 체언 284, 386
무표성 168
문어체 282
문자 443
문자 언어 텍스트 131
문자적 표현 10
문장 부사 281
문장 유형 94, 413
문장 의미 70
문장의 유형 307
문장의 진리치 48
문장의 확장 300
문장 확장 410
문헌 자료 175
문형 정보 188
문화 135
미래 418
미래 시제 321, 390
미시 구조 186, 187
미지칭 272
민간 어원 423
민촌 166

ㅂ

'ㅂ' 불규칙 274
'ㅂ' 불규칙 동사 275
'ㅂ' 불규칙 형용사 277
반말 316
반말체 307, 316
반모음 첨가 246
반모음화 246
반복 122
반복 표현 64
반설음 233
반어법 79
반의 관계 34, 61, 114, 157, 159, 342, 347
반의어 34, 347
반의어 사전 186
반촌 166
반치음 233
발음 정보 137, 184, 188
발화 수반 행위 87
발화 행위 87
발화 효과 행위 87, 88
방언 164, 166
방언 자료 175
방언학 140, 141
방언형 349
방점 238
방향적 은유 11
배경 305
배열 방식 187
백과사전 189
백과사전적 의미 8
백제어 355
번안 산문 335
번안 산문 자료 336
변이 164
변형 122
병렬문 300, 407
보격 조사 283
보어 292
보유 275
보조 동사 274
보조사 279, 280, 283
보조 용언 294, 322
보조 형용사 276
보통 명사 269
복수 268, 270
복수 표준어 208
복수형 270
복합 관계 158, 162
복합 성조 239
복합 양식 텍스트 133
복합어 252
본동사 274
본질 조건 93
부동사 354
부분 관계 40, 114, 159, 160
부분 동음어 42
부분 동의어 343
부사 278, 280
부사격 408
부사격 조사 283, 298
부사어 298
부사절을 안은 문장 303
부사 파생 접미사 287
부사형 전성 어미 287
부정 275, 332, 420
부정 명사 '아니' 334
부정법 418
부정 부사 281
부정칭 272
부정 표현 53
부표제어 138
부호 석독 구결 470
부호화 68
북방계 355
분열문 구성 64
분철 473
불교계 외래어 428
불규칙 동사 274
불규칙적 교체 193
불규칙 형용사 276
불변어 267
불연속 형태소 306
불청불탁 233
비교 299
비교 방법 175, 358
비기술적 의미 33
비명시적 수행 발화 87

비실현법 322
비유 45
비유적 표현 10
비종결 어미 285, 286
비타동사 285, 287, 389
비텍스트 111
비통사적 합성 392
비통사적 합성법 392, 393

ㅅ

'ㅅ' 불규칙 274
'ㅅ' 불규칙 동사 275
'ㅅ' 불규칙 형용사 277
사건 305
사동 327, 330
사동문 419
사동사 262, 419
4등분 417
사성 238
사실성 동사 63
사어 181
사용 빈도 140
사용 어휘 142, 143
사용역 164, 170
사용자 역할 170
사이시옷 201
사자 성어 151
사전 137, 185
사전학 140, 141
사투리 206
사회 방언 141, 205
사회적 공인 27
사회적 변이 169, 170, 349
사회적 원인 177
사회적 의미 6, 7
사회 직시 104
산스크리트어 152
3등분 416
3인칭 414
삼재 450
3종 체계 143
삼중 모음 238
상 319, 322
상대 높임 286, 316, 388
상대 높임법 286, 415, 416
상대 동의 관계 31
상대적 남성어 168
상대적 여성어 168
상보 반의 159, 347
상보 반의어 35, 36, 37, 160, 347
상성 238, 239
상위어 39
상주본 446
상하 관계 38, 61, 114, 157, 159, 160, 342
상향 이중 모음 237
상형 447, 450
상호 텍스트성 112, 121
상호 함의 관계 60, 61
상황성 112, 119
상황적 변이 170
색상 338
색채어 145, 146, 338, 436, 439
샘슨 454
생산성 193
생산적 260
생활 문화 174
서구어의 유입 181
서구어 차용어 181
서구 외래어 433
서기체 표기 466
서리 465
서수사 273
서술격 조사 277, 283
서술어 294
서술절을 안은 문장 307
석독 구결 470
선어말
어미 286
선어말 어미 391
선언 89, 93, 125, 126
선택 제약 23, 25
선행 체언 278
설명 의문문 309, 310, 414, 415
설소축 236
설음 233
설축 236
성리학 450
성모 450
성별 164, 167
성별 사용어 167
성별 지칭어 168
성분 분석 34
성분 분석 이론 15
성상 관형사 279
성상 부사 281
성상 형용사 276
성실성 조건 93
성운학 450
성조 238, 348
성조의 변화 271
세대 164
소망 309
소사전 185
속담 137, 138, 164, 170, 173
속담 사전 186
속어 164, 170, 171, 172
수 관형사 279
수단 299
수사 268
수식언 267, 278
수용성 112, 118
수행 동사 86
수행 발화 85
숙어 164
순음 233
순음성 377
순행적 유음화 373
시간 286
시간 부사 100
시간 직시 표현 104, 107
시대 136
시소러스 143, 186
시제 319, 417, 418
시제 형태소 390
시행 275
신라어 355
「신라화엄경사경조성기」 466
신어 164, 181, 183
신조어 182, 183
신형 349
실용 텍스트 132, 133

실현법 322
심리적 원인 177
심리적 표상 3
심리 형용사 409
쌍점 471
쌍형어 349, 384

ㅇ

'아니' 부정 334
아동어 164
아음 233
악장 335
안동본 446
안은문장 407
알타이 공통 조어 355
알타이 어족 353
알파벳 445
압존법 226
액어법 효과 28
약속 89, 91, 125, 127
약어화 단어 183
약자 470
약화 278
양립 불능 관계 38
양방적 텍스트 129
양보 305
양수사 272
양식 170
양의 격률 74, 75
양적인 능력 139
양층 언어 현상 166
양태 319, 324, 417, 418
양태 부사 281
양화 표현 53
어두 자음군 370
어말 어미 286
어미 274, 285, 286
어미의 형태 변화 388
어원 137, 424
어원론 423, 424
어원 사전 186
어원 정보 188
어족 353
어종별 143
어형 141
어휘 135, 141
어휘 계량 141
어휘 관계 143, 144, 157, 342
어휘 교육론 140, 141
어휘 능력 138
어휘론 137, 140
어휘 문화론 140
어휘 변이 164
어휘 변화 164
어휘부 137
어휘부학 140, 141
어휘사 423
어휘소 141
어휘 습득론 140
어휘 의미 260
어휘 의미론 141
어휘 자료론 141
어휘적 부정 332
어휘적 중의성 50
어휘 정보 184
어휘 조사론 141
어휘 체계 143, 144, 336, 424
어휘 체계론 141
어휘 항목 138
어휘 형성론 141
언문 446
언어 내적 접근법 4
언어 사용자 170
언어-사용 접근법 4
언어-세계 접근법 4
언어적 원인 177
언중 182
언해 335
여린히읗 448
'여' 불규칙 동사 275
여성 사용어 167
여성어 164, 167
여진어 152, 342
역독점 471
역사적 원인 177
역순 사전 186, 187
역행적 유음화 374
연결 어미 285, 286
연령 164
연어 138, 187
연어 관계 160, 161, 342
연어변 162
연어핵 162
연철 473
영 변화 252, 254, 392, 397
영어 153, 181
영어계 외래어 152, 435
영역 136
예비 조건 93
완곡어 164, 170, 172
완곡어법 97, 159
완료상 323
완전 동음어 42, 348
완전 동의 관계 33
완전 동의어 343
외래어 144, 152, 153, 180, 210, 336, 341, 425, 427, 433
외래어 사전 186
외래어 표기법 154, 210
요청 125, 126
용례 184, 187, 188
용법설 5
용언 267, 273
용언의 형태 변화 383
우리말 다듬기 155
우리말 다듬기 사이트 183
우월의 기능 166
운모 450
원문 335
원순 모음화 377
원어 정보 139
원인 305
원지음 215
원형 효과 19
유기음화 251
유대 82
유사 상하 관계 40
유성 마찰음 361, 363
유성의 무기음 233
유음 탈락 249
유의 관계 31, 159
유의어 반의어 사전 186

유정 체언 284, 386
유추 175
유행어 164, 183
은어 164, 170, 171, 172
은유 10, 27
음가 변화 388
음독 464
음독 구결 470
음성 언어 텍스트 129
음소 문자 445
음소주의 192
음양 451
음역 340
음운론 140
음절 문자 445
음차 463
의도 305
의도성 112, 118
의문문 309, 413, 414
의문 보조사 309, 310
의문형 286
의미 266, 267
의미 관계 157, 158
의미론 140, 141
의미 변화 176, 177, 437
의미의 삼각형 3
의미 일반화 178
의미장의 빈자리 23
의미장 이론 15, 20
의미적인 연합 140
의미 정보 137, 184
의미 특수화 178
의사소통 목적 94
의성어 146, 338, 339, 440
의역 340
의의 관계 5
의존 명사 269
의존적 274
의존 형용사 277
의지 부정 334
의태어 146, 338, 339, 440
이동 동사 100
이두 465
'이' 모음 역행 동화 208
이어적기 473
이어진문장 407
이(二)언어 사전 185
이유 305
2인칭 의문문 414
이중 목적어문 291
이중 주어문 289
이차 어휘 141, 142
이철자 동음어 42, 163
이체자 449
이해 어휘 142, 143
인사말 227
인용 동사 412
인용문 412
인용절 306, 412
인접성 14
인칭 직시 표현 104
인터넷 기반 사전 185
일방적 텍스트 129
일방 함의 관계 40, 60
일본계 어휘 435
일본계 외래어 433
일본어 153
일본어 구어 180
일본어 차용어 181
일상어 169
1인칭 414
1인칭 화자 390, 422
일차 어휘 141, 142
「임신서기석」 465
잉여 성분 17

ㅈ

자격 299
자극-반응설 5
자동사 255, 274
자립 명사 269
자음 교체 145, 253, 337
자음군 단순화 248
자질 문자 454
자타 양용 동사 328
자토 석독 구결 470
작용역 중의성 50, 52
작품 텍스트 132, 133
장 170
장소 부사 100
장소 직시 표현 104
장형 부정 333
재귀 대명사 272
재귀칭 272
재료 299
재출자 451
적용의 전이 25
전문어 164, 167, 168, 169
전문어 사전 186
전방 대용 105
전사법 216
전설 모음 계열 367
전성 어미 285, 286
전음법 216
전자법 216
전자 사전 185
전제 62
전제 유발자 63
전청 233
전체 동의 관계 34
전체 어휘 174
전탁 233
전통 사회의 직업어 169
절대격 329
절대 동의 관계 31
절대적 남성어 168
절대적 여성어 168
절 부사 281
접두사 252, 259
접두 파생어 259
접미사 252
접미 파생 동사 261
접미 파생 명사 260
접미 파생 부사 263
접미 파생어 260
접미 파생 형용사 262
접속 부사 281
접속 조사 283, 387
정보성 112, 119
정사각형 453
정서법 140, 141
정음 446
정자 470

제보 125
조건 305
조사 282, 283
조사의 형태 변화 384
『조선말본』 457
조어론적 특징 150
조정 47
존경어 170
존재론적 은유 12
존칭 284
종결 275
종결 어미 285, 286
종류형 141
종성부용초성 241
종속 합성어 257
종이 사전 137, 138, 184
종형 142
주격 408
주격-대격 329
주격 조사 283, 288, 384, 385
주변적 의미 25
주어 288
주어적 관형격 297, 410
주체 높임 286, 314, 318, 388
주체 높임법 415
주형용사 276
준거의 기능 166
중국어 구어 149, 180, 428
중국어 구어 차용어 336, 341
중립 동사 327, 328
중립 모음 236
중모음 237
중사전 185
중성자 450
중세 한국어 355, 428, 429
중심적 의미 25
중의성 49, 57
중의성 해소 54
지명 개명 428
지시 89, 90
지시 관형사 100, 279
지시 대상 2, 4
지시 동사 100
지시 부사 281
지시적 의미 4
지시 형용사 100, 276
지역 136
지역 방언 141, 206
지역적 변이 165, 170, 349
지정사 277
지칭어 221
직시 98
직시의 중심 101
직시의 투사 102, 103
직업어 164, 167, 168, 169
직접 인용 306, 412
직접 화행 94
진리 조건 48
진술 89, 90
진술 발화 85
진행 275
진행상 322
질의 격률 74, 78
질적인 능력 139
집단어 164
짧은 부정 420, 421

ㅊ

차별적 표현 183
차용 349
차용어 183
차자 표기 335, 463
차청 233
채도 338, 439
처소의 부사격 조사 386
청소년어 164
청유문 313, 413
청유형 276, 286
체계 443
체면 위협 83
체언 267, 268
초서 470
초성독용 461
초성자 447
초성종성통용 461
초출자 451
최소대립쌍 369
추론 69
추론 모형 68
추측 390, 418
축(縮) 236
축소 177
축소 접미사 261
출발점 299
취소 가능성 71
치음 233, 364
친교 125, 127
친족 명사 101

ㅋ

코드 모형 68
쿨마스 455

ㅌ

타동사255, 274, 285, 287, 389
태도의 격률 74, 80
텍스트 기능 124
텍스트성 111, 112
통사론 140, 141
통사 범주 265
통사적 부정 332
통사적 불확정성 56
통사적 제약 184
통사적 합성 392
통사적 합성어 393
통사 정보 137, 188
통성어 168
통일의 기능 166
통합 관계 158

ㅍ

파생법 392
파생어 252, 259
파생어 사전 186
파생 접미사 265
파스파 문자 446
판정 의문문 309, 310, 414

8종성법 241
평서문 307, 413
평서형 286
평성 238, 239
평칭 265, 284, 387
평파열음화 242
포용 23
포유문 300, 407
표음 문자 444
표음주의 192
표의 문자 444
표의주의 192
표제어 138, 184, 188
표준 발음법 209
표준어 164, 166, 204
표준어 규정 204
표준 언어 예절 221
표현 89, 92
표현 어휘 142
표현적 의미 6
품사 266
품사론 266
품사 분류 266
품사 정보 184, 188
품사 체계 267
품사 통용 268
프랑스어 153
피동 275, 327, 420
피동문 420
피동사 262, 420
피동 접미사 327
필수 부사어 293

ㅎ

'ㅎ' 구개음화 374
'ㅎ' 말음 176, 382
하대어 164
하위어 39
하향 이중 모음 237, 238
학술 용어 150
한국어사 351
한국 한자음 149
한글 맞춤법 191
한글맞춤법통일안 191
한글 모아쓰기 454
한글 자료 335
한문 자료 335
한자 444
한자 성어 151
한자어 136, 144, 148, 149, 180, 336, 339, 340, 344, 345, 425, 429, 432
한자어계 서수사 273
한자어계 양수사 273
한자어 수사 273
한정 기술구 65
함의 18, 59, 62
함의의 관점 39
함축 69
함축적 재수용 113, 115
합성 관계 160, 342
합성 관형사 258
합성 동사 256
합성 명사 256
합성법 392
합성 부사 258
합성성 원리 44
합성어 252, 256
합성 형용사 257
항진 명제 48
해독 68
해서 470
향가 467
향찰 467
현대적 편견 358
현대 한국어 356
현재 시제 319
협력 70
협력 원리 72
협주 335
형용사 273, 276
형태 266, 267
형태론 140, 141
형태론적 274
형태 변화 381, 436
형태음소주의 192
형태 정보 137, 188
형태주의 192
호격 조사 283, 284, 387
호칭어 221
혼성 관계 160, 161
혼성어 183
화석 423
화용적 변이 173
화용 정보 137, 184
화자 겸양 389
화자 의미 70
화행론 84
화행의 적정 조건 93
확대 177
환유 13, 27
환유적 과정 47
활성 지역 47
활용 274, 276, 277
활용 정보 188
회상 418
후기 중세 한국어 356, 428
후방 대용 105
후음 233
훈독 464
『훈몽자회』 456
훈민정음 446
훈주음종 467
훈차 463
히라가나 445

저자 소개

구본관

서울대학교 사범대학 국어교육과 교수, 서울대학교 국어교육연구소 겸무연구원

대표 논저 『15세기 국어 파생법에 대한 연구』(1998)
『우리말 문법론』(2008, 2018 개정판, 공저)
『어휘 교육론』(2014, 공저)
『한국어 표준 문법』(2018, 공저)
『한국어학 개론』(2020, 공저)
『국어 파생법의 역사』(2023)

박재연

아주대학교 인문대학 국어국문학과 교수

대표 논저 『한국어 양태 어미 연구』(2006)
『한국어 어미의 의미』(2019)
『한국어학 개론』(2020, 공저)
『한국어 의미론』(2023, 공저)

이선웅

경희대학교 외국어대학 한국어학과 교수

대표 논저 『국어 명사의 논항구조 연구』(2005)
『외국인을 위한 한국어 문법과 표현』 초급, 중급(2016, 공저)
『한국어 정서법』(2015, 2024 제3판, 공저)
『한국어 어휘 교육론』(2019, 2024 제3판, 공저)
『한국어학 개론』(2020, 공저)
『한국어 문법론의 점과 선』(2024, 공저)

이진호

서울대학교 인문대학 국어국문학과 교수

대표 논저 『국어 음운론 강의』(2005, 2021 개정증보판)
『한국어의 표준 발음과 현실 발음』(2012, 2023 개정판)
『국어 음운론 용어 사전』(2017)
『한국어학 개론』(2020, 공저)
『한국어 종성 체계의 언어 유형론』(2024)